RECUEIL
OU
COLLECTION
DES TITRES, ÉDITS,
DÉCLARATIONS, ARRETS, REGLEMENS,

& autres Piéces concernant la Compagnie des Indes Orientales établie au mois d'Août 1664.

Précédé d'un *Avertissement Historique* depuis cette époque jusqu'en l'année 1715 inclusivement.

Par le Sieur DERNIS, Chef du Bureau des Archives de la Compagnie des Indes.

TOME SECOND.

A PARIS,
DE L'IMPRIMERIE D'ANTOINE BOUDET,
IMPRIMEUR DU ROI.

M. DCC. LV.

AVERTISSEMENT
HISTORIQUE.

L'AVERTISSEMENT du premier Tome de cet Ouvrage, n'ayant eu pour objet que de rendre raison de l'Isle de Madagascar depuis sa découverte jusqu'en 1637, & depuis cette époque jusqu'au temps que le Roi jugea à propos de la réunir au domaine de sa Couronne, on n'a pas pû rendre compte des autres différens établissemens qui furent formés dans les autres parties des Indes, non plus que des noms des lieux des comptoirs, &c. On s'est seulement contenté de dire que la Compagnie des Indes Orientales renfermoit celle de Madagascar, d'Orient & de la Chine; & l'on a vû, en parlant de l'Isle Dauphine, ce que sont devenues les deux premieres, qui dans le fonds n'en comprenoient qu'une sous le nom de Madagascar. Comme l'on n'a pû, sans se détourner de l'historique de cette Isle, faire une mention convenable de la Compagnie de la Chine, on va la reprendre dans cet avertissement.

Quelques particuliers s'étant unis en France

AVERTISSEMENT

pour le commerce de la Chine, obtinrent en 1660 des Lettres-Patentes de concession, par lesquelles le Roi leur accordoit le privilége exclusif pour envoyer leurs Vaisseaux dans la Chine, le Tonquin, la Cochinchine & les Isles adjacentes. Les fonds que les Interessés devoient fournir étoient de cent quarante mille livres.

Voici l'état des personnes qui étoient intéressées dans cette Société.

Madame la Duchesse d'Eguillon.	3000 l.
Messieurs Garibal.	3000
Mauroy.	3000
Le Comte.	6000
L'Hoste.	2000
d'Argenson.	1000
Pingré.	3000
De la Croix.	2000
Gaillard.	1000
Heliot pere.	7000
Heliot fils.	2000
Bellavoine.	2000
Bonneau.	2000
Huguet.	1000
Marin.	1000
Duplessis.	4000
Chanove.	3000
Desportes Prêtre.	1000
Arnault.	10000
Lambert.	3000
Fermanel.	40000

HISTORIQUE.

Meſſieurs Elizabeth Dournel.	1000 l.
Célilan.	2000
Chevrier.	2000
De la Bidiere.	1000
Bernard.	4000
Peliſſon Fontanieu.	2000
Jeannin de Caſtille.	3000
Le Chevalier de Meaupeau.	2000
Brancas.	1000
Suzanne de Brue.	1000
Bertrand.	3000
Tallemand.	1000
De Gourville.	6000
De Guenegaud.	3000
De Neſmond.	3000
Arnault.	5000
Total.	140000 l.

A peine cette Compagnie commençoit à être formée, qu'elle fut comme abſorbée dans la Compagnie des Indes Orientales établie au mois d'Août 1664., ainſi qu'on l'a pu voir par la Déclaration du Roi, qui lui permit de naviger dans toutes les mers des Indes Orientales. On a vû dans le premier Tome (a) qu'elles n'en a joüi que juſqu'en 1700 qu'elle céda ce commerce à M. Jourdan & à ſes Aſſociés, & l'on verra dans celui-ci, (b) que le Roi, en confirmant le concordat fait entre la Compagnie & quelques particuliers, Sa Majeſté, par

(a) Page 641.
(b) Page 229.

AVERTISSEMENT

Lettres Patentes du mois d'Octobre 1705, établit une Compagnie Royale pour le commerce de la Chine.

On n'a pas pû non plus faire mention des établissemens que la Compagnie se proposoit de faire dans la Perse & dans le Mogol : ils étoient projettés dès l'année 1664. Le lecteur sera peut-être bien aise de voir les premiers fondemens qui en furent jettés ; ce sont deux lettres écrites par les Syndics & Directeurs de la Compagnie des Indes Orientales au mois de Novembre 1664 ; l'une à M. de l'Etoile, premier Valet de chambre du Roi de Perse ; & l'autre à M. Bernier, premier Médecin du Grand Mogol : on en donne ici copie, tant par rapport à leur beauté, que pour l'intelligence qu'elles pourront donner pour la suite de ce qu'on aura à dire dans cet avertissement.

Lettre à M. de l'Etoile, premier Valet de Chambre du Roi de Perse, ou en son absence à M. son Gendre..... Novembre 1664.

MONSIEUR,

Quoique nous soyons fort éloignés de la Perse, la réputation de votre honneur, vertu & mérite, n'a pas laissé de venir jusqu'à nous, & nous avons avec joye appris les bonnes qualités que vous possédez. L'accès & le crédit que vous avez auprès du Grand Sophy de Perse, & des principaux de sa Cour ; c'est ce qui nous a donné lieu d'avoir recours à vous, & vous adresser Mes-

HISTORIQUE.

sieurs Bebber, Mariage & Dupont, Marchands François (a) nos compatriotes, qui vous rendront la Présente, & vous informeront du sujet de leur voyage, qui ne vous sera pas désagréable, à ce que nous croyons. C'est, Monsieur, que le Roi notre très-honoré Seigneur, n'ayant point d'autre pensée que la grandeur de son Etat & la félicité de ses peuples, après avoir fait des choses si grandes & si extraordinaires pour y parvenir, qu'elles sont au-delà de l'imagination, Sa Majesté a vû qu'il manqueroit quelque chose au bonheur de ses sujets, si elle n'ajoûtoit à toutes ses belles actions le rétablissement du commerce, qui étoit fort diminué en ce Royaume par la longueur des guerres & par notre négligence & peu d'application, dont nos voisins se sont prévalus; Sa Majesté s'est appliquée avec tant d'assiduité & un soin si extraordinaire, qu'elle a retabli le négoce au dedans de son Royaume, en diminuant notablement ses droits & y établissant diverses manufactures; & pour le faire au dehors & dans les pays les plus éloi-

(a) Dès le 2 Août 1664, M. Berryer fit connoître à l'assemblée que l'intention du Roi étoit d'envoyer par terre aux Indes deux Gentilshommes ordinaires avec le Sieur de la Boulaye le Goux vers le Roi de Perse, Grand Mogol & autres Princes, pour y négocier avec leurs Ministres, & trouver les facilités nécessaires pour le commerce que la Compagnie avoit dessein d'établir dans les places maritimes, appartenant auxdits Rois & Souverains; & en même tems proposa à la Compagnie qu'il seroit bon d'envoyer avec lesdits deux Gentilshommes ordinaires du Roi deux ou trois jeunes hommes, marchands intelligens, pour laisser dans lesdites places maritimes, & deux Chirurgiens d'expérience, pour aller tous de compagnie jusques sur les terres desdits Rois & Souverains, & après se séparer, ainsi qu'il seroit par eux jugé à propos; & on nomma les Sieurs Mariage, Bebber & Dupont. Les deux Gentilshommes étoient les Sieurs Lalin & la Boulaye le Goux. *Registre des Délibérations.*

AVERTISSEMENT

gnés elle a formé une compagnie considérable, composée des Princes & Grands de son Etat, des premiers Officiers de la Couronne, des Officiers de toutes les Cours souveraines, & des principaux Bourgeois & Négocians, de laquelle ces derniers ont seuls la direction : le fonds de la Compagnie monte à présent à plus de quinze millions de livres. Nous vous envoyons ci-joint la Déclaration du Roi pour l'établissement de ladite Compagnie, par laquelle vous verrez la protection de Sa Majesté, les dons, graces, & avantages qu'elle fait à ladite Compagnie, & qu'elle augmente & continue en toutes rencontres avec profusion, & jusques dans les moindres choses. Tous les Intéressés de cette illustre Compagnie, au nombre de plus de quatre mille personnes, nous ont fait l'honneur de nous en confier la conduite en qualité de Syndics, ce qui nous oblige d'apporter tous nos soins pour la perfection d'un si glorieux établissement. Nous avons déja envoyé plusieurs Vaisseaux à Madagascar, pour y fortifier l'habitation que les François y ont établie depuis longtemps, & nous desirons y faire notre principal entrepôt pour aller aux Indes Orientales. Nous travaillons à l'équipement d'une flotte considérable de Vaisseaux, que nous faisons état de partir dans six mois au plus tard ; & comme nous sçavons que le commerce de Perse qui peut se faire aux Ports de Bendar-Abassy, ou Gomeron, & à Hispaham, peut donner des avantages reciproques aux Etats de Perse & de France, nous serions bien aises d'y établir des factories & comptoirs comme ont fait les Anglois, Hollandois & même les Portugais,

HISTORIQUE.

gais, avant que la ville d'Ormus eût été reprise sur eux. Nous y sommes portés d'autant plus que de toutes les nations Orientales, il n'y en a point qui ait plus de rapport à la nôtre que la Persanne, tant pour le génie & l'inclination, que pour la politesse civile & belle maniere de traiter. Ces considérations jointes à ce qui nous a été rapporté que le Grand Sophy désire de nous admettre pour négocier en ses Etats, de quoi le Roi ayant été informé, cela a fait resoudre sa Majesté d'envoyer à la Porte de ce Prince les sieurs Lalain & la Boulaye le Goux, Gentilshommes, ses Officiers, pour présenter des Lettres de sa part en faveur de notre Compagnie, ce qui donnera lieu d'établir une bonne correspondance entre les deux nations. Lesdits sieurs Bebber, (a) Mariage & Dupont accompagnent sous le bon plaisir du Roi lesdits sieurs Lalain & la Boulaye le Goux, pour prendre de vous, Monsieur, les instructions requises pour le succès de ce dessein, faire de bons, amples & exacts mémoires de ce qui sera nécessaire pour l'établissement dudit négoce, & rester ou l'un d'eux à Hispaham pour aller ensuite attendre nos Vaisseaux à Bender-Abassy, le tout suivant qu'ils trouveront le plus à propos avec vos bons avis. Ils doivent se transporter aussi à la Cour du Grand Mogol pour y faire la même négociation avec ce Prince, qui a quantité de Ports aux Indes, propres pour le commerce, comme Surate, Soualy, Cambaye, Bengale & autres. Vous voyez

---

(a) Il étoit beaufrere de M. Vaccon. Ils furent engagés au mois de Septembre 1664 sur le pied de quinze cens livres par an durant cinq ans. *Registre des Lettres.*

AVERTISSEMENT

Monsieur, comme vous pouvez être utile pour faire reussir notre dessein, & quelle part vous pouvez avoir à l'honneur d'un si grand & glorieux établissement ; & étant François comme vous êtes, nous sommes assurés que vous ne serez pas fâché d'y contribuer, puisqu'il y a tant d'avantage pour notre nation, qui est votre patrie ; & pour la Perse, qui est à présent le lieu de votre demeure : pour y parvenir nous vous prions très-instamment d'assister de vos bons conseils les susdits sieurs Bebber, Mariage, & Dupont, & leur donner entiere créance ; de trouver bon qu'ils conférent avec vous de toutes choses, & de leur donner les expédiens qu'ils devront suivre & la maniere qu'ils auront à se gouverner ; à qui ils devront s'adresser, & les moyens d'établir en bonne forme ce qui pourra leur être accordé, employant vos amis & votre crédit pour faire entendre au Divan & aux Ministres du Grand Sophy la grandeur de notre Monarque, les avantages qu'il y aura pour ses sujets de négocier avec nous, & que dans peu de temps nous ferons des affaires considérables dont ils retireront de grands profits ; que nous leur apporterons grand nombre de nos marchandises, qui sont rares & exquises en leur pays, & que nous en retirerons grande quantité de celles dont ils ont abondance, mais que nous ne le pouvons faire honnêtement, que nous ne soyons traités pour les droits d'entrée & de sortie avec plus d'avantage que les Anglois & Hollandois. Nous vous supplions, Monsieur, de faire entendre à nos envoyés la maniere qu'ils observeront pour traiter avec les peuples de Perse, pour entrer dans leur génie & faire réussir cette entreprise. Nous espérons que pour un si bon sujet vous apporterez toutes vos diligences, & nous pouvons vous assurer que nous ne manquerons pas d'informer Sa Majesté du succès, qui ne pourra que bien réussir si vous en prenez le soin ; & comme sa puissance n'a point de limites, nous osons vous assurer qu'elle vous donnera des marques de sa satisfaction, & nous de notre reconnoissance. Comme lesdits sieurs Bebber, Mariage, & Dupont, Marchands, pourront rencontrer des grands risques & accidens dans le cours d'un si long & pénible voyage, & que leur argent leur pourra être volé, ou le pourront perdre par quelque autre mauvaise rencontre, nous vous supplions, Monsieur, de leur faire fournir de quoi subsister jusqu'à l'arrivée de nos Vaisseaux aux Ports de Perse, vous assurant que nous donnerons ordre à ceux qui seront dans nos Vaisseaux de vous rembourser de ce que vous aurez bien voulu leur faire prêter à la Lettre vûe, signée desdits sieurs Bebber, Mariage & Dupont, & ne laisserons de vous en être fort obligés.

Nous sommes, &c.

Autre Lettre à Monsieur Bernier, premier Médecin du Grand Mogol le..... Novembre 1664.

MONSIEUR,

Cette forte inclination que nous apportons avec la naissance pour la gloire & pour le bien de notre pays, ne s'efface jamais des grandes ames ; c'est ce qui nous a toujours persuadés que quoique vous soyez fort éloi-

AVERTISSEMENT

gné de votre patrie, vous conservez toujours pour elle des sentimens d'estime & de tendresse : les belles qualités que nous apprenons avec joie que vous possédez, & qui vous ont acquis tant de réputation & de crédit auprès du Grand Mogol, & de sa Cour, nous font croire que vous aurez non-seulement conservé une parfaite inclination pour la France, qui a concouru en vous donnant l'être à ce qui fait à présent votre estime, mais que vous aurez encore mis les François vos compatriotes dans ce grand Royaume dans l'honneur & dans la réputation. Ce seroit sans doute faire tort à votre vertu que d'en douter ; c'est pourquoi nous vous adressons avec une entiere confiance Messieurs Bebber, Mariage & Dupont, qui vous rendront la Présente, & vous informeront du sujet de leur voyage que nous estimons ne vous devoir pas être désagréable ; c'est, Monsieur, que le Roi notre très-honoré & souverain Seigneur, n'ayant point d'autre pensée que la grandeur de son Etat & la félicité de ses peuples, a fait des choses si grandes & si extraordinaires pour y parvenir, qu'elles sont au-delà de toute croyance, Sa Majesté a pensé qu'il manqueroit quelque chose au bonheur de ses sujets, si elle n'ajoûtoit à tant de belles actions le rétablissement du commerce, qui étoit fort diminué par la longueur des guerres, & par notre négligence & peu d'application dont nos voisins se sont prévalus, Sa Majesté s'est appliquée avec tant d'assiduité, & un soin si extraordinaire, qu'elle a rétabli le négoce au-dedans de son Royaume, en diminuant les droits, & y rétablissant diverses manufactures ; & pour le faire *au-dehors*, & *dans les pays les plus éloignés, elle a formé une Compagnie considérable ; composée des premiers Officiers de toutes les Cours Souveraines & des principaux Bourgeois & Négocians qui seuls en ont la direction, le fonds de ladite Compagnie monte dès-à-présent à plus de quinze millions de livres. Nous vous envoyons ci-joint la Déclaration du Roi pour l'établissement de ladite Compagnie par laquelle vous verrez la protection de sa Majesté, les dons, graces & avantages qu'elle fait à ladite Compagnie, & qu'elle augmente & continue en toutes rencontres avec profusion, & jusques dans les moindres choses. Tous les Intéressés de cette illustre Compagnie au nombre de plus de quatre mille personnes, nous ont fait l'honneur de nous en laisser la conduite en qualité de Syndics, ce qui nous oblige de porter tous nos soins pour la perfection d'un si glorieux établissement. Nous avons déja envoyé plusieurs Vaisseaux à l'Isle de Madagascar, pour y fortifier l'habitation que les François y ont depuis longtemps, & nous y désirons faire notre principal entrepôt pour aller aux Indes Orientales ; nous travaillons à l'équipement d'une flotte considérable de Vaisseaux que nous faisons état de faire partir dans six mois au plus tard ; & comme nous sçavons que le plus grand commerce des Indes se fait aux Ports & dans les pays du Grand Mogol, particulierement aux villes de Surate, Soualy, Cambaye, Bengale & autres, dans lesquels lieux les Anglois & Hollandois négocient fort, & même y ont établi des comptoirs & factories ; nous souhaitons d'en faire de même ; ce qu'ayant représenté au Roi, & l'importance des-*

AVERTISSEMENT

dits établissemens, cela a fait resoudre Sa Majesté d'envoyer à la Porte de ce Prince les sieurs Lalain & la Boulaye le Goux, Gentilshommes, ses Officiers, pour lui présenter des Lettres de sa part, en faveur de notre Compagnie, ce qui donnera lieu d'établir une bonne correspondance entre les deux nations ; lesdits sieurs Bebber, Mariage & Dupont accompagneront sous le bon plaisir du Roi lesdits sieurs Lalain & la Boulaye le Goux, pour prendre de vous, Monsieur, les instructions requises, & faire de bons, amples & exacts mémoires de ce qui sera nécessaire pour l'établissement dudit négoce. Vous voyez, Monsieur, combien vous pouvez être utile pour faire réussir ce grand dessein, & que vous pouvez avoir part à l'honneur d'un si glorieux établissement, auquel étant bon François vous ne serez assurément fâché d'avoir contribué, puisque c'est l'avantage de votre nation, & pour le pays du Mogol, qui est à présent le lieu de votre demeure : pour y parvenir nous vous prions très-instamment d'assister de vos bons conseils lesdits sieurs Bebber, Mariage & Dupont, de leur donner entiere créance, de trouver bon qu'ils conferent avec vous de toutes choses, & de leur donner les expédiens qu'ils auront à suivre & la maniere dont ils devront se gouverner ; à qui ils pourront s'adresser, & les moyens d'établir en bonne forme ce qui pourra leur être accordé, employant vos amis & votre crédit, pour faire entendre au Divan & aux Ministres du Grand Mogol, la grandeur de notre Monarque : les avantages qu'ils auront de négocier avec nous, & que dans peu nous ferons un commerce très-considérable dont les peuples du Mogol retireront de grands profits ; que nous leur apporterons grand nombre de nos marchandises, qui sont rares & exquises en leur pays, & que nous retirerons grande quantité de celles dont ils ont abondance, mais que nous ne le pouvons faire honnêtement que nous ne soyons traités pour les droits d'entrée & de sortie avec plus d'avantage que les Anglois & Hollandois. Nous vous supplions de faire entendre à nos envoyés comme il faut se gouverner avec lesdits peuples pour entrer dans leur génie, & faire réussir notre dessein ; vous l'avez fait ainsi espérer à notre nation par la Lettre que vous avez écrite à M. votre Pere, qui l'a rendue à M. Colbert, Ministre de notre Roi ; & nous espérons que pour un aussi bon sujet vous apporterez toutes vos diligences ; puisque votre Lettre a donné lieu à notre entreprise, & nous pouvons vous assurer que nous ne manquerons pas d'informer Sa Majesté du succès qu'elle pourra avoir par votre moyen, qui ne pourra que bien réussir, puisque vous en prenez le soin ; & comme sa puissance n'a point de limites, nous osons vous assurer qu'elle vous donnera des marques de sa satisfaction & nous de notre reconnoissance. Comme lesdits sieurs Bebber, Mariage & Dupont, Marchands, pourront rencontrer de grands risques & accidens dans le cours d'un si long & pénible voyage, & que leur argent leur pourra être volé, ou le pourront perdre par quelque autre mauvaise rencontre, nous vous supplions, Monsieur, de leur faire fournir de quoi subsister jusqu'à l'arrivée de nos Vaisseaux aux Ports de Surate & autres, vous assurant que nous donnerons ordre à ceux qui seront dans nos Vaisseaux de vous rembourser de ce que vous aurez bien

AVERTISSEMENT

voulu leur prêter à la Lettre vûe, signée desdits sieurs Bebber, Mariage & Dupont, & ne laisserons de vous en être bien obligés.

Nous sommes, &c.

Ces Députés arriverent en 1665 à Hispaham, ville capitale du Royaume de Perse (a). Ils écrivirent à la Compagnie le 10 Décembre de la même année que le Roi les y avoit reçûs avec bonté, & leur avoit donné beaucoup de marques de plaisir de les voir venir négocier dans ses Etats. Il leur accorda l'exemption des Douanes dans toute l'étendue de son Royaume, pendant le tems de trois années, du jour que les Vaisseaux de la Compagnie y arriveroient. Les sieurs Lalain & Mariage y resterent pour obtenir quelque augmentation à ce qu'on avoit accordé, & les sieurs de la Boulaye & Bebber partirent pour aller à la Cour du Mogol, de-là à Surate & autres lieux des Indes, après avoir obtenu de ce Prince une permission de négocier dans ses Etats, aux mêmes conditions accordées aux Hollandois, qui étoit de deux pour cent sur toutes les marchandises : voici la copie de cette permission.

(a) Dès l'année 1653 le Roi de Perse avoit donné une Lettre Patente en faveur des François qui iroient négocier au Port de Gomeron, ou Bender-Abassy. La Compagnie, par sa Lettre ci-dessus, exhorta ses Députés de renouer cette négociation, ou bien de prendre d'autres mesures qu'elle laissoit à leur sage conduite, & aux bons conseils que les amis de notre nation pourroient leur donner, pour tâcher de faire quelque établissement en dépit des Hollandois, qui ne cessoient de nous desservir dans tout l'Orient. *Registre des Lettres.*

Copie

HISTORIQUE. xvij

Copie du commandement du Roi du Mogol Aurengzeb (a) donné à M. Bebber, Député de la Compagnie Françoise, le 26 du mois de Safer, de son regne le neuviéme, étant l'an de notre Seigneur 4 Septembre 1666.

Sçache le Gouverneur & autres Officiers de Surate, présens & à venir, que ces jours ici M. Bebber, Député & Président de la Compagnie Françoise, étant arrivé à notre haute & sublime Cour, nous a présenté requête par la médiation de notre Visir & Grands de notre Royaume, disant que les François prétendent s'établir dans notre Fort de Surate, demandant que comme les Hollandois & Anglois ont demeuré & logé en Surate (& trafiquent) apportant des marchandises de leur pays, la même liberté & grace lui soit concédée, payant à nos Tréforiers les Douanes & les mêmes droits des Alfandics ou Douane, & que les effets qu'ils apporteront de leurs Pays & Ports, comme écarlate & autres marchandises, & de celles qu'ils emporteront de notre Royaume, comme toile Indienne, salpêtre, soye & autres marchandises qu'ils acheteront en Agra & autres lieux, ayant payé une fois les droits à Surate ou Buroche, les pourront porter ou vendre où bon leur semblera sans les payer une autre fois, & que personne leur puisse donner empêchement,

---

(a) Il mourut en 1707 âgé de 96 ans, après un long régne & fort heureux, quoiqu'il eut détrôné son pere. *Dictionnaire.*

Tome II. c

AVERTISSEMENT

ni aux Marchands qui voudront acheter leurs marchandises ; & qu'ils soient libres de prendre des Courtiers que bon leur semblera, & que le cuivre qu'ils apporteront de leur pays ils ne soient contraints de le délivrer à la maison de la Monnoye ; mais qu'ayant payé les droits de la Douane ils le puissent vendre à qui bon leur semblera ; & que pareillement on ne puisse faire violence aux Marchands qui acheteront ledit cuivre, & que les François donnant leur argent, qu'il leur soit permis de le retirer quand ils voudront avec le gain, & que personne ne puisse favoriser leurs créanciers, ni les empêcher de prendre Chariots, Chameaux, & autres animaux de charge pour porter leurs marchandises ; de plus, que les marchandises qu'ils apporteront dans leurs Vaisseaux, qui seront propres pour la maison Royale, que les prenant on les paye au prix courant, & que le reste ils puissent le vendre où bon leur semblera, sans les obliger de le vendre dans Surate, & qu'on ne les puisse empêcher de passer dans leurs Vaisseaux, qui iront à Bender-Abassy, ou Port d'Ormus, Moka & autres lieux, leurs Marchands & leurs marchandises leur payant le Noly.

Vû la requête. Nous qui par notre benignité accoutumée, & desir du repos & profit de tous, notre volonté & intention, & à laquelle tous doivent obéir, que toutes les graces, faveurs & libertés dont jouissent les Hollandois & Anglois, que des mêmes jouiront les François, & pour cet effet, leurs Na-

HISTORIQUE.

vires venant à notre Port de Soualys, il leur sera donné un lieu pour y demeurer commodément, & lorsqu'ils voudront venir à la Ville, qu'ils n'y viennent pas armés, & quand ils voudront venir à Surate & à Soualys, qu'on ne leur donne aucun empêchement, & que personne ne soit si osé que de contrevenir à notre très-haut & pur commandement, afin qu'il ne soit nécessaire d'en demander un autre. Fait le jour que dessus.

Au derriere du commandement Jaferkan Visir du Roi a écrit de sa main, comme le commandement lui a été présenté & inséré dans ses Mémoires.

Lieu de son Sceau.

Présens aux Rois des Indes.

La Compagnie ayant été informée par les sieurs Caron & Deligne, pendant leur séjour à Paris, & par toutes les Relations qui lui avoient été faites des coutumes & des mœurs des Indes, qu'on ne pouvoit avoir aucun accès auprès des Souverains desdits pays sans leur faire des présens (a), & que c'étoit la seule chose qui introduisoit les Etrangers dans toutes les Cours de ces Princes, & qui étoit capable d'en acquérir les faveurs, le lecteur ne sera peut-être pas fâché de trouver ici en

Octobre 1666. Registre des Délibérations.

(a) C'est un usage dans les pays despotiques, que l'on n'aborde qui que ce soit, au-dessus de soi, sans lui faire un présent, pas même le Roi. L'Empereur Mogol ne reçoit point les Requêtes de ses Sujets qu'il n'en ait reçu quelque chose. Ces Princes vont jusqu'à corrompre leurs propres graces. *Esprit des Loix, L. V. ch. 17.*

AVERTISSEMENT

détail les différens articles que contenoient ces présens.

Pour le Japon.

Trois piéces de marbre, dont une de blanc, une de noir & une jaspée de rouge, de sept pieds de hauteur, deux pieds de large, & quatorze pouces d'épaisseur, bien polies. Il devoit y avoir à l'un des bouts un creux en ovale de huit pouces de profondeur, de la grandeur de la piéce, à la réserve d'environ deux pouces, aux deux côtés & aux deux bouts, avec les armes de l'Empereur au haut de chacune desdites colonnes du côté le plus large.

Trois pompes à seringues à feu faites en Hollande, une paire d'armes avec le casque, sur lesquels étoient gravées les armes du Roi.

Deux mortiers de fonte de la plus grande sorte & des plus beaux, enrichis des armes du Roi, avec leurs affuts, & des grenades, & une personne qui eut la méthode de s'en servir.

Deux piéces de canon de campagne de la nouvelle méthode, de fonte verte, de dix à douze livres de balle, avec les armes du Roi, montées sur leurs affuts, garnies de leur attirail.

Douze mousquetons ou fusils tous d'une façon, avec chacun une bandouliere curieuse.

Douze paires de pistolets, tirant deux coups, avec leurs foureaux, le tout des plus beaux & des mieux faits.

HISTORIQUE.

Une tenture de tapisserie de haute-lisse fort fine, de paysage, avec des oiseaux, maisons & quelques chasseurs.

Deux grands miroirs, avec des bordures de bois d'olivier fort proprement accommodés de   pouces de hauteur, & de   pouces de largeur.

Six autres miroirs plus médiocres pour donner à de grands Seigneurs du pays, qui soient de   pouces de hauteur, & de   pouces de largeur.

Trois bonnes lunettes d'approche des meilleures & des plus rares.

Vingt piéces de velours ou cafar, le fond de satin blanc, dont les fleurs étoient veloutées de sept à huit sortes de couleurs, la plus petite fleur portant la grandeur d'un patagon (a), & la plus grande comme le fond de la main. Ces fleurs devoient être dessinées & marquées d'une maniere, que de quelque côté qu'on les tournât & regardât de haut en bas, ou de côté ou d'autre, l'on pût voir même figure, sans faire aucune différence du haut, du bas, ou du côté ; mais que cela fut égal, & en faire quatre piéces de chaque sorte de cinq différens échantillons de la meilleure soye, la mieux travaillée, & le travail le plus curieux qu'il fut possible.

Dix piéces de drap de soye, dont sept seront à fonds d'or, & trois à fond d'argent, enrichies de fleurs d'or & d'argent, & de belle soye de couleur. Les grandes de même grandeur que celles ci-des-

(a) A peu-près comme un écu de neuf au marc.

AVERTISSEMENT

sus, même effet à tous sens, bouts & côtés, & des dernieres façons & méthodes, quarante piéces de férandines ; sçavoir,

       Rouge 10
       Bleu 10
       Violet 10
       Noir 10
        ——
        40

De l'écarlate rouge-cramoisi.

De la ratine rouge, bleue & violette.

Des serges fines, fabrique de France, de couleurs bleu, rouge, vert, violet, pourpre, noir & blanc de savon.

Deux globes de cuivre de quatre pieds de diametre, l'un terrestre & l'autre maritime, curieusement gravés.

Douze fusils à battre du feu, fort curieusement travaillés.

Des cartes de combats, de siéges de Villes & autres actions victorieuses de nos Rois.

Pour la Chine.

Deux piéces de canon de 12 ou 18 livres de balle, de fonte verte, fort bien travaillées, & garnies de leurs affuts.

Dix mousquetons avec leurs bandoulieres, fort enrichis.

Dix paires de pistolets tirant deux coups, avec leurs foureaux.

Une cuirasse avec les armes du Roi, fort bien travaillée.

HISTORIQUE.

Un grand globe de cuivre bien peint, où la mer & la terre soient représentés.

Une tenture de tapisserie de six ou huit piéces de fort beaux ouvrages, pour garnir une chambre.

Dix piéces de velours ou caffar, le fond de satin blanc, dont les fleurs étoient de sept à huit sortes de couleurs, la plus petite fleur portant la grandeur d'un patagon (*a*), & la plus grande comme le fond de la main, lesdites fleurs dessinées & marquées d'une maniere, que de quelque côté que l'on tourne & regarde de haut en bas, ou de côté ou d'autre, l'on pût voir même figure sans faire aucune différence du haut, du bas ou du côté, mais tout égal. Il y en avoit quatre piéces de chaque sorte de cinq différens échantillons de la meilleure soye, la mieux travaillée, & le travail le plus curieux qu'il fut possible.

Dix piéces de drap d'or de même couleur.

Dix piéces de pannes belles, fortes & lustrées ; sçavoir,

10 {
2. Noires.
2. Violettes.
2. Vertes.
2. Violettes cramoisi.
2. Cramoisi plus brun.
}

Des serges fines, fabrique de France, de couleurs bleue, rouge, vert, violet, pourpre, noir & blanc de savon.

(*a*) Voyez la note sur les présens du Japon.

AVERTISSEMENT

Deux grands miroirs, avec de beaux cadres d'argent doré.

Six moindres miroirs.

Pour le Grand Mogol (a), le Roi de Visapour & les Rois & Seigneurs voisins.

Deux couleuvrines de fonte verte des plus belles & des plus longues, de seize livres de balle, avec leurs affuts & attirail.

Deux piéces de canon de fonte verte, de dix-huit livres de balle, avec leurs affuts & attirail.

Dix petites piéces de fonte verte, de différentes grandeurs, de quatre à six livres de balle, enrichies des armes du Roi, avec leurs affuts & attirail.

Trois douzaines de fusils de quatre pieds de canon, très-curieux.

Six paires de pistolets des plus beaux, avec des fourreaux communs seulement pour les conserver.

Six paires de pistolets de poche très-bien faits.

Deux couples de chiens épagneux pour la chasse, des plus petits.

Deux autres chiens bassets.

Une tenture de tapisserie de haute-lisse, de deux aunes & demie de haut, fort fine, de paysage, avec des animaux, oiseaux, maisons, & quelques chasseurs.

(a) M. de la Haye voulut aller présenter lui-même ces présens au Mogol à Dély; mais un Directeur lui fit voir un ordre de les lui remettre, & il s'aquitta mal de cette commission, car les présens resterent à Surate. *Souchu de Rennefort.*

HISTORIQUE.

Douze piéces de chacune sept aunes de longueur, d'étoffe figurée à fond d'or, les fleurs rehaussées de couleur de feu violet, vert & rouge, de divers prix.

Dix piéces de la plus belle parine de rouge-cramoisi, vert & violet, par tiers.

Six des plus grands miroirs de trois pieds & demi à quatre pieds de haut, & larges à proportion, avec des cadres fort étroits de bois d'olivier, garnis de bordures d'argent doré, avec des moulures.

Douze moindres miroirs de quinze pouces de hauteur, & larges à proportion, avec les cadres.

Cinquante miroirs de toilette de six à dix pouces, garnis de maroquins de diverses couleurs, à fond d'or.

Soixante aunes de dentelle d'or, partie lamée de clinquant de quatre à six pouces de hauteur, la plus fine & la plus légere, avec soixante aunes de guipure.

Vingt aunes de dentelle d'argent de pareille grandeur que celle d'or.

Vingt piéces de toile de Cambray ; sçavoir, dix piéces de la plus claire & la plus fine, & dix piéces de la plus forte, mais fine.

Trois piéces de satin de douze aunes de France, chacune des couleurs de feu, vert & violet.

Cent lames de coutelas maures, des meilleures.

Deux petites boëtes ou cabinets d'ébene de dix-huit à vingt pouces quarrés, le plus curieusement travaillées qu'il fut possible.

Tome II. d

AVERTISSEMENT

Trois horloges pendantes, sonnantes, dont le cercle du cadran n'étoit marqué qu'avec de petits points à la bordure de dehors le cercle, afin que ceux à qui on les présenteroit les puissent marquer de leur chiffre à leur mode, pour connoître l'heure, & faire en sorte que le cadran ou cercle qui marquoit l'heure pût se lever pour en mettre un autre.

Pour le Mataran du Roi de Java, & les Rois de Macassar, Jamby, Palimbang, & autres quartiers des Mal-Aises.

Deux cens cinquante peaux de cuir doré, avec des fleurs & couleurs les plus vives & les plus éclatantes pour garnir une chambre.

Quatre piéces de velours très-fin & très-bon; sçavoir, { 2. rouge cramoisi.
{ 2. noir.

Trois piéces de galon d'or & d'argent du plus beau, de trente aunes chacune, & de différent travail.

Cinquante mousquets très-curieux, bien éprouvés, & qu'il n'y ait rien à craindre en les tirant.

Douze heaumes ou casques curieusement travaillés.

Quatre heaumes ou casques encore plus beaux & mieux travaillés.

Six mousquets avec leurs bandoulieres extraordinairement bien travaillés.

Six paires de pistolets d'arson très-curieusement

HISTORIQUE.

travaillés, avec de simples fourreaux pour les conserver.

Deux demi carteaux travaillés par admiration de dix-huit à vingt-quatre livres de balle, avec leurs affuts & attirail.

Des couteaux de Hollande ou façon, dans des étuis bien faits, & quelques-uns de petits.

Des verres & coupes de cryſtal.

Des dentelles d'or & d'argent en très-grand nombre.

Des poules & coqs d'inde.

Des rubis & émeraudes grands, nets & de belles couleurs.

Des perles rondes & en poires, des plus belles.

Quelques montres curieuses, émaillées.

Quelques piéces d'or & d'argent de fil tord, & autres raretés.

Il fut encore fait des préſens au Roi de Perse, comme il se justifie par la lettre du Roi ci-après, mais on ignore en quoi ils consistoient.

TRÈS-HAUT, très-excellent, très-puissant, très-magnanime & invincible le Roi de Perse, en qui tout honneur & vertu abonde, notre cher & bon ami. La Compagnie des plus considérables de nos sujets, qui s'est formée dans l'étendue de notre Empire, pour faire un commerce réciproque des marchandises qui y croissent ou y sont fabriquées, & de celles qui se tirent de vos Etats, ayant résolu de donner à Votre Grandeur une marque

5. Mars 1673.

d ij

AVERTISSEMENT

de la reconnoissance qu'elle conserve du bon accueil & favorable traitement qu'elle en a reçû par quelque légers présens que le sieur aura l'honneur de vous offrir; nous avons profité avec plaisir de cette occasion pour vous témoigner la part que nous y prenons, & en même-tems de vous demander pour ladite Compagnie la continuation des mêmes graces que vous en avez accordées jusqu'à présent; & comme vous connoîtrez de plus en plus combien ce commerce sera également avantageux à nos sujets communs, nous nous persuadons de même que vous aurez agréable de donner tous les ordres & toute la protection nécessaire à ceux qui ont été chargés de faire l'établissement dans votre Empire. C'est ce que nous nous promettons de votre amitié, & du désir que vous avez de faire goûter à vos peuples la douceur de la félicité de votre regne. Nous finissons en priant Dieu qu'il veuille augmenter Votre Grandeur avec fin heureuse. Ecrit en notre ville Royale de Paris le cinquiéme jour de Mars mil six cent soixante-treize. *Signé*, votre cher & bon ami, LOUIS, *& plus bas* COLBERT.

On ne parlera plus dans la suite des sieurs Bebber & Mariage (*a*); ce dernier s'étant engagé dans une famille étrangere, la Compagnie ne trouva pas à propos qu'il fut continué davantage à son service. Il étoit alors chef du comptoir de Surate; & le premier demanda à se retirer en 1688.

(*a*) 28 Novembre 1671. *Registre des Lettres.*

HISTORIQUE.

On s'est contenté de dire dans l'Avertissement du premier volume de cet ouvrage, que la Compagnie avoit nommé des Chefs pour différens comptoirs des Indes de la Chine, du Japon, &c. parce qu'alors l'objet principal de son commerce étoit l'Isle Dauphine ou de Madagascar, qui n'exista pas long-tems. Et comme les autres comptoirs se sont soutenus & se soutiennent encore en partie à présent, il ne sera pas hors de propos d'en faire mention, en reprenant les choses de plus loin, ce qui sera d'autant plus nécessaire que l'on connoîtra par-là dans la suite les talens & le mérite des principaux Chefs de ces comptoirs dont on aura à parler.

Le 24 Novembre 1665 Messieurs Defaye & Caron furent nommés Directeurs généraux dans les Indes, la Chine, le Japon & ailleurs; ils avoient sous eux nombre d'Employés pour les distribuer dans les différens comptoirs, qui étoient,

Surate & les environs.
Bengale & ses dépendances.
Bantam, *idem*.

L'histoire du premier est courte, car il ne quitta point Surate, & il y mourut en 1673.

A l'égard du sieur Caron, dès le 2 Juillet 1665 M. de Thou qui présidoit aux assemblées de la Compagnie en l'absence de M. Colbert, exposa que suivant les ordres qu'il en avoit reçû du Roi & de ce Ministre, il avoit fait venir en France ledit sieur Caron, Marchand, qui avoit été ci-

Registre des Délibérations.
Registre des Délibérations. p. 164.

d iij

AVERTISSEMENT

devant Directeur général, & qui avoit occupé la seconde place dans les Indes Orientales pour la Compagnie d'Hollande, à dessein de le faire passer au service de la Compagnie des Indes Orientales de France, parce qu'il avoit de grandes connoissances du commerce des Indes, & particulierement de celui qui se faisoit à la Chine & au Japon, sur lequel on trouvoit le principal profit.

Le sieur Caron étant arrivé à Paris, il eut l'honneur de saluer le Roi avec M. de Thou, tous les deux présentés à Sa Majesté par M. Colbert, auquel le sieur Caron avoit remis plusieurs mémoires & instructions concernant ce commerce, qui furent approuvés par ce grand Ministre. Peu de tems après, la Compagnie fit prier ledit sieur Caron de venir au Bureau recevoir tous les témoignages d'estime & d'affection qu'elle étoit capable de lui rendre, & y conférer ensemble sur les articles du Traité d'engagement, dont le projet lui avoit déja été présenté. Il y vint en effet, & le Traité fut signé double le 21 Juillet 1665, moyennant 18000 livres d'appointemens par an.

Le 29 Décembre de la même année le sieur Caron prit intérêt dans la Compagnie pour 20000 livres à déduire sur ce qui pourroit lui être dû dorénavant des appointemens qui lui avoient été accordés. Il partit ensuite pour la Hollande, où il fut chargé d'acheter pour 30000 livres de draps pour le commerce de la Chine & des Indes, & particulierement pour l'échange du poivre,

HISTORIQUE.

Des deux fils qu'il avoit, l'aîné fut nommé sous-Marchand, & le cadet sous-Commis. Il s'embarqua avec ses enfans sur le Vaisseau le saint Charles, commandé par M. de Mondevergue le 14 Mars 1666, & arriva à l'Isle Dauphine le 7 Janvier 1667, d'où il partit le 15 dudit mois pour Surate, où il arriva le 14 Février 1668. Des détails que l'on trouvera ci-après l'obligerent de quitter le service de la Compagnie en Octobre de la même année. En 1670 il y rentra. Il se mit à couvert des irruptions que Sivagy Prince vouloit faire sur la ville de Surate. Il quitta cette Ville le premier Avril 1671 avec trois Vaisseau François, pour aller établir un comptoir à Bantam, où il arriva en Juillet de la même année, il y fut très-bien reçû du Roi de Bantam, y établit un comptoir, chargea ses Vaisseaux, & s'en retourna à Surate, où il arriva en Novembre suivant.

M. de la Haye, dont on a parlé dans l'Avertissement du premier volume, & dont il sera bientôt fait mention, partit de Surate en 1672, & amena avec lui le sieur Caron pour aller à l'Isle de Ceylon. Il arriva à la Baye de Cotteary le 22 Mars de la même année.

En 1672 le sieur Caron revenant des Indes sur le Vaisseau du Roi le Juillert que lui avoit donné M. de la Haye, pour faire sçavoir à la Cour ce qui s'étoit passé, tant à Ceylon qu'à la prise de saint Thomé, & solliciter de nouveaux secours, fit naufrage en Janvier 1673 à l'entrée de la riviere du

AVERTISSEMENT

Tage, duquel personne ne se sauva que le fils dudit sieur Caron, & le Pere Denis Capucin, tout le reste ayant été perdu.

Pour revenir à M. de la Haye nous l'avons laissé dans l'Avertissement du précédent volume triste spectateur de la victorieuse retraite de Roumasage, qu'il avoit fait assieger dans son village. Il est difficile de croire que M. de la Haye fut bien servi dans cette occasion, & un auteur (a) rapporte, qu'il y avoit bien plutôt de l'apparence que Chamargou, dont il est aussi parlé dans le premier volume, qui n'étoit guéres propre à obéir en des lieux où il avoit été le maître, fut bien aise au contraire de donner ce chagrin à ce Commandant, dont le gouvernement étoit rude & fâcheux, & ne ressembloit en aucune façon à celui de M. de Mondevergue, qui avoit été humain, doux & honnête.

M. de la Haye connoissant que son industrie, sa politique & ses pouvoirs ne le rendoient pas absolu dans l'Isle de Madagascar, où l'on faisoit joüer des ressorts dont le secret lui étoit impénétrable, vit qu'il étoit à propos d'y laisser pour maîtres ceux qui y étoient venus les premiers, & prenant tous les Officiers qu'il avoit amenés avec lui, même le Procureur général du Conseil supérieur formé à l'Isle Dauphine dès l'établissement de la Compagnie, & qui étoit effacé du tableau. Il

_____
(a) Souchu de Rennefort.

HISTORIQUE.

amena les Vaisseaux à Mascareigne (*a*) ; de sorte que l'Isle Dauphine pour laquelle on avoit en France formé de si glorieux desseins, fut presque entierement abandonnée par le Roi aussi bien que par la Compagnie, & on n'y laissa que ceux qui y avoient commandé pour M. de la Meilleraye, les anciens habitans François & quelques Missionnaires qui voulurent y demeurer.

M. de la Haye arriva devant Mascareigne le premier jour de Mai de l'année 1671, vis-à-vis l'habitation nommée saint Denis, & y séjourna jusqu'au 22 Juin, pendant lequel tems s'étant fait recevoir Gouverneur & Commandant, il fit publier ses Ordonnances & l'Amnistie qui avoient été publiées à Madagascar, & tint si séverement la main aux défenses, sur-tout à celles de chasser, que trois François y ayant été pris, il les fit tirer au billet. Un Gentilhomme sur qui le sort tomba, fut attaché à un arbre, & les fusiliers, par l'ordre de M. de la Haye, ayant tiré leurs coups en l'air pour lui donner seulement la peur, il fut trouvé malade quand on le détacha, sans avoir été frappé, & mourut peu de tems après.

M. de la Haye ôta de Mascareigne le sieur Renaud (*b*) qui en avoit eu la Direction, & ayant

---

(*a*) Dès le 22 Septembre 1664 il avoit été résolu de reconnoître l'Isle de Mascareigne, aujourd'hui de Bourbon, & décidé qu'on y prendroit terre. *Regiſtre des Délibérations.*

(*b*) Il y a un trait singulier arrivé dans cette Isle : Lahure lui succeda, ensuite Fleurimont, & enfin Auger, qui moururent tous deux presqu'en même tems. Le pere Bernardin Capucin, y arriva en 1675.

AVERTISSEMENT

mis à sa place le nommé Lahure, remonta sur ses Vaisseaux, & partit pour Surate, où il arriva en Septembre 1671.

En 1672 M. de la Haye partit de Surate pour l'expédition de Ceylon. Il fit voguer ses Vaisseaux le long de la côte de Coromandel & de l'Isle de Ceylon, sous prétexte du vol qui avoit été fait à la Compagnie à l'Isle de saint Thomé; mais plutôt pour s'emparer d'un poste qui pût servir de retraite & de principale forteresse aux François qui seroient dans cette partie de l'Inde. Il se rendit à la Baye de Cotteary le 21 Mars de la même année : delà s'étant avancé dans les terres, le Roi de Ceylon lui donna la propriété & Seigneurie de Trinquemalle, Cotteary & Bataclo. Après quoi s'étant mis en devoir de faire construire un Fort, il en fut empêché par les Hollandois, qui lui couperent les vivres, ce qui l'obligea d'envoyer deux Vaisseaux à la côte de Coromandel pour y en chercher ; mais ils furent enlevés par les Hollandois, en sorte que M. de la Haye manquant de tout, & ses soldats mourant de faim & de misere, il fut contraint de quitter l'Isle de Ceylon pour aller à la côte de Coromandel. Etant arrivé à saint Thomé, il fit demander des vivres au Gouverneur en payant ; mais celui-ci bien loin de lui en accorder fut assez hardi pour faire tirer sur les Vaisseaux du

Il en étoit Curé & s'en fit gouverneur jusqu'en 1686, en imposant pour loi aux habitans de n'en point reconnoître d'autre que celui qu'il leur diroit, sinon qu'ils ne seroient point leurs dévotions. *Dictionnaire.*

HISTORIQUE.

Roi, ce qui irrita si fort ledit sieur de la Haye, qu'ayant fait mettre des troupes à terre, il fit attaquer saint Thomé, qu'il emporta en trois heures de tems.

Il s'y maintint pendant deux années; mais il fut ensuite obligé de se rendre faute de secours, & fut repassé en France sur un Vaisseau Hollandois. Il fut depuis tué Lieutenant général des armées du Roi proche Thionville.

Le Roi par sa Déclaration du mois de Janvier 1671, ayant établi un Conseil supérieur à Surate, par un Arrêt du 6 Février 1677, Sa Majesté ayant depuis été informée que les sieurs Gueston, Caron & Blot, chefs dudit Conseil, étoient décédés, ordonna que la Justice dudit Conseil seroit administrée aux Employés & Engagés pour le service de la Compagnie, qui seroient sur les lieux, par les sieurs de Joncheres, Martin, Boureau & Pillavoine, Marchands, que Sa Majesté commit à cet effet.

Ce changement nous apprend que Surate n'étoit alors qu'un simple comptoir, qui subsista pourtant jusqu'en 1701, comme on le verra ci-après, & attendu que de-là on porta toutes ses vûes sur Pondichery, nous en allons faire un récit le plus succint qu'il sera possible.

Pondichery (*a*) aujourd'hui Ville très-considérable, située par les douze dégrés Nord, n'étoit autrefois qu'un simple village, qui fut donné au

(*a*) Dictionnaire des Archives.

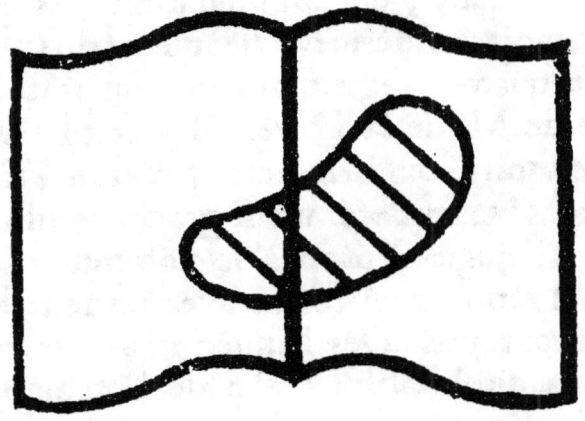

Illisibilité partielle

AVERTISSEMENT

sieur Martin, Commis de la Compagnie, par le Roi du Carnatte, en considération des services qu'il lui avoit rendus. Le sieur Martin y établit soixante à quatre-vingts François, qui restoient de la Flotte de M. de la Haye. Il y établit aussi un petit comptoir, où il mit le pavillon François, sous lequel vint se placer un si grand nombre d'Indiens, qu'il jugea à propos de faire une espéce de Ville qu'il ferma d'un fossé, avec un rempart garni de petites tours. Dès l'année 1687 les Hollandois jaloux de l'établissement de la Compagnie, armerent à Batavia six Vaisseaux avec 3000 hommes de débarquement pour traverser ses desseins: on prétend qu'ils avoient voulu donner autrefois 200 mille roupies à Ram-raja, soumis à la puissance du Mogol pour en faire le siége, mais qu'il refusa. Ils l'assiégerent pourtant, & le prirent en 1693, & le rendirent ensuite en vertu de la paix de Risvvick en 1699, par l'heureuse négociation de M. Martin, dont il reçut dans le tems les louanges qu'il méritoit.

Depuis ce tems-là il fut nommé Gouverneur de cette importante place, où il eut bien des désagrémens de la part d'une société nouvellement établie (a), & même du sieur Flaccourt, Conseiller au Conseil de Pondichery, établi par Edit du mois de Février 1701; sans compter les chagrins que lui causerent la prise de Goudelour, par les

(a) C'étoit apparemment les associés en la Compagnie de la Chine.

Anglois, pour avoir donné la préférence à Pondichery.

Le sieur Matein se voyant infirme, fit venir le sieur du Livier pour prendre soin des affaires de la Compagnie.

Si l'on demande qui étoit étoit du Livier (a) le voici : il succéda au sieur Deslandes employé de la Compagnie des Indes à Siam en 1680. où il reçut des honneurs extraordinaires du Roi, & fut comblé de présens, le tout en considération du Roi de France & de la Compagnie. De son côté Deslandes fit présent de quelques riches étoffes au Barcalon ou premier Ministre du Roi de Siam. On avoit à Surate un Lion qu'il demanda pour en faire présent à Sa Majesté Siamoise. Il contrecarra tant qu'il pût les Hollandois dans la demande qu'ils faisoient aux Rois de Siam & de Jonsalem, de l'exclusion du commerce aux autres Nations : il demanda un ordre à la Compagnie, pour l'autoriser à ne rien entreprendre sans l'avis de Messieurs les Evêques & Missionnaires, qui étoient alors à Siam. Il fit amitié avec Constance Phaulkon, dont on parlera ci-après, qui promit de rendre de grands services à la Compagnie & aux Missionnaires auprès du Roi de Siam & de son premier Ministre. Le sieur Deslandes (b) demandoit souvent à la Compagnie des nouvelles du Roi Louis XIV. pour en faire part au Roi de

(a) Dictionnaire des Archives.
(b) Régistre des Lettres.

e iij

AVERTISSEMENT

Siam, qui l'honoroit beaucoup; & il se plaignoit en même-tems de ce que la Compagnie lui envoyoit trop peu de vin & d'eau-de-vie, pour les présens à l'usage du pays, & de ce qu'il avoit été obligé d'emprunter 4000 écus au Roi de Siam, pour payer ce que la Compagnie devoit aux Missionnaires. Il demanda d'aller à Surate, n'ayant point d'agrément à Siam, la Compagnie n'y envoyant aucuns Vaisseaux.

La Compagnie avoit déja écrit par plusieurs voyes à Surate de supprimer le comptoir de Siam; mais par une lettre du 11 Mars 1684, elle ordonna d'en faire revenir tous les Employés, attendu que le commerce en étoit préjudiciable, & qu'elle étoit dans le dessein de le fixer à Surate & à la côte de Coromandel, & conserver Rajapour, d'où on pouvoit tirer du poivre.

Cependant le Roi ayant envoyé en 1685 M. de Chaumont (*a*) en qualité de son Ambassadeur auprès du Roi de Siam, il en obtint une place appellée Sigor, près Ligor en faveur de la Compagnie des Indes. Il se brouilla ensuite en 1686 avec Constance Phaulkon, premier Ministre du Roi de Siam. (*b*). Voici quelle étoit son origine : Phaulkon étoit né à Cephalonie; ayant été élevé par les Anglois, dont il suivoit la Religion, qu'il abjura ensuite pour suivre la Catholique, il alla à Siam où il se maria, & s'insinua très-avant dans

(*a*) Il partit avec M. l'Abbé de Choisi.
(*b*) Dictionnaire des Archives.

l'esprit du Roi de Siam en 1685. Il favorisa d'abord les Anglois. Il envoya au Roi Louis XIV les deux fils du Prince Macassan pour les traiter à son gré, pria M. Martin, Directeur général à Pondichery, d'envoyer en France les présens qu'il y destinoit ; sçavoir, du thé, des soyes de Bengale & de la Chine, aussi bien que des étoffes, & de garder le restant, lequel envoy seroit fait à Messieurs les Directeurs en France, en les priant d'admettre les deux petits enfans de Phaulkon en leur Compagnie.

En 1687 il fit entendre que la Compagnie pourroit retirer du Royaume de Siam plus de 12000 picles de poivre. Il prit intérêt dans le commerce de la Compagnie pour 300000 livres, & voulut s'y faire naturaliser ; les Lettres Patentes furent dressées à cet effet, mais non signées alors. On verra par ce qui suit, & dans le préambule d'un Arrêt du 26 Juin 1717, [page 85 du Tome III,] une partie de son histoire.

Au mois d'Avril 1684 la Compagnie apprit par M. Deslandes, que le Roi de Siam n'ayant aucune nouvelle des Ambassadeurs (a) qu'il avoit envoyés en France sur le soleil d'Orient, souhaitoit que ledit sieur Deslandes se rendît à Surate, tant pour en apprendre des nouvelles, que pour informer les personnes qui y composoient le Conseil, du traité qu'il avoit fait avec ses Ministres, par lequel ce Prince accordoit à la Compagnie la

(a) C'étoient des Mandarins.

AVERTISSEMENT

plus grande partie du poivre qui croissoit dans ses États, au prix convenu pour chaque Bahar, qui est 360 livres pesant de France, que même le Roi l'avoit honoré de quelques commissions pour son service à Surate, & que ces motifs (joints au peu de commerce qu'il faisoit à Siam) l'avoient aisément déterminé de passer à Surate sur le navire d'un Marchand particulier Anglois, & sur lequel il fit charger les marchandises qu'il avoit en magasin, propres pour ledit lieu de Surate.

Le sieur Deslandes laissa à Siam le sieur Coche sous-Marchand, avec deux François pour y avoir soin des affaires de la Compagnie; (a) elle lui donna ordre le 31 Janvier 1685, en cas que le sieur Deslandes, qui avoit fait un voyage à Surate, ne fut pas de retour à Siam, de se joindre au sieur Verret, pour travailler de concert à chercher les moyens convenables d'employer les fonds de la Compagnie en de bonnes marchandises propres pour France, suivant le mémoire qui lui avoit été envoyé, qui toutefois ne pouvoit être fait que sur des vûes générales, ou sur des avis qui pouvoient n'être pas bien sûrs, & que la Compagnie espéroit que l'assistance & les bons avis de Messieurs des Missions & la protection de M. l'Ambassadeur & de M. l'Abbé de Choisi contribueroient beaucoup à leur procurer les facilités dont ils pourroient avoir besoin de la part du Roi de Siam & de ses Ministres, pour faire utilement & promptement l'employ des

(a) Registre des Lettres, page 36.

fonds qui leur étoient envoyés.

Le sieur Verret fut nommé par la Compagnie en 1685, pour aller exercer l'emploi de chef de comptoir à Siam. Il manqua de périr en allant joindre les Vaisseaux du Roi dans la rivière de Siam, par la faute des matelots. Pour se rendre favorable Constance Phaulkon, premier Ministre du Roi, il lui fit présent d'un Cabinet & d'un Bassin de crystal de roche, & il reçut de lui un Cabaret de filagramme. Il donna aux Siamois plusieurs desseins sur divers ouvrages qu'ils exécuterent assez bien. Il se plaignoit de la mauvaise foi du sieur Phaulkon & encore plus du Roi, qui vouloit l'engager à faire le Cloke devant lui, qui étoit de mettre le visage contre terre, & les mains pardessus la tête en signe d'adoration, ce qu'il refusa. Il y avoit un Commis de la Compagnie nommé Rouen, qu'il fit sortir des prisons, où il étoit détenu, mais sans beaucoup de peines & de difficultés.

Voici le portrait que fait le sieur Verret du sieur Phaulkon. " Il est Grec de nation, de moyenne
" taille, ni beau ni laid, l'air gracieux & beau-
" coup d'esprit, entreprenant beaucoup & ne fi-
" nissant rien : ambitieux, aimant l'argent, la ven-
" geance, les flateurs & les gens qui rampent sous
" lui. En effet il se rendoit toujours difficile sur les propositions qui regardoient l'avantage & les intérêts de la Compagnie, attendoit toujours l'extrémité pour la cargaison & le départ des Vaisseaux, ce qui causoit de fâcheux contretemps, son

Tome II.

AVERTISSEMENT

dessein n'ayant jamais été autre que de la tromper; on en fut convaincu par un traité qu'il avoit fait avec M. de Chaumont au sujet de Sigor dont il a été parlé, bien différent de celui qu'il avoit fait avec le sieur Verret, parce qu'il le croyoit perdu dans la riviere de Siam ; ce qui obligea M. de Chaumont à rompre tout commerce avec ledit sieur Phaulkon, qui fut cependant fait Directeur de la Compagnie des Indes.

M. de Chaumont étoit arrivé à Siam au mois de Septembre 1685. (a) Il fut de retour à Brest le 17 du mois de Juin 1686, avec les deux Vaisseaux du Roi qu'il avoit amené & son équipage en très-bon état, dont on fut fort réjoüi en France, car on ne l'attendoit pas sitôt. Une traversée si heureuse pour le coup d'essai devoit encourager la Compagnie & la fortifier dans le dessein qu'elle avoit de s'établir solidement à Siam ; mais pour ce faire, il falloit que le profit & l'avantage s'y trouvassent ; & elle avoit espéré que pour l'exciter davantage à cette entreprise, le retour de ces deux Vaisseaux lui rapporteroit un emploi utile & très-avantageux de tous les fonds qu'elle avoit envoyés au comptoir. Cependant elle y voyoit tout le contraire, & bien loin d'avoir trouvé de la faveur auprès de Phaulkon, ce Ministre avoit préféré les Vaisseaux Anglois qu'il avoit dépêché devant le saint Louis quoiqu'armé bien auparavant. D'ailleurs il n'avoit point favorisé les ventes des draps, glaces de mi-

(a) Registre des Lettres, page 156.

HISTORIQUE.

roir, & coraux, & il n'avoit donné qu'un très-petit profit fur les marchandifes de la côte portées à Siam.

Les Ambaffadeurs du Roi de Siam arriverent auffi avec M. de Chaumont. Le Roi Louis XIV envoya un Gentilhomme ordinaire de fa Maifon pour les aller joindre, avec ordre de les conduire à Paris par Nantes & le long de la riviere de Loire. Ils furent reçus de fa Majefté avec toute la diftinction & la magnificence dont elle étoit capable. Ils apporterent pour préfens au Roi quelques vafes d'or & d'argent du Japon, des fabres, des tapis & plufieurs autres chofes, & en rapporterent de très-précieux pour le Roi de Siam & pour eux, & repartirent au mois de Septembre 1687, accompagnés d'une efcadre de fix Vaiffeaux de guerre du Roi ; Meffieurs Ceberet & de Laloubere furent nommés par Sa Majefté pour paffer fur ces Vaiffeaux en qualité de fes envoyés extraordinaires vers le Roi de Siam. Voici la Lettre dont la Compagnie les chargea pour le fieur Phaulkon.

A Paris le 6 Février 1687.

A l'illuftre & magnifique Seigneur Conftance Phaulkon, Miniftre du grand Roi de Siam.

ILLUSTRE & MAGNIFIQUE SEIGNEUR,

„ Votre grande réputation, la confiance que
„ vos vertus incomparables vous ont acquifes au-

,, près du grand Roi de Siam, l'estime & le res-
,, pect de tous ceux qui ont l'honneur de vous ap-
,, procher, & les bontés que vous avez témoigné
,, pour l'avantage de notre Compagnie par l'éta-
,, blissement solide d'un commerce reciproque dans
,, les Etats de Sa Majesté Siamoise ; toutes ces
,, considérations jointes aux bons desseins que nous
,, avons de contribuer en tout ce qui dependra de
,, nous pour faire réussir avec un succès favorable
,, ces heureuses dispositions, nous engagent à vous
,, assurer que nous aurons toute la reconnoissance
,, que nous devons aux faveurs d'une personne si
,, illustre. Nous avons prié M. Ceberet l'un de
,, nous, que son mérite distingué a fait choisir par
,, Sa Majesté pour son envoyé extraordinaire au-
,, près du grand Roi de Siam, de vous confirmer
,, de bouche les résolutions que notre Compagnie
,, a prises de s'unir étroitement avec vous pour faire
,, réussir un ouvrage auquel notre incomparable
,, Monarque s'intéresse avec une singuliere affec-
,, tion, comme il paroît par les marques de la
,, Royale protection qu'il plaît à Sa Majesté de
,, donner pour l'avantage des deux nations, & de
,, vous demander aussi l'honneur de vos bonnes
,, graces. Il vous présentera de notre part quelques
,, bijoux que nous vous prions d'accepter pour mar-
,, que de nos très-humbles respects étant vos
,, très, &c. ,,

La Compagnie écrivit encore en différens temps plusieurs autres lettres audit sieur Phaulkon, pour

HISTORIQUE.

augmenter son commerce à Siam, & pour ses propres affaires en France.

Le 6 du mois de Mars 1689, le Roi accorda à M. le Marquis d'Eragny des Lettres Patentes, par lesquelles Sa Majesté le nommoit & établissoit inspecteur général dans le Royaume de Siam, pour en cette qualité avoir entrée dans tous les Conseils qui seroient tenus, & prendre séance après M. Desfarges, Maréchal des Camps & armées, que le Roi y avoit précédemment envoyé en qualité de Commandant de ses troupes.

Une Lettre écrite par la Compagnie au sieur Pillavoine, Directeur général à Surate, le 2 Décembre 1689, dont voici l'extrait, nous apprend la triste destinée du sieur Phaulkon. (*a*) ,, Vous ,, aurez sçû sans doute la catastrophe arrivée à ,, Siam, & le massacre de M. Constance Phaulkon. ,, Nous avons de grands dédommagemens à pré- ,, tendre sur lui tant de notre part que pour les ,, engagemens que vous avez mandé avoir pris ,, pour lui ; vous n'aurez pas manqué de sur- ,, seoir toutes choses & de vous saisir de tous les ,, effets & marchandises que vous pourrez avoir ,, de sa part pour nous dédommager autant que ,, nous le pouvons de ces malheureux engage- ,, mens. ,,

---

(*a*) Il fut naturalisé sujet & regnicole par Lettres Patentes du Roi du 12 mars 1689, regiſtrées au Parlement le même jour, & à la Chambre des Comptes le 16 du même mois. *Regiſtre des Lettres.*

AVERTISSEMENT

Nous finiſſons ici ſon hiſtoire & nous prions le Lecteur de lire l'Arrêt du 26 Juin 1717 (pag. 85 du Tome III.) qui ſatisfera ſa curioſité, & nous allons reprendre la ſuite de Siam.

En la même année 1689, le Roi ayant envoyé M. Duqueſne Guitton, commandant une Eſcadre pour aller aux Indes, la Compagnie lui donna un mémoire dont il ſe chargea agréablement. Ce mémoire tendoit à améliorer le commerce à Siam ; mais il produiſit peu ou preſque point d'effet, & le Vaiſſeau nommé l'Oriflame qui en rapportoit le débris, périt le 2 Juillet 1691.

Le 16 Février 1692, la Compagnie remit un pareil mémoire à M. Dandenne, commandant auſſi une Eſcadre que le Roi envoyoit aux Indes ; mais ſon retour au Port Louis le 14 Mars 1694, ne donna à la Compagnie que de foibles cargaiſons & encore de plus foibles eſpérances pour l'avenir.

En 1695 M. de Cerquigny conduiſit pareillement une autre Eſcadre, & fut de retour au mois de Février 1697 ſans aucunes marchandiſes.

En 1700 Les Hollandois s'emparerent de tout le commerce de Siam, (*a*) ainſi nous n'en parlerons pas davantage dans cet avertiſſement, non plus que de Surate, attendu que par l'Edit du mois de Février 1701, le Conſeil ſupérieur fut ſupprimé, & que le Roi en créa un à Pondichery, que tout le monde ſçait être aujourd'huy le chef-lieu du commerce de la Compagnie des Indes ; & nous

(*a*) Regiſtre des Lettres.

HISTORIQUE.

traiterons de ce qui se passa en France depuis 1664 jusqu'en 1715.

La Compagnie des Indes Orientales n'ayant pas eû tout le succès qu'on en espéroit, parce que les guerres survenues depuis son établissement avoient interrompu le cours de son commerce, que la route des lieux où il se faisoit n'étoit pas encore bien connue; qu'elle avoit fait plusieurs pertes considérables, & que les personnes qui l'avoient servie aux Indes & ailleurs ne l'avoient pas fait avec toute l'application & la fidélité nécessaires; Sa Majesté résolut d'en changer la forme & la direction, & en ce faisant lui continuer sa protection pour les mêmes raisons qui lui avoient fait faire son établissement; & par Edit du mois de Février 1685, (a) elle ordonna que l'Edit du mois d'Août 1664 seroit exécuté pour le temps qui en restoit à expirer au profit des anciens Actionnaires, qui avoient fourni le quart en sus, lesquels par ce moyen demeureroient intéressés tant pour le quart restant de leurs actions que pour lesdits nouveaux fonds qu'ils avoient payés suivant les Arrêts des 18 Novembre (b) & 14 Décembre 1684, (c) déclara les autres Actionnaires qui n'avoient point fourni ledit quart en sus, déchus des intérêts & actions qu'ils avoient à ladite Compagnie & la confirma au surplus dans tous ses priviléges en ordonnant l'exécution de l'E-

(a) Tome I. page 425.
(b) Tome I. page 413.
(c) Tome I. page 421.

AVERTISSEMENT
dit du mois d'Août 1664. (*a*)

En 1697 on vit sortir de cette Compagnie, comme par une espéce de restitution, la nouvelle Compagnie de la Chine que le sieur Jourdan forma, & dont nous dirons ci-après quelque chose lorsque nous aurons parlé de celle de la mer du Sud.

Au mois de Septembre 1698, le Roi désunit de la Compagnie des Indes le privilége du commerce qui lui avoit été accordé par l'article XXVII de l'Edit du mois d'Août 1664 dans les détroits de Magellan & le Maire, & les mers du Sud, la réduisit au seul commerce des Indes Orientales, & établit par ses Lettres Patentes du même mois de Septembre 1698, une Compagnie de la mer du Sud. On verra dans le troisiéme volume que par l'Edit du mois de Mai 1719, portant réunion des Compagnies des Indes & de la Chine à la Compagnie d'Occident établie en 1717, le Roi lui accorda de nouveau le privilége ci-dessus.

L'Etat des affaires de la Compagnie des Indes Orientales ne lui ayant pas permis d'exercer dans toute son étendue le commerce qui lui avoit été accordé par la Déclaration du mois d'Août 1664, par un concordat fait avec quelques particuliers le 23 Octobre 1700, (*b*) homologué par Arrêt du 9 Novembre de la même année, (*c*) tendant à de-

---

(*a*) Tome I. page 50.
(*b*) Voyez ci-après page 29.
(*c*) Voyez ci-après page 41.

mander

HISTORIQUE. xlix

mander la faculté de commercer en certains Ports de la Chine, il se forma une Compagnie en faveur de laquelle Sa Majesté par ses Lettres Patentes du mois d'Octobre 1705, (*a*) approuva & confirma ledit concordat, établit une Compagnie sous le titre de *Compagnie Royale de la Chine*, lui accorda le privilége de commerce dans les Ports de Canton & Nympo seulement, à l'exclusion de tous autres, pendant le temps que devoit durer encore le privilége de la Compagnie des Indes Orientales, & autres clauses & conditions portées par ledit concordat, & ordonna qu'elle joüiroit des mêmes droits, priviléges & exemptions dont la Compagnie des Indes devoit joüir.

Le Privilége de la Compagnie des Indes étant prêt d'expirer, par Déclaration du 29 Septembre 1714, (*b*) Sa Majesté prorogea son privilége exclusif pour le temps de dix années consécutives; mais il arriva un autre changement en 1719, ainsi qu'on l'a dit ci-dessus, & qu'on le dira en son lieu : on va parler de la Compagnie d'Occident.

Pour bien commencer l'histoire de la Compagnie d'Occident établie en 1717, il est nécessaire de remonter à la véritable source.

On doit au sieur Robert de la Salle, natif de Rouen, (*c*) la découverte de la Province de la Louisianne, & c'est ce fameux navigateur qui, par ses

---

(*a*) Ibid. page 129.
(*b*) Ibid. page 629.
(*c*) Dictionnaire du Commerce.

Tome II. g

AVERTISSEMENT

voyages au Sud & au Sud-Ouest du Canada, fut le premier qui eut connoissance du fleuve *Mississipy*, que d'autres nomment Mochassipy, qui signifie grande riviere, nom qu'il mérite par son long cours de plus de huit cens lieues, commençant à être navigable à sept ou huit lieues de sa source.

Le sieur de la Salle avoit formé ce dessein dès l'année 1669; ayant ensuite été fait Gouverneur propriétaire du fort de Frontenac en 1675, où il prépara toute son entreprise, il revint en France trois ans après pour prendre les derniers ordres des Ministres, & les mesures pour être soutenu dans l'établissement qu'il projettoit, pour lequel étant de retour en Canada il en partit en 1680.

Ce voyage fut heureux. La Louisianne & ses vastes contrées furent découvertes & parcourues, & la Salle fut porté sur le Mississipi jusqu'à l'Ocean où il arriva en 1683.

Le célèbre aventurier vint lui-même porter en France la nouvelle de sa course & de son heureux succès. Il y forma une nouvelle Compagnie, obtint du Roi des Lettres Patentes en 1684, avec quatre Vaisseaux chargés d'habitans, de soldats & de tout ce qui étoit nécessaire pour la nouvelle Colonie qu'il alloit établir à l'embouchure de sa chere riviere.

La mer lui fut moins favorable que la terre; il entra dans le Golphe du Méxique, mais il ne put reconnoître le fleuve, qui lui avoit coûté tant de courses, de fatigues & de dépense.

HISTORIQUE.

Obligé de se retablir sur le rivage d'une autre riviere inconnue, il vit périr peu-à-peu sa Colonie, & déja au mois de Juillet 1685 il ne lui restoit pas cent personnes de tout sexe & de tout âge.

Plus affligé que découragé de ce contretemps, il entreprit plusieurs courses, pour retrouver le Mississipy, mais toujours inutilement.

Enfin dans celle qu'il fit à la tête d'un petit parti en 1687, dont une partie se mutina contre lui, il fut tué le 20 Mars d'un coup de fusil qu'un scélérat nommé Ham, (qui presque sur le champ porta la peine de son crime) lui tira de derriere de grandes herbes, d'où il l'avoit épié.

La Colonie sans chef se divisa, quelques-uns prirent le chemin des Illinois, & y arriverent même par la riviere du Mississipy, qu'ils reconnurent, mais un peu tard. D'autres sous la conduite d'Hiens autres scelerat, mais vengeur du massacre du sieur de la Salle, prirent une autre route apparemment peu sûre, puisqu'on n'entendit plus parler d'eux, & le peu de ceux qui ne voulurent suivre ni l'un ni l'autre parti furent bien-tôt enlevés par les Espagnols, qui acheverent de détruire cette malheureuse Colonie.

Ce qu'avoit inutilement tenté le sieur de la Salle réussit sept ou huit ans après, sous la conduite de M. d'Hyberville, Gentilhomme Canadien, déja fameux par d'autres entreprises. Le Mississipy fut reconnu, les premiers fondemens d'une Colonie

AVERTISSEMENT

furent jettés sur ses bords, & un fort bâti pour en assûrer la possession aux François.

La Colonie fut bientôt fortifiée par de nouveaux secours, que son fondateur lui mena dans un second voyage, & il en avoit entrepris un troisiéme, qui l'auroit approché de sa perfection lorsqu'il mourut en route, empoisonné, dit-on, par les intrigues d'une nation célébre, qui craignoit un tel voisin, & par sa mort laissa la Colonie dans le besoin de quelque autre personne capable de la soutenir, & d'achever un si beau projet; mais la guerre s'étant rallumée on laissa les choses où elles étoient.

Sur le compte qui fut rendu au Roi en 1712, de la situation desdits pays, connus alors sous le nom de la Louisianne, Sa Majesté jugeant qu'on y pourroit établir un commerce considérable, d'autant plus avantageux au Royaume, que l'on avoit été obligé de tirer jusqu'alors des étrangers la plus grande partie des marchandises qui pouvoit en venir, par Lettres Patentes du 14 Septembre de la même année le Roi établit le sieur Crozat, pour faire seul le commerce pendant quinze années dans toutes les terres possédées par sa Majesté, & bornées par le nouveau Méxique & par celles des Anglois de la Caroline, tous les établissemens, Ports, Havres, rivieres, & principalement le Port & Havre de l'Isle Dauphine appellée autrefois de massacre, le fleuve saint Louis autrefois appellé le Mississipy, depuis le bord de la mer jusqu'aux Illinois, ensemble la riviere de saint Philippe autrefois appellée les Missouris, & saint Jerôme appellée autrefois Oüabache, avec tous les pays, contrées, lacs, dans les terres & les rivieres qui tombent directement dans cette partie du fleuve saint Louis.

Mais en l'année 1717 le sieur Crozat ayant représenté que depuis qu'il avoit plû à Sa Majesté de lui accorder la concession de ce privilége, il avoit donné tous ses soins, & dépensé des sommes considérables tant pour commencer les établissemens nécessaires que pour faire les découvertes des différens commerces qu'il pourroit former dans une si grande étendue de pays, qui étoit peuplé de diverses nations de l'Amérique Septentrionale, avec lesquelles on pouvoit communiquer, ce qui auroit si heureusement réussi, qu'on ne pouvoit douter que cette nouvelle Colonie ne devint dans la suite l'objet le plus considérable du commerce en général du Royaume, en faisant toutes les avances & dépenses convenables pour soutenir & rendre utile cet établissement & en le fortifiant promptement d'un nombre suffisant de nouveaux Colons, ce qui étoit au-dessus des forces & des facultés d'un particulier ; il auroit offert de remettre son privilége à Sa Majesté, ce qu'elle accepta dès le 23 Août 1717, sans néanmoins qu'il fut rendu d'Arrêt qui ait ordonné ladite acceptation, laquelle n'avoit été faite que par un simple Arrêt conditionnel, & ne pouvoit être faite définitivement, jusqu'à ce que la valeur des effets eût été judiciairement liquidée. Mais Sa Majesté par ses Lettres Patentes en forme d'Edit du même mois d'Août 1717, ayant établi une compagnie d'Occident, lui concéda à perpétuité par l'article V toutes les terres, côtes, Ports, Havres & Isles qui composoient la Province de la Louisianne, ainsi & dans la même étendue qu'elle l'avoit accordé au sieur Crozat par les Lettres Patentes du mois de Septembre 1712, & qu'elle jouïroit aussi du bénéfice porté par les Edits des mois de Mai & Août 1664, Août 1669 & Décembre 1701.

Par l'article II des Lettres Patentes du mois d'Août 1717, le Roi accorda à la Compagnie d'Occident, le droit de faire seule le commerce pendant l'espace de vingt-cinq années dans la Province & gouvernement de la Louisianne, & le privilége de recevoir à l'exclusion de tous autres dans la Colonie du Canada tous les Castors gras & secs que les habitans de ladite Colonie auroient traités.

C'étoit alors la seule étendue de pays où la Compagnie d'Occident pouvoit commercer ; mais elle ne fut pas longtemps à recevoir de plus grands accroissemens, c'est-à-dire plusieurs autres réunions qui lui furent faites en divers tems, comme on le verra dans le tome suivant.

TABLE DES PIECES

Contenues en ce second Volume.

ARREST du Conseil d'Etat du Roi, qui homologue la délibération prise par les Directeurs & Actionnaires de la Compagnie des Indes Orientales le 10 du mois de Décembre dernier, pour l'emprunt qui doit être fait par lesdits Directeurs des sommes nécessaires pour la continuation du commerce de ladite Compagnie, du 23 Mars 1700. *page* 1

Arrêt concernant la succession du sieur Phaulkon. 4

Arrêt qui régle la quantité des étoffes de soye, d'or & d'argent, que la Compagnie des Indes peut faire venir des Indes & vendre en France, après avoir été marquées suivant l'Arrêt du Conseil du 14 Août 1688; & fait défenses à tous Marchands & autres d'acheter de ladite Compagnie ni des Marchands de Marseille des toiles peintes & écorces d'arbres, & d'en faire commerce, & à toutes personnes d'en porter, &c. du 13 Juillet 1700. 7

Arrêt en interprétation de celui du 13 Juillet ci-dessus, qui regle la quantité d'étoffes de soye que la Compagnie peut faire venir des Indes, du dernier Août 1700. 18

Délibération de la Compagnie, du 3 Septembre 1700. 23

Arrêt qui fait défense à tous Marchands, Négocians & autres personnes de vendre ni débiter aucunes marchandises venant des Indes sujettes à la marque, si elles ne sont marquées de celle qui aura été choisie par le sieur de Nointel, Commissaire départi en la Province de Bretagne, à peine de confiscation & de 3000 liv. d'amende, du 7 Septembre 1700. 25

Convention faite entre les Directeurs & le sieur Jourdan, du 8 Octobre 1700. 28

Proposition sur l'affaire du sieur Jourdan, dudit jour. *Ibid.*

Concordat entre la Compagnie des Indes & celle de la Chine, du lvj TABLE DES PIÉCES

23 Octobre 1700. page 29
Arrêt qui ordonne que les Commis des Fermes de Sa Majesté ne pourront visiter ni plomber les marchandises des Vaisseaux de la Compagnie des Indes Orientales qui arriveront au Port-Louis ou autres Ports du Royaume, du 2 Novembre 1700. 34
Arrêt qui homologue le concordat passé entre la Compagnie des Indes & celle de la Chine, du 9 Novembre 1700. 41
Délibération de la Compagnie au sujet de la convention des Intéressés du Vaisseau l'Amphitrite, du 20 Novembre 1700. 43
Etat de répartition, du 2 Janvier 1701 44
Edit de création du Conseil souverain de Pondichery, du mois de Février 1701. 45
Emprunt de 169450 liv. du 16 Février 1701. 50
Achat de deux cens mille piéces de huit en Espagne, du 13 Mai 1701. Ibid.
Arrêt qui ordonne que le prix des marchandises adjugées aux nommés Blandin & Behotte, appartiendra à Templier, à condition que lesdites marchandises seront délivrées aux Directeurs de la Compagnie des Indes, en payant audit Templier le prix des adjudications, du 28 Juin 1701. 52
Arrêt qui ordonne la confiscation des étoffes & des toiles de coton blanches saisies à la Rochelle, pour n'avoir point été marquées & être entrées en fraude, du 12 Juillet 1701. 55
Arrêt qui ordonne qu'il sera fait inventaire des marchandises de la Compagnie des Indes, du 19 Juillet 1701. 60
Arrêt qui ordonne la même chose, du 6 Septembre 1701. 64
Déclaration du Roi contre les Marchands, Négocians, Commissionnaires & autres qui feront entrer & sortir du Royaume des marchandises en fraude, du 20 Septembre 1701. 69
Arrêt qui permet aux Directeurs de la Compagnie Royale des Indes Orientales de vendre des étoffes de soye, &c. du 27 Septembre 1701. 73
Achat de cinquante mille piéces de huit en Espagne, du 15 Octobre 1701. 75
Délibération qui retarde le payement de l'intérêt de 1696, du 14 Novembre 1701. Ibid.
Emprunt de huit cens mille livres à la grosse aventure, du 21 Novembre 1701. 76
Lettre de M. de Pontchartrain à ce sujet, du 19 dudit mois. 77
Grosse aventure, 50 pour cent en paix, & 75 pour cent en guerre, du premier Décembre 1701. Ibid.
Contrats à la grosse signés par quatre Directeurs, du 7 Décembre 1701.

CONTENUES EN CE VOLUME. lvij

1701. *page* 78

Arrêt qui décharge la Compagnie des assignations à elle données par Regnard, du 17 Décembre 1701. 79

Prêt par le Roi de 850000 liv. du 20 dudit mois. 81

Convocation d'une assemblée générale, du 23 dudit mois. 84

Arrêt qui ordonne qu'il sera incessamment convoqué une assemblée générale, du 30 dudit mois. 86

Assemblée générale convoquée. Lettre de M. de Pontchartrain. Procès-verbal du résultat de l'assemblée générale, des 30 Décembre 1701, 2 & 24 Janvier 1702. 88

Arrêt qui ordonne que la délibération prise par les Directeurs de la Compagnie des Indes Orientales sera homologuée, & en conséquence que les Directeurs & Actionnaires de ladite Compagnie, leurs héritiers & légataires ou donataires feront entre les mains du Caissier un fonds de 50 pour cent de leur capital en actions, du 21 Février 1702. 96

Augmentation de 50 pour cent du capital en actions, du 15 Mars 1702. 100

Billets au porteur payables en deux ans pour les 50 pour cent du capital des actions, du 28 Mars 1702. 101

Arrêt qui homologue la délibération prise par les Directeurs de la Compagnie des Indes Orientales le 14 Novembre 1701, du 11 Avril 1702. 103

Déclaration du Roi qui permet à la Compagnie des Indes Orientales de vendre les étoffes des Indes qu'elle a reçues par ses Vaisseaux, tant celles de soye pure que celles de soye mêlées d'or & d'argent, & aux Marchands qui en acheteront de les débiter jusqu'au dernier Décembre 1703, du 9 Mai 1702. 105

Arrêt d'enregistrement à la Cour du Parlement, du 12 Août 1702. 108

Droits de présence distribués aux Directeurs à l'issue des assemblées, du 13 Mai 1702. 111

Arrêt qui ordonne que celui du 21 Février & le présent Arrêt seront exécutés, du 16 Mai 1702. 113

Arrêt qui homologue la délibération prise au sujet de l'emprunt fait par la Compagnie le 13 dudit mois, du 16 Mai 1702. 117

Arrêt qui décharge la Compagnie des assignations à elle données à la requête de Guibert, dudit jour. 119

Arrêt qui ordonne qu'il sera fait inventaire, &c. du 22 Août 1702. 121

Billet au porteur pour les 50 pour cent changés en billets particuliers du sieur le Noir, du 30 dudit mois. 125

Tome II. h

Arrêt qui permet à la Compagnie de vendre les toiles peintes, indiennes, &c. du 18 Septembre 1702. page 126
Arrêt qui ordonne l'exécution de ceux des 21 Février & 16 Mai derniers, sinon & à faute de ce, seront & demeureront purement & simplement déchûs de toutes les actions qu'ils auront pû avoir dans le fonds & commerce de ladite Compagnie, du 26 Septembre 1702. 128
Arrêt qui ordonne que les Directeurs remettront entre les mains de M. Chamillart un état par eux certifié des Marchands qui ont acheté les toiles peintes & les écorces d'arbres, du 18 Novembre 1702. 131
Surséance du payement des billets de 50 pour cent, du 24 Novembre 1702. 137
Arrêt qui ordonne que la Déclaration du 9 Mai 1702 sera exécutée, du 12 Décembre 1702. 138
Arrêt qui ordonne l'exécution de la délibération du 24 Novembre dernier, du 2 Janvier 1703. 142
Droits de préfence de 1702 payés en billets au porteur, du 16 Mars 1703. 144
Arrêt portant qu'il sera fait inventaire des marchandises, &c. du 24 Juillet 1703. 145
Payement de l'emprunt à la grosse aventure, du 9 Janvier 1704, 151
Vaisseau pris par les Anglois le 20 Mai 1703. Ibid.
Lettre d'avis de la prise dudit Vaisseau. 152
Assemblées fixées à quatre par semaine, du 18 Janvier 1704. 155
Arrêt qui homologue la délibération du 18. Janvier dernier, du 29 Janvier 1704. 157
Arrêt rendu sur les requêtes respectives entre les Directeurs & les Actionnaires de la Compagnie, du premier Avril 1704. 159
Arrêt qui évoque au Conseil les contestations d'entre la Compagnie & M. de Bercy, du 13 Mai 1704. 163
Arrêt concernant le sieur Chaperon, du 13 Mai 1704. 165
Arrêt qui fait défenses à M. de Bercy & aux Directeurs de procéder ailleurs que devant Sa Majesté, du 29 Juillet 1704. 167
Arrêt qui ordonne qu'il sera fait inventaire des marchandises de la Compagnie, & ensuite marquées, du 2 Septembre 1704. 170
Arrêt concernant M. de Bercy, du 23 Septembre 1704. 173
Billets au porteur payables en deux ans pour les 50 pour cent d'emprunt, du 17 Décembre 1704. 201
Délibération touchant les billets au porteur, du 10 Janvier 1705. Ibid.
Délibération concernant les droits de préfence à 3000 liv. du 28

CONTENUES EN CE VOLUME. lix

Janvier 1705. *page* 202
Arrêt qui ordonne l'exécution de celui du 12 Décembre 1702 & autres Réglemens concernant les étoffes des Indes, &c. du 17 Février 1705. 204
Nouveaux billets avec les intérêts à 10 pour cent, du 18 Février 1705. 208
Arrêt qui homologue les délibérations des 10 & 28 Janvier au sujet des droits de présence, du 17 Mars 1705. 209
Billets de la Compagnie à ceux qui fourniront des effets autres que des billets, du 18 Avril 1705. 211
Billets *idem*, du 3 Juin 1705. 212
Arrêt qui homologue les délibérations des 18 Avril & 3 Juin ci-dessus, du 28 Juillet 1705. 213
Arrêt qui ordonne que la requête des Directeurs sera communiquée aux Actionnaires, du 26 Septembre 1705. 216
Lettres Patentes du Roi, portant établissement d'une Compagnie Royale pour le commerce de la Chine, du mois d'Octobre 1705. 229
Arrêt qui ordonne que la requête insérée en l'Arrêt du 26 Septembre 1705 sera communiquée aux Actionnaires de la Compagnie, du 3 Novembre 1705. 235
Arrêt portant qu'il sera fait inventaire des marchandises, &c. du 30 Mars 1706. 239
Arrêt qui ordonne l'exécution de celui du 23 Septembre 1704, du 20 Avril 1706. 242
Traité fait entre la Compagnie & M. Jourdan, du 21 Avril 1706. 244
Achat de deux Vaisseaux par M. Jourdan, du 23 Avril 1706. 245
Billets au porteur avec les intérêts à 10 pour cent, du 10 Juillet 1706. 247
Renouvellement desdits billets, du 7 Août 1706. 248
Arrêt qui défend le commerce aux Officiers des Vaisseaux & Employés de la Compagnie, du 28 Septembre 1706. 250
Arrêt contre les héritiers & biens-tenans du sieur le Gendre, du 18 Janvier 1707. 253
Arrêt contre les gens des trois Etats de Bretagne, du 2 Juillet 1707. 255
Traité entre la Compagnie & le sieur Martin de la Chapelle, du 5 Novembre 1707. 259
Arrêt concernant M. l'Amiral, du 26 Novembre 1707. 261
Arrêt concernant les prises, du 26 Novembre 1707. 279
Traité fait avec M. Jourdan, du 17 Décembre 1707. 283
Arrêt qui décharge la Compagnie de la taxe imposée par les Etats de

Table des Piéces

Bretagne sur les maisons & casernes de l'Orient, du 14 Avril 1708. — page 286

Demande au Roi de remettre le privilége de la Compagnie à quelqu'autre, du 4 Août 1708. 289

Arrêt portant qu'il sera tenu une assemblée dans deux mois, en présence de M. le Prévôt des Marchands, du 6 Novembre 1708. 292

Arrêt qui ordonne l'exécution de celui ci-dessus, du 12 Novembre 1708. 295

Concordat entre la Compagnie & M. Crozat & consorts, du premier Décembre 1708. 298

Installation du sieur Bignon, Prévôt des Marchands, du 29 Décembre 1708. 301

Traité entre la Compagnie & les sieurs Crozat, Beauvais le Fer & consorts, du 22 Avril 1709. 303

Arrêt qui homologue les actes passés les 22 & 27 Avril dernier entre les Directeurs de la Compagnie & le sieur Crozat, Beauvais le Fer, &c. du 3 Juin 1709. 311

Vente de deux Vaisseaux à M. Crozat, du 22 dudit mois. 313

Arrêt qui ordonne que les deniers provenant de la prise du Phœnix d'or seront remis au Trésorier de la Marine, du 6 Juillet 1709. 315

Arrêt qui accorde 30000 liv. à ceux qui ameneront le Vaisseau le S. Louis dans un Port de France, du 26 Août 1709. 318

Arrêt portant défenses de porter aucunes robes & vêtemens de toiles peintes, &c. du 27 Août 1709. 320

Arrêt qui ordonne que tous les Directeurs & Intéressés de la Compagnie remettront dans huit jours 3600 liv. à la caisse, pour payer les loyers de la maison qu'elle occupe, du 7 Octobre 1709. 329

M. d'Hardancourt député pour les Indes, du 7 Décembre 1709. 331

Arrêt qui permet à la Compagnie des Indes de vendre ses marchandises, du 10 Décembre 1709. 333

Arrêt qui ordonne que tous les Directeurs remettront leur part & portion de 16000 liv. du 16 Décembre 1709. 335

Arrêt qui ordonne aux créanciers, Actionnaires de la Compagnie de s'assembler chez M. Boucher d'Orsay, afin d'élire entr'eux des Syndics pour assister aux assemblées générales de la Compagnie, du 11 Janvier 1710. 337

Arrêt qui ordonne que les porteurs de contrats à la grosse sur le Vaisseau le saint Louis, représenteront leurs titres devant M. Boucher d'Orsay, du 22 Février 1710. 341

Arrêt qui ordonne que les Marchands seront tenus de payer à la Compagnie leurs billets à leur échéance, du 11 Août 1710. 348

CONTENUES EN CE VOLUME.

Arrêt qui ordonne qu'il sera fait inventaire du Vaisseau le saint Malo par M. l'Intendant de Bretagne, du 20 Septembre 1710. page 350

Traité entre la Compagnie & Messieurs Dumoulin & de Laye, du 27 Septembre 1710. 353

Arrêt qui homologue les actes du 27 Septembre dernier, du 13 Octobre 1710. 357

Arrêt qui ordonne le payement de ce qui est dû aux Officiers qui montoient le Vaisseau le saint Louis, du 20 Octobre 1710. 359

Arrêt concernant les créanciers chirographaires de la Compagnie, du 12 Janvier 1711. 362

Arrêt rendu entre les Directeurs & les porteurs à la grosse aventure, &c. du 18 Janvier 1711. 365

Arrêt qui ordonne l'exécution de l'Arrêt du 18 dudit mois, au sujet du payement de 10000 liv. à faire à Madame Hebert, du 26 Janvier 1711. 408

Arrêt qui subroge M. de Machault au lieu & place de M. d'Orsay, du 16 Février 1711. 411

Déclaration du Roi, portant établissement d'un Conseil Provincial à l'Isle de Bourbon, du 7 Mars 1711. 413

Délibération. Etat des dettes chirographaires, du 24 Avril 1711. 418

Traité fait entre la Compagnie & le sieur Crozat & consorts. 422

Arrêt concernant les mousselines & toiles de coton blanches, du 28 Avril 1711. 427

Arrêt qui ordonne que les créanciers chirographaires de la Compagnie des Indes compris dans l'état arrêté le 24 Avril 1711, seront payés du tiers de leurs capitaux, du 4 Mai 1711. 432

Edit qui décharge la ville de Lyon des octrois & sur-octrois, du mois de Juin 1711. 435

Traité fait au sujet de l'armement du sieur de Roquemador, du 8 Juin 1711. 444

Arrêt qui déclare le nommé Georget mal fondé en ses requêtes, du 28 Juillet 1711. 448

Arrêt qui regle les payemens à faire à quelques créanciers de la Compagnie, des 6 & 18 Août 1711. 451

Traité entre M. de Champigny pour la Compagnie & les sieurs Guymont du Coudray & Bille, du 5 Février 1712. 457

Arrêt qui ordonne la marque des marchandises des Vaisseaux des Indes, du 29 Mars 1712. 463

Arrêt concernant les marques sur les pièces de mousselines, du 28 Mai 1712. 469

Arrêt concernant les Intéressés en l'armement des Vaisseaux la Prin-

cesse, l'Aurore, &c. du 30 Mai 1712. *page* 472
Arrêt qui décharge les soyes provenant du commerce de la Compagnie des Indes de tous droits & autres impositions, &c. du 14 Juin 1712. 478
Traité entre la Compagnie & le sieur Crozat & consorts, du 20 Juillet 1712. 483
Arrêt qui homologue le traité fait entre la Compagnie & les sieurs Guymont du Coudray & Bille, du 8 Août 1712. 491
Arrêt qui homologue le traité du 20 Juillet précédent, fait avec Messieurs Crozat & consorts, du 8 Août 1712. 493
Déclaration du Roi, portant que la Compagnie des Indes joüira pendant le temps qui reste à expirer de son privilége du dixiéme des prises, &c. du 3 Septembre 1712. 496
Lettres Patentes qui permettent au sieur Crozat de faire seul le commerce dans la Province de la Louisianne, du 14 Septembre 1712. 502
Arrêt portant établissement de la Compagnie de la Chine, du 28 Novembre 1712. 511
Arrêt qui nomme des Commissaires pour l'examen des affaires de la Compagnie, du 5 Décembre 1712. 514
Arrêt qui ordonne qu'il sera compté par espéces, qualités & quantités des marchandises arrivées par les Vaisseaux de la Compagnie, du 24 Janvier 1713. 516
Arrêt qui regle le payement à faire aux créanciers privilégiés de la Compagnie des Indes Orientales, & celui des créanciers chirographaires, du 29 Février 1713. 518
Etat des dettes accepté par les Syndics des créanciers, du 4 Mars 1713. 544
Arrêt qui ordonne que la délibération ci-dessus sera exécutée, du 6 Mars 1713. 547
Arrêt concernant l'inventaire des caffés provenant du chargement des Vaisseaux, du 7 Août 1713. 549
Arrêt qui ordonne que par le sieur Roujault, Intendant à Roüen, il sera fait inventaire des marchandises des Indes, du 7 Août 1713. 552
Arrêt qui ordonne que par le sieur Ferrand, Intendant de Bretagne, il sera fait inventaire, du 5 Septembre 1713. 557
Suite du traité fait avec M. Crozat & consorts, du 30 Décembre 1713. 562
Arrêt qui homologue la délibération ci-dessus, du 15 Janvier 1714. 565
Délibération concernant la suite des Syndics des Actionnaires, du 29

CONTENUES EN CE VOLUME. lxiij
Janvier 1714. page 568
Arrêt concernant les toiles peintes, dont fera dreffé procès-verbaux par le Lieutenant de Police, du 10 Février 1714. 571
Ordonnance de M. l'Amiral concernant la prife du Vaiffeau le Thomas de Londres, du 19 dudit mois. 575
Arrêt concernant les foyes étrangeres & celles qui viennent des Indes & de la Chine, du 13 Mars 1714. 577
Arrêt qui regle le payement à faire aux créanciers prétendus priviégiés de la Compagnie des Indes Orientales, du 14 Mai 1714. 585
Déclaration du Roi, portant défenfes d'introduire dans le Royaume aucunes foyes ni marchandifes de foyeries venant des Indes & de la Chine, du 11 Juin 1714. 606
Arrêt portant réglement fur les toiles de coton peintes ou blanches, &c. du 11 Juin 1714. 609
Arrêt qui décharge la Compagnie de l'affignation donnée aux Requêtes de l'Hôtel, du 23 Juillet 1714. 615
Arrêt qui commet les fieurs Sandrier & Hardancourt pour figner les marques, &c. du 24 Juillet 1714. 619
Arrêt qui ordonne qu'il fera fait inventaire des mouffelines, toiles, &c. du 29 Juillet 1714. 621
Arrêt qui ordonne que le dixiéme des prifes faites en-deça du Cap de Bonne-Efpérance appartiendra à M. l'Amiral, du 24 Septembre 1714. 627
Déclaration du Roi qui proroge pendant dix ans le privilége du commerce des Indes Orientales en faveur de l'ancienne Compagnie, du 29 Septembre 1714. 629
Arrêt qui déboute les Armateurs du navire le Comte de Teffé de leur demande, du 20 Octobre 1720. 632
Traité entre la Compagnie & Meffieurs de faint Malo, du 5 Décembre 1714. 637
Arrêt qui homologue le traité fait entre la Compagnie & Meffieurs de faint Malo, du 29 Décembre 1714. 646
Arrêt qui accorde à M. l'Amiral le dixiéme de la prife du Phœnix d'or, du 8 Janvier 1715. 649
Arrêt qui ordonne que les drogueries & épiceries de la Compagnie pour Lyon ne payeront que le quart des droits du Tarif de 1664, &c. du 15 Janvier 1715. 651
Arrêt concernant les mouffelines, toiles de coton des Indes, de la Chine ou du Levant, du 4 Juin 1715. 663
Arrêt portant qu'il fera fait invhentaire des marchandifes à Breft & au Port-Louis, du 23 Juillet 1715. 667
Arrêt qui ordonne qu'il fera payé 40000 liv. au fieur Crozat, du 12

lxiv TABLE DES PIÉCES, &c.
Août 1715. page 673
Arrêt concernant les marchandises du saint Louis saisies à Pondichery, du 14 dudit mois. 676
Arrêt qui juge le Vaisseau la Cloche de bonne prise, du 23 Octobre 1715. 678
Arrêt qui ordonne qu'il sera fait inventaire à Bordeaux pour les poivres, du 19 Novembre 1715. 681

FIN DE LA TABLE DES PIÉCES.

ARREST

ARREST
DU CONSEIL D'ETAT
DU ROY,

QUI homologue la Délibération prise par les Directeurs & Actionnaires de la Compagnie des Indes Orientales le 10 du mois de Décembre dernier, pour l'emprunt qui doit être fait par lesdits Directeurs, des sommes nécessaires pour la continuation du Commerce de ladite Compagnie.

Du 23 Mars 1700.

Extrait des Registres du Conseil d'Etat.

U par le Roi étant en son Conseil la requête présentée à Sa Majesté par les Directeurs de la Compagnie des Indes Orientales, contenant qu'en exécution d'une délibération par eux prise le 12 Novembre dernier pour convoquer une assemblée générale d'eux & des Actionnaires de ladite Compagnie, il auroit été ex-

pédié des lettres circulaires à tous lesdits Actionnaires, tant des Provinces que de Paris, pour les avertir de se trouver, soit par eux-mêmes, soit par leurs Procureurs, à l'assemblée qu'ils avoient résolu de tenir au Bureau de ladite Compagnie le 10 du mois de Décembre suivant; qu'en exécution de ces lettres la plus grande partie desdits Directeurs & Actionnaires se seroient trouvés en ce Bureau ledit jour 10 Décembre, où le sieur Prévôt des Marchands leur auroit expliqué l'état présent de la Compagnie, ce qui étoit provenu des dernieres ventes, les envois qui avoient été faits l'année derniere, ceux qu'on se préparoit à faire pendant la présente, & les espérances qu'il y avoit lieu de concevoir du commerce de cette Compagnie, par la protection qu'il plaisoit à Sa Majesté de lui donner; il leur avoit ensuite demandé leur avis pour un nouvel emprunt qu'il falloit faire pour l'expédition des Vaisseaux qui doivent partir cette année, & pour payer auxdits Directeurs & Actionnaires deux années d'intérêts des fonds par eux mis dans la caisse de la Compagnie des sept qui leur étoient dûes: sur quoi ledit sieur Prévôt des Marchands ayant pris les avis desdits Directeurs & Actionnaires en particulier, il auroit été résolu, à la pluralité des voix, de faire ledit emprunt, & de payer auxdits Directeurs & Actionnaires l'intérêt de leurs fonds des années 1693 & 1694, sur le pied de dix pour cent, suivant & conformément à la Déclaration du mois de Février 1685; sçavoir, ceux de l'année 1693 en argent comptant, & ceux de l'année 1694 en un billet du sieur le Noir, Caissier, payable le premier Octobre prochain. A ces causes, requéroient lesdits Directeurs qu'il plût à Sa Majesté homologuer ladite délibération, & en ordonner l'exécution. Vû aussi la délibération desdits Directeurs du 12 Novembre dernier & le procès-verbal de l'assemblée, fait par le sieur Bosc, son Conseiller en ses Conseils, son Procureur Général en la Cour des Aydes & Prévôt des Marchands de la ville de Paris, & tout consideré, SA MAJESTE' E'TANT EN SON CONSEIL, a homologué & homologue la délibération prise par les Directeurs & Actionnaires de la Compagnie des Indes Orientales, en préfence du fieur Prévôt des Marchands, le 10 du mois de Décembre dernier, & le confentement defdits Actionnaires, contenu dans ledit procès-verbal, en ce qui regarde l'emprunt qui doit être fait par lefdits Directeurs des fommes néceffaires pour la continuation du commerce de ladite Compagnie, lequel emprunt fera fait folidairement par lefdits Directeurs, & lefdits Actionnaires en demeureront garans à proportion des actions qu'ils ont dans ladite Compagnie : au furplus, permet Sa Majefté auxdits Directeurs & Actionnaires de prendre les intérêts des fommes qu'il ont dans le fonds de ladite Compagnie, pour les années 1693 & 1694, aux termes portés par ladite Déclaration. FAIT au Confeil d'Etat du Roi, Sa Majefté y étant, tenu à Verfailles le vingt-trois Mars mil fept cent. *Signé* PHELYPEAUX.

ARREST
DU CONSEIL D'ÉTAT
DU ROY,

Concernant la succession du Sieur Phaulkon.

Du 30 Mars 1700.

Extrait des Registres du Conseil d'Etat.

SUR ce qui a été représenté au Roi étant en son Conseil, que le feu sieur Constantin Phaulkon, Chevalier de l'Ordre de saint Michel, Ministre du Roi de Siam, par le zele qu'il avoit pour le service de Sa Majesté & pour l'avancement du commerce de ses Sujets, ayant désiré de s'intéresser dans celui de la Compagnie des Indes Orientales, il auroit passé un acte de société à Louvo, au Royaume de Siam, avec le sieur Cerberet, l'un des Directeurs généraux de ladite Compagnie & Envoyé extraordinaire de Sa Majesté auprès du Roi de Siam, par lequel ledit sieur Constantin Phaulkon se seroit engagé de fournir jusqu'à la somme de trois cens mille livres entre les mains du Caissier de la Compagnie, pour partager avec les autres Intéressés les pertes & profits à proportion de son intérêt, ce qui ayant été agréé ensuite par Sa Majesté, elle le déclara Directeur général pour la Compagnie dans les Indes, & la Compagnie lui fit expédier en conséquence les lettres pour ce nécessaires ; qu'en exécution de ce traité ledit sieur Phaulkon paya & remit des parties considérables à compte de ladite somme de trois cens mille livres, lesquelles ont été touchées par ladite Compagnie, & chargea le Pere Tachar, Jésuite, de sa procuration pour faire son compte avec elle, ce qui n'a été fait que pour deux parties, l'une de cinquante-trois mille six cens vingt-deux livres, dont ladite Compagnie lui a envoyé quittance du 28 Janvier 1689, & l'autre de cinquante-huit mille cent vingt-sept livres deux sols, suivant la quittance de la même Compagnie du 26 Mars de ladite année, laquelle n'a point été envoyée, parce que les avis de la mort dudit sieur Phaulkon ont précédé les occasions de l'envoi ; ces mêmes avis ayant aussi empêché que ce Pere n'ait achevé de compter avec ladite Compagnie pour les effets qui n'étoient pas encore vendus en ce temps ; que le Pere de Beze, Jésuite, qui s'étoit trouvé à Siam lors de la révolution dans laquelle ledit sieur Phaulkon a été tué, ayant été chargé de la procuration de la Dame Phaulkon, sa veuve, auroit été pris par les Hollandois, & mené au Cap de Bonne-Espérance, où on lui a ôté cette procuration, après quoi ayant été ramené en Hollande & de-là en France, il en a informé ses Supérieurs qui en ont rendu compte à Sa Majesté, laquelle ayant donné ordre aux Directeurs de ladite Compagnie de l'informer de l'état auquel ils étoient avec ledit sieur Phaulkon, ils ont prétendu le rendre responsable des pertes qu'ils ont faites à Siam : sur quoi Sa Majesté voulant, en attendant que la discution du compte à faire entr'eux puisse être terminée, donner à ladite veuve Phaulkon & à son fils des marques de sa protection, & les faire joüir du bénéfice des Lettres de naturalité accordées audit sieur Phaulkon & à sa famille, SA MAJESTÉ ÉTANT EN SON CONSEIL, a fait & fait très-expresses inhibitions & défenses aux Directeurs de la Compagnie des Indes Orientales de disposer desdites deux sommes de 53.622 liv. & 58127 liv. 2 s. & des intérêts qu'elles ont produit, ni du montant de la vente des effets qui n'avoient pas encore été liquidés au temps de la nouvelle de la mort dudit sieur Phaulkon, dont ils remettront incessamment à Sa Majesté un état signé & certifié d'eux, jusqu'à ce qu'elle ait décidé sur les demandes respectives desdits Directeurs & de ladite veuve Phaulkon & son fils, ou du porteur de leur procuration; & en attendant & jusqu'à la décision desdites contestations, veut Sa Majesté que lesdits Directeurs fassent tenir par chacun an 3000 liv. à ladite veuve Phaulkon & à son fils, pour leur donner le moyen de subsister. Et sera le présent Arrêt enregistré dans les registres de la Compagnie, laquelle certifiera Sa Majesté de l'exécution d'icelui. FAIT au Conseil d'Etat du Roi, Sa Majesté y étant, tenu à Versailles le trente Mars mil sept cent. *Signé* PHELYPEAUX.

ARREST
DU CONSEIL D'ÉTAT DU ROY,

QUI régle la quantité des Etoffes de foye, d'or & d'argent, que la Compagnie des Indes Orientales peut faire venir des Indes & vendre en France, après avoir été marquées fuivant l'Arrêt du Confeil du 14 Août 1688; & fait défenfes à tous Marchands, Négocians & autres, d'acheter de ladite Compagnie, ni des Marchands de Marfeille, des Toiles peintes & Ecorces d'arbres, & d'en faire commerce; & à toutes perfonnes d'en porter, & d'en faire des vêtemens & des meubles, dans tout le Royaume, à peine de confifcation & de trois mille livres d'amende.

Du 13 Juillet 1700.

Extrait des Regiftres du Confeil d'Etat.

LE Roi ayant été informé qu'au préjudice des Arrêts & Réglemens faits en fon Confeil fur l'entrée, commerce, débit & ufage dans le Royaume des étoffes de foye & mêlées de foye, or & argent, des étoffes faites d'écorces d'arbres, & des mouffelines & autres toiles de coton blanches & peintes, provenant tant du commerce de la Compagnie des Indes Orientales dans lefdites Indes que du commerce des autres Sujets de Sa Majesté dans les pays étrangers, & sur la fabrique & impression dans le Royaume desdites toiles de coton blanches venant des Indes, & des toiles de lin ou de chanvre provenant des Manufactures du Royaume, il se commet plusieurs abus très-préjudiciables à la consommation des Manufactures de petites étoffes de laine & mêlées de laine & soye du Royaume, & au commerce qui a coûtume de s'en faire dans les pays étrangers; Sa Majesté se seroit fait représenter lesdits Arrêts & Réglemens, & entr'autres l'Arrêt du 30 Avril 1686, portant qu'à commencer dudit jour il sera payé, outre & par-dessus les droits du Tarif de 1664, six livres par chacune piéce de toile de coton de dix aunes de long, & quatre livre sur chacune livre pesant de couvertures, chemisettes & autres ouvrages de coton aux entrées du Royaume; sçavoir, par mer par les Bureaux de Rouen, le Havre, Dieppe, Calais, la Rochelle, Nantes, Bordeaux & Bayonne, & par terre par les Bureaux de Lyon, Septem & Narbonne, à peine de confiscation desdites marchandises qui entreroient par d'autres Bureaux & par d'autres voyes. Autre Arrêt du Conseil du 11 Mai 1686, par lequel les Bureaux de Dunkerque, Colioure, Metz, Besançon & saint Malo sont ajoûtés aux Bureaux énoncés dans le précédent Arrêt. Autre Arrêt du Conseil du 15 Octobre 1686, portant qu'à commencer dudit jour il sera payé, outre & par-dessus les droits du Tarif de 1664 aux entrées du Royaume par lesdits Bureaux désignés par lesdits Arrêts des 30 Avril & 11 Mai précédens, vingt livres par aune des étoffes de soye riches à fleurs d'or & d'argent, huit livres par aune des petites étoffes de soye bourées & mêlées d'or & d'argent, cinquante sols par aune des taffetas & satins purs, trente sols par aune des étoffes de soye & écorces d'arbres, vingt sols par aune des étoffes d'écorce d'arbre pure. Autre Arrêt du Conseil du 26 Octobre 1686, par lequel il est ordonné qu'à commencer du jour de la publication d'icelui toutes les fabriques établies dans le Royaume pour peindre les toiles de coton blanches cesseront,

&

& les moules servant à l'impression desdites toiles seront rompus & brisés, avec défenses à tous Sujets de Sa Majesté de peindre desdites toiles, & aux Graveurs de faire aucuns moules servant à ladite impression, à peine de confiscation des toiles, moules & ustenciles, & de trois mille livres d'amende, payables par corps : & à l'égard des toiles peintes & autres étoffes de soye à fleurs d'or & d'argent des Indes & de la Chine, est accordé jusqu'au dernier Décembre 1687 aux Marchands & autres qui en sont chargés, pour les vendre & s'en défaire ainsi qu'ils aviseront bon être, après lequel temps est fait défenses à toutes personnes de quelque qualité & condition qu'elles soient, de les exposer en vente, & aux particuliers d'en acheter; est ordonné que celles qui seront trouvées dans les magasins & boutiques, seront brulées, & les propriétaires condamnés en trois mille livres d'amende ; l'entrée, vente & débit des toiles de coton blanches dans le Royaume est permise, en payant les droits portés par les Arrêts des 30 Avril & 15 Octobre 1686, jusqu'au dernier Décembre 1687. Autre Arrêt du Conseil du 27 Janvier 1687, portant qu'il sera sursis à l'exécution desdits Arrêts des 30 Avril, 15 & 26 Octobre 1686 jusqu'au dernier Décembre 1688, jusqu'auquel temps il est permis à la Compagnie de recevoir les toiles de coton blanches & peintes venant des Indes, & de les vendre & débiter dans le Royaume, & de faire peindre les blanches, à la charge que celles qui se trouveroient entre les mains des Marchands audit jour dernier Décembre 1688, seront reprises par les Directeurs de ladite Compagnie, & remboursées suivant leurs offres, pour être par eux envoyées hors du Royaume ; & à l'égard des étoffes de soye, or & argent, & écorces d'arbres des Indes & de la Chine, est permis à ladite Compagnie seulement d'en continuer le commerce & d'en faire venir jusqu'à la concurrence de cent cinquante mille livres par chacun an ; comme aussi de faire venir toutes sortes de toiles blanches autres que celles qui sont défendues par cet Arrêt, & toutes sortes d'autres marchandises &

denrées provenant des pays de sa concession, en payant seulement les droits portés par le Tarif de 1664, à condition d'exécuter les offres faites par les Directeurs de ladite Compagnie d'envoyer tous les ans pour cinq cens mille livres de marchandises des Manufactures de France. Autre Arrêt du Conseil du 6 Avril 1688, portant que lesdits Arrêts des 26 Octobre 1686 & 27 Janvier 1687 seront exécutés selon leur forme & teneur, & en conséquence qu'il sera incessamment fait des visites dans la ville de Paris & dans les Provinces chez tous les Marchands & autres qui auront desdites toiles, tant blanches que peintes, & que toutes celles qui se trouveront n'avoir point été marquées au désir de l'Arrêt du Conseil du 8 Février 1687, seront brûlées. Autre Arrêt du Conseil du 14 Août 1688, par lequel il est permis à ladite Compagnie des Indes de continuer le commerce des étoffes de soye, or & argent & écorces d'arbres des Indes & de la Chine, & d'en faire venir jusqu'à la concurrence de cent cinquante mille livres par chacun an, dont la valeur sera justifiée par les factures des Indes, à la charge par ladite Compagnie d'envoyer tous les ans, conformément audit Arrêt du Conseil du 27 Janvier 1687, pour cinq cens mille livres de marchandises des Manufactures de France; comme aussi de faire venir toutes sortes de toiles de coton blanches, & autres marchandises & denrées provenant des pays de sa concession, en payant seulement les droits portés par le Tarif de 1664, à l'exception néanmoins des toiles de coton peintes aux Indes; est fait défenses à toutes personnes de faire entrer dans le Royaume aucunes toiles de coton blanches que par les ports de Rouen & saint Vallery sur Somme, & en payant les droits nouveaux & anciens portés par ledit Arrêt du 30 Avril 1686, comme aussi de faire venir des Indes & de la Chine aucunes étoffes de soye, or & argent, & écorces d'arbres desdits pays, à peine d'être brûlées; est ordonné que toutes les toiles de coton, écorces d'arbres & étoffes de soye, d'or & d'argent, provenant des ventes de ladite Compagnie, seront marquées de la marque qui fera ordonnée à cet effet pour chaque année, laquelle fera remife ès mains des fieurs Commiffaires départis, pour faire marquer lefdites marchandifes par le Fermier des Fermes de Sa Majefté, fes Commis ou Prépofés; & en cas qu'il s'en trouve dans le Royaume de non marquées, elles feront brûlées. Arrêt du premier Février 1689, portant que, conformément aux Arrêts des 30 Avril, 25 & 26 Octobre 1686, 26 Janvier, 8 Février, 6 Avril, 14 Août & 30 Novembre 1688, les moules fervant à peindre les toiles de coton blanches, feront inceffamment rompus & brifés; défenfes tant à ladite Compagnie des Indes Orientales, qu'à fes autres Sujets, de les rétablir & de peindre defdites toiles, à peine de confifcation & de trois mille livres d'amende par corps & fans déport; comme auffi de vendre, expofer en vente ni acheter aucunes toiles peintes, fous pareilles peines de confifcation & d'amende; que la Compagnie reprendra les toiles par elle vendues, pour être portées hors du Royaume; que le Fermier des Fermes de Sa Majefté donnera toutes les expéditions néceffaires pour la fortie defdites toiles, & que dans un mois du jour de la publication de l'Arrêt, il fera fait des vifites chez les Marchands & tous autres qui pourront avoir defdites toiles peintes, & que celles qui feront trouvées feront faifies, confifquées & brûlées. Autre Arrêt du Confeil du 15 Mars 1689, par lequel la Compagnie eft déchargée de reprendre les toiles qu'elle aura vendues blanches & que les Marchands auront fait peindre; & eft ordonné que tant les toiles blanches & peintes que la Compagnie aura vendues & qu'elle eft obligée de reprendre par ledit Arrêt du premier Février, que celles que les Marchands auront fait peindre, feront envoyées hors du Royaume, fuivant ledit Arrêt. Autre Arrêt du Confeil du 14 Mai 1689, portant très-expreffes inhibitions & défenfes à tous fes Sujets de quelque condition & qualité qu'ils foient, de faire imprimer & peindre aucunes toiles de lin ni de chanvre, ni même de vendre ou expofer en vente celles qui peuvent avoir été peintes, à peine de confifcation & de 3000 liv.

B ij

d'amende, par corps & fans déport, & que les moules fervant à ladite impreffion feront rompus & brifés, & pour cet effet qu'il en fera fait une exacte perquifition & recherche dans la ville de Paris & dans les Provinces. Autre Arrêt du Confeil du 10 Février 1691, par lequel il eft fait très-expreffes inhibitions & défenfes à toutes fortes de perfonnes de quelque qualité & condition qu'elles foient, d'apporter & faire entrer dans le Royaume aucunes toiles de coton & mouffelines des Indes, à peine de confifcation & de 3000 liv. d'amende, & aux Fermiers des cinq groffes Fermes & entrées de France, fes Procureurs & Commis, de laiffer paffer lefdites toiles de coton blanches & mouffelines par les Bureaux d'entrée, à peine de femblable amende, & d'en répondre en leurs propres & privés noms. Autre Arrêt du Confeil du 13 Mars 1691, portant défenfes à toutes perfonnes, autres que ladite Compagnie des Indes, d'apporter & faire entrer dans le Royaume aucunes toiles de coton, mouffelines & étoffes de foye d'or d'argent, & écorces d'arbres, à peine de confifcation & de trois mille livres d'amende contre chacun des contrevenans, & au Fermier des Fermes de Sa Majefté, fes Procureurs & Commis, de laiffer paffer lefdites toiles & mouffelines, & autres chofes des Indes, à peine de femblable amende, & d'en répondre en leurs propres & privés noms. Autre Arrêt du Confeil du 3 Mars 1693, portant défenfes à tous Marchands, ouvriers & autres, de fabriquer ou faire fabriquer, d'avoir, vendre ou débiter aucunes toiles de coton ou autres toiles peintes; comme auffi à tous ouvriers d'employer ci-après aucunes toiles peintes & imprimées, & d'en faire aucunes tapifferies, lits, couvertures ou autres ouvrages de quelque forte qu'ils puiffent être : qu'à l'égard des meubles, habits & autres ouvrages de toiles peintes qui font déja faits & en la poffeffion defdits ouvriers & Marchands, ils feront tenus de s'en défaire dans fix mois pour tout délai, à peine de confifcation & de 3000 liv. d'amende. Autre Arrêt du Confeil du 22 Janvier 1695, portant permiffion à la Compagnie des Indes, d'apporter dans ses Vaisseaux, pendant trois ans, qui finiront au dernier Décembre 1698, & plus long-temps, s'il plaît à Sa Majesté de l'ordonner, des toiles peintes des Indes jusqu'à la concurrence de 150000 liv. par chacun an, dont les Directeurs donneront leur déclaration avec les extraits de leurs factures, dont ils remettront les originaux à M. le Contrôleur général ; que lesdites toiles peintes seront mises dans un dépôt dont les Commis des Fermes auront une clef ; que lesdites toiles peintes seront marquées de la marque ordonnée par l'Intendant, & vendues par la Compagnie des Indes, à condition d'être renvoyées hors le Royaume debout & sans entrepôt, & à condition de rapporter certificat de sortie à l'étranger ; défenses à toutes autres personnes d'apporter des toiles peintes dans le Royaume, sous les peines portées par les Arrêts ci-dessus. Autre Arrêt du Conseil du 3 Décembre 1697, portant défenses, conformément aux Arrêts & Réglemens ci-dessus, à tous ses Sujets, de quelque condition & qualité qu'ils soient, d'imprimer ou peindre, & de faire imprimer ou faire peindre aucunes toiles de lin ou de chanvre, tant vieilles que neuves, & d'en vendre ou exposer en vente, à peine de confiscation & de 3000 liv. d'amende, & que les moules & autres instrumens servant à l'impression & peinture desdites toiles, seront rompus & brisés, & que pour cet effet il en sera fait une exacte perquisition & recherche dans tous les lieux de la ville de Paris & dans les Provinces. Autre Arrêt du Conseil du 14 Décembre 1697, par lequel il est ordonné que les Fripiers qui ont en leur maison exposition des toiles peintes, hardes ou meubles faits d'icelles, seront tenus de les envoyer hors du Royaume dans trois mois du jour de la publication de l'Arrêt, à peine de confiscation & de 3000 liv. d'amende ; & que pour cet effet il sera, après l'expiration dudit délai, fait une exacte perquisition & recherche dans toutes les boutiques & magasins desdits Fripiers. Et Sa Majesté désirant pourvoir aux abus qui se commettent dans le commerce desdites étoffes de soye, or & argent, écorces d'arbres & toiles de coton blanches, teintes, peintes & mousselines: oüi sur ce le rapport du sieur Chamillart, Conseiller ordinaire au Conseil Royal, Contrôleur-général des Finances, LE ROI ÉTANT EN SON CONSEIL, a permis & permet à ladite Compagnie des Indes Orientales, conformément audit Arrêt du Conseil du 27 Janvier 1687, de faire venir des Indes dans le Royaume par chacun an des étoffes de soye ou mêlées de soye, or ou argent, pour & jusqu'à la concurrence de la somme de cent cinquante mille livres, qui pourront y être vendues & débitées, après avoir été marquées, suivant ledit Arrêt du Conseil du 14 Août 1688, à la charge par ladite Compagnie d'envoyer tous les ans aux Indes, ainsi qu'il est ordonné par lesdits Arrêts du Conseil des 27 Janvier 1687 & 14 Août 1688, pour cinq cens mille livres de marchandises des Fabriques & Manufactures de France: permet pareillement Sa Majesté à ladite Compagnie, conformément audit Arrêt du Conseil du 22 Janvier 1695, de faire venir par chacun an dans les Ports du Royaume où ses Vaisseaux aborderont, des toiles peintes & des écorces d'arbres rayées ou unies des Indes, pour & jusqu'à la concurrence de la somme de cent cinquante mille livres, lesquelles toiles peintes & écorces d'arbres seront envoyées desdits Ports par les Intéressés en ladite Compagnie & pour leur compte, dans les pays étrangers, sans les pouvoir vendre aux Marchands du Royaume, pas même à condition de les en faire sortir, ainsi qu'il leur a été permis jusqu'à présent: ordonne Sa Majesté qu'il sera fait à chaque départ des Vaisseaux de ladite Compagnie pour les Indes, une vérification des marchandises des Fabriques & Manufactures de France que ladite Compagnie en fera sortir pour les Indes, auquel effet ladite Compagnie donnera une déclaration détaillée desdites marchandises, & qu'il sera pareillement fait une vérification des étoffes de soye & mêlées de soye, or ou argent, des écorces d'arbres & toiles peintes qui seront chaque année apportées en retour du commerce de ladite Compagnie aux Indes, & s'il s'en trouve pour de plus grandes sommes que celles ci-dessus marquées, l'excédent sera confisqué & brûlé: permet pareillement Sa Majesté aux Négocians de la ville de Marseille d'y faire venir les toiles de coton blanches, teintes ou peintes qu'ils sont obligés de prendre en retour de leur commerce en Levant, pour en faire ensuite commerce dans les pays étrangers seulement, sans pouvoir en vendre & débiter dans le Royaume, à l'exception des toiles de coton blanches qui pourront entrer dans le Royaume, après qu'elles auront été employées en couvertures ou autres meubles & hardes, & piquées dans ladite ville de Marseille: fait Sa Majesté très-expresses inhibitions & défenses à tous Marchands & Négocians, & à toutes autres personnes de ses Sujets de quelque qualité & condition qu'ils soient, d'acheter de ladite Compagnie des Indes ni des Marchands de Marseille des toiles peintes & écorces d'arbres, & d'en faire commerce, exposer en vente, vendre ni débiter directement ni indirectement dans le Royaume, pays, terres & Seigneuries de l'obéissance de Sa Majesté, ni d'autres étoffes des Indes de soye ou mêlées d'or ou d'argent que celles venues par les retours de ladite Compagnie, & marquées ainsi qu'il est ordonné ci-dessus, à peine de confiscation, pour être lesdites étoffes de soye ou mêlées d'or ou d'argent trouvées en contravention au présent Réglement, & lesdites toiles peintes & écorces d'arbres brûlées, de trois mille livres d'amende, d'interdiction de commerce pendant trois mois pour les Marchands, & d'avoir leurs boutiques fermées pendant le même temps, & de punition pour les autres personnes: fait aussi Sa Majesté défenses à toutes personnes de quelque qualité & condition qu'elles soient, de porter, s'habiller ni faire aucun vêtement ni meubles d'écorces d'arbres ou toiles peintes, & aux Tailleurs, Couturieres, Tapissiers & Fripiers d'employer ni avoir chez eux des toiles peintes ou écorces d'arbres, ni des hardes ou meubles faits d'icelles, à peine de confiscation des habits & vêtemens dont les particuliers se trouveront vêtus, & de cent cinquante livres d'amende, & à peine aussi de confiscation des hardes & meubles qui seront trouvés chez lesdits Tailleurs, Couturieres, Tapissiers & Fripiers, de trois mille livres d'amende contre lesdits Tailleurs, Couturieres, Tapissiers & Fripiers, & d'interdiction des maîtrises & de tout exercice desdits métiers : ordonne Sa Majesté que pour l'exécution de ce que ci-dessus, il sera fait des visites par les Juges de Police chez les Marchands, Négocians, Tailleurs, Couturieres, Tapissiers & Fripiers dans toutes les villes du Royaume, & que toutes les étoffes de soye ou mêlées de soye, or ou argent des Indes qui seront trouvées sans la marque ordonnée ci-dessus, seront réputées entrées en fraude, & comme telles, ensemble les écorces d'arbres & toiles peintes, ou les meubles & vêtemens faits d'icelles qui seront trouvés chez les Marchands, Négocians, Tailleurs, Couturieres, Tapissiers & Fripiers, seront confisquées & brûlées, & lesdits Marchands, Négocians, Tailleurs, Couturieres, Tapissiers & Fripiers condamnés aux peines ci-dessus exprimées : ordonne pareillement Sa Majesté que les Marchands qui sont chargés d'écorces d'arbres unies ou rayées des Indes, en donneront une déclaration exacte dans un mois du jour de la publication du présent Arrêt ; sçavoir, dans la ville de Paris au sieur Lieutenant-Général de Police, & dans les Provinces aux sieurs Intendans ou Commissaires départis, ou à leurs Subdélégués, lesquels états seront rapportés à Sa Majesté, pour y être pourvû ainsi qu'il appartiendra ; & seront au surplus lesdits Arrêts & Réglemens exécutés : enjoint Sa Majesté audit sieur Lieutenant-Général de Police à Paris & auxdits sieurs Intendans ou Commissaires départis dans les Provinces, de tenir la main chacun en droit soi à l'exécution du présent Réglement, qui sera lû, publié & affiché par-tout où besoin sera, à ce que personne n'en ignore. FAIT au Conseil d'Etat du Roi, Sa Majesté y étant, tenu à Versailles le treiziéme jour de Juillet mil sept cent. *Signé* PHELYPEAUX.

LOUIS

LOUIS, PAR LA GRACE DE DIEU, ROI DE FRANCE ET DE NAVARRE, Dauphin de Viennois, Comte de Valentinois & Diois, Provence, Forcalquier & Terres adjacentes; à nos amés & féaux Conseillers en nos Conseils les sieurs Intendans & Commissaires départis dans les Provinces & Généralités de notre Royaume: SALUT. Nous vous mandons & ordonnons par ces Présentes, signées de nous, de tenir chacun en droit soi la main à l'exécution de l'Arrêt ci-attaché sous le contrescel de notre Chancellerie, cejourd'hui donné en notre Conseil d'Etat, nous y étant, lequel nous commandons au premier notre Huissier ou Sergent sur ce requis, de signifier à tous qu'il appartiendra, à ce qu'aucun n'en ignore, & de faire pour son entiere exécution tous actes & exploits nécessaires, sans autre permission: voulons qu'aux copies dudit Arrêt & des Présentes, collationnées par l'un de nos amés & féaux Conseillers & Secrétaires, foi soit ajoûtée comme aux originaux; car tel est notre plaisir. DONNÉ à Marly le treiziéme jour de Juillet l'an de grace mil sept cent, & de notre regne le cinquante-huitiéme. *Signé* LOUIS. *Et plus bas*, par le Roi Dauphin, Comte de Provence, PHELYPEAUX. Et scellé.

ARREST
DU CONSEIL D'ÉTAT
DU ROY,

En interprétation de celui du 13 Juillet 1700.

QUI régle la quantité d'Etoffes de soye, d'or & d'argent, & Ecorces d'arbres, que la Compagnie des Indes Orientales peut faire venir des Indes, & vendre en France.

Du dernier Août 1700.

Extrait des Regiſtres du Conſeil d'Etat.

SUR ce qui a été repréſenté au Roi étant en ſon Conſeil par les Directeurs de la Compagnie des Indes Orientales, qu'en exécution & ſur le fondement de leurs priviléges & des Arrêts du Conſeil des 27 Janvier 1687 & 14 Août 1688, qui leur ont permis de continuer le commerce des étoffes de ſoye, or & argent, & écorces d'arbres des Indes & de la Chine, & d'en faire venir juſqu'à la concurrence de cent cinquante mille livres par chacun an, à condition qu'ils enverroient aux Indes pour cinq cens mille livres de marchandiſes de France auſſi par chacun an; ils ont envoyé aux Indes depuis l'année 1687 pour trois millions huit cens trente-neuf mille deux cens quatre-vingt-une livres de marchandiſes de France ; & qu'encore que suivant la proportion établie par ces Arrêts ces trois millions huit cens & tant de mille livres de marchandises de France qu'ils ont envoyées aux Indes, eussent dû leur procurer pour onze cens vingt-cinq mille livres de retour d'étoffes de soye & d'écorces d'arbres ; néanmoins la guerre a tellement interrompu leur commerce & leur retour, que depuis 1687, c'est-à-dire, depuis près de 14 ans, ils n'ont reçû que pour trois cens quatre-vingt-neuf mille trente-deux livres d'étoffes de soye & écorces d'arbres, & qu'ainsi comme il se pourroit faire que leurs Commis eussent suivi dans les cargaisons qu'ils doivent envoyer en France la proportion établie par ces Arrêts, de cent cinquante mille livres de retour d'étoffes de soye & d'écorces d'arbres, sur cinq cens mille livres d'envois des marchandises de France, parce qu'il est comme impossible de soutenir le commerce de la Compagnie sans cette proportion des envois & des retours, qui lui est même onéreuse de la maniere qu'elle a été fixée par lesdits Arrêts des 27 Janvier 1687 & 14 Août 1688, il y a lieu de croire que les Vaisseaux, tant de cette année que ceux qui leur arriveront les années prochaines 1701 & 1702, leur apporteront pour plus de cent cinquante mille livres d'étoffes de soye, or & argent, & d'écorces d'arbres, parce que les Vaisseaux qu'ils doivent faire partir au mois de Janvier prochain en trouveront encore de prêtes à charger aux Indes, & qu'ils ne peuvent envoyer de nouveaux ordres que par ces Vaisseaux-là ; ce qui oblige lesdits Directeurs de supplier très-humblement Sa Majesté de leur permettre de vendre en la maniere ordinaire les étoffes de soye, or & argent, & écorces d'arbres des Indes & de la Chine qui leur sont arrivées par leurs derniers Vaisseaux, & qui leur arriveront par le Vaisseau la Toison d'or, qu'ils attendent incessamment, & pendant les années prochaines 1701 & 1702, après que lesdites étoffes & écorces d'arbres auront été marquées, & à tous les Marchands du Royaume de vendre & débiter celles qui auront été ainsi marquées jusqu'au dernier Décembre de l'année 1703 ; en quoi

C ij

ils ont remontré qu'il y a d'autant plus de justice, qu'outre qu'ils ne pourroient pas soutenir leur commerce sans cette permission, d'ailleurs comme les étoffes de soye, or & argent, & écorces d'arbres qui sont arrivées & qui arriveront à la Compagnie jusques & compris le mois de Septembre 1702, ne rempliront pas à beaucoup près la proportion des marchandises de France qu'ils ont envoyées aux Indes ; cela est conforme non-seulement aux Arrêts du Conseil des 27 Janvier 1687 & 14 Août 1688, sur la foi desquels les Directeurs ont agi, mais même à celui du 13 Juillet dernier, par lequel Sa Majesté n'a eu en vûe que de maintenir l'exécution des deux autres : & attendu que la Compagnie faisant venir des étoffes de différens endroits des Indes, il est très-difficile, quelques ordres qu'elle puisse donner, que la valeur des étoffes se trouve précisément dans les termes des Arrêts, lesdits Directeurs ont encore supplié Sa Majesté de vouloir bien ordonner qu'au cas qu'après les délais ci-dessus exprimés il leur vint des étoffes de soye, or & argent au-delà desdits cent cinquante mille livres, ladite Compagnie les pourra envoyer à l'étranger. Vû ledit Edit d'établissement de ladite Compagnie, lesdits Arrêts du Conseil des 27 Janvier 1687 & 14 Août 1688, ledit Arrêt du Conseil du 13 Juillet dernier, & les autres Arrêts & Réglemens concernant le commerce de la Compagnie, le tout considéré ; oüi le rapport du sieur Chamillart, Conseiller ordinaire au Conseil Royal, Contrôleur général des Finances, LE ROI ÉTANT EN SON CONSEIL, ayant égard aux remontrances des Directeurs de ladite Compagnie des Indes Orientales, & voulant leur donner des marques de sa protection, & leur accorder un temps convenable pour faire connoître à leurs Commis & Correspondans aux Indes les intentions de Sa Majesté, a permis & permet à ladite Compagnie des Indes de vendre jusqu'au dernier jour de l'année prochaine 1701 les étoffes d'écorces d'arbres des Indes venues sur les Vaisseaux de ladite Compagnie, arrivés dans le mois de Juillet dernier, & celles qui arriveront, tant dans le mois de Septembre de la présente année que dans le cours de ladite année prochaine, jusques & compris le mois de Septembre, sur les Vaisseaux de ladite Compagnie, pourvû néanmoins que la valeur desdites étoffes d'écorces d'arbres, jointes aux étoffes de soye ou mêlées de soye, or ou argent, venant des Indes sur les Vaisseaux de ladite Compagnie, & qui seront vendues par les Directeurs d'icelle jusqu'audit jour dernier Décembre de l'année prochaine 1701, n'excédent pas ensemble la somme de cent cinquante mille livres par chacune année, suivant & conformément auxdits Arrêts du Conseil des 27 Janvier 1687 & 14 Août 1688; ordonne Sa Majesté que ce qui se trouvera desdites étoffes d'écorces d'arbres & étoffes de soye ou mêlées de soye, or ou argent, sur les Vaisseaux de ladite Compagnie qui sont déja arrivés & qui arriveront dans les Ports du Royaume jusqu'à la fin du mois de Septembre prochain, au-delà desdits cent cinquante mille livres, & sur les Vaisseaux qui arriveront dans le cours de l'année prochaine jusques & compris le mois de Septembre, au-delà pareillement desdits cent cinquante mille livres, soit envoyé à l'étranger par lesdits Directeurs, & qu'ils rapporteront dans six mois certificat de la vente desdites marchandises : permet Sa Majesté à ladite Compagnie des Indes d'envoyer aussi à l'étranger les écorces d'arbres qui pourroient leur arriver en 1702 par le retour de leurs Vaisseaux qui partiront en 1701 : permet aussi Sa Majesté aux Marchands négocians des Villes du Royaume de vendre & débiter les étoffes d'écorces d'arbres qu'ils auront achetées de ladite Compagnie des Indes pendant le temps ci-dessus marqué, pourvû qu'elles soient marquées de la marque qui sera ordonnée, & aux particuliers auxquels lesdits Marchands négocians les auront vendues, d'en faire tel usage qu'ils aviseront jusqu'au dernier jour de l'année 1702, après lequel temps ledit Arrêt du Conseil du 13 Juillet dernier, sera exécuté selon sa forme & teneur : fait Sa Majesté très-expresses inhibitions & défenses auxdits Marchands négocians de vendre ni débiter aucunes étoffes ni marchandises venant des Indes sujettes à la marque, que celles qui seront marquées de la marque de ladite Compagnie, sous les peines portées par les Arrêts du Conseil : veut & entend au surplus Sa Majesté que les autres Réglemens portés par ledit Arrêt du Conseil du 13 Juillet dernier, concernant le commerce de ladite Compagnie des Indes, demeurent dans leur force & vertu, & soient dès-à-présent exécutés. FAIT au Conseil d'Etat du Roi, Sa Majesté y étant, tenu à Versailles le dernier jour d'Août mil sept cent. *Signé* PHELYPEAUX.

LOUIS, PAR LA GRACE DE DIEU, ROI DE FRANCE ET DE NAVARRE, Dauphin de Viennois, Comte de Valentinois & Diois, Comte de Provence, Forcalquier & terres adjacentes, au premier des Huissiers de nos Conseils ou autre notre Huissier ou Sergent sur ce requis. Nous te mandons & commandons par ces Présentes, signées de notre main, que l'Arrêt ci-attaché sous le contrescel de notre Chancellerie, cejourd'hui donné en notre Conseil d'Etat, nous y étant, tu signifies à tous qu'il appartiendra, à ce qu'aucun n'en ignore, & fais en outre pour son entiere exécution tous actes & exploits nécessaires, sans autre permission, nonobstant clameur de Haro, Chartre Normande & Lettres à ce contraires : voulons qu'aux copies dudit Arrêt & des Présentes, collationnées par l'un de nos amés & feaux Conseillers - Secrétaires, foi soit ajoûtée comme aux originaux ; car tel est notre plaisir. DONNÉ à Versailles le dernier jour d'Août l'an de grace mil sept cent, & de notre regne le cinquante-huitiéme. *Signé* LOUIS. *Et plus bas*, Par le Roi Dauphin, Comte de Provence. *Signé* PHELYPEAUX. Et scellé.

Du 3 Septembre 1700.

MONSEIGNEUR le Comte de Pontchartrain ayant fait l'honneur à la Compagnie de venir au Bureau, accompagné de M. le Prévôt des Marchands, où ayant pris séance, & après lui toute l'assemblée, il a dit qu'il avoit amené M. le Prévôt des Marchands pour présider aux assemblées de la Compagnie, ainsi que Messieurs ses prédécesseurs ont fait, & que la Compagnie ne pouvoit que beaucoup profiter des avis & conseils d'un Magistrat aussi sage que l'étoit M. le Prévôt des Marchands.

Que quoique ses occupations ne lui permissent pas de donner aux affaires de la Compagnie tout le temps qu'il seroit à souhaiter pour elle, il espéroit qu'il y donneroit pourtant toute l'attention qu'il lui seroit possible, & qu'il connoîtroit par la suite que les affaires de la Compagnie n'en sont pas indignes.

Que les Directeurs qui la composent sont de très-honnêtes gens, sociables & bien unis ; qu'ils travaillent dans cette affaire bien moins par rapport à leurs intérêts qu'à celui de l'Etat.

Que le commerce a beaucoup souffert pendant la guerre, ce qui lui a coûté des sommes très-considérables ; qu'elle a perdu en 1689 deux Vaisseaux au Cap de Bonne-Espérance de la valeur de plus de 2500000 liv.

Que depuis la paix la Compagnie a fait de forts envois aux Indes, ce qui a mis les Directeurs dans de grands engagemens, lesquels ils ont soutenus dans des temps très-difficiles, la Compagnie & les Directeurs en particulier ayant un très-bon crédit.

Que l'application qu'ils donnent à leur commerce, qui est d'ailleurs très-bon en soi, les mettra bientôt en état d'avoir rétabli toutes les pertes qu'ils ont faites ; mais que pour y parvenir plus promptement, il est nécessaire qu'elle ait des fonds d'avance aux Indes, afin qu'à l'arrivée des

Vaisseaux les cargaisons soient prêtes, ce qui fera deux biens essentiels ; l'un d'assurer promptement les retours, & l'autre d'avoir des marchandises à meilleur prix, en les amassant dans le cours de l'année.

Qu'à ces vûes il faut en joindre une autre plus importante, qui est d'avoir des établissemens dans les Indes, sans quoi la Compagnie ne seroit jamais assurée de son commerce, parce que n'ayant aucun lieu de retraite, elle ne le peut continuer pendant la guerre.

Que la Compagnie avoit beaucoup d'envieux, qui s'imaginoient qu'elle faisoit des profits immenses, parce qu'elle vendoit ses marchandises à un gros bénéfice par rapport au prix des Indes, sans faire attention que les grosses dépenses qu'elle fait pour soutenir son commerce diminuent considérablement son gain ; mais qu'elle doit s'assurer de la protection du Roi & de la sienne.

M. le Prévôt des Marchands a remercié Monseigneur de l'honneur qu'il lui faisoit de l'avoir amené au Bureau pour lui faire prendre séance pour présider en son absence aux assemblées, auxquelles il se trouveroit le plus souvent qu'il lui seroit possible, & qu'il donneroit aux affaires de la Compagnie toute son attention.

ARREST.

ARREST
DU CONSEIL D'ÉTAT
DU ROY,

QUI *fait défense à tous Marchands, Négocians, & autres personnes, de vendre ni débiter aucunes Marchandises venant des Indes, sujettes à la marque, si elles ne sont marquées de celle qui aura été choisie par le Sieur de Nointel, Commissaire départi en la Province de Bretagne, à peine de confiscation, & de trois mille livres d'amende.*

Du 7 Septembre 1700.

Extrait des Registres du Conseil d'Etat.

LE Roi étant informé qu'il est arrivé à Dieppe le 25 Décembre dernier le Vaisseau le Marchand des Indes, & au Port-Louis les 28 & 29 Juillet dernier les Vaisseaux le Maurepas & l'Aurore, appartenant à la Compagnie des Indes Orientales, chargés de salpêtre, poivre, toile de coton, mousselines, étoffes & autres marchandises, dont la vente doit être incessamment faite ; & Sa Majesté voulant qu'en exécution des Arrêts du Conseil des 14 Août 1688, 3 Avril 1694, 22 Juillet 1698, 21 Juillet & 25 Août 1699, les toiles, mousselines, étoffes des Indes, écorces d'arbres & autres marchandises sujettes à la marque, soient incessamment marquées, afin qu'il n'en

Tome II.   D

soit débité aucune autre dans le Royaume que celles de la Compagnie, conformément aux Arrêts des 10 Février & 13 Mars 1691, 21 Juillet & 25 Août 1699, en payant seulement les droits d'entrée portés par le Tarif de 1664 pour les marchandises qui y sont dénommées & contenues, & à l'égard de celles qui y sont omises & non comprises audit Tarif, trois pour cent de leur valeur, suivant l'article XLIV de l'Édit de l'établissement de ladite Compagnie, & des Arrêts des 29 Avril & 22 Novembre 1692, nonobstant tous Arrêts à ce contraires ; à quoi Sa Majesté désirant pourvoir & faire jouïr ladite Compagnie des Indes des priviléges à elle accordés, oüi le rapport du sieur Chamillart, Conseiller ordinaire au Conseil Royal, Contrôleur général des Finances, SA MAJESTÉ EN SON CONSEIL, a ordonné & ordonne, conformément aux derniers Arrêts des 14 Août 1688, 3 Avril 1694, 22 Juillet 1698, 21 Juillet & 25 Août 1699, que par le sieur Bechameil de Nointel, Conseiller en ses Conseils, Maître des Requêtes ordinaire de son Hôtel, Commissaire départi en la Province de Bretagne, ou celui qui sera par lui subdélégué, il sera fait inventaire des toiles de coton, mousselines, étoffes des Indes, écorces d'arbres & autres marchandises sujettes à la marque, venues par lesdits Vaisseaux le Marchand des Indes, le Maurepas & l'Aurore, pour être marquées de la marque qui sera choisie par ledit sieur de Nointel ou son Subdélégué à Nantes, & ensuite lesdites toiles, mousselines, poivre, salpêtre, étoffes, écorces d'arbres & autres marchandises venant des Indes, vendues en la ville de Nantes en la maniere accoûtumée, en payant les droits d'entrée, conformément au Tarif de 1664 & à l'article XLIV de l'Édit du mois d'Août audit an, & des Arrêts des 29 Avril & 22 Novembre 1692 ; fait Sa Majesté très-expresses défenses aux Marchands, Négocians & autres personnes de vendre ni débiter aucunes marchandises venant des Indes, sujettes à la marque, si elles ne le sont de celle qui aura été choisie par ledit sieur de Nointel, à peine de confiscation & de trois mille li-

vres d'amende, applicable moitié à l'Hôpital, & l'autre moitié au dénonciateur; permet en conséquence Sa Majesté aux Directeurs de ladite Compagnie des Indes de France, de faire faire la visite desdites marchandises chez les Marchands & Négocians, & de faire saisir celles qui ne seront point marquées de leur marque. Et sera le présent Arrêt exécuté, nonobstant oppositions ou appellations quelconques, pour lesquelles ne sera différé. FAIT au Conseil d'Etat du Roi, tenu à Versailles, Sa Majesté y étant, le septiéme jour de Septembre mil sept cent. *Collationné*,
Signé RANCHIN.

LOUIS PAR LA GRACE DE DIEU, ROI DE FRANCE ET DE NAVARRE, à notre amé & féal Conseiller en nos Conseils, Maître des Requêtes ordinaire de notre Hôtel le sieur Bechameil de Nointel, Intendant & Commissaire départi pour l'exécution de nos ordres en la Province de Bretagne: SALUT. Nous vous mandons ou à votre Subdélégué, de procéder & tenir la main à l'exécution de l'Arrêt dont l'extrait est ci-attaché sous le contrescel de notre Chancellerie, cejourd'hui donné en notre Conseil d'Etat, pour les causes y contenues; commandons au premier notre Huissier ou Sergent sur ce requis, de signifier ledit Arrêt à tous qu'il appartiendra, à ce qu'aucun n'en ignore, & de faire en outre pour l'entiere exécution d'icelui tous commandemens, sommations & autres actes & exploits nécessaires, sans autre permission, nonobstant oppositions ou appellations quelconques, pour lesquelles ne sera différé; car tel est notre plaisir. DONNÉ à Versailles le septiéme jour de Septembre l'an de grace mil sept cent, & de notre regne le cinquante-huitiéme. *Signé*, par le Roi en son Conseil, RANCHIN. Et scellé.

Convention faite entre les Directeurs & le sieur Jourdan.

Du 8 Octobre 1700.

POUR la communication du privilége que Messieurs les Directeurs généraux de la Compagnie des Indes Orientales ont donné à Messieurs les Directeurs intéressés au Vaisseau l'Amphitrite, arrivé de la Chine le premier Août dernier au Port-Louis, dont la vente doit être faite demain Samedi neuviéme du courant à la Bourse de cette ville, nous avons arrêté & sommes convenus entre nous que nous Directeurs intéressés dans ledit Vaisseau payerons comptant à Messieurs les Directeurs de la Compagnie des Indes Orientales la somme de vingt mille livres, à quoi nous sommes convenus pour leurs prétentions de cette présente vente, en exécution de l'article V du concordat passé entre nous le 4 Janvier 1698, homologué par Arrêt du Conseil du 22 dudit mois. Fait double entre nous à Nantes le 8 Octobre 1700. *Signé* SOULET, DESVIEUX, TARDIF, BAZIN, HELISSANT, JOURDAN, BOUCAUT & DANEMAY.

Propositions sur l'affaire du sieur Jourdan.

Du 8 Octobre 1700.

LA Compagnie s'étant assemblée cejourd'hui extraordinairement pour faire lecture d'une lettre qu'elle a reçûe de Mgr le Comte de Pontchartrain, datée de Fontainebleau du 7 de ce mois, il a été arrêté qu'elle sera transcrite sur ce registre, dont la teneur ensuit.

IL est nécessaire qu'il y ait ici un de vous qui ait pouvoir d'écouter les propositions qui peuvent être faites sur l'affaire de la Chine. Comme M. de Fontanieu, qui y a travaillé est ici, je crois que votre Compagnie ne peut mieux faire que de lui envoyer ce pouvoir, & même celui d'accommoder cette affaire & d'accepter les offres qui lui seront faites, si elles peuvent se concilier avec ses intérêts. Signé PONTCHARTRAIN.

La Compagnie après avoir fait toute l'attention possible sur le contenu de la lettre de Monseigneur, elle a délibéré, pour se soumettre à ses ordres, d'écouter les propositions des Associés de M. Jourdan, & de transiger avec eux au mieux qu'il seroit possible pour se maintenir & conserver dans ses priviléges.

Concordat passé entre la Compagnie des Indes & celle de la Chine.

Du 23 Octobre 1700.

ARTICLES & conditions convenus entre les Directeurs de la Compagnie Royale des Indes Orientales & Messieurs Jourdan, Coulange & Compagnie de la Chine.

PREMIEREMENT.

QUE les sieurs Jourdan, Coulange & Compagnie feront le commerce de la Chine pendant le temps que doit durer encore le privilége de la Compagnie des Indes Orientales, & pourront à cet effet envoyer aux Ports de la Chine qui seront ci-après nommés telles marchandises & tel nombre de Vaisseaux qu'ils jugeront à propos, & les faire partir de tous les Ports de France; à l'effet de quoi ils joüiront de tous les priviléges dont joüit la Compagnie des Indes Orientales, tant pour la sortie des marchandises qu'ils chargeront pour envoyer à la Chine, que des droits d'entrée à son retour sur ce qu'ils apporteront, ce qui sera, sous le bon plaisir du Roi, homologué au Conseil.

II.

Que lesdits sieurs Jourdan, Coulange & Compagnie feront arriver leurs Vaisseaux dans les ports du Port-Louis ou Nantes, ou tels autres qu'ils jugeront à propos, pour y être déchargés, à laquelle décharge pourront assister les Préposés de la Compagnie des Indes, & il leur sera fourni à l'arrivée des Vaisseaux la copie des factures des marchandises de la Chine qui seront apportées sur les Vaisseaux, certifiées de deux de Messieurs les Intéressés au commerce de la Chine.

III.

Que lesdits sieurs Jourdan, Coulange & Compagnie ne pourront apporter de la Chine en France pour y être vendues aucunes sortes de toiles ni de basins, ni de cangues, ni étoffes de soye ou mêlées de coton, or ou argent, ou autres matieres, ni brodées de fil & soye.

IV.

Que lesdits sieurs Jourdan, Coulange & Compagnie seront tenus lors de l'arrivée de leurs Vaisseaux d'en informer les Directeurs de la Compagnie des Indes Orientales, afin de convenir avec eux du jour de la vente des marchandises qui leur seront arrivées, dont il sera fait une liste par lesdits sieurs Jourdan, Coulange & Compagnie, en leur nom & de concert avec ladite Compagnie des Indes, & la vente desdites marchandises sera faite en présence d'un Directeur de la Compagnie des Indes, qui sera pour cet effet nommé par Mgr le Comte de Pontchartrain; & si lors de l'arrivée des Vaisseaux appartenans auxdits sieurs Jourdan, Coulange & Compagnie, la Compagnie des Indes a des marchandises à vendre ou qu'elle reçoive ses Vaisseaux, celles des sieurs Jourdan, Coulange & Compagnie seront vendues au jour qui aura été convenu entre lesdites Compagnies des Indes & de la Chine, ensuite & immédiatement après celles de la Compagnie des Indes;

& en cas que la Compagnie des Indes n'ait pas des marchandises à vendre, ni qu'elle ne reçoive pas ses Vaisseaux dans le temps de l'arrivée de ceux desdits sieurs Jourdan, Coulange & Compagnie, il a été convenu que les marchandises appartenant auxdits sieurs Jourdan, Coulange & Compagnie, seront vendues deux mois après leur arrivée.

V.

PERMET la Compagnie des Indes aux sieurs Jourdan, Coulange & Compagnie de faire leurdit commerce à la Chine dans les ports de Canton & de Liempon seulement, à l'exclusion précise de ladite Compagnie des Indes Orientales & de tous autres à qui la Compagnie des Indes pourroit communiquer son privilége, sous peine de confiscation des Vaisseaux & des marchandises.

VI.

IL a été expressément convenu que lesdits sieurs Jourdan, Coulange & Compagnie ne pourront faire aucun commerce dans aucun des autres Ports de la Chine, à la réserve de Canton & Liempon, sous les mêmes peines que la Compagnie des Indes, à l'effet de quoi ladite Compagnie se réserve son privilége en entier.

VII.

QUE la Compagnie des Indes n'enverra directement de France aucun Vaisseau à la Chine ni de la Chine en France, mais seulement des Indes à la Chine, où elle ne portera aucune marchandise des Manufactures de France, à la réserve des coraux, dont lesdits sieurs Jourdan, Coulange & Compagnie ne pourront point porter auxdits ports de Canton & Liempon, où ils ont seulement la liberté exclusive d'y faire commerce, à peine d'être déchûs de la présente concession.

VIII.

NE pourront aucun des Vaisseaux desdits sieurs Jourdan, Coulange & Compagnie toucher à aucunes côtes des Indes pour y faire directement ni indirectement aucun relâche, à peine de confiscation des Vaisseaux & des marchandises qui seront sur iceux.

IX.

POURRONT toutefois lesdits Vaisseaux toucher au Cap de Bonne-Espérance, Isles de sainte Helene, Ascension, Magelles, Mayottes, Anjoüan ou Madagascar pour y prendre des rafraîchissemens, & sans néanmoins y pouvoir faire aucune ouverture d'écoutilles, ventes, trocs ni achats.

X.

QU'IL sera payé par lesdits sieurs Jourdan, Coulange & Compagnie cinq pour cent par reconnoissance & par forme de redevance pour la communication du présent privilége, sur les profits; mais comme cela pourroit causer dans la suite des discussions qui pourroient nuire à la bonne intelligence que les deux Compagnies veulent conserver, il a été convenu que celle de la Chine donnera la somme de vingt-cinq mille livres par an à celle des Indes, à commencer au premier retour, bien entendu qu'elle ne donnera rien si tous ses Vaisseaux venoient à se perdre, ou que par occasion de la guerre elle fut empêchée d'y envoyer des Vaisseaux.

XI.

QUE lesdits sieurs Jourdan, Coulange & Compagnie auront un Bureau particulier établi à Paris, sur la porte duquel il leur sera loisible de faire mettre par inscription : COMPAGNIE ROYALE DE LA CHINE.

XII.

SERA le présent concordat homologué par Arrêt du Conseil, par lequel il plaira à Sa Majesté de statuer qu'il ne pourra nuire ni préjudicier à la Compagnie Royale des Indes, ni être tiré à conséquence ni exemple contre ses priviléges, desquels elle joüira en entier, & spécialement

de

de la faculté de vendre seule en France des étoffes des Indes & de la Chine pour la somme de cent cinquante mille livres, à elle accordée par plusieurs Arrêts du Conseil de Sa Majesté; ce qu'il plaira au Roi de confirmer en tant que besoin seroit, dans toute son étendue.

XIII.

Les articles ci-dessus ont été convenus sous le bon plaisir du Roi & l'approbation de Mgr le Comte de Pontchartrain, entre la Compagnie Royale des Indes & lesdits sieurs Jourdan, Coulange & Compagnie.

Fait à Fontainebleau le vingt-trois Octobre mil sept cent. *Signé* Fontanieu, Chaperon, Le Febvre, De Coulange, tant pour moi que pour M. Jourdan & Compagnie; Carlier, Directeur de ladite Compagnie.

ARREST
DU CONSEIL D'ÉTAT
DU ROY,

QUI ordonne que les Commis des Fermes de Sa Majesté ne pourront visiter ni plomber les Marchandises des Vaisseaux de la Compagnie des Indes Orientales, qui arriveront au Port-Louis, ou autres Ports du Royaume.

Du 2 Novembre 1700.

Extrait des Registres du Conseil d'Etat.

VU au Conseil d'Etat du Roi la requête présentée par Maître Thomas Templier, Adjudicataire général des Fermes unies de Sa Majesté, tendante à ce qu'il plût à Sa Majesté d'ordonner que les marchandises de la Compagnie des Indes Orientales arrivant des Indes au Port-Louis, y seront ciselées & plombées, pour être ainsi représentées à leur arrivée à Nantes; que les Maîtres des barques seront tenus d'en faire leurs déclarations au Bureau de Nantes, & de représenter leurs factures & lettres de voiture, & qu'en attendant qu'elles soient déballées & visitées, elles seront déchargées en présence des Commis dudit Templier, & mises dans les magasins de ladite Compagnie des Indes sous deux clefs, dont les Commis de Templier en auront une; que les marchandises seront sujettes aux droits de la Prévôté de Nantes; que lesdites marchandises seront aussi sujettes aux droits de parisis, douze & six deniers pour livre, & autres réunis aux cinq grosses Fermes qui se perçoivent à Ingrande, outre les droits du Tarif de 1664, & que ladite Compagnie sera tenue de payer les droits pour les fers qu'elle achete pour la construction de ses Vaisseaux. Autre requête présentée par les Directeurs généraux de ladite Compagnie des Indes Orientales, tendante à ce qu'il plût à Sa Majesté, sans avoir égard aux demandes & prétentions dudit Templier, dont il sera débouté, ordonner que l'article XLIV de l'Edit d'établissement de ladite Compagnie, du mois d'Août 1664, & les Arrêts rendus en conséquence, concernant les priviléges de ladite Compagnie, seront exécutés selon leur forme & teneur ; ce faisant que les marchandises de la Compagnie seront déchargées à l'Orient, au Port-Louis & à Nantes en la maniere accoûtumée, & sans être sujettes aux visites & plombs, ni aux autres nouvelles formalités prétendues par ledit Templier ; que la Compagnie ne pourra être tenue de payer pour les marchandises de ses ventes, en quelque lieu qu'elles soient faites, autres ni plus grands droits pour tous droits d'entrée dans le Royaume & des Fermes unies, que ceux du Tarif de 1664, seulement pour les marchandises comprises audit Tarif, & trois pour cent de celles qui n'y sont pas exprimées ; condamner Templier & ses cautions à rendre & restituer à ladite Compagnie des Indes la somme de dix-huit mille & tant de livres qui a été payée pour les droits de la Prévôté de Nantes, suivant la quittance du Receveur, & toutes & chacunes les sommes qui auront été par eux reçues ou par leurs Commis & Préposés, tant pour ledit droit de la Prévôté de Nantes, que pour le droit de parisis, douze & six deniers pour livre, & autres droits réunis d'Ingrande, avec les intérêts desdites sommes du jour du payement qui en aura été fait ; à quoi faire ils seront contraints par toutes voyes, comme dépositaires de Justice ; faire défenses aux Fermiers des Fermes unies, & à leurs Commis & Préposés, de rien exiger à l'avenir de la Compagnie ni de ses Commis & Préposés pour lesdits droits, non

E ij

plus que pour les fers & toutes choses que la Compagnie achetera ou fera acheter pour son compte, & pour servir au bâtiment & radoub, armement & avitaillement de ses Vaisseaux. Autre requête présentée par ledit Templier, Adjudicataire des Fermes générales de Sa Majesté, & employée pour réponse à la requête desdits Directeurs de la Compagnie des Indes, tendante à ce qu'il plût à Sa Majesté débouter lesdits Directeurs de ladite Compagnie des Indes des fins & conclusions de leur requête, & ordonner que conformément à la Déclaration de Sa Majesté rendue pour l'établissement de ladite Compagnie, les Directeurs d'icelle ou leurs Commis & Préposés feront déclaration à l'arrivée des Vaisseaux, tant au Port-Louis qu'à Nantes, des marchandises qui seront dans lesdits Vaisseaux, lesquelles seront plombées au Port-Louis, pour être représentées au même état à Nantes, où elles seront mises en dépôt en attendant la vente dans les magasins de la Compagnie, qui seront fermés à deux clefs différentes, dont l'une sera mise entre les mains des Commis & Préposés dudit Templier, dont elles ne pourront être enlevées qu'après que les droits de la Prévôté de Nantes auront été payés & acquittés suivant la Pancarte desdits droits; condamner les Directeurs de la Compagnie des Indes & les Marchands qui transporteront leurs marchandises par la riviere de Loire, de payer au Bureau d'Ingrande les droits d'entrée des cinq grosses Fermes, suivant le Tarif de 1664, pour les marchandises qui sont comprises audit Tarif, & à raison de trois pour cent de leur valeur pour celles qui n'y sont pas comprises, conformément aux Arrêts des 29 Avril & 22 Novembre 1692, & au surplus mettre les parties hors de cour & de procès. Vû aussi la Déclaration de Sa Majesté du mois d'Août 1664, portant établissement de ladite Compagnie pour le commerce des Indes Orientales, avec les priviléges accordés en faveur de ladite Compagnie pour cinquante années. Un Arrêt du Conseil du 30 Septembre 1665, portant exemption en faveur de ladite Compagnie de plusieurs droits de sortie & d'entrée sur les marchandises y spécifiées. Autre Arrêt du Conseil du 4 Août 1674, portant exemption en faveur de ladite Compagnie des Indes du droit d'un pour cent, & du droit de grabeau & d'aunage établi à la Rochelle au profit de ladite ville. Autre Arrêt du Conseil du 27 Janvier 1687, portant Règlement pour les marchandises que ladite Compagnie des Indes pourra faire venir dans le Royaume; & que pour toutes les sortes de marchandises provenant des pays de sa concession autres que celles défendues par ledit Arrêt, il sera payé seulement les droits portés par le Tarif de 1664, avec défenses au Fermier de Sa Majesté d'en exiger d'autres. Autre Arrêt du Conseil du 14 Août 1688, portant pareil Règlement. Autres Arrêts du Conseil des 24 Février & 13 Mars 1691, portant que les marchandises y spécifiées payeront les droits suivant le Tarif de 1664. Copie d'un ordre donné le 24 Octobre 1689 par M. le Chancellier, alors Contrôleur général des Finances, pour les droits que Sa Majesté avoit réglé qui seroient levés sur les marchandises arrivées à Nantes sur le Vaisseau le Florissant. Copie des ordres donnés le 27 dudit mois d'Octobre par les Intéressés aux Fermes générales de Sa Majesté aux Commis de la Ferme pour l'exécution dudit ordre de M. le Contrôleur général. Procès-verbal dressé le 7 Novembre 1689 d'une contestation arrivée à Ingrande sur la perception d'une partie de marchandises vendues par la Compagnie des Indes. Arrêt du Conseil rendu le 29 Avril 1692 sur les requêtes respectives des Directeurs de la Compagnie des Indes & des Intéressés aux Fermes générales de Sa Majesté, portant Règlement pour les droits qui doivent être payés sur les marchandises du commerce de ladite Compagnie des Indes; sçavoir, celles qui sont dénommées dans le Tarif de 1664, les droits y portés, & celles qui n'y sont pas dénommées, trois pour cent de leur valeur. Autre Arrêt du Conseil du 22 Novembre 1692, portant pareil Règlement pour certaines marchandises y spécifiées. Trois autres Arrêts du Conseil des 3 Avril 1694, 22 Juillet 1698, 21 Juillet & 25 Août 1699, portant pareil Réglement. Autre Arrêt du Conseil du 17 Avril 1696, rendu sur la requête des Directeurs de ladite Compagnie des Indes Orientales, portant que ladite requête sera communiquée aux Maire & Echevins, & aux Fermiers des droits de la Prévôté de la ville de Nantes, pour eux oüis ou leurs réponses vûes, être ordonné ce qu'il appartiendra; cependant par provision que lesdits Directeurs demeureront déchargés des droits contenus dans la Pancarte de ladite ville de Nantes. Deux autres ordres des 14 Mars & 17 Avril 1696, donnés par M. le Chancellier, alors Contrôleur général, semblables à celui du 24 Octobre 1689, & plusieurs autres pièces & mémoires fournis respectivement par les parties: le tout vû & consideré, oüi le rapport du sieur de Chamillart, Conseiller ordinaire au Conseil Royal, Contrôleur général des Finances, LE ROI EN SON CONSEIL, faisant droit sur le tout, a ordonné & ordonne que les Directeurs de ladite Compagnie des Indes ou leurs Commis & Préposés, seront tenus de donner aux Commis des Fermes de Sa Majesté au Port-Louis ou autres Ports de ladite Province de Bretagne où les Vaisseaux de ladite Compagnie des Indes arriveront, copie des connoissemens de la charge desdits Vaisseaux; & au Bureau des Fermes générales de Sa Majesté à Paris, copie des factures des marchandises qui seront venues des Indes sur lesdits Vaisseaux le tout certifié par lesdits Directeurs: au moyen de quoi lesdits Commis des Fermes audit Port-Louis ou autres Ports, ne pourront visiter ni plomber les balles, ballots ou caisses dans lesquelles lesdites marchandises auront été apportées, mais pourront seulement assister au déchargement desdites marchandises, si bon leur semble. Que lesdites marchandises étant transportées par mer ou par terre du Port-Louis à Nantes, y seront mises à leur arrivée dans les magasins de ladite Compagnie des Indes, sous la clef des Directeurs de ladite Compagnie seulement ; au déchargement desquelles marchandises à Nantes les Commis des Fermes pourront aussi être présens, sans que les Directeurs, Commis ou Préposés de ladite Compagnie des Indes soient obligés de les avertir ni de les attendre; à condition néanmoins que les Maîtres des barques seront obligés de représenter aux Commis des Fermes à Nantes en y arrivant copie de leurs connoissemens, & les Voituriers par terre copie de leurs lettres de voitures; & que tant lesdits Maîtres des barques que les Voituriers par terre, feront leurs déclarations en la maniere ordinaire des marchandises dont ils seront chargés, & qu'après les ventes, les expéditions dépendantes des Commis des Fermes seront délivrées ainsi qu'il est accoûtumé. Comme aussi ordonne Sa Majesté que les marchandises de ladite Compagnie des Indes venant à Nantes par mer, acquitteront les droits de la Prévôté de Nantes, suivant la Pancarte ou Tarif desdits droits, lesquels droits seront perçûs au poids, à raison de deux sols six deniers le fardeau de cent cinquante livres pesant, sur les laines de boulan, les étoffes d'écorces d'arbres, les mouchoirs de soye, le ris, le bois de sandal, le bois de sapan, la terramerita, les toiles de coton, les épiceries, telles que sont la canelle, la muscade, le gerofle, le poivre, l'ambre & le musc; sur les cauris, les cannes & rotins, les cravates brodées de fil de soye, les jupes de mousselines brodées aussi de fil & soye; & à raison du quarantiéme de la valeur sur le coton filé, les cuirs de chevreau, les soyes écrues, les étoffes de soye pure, les étoffes mêlées de soye, cotonis & chuquelas, les taffetas armoisins, les ceintures & jarretieres de soye, & les étoffes atelas à fleurs d'or. Que lesdites marchandises de la Compagnie des Indes acquitteront aussi les droits de parisis, douze & six deniers en passant à Ingrande, comme droits locaux, outre & par-dessus les droits du Tarif de 1664; & au surplus que ladite Compagnie des Indes joüira de l'exemption de tous droits d'entrée & de sortie pour les munitions de guerre, vivres & toutes autres choses nécessaires à la construction, avitaillement, armement & radoub des Vaisseaux que ladite Compagnie des Indes équipera, le tout conformément audit article XLIII de l'Edit d'établissement de ladite Compagnie des Indes du mois d'Août 1664, & audit Arrêt du Conseil du 30 Septembre 1665. FAIT au Conseil d'Etat du Roi, tenu à Fontainebleau le deuxiéme jour de Novembre mil sept cent. *Collationné*, *Signé* DE LAISTRE.

LOUIS, PAR LA GRACE DE DIEU, ROI DE FRANCE ET DE NAVARRE, au premier notre Huissier ou Sergent sur ce requis. Nous te mandons & commandons que l'Arrêt dont l'extrait est ci-attaché sous le contrescel de notre Chancellerie, cejourd'hui donné en notre Conseil d'Etat pour les causes y contenues, tu signifies à Thomas Templier, Adjudicataire général de nos Fermes unies, & à tous autres qu'il appartiendra, à ce qu'ils n'en ignorent, & fais en outre pour l'entiere exécution dudit Arrêt, à la requête des Directeurs de la Compagnie des Indes Orientales, tous commandemens, sommations & autres actes & exploits nécessaires sans autre permission; voulons qu'aux copies dudit Arrêt & des Présentes, collationnées par l'un de nos amés & féaux Conseillers-Secrétaires, foi soit ajoûtée comme aux originaux; car tel est notre plaisir DONNÉ à Fontainebleau le deuxiéme jour de Novembre l'an de grace mil sept cent, & de notre regne le cinquante-huitiéme. Par le Roi en son Conseil, *signé* DE LAISTRE, avec paraphe. Et scellé du grand Sceau de cire jaune.

Le dix-huitiéme jour de Décembre mil sept cent, signifié & baillé copie dudit Arrêt à Maître Thomas Templier, Fermier général en son Bureau à Paris, parlant à son Portier, à ce qu'il n'en ignore, par nous Huissier ordinaire du Roi en ses Conseils. Signé SALLÉ, avec paraphe.

ARREST

ARREST
DU CONSEIL D'ÉTAT
DU ROY,

QUI homologue le Concordat passé entre la Compagnie des Indes & celle de la Chine.

Du 9 Novembre 1700.

Extrait des Registres du Conseil d'Etat.

VU par le Roi, étant en son Conseil, le concordat fait entre les Directeurs de la Compagnie des Indes Orientales & le sieur Jourdan de Grouée, de Coulange & Compagnie de la Chine, le 23 Octobre dernier, pour le commerce que ladite Compagnie de la Chine doit faire dans les ports de Canton & de Liempo en la Chine, contenant treize articles, par le douziéme desquels il est porté que sous le bon plaisir de Sa Majesté ledit concordat sera homologué par Arrêt du Conseil, sans qu'il puisse nuire ni préjudicier à ladite Compagnie des Indes, ni être tiré à conséquence ni exemple contre ses priviléges, qui seront, en tant que besoin, confirmés en leur entier; & oüi sur ce le rapport du sieur Chamillart, Conseiller ordinaire au Conseil Royal, Contrôleur général des Finances, & le tout considéré, LE ROI ÉTANT EN SON CONSEIL, a homologué & homologue le concordat passé entre les Directeurs de la Compagnie des Indes Orientales & lesdits sieurs Jourdan & de Coulange & Compagnie de la Chine ; ordonne qu'il fera exécuté felon fa forme & teneur, & qu'il demeurera annexé à la minute du préfent Arrêt, pour l'exécution duquel toutes Lettres néceffaires feront expédiées. Fait au Confeil d'Etat du Roi, Sa Majefté y étant, tenu à Fontainebleau le neuf Novembre mil fept cent. *Signé* Phelypeaux.

Du 20 Novembre 1700.

MEssieurs les Directeurs ayant, en exécution de l'article V, du concordat du 4 Juin 1698, passé entr'eux & le sieur Jourdan de Grouée, homologué par Arrêt du Conseil du 22 dudit mois, une convention par laquelle Messieurs les Directeurs intéressés au Vaisseau l'Amphitrite s'obligent de payer comptant à Messieurs les Directeurs de la Compagnie des Indes Orientales la somme de vingt mille livres pour la communication de son privilége, il a été délibéré & arrêté que ladite convention sera transcrite sur le registre, & remise au sieur le Noir pour recevoir le payement de ladite somme de vingt mille livres, de laquelle il se chargera en recette envers la Compagnie, en marge de la présente délibération.

Etat de répartition.

Du 2 Janvier 1701.

LA Compagnie s'étant fait repréfenter le Procès-verbal de l'affemblée du 10 Décembre 1699, par lequel il eft entre autres chofes porté, que la plus grande partie de Meffieurs les Actionnaires avoient non-feulement confenti à l'emprunt des fommes néceffaires pour l'envoi des quatre Vaiffeaux que la Compagnie devoit faire partir pour les Indes, mais même avoient été d'avis lorfqu'à l'avenir la Compagnie feroit des envois, que les Directeurs fiffent les emprunts dont ils auroient befoin fans convoquer les Actionnaires, & qu'il fût payé deux des années des intérêts maritimes qui étoient dûs, comme il étoit propofé par lefdits Sieurs Directeurs ; en conféquence duquel confentement porté par ledit Procès-verbal du 10 Décembre 1699, & en continuation des délibérations des 7 Septembre 1697, & 22 Novembre 1698, ladite Compagnie a fait & fait journellement les emprunts néceffaires par la continuation de fon commerce, conformément aux Arrêts des 17 Août 1697, 11 Février 1699, & 23 Mars dernier, qui ont homologué lefdites délibérations, elle a réfolu de payer encore deux des années d'intérêts maritimes qui font dûs : pourquoi elle a délibéré qu'il fera dreffé deux états de répartition des intérêts maritimes des années 1695 & 1696, à raifon de dix pour cent, fuivant & conformément à la Déclaration du Roi du mois de Février 1685, pour être lefdits intérêts payés par ledit Sieur le Noir, Caiffier de la Compagnie, aux Directeurs & Actionnaires ; fçavoir, l'année 1695 en argent comptant, & l'année 1696 en fept billets payables au premier Novembre 1701, aux Directeurs & Actionnaires, & non à ordre.

Ces deux états montent chacun :

SÇAVOIR,

En principal à   2105224 liv. 1 f. 5 d.
Et en intérêts à   210522 liv. 8 f.

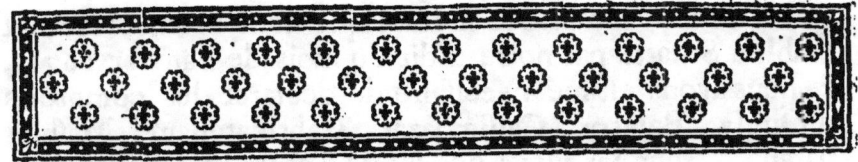

ÉDIT
DE CRÉATION
DU CONSEIL SOUVERAIN
DE PONDICHERY.

Février 1701.

LOUIS, PAR LA GRACE DE DIEU, ROI DE FRANCE ET DE NAVARRE, à tous présens & à venir : Salut. La Compagnie Royale des Indes Orientales ayant augmenté considérablement son établissement, tant par l'étendue qu'elle a donnée à son commerce, le grand nombre de Commis qu'elle y a envoyé, & les Troupes qu'elle a résolu d'y entretenir, que par les acquisitions qu'elle a faites aux environs, ce qui a attiré différentes Nations qui s'y sont venus établir sous notre protection ; & d'autant que l'éloignement considérable qu'il y a de Suratte à Pondichery, & les grandes difficultés de la correspondance d'un lieu à l'autre, nous mettent dans l'obligation de pourvoir aux moyens de faire rendre la justice à nos Sujets, qui sont & seront ci-après en ce lieu, & dans les comptoirs qui en dépendent, nous avons estimé qu'il étoit nécessaire pour le bon ordre & pour tenir chacun dans son devoir, d'établir un Conseil souverain audit lieu de Pondichery, pour y rendre en notre nom la justice, tant civile que criminelle, à tous ceux qui y sont habitués, & qui s'y habitueront, & dans toutes ses dépendances, de quelque qualité, condition & Pays

F iij

qu'ils soient, semblable à celui que nous avons ci-devant établi à Suratte par notre Edit du mois de Janvier 1671, & nous avons estimé nécessaire de déclarer les comptoirs d'Ougly, Balaçor, Cassimbazar, Cabripatenam, Masulipatan, & tous les autres que ladite Compagnie pourra établir dans le Royaume de Bengale, & le long de la côte de Coromandel dépendans dudit Pondichery. A CES CAUSES, de l'avis de notre Conseil, qui a vû notre Edit du mois de Janvier 1671, portant établissement du Conseil souverain de Suratte, & de notre certaine science, pleine puissance & autorité Royale, nous avons créé, érigé & établi, & par ces Présentes signées de notre main, créons, érigeons & établissons un Conseil souverain en ladite Ville de Pondichery, pour y rendre la justice, tant civile que criminelle à tous ceux qui sont habitués & qui s'habitueront ci-après dans ladite Ville & Fort de Pondichery & ses dépendances, & dans les comptoirs d'Ougly, Balaçor, Cassimbazar, Cabripatenam, Masulipatan & autres qui peuvent être établis, ou qui pourront l'être ci-après dans tout le Royaume de Bengale & le long de la côte de Coromandel, & dans tous les autres comptoirs & lieux dépendans dudit Pondichery, qui y feront trafic & résidence, & s'y transporteront pour l'exécution de nos ordres de quelque qualité & condition qu'ils soient, le tout en la forme & maniere ci-après ordonnée ; sçavoir est, que ledit Conseil sera composé des Directeurs généraux de ladite Compagnie, au cas qu'il s'en trouve en ladite Ville & Fort de Pondichery, & en leur absence de leur Directeur général du comptoir de Pondichery, & des marchands pour ladite Compagnie résidens dans ledit comptoir, pour dans le Siége, & aux jours & heures qui seront réglés par lesdits Directeurs & marchands, y rendre en notre nom la justice, tant civile que criminelle, selon l'exigence des cas ; ce faisant, voulons que les Jugemens qui seront rendus par lesdits Directeurs & marchands au nombre de trois en matiere civile, ou par l'un d'eux en l'absence ou légitime empêchement des autres, appeller avec lui un ou deux autres marchands & négocians François capables & de probité pour faire ledit nombre de trois, soient censés & réputés Jugemens souverains, & exécutés comme Arrêts de Compagnies, qui jugent en dernier ressort & sans appel ; & à l'égard des Procès criminels, voulons qu'ils soient instruits & jugés en la forme ordinaire, sans néanmoins que lesdits Procès criminels puissent être jugés définitivement & en dernier ressort, que par lesdits Directeurs & marchands appellés avec eux le nombre de François capables & de probité suffisante pour former avec lesdits Directeurs & marchands le nombre de cinq ; & pour faciliter l'administration de la Justice dans les endroits éloignés du comptoir général, nous avons commis, ordonné & établi, commettons, ordonnons & établissons les chefs des comptoirs particuliers ci-dessus exprimés, & de tous les autres dépendans de celui de Pondichery, pour avec d'autres de nos Sujets capables & de probité au nombre de trois en matiere civile, & de cinq en matiere criminelle, (en-sorte que le nombre de Juges soit toujours impair) exercer la Justice, tant civile que criminelle en premiere instance, & à la charge de l'appel pardevant le Conseil souverain du comptoir général de Pondichery, & néanmoins voulons qu'en cas d'appel les Jugemens rendus par les premiers Juges en matiere civile, soient exécutés en donnant caution, nonobstant & sans préjudice de l'appel ; & en conséquence, pour la plus prompte exécution des Présentes, & à plain confians de la suffisance probité & fidélité à notre service de nos chers & bien amés les Sieurs François Martin, Chevalier de l'Ordre de Saint Lazare & Notre-Dame de Mont-Carmel, Commandant de la Ville, Fort & Habitations de Pondichery, & Directeur général pour ladite Compagnie, François de Flacourt, Pierre le Pheliponnat, de Chalonge & Claude Boivin d'Hardancourt, marchands pour ladite Compagnie audit comptoir de Pondichery, qui nous ont été nommés par les Directeurs généraux de notre Compagnie Royale des Indes Orientales, nous les avons institués, commis & ordonnés, & par ces

Présentes les inſtituons, commettons & ordonnons, pour dans ledit lieu de Pondichery tenir ledit Conſeil ſouverain, & rendre à nos Sujets & autres qui ſont habitués & qui s'habitueront ci-après audit Pondichery & ſes dépendances, & dans les lieux & comptoirs ci-deſſus exprimés & en dépendans, la Juſtice, tant civile que criminelle, aux pouvoirs & prérogatives ci-deſſus portés, dont nous chargeons leur honneur & conſcience ; ce faiſant, voulons qu'ils puiſſent & leur ſoit loiſible de commettre telles perſonnes capables qu'ils aviſeront, pour faire en notre nom, & pour l'intérêt public, tant au civil qu'au criminel les réquiſitions qu'il appartiendra : comme auſſi un Greffier pour recevoir & expédier leurs Jugemens & autres Actes de Juſtice, & feront leſdits Jugemens intitulés de notre nom, & ſcellés du ſceau de nos armes, ſemblable à celui par nous ci-devant établi pour les expéditions du Conſeil ſouverain de Suratte, qui ſera remis à cet effet entre les mains dudit Sieur François Martin, que nous en avons établi garde & dépoſitaire, & en ſon abſence le plus ancien dudit Conſeil. Permettons auxdits Directeurs de notredite Compagnie Royale des Indes de révoquer leſdits Sieurs Martin, de Flacourt, le Phelyponnat, de Chalonge & Boivin d'Hardancourt, ou aucun d'eux, lorſqu'ils le jugeront à propos, à la charge de nous en préſenter d'autres, qui ſeront auſſi par nous établis ſur leur nomination. Si DONNONS en mandement à notre très-cher & féal Chancelier de France le Sieur Phelypeaux Comte de Pontchartrain, Commandeur de nos Ordres, que ces Préſentes il faſſe lire, le Sceau tenant, & regiſtrer ès regiſtres de l'Audience de la Chancellerie de France, pour le contenu en icelles, faire garder & obſerver ſelon ſa forme & teneur, ceſſant & faiſant ceſſer tous troubles & empêchemens, nonobſtant toutes Ordonnances, Edits, Déclarations, Réglemens & autres choſes à ce contraires, auxquels nous avons dérogé & dérogeons par ces Préſentes ; & en conſéquence de recevoir le ſerment en tel cas requis & accoutumé, qui ſera prêté en ſes mains

par

par deux Directeurs généraux de ladite Compagnie, par ledit Sieur François Martin, que nous avons commis & commettons par ces Présentes, pour recevoir le serment desdits Sieurs de Flacourt, le Phelyponnat, de Chalonge & Boivin d'Hardancourt, auxquels Sieurs Martin, de Flacourt, le Phelyponnat, de Chalonge & Boivin d'Hardancourt, mandons que ces Présentes ils ayent à faire lire, publier & regiſtrer, & icelles faire garder & obſerver : enjoignons à tous nos Sujets & à ceux qui ſe ſont habitués & s'habitueront dans leſdits Pays, de reconnoître pour Juges leſdits Directeurs généraux, & en leur abſence leſdits Sieurs Martin, de Flacourt, le Phelyponnat, de Chalonge & Boivin d'Hardancourt, & ceux qui seront par eux commis, & d'obéir à leurs Jugemens, à peine de déſobéiſſance, & d'être procédé contre eux ſuivant la rigueur de nos Ordonnances : mandons à nos Lieutenans généraux, Gouverneurs & autres commandant nos Armées & Vaiſſeaux de prêter main forte à l'exécution de leurs Jugemens, car tel eſt notre plaiſir ; & afin que ce ſoit choſe ferme & ſtable à toujours, nous avons fait mettre notre ſcel à ces Préſentes. DONNÉ à Verſailles au mois de Février l'an de grace mil ſept cent un, & de notre regne le cinquante-huitiéme. *Signé*, LOUIS. *Et ſur le repli*, Par le Roi, PHELYPEAUX. *Et ſcellé en lacs de ſoye rouge & verte, de cire verte. Et à côté eſt écrit*, viſa, *Signé*, PHELYPEAUX.

Tome II.   G

Emprunt de 169450 livres.

Du 16 Février 1701.

LA Compagnie n'ayant pas de fonds en caisse pour acquitter nombre de Lettres de Change tirées de divers endroits, ni pour faire les remises nécessaires à M. André Pels d'Amsterdam, pour satisfaire aux Traites faites sur lui de Cadix pour compte de la Compagnie; il a été arrêté qu'en continuation des délibérations des sept Septembre 1697 & 22 Novembre 1698, pour faire les emprunts nécessaires pour les envois & armemens sur le fondement des Arrêts du Conseil d'Etat des 17 Août 1697, 11 Février 1699 & 23 Mars dernier, il sera fait un emprunt de la somme de 169450 livres; sçavoir, 160000 livres en Lettres de Change, qui seront tirées par le sieur le Noir Caissier sur M. Planchut Banquier à Lyon, payables en prochains payemens de Pâques, à l'ordre de M. Peletyer, qu sera prié de les endosser conjointement avec M. Hebert, 7875 livres en un billet de la Compagnie, payable solidairement au porteur le premier Février 1702, & 1575 liv. en un autre Billet de la Compagnie, payable au premier Août prochain, lesquels deux Billets Messieurs Soulet. &c. seront priés de signer, &c.

Achat de 200 mille Piéces de huit en Espagne.

Du 13 Mai 1701.

LA Compagnie connoissant l'importance qu'il y a de commettre de bonne heure l'achat des matieres d'argent qu'elle destine pour faire partie de la cargaison qu'elle a résolu d'envoyer aux Indes au commencement de l'année prochaine, a prié M. Tardif d'écrire à ses amis à Cadix de faire achat de deux cens mille piéces de huit de matieres d'argent, & les faire venir par les Frégates de Saint Malo, pour le compte & aux risques de la Compagnie, avec ordre de charger sur chaque Frégate vingt à trente mille écus.

ARREST
DU CONSEIL D'ÉTAT
DU ROY,

QUI ordonne que le prix des Marchandises adjugées aux nommés Blandin & Behotte, appartiendra à Templier, à condition que lesdites Marchandises seront délivrées aux Directeurs de la Compagnie des Indes, en payant audit Templier le prix des Adjudications.

Du 28. Juin 1701.

Extrait des Registres du Conseil d'Etat.

SUR la Requête présentée au Roi en son Conseil par les Directeurs de la Compagnie des Indes Orientales, contenant que par Sentence des Officiers des Traites de Châlons sur Marne, du vingt-quatre Mai dernier, il a été adjugé au nommé Blandin soixante-sept piéces de mousselines, & cinquante-sept piéces de mouchoirs de soye des Indes, confisquées au profit de Me Thomas Templier, Fermier général des Fermes unies de Sa Majesté, par Sentence desdits Officiers de Châlons du seize Février dernier, moyennant quatre mille cent soixante-onze livres, pour être payées au Receveur des Traites pour ledit Templier à Châlons, & qu'il a été pareillement vendu & adjugé aux nommés Blandin & autres, par Sentence de Juges des Fermes au Havre, du neuviéme Juin dernier, plusieurs étoffes des Indes, lesquelles avoient été saisies le

30 Décembre 1700, & confisquées au profit de Templier, par Sentence desdits Juges du cinquiéme Janvier dernier, & ce moyennant vingt-six mille cinq cens soixante-dix liv. Et d'autant qu'il n'y a que les étoffes, toiles de coton, mousselines, & autres marchandises des Indes que ladite Compagnie des Indes apporte en France, qui puissent y être vendues après avoir été marquées de sa marque, les Supplians ont droit de s'opposer comme ils font à l'exécution desdites adjudications. A ces causes, requeroient les Supplians qu'il plût à Sa Majesté sur ce leur pourvoir, & en consequence ordonner que les marchandises qui ont été saisies & adjugées auxdits Behotte & Blandin, seront brûlées ou envoyées chez l'Etranger par telle personne qu'il plaira à Sa Majesté de commettre. Vû par Sa Majesté ladite Requête, les Procès-verbaux de saisie desdites marchandises, les Sentences de confiscations & adjudications d'icelles : oui le rapport du Sieur Chamillart, Conseiller ordinaire au Conseil Royal, Contrôleur général des Finances, LE ROI EN SON CONSEIL, ayant aucunement égard à ladite Requête, a ordonné & ordonne que, sans tirer à conséquence, & pour cette fois seulement, le prix desdites marchandises adjugées auxdits Blandin & Behotte, appartiendra à Templier, à condition que lesdites marchandises seront délivrées auxdits Directeurs de la Compagnie des Indes, en payant audit Templier le prix des adjudications faites auxdits Blandin & Behotte ; & qu'à cet effet les dépositaires seront contraints par toutes voyes, nonobstant oppositions ou empêchemens ; le tout sans que lesdits Blandin & Behotte puissent prétendre pour raison de ce aucuns dommages & intérêts contre les Directeurs de ladite Compagnie, & contre ledit Templier. Fait au Conseil d'Etat du Roi, tenu à Marly le vingt-huitiéme jour de Juin 1701. Collationné. Signé, DU JARDIN.

Le quinziéme jour de Juillet mil sept cent un, à la requête des Sieurs Directeurs de la Compagnie des Indes Orientales, le présent Arrêt a été signifié & d'icelui laissé copie aux fins y con-

tenues, à Messieurs les Fermiers généraux des Fermes en leur bureau rue de Grenelle, près Saint Eustache, en parlant au portier dudit bureau en cette Ville de Paris, à ce que du contenu audit Arrêt ils n'en ignorent, par nous Huissier ordinaire du Roi en sa Grande Chancellerie de France, premier Huissier en son Grand-Conseil soussigné. Signé, LE GRAND.

ARREST
DU CONSEIL D'ÉTAT
DU ROY,

QUI ordonne la confiscation des Etoffes, & des Toiles de Coton blanches saisies à la Rochelle, pour n'avoir point été marquées, & être entrées en fraude.

Du 12 Juillet 1701.

Extrait des Registres du Conseil d'Etat.

VU au Conseil d'Etat du Roi la Requête présentée par les Directeurs généraux de la Compagnie des Indes Orientales, contenant qu'ayant en exécution des Arrêts du Conseil des 21 Juillet & 25 Août 1699, & en vertu d'une Ordonnance du Sieur Begon, Intendant de la Rochelle du 5 Août dernier, fait faire la visite chez plusieurs marchands de la Rochelle, il s'est trouvé chez la plûpart d'entre eux des toiles de coton, mousselines, étoffes de soye & toiles peintes non marquées & entrées en fraude, qui ont été saisies & mises à la garde des particuliers dénommés dans les Procès-verbaux de saisies, & qu'ils ont des avis qu'il vient d'Angleterre plusieurs marchandises des Indes sous une marque contrefaite. Et comme les Arrêts du Conseil rendus à ce sujet, & principalement un Arrêt du Conseil du 13 Juillet 1700, portant Réglement général sur le commerce des marchandises & étoffes des Indes, font défenses de vendre aucunes marchandises venant des Indes, si elles ne sont marquées de la marque de la Compagnie des Indes Orientales de France, à peine de confiscation & de trois mille livres d'amende, sans expliquer bien exactement ce qu'on doit faire de ces marchandises, & qu'il peut arriver souvent que l'on surprenne & saisisse de ces marchandises en fraude aux entrées, ou autrement, sans que l'on sçache à qui elles appartiennent, auquel cas il n'y a que les marchandises qui puissent récompenser, indemniser & exciter, tant les dénonciateurs que ceux qui y veilleront, & que d'ailleurs ces Arrêts n'enjoignent pas aux Sieurs Intendans de tenir la main à leur exécution, & aux visites qu'ils ordonnent, & que les Commis & Agens de la Compagnie sont arrêtés dans les visites qu'ils font par le refus qu'on leur fait de leur ouvrir les portes des boutiques, magasins, & autres lieux, lesdits Directeurs auroient très-humblement requis Sa Majesté sur ce leur pourvoir, & d'ordonner que toutes les marchandises des Indes qui ont été saisies entre les mains de plusieurs marchands de la Rochelle par Exploits, & Procès-verbaux des 11 & 12 Août, 7 & 25 Septembre 1700, en vertu des Arrêts du Conseil des 21 Juillet & 25 Août 1699, & de l'Ordonnance du Sieur Begon, Intendant de la Rochelle du 5 Août 1700, demeureront dès à présent confisquées, & seront vendues par la Compagnie, pour en être le prix distribué; sçavoir, un tiers aux dénonciateurs, un tiers aux Fermiers de Sa Majesté, & l'autre tiers à la Compagnie des Indes: ce qui sera pareillement exécuté à l'égard de toutes les marchandises qui pourront être trouvées en fraude non marquées de la marque de la Compagnie, ou contrefaites, sans préjudice de l'amende ordonnée par lesdits Arrêts des 21 Juillet & 25 Août 1699, applicable ainsi qu'il est porté par lesdits Arrêts, à l'exception néanmoins des toiles peintes qui seront brûlées, conformément aux Arrêts du Conseil, & enjoindre à tous les Sieurs Intendans & Commissaires départis dans les Provinces, de tenir la main chacun dans leur département à l'exécution de l'Arrêt qui interviendra,

viendra, & de faire ouvrir tous les lieux où il pourra se trouver des marchandises non marquées ou marquées d'une marque contrefaite, sur les requisitions qui en seront faites par les Commis de la Compagnie. Vû lesdits Arrêts du Conseil d'Etat des 21 Juillet, 25 Août 1699, 13 Juillet & 7 Septembre 1700, l'Ordonnance dudit Sieur Begon du 5 Août 1700, les exploits & procès-verbaux de saisies des 11 & 12 Août, 7 & 25 Septembre 1700, & 21 Avril 1701, & autres piéces, le tout vû & considéré, oüi le rapport du Sieur Chamillart, Conseiller ordinaire au Conseil Royal, Contrôleur général des Finances, LE ROI EN SON CONSEIL, ayant égard à ladite requête, a ordonné & ordonne, que les sept piéces entieres de toiles de coton blanches saisies chez Susanne Croiset, la piéce de toile de coton blanche de dix aunes & demie, saisie chez Marie Lallement, suivant les procès-verbaux du 11 Août 1700, les piéces entieres de toiles de coton blanches saisies chez la nommée Françoise Allinet, suivant le procès-verbal du 12 dudit mois d'Août, les dix piéces entieres de toiles de coton blanches & de mousselines, saisies chez Jeanne Soullart & Marie Pinteville, suivant autre procès-verbal dudit jour 12 Août, les deux piéces entieres de toiles de coton blanches saisies chez Marie Lallement, suivant le procès-verbal du 7 Septembre, les sept tapis ou couvertures de toiles peintes, deux piéces de toiles de coton peintes, & treize piéces de satin, coton & soye à fleurs rayées, saisies chez le nommé Filleul, suivant le procès-verbal du 25 Septembre de ladite année 1700, les quinze morceaux de toiles peintes, & les deux tapis aussi de toiles peintes, saisis chez la nommée Elisabeth Berard, suivant le procès-verbal du 21 Avril 1701, demeureront saisis & confisqués, pour être lesdits sept tapis, & deux piéces de toiles peintes, saisis chez ledit Filleul, & lesdits quinze morceaux & deux tapis de toiles peintes, saisis chez ladite Berard, brûlés publiquement dans la Ville de la Rochelle, & le surplus desdites toiles de coton blanches & mousselines, & lesdites treize piéces de satin vendues à la charge d'être envoyées dans les Pays

Tome II. H

étrangers, & le prix en provenant appliqué moitié au profit du Dénonciateur, & moitié au profit de l'Hôpital de ladite Ville de la Rochelle, les frais de saisie, & de l'exécution du présent Arrêt préalablement levés ; fait Sa Majesté main-levée pour cette fois seulement, & sans tirer à conséquence, des morceaux desdites toiles de coton blanches, qui ont été saisis chez les nommés Susanne Croiset, la Veuve Laurens, Elisabeth Croiset & Marie Lallement, suivant ledit procès-verbal du 11 Août, chez la Veuve Rigault, & chez le nommé Hamelin, suivant autre procès-verbal dudit jour 11 Août, & chez ladite Françoise Allinet suivant ledit procès-verbal du 12 Août; comme aussi des pièces de toiles de coton blanches, & de mousselines, & écorces d'arbres, saisies chez ledit Filleul, suivant ledit procès-verbal du 25 Septembre 1700 : ordonne Sa Majesté que ledit Arrêt du Conseil du 13 Juillet 1700, ensemble les autres Arrêts & Réglemens, concernant le commerce, vente, débit & usage dans le Royaume des toiles de coton, tant blanches que teintes, ou peintes, mousselines, écorces d'arbre, & étoffes de soye ou mêlées de soye, or ou argent, seront exécutés selon leur forme & teneur dans ladite Ville de la Rochelle, sous les peines y portées en cas de contravention, ainsi que dans les autres Villes du Royaume. Enjoint Sa Majesté au Sieur Commissaire départi en la Généralité de la Rochelle, de tenir la main à l'exécution du présent Arrêt. Fait au Conseil d'Etat du Roi, tenu à Marly le douziéme jour de Juillet mil sept cent un. *Collationné, Signé*, RANCHIN.

LOUIS, PAR LA GRACE DE DIEU, ROI DE FRANCE ET DE NAVARRE : A notre amé & féal Conseiller en nos Conseils le Sieur Begon, Intendant & Commissaire départi pour l'exécution de nos ordres dans la Généralité de la Rochelle, salut. Nous vous mandons & enjoignons de tenir la main à l'exécution de l'Arrêt dont l'extrait est ci-attaché sous le contrescel de notre Chancellerie, cejourd'hui donné en notre Conseil d'Etat pour les causes y contenues. Commandons au premier notre Huissier ou Sergent sur ce requis, de signifier ledit Arrêt aux y dénommés, & à tous autres qu'il appartiendra, à ce qu'ils n'en ignorent, & de faire en outre pour l'entiere exécution d'icelui, & de la main-levée y mentionnée à la requête des Directeurs généraux de la Compagnie des Indes Orientales, tous commandemens, sommations, & autres actes & exploits nécessaires, sans autre permission; car tel est notre plaisir. Donné à Marly le douziéme jour de Juillet, l'an de grace mil sept cent un, & de notre regne le cinquante-neuviéme. *Signé*, par le Roi en son Conseil, Ranchin. Et scellé du grand Sceau de cire jaune.

ARREST
DU CONSEIL D'ÉTAT
DU ROY,

QUI ordonne que par le Sieur Bechameil de Nointel, Commissaire départi en la Province de Bretagne, il sera fait Inventaire des Toiles de coton, Mousselines, Etoffes des Indes, Ecorces d'arbre & autres marchandises sujettes à la marque, venues par les Vaisseaux la Toison d'Or, & l'Etoile d'Orient, pour être marquées aux deux bouts de chaque Piéce : & permet aux Directeurs de la Compagnie des Indes Orientales de faire faire des visites chez les Marchands, &c. & faire saisir ce qui n'aura pas été marqué de la marque de la même Compagnie.

Du 19 Juillet 1701.

Extrait des Registres du Conseil d'Etat.

LE Roi étant informé qu'il est arrivé au Port-Louis les 27 Décembre dernier & huit du présent mois, les vaisseaux la Toison d'Or & l'Etoile d'Orient, appartenant à la Compagnie des Indes Orientales, chargés de salpêtre, poivre, indigo, toiles de coton, mousselines, étoffes & autres marchandises, dont la vente doit être incessamment faite ; & Sa Majesté voulant qu'en exécution des Arrêts du Conseil des 14 Août 1688, 3 Avril 1694, 22 Juillet 1698, 21 Juillet & 25 Août 1699, & 7 Septembre 1700, les toiles, mousselines, étoffes des Indes, écorces d'arbre & autres marchandises sujettes à la marque, soient incessamment marquées, afin qu'il n'en soit débité aucune autre dans le Royaume que celles de la Compagnie, conformément aux Arrêts des 10 Février & 13 Mars 1691, 21 Juillet & 25 Août 1699, & 7 Septembre 1700, en payant seulement les droits d'entrée portés par le Tarif de 1664, pour les marchandises qui y sont dénommées & contenues : & à l'égard de celles qui y sont obmises & non comprises audit Tarif, trois pour cent de leur valeur, suivant l'Article XLIV de l'Edit de l'établissement de ladite Compagnie & des Arrêts des 29 Avril & 22 Novembre 1692, nonobstant tous Arrêts à ce contraires. A quoi Sa Majesté désirant pourvoir & faire joüir ladite Compagnie des Indes des Priviléges à elle accordés, ouï le rapport du Sieur Chamillart, Conseiller ordinaire au Conseil Royal, Contrôleur général des Finances, SA MAJESTÉ EN SON CONSEIL, a ordonné & ordonne, conformément aux derniers Arrêts des 14 Août 1688, 3 Avril 1694, 22 Juillet 1698, 21 Juillet & 25 Août 1699, & 7 Septembre 1700, que par le Sieur Bechameil de Nointel, Conseil d'Etat, Commissaire départi en la Province de Bretagne, il sera fait inventaire des toiles de coton, mousselines, étoffes des Indes, écorces d'arbre & autres marchandises sujettes à la marque venues par lesdits Vaisseaux la Toison d'Or & l'Etoile d'Orient, pour être marquées aux deux bouts de chaque piéce de la marque qui sera choisie par ledit Sieur de Nointel ou son Subdélégué à Nantes ; & ensuite lesdites toiles, mousselines, poivre, salpêtre, indigo, étoffes, écorces d'arbre & autres marchandises venant des Indes vendues en la Ville de Nantes en la maniere accoutumée, en payant les droits d'entrée, conformément au Tarif de 1664, & à l'article XLIV. de l'Edit du mois d'Août audit an, & des Arrêts des 29 Avril & 22 Novembre 1692. Fait Sa Majesté très-expresses défenses aux marchands, négocians & autres perfonnes de vendre ni débiter aucunes marchandifes venant des Indes, fujettes à la marque, fi elles ne font marquées de celle qui aura été choifie par ledit Sieur de Nointel, à peine de confifcation & de trois mille livres d'amende, applicable moitié à l'Hôpital, & l'autre moitié au dénonciateur : permet en conféquence Sa Majefté aux Directeurs de ladite Compagnie des Indes de France, de faire faire la vifite defdites marchandifes chez les marchands & négocians, & de faire faifir celles qui ne feront point marquées de leur marque : enjoint Sa Majefté au Sieur Lieutenant Général de Police de Paris, & aux Sieurs Intendans & Commiffaires départis dans les Provinces & Généralités du Royaume, de tenir la main à l'exécution du préfent Arrêt, en ce qui regarde ladite vifite. Et fera le préfent Arrêt, lû, publié & affiché par-tout où befoin fera, & exécuté nonobftant oppofitions ou appellations quelconques, pour lefquelles ne fera différé. Fait au Confeil d'Etat du Roi, tenu à Verfailles le dix-neuf Juillet 1701. *Collationné. Signé*, RANCHIN.

LOUIS, PAR LA GRACE DE DIEU, ROI DE FRANCE ET DE NAVARRE, Dauphin de Viennois, Comte de Valentinois & Diois, Provence, Forcalquier & Terres adjacentes ; à notre amé & féal Confeiller en nos Confeils, Maître des Requêtes ordinaire de notre Hôtel le Sieur d'Argenfon, Lieutenant Général de Police de notre bonne Ville de Paris ; & à nos auffi amés & féaux Confeillers en nos Confeils les Sieurs Intendans & Commiffaires départis pour l'exécution de nos ordres dans les Provinces & Généralités de notre Royaume, Salut. Nous vous mandons & enjoignons de tenir la main chacun en droit foi à l'exécution de l'Arrêt dont l'extrait eft ci-attaché fous le contrefcel de notre Chancellerie, cejourd'hui donné en notre Confeil d'Etat, pour les caufes y contenues. Commandons au premier notre Huiffier ou Sergent fur ce requis, de fignifier ledit Arrêt à tous qu'il appartiendra, à ce qu'aucun n'en ignore, & de faire en outre pour l'entiere exécution d'icelui à la requête des Directeurs des Indes Orientales, tous commandemens, sommations, défenses y contenues sur les peines y portées, & autres actes & exploits nécessaires, sans autre permission, nonobstant clameur de Haro, Chartre Normande, & lettres à ce contraires, oppositions ou appellations quelconques, pour lesquelles ne sera différé. Voulons que ledit Arrêt soit lû, publié & affiché par-tout où besoin sera, & qu'aux copies d'icelui, & des Présentes collationnées par l'un de nos amés & féaux Conseillers-Secrétaires, foi soit ajoutée comme aux originaux : car tel est notre plaisir. DONNÉ à Versailles le dix-neuviéme jour de Juillet, l'an de grace mil sept cent un, & de notre regne le cinquante-neuviéme. *Signé*, par le Roi Dauphin, Comte de Provence en son Conseil, RANCHIN. Et scellé du grand Sceau de cire jaune.

ARREST
DU CONSEIL D'ÉTAT
DU ROY,

QUI ordonne que par le Sieur Bechameil de Nointel, Commissaire départi en la Province de Bretagne, il sera fait Inventaire des Toiles de coton, Mousselines, Etoffes des Indes, Ecorces d'arbres & autres marchandises sujettes à la marque, venues par les Vaisseaux le Saint-Louis, le Phelypeaux & la Perle d'Orient, pour être marquées aux deux bouts de chaque Piéce : & permet aux Directeurs de la Compagnie des Indes Orientales de faire faire des Visites chez les Marchands, &c. & faire saisir ce qui n'aura pas été marqué de la marque de la même Compagnie.

Du 6 Septembre 1701.

Extrait des Regiſtres du Conseil d'Etat.

LE Roi ayant été informé qu'il est arrivé au Port-Louis les Vaisseaux le Saint-Louis, le Phelypeaux & la Perle d'Orient, appartenant à la Compagnie des Indes Orientales, chargés de salpêtre, poivre, indigo, caffé, coton filé & en laine, soyes, bois de sapan, laque en bois, encens, aloës, cire à cacheter, terramerita, ris fin, cannes & rottins, toiles de coton, mousselines, étoffes

fes & autres marchandifes dont la vente doit être inceffamment faite : & Sa Majefté voulant qu'en exécution des Arrêts du Confeil ci-devant rendus fur le fait de la marque, les toiles de mouffelines, étoffes des Indes, écorces d'arbres, & autres marchandifes fujettes à la marque foient inceffamment marquées, afin qu'il n'en foit débité aucune autre dans le Royaume que celles de la Compagnie, conformément aux Arrêts des dix Février & treize Mars 1691, & autres rendus depuis, en payant feulement les droits d'entrée portés par le Tarif de 1664, pour les marchandifes qui y font dénommées & contenues ; & à l'égard de celles qui y font obmifes & non comprifes audit Tarif, trois pour cent de leur valeur fuivant l'article XLIV de l'Edit de l'établiffement de ladite Compagnie, & des Arrêts des 29 Avril & 22 Novembre 1692, nonobftant tous Arrêts à ce contraires. A quoi Sa Majefté défirant pourvoir & faire joüir ladite Compagnie des Indes des Priviléges à elle accordés : oui le rapport du Sieur Chamillart, Confeiller ordinaire au Confeil Royal, Contrôleur général des Finances, LE ROI EN SON CONSEIL, a ordonné & ordonne, conformément aux derniers Arrêts ci-devant rendus fur le fait de la marque des toiles & étoffes venant des Indes pour le compte de ladite Compagnie, que par le Sieur Bechameil de Nointel, Confeiller d'Etat, Commiffaire départi en la Province de Bretagne, ou celui qui fera par lui fubdélégué, il fera fait inventaire des toiles de coton, mouffelines, étoffes des Indes, écorces d'arbres & autres marchandifes fujettes à la marque venues par lefdits Vaiffeaux le Saint Louis, le Phelypeaux & la Perle d'Orient, pour être marquées aux deux bouts de chaque piéce de la marque qui fera choifie par ledit Sieur de Nointel ou fon Subdélégué à Nantes; toutes lefquelles toiles, mouffelines, poivre, falpêtre, indigo, caffé, coton filé & en laine, foyes, bois de Sapan, laque en bois, encens, aloës, cire à cacheter, terramerita, ris fin, cannes & rottins, étoffes, écorces d'arbres & autres marchandifes venant des Indes feront enfuite vendues en la ville de Nantes en la maniere accoutumée, en payant les droits d'entrée conformément au Tarif de 1664, & à l'article 44 de l'Edit du mois d'Août audit an, & des Arrêts des 29 Avril & 22 Novembre 1692. Fait Sa Majesté très-expresses défenses aux Marchands, Négocians & autres personnes, de vendre ni débiter aucunes marchandises venant des Indes sujettes à ladite marque, si elles ne le sont de celle qui aura été choisie par ledit Sieur de Nointel, à peine de confiscation & de trois mille livres d'amende, applicable moitié à l'Hôpital, & l'autre moitié au dénonciateur. Permet en conséquence Sa Majesté aux Directeurs de ladite Compagnie des Indes de France de faire faire la visite desdites marchandises chez les Marchands, Négocians & autres, & de faire saisir celles qui ne seront point marquées de ladite marque. Enjoint Sa Majesté au sieur Lieutenant général de Police de la ville de Paris, & aux sieurs Intendans & Commissaires départis dans les Provinces & Généralités du Royaume, de tenir la main à l'exécution du présent Arrêt, en ce qui regarde ladite visite. Et sera le présent Arrêt lû, publié & affiché par-tout où besoin sera, & exécuté nonobstant oppositions ou appellations quelconques, pour lesquelles ne sera différé. Fait au Conseil d'Etat du Roi, tenu à Versailles le sixiéme jour de Septembre mil sept cent un. *Collationné. Signé*, RANCHIN.

LOUIS PAR LA GRACE DE DIEU, ROI DE FRANCE ET DE NAVARRE, Dauphin de Viennois, Comte de Valentinois & Diois, Provence, Forcalquier & Terres adjacentes: à notre amé & féal Conseiller en nos Conseils, Maître des Requêtes ordinaire de notre Hôtel, le sieur d'Argenson, Lieutenant général de Police de notre bonne ville de Paris; & à nos aussi amés & feaux Conseillers en nos Conseils, les sieurs Intendans & Commissaires départis pour l'exécution de nos ordres dans les Provinces & Généralités de notre Royaume, SALUT. Nous vous mandons & enjoignons de tenir la main, chacun à votre égard, à l'exécution de l'Arrêt dont l'extrait est ci-attaché sous le Contrescel de notre Chancellerie, ce jourd'hui donné en notre Conseil d'Etat, pour les causes y contenues. Commandons au premier notre Huissier ou Sergent sur ce requis, de signifier ledit Arrêt à tous qu'il appartiendra, à ce qu'aucun n'en ignore, & de faire en outre pour l'entiere exécution d'icelui, à la requête des Directeurs de la Compagnie des Indes Orientales, tous commandemens, sommations, défenses y contenues, sur les peines y portées, & autres actes & exploits nécessaires, sans autre permission, nonobstant clameur de Haro, Charte Normande, & Lettres à ce contraires, oppositions ou appellations quelconques, pour lesquelles ne sera différé. Voulons que ledit Arrêt soit lû, publié & affiché par-tout où besoin sera ; & qu'aux copies d'icelui & des Présentes, collationées par l'un de nos amés & feaux Conseillers-Secretaires, foi soit ajoutée comme aux originaux : Car tel est notre plaisir. DONNÉ à Versailles le sixiéme jour de Septembre l'an de grace mil sept cent un, & de notre regne le cinquante-neuviéme. *Signé*, par le Roi Dauphin, Comte de Provence en son Conseil, RANCHIN. Et scellé du grand Sceau de cire rouge.

IL est enjoint à Marc-Antoine Pasquier, Juré Crieur, de publier & afficher à son de trompe & cri public, dans tous les lieux & endroits de cette Ville ordinaires & accoûtumés, le présent Arrêt, à ce que nul n'en prétende cause d'ignorance. Ce fut fait & donné par Messire Marc-René de Voyer de Paulmy, Chevalier Marquis d'Argenson, Conseiller du Roi en ses Conseils, Maître des Requêtes ordinaire de son Hôtel, & Lieutenant général de Police de la Ville, Prévôté & Vicomté de Paris, le quatorziéme Septembre mil sept cent un. *Signé*, M. R. DE VOYER D'ARGENSON.

L'Arrêt du Conseil & Commission ci-dessus, a été lû & publié à haute & intelligible voix, à son trompe & cri public, en toutes les Halles, Places, Marchés & Carrefours de cette ville & fauxbourgs de Paris, & notamment au devant du Bureau de la Compagnie Royale des Indes Orientales de France, par moi Marc-Antoine Pasquier, Juré Crieur ordinaire du Roi en la Ville, Prévôté & Vicomté de Paris, y demeurant rue du milieu de l'Hôtel des Ursins, accompagné de Claude Mattelin, Louis Ambezar & Nicolas Ambezar, Jurés Trompettes, le Samedi 17ᵉ jour de Septembre 1701, à ce que personne n'en prétende cause d'ignorance. Signé, PASQUIER.

DECLARATION DU ROY,

CONTRE les Marchands Négocians, Commissionnaires, & autres qui feront entrer, & sortir du Royaume des Marchandises en fraude.

Donnée à Versailles le 20 Septembre 1701.

Registrée en la Cour des Aydes le septiéme Octobre 1701.

LOUIS PAR LA GRACE DE DIEU ROI DE FRANCE ET DE NAVARRE, à tous ceux qui ces présentes Lettres verront, salut. Nous avons par l'article XVIII. du Titre Quatorziéme de notre Ordonnance du mois de Février 1687, ordonné qu'il seroit procédé extraordinairement contre les Commis & Gardes qui seront d'intelligence avec les Marchands pour frauder nos droits, & qu'ils seroient condamnés en une amende qui ne pourroit être moindre que du quadruple des droits fraudés, sans préjudice des peines afflictives qui pourront être ordonnées selon la qualité du délit. Mais nous avons été informés que nonobstant cette précaution, plusieurs Marchands & autres n'ont pas laissé, d'intelligence avec lesdits Commis qu'ils ont subornés & corrompus à prix d'argent, de faire entrer dans notre Royaume, ou d'en faire sortir plusieurs marchandises en fraude de nos droits, ou au préjudice des défenses par nous faites; ensorte qu'il seroit à craindre que cet abus n'augmentât considérablement, si nous ne prenions soin d'en prévenir les suites, en établissant plus précisément la qualité des peines afflictives qui seront ordonnées dans ces cas par nos Juges, contre les Commis & autres employés de nos Fermes. Il nous a d'ailleurs été remontré par les Députés au Conseil de Commerce par nous établi, que les principaux & plus considérables Négocians de notre Royaume, bien loin de vouloir favoriser les fraudes, avoient un intérêt sensible à en procurer en tant qu'à eux est la punition, parce que ceux qui les commettent, ne sont ordinairement que des misérables, sans honneur & sans biens, qui pouvant avoir & débiter par ce moyen les marchandises étrangeres, ou faire sortir celles du crû & fabrique de notre Royaume, à meilleur marché que ne sçauroient faire ceux qui ne veulent pas se servir de ces mauvaises voies, troublent l'œconomie du commerce & ruinent les bons & honnêtes Négocians : & en conséquence ils nous auroient requis qu'il nous plût d'ordonner contre les Marchands qui tomberont dans ces sortes de fautes, des peines plus fortes que celles des simples amendes & confiscations qui ne suffisent pas pour les contenir. A CES CAUSES, & autres à ce nous mouvans, & de notre certaine science pleine puissance & autorité Royale, nous avons dit, déclaré & ordonné, & par ces Présentes signées de notre main, disons, déclarons, ordonnons, voulons & nous plaît, qu'il soit procédé extraordinairement contre les Négocians, Marchands, leurs Facteurs & Commissionnaires, les Voituriers, Conducteurs, Gardes, Entremetteurs & autres, qui d'intelligence avec les Receveurs en titre ou par commission, Contrôleurs, Visiteurs, Brigadiers, Gardes & autres Employés de nos Fermes, & moyennant une somme d'argent ou autre recompense équipolente, auront fait entrer ou sortir des marchandises de quelque qualité qu'elles soient en fraude de nos droits, ou par contravention, à nos défenses ; ensemble contre lesdits Receveurs, Contrôleurs & autres Employés desdites Fermes. Voulons que pour réparation lesdits Négocians & Marchands soient déclarés indignes &

incapables d'exercer le négoce & la marchandise leur vie durant, avec défenses à eux de le continuer, & à toutes autres personnes, d'entretenir aucun commerce ni correspondance avec eux pour fait de marchandise, auquel effet leurs boutiques seront murées, les enseignes & inscriptions ôtées, & leurs noms & surnoms seront écrits dans un tableau qui sera affiché dans l'Auditoire de la Jurisdiction Consulaire, s'il y en a une établie dans la même Ville, sinon dans la plus prochaine : que leurs Facteurs, Commissionnaires non Négocians, ni Marchands, les Voituriers, Guides, Conducteurs & autres qui auront eu part auxdites subornations, soient appliqués au carcan pendant trois jours de marché. Et quant aux Receveurs en titre ou par commission, Contrôleurs, Visiteurs, Brigadiers, Gardes, & autres Employés de nos Fermes, qu'ils soient condamnés aux Galeres pour neuf ans, & les Offices des Titulaires confisqués à notre profit. Voulons que notre présente Déclaration ait lieu, tant dans l'étendue des Provinces des cinq grosses Fermes, que dans toutes les autres de notre Royaume, pays, terres & Seigneuries de notre obéissance, le tout sans préjudice des amendes, confiscations & autres peines pécuniaires portées par nos Ordonnances, lesquelles au surplus seront exécutées selon leur forme & teneur. Si donnons en mandement à nos amés & feaux Conseillers, les Gens tenant notre Cour des Aides à Paris que ces Présentes ils ayent à faire lire, publier & regiſtrer, & le contenu en icelles garder, observer & exécuter selon leur forme & teneur, aux copies desquelles collationnées par l'un de nos amés & feaux Conseillers & Secrétaires, voulons que foi soit ajoûtée comme à l'original; car tel est notre plaisir : en témoin de quoi nous avons fait mettre notre Scel à cesdites Présentes. DONNÉ à Versailles le vingtiéme jour de Septembre, l'an de grace mil sept cent un, & de notre regne le cinquante-neuviéme. *Signé* LOUIS; *Et plus bas*, Par le Roi, PHELIPEAUX. Vû au Conseil, CHAMILLART. Et scellée du grand Sceau de cire jaune.

Extrait des Regiſtres de la Cour des Aydes.

VU par la Cour les Lettres Patentes en forme de Déclaration ci-deſſus, contre les Marchands Négocians, & autres qui feront entrer & ſortir du Royaume des marchandiſes en fraude des droits du Roi; concluſions du Procureur du Roi, ouï le rapport de maître Guillaume Alexandre Joubert de Godouville, Conſeiller; tout conſideré:

LA COUR a ordonné & ordonne, qu'il ſera procédé à l'enregiſtrement deſdites Lettres au lendemain de ſaint Martin, & cependant par proviſion, qu'elles ſeront exécutées ſelon leur forme & teneur, & que copies collationnées d'icelles ſeront envoyées ès Siéges des Elections, Greniers à Sel, & Juges des Traittes du reſſort de ladite Cour, pour y être lûes, publiées & regiſtrées, l'audiance tenant. Enjoint aux Subſtituts dudit Procureur général d'y tenir la main, & de certifier la Cour de leurs diligences au mois. FAIT à Paris en la Chambre de la Cour des Aides, le ſeptiéme Octobre mil ſept cent un. Signé, ROBERT.

ARREST

ARREST
DU CONSEIL D'ÉTAT
DU ROY,

QUI permet aux Directeurs de la Compagnie Royale des Indes Orientales, de vendre des Etoffes de soye, de soye or & argent, & d'Ecorces d'arbres qu'elle a reçûes des Indes, jusqu'à la concurrence de quarante mille livres seulement au-delà des cent cinquante mille livres à eux accordées, & que toutes lesdites Etoffes seront marquées.

Du 27 Septembre 1701.

Extrait des Regiſtres du Conseil d'Etat.

VU au Conseil d'Etat du Roi la requête présentée en icelui par les Directeurs de la Compagnie Royale des Indes Orientales, contenant que par les réglemens faits sur la vente dans le Royaume, des étoffes de soye, de soye or & argent, & d'écorces d'arbres, il n'est permis aux Directeurs de ladite Compagnie d'en faire venir chaque année que pour la somme de cent cinquante mille livres. Et comme le commerce que ladite Compagnie fait aux Indes, ne peut être tellement reglé, que ses Directeurs, Commis & Agens aux Indes ne prennent desdites marchandises que pour la somme de

Tome II. K

cent cinquante mille livres chaque voyage, & qu'il arrive au-contraire presque toujours qu'ils sont obligés d'en prendre pour de plus grandes sommes; ladite Compagnie qui s'est toujours exactement conformée auxdits reglemens dans les ventes qu'elle a faites au retour de ses Vaisseaux, se trouve présentement surchargée de près de cent mille livres de ses marchandises au-delà desdites cent cinquante mille livres : ce qui lui causeroit un préjudice très-considérable, & lui tourneroit même en pure perte, si Sa Majesté n'avoit la bonté de lui permettre de les vendre. Et Sa Majesté voulant favoriser le commerce de ladite Compagnie, & lui continuer des marques de sa protection ; oui le rapport du sieur Chamillart, Conseiller ordinaire au Conseil Royal, Contrôleur général des Finances : LE ROI ETANT EN SON CONSEIL, ayant égard à ladite requête, & sans tirer à conséquence, a permis & permet aux Directeurs de ladite Compagnie Royale des Indes Orientales, de vendre desdites étoffes de soye, de soye or & argent, & écorces d'arbres qu'elles a reçues des Indes, jusqu'à la concurrence de quarante mille livres seulement au-delà desdites cent cinquante mille livres; & que toutes lesdites marchandises seront marquées de la marque ordonnée par l'Arrêt du Conseil du six du présent mois. FAIT au Conseil d'Etat du Roi, Sa Majesté y étant, tenu à Fontainebleau le 27 jour de Septembre 1701. *Signé*, PHELYPEAUX.

Achat de 50 mille piéces de huit en Espagne.

Du 15 Octobre 1701.

LA Compagnie ayant jugé à propos d'augmenter l'achat des matieres d'argent que M. Tardif a ordonné pour son compte à Cadix en exécution de la délibération du 13 Mai dernier, pour faire partie de son envoi prochain aux Indes, a prié de nouveau M. Tardif, le premier de ce mois d'écrire à ses amis de Cadix de faire encore achat de cinquante mille piéces de huit, & les faire venir par les frégates de Saint Malo, pour le compte & aux risques de ladite Compagnie avec ordre de charger sur chaque frégate vingt à trente mille écus.

Délibération qui retarde le payement de l'intérêt de 1696.

Du 14 Novembre 1701.

LE sieur le Noir ayant représenté à la Compagnie qu'en exécution de la délibération du 2 Janvier de la présente année il avoit fait des billets tant aux Directeurs qu'aux Actionnaires pour les intérêts maritimes de l'année 1696, payables au premier de ce mois, à quoi il étoit nécessaire de pourvoir, & la Compagnie ayant sur ce déliberé, elle a jugé à propos attendu la conjoncture présente de retarder le payement de ladite année d'intérêts tant à l'égard des Directeurs que des Actionnaires jusqu'après le retour des prochains Vaisseaux.

Emprunt de 800 *mille livres à la groſſe aventure.*

Du 21 Novembre 1701.

LA Compagnie ayant reſolu d'envoyer aux Indes 3 Vaiſſeaux dans les premiers mois de l'année prochaine & pluſieurs particuliers actionnaires & autres, ayant propoſé qu'ils s'y intéreſſeroient volontiers ſi la compagnie vouloit prendre de l'argent à la groſſe aventure, elle a cru que pour le bien de ſon commerce & la ſatisfaction du public, elle ne pouvoit prendre un parti plus conſidérable, & elle a délibéré d'emprunter à la groſſe aventure juſqu'à la ſomme de huit cens mille livres ſur le corps, quille, victuailles, apparaux, armement, avance à l'équipage, marchandiſes & effets du chargement des Vaiſſeaux l'Etoile d'Orient, & le ſaint Louis deſtinés pour Bengale & Pondichery, & ſur la Toiſon d'Or deſtiné pour Suratte, tant pour aller, que ſéjour & retour aux uſages ordinaires des contrats à la groſſe aventure & aux conditions ſuivantes.

1 Que le prix de la groſſe aventure ſera de 50 pour cent.

2° Que le principal & le profit de la groſſe aventure ſeront payés comptant trois mois après l'arrivée de chacun des Vaiſſeaux.

3° Que les contrats à la groſſe aventure ſeront tant pour le principal que pour le profit payables aux porteurs des contrats & qu'ils ſeront de telle ſomme qu'il plaira à ceux qui voudront s'y intéreſſer.

4° Que tous les Actionnaires & autres particuliers ſeront admis à y prendre intérêt à ces conditions.

5° Et afin que l'armement de ces trois Vaiſſeaux ne ſoit point retardé, tous les Directeurs au nombre de 20 ſe ſont volontairement engagés d'y prendre dès à préſent intérêt chacun pour vingt mille livres faiſant enſemble quatre cens mille livres.

MONSEIGNEUR le Comte de Pontchartrain ayant fait l'honneur d'écrire à la Compagnie le 19 de ce mois, que le Roi trouvoit bon qu'elle suivît la teneur de la délibération transcrite ci-dessus, la Compagnie a jugé à propos de faire transcrire sur ce registre la lettre de Monseigneur le Comte de Pontchartrain dont la teneur ensuit.

A Versailles le 19 Novembre 1701.

J'AI rendu compte au Roi de la délibération que vous avez faite de prendre de l'argent à la grosse aventure pour la plus grande partie de la dépense de votre armement de l'année prochaine. Sa Majesté a été bien aise de voir que vous veuillez répandre dans le public une partie du profit de votre commerce, & elle trouve très-bon que vous suiviez ce qui est porté par cette délibération, elle a aussi fort approuvé la résolution que vous avez prise d'y mettre chacun de vous une somme de vingt mille livres, & elle ne doute pas que cet exemple ne serve à vous faire trouver promptement ce que vous avez délibéré de prendre : je vous prie de m'informer des suites que cette affaire aura, & vous pouvez bien compter toujours sur la protection de Sa Majesté, pour le soutien de votre commerce. *Signé*, PONTCHARTRAIN.

Grosse aventure, cinquante pour cent en paix, & soixante-quinze pour cent en guerre.

Du 1 Décembre 1701.

PLUSIEURS particuliers ayant représenté à la Compagnie que le profit de 50 pour cent qu'elle a résolu de donner par sa délibération du 21 du passé à ceux qui voudroient prendre intérêt dans l'armement des trois Vaisseaux qu'elle s'est proposé de faire à la grosse aventure n'étoit pas suffisant en cas qu'il y eût guerre, elle a délibéré

K iij

de nouveau, que le prix de la groſſe aventure ſera de 50 pour cent de profit en tems de paix & de 75 pour cent en cas de guerre par mer à ceux qui voudront s'y intéreſſer. Au ſurplus, que la délibération du 21 du paſſé ſera exécutée ſelon ſa forme & teneur.

Contracts à la groſſe ſignés par quatre Directeurs.

Du 7 Décembre 1701.

LA Compagnie ayant réſolu par ſes délibérations des 21 Novembre dernier & premier de ce mois d'emprunter à la groſſe aventure, ſur les trois Vaiſſeaux qu'elle ſe diſpoſe à faire partir pour les Indes dans les premiers mois de l'année prochaine, juſqu'à la ſomme de huit cens mille livres à 50 pour cent de profit en temps de paix & de 75 pour cent en cas de guerre par mer, aux clauſes & conditions portées par ladite délibération, & étant néceſſaire de paſſer des contrats pour ladite groſſe à Paris, & dans les Provinces, la Compagnie a prié Meſſieurs Soullet, Tardif, Peletier & Hebert de vouloir bien ſigner les contrats qui ſeront à cette fin paſſés à Paris, & de donner procuration aux correſpondans de la Compagnie dans les Provinces pour faire les emprunts & paſſer des contrats qu'il conviendroit, auxquels emprunts qui ſeront faits tant à Paris que dans les Provinces, tous Meſſieurs les Directeurs ſeront ſolidairement obligés comme s'ils avoient tous ſignés les contrats de *groſſe*.

ARREST
DU CONSEIL D'ÉTAT
DU ROY,

QUI décharge la Compagnie des assignations à elle données par Regnard.

Du 17 Décembre 1701.

Extrait des Registres du Conseil d'Etat.

SUR la requête présentée au Roi étant en son Conseil par les Directeurs de la Compagnie Royale des Indes Orientales, contenant qu'ils ont été assignés par exploit du 10e du présent mois de Décembre à la requête de Edme Regnard qui se dit Barbier Perruquier de la feu Reine, à comparoir à trois jours à la Prévôté de l'Hôtel pour se voir condamner solidairement & par corps à lui payer la somme de cinq mille cinq cens livres contenue en un billet du 26 Mars dernier; mais attendu que les suppliants ne sont point justiciables de la Prévôté de l'Hôtel qui ne peut connoître que des contestations d'entre les privilégiés & même de celles seulement qui concernent leurs privilèges : requéroient, à ces causes les supplians, qu'il plût à Sa Majesté les décharger de ladite assignation, & tout ce qui pourroit s'en être ensuivi, faire défenses audit Edme Regnard, & à tous autres de faire pour raison de ce, aucunes poursuites en ladite Prévôté de l'Hôtel, & de mettre à exécution les Jugemens qu'ils pourroient y avoir obtenus à peine de nullité, cassation de procédures, 1500 livres d'amende, & de tous dépens, dommages & intérêts. Faire pareillement défenses aux Juges de ladite Prévôté de l'Hôtel de connoître du fait dont il s'agit, aussi à peine de nullité, cassation, & de tous dépens, dommages & intérêts. Vû ladite requête, copie dudit billet du 26 Mars 1701, & de ladite assignation du 10 Décembre ensuivant; oui le rapport, & tout considéré, LE ROI ÉTANT EN SON CONSEIL, a déchargé & décharge les Directeurs de la Compagnie des Indes Orientales de l'assignation à eux donnée le dixiéme de ce mois à la Prévôté de l'Hôtel à la requête de M. Regnard. Fait Sa Majesté défenses audit Edme Regnard, & à tous autres de faire pour raison de ce, aucunes poursuites en ladite Prévôté de l'Hôtel, & de mettre à exécution les jugemens qu'ils pourroient y avoir obtenus, à peine de nullité, cassation de procédure, 1500 livres d'amende & de tous dépens, dommages & intérêts, sauf audit Regnard à se pourvoir contre les suppliants en la Jurisdiction Consulaire ou autres Juges qu'il appartiendra. FAIT au Conseil d'Etat du Roi, Sa Majesté y étant, tenu à Versailles le 17ᵉ jour de Décembre 1701. *Signé*, PHELYPEAUX.

Prêt par le Roi de 850000 livres.

Du 20 Décembre 1701.

LA Compagnie ayant depuis le mois d'Août dernier fait de grands efforts pour soutenir son crédit & satisfaire au payement de ses dettes le plus exactement qu'il lui a été possible, en attendant le retour de ses Vaisseaux, & ayant fait au mois d'Octobre dernier une vente de ses marchandises dont elle n'a pas tiré le secours qu'elle en devoit espérer tant parce que partie de ses marchandises lui sont restées invendues, que de celles qui ont été vendues n'ont été portées qu'à des prix fort différens de leur valeur ordinaire, & payées en des effets dont les échéances sont pour la plûpart fort éloignées, & cependant étant obligée pour le bien de l'Etat & l'avantage de son commerce de continuer ses envois aux Indes, elle s'est enfin trouvée dans une situation très-fâcheuse, ne pouvant depuis quelque tems acquitter ses billets échus fort exactement, & étant chargée de grand nombre de lettres de change à payer dans ce mois & les prochains, dont elle ne peut différer le payement sans risquer de perdre entierement son credit dans le Royaume & chez les étrangers.

En cet état les Directeurs ont crû de leur devoir, étant chargés de l'administration d'une affaire où l'Etat est intéressé, d'informer Monseigneur le Comte de Pontchartrain, chef perpétuel, Président & Directeur pour Sa Majesté de cette Compagnie, & Monseigneur Chamillart, Contrôleur général des Finances, de leur situation, & de reclamer la protection desdits Seigneurs pour la Compagnie.

Pour cet effet Messieurs Soullet, Champigny & Chaperon furent députés au commencement de ce mois pour aller à Versailles, faire à nosdits Seigneurs les très-humbles remontrances de la Compagnie & les supplier d'avoir la bonté de rendre compte au Roi de l'état de ses affaires,

& d'engager Sa Majesté à lui donner un secours proportionné à ses besoins.

Lesdits sieurs Députés ayant été plusieurs fois à Versailles & admis aux audiances de nosdits Seigneurs, ils leur ont rendu compte de la situation où se trouve la Compagnie, ils leur ont justifié par un bilan qu'ils ont eû l'honneur de leur remettre des dettes actives & passives de la Compagnie, qu'elle avoit amplement, soit en effets en France ou aux Indes, soit en marchandises y compris celles qu'elle attend des Indes par ses premiers Vaisseaux de quoi satisfaire à tout ce qu'elle devoit, mais que la conjoncture du tems étant infiniment difficile, il lui étoit impossible de continuer ses envois & de soutenir son crédit si le Roi n'avoit la bonté de lui donner un secours actuel d'argent.

Et pour rendre à l'avenir son commerce plus avantageux qu'il n'avoit été par le passé, & faire cesser toutes les clameurs qui se publient journellement contre la Compagnie, rendre une déclaration par laquelle Sa Majesté auroit la bonté d'expliquer ses intentions sur la continuation de ce commerce, & les conditions fixes & certaines auxquelles il seroit fait à l'avenir.

Monseigneur le Comte de Pontchartrain, & Monseigneur Chamillart, eurent la bonté d'écouter favorablement les très-humbles remontrances des Députés, promirent de rendre compte au Roi de l'état des affaires de la Compagnie & de demander à Sa Majesté sa protection pour elle.

Quelques jours après, les Députés s'étant représentés à l'audiance de mesdits Seigneurs, ils reçurent ordre de rapporter à la Compagnie que le Roi vouloit bien lui accorder sa protection, & du secours pour la soutenir, à la charge que les Directeurs augmenteroient leurs fonds de quarante mille livres, & les Actionnaires de cinquante pour cent.

Les Députés ayant rendu compte à la Compagnie des ordres de Monseigneur le Comte de Pontchartrain, & de Monseigneur de Chamillart, les Directeurs, pour obéir aux ordres desdits Seigneurs, & se mettre en état de profiter des bontés du Roi pour la Compagnie ; Sa Majesté ne voulant les secourir qu'à cette condition, se sont déterminés à fournir chacun 40000 livres, dont 30000 livres en augmentation de fonds en actions, & dix mille livres à la grosse aventure, sur les trois premiers Vaisseaux qu'ils font partir pour les Indes, & ils ont très-humblement supplié Monseigneur le Comte de Pontchartrain, & Monseigneur Chamillart, de leur accorder l'autorité nécessaire pour obliger les Actionnaires à faire aussi une agmentation de fonds de 50 pour cent, chacun à proportion de leurs actions au cas qu'ils refusassent d'y satisfaire.

Monseigneur le Comte de Pontchartrain, & Monseigneur Chamillart, ayant agréé la proposition de la Compagnie ils ont eû la bonté d'engager Sa Majesté à lui donner un secours actuel d'argent, & ont ordonné aux Directeurs de prendre les mesures nécessaires pour convoquer une assemblée des Actionnaires pour leur proposer de faire l'augmentation de fonds.

Et Monseigneur Chamillart voulant dès à présent donner à la Compagnie des marques effectives de la protection de Sa Majesté & de la sienne; a eu la bonté de faire payer aux Directeurs la somme de 850000 livres que le Roi a bien voulu prêter à la Compagnie, à la charge de rendre ladite somme dans les mois d'Octobre, Novembre & Décembre 1702, ainsi qu'il est plus au long porté par la soumission des Directeurs de la Compagnie de l'ordre de Monseigneur Chamillard, dont copie ensuit.

Nous soussignés Directeurs de la Compagnie des Indes Orientales de France, tant pour nous que pour nos associés absens, reconnoissons que Monseigneur Chamillart, Ministre & Secrétaire d'Etat, Contrôleur général des Finances, nous a fait payer la somme de huit cens cinquante mille livres qu'il a plû au Roi de prêter à la Compagnie, pour la soutenir dans ses besoins que nous avons reçu de Mr Millien, Trésorier des revenus casuels ; sçavoir 50000 livres comptant & 800000 livres en ses recépissés, à la

L ij

décharge de la Compagnie des Secrétaires du Roi, sur les payemens qu'ils doivent en Janvier & Février de l'année prochaine pour partie des augmentations de gages qu'ils doivent lever, & nous nous soumettons audit nom de remplacer ladite somme de 850000 livres dans les mois d'Octobre, Novembre & Décembre 1702. Fait à Versailles le 19 Décembre 1701. *Signé*, &c.

Le Roi ayant bien voulu accorder à la Compagnie des Indes, un prêt de 850000 livres pour aider à soutenir son crédit, Sa Majesté m'a commandé de faire sçavoir à M. Millien, Trésorier des revenus casuels, de payer ladite somme aux Intéressés en ladite Compagnie ; sçavoir 50000 livres comptant en leurs billets, & 800000 livres en ses récepissés sur ce que les Secrétaires du Roi doivent payer en Janvier & Février de l'année prochaine pour partie de la finance des augmentations de gages à eux attribués, pour lesquels 850000 livres, ledit sieur Millien retirera un récepissé desdits Intéressés portant promesse de rembourser ladite somme dans les mois d'Octobre, Novembre & Décembre de ladite année prochaine 1702, suivant & conformément à leur soumission qui est restée entre mes mains. FAIT à Versailles le 20 Décembre 1702. *Signé*, CHAMILLART.

Convocation d'une Assemblée générale.

Du 23 Décembre 1701.

LA Compagnie ayant résolu pour la continuation & augmentation de son commerce d'envoyer trois Vaisseaux aux Indes, deux desquels sont destinés pour Pondicheri, côte de Coromandel & Bengale, & l'autre pour Surate, lesquels doivent partir dans le premier mois de l'année prochaine, & étant pour cela obligée d'entrer dans des nouveaux engagemens, elle a délibéré en présence de Monseigneur le Comte de Pontchartrain de convoquer une assemblée générale des Intéressés & Actionnaires externes de la Compagnie pour les en informer, comme il a été fait les années précédentes ; & elle a supplié Monseigneur le Comte de Pontchartrain d'avoir la bonté de faire rendre un Arrêt pour la convocation de ladite assemblée.

ARREST
DU CONSEIL D'ÉTAT
DU ROY,

QUI ordonne qu'il sera inceſſamment convoqué une Aſſemblée générale.

Du 30 Décembre 1701.

Extrait des Regiſtres du Conſeil d'Etat.

VU par le Roi étant en ſon Conſeil, la délibération priſe par les Directeurs de la Compagnie des Indes Orientales le 23 du préſent mois de Décembre, contenant que la Compagnie ayant reſolu pour la continuation & l'augmentation de ſon commerce, d'envoyer aux Indes trois Vaiſſeaux, deux deſquels ſont deſtinés pour Bengale & Pondicheri, & l'autre pour Suratte, qui doivent partir dans les premiers mois de l'année prochaine, & étant obligée pour cela & pour d'autres objets importans au bien du commerce de la Compagnie d'entrer dans de nouveaux engagemens, elle auroit deliberé de convoquer une aſſemblée des Intéreſſés & Actionnaires externes pour les en informer, comme il a été fait les années précédentes, ce qu'ils ne peuvent faire ſans l'ordre & la permiſſion de Sa Majeſté; à quoi déſirant pourvoir, SA MAJESTE' E'TANT EN SON CONSEIL, a ordonné & ordonne qu'il ſera inceſſamment convoqué une aſſemblée générale de tous les Intéreſſés & Actionnaires de ladite Compagnie au buteau de la même Compagnie, en préfence du fieur Prévôt des Marchands de la ville de Paris pour leur être ladite délibération communiquée, & pour dreffer procès-verbal du réfultat de ladite affemblée, & icelui vû & rapporté être par fa Majefté ordonné ce qu'il appartiendra. FAIT au Confeil d'Etat du Roi, Sa Majefté y étant, tenu à Verfailles le trentiéme Décembre mil fept cent un. *Signé*, PHELYPEAUX.

Assemblée générale convoquée.

Du 2 Janvier 1702.

MONSEIGNEUR le Comte de Pontchartrain ayant fait l'honneur d'écrire à la Compagnie le 30 du mois passé, que le Roi agréoit la délibération qu'elle avoit prise le 23 du mois de Décembre dernier par la convocation d'une assemblée générale de tous les Actionnaires & Intéressés en ladite Compagnie, pour l'exécution de laquelle Sa Majesté avoit eû la bonté de faire expédier un Arrêt, il a été arrêté que ledit Arrêt seroit transcrit sur le registre, ensuite de la teneur de la lettre de Monseigneur le Comte de Pontchartrain.

A Versailles le 30 Décembre 1701.

LE Roi a agréé la délibération que vous avez faite pour convoquer une assemblée des Actionnaires de votre Compagnie, afin de les engager à continuer à son soutien par la considération de la grace extraordinaire que Sa Majesté vient de lui faire, des efforts que vous avez fait chacun de vous, & de leur intérêt particulier. Sa Majesté est persuadée qu'ils y contribueront sans répugner, & elle m'a commandé d'expédier l'Arrêt que vous trouverez ci-joint pour les convoquer. Je vous prie de me faire sçavoir ce qui se passera dans cette assemblée, & quel en sera le succès. Il n'y a point de tems à perdre. *Signé*, PONT-CHARTRAIN.

Procès-Verbal du résultat de l'Assemblée générale.

Du 24 Janvier 1702.

MONSIEUR le Prevôt des Marchands ayant remis au bureau de la Compagnie l'original du procès-verbal de l'assemblée générale des Directeurs & Actionnaires

res de ladite Compagnie, tenue ledit jour 24 de ce mois en ce bureau, en exécution des délibérations des 20 & 23 Décembre dernier, il a dit qu'il jugeoit à propos qu'il fut regiſtré ſur le livre des délibérations de la Compagnie avant de le remettre à Monſeigneur le Comte de Pontchartrain. Et à l'inſtant il a été ordonné au ſieur Hardancour Secrétaire de la Compagnie, de le tranſcrire ſur ce regiſtre enſuite de la préſente délibération.

L'An mil ſept cent deux, le Mardi 24 jour de Janvier, deux heures de relevée, nous Charles Boucher, Chevalier Seigneur d'Orſay, Conſeiller du Roi en ſa Cour de Parlement, Prevôt des Marchands, nous étant rendu au bureau de la Compagnie des Indes Orientales, où l'aſſemblée de tous les Actionnaires de ladite Compagnie avoit été convoquée, en exécution de l'Arrêt du Conſeil d'Etat du 30 Décembre dernier, intervenu ſur la délibération priſe par Meſſieurs les Directeurs de ladite Compagnie le 23 dudit mois de Décembre, & ſuivant les lettres circulaires envoyées aux Actionnaires des Provinces les 2 & 4 de ce mois, & à ceux de Paris le 22; pour les avertir de s'y trouver ledit jour 24, & ayant tardé juſqu'à trois heures & demie pour donner le tems aux Actionnaires de s'aſſembler, & rendre l'aſſemblée plus complette, nous nous ſerions mis en place avec Meſſieurs de Bercy, Soullet, Delagny, Deſvieux, Tardif, le Febvre, Peletier, Hebert, Champigny, Chaperon, Heliſſant, Lamais, Lapayronnie & Dodun, tous Directeurs ; & Meſſieurs Delagarde pour Monſeigneur le Prince de Condé, Rochon pour les héritiers de feu Monſieur le Marquis de Seignelaye, Hazon, Mauhan, Gaillard Conſeiller au Châtelet, David Auditeur des Comptes, Cadeau Conſeiller au Châtelet, Gaillard Lieutenant des Chaſſes, Claude le Brun Marchand ; Meſſieurs de Bary pour les Commiſſaires du Châtelet, Bouffet, pour les héritiers de feu Meſſieurs Guillemin de Courchamps, & Guillemin de la Moriere ; Laurendo, pour Madame la veuve de l'Iſle;

Sally pour Monsieur de Vitry la Ville ; Chambouillet, pour Madame la veuve Hetman ; Fluresset, pour les Demoiselles Anne & Agnès d'Assonvills ; Geslin, pour Madame la veuve Geslin ; François Vacherot, pour Monsieur Crezard ; Moignat Trancard, pour Monsieur Pasturel ; Rigaud, pour Monsieur Annisson, & autres Intéressés & Actionnaires en ladite Compagnie.

Nous leur avons adressé la parole, en leur représentant qu'ils étoient assemblés en exécution des ordres dont il a plû au Roi de nous charger, pour leur communiquer une délibération prise par Messieurs les Directeurs le 23 Décembre dernier, & l'Arrêt du Conseil d'Etat du 30 Décembre suivant, & pour dresser procès-verbal du résultat de ladite assemblée, & icelui vû & rapporté au Conseil être ordonné par Sa Majesté ce qu'elle aviseroit bon être.

Nous leur avons exposé les raisons pour lesquelles les Directeurs se sont portés à prendre cette délibération, & ce qui s'est passé depuis la derniere assemblée générale, tenue en présence de Monsieur Bosc notre prédécesseur le 10 Décembre 1699, dans laquelle il les informa de l'état des affaires de la Compagnie, & particulierement de l'envoi aux Indes de quatre Vaisseaux, que Messieurs les Directeurs se proposoient de faire dans le commencement de l'année 1700, pour soutenir & augmenter leur Commerce, ce qu'ils auroient approuvé, & que comme il avoit fallu alors contribuer à trouver les fonds dont il étoit besoin pour cet envoi, ils consentirent à l'emprunt des sommes nécessaires pour l'expédition de ces quatre Vaisseaux, lequel consentement fut homologué par Arrêt du Conseil du 23 Mars 1700.

Que ces quatre Vaisseaux avoient mis à la voile dans les premiers mois de ladite année mil sept cent deux, desquels avoient été envoyés à Pondichery ; sçavoir, le Phelipeaux & la Perle d'Orient chargés d'un million trois cens neuf mille neuf cens quatre-vingt-quatorze livres trois sols quatre deniers en marchandises & en argent, & les deux autres nommés le Saint Louis & l'Etoile d'Orient avoient été envoyés à Suratte, & chargés de six cens trente mille trois cens quatre-vingt-dix-huit livres douze sols deux deniers, aussi en marchandises & en argent.

Qu'outre les cargaisons de ces quatre Vaisseaux, il y avoit eû les frais d'armement qui sont leurs constructions, radoubs & avitaillemens, avec les avances que la Compagnie avoit payé aux équipages desdits Navires; en sorte que ladite Compagnie avoit déboursé pour ces quatre Vaisseaux la somme de deux millions quatre cens vingt-six mille huit cens quarante-neuf livres deux sols cinq deniers.

Que la Compagnie qui attendoit dans la même année 1700, tant de Pondichery & Bengale que de Suratte, le retour des quatre Vaisseaux qu'elle avoit fait partir au commencement de l'année 1699, n'en avoit eu que deux dans les tems ordinaires, l'un nommé le Maurepas venant de Pondichery & Bengale, & l'autre nommé l'Aurore venant de Suratte; que le nommé la Toison d'Or, étant parti des Indes dans une saison un peu avancée, avoit essuyé quelques tempêtes à son relâche à l'Isle de Bourbon, & dématé, ce qui lui avoit fait perdre la saison de doubler le Cap de Bonne Espérance, en sorte qu'il avoit été forcé d'hyverner à l'Isle de Bourbon pour se remater, & n'étoit arrivé en France que le 28 Décembre de ladite année, & que le quatriéme Navire nommé le Florissant, que la Compagnie attendoit de Suratte, avoit été retenu aux Indes pour courir sur les Forbeaux, afin de satisfaire aux engagemens forcés dans lesquels on étoit entré avec le Gouverneur de Suratte.

Que ces contre-tems fâcheux, & la perte de deux cens vingt-six balles de toiles peintes estimées deux cens cinquante mille livres au moins, que la Compagnie avoit (pour obéir aux ordres du Roi) fait charger au Port Louis pour Amsterdam sur un Vaisseau qui avoit péri avec sa charge à l'Isle de Vigt, avoient été cause que la Compagnie n'avoit pas fait une vente aussi avantageuse qu'elle se l'étoit proposée, qu'elle n'avoit pû se tirer par cette vente que d'une petite partie des engagemens dans lesquels elle étoit entrée, & qu'en même tems il lui en avoit fallu contracter de nouveaux pour soutenir son commerce, sans quoi il lui auroit été impossible de continuer ses envois aux Indes, parce que la vente de la cargaison de ces deux Vaisseaux, & de celle du petit Vaisseau le Marchand des Indes, qui étoit arrivé à Dieppe le 25 Décembre 1699, n'ayant produit que la somme de deux millions cent cinquante mille deux cens trente livres, & la Compagnie ayant payé la solde des équipages des Vaisseaux l'Aurore, le Maurepas & la Toison d'Or, les intérêts des emprunts qu'elle a fait pour l'armement de 1701, les intérêts maritimes de l'année 1695 dûs aux Directeurs & Actionnaires, les dépenses journalieres & frais de Commis, ces fonds n'avoient pas suffi pour l'armement qui fut alors résolu.

Que cet armement fut au commencement de l'année derniere de 5 Vaisseaux, dont trois avoient été destinés pour Pondichery & Bengale, nommés le Maurepas, le Pondichery & le Marchand des Indes, & deux pour Suratte, nommés la Princesse de Savoye & le Bourbon, ce dernier ayant ordre d'aller faire la traite du poivre à la côte de Malabar, & delà se rendre à Suratte.

Que la cargaison de ces 5 Vaisseaux montoit en marchandises & argent à trois millions deux cens trois mille cent cinquante-sept livres six sols sept deniers : qu'outre cette somme il y avoit les frais d'armement de ces cinq Vaisseaux, qui sont leurs constructions, radoubs & leurs vituaillemens, avec les six mois d'avance que la Compagnie fit aux équipages desdits Navires, montant à six cens seize mille cent quarante-six livres treize sols six deniers; en sorte que la Compagnie avoit déboursé pour ces cinq Vaisseaux la somme de trois millions huit cens dix-neuf mille trois cens quatre livres.

Que depuis le départ de ces cinq Vaisseaux, l'Etoile d'Orient & le Saint Louis venant de Suratte, & le Phelipeaux & la Perle d'Orient venant de Pondichery & Bengalé, que la Compagnie avoit fait partir au commencement de l'année 1700, étoient heureusement arrivés au Port Louis les huit Juillet, 27 & 29 Août dernier avec leurs cargaisons ; que la vente en avoit été faite au mois d'Octobre dernier, avec les marchandises apportées par le Vaisseau la Toison d'Or, laquelle n'avoit pas eu tout le succès que l'on en devoit espérer, à cause de la rareté de l'argent, ce qui avoit fait que partie de ses marchandises lui étoient restées invendues, & que celles qui avoient été vendues n'avoient été portées qu'à des prix fort différens de leur valeur ordinaire, & payées en des effets échéant à six, 12 & 18 mois, ladite vente n'ayant monté qu'à deux millions sept cens mille livres.

Que la Compagnie étant obligée, tant par rapport au bien de l'Etat, que pour l'avantage & le soin dudit commerce, de continuer ses envois aux Indes, elle s'étoit trouvée dans une situation très-difficile ; en sorte qu'elle ne pouvoit acquitter depuis quelque tems les billets échus avec la même exactitude qu'elle avoit fait par le passé, ce qui avoit obligé Messieurs les Directeurs à suspendre à plus forte raison le payement des billets que le sieur le Noir leur Caissier avoit fait pour les intérêts de l'année 1696, tant à eux qu'aux Actionnaires jusqu'à l'année prochaine, ainsi qu'il avoit été résolu par leur délibération du 14 Novembre dernier, & qu'elle étoit actuellement chargée de nombre de lettres de change qu'il étoit indispensable d'acquitter pour soutenir son crédit dans les Provinces & chez les Etrangers.

Qu'en cet état Messieurs les Directeurs qui étoient chargés de l'administration d'une affaire aussi importante, & où l'Etat est intéressé, avoient cru qu'il étoit de leur devoir d'informer Monsieur le Comte de Pontchartrain, Chef perpétuel, Président & Directeur pour Sa Majesté de cette Compagnie, & Monsieur Chamillart Contrôleur général des Finances de la situation où se trouvoit la Compagnie.

Qu'ils leur avoient fait connoître que la Compagnie avoit actuellement, soit en France ou aux Indes, soit en marchandises, y compris celles qu'elle attend des Indes par ses premiers Vaisseaux, dequoi satisfaire à tout ce qu'elle devoit; mais que la conjoncture du tems étant infiniment difficile, cela lui seroit absolument impossible, si le Roi n'avoit la bonté de lui donner un secours actuel d'argent; qu'ils les supplioient très-humblement de leur accorder leur protection pour la Compagnie, & d'avoir la bonté de rendre compte à Sa Majesté de l'état de ses affaires.

Que Monsieur le Comte de Pontchartrain & M. Chamillart, qui donnent une attention très-particuliere à tout ce qui peut contribuer au bien & à l'avantage du commerce de la Compagnie, avoient rendu compte au Roi de la situation des affaires de ladite Compagnie, & avoient demandé à Sa Majesté sa protection & du secours pour la soutenir, & qu'ils avoient eu la bonté de dire à Messieurs les Directeurs que le Roi s'étoit déclaré en faveur de la Compagnie, & qu'il vouloit qu'elle fut aidée, & qu'il lui accordoit l'honneur de sa protection.

Que la Compagnie en avoit ressenti les effets depuis quelques jours, M. le Comte de Pontchartrain & M. Chamillart lui ayant fait accorder par le Roi un prêt de huit cens cinquante mille livres, à la charge de rendre ladite somme dans les mois d'Octobre, Novembre & Décembre 1702, à condition que chacun de Messieurs les Directeurs augmenteroit son fonds de cinquante mille livres, dont trente mille livres en augmentations de fonds, en actions nouvelles en ladite Compagnie, & dix mille livres à la grosse aventure sur les trois Vaisseaux qu'ils se disposent à faire partir dans le courant de ce mois & le commencement de l'autre, & que chacun de Messieurs les Actionnaires augmenteroit aussi son fond de cinquante pour cent.

Qu'enfin Messieurs les Directeurs pour se mettre en état de profiter des bontés que le Roi a pour la Compagnie, & pour donner à Sa Majesté des marques de leurs soumissions à ses ordres, s'étoient volontairement engagés à fournir, chacun ces quarante mille livres, que je ne faifois aucun doute que les Actionnaires ne fe miffent en état à l'exemple des Directeurs, de faire inceffamment ces nouveaux fonds, parce qu'il s'agiffoit du falut de la Compagnie.

 Enfuite dequoi ayant demandé l'avis aux Actionnaires, après avoir fait faire lecture par le fieur Hardancourt Secrétaire de ladite Compagnie, de la délibération du 23 Décembre dernier, de la lettre de Monfieur le Comte de Pontchartrain du 30 dudit mois de Décembre, & de l'Arrêt du Confeil d'Etat dudit jour, l'Affemblée fe fépara fans qu'aucun voulut donner fon avis.

ARREST
DU CONSEIL D'ÉTAT
DU ROY,

QUI ordonne que la délibération prise par les Directeurs de la Compagnie des Indes Orientales, sera homologuée ; & en conséquence, que les Directeurs & Actionnaires de ladite Compagnie, leurs Héritiers, Légataires ou Donataires, feront entre les mains de Marcou le Noir, Caissier d'icelle, un fonds de cinquante pour cent de leur capital en actions.

Du 21 Février 1702.

Extrait des Registres du Conseil d'Etat.

LE Roi s'étant fait informer de l'état des affaires de la Compagnie des Indes Orientales, & Sa Majesté ayant connu, que quoique cette Compagnie ait fait au mois de Septembre dernier une vente de partie des marchandises qu'elle a reçues des Indes par ses derniers Vaisseaux, elle n'en a pas tiré le secours qu'elle en espéroit, tant parce que partie de ces marchandises lui sont restées invendues, que parce que celles qui ont été vendues n'ont été payées qu'à des termes fort éloignés ; que cependant elle étoit obligée pour l'avantage de son commerce de continuer ses envois aux Indes, ce qu'elle ne pouvoit faire sans secours ; Sa Majesté voulant donner à

cette

cette Compagnie de nouvelles marques de sa protection, lui auroit accordé des sommes considérables, pour lui donner le moyen de soutenir son crédit, & de continuer son commerce, à condition que les Directeurs & les Actionnaires feroient une augmentation de cinquante pour cent du fonds capital qu'ils ont dans ce commerce ; à quoi les Directeurs se seroient soumis par leur délibération du 20 Décembre dernier, & auroient demandé à Sa Majesté que cette contribution fût faite par augmentation de fonds : & comme les Actionnaires sont tenus des dettes de ladite Compagnie, chacun à proportion de leur intérêt, & qu'il n'est pas juste que les Directeurs contribuent seuls à cette augmentation de fonds ; Sa Majesté auroit par Arrêt de son Conseil du 30 Décembre 1701, ordonné qu'il seroit convoqué une assemblée générale de tous les Directeurs & Actionnaires de ladite Compagnie, en présence du sieur Prevôt des Marchands de la ville de Paris, pour leur être donné communication des délibérations de la Compagnie des 20 & 23 Décembre dernier, & pour dresser procès-verbal du résultat de ladite assemblée ; & icelui vû & rapporté, être par Sa Majesté ordonné ce qu'il appartiendroit : laquelle assemblée auroit été tenue le 24 du mois de Janvier dernier, & le procès-verbal du résultat d'icelle dressé en conséquence par ledit sieur Prevôt des Marchands. Et étant nécessaire de pourvoir à ce que tant les Directeurs que les Actionnaires de ladite Compagnie fassent ladite augmentation de fonds pour soutenir son crédit & continuer son commerce : vû par le Roi étant en son Conseil, ladite délibération du 20 Décembre dernier, ledit Arrêt du Conseil du 30 Décembre aussi dernier, le procès-verbal du résultat de ladite assemblée ; & tout considéré : Le Roi ÉTANT EN SON CONSEIL, a confirmé & homologué la délibération prise par les Directeurs de ladite Compagnie des Indes du 20 Décembre dernier ; & en conséquence a ordonné & ordonne, que tous les Directeurs & Actionnaires de ladite Compagnie, leurs héritiers, donataires ou légataires & ayans cause, feront entre les mains de Marcou le Noir, Caiſſier d'icelle, un fonds de cinquante pour cent de leur capital en actions, & ce en trois payemens égaux ; ſçavoir, pour les Directeurs, le premier comptant, le ſecond au premier Mars ſuivant, & le troiſiéme au premier Avril auſſi ſuivant ; & pour les Actionnaires, leurs héritiers, donataires, légataires ou ayans cauſe, le premier au premier Avril prochain, le ſecond au premier Juin ſuivant, & le troiſiéme au premier Août ſuivant, pour toute préfixion & délai. A quoi faire, les Directeurs & Actionnaires ſeront contraints par les voyes ordinaires & accoutumées, ſauf auxdits Directeurs & Actionnaires qui fourniront ladite augmentation de fonds, leurs recours contre les Particcipes & Cointéreſſés, par les mêmes voyes & aux mêmes peines. Et outre leſdits fonds de cinquante pour cent ci-deſſus ordonnés, les Directeurs ſeront tenus de fournir chacun dix mille livres à la groſſe aventure, ſur les trois premiers Vaiſſeaux que la Compagnie envoye aux Indes cette année, & de payer ladite ſomme dans les ſuſdits termes, & ſous les peines ci-deſſus portées ; ſi mieux n'aiment, tant leſdits Directeurs que leſdits Actionnaires, faire à ladite Compagnie dans les termes ci-deſſus un prêt pour deux ans de cinquante pour cent ; ce qu'ils ſeront tenus de faire ſous les mêmes peines ci-deſſus prononcées. Et en cas que pour raiſon de l'exécution du préſent Arrêt il ſurvienne quelque difficulté, Sa Majeſté s'en eſt réſervé à ſoi & à ſon Conſeil la connoiſſance, & a icelle interdite à toutes ſes autres Cours & Juges. Fait au Conſeil d'Etat du Roi, Sa Majeſté y étant, tenu à Verſailles le vingt-uniéme jour de Février mil ſept cent deux. *Signé*, Phelypeaux.

Louis, par la grace de Dieu, Roi de France et de Navarre : au premier notre Huiſſier ou Sergent ſur ce requis. Nous te mandons & commandons par ces Préſentes, ſignées de notre main, que l'Arrêt dont l'extrait eſt ci attaché ſous le contre-ſcel de notre Chancellerie, ce jourd'hui donné en notre Conſeil d'Etat, nous y étant, tu ſignifies à tous qu'il appartiendra, à ce qu'ils n'en ignorent, & fasses pour son entiere exécution tous actes & exploits nécessaires, sans demander autre permission ; car tel est notre plaisir. Donné à Versailles le vingt-uniéme jour de Février, l'an de grace mil sept cent deux, & de notre regne le cinquante-neuviéme. *Signé*, LOUIS. *Et plus bas*: Par le Roi, Phelypeaux.

Augmentation de 50 pour cent du capital en actions.

Du 15 Mars 1702.

EN exécution de l'Arrêt du Conseil d'Etat du 21 Février dernier, qui ordonne que tous les Directeurs & Actionnaires de la Compagnie des Indes, leurs héritiers, donataires, légataires & ayans cause, feront ès mains du sieur Marcou le Noir, Caissier d'icelle un fonds de cinquante pour cent de leur capital en actions dans les tems portés par ledit Arrêt, si mieux n'aiment, tant lesdits Directeurs que lesdits Actionnaires, faire à ladite Compagnie un prêt pour deux ans dans les termes aussi portés par ledit Arrêt. La Compagnie a ordonné au sieur le Noir de passer trois procurations ; l'une, au sieur Nicolas le Charpentier, Agent de ses affaires à Nantes ; l'autre, au sieur Pontoise son correspondant à Bordeaux, & l'autre au sieur Blanchut, aussi son correspondant à Lyon, pour leur donner pouvoir de faire signifier ledit Arrêt aux Actionnaires de la Compagnie résidens dans ces trois Villes, & faire par eux les diligences nécessaires pour l'exécution d'icelui, faute par lesdits Actionnaires d'y satisfaire, lesquelles procurations ont été faites le 10 de ce mois pardevant de la Fond & Robillart, Notaires au Châtelet de Paris, pour les remettre auxdits Procureurs constitués. La Compagnie a jugé que lesdites procurations seront transcrites sur ce registre, & dont la teneur ensuit.

PARDEVANT les Conseillers du Roi, Notaires au Châtelet de Paris, soussignés, fut présent le sieur Marcou le Noir, Caissier général de la Compagnie Royale des Indes Orientales de France, demeurant à Paris au Bureau de ladite Compagnie, rue Pavée, Paroisse saint Sauveur, lequel pour l'exécution de l'Arrêt du Conseil d'Etat du Roi du 21 Février dernier, par lequel & pour les causes y contenues, Sa Majesté a ordonné que tous les Directeurs & Actionnaires de ladite Compagnie des Indes, leurs héritiers, donataires, légataires & ayans cause, feront ès mains dudit sieur le Noir un fonds ou augmentation de prêt pour deux ans de cinquante pour cent de leur capital en actions de ladite Compagnie dans les tems portés par ledit Arrêt, a fait & constitué son Procureur Monsieur Nicolas le Charpentier, Agent des affaires de ladite Compagnie à Nantes, auquel il donne pouvoir de faire signifier ledit Arrêt aux Actionnaires de ladite Compagnie, leurs héritiers, donataires, légataires & ayans cause en ladite ville de Nantes & les environs ; & en conséquence recevoir d'eux ledit fonds ou prêt de cinquante pour cent de leurs Actions, leur en donner les reconnoissances, avec promesse de leur fournir quinzaine après ce dernier payement, soit les quittances dudit sieur Constituant pour ledit fonds, ou billets suffisans de Messieurs les Directeurs de ladite Compagnie pour ledit prêt, aux choix desdits Actionnaires & ayans cause, faute d'y satisfaire, faire contr'eux toutes saisies, poursuites, contraintes & diligences, donner les main-levées & consentement que ledit Procureur jugera à propos, & faire à ce sujet tout ce qu'il conviendra, promettant & obligeant. Fait & passé à Paris au Bureau de ladite Compagnie susdite rue Pavée, le dixiéme jour de Mars 1702, & a signé. *Signé* LE NOIR, DE LA FOND & ROBILLARD, & scellée dudit jour, reçu six sols ; *& plus bas est écrit* : Vû par nous Directeurs de ladite Compagnie, soussignés lesdits jour & an. *Signé*, TARDIF, HEBERT & CHAMPIGNY. Pareilles procurations ont été expédiées pour les sieurs Pontoise de Bordeaux & Blanchut de Lyon.

Billets au porteur payables en deux ans pour les 50 pour cent du capital des actions.

Du 28. Mars 1702.

LE Roi ayant ordonné par Arrêt du Conseil d'Etat du 21 Février dernier, que tous les Directeurs & Actionnaires de la Compagnie des Indes Orientales, leurs héritiers & donataires, ou légataires & ayans cause, feront entre les mains de Marcou le Noir, Caissier d'icelle, un fonds de cinquante pour cent de leur capital en actions, & ce en trois payemens égaux ; sçavoir, pour les Directeurs, le premier comptant, le second au premier Mars suivant, & le troisiéme au premier Avril aussi suivant, & pour les Actionnaires, leurs héritiers, donataires, légataires ou ayans cause, le premier au premier Avril prochain, le second au premier Juin, suivant l'option portée par ledit Arrêt, de faire à la Compagnie un prêt pour deux ans de cinquante pour cent de leur capital, sauf aux Actionnaires à faire en exécution dudit Arrêt les fonds en actions, ou en un prêt pour deux ans à leur choix. Il a été résolu qu'il sera fourni à Messieurs les Directeurs des billets payables au porteur dans deux ans, à compter du premier Avril 1702, de ladite somme qu'ils sont obligés de payer au sieur le Noir, Caissier de ladite Compagnie, conformément audit Arrêt, & que l'intérêt desdites sommes sera joint auxdits billets, à raison de huit pour cent par an, & il en sera usé de même à l'égard des Actionnaires, en cas qu'ils prennent le parti de faire un prêt, lesquels billets Messieurs Soullet, Desvieux, Tardif, Peletier, le Mercier, Chaperon, & Sandrier, sont priés de signer, & au payement d'iceux tous Messieurs les Directeurs, tant présens qu'absens, sont & seront solidairement obligés, comme s'ils les avoient tous signés, ensemble tous les Actionnaires de ladite Compagnie chacun à proportion de leurs fonds, ainsi qu'il est mentionné dans les Arrêts du Conseil d'Etat des 17 Août 1697, onze Février 1699, & 23 Mars 1700.

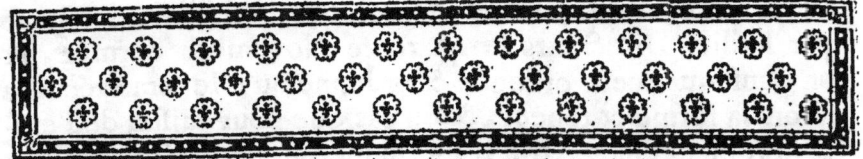

ARREST
DU CONSEIL D'ÉTAT
DU ROY,

QUI confirme & homologue la Délibération prise par les Directeurs de la Compagnie des Indes Orientales le 14 Novembre 1701, concernant les Intérêts Maritimes de l'année 1696.

Du 11 Avril 1702.

Extrait des Regiſtres du Conſeil d'Etat.

VU par le Roi étant en ſon Conſeil la délibération priſe par les Directeurs de la Compagnie des Indes Orientales le quatorze Novembre dernier, contenant qu'ayant été fait par le ſieur le Noir, Caiſſier de ladite Compagnie, en exécution de la délibération du deux Janvier 1701 des billets tant aux Directeurs qu'aux Actionnaires pour les intérêts maritimes de l'année 1696 payables au premier Novembre ſuivant, elle auroit délibéré attendu la conjoncture préſente des affaires, de retarder le payement de ladite année tant aux Directeurs qu'aux Actionnaires juſqu'après le retour des prochains Vaiſſeaux

Et tout confidéré; SA MAJESTE' E'TANT EN SON CONSEIL, a confirmé & homologué la délibération prife par lefdits Directeurs le quatorze Novembre dernier, & en conféquence a ordonné & ordonne qu'elle fera exécutée felon fa forme & teneur; & en cas que pour raifon de l'exécution du préfent Arrêt il furvienne quelque difficulté, Sa Majefté s'en eft refervé à foi & à fon Confeil la connoiffance, & a icelle interdite à toutes fes autres Cours & Juges. FAIT au Confeil d'Etat du Roi, Sa Majefté y étant, tenu à Verfailles le onziéme Avril mil fept cent deux, *Signé*, PHELYPEAUX.

DECLARATION

DECLARATION DU ROY,

QUI permet à la Compagnie des Indes Orientales de vendre les Etoffes des Indes qu'elle a reçûes par ses Vaisseaux, tant celles de soye pure, que celles de soye mêlée d'or & d'argent; & aux Marchands qui en acheteront, de les débiter jusqu'au dernier Décembre 1703.

Donnée à Versailles le 9 Mai 1702.

LOUIS, PAR LA GRACE DE DIEU, ROI DE FRANCE ET DE NAVARRE : à tous ceux qui ces présentes Lettres verront, SALUT. Les Directeurs de la Compagnie des Indes Orientales nous ayant très-humblement fait remontrer que depuis plusieurs années ils ont été inquiétés dans la jouïssance des Priviléges portés par nos Lettres Patentes du mois d'Août 1664 & par notre Déclaration du mois de Février 1685, tant à cause de la condition qui leur a été imposée par l'Arrêt de notre Conseil du 27 Janvier 1687 & autres rendus en conséquence, que par la restriction de la liberté qu'ils avoient de faire apporter des Indes dans leurs Vaisseaux toutes sortes de marchandises sans exception, nous avons fait examiner en notre Conseil les mémoires qui nous ont été présentés à ce sujet, afin qu'étant pleinement informés de ce qui peut être utile à notre Royaume & convenable à la Compagnie, nous puissions la mettre en état de faire son commerce avec le même avantage que celles des autres nations. Et par l'examen qui en a été fait nous avons reconnu que l'utilité de son établissement consiste non-seulement dans l'apport qu'elle fait en notre Royaume de plusieurs marchandises que nos sujets seroient obligés d'aller prendre à grands frais dans les Etats voisins, comme les soyes & cotons de toutes sortes, les drogueries & les épiceries, les toiles blanches de coton & les mousselines, les bois de couleur & autres matieres servant aux teintures ; mais encore en ce que par l'entretien de ce commerce, nous avons de continuelles occasions de porter à ces peuples éloignés les lumieres de l'Evangile & les instructions nécessaires à leur salut ; qu'il se forme tous les jours de nouveaux Officiers pour la Marine, des Pilotes & des Matelots pour la navigation, des ouvriers pour la construction des Vaisseaux ; que nos sujets s'entretiennent dans l'habitude des voyages de long cours, & que les emplois différens de Commis & d'ouvriers qu'il faut remplir tant dans les Indes que dans notre Royaume y font subsister un grand nombre de nos sujets : cependant nous avons été instruits en même temps que sous prétexte de la permission que nous avons accordée à cette Compagnie d'apporter tous les ans des Indes par ses Vaisseaux dans notre Royaume pour 150000 livres d'étoffes de soye pure ou de soye mêlée d'or & d'argent & d'autres étoffes d'écorces d'arbres, plusieurs Négocians, Marchands & autres particuliers de notre Royaume ont pris occasion d'en faire entrer en fraude pour des sommes bien plus considérables qu'ils tirent des Etats voisins, nonobstant les défenses rigoureuses que nous en avons faites ; ce qui cause un notable préjudice aux manufactures de notre Royaume & en fait passer l'argent aux pays étrangers. Et comme nous avons cherché les moyens d'apporter quelque reméde à ce désordre, les Directeurs de la Compagnie nous ont représenté que pour faire cesser tous prétextes de plainte, & nous marquer leur affection & leur zéle pour notre service & pour l'avantage de notre Royaume, ils étoient prêts de renoncer à leurs propres intérêts & de consentir de ne plus apporter aucunes étoffes de soye pure ni de soye mêlée d'or & d'argent ni d'écorces d'arbres, pourvû qu'il nous plût les décharger de l'obligation qui leur a été imposée par l'Arrêt de notre Conseil du 27 Janvier 1687, & autres rendus en conséquence, d'envoyer aux Indes pour 500000 livres de marchandises de France & les retablir dans la liberté entiere qui leur est accordée par l'Edit de leur établissement, de n'y envoyer que celles qui leur seront demandées, & dont ils croiront facilement pouvoir avoir le débit, qu'ils espérent rendre par leur application dans la suite aussi considérable en le faisant librement, que si l'obligation leur en étoit imposée. Et comme ce tempérament nous a parû convenir en même tems & à l'intention que nous avons de soutenir le commerce de cette Compagnie, & à l'obligation où nous sommes d'empêcher dans notre Royaume l'abondance de ces marchandises qui ne font qu'en augmenter le luxe & à en diminuer la richesse la plus solide : A CES CAUSES, & désirant assurer l'état de cette Compagnie & lui donner de nouvelles marques de notre protection ; de l'avis de notre Conseil, & de notre certaine science, pleine puissance & autorité Royale, nous avons par ces Présentes signées de notre main, dit, déclaré & ordonné, disons, déclarons & ordonnons, voulons & nous plaît, que nos Lettres Patentes du mois d'Aoust 1664 & Déclaration du mois de Février 1685 soient exécutées selon leur forme & teneur, & en conséquence que les Directeurs de la Compagnie continuent de faire venir & apporter dans notre Royaume des marchandises des Indes & autres pays de leur concession telles que bon leur semblera, à la réserve seulement des toiles peintes, des étoffes d'écorces d'arbres & celles de soye pure, ou de soye mêlée d'or & d'argent, sans qu'ils soient tenus d'envoyer aux pays de leur concession des marchandises de France, autres que celles qu'ils jugeront y pouvoir vendre & débiter ; & en conséquence nous les avons déchargés de l'exécution de l'Arrêt de notre Conseil du 27 Janvier

1687, & autres rendus en conséquence : leur permettons néanmoins de vendre les étoffes de soye pure, ou de soye mêlée d'or & d'argent restant dans leurs magasins, ensemble celles qui arriveront dans le courant de la présente année par les retours des Vaisseaux qu'ils ont envoyés sur la fin de l'année 1700, & au commencement de 1701. Permettons pareillement aux Marchands qui en acheteront, de les vendre & débiter jusqu'au dernier Décembre 1703, sans qu'ils puissent toutefois, même pendant ledit temps, ni aucune autres personnes de quelque qualité & condition qu'elles soient, en faire entrer, exposer en vente, vendre ni débiter directement ni indirectement dans notre Royaume, pays, terres & seigneuries de notre obéissance, d'autres que celles qui seront apportées par les Vaisseaux de la Compagnie & marquées de sa marque, sur les peines portées par notredite Déclaration du 20 Septembre 1701. Si donnons en mandement à nos amés & féaux Conseillers les gens tenans notre Cour de Parlement à Paris, que ces Présentes ils ayent à faire regîstrer & le contenu en icelles garder & observer selon leur forme & teneur : car tel est notre plaisir. En témoin de quoi nous avons fait mettre notre scel à cesdites Présentes. DONNÉ à Versailles le neuviéme Mai l'an de grace mil sept cent deux, & de notre regne le cinquante-neuviéme. *Signé*, LOUIS. *Et sur le repli :* par le Roi, PHELYPEAUX. Et scellé du grand Sceau de cire jaune.

Registrées, oui le Procureur général du Roi, pour joüir par les Impétrans de leur effet & contenu, & être exécutées selon leur forme & teneur, suivant l'Arrêt de ce jour. A Paris en Parlement le 12 Août 1702. Signé, DONGOIS.

Extrait des Registres de Parlement.

VU par la Cour les Lettres Patentes du Roi, données à Versailles le neuf Mai 1702, signées LOUIS, & sur le replis, par le Roi, PHELYPEAUX, & scellées du grand Sceau de cire jaune, obtenues par les Directeurs de la Compagnie des Indes Orientales : par lesquelles pour les caufes y contenues, le Seigneur Roi auroit dit, déclaré & ordonné, veut & lui plaît, que ces Lettres Patentes du mois d'Août 1664, & la Déclaration du mois de Février 1685 foient exécutées felon leur forme & teneur ; & en conféquence que les Impétrans continuent de faire vendre & apporter des marchandifes des Indes & autres pays de leur conceffion, telles que bon leur femblera, à la réferve feulement des toiles peintes, des étoffes d'écorces d'arbres ; & de celles de foye pure, & foye mêlée d'or & d'argent, fans qu'ils foient tenus d'envoyer aux pays de leur conceffion des marchandifes de France autres que celles qu'ils jugeront y pouvoir vendre & débiter ; & en conféquence les auroit le Seigneur Roi déchargés de l'exécution de l'Arrêt du Confeil du 27 Janvier 1687 & autres rendus en conféquence : leur auroit le Seigneur Roi permis néanmoins de vendre les étoffes de foye pure, ou de foye mêlée d'or & d'argent reftans dans leurs magafins, enfemble celles qui arriveront dans le courant de la préfente année 1702 par le retour des Vaiffeaux qu'ils ont envoyés fur la fin de l'année 1700, & au commencement de 1701 : permet pareillement le Seigneur Roi aux Marchands, qui en acheteront, de les vendre & débiter jufqu'au dernier Décembre 1703, fans qu'ils puiffent toutefois pendant ledit temps, ni aucunes autres perfonnes de quelque qualité & condition qu'elles foient, en faire entrer, expofer en vente, vendre ni débiter directement ni indirectement dans le Royaume, pays, terres & Seineuries de l'obéiffance du Seigneur Roi, d'autres que celles qui feront apportées par les Vaiffeaux de la Compagnie, & marquées de fa marque, fur les peines portées par la Déclaration du 20 Septembre 1701, & ainfi que plus au long le contiennent lefdites Lettres à la Cour adreffantes. Requête afin d'enregiftrement d'icelles ; conclufions du Procureur général du Roi ; oui le rapport de Me Robert Bruneau, Confeiller, tout confidéré : la Cour a ordonné & ordonne que lesdites Lettres seront enregistrées au Greffe d'icelle, pour joüir par les Impétrans de leur effet & contenu, & être exécutées selon leur forme & teneur. Fait en Parlement le 12 Aout 1702. *Collationné. Signé*, Dongois.

Droits de préfence diftribués aux Directeurs à l'iffue des Affemblées.

Du 13 Mai 1702.

LEs Directeurs de la Compagnie des Indes Orientales se trouvant obligés de vacquer journellement aux affaires de la Compagnie, & de faire tous les jours de nouveaux efforts pour fatisfaire au payement de ses billets en tout ou partie, & plusieurs des Directeurs ne se trouvant pas au bureau aux jours d'affemblée aussi exactement qu'il conviendroit dans un temps aussi difficile que celui-ci, en sorte que ceux qui s'y rendent plus régulierement sont surchargés d'affaires & continuellement dans la nécessité de fournir entr'eux aux besoins preffans de la Compagnie, ce qui leur est très à charge & de très-peu de secours pour elle, au lieu que si tous les Directeurs se trouvoient exactement aux affemblées, les délibérations en feroient plus refléchies, les affaires mieux fervies, & les secours plus réels & plus confidérables; & étant nécessaire dans la conjoncture présente de prendre des résolutions convenables au bien des affaires de la Compagnie, il a été délibéré qu'il fera fait à l'avenir par chaque semaine quatre affemblées générales qui seront les Mardis, Mercredis, Vendredis & Samedis après midi, depuis trois heures jufqu'à fix, à commencer Vendredi 19 du courant jufqu'à la fin de l'année prochaine 1703, & qu'à chaque affemblée il fera diftribué après fix heures fonnées 280 liv. entre les Directeurs préfens, la part des abfens accroiffant aux préfens, pour tenir lieu à tous les Directeurs des 3000 livres de droits de préfence fixés qui avoient été ci-devant réglés par les Arrêts du Confeil des 21 Février 1685 & 26 Aout 1687, fans que les abfens puiffent prétendre aucuns autres droits de préfence tels qu'ils puiffent être, pourvû cependant que lefdits jours ci-dessus marqués ne soient point jours de Fête, auquel cas il n'y aura point d'assemblée.

Que Monsieur le Gendre sera toujours réputé présent, & sa part reservée sans accroissement attendu qu'il est notoirement domicilié à Rouen, & qu'il y agit pour les affaires de la Compagnie; que ceux des Directeurs qui seront à la suite de la Compagnie pour les affaires de la Compagnie & par délibération d'icelle, ou mandés exprès, ou à Nantes pour la vente, seront tenus présens, & leur part reservée avec accroissement, comme s'ils étoient au bureau à Paris.

Que ceux qui seront en province pour les affaires de la Compagnie & par délibération d'icelle, seront tenus présens, & leur part reservée sans accroissement.

Que si à la fin de chacune année la somme destinée pour les droits de présence fixes des vingt Directeurs ne se trouve pas entierement consommée par les droits de présence manuels ci-dessus réglés, le surplus sera partagé entre les Directeurs également; & attendu que lesdits droits de présence ci-dessus réglée ne seront payés qu'à la fin de l'année, il sera tenu un registre sur lequel seront écrits les noms des présens de la main d'un des Directeurs avec paraphe.

FAIT & arrêté à Paris, ledit jour 13 Mai 1702. *Signé*, SOULLET, DES VIEUX, TARDIF, LE FEBVRE PELLETIER, CHAMPIGNY, CHAPERON, *&* PEYRONNIE.

ARREST

ARREST
DU CONSEIL D'ÉTAT
DU ROY,

QUI ordonne que l'Arrêt du Conseil d'Etat du 21 Février dernier, & le présent Arrêt, seront exécutés selon leur forme & teneur.

Du 16 Mai 1702.

Extrait des Registres du Conseil d'Etat.

LE Roi ayant été informé que l'Arrêt de son Conseil du vingt-un Février dernier, par lequel Sa Majesté en confirmant & homologuant la délibération prise par les Directeurs de la Compagnie des Indes le vingtiéme Décembre aussi dernier, a ordonné que tous les Directeurs & Actionnaires de ladite Compagnie, leurs héritiers, donataires, légataires, ou ayans cause, feroient entre les mains de Marcou le Noir, Caissier de ladite Compagnie un fonds de cinquante pour cent de leur capital en actions ou par prêt pour deux ans, au choix desdits Directeurs & Actionnaires ; & qu'outre lesdits fonds de cinquante pour cent les Directeurs seroient tenus de fournir chacun dix mille livres à la grosse aventure, le tout dans les délais y portés, n'a encore été exécuté que par quelques-uns des Actionnaires, quoique le délai du premier payement à faire par lesdits Actionnaires, soit échû dès le premier Avril dernier, & que ledit Arrêt ait été signifié à tous les Actionnaires, & qu'en conséquence il leur ait même été fait des commandemens de payer, & sa Majesté ayant aussi été informée que plusieurs desdits Actionnaires voudroient éluder l'exécution de cet Arrêt sous prétexte que l'article second du premier Edit d'établissement de la Compagnie du mois d'Aout 1664 porte que les Directeurs ni les particuliers intéressés ne pourront être tenus pour quelque cause & prétexte que ce soit, de fournir aucune somme au-delà de celle pour laquelle ils se seront obligés dans le premier établissement de la Compagnie, soit par maniere de supplément ou autrement, quoique Sa Majesté ait expressément dérogé à cet article second de l'Edit du mois d'Aout 1664 par la Déclaration du mois de Février 1685 donné pour l'établissement de ladite Compagnie, même se pourvoir par la voie d'opposition à l'exécution dudit Arrêt du 21 Février dernier. Ce qui étant directement contraire aux intentions de Sa Majesté, qui ont été que ledit Arrêt fût ponctuellement exécuté, attendu que son exécution est d'une très-grande conséquence pour le bien de ladite Compagnie ; SA MAJESTE' E'TANT EN SON CONSEIL a ordonné & ordonne que ledit Arrêt du Conseil d'Etat du vingt-un Février dernier, & le présent Arrêt seroit exécuté selon sa forme & teneur, nonobstant toutes oppositions, appellations, & autres empêchemens quelconques, formés ou à former, pour lesquels il ne sera différé sous quelque prétexte & pour quelque cause & raison que ce puisse être, & ce nonobstant l'article second dudit Edit d'établissement du mois d'Aout 1664, & toutes autres dispositions qui pourroient être contraires auxdits Arrêts, & auxquels Sa Majesté a expressément dérogé. FAIT au Conseil d'Etat du Roi, Sa Majesté y étant, tenu à Versailles le seize Mai mil sept cent deux. *Signé*, PHELYPEAUX.

LOUIS, PAR LA GRACE DE DIEU, ROI DE FRANCE ET DE NAVARRE : au premier notre Huissier ou Sergent sur ce requis. Nous voulons & te commandons que l'Arrêt, dont l'extrait est ci-attaché sous le contrescel de notre Chancellerie, ce jourd'hui donné en notre Conseil d'Etat, nous y étant, tu signifies à qui il appartiendra, & fasses pour l'exécution d'icelui tous commandemens, sommations, & autres actes nécessaires : de ce faire te donnons pouvoir ; car tel est notre plaisir. DONNÉ à Versailles le seize Mai, l'an de grace mil sept cent deux, & de notre regne le soixantiéme. *Signé*, LOUIS. *Et plus bas*; par le Roi, PHELIPEAUX. Et scellé du grand Sceau de cire jaune.

*L'an mil sept cent deux le   jour de
                par vertu de l'Arrêt du Conseil d'Etat du Roi
& commission sur icelui en date du seize Mai mil sept cent
deux, signé, LOUIS, & plus bas, par le Roi, PHELY-
PEAUX, scellé du grand Sceau de cire jaune, & contrescellé
à la requête du sieur Marcou le Noir, Caissier général de la
Compagnie des Indes Orientales de France, pour lequel domicile est élu en son Bureau rue Pavée, paroisse Saint Sauveur,
lesdits Arrêt & Commission ont été par moi Nicolas-Gaspard
Boucault, Huissier priseur au Châtelet de Paris y demeurant
rue Saint Martin soussignés, montrés, signifiés, & laissés cette
copie à*

*Actionnaire de ladite Compagnie en son domicile parlant à
                à ce qu'il n'en ignore : &
en vertu de l'arrêt du Conseil d'Etat du Roi, & Commission
sur icelui donnée à Versailles le vingt-un Février dernier, signés,
LOUIS, & plus bas, par le Roi, PHELYPEAUX, & scellés
du grand Sceau de cire jaune, & contrescellés, & de l'Arrêt & Commission sur icelui ci-devant transcrite, j'ai à
                parlant comme ci-dessus en continuant
les significations desdits premiers Arrêts & Commission, Commandement & autres diligences ci-devant faits portant refus de payer, fait commandement de par le Roi notre Sire de
présentement payer, & mettre ès mains dudit sieur le Noir,*

P ij

ou à moi pour lui porteur desdits Arrêts & Commission la somme de $\qquad$ pour $\qquad$ tiers échûs au premier du présent mois des cinquante pour cent du capital qu'il a en Action en ladite Compagnie, sans préjudice du surplus de ladite Action, autre dû, droits, actions, frais & dépens, lequel $\qquad$ parlant comme dessus, a été de payer refusant, pour lequel refus je lui ai déclaré qu'il sera contraint par saisie, exécution & vente de ses meubles & autrement, & ai laissé cette copie.

ARREST
DU CONSEIL D'ÉTAT DU ROY,

QUI homologue la Délibération prise au sujet de l'emprunt fait par la Compagnie du 13 dudit mois.

Du 16 Mai 1702.

Extrait des Registres du Conseil d'Etat.

VU par le Roi étant en son Conseil, la délibération prise par les Directeurs de la Compagnie des Indes Orientales le 13 du présent mois de Mai, pour convertir les droits de présence fixes, réglés par les Arrêts du Conseil d'Etat des 21 Février 1685 & 26 Août 1687, à raison de trois mille livres pour chacun des vingt Directeurs en droits de présence manuelle pour ceux desdits Directeurs qui se trouveront aux assemblées les jours déterminés par ladite délibération avec accroissement de la part des absens aux présens, à commencer au Vendredi dix-neuf du présent mois, jusques à la fin de l'année prochaine mil sept cent trois, & ce pour le bien des affaires de la Compagnie ; vû aussi les Arrêts du 21 Février 1685, & vingt-six Août 1687 ; & tout considéré, SA MAJESTÉ E'TANT EN SON CONSEIL, a confirmé & homologué la délibération prise par lesdits Directeurs le treize du présent mois de Mai, & en conséquence a ordonné & or-

P iij

donne qu'elle sera exécutée selon sa forme & teneur & demeurera à cet effet annexée à la minute du présent Arrêt; & en cas que pour raison de l'exécution de ladite délibération & du présent Arrêt il survienne quelque difficulté, Sa Majesté s'en est réservée à soi & à son Conseil la connoissance, & a icelle interdite à toutes ses autres Cours & Juges. FAIT au Conseil d'Etat du Roi, Sa Majesté y étant, tenu à Versailles le seize Mai mil sept cent deux. *Signé*, PHELYPEAUX.

ARREST
DU CONSEIL D'ÉTAT
DU ROY,

QUI décharge la Compagnie des assignations à elle données à la Requête de Guibert.

Du 16 Mai 1702.

Extrait des Regiſtres du Conſeil d'Etat.

SUR la requête préſentée au Roi étant en ſon Conſeil par les Directeurs de la Compagnie Royale des Indes Orientales, contenant qu'ils ont été aſſignés par exploit du 12 du préſent mois à la requête du ſieur Guibert, Caiſſier du ſieur de Montargis, Tréſorier général de l'extraordinaire des guerres, à comparoir le lendemain 13 dudit mois à la Connétablie & Maréchauſſée de France, au ſiége général de la Table de Marbre du Palais à Paris, pour ſe voir condamner ſolidairement & par corps, à lui payer la ſomme de 4400 livres contenue en un billet du 21 Avril 1700; mais attendu que les ſuppliants ne ſont point juſticiables de la Connétablie & Maréchauſſée, parce que le billet a été fait pour raiſon du commerce de ladite Compagnie, requeroient à ces cauſes, qu'il plût à Sa Majeſté les décharger de ladite aſſignation & de tout ce qui pourroit s'en être enſuivi; faire défenſes audit Guibert & à tous autres de faire pour raiſon de ce aucunes pourſuites en ladite Connétablie & Maréchauſſée, & de mettre à exécution les Jugemens qu'ils pourroient y avoir obtenus à peine de nullité, caffation de procédures, 1500 livres d'amende, & de tous dépens, dommages & intérêts, faire pareillement défenses aux Juges de ladite Connétablie & Maréchauffée de connoître du fait dont il s'agit, auffi à peine de nullité, caffation & de tous dépens, dommages & intérêts. Vû ladite requête, copie dudit billet du 21 Avril 1700, & de ladite affignation du 12 du préfent mois de Mai, ouï le rapport, & tout confidéré, LE ROI E'TANT EN SON CONSEIL a déchargé & décharge les Directeurs de la Compagnie des Indes Orientales, de l'affignation à eux donnée le 12 de ce mois à la Connétablie & Maréchauffée de France, au Siége général de la Table de Marbre du Palais à Paris, à la requête du fieur Guibert, & à tous autres de faire pour raifon de ce aucunes pourfuites en ladite Connétablie & Maréchauffée, & de mettre à exécution les jugemens, qu'ils pourroient y avoir obtenus, à peine de nullité, caffation de procédures, 1500 livres d'amende & de tous dépens, dommages & intérêts, fauf audit Guibert à fe pourvoir contre les fuppliants en la Jurifdiction Confulaire ou autres Juges qu'il appartiendra. FAIT au Confeil d'Etat du Roi, fa Majefté y étant, tenu à Verfailles le feize Mai mil fept cent deux. *Signé*, PHELYPEAUX.

ARREST

ARREST
DU CONSEIL D'ÉTAT
DU ROY,

QUI ordonne qu'il sera fait Inventaire des Toiles de coton, Mousselines, Etoffes des Indes & autres Marchandises arrivées sur les Vaisseaux de la Compagnie des Indes, pour être marquées aux deux bouts de chaque piéce.

Du 22 Août 1702.

Extrait des Registres du Conseil d'Etat.

LE Roi étant informé qu'il est arrivé au Port-Louis les Vaisseaux la Princesse de Savoye, le Maurepas, le Pondichery, le Bourbon, & le Marchand des Indes, appartenant à la Compagnie des Indes Orientales, chargés de salpêtre, poivre, canelle, cauris, indigo, caffé, coton filé, soyes, bois de sapan, lac sans bois, lac coupara, lac en bois, alloës, cachou, cire à cacheter, terra-merita, ris fin, & rottins, toiles de coton, mousselines, étoffes des Indes, & autres marchandises dont la vente doit être incessamment faite : & Sa Majesté voulant qu'en exécution des Arrêts du Conseil ci-devant rendus sur la marque à apposer aux toiles de coton, mousselines, étoffes des Indes, & autres marchandises qui y sont sujettes, elles soient incessamment marquées afin qu'il n'en soit débité aucunes dans le Royaume que celles de la Compagnie, conformément aux Arrêts des 10 Février & 13 Mars 1691 & autres rendus depuis, en payant seulement les droits d'entrée portés par le Tarif de 1664 pour les marchandises qui y sont dénommées & contenues; & à l'égard de celles qui sont omises & non comprises dans ledit Tarif, trois pour cent de leur valeur, suivant l'article XLIV de l'Edit de l'établissement de ladite Compagnie, & des Arrêts des 29 Avril & 22 Novembre 1692, nonobstant tous autres qui pourroient être contraires. Sa Majesté désirant y pourvoir, & faire jouir ladite Compagnie des Indes, des priviléges qui lui sont accordés; ouï le rapport du sieur Chamillart, Conseiller ordinaire au Conseil Royal, Contrôleur général des Finances : LE ROI EN SON CONSEIL a ordonné & ordonne, conformément aux derniers Arrêts ci-devant rendus sur le fait de la marque des toiles & étoffes, venant des Indes pour le compte de ladite Compagnie, que par le sieur Bechameil de Nointel, Conseiller d'Etat, Commissaire départi en la Province de Bretagne, ou celui qui sera par lui subdelegué, il sera fait inventaire des toiles de coton, mousselines, étoffes des Indes, & autres marchandises sujettes à la marque, venues par lesdits Vaisseaux, la Princesse de Savoie, le Maurepas, le Pondichery, le Bourbon & le Marchand des Indes, pour être marquées aux deux bouts de chaque piéce, de la marque qui sera choisie par ledit sieur de Nointel, ou son Subdélégué à Nantes; toutes lesquelles toiles, mousselines, salpêtre, poivre, canelle, cauris, indigo, caffé, coton filé, soyes, bois de sapan, lac en bois, lac sans bois, lac coupara, alloës, cachou, cire à cacheter, terramerita, ris fin & rottins, étoffes & autres marchandises venant des Indes, seront ensuite vendues en la ville de Nantes en la maniere accoutumée, en payant les droits d'entrée conformément au Tarif de 1664, & à l'article XLIV de l'Edit du mois d'Aout audit an, & suivant les Arrêts des 29 Avril & 22 Novembre 1692. Fait Sa Majesté très-expresses inhibitions & défenses aux Marchands, Négocians, & à toutes personnes de quelque qualité & condition qu'elles soient, de vendre ni debiter aucunes marchandises des Indes sujettes à ladite marque, si elles ne sont marquées de celle qui aura été choisie par ledit sieur de Nointel, ni d'en faire entrer, garder ou debiter d'autres, à peine de confiscation, & de trois mille livres d'amende, applicable moitié à l'Hôpital des lieux où la saisie aura été faite, & l'autre moitié au dénonciateur. Permet Sa Majesté aux Directeurs de ladite Compagnie de faire faire la visite des marchandises des Indes qui se trouveront chez les Marchands, Négocians & tous autres de quelque qualité & condition qu'ils soient, & de faire saisir celles qui ne seront point marquées de ladite marque. Enjoint Sa Majesté au sieur Lieutenant général de Police de la ville de Paris, & aux sieurs Intendans & Commissaires départis dans les Provinces & Généralités du Royaume, de faire exécuter le présent Arrêt qui sera lû, publié & affiché par-tout où besoin sera, & exécuté nonobstant oppositions ou appellations quelconques, pour lesquels ne sera différé. FAIT au Conseil d'Etat du Roi, tenu à Versailles le vingt-deuxiéme jour d'Aout mil sept cent deux. *Collationné. Signé*, RANCHIN.

LOUIS, PAR LA GRACE DE DIEU, ROI DE FRANCE ET DE NAVARRE, Dauphin de Viennois, Comte de Valentinois & Diois, Provence, Forcalquier & Terres adjacentes: à nos amés & féaux Conseillers en nos Conseils, les sieurs Intendans & Commissaires départis pour l'exécution de nos ordres dans les Provinces & Généralités de notre Royaume; & à notre aussi amé & feal Conseiller en nos Conseils, Maître des Requétes ordinaire de notre Hôtel, le sieur d'Argenson, Lieutenant général de Police de notre bonne ville & fauxbourgs de Paris: SALUT. Nous vous mandons & enjoignons de tenir la main, chacun en droit soi, à l'exécution de l'Arrêt dont l'extrait est ci-attaché sous le contrescel de notre Chancellerie, ce jourd'hui donné en notre Conseil d'Etat, pour les causes y contenues. Commandons au premier notre

Huissier ou Sergent sur ce requis, de signifier ledit Arrêt à tous qu'il appartiendra, à ce qu'aucun n'en ignore, & de faire en outre pour l'entiere exécution d'icelui, à la requête des Directeurs de la Compagnie des Indes Orientales, tous commandemens, sommations, défenses y contenues, sur les peines y portées, & autres actes & exploits nécessaires, sans autre permission, nonobstant clameur de Haro, Charte Normande, & Lettres à ce contraires. Voulons que ledit Arrêt soit lû, publié & affiché partout où besoin sera, & exécuté nonobstant oppositions ou appellations quelconques, pour lesquels ne sera différé ; & qu'aux copies d'icelui & des Présentes, collationnées par l'un de nos amés & feaux Conseillers-Secrétaires, foi soit ajoutée comme aux originaux : Car tel est notre plaisir. DONNÉ à Versailles le vingt-deuxiéme jour d'Août l'an de grace mil sept cent deux, & de notre regne le soixantiéme. *Signé*, par le Roi Dauphin, Comte de Provence en son Conseil, RANCHIN. Et scellé du grand Sceau de cire rouge.

Billets aux porteurs pour les 50 pour cent changés en billets particuliers du Sieur le Noir.

Du 30 Août 1702.

MONSEIGNEUR le Comte de Pontchartrain ayant témoigné qu'il étoit plus avantageux à la Compagnie de donner à chacun des Directeurs & Actionnaires qui ont fourni par forme de prêt tout ou partie des 50 pour cent de leurs actions en exécution de l'Arrêt du Conseil d'Etat du Roi du 21 Février dernier des billets particuliers du sieur le Noir, Caissier de la Compagnie, à deux ans avec l'intérêt à 8 pour cent par an, au lieu de ceux de la Compagnie payables solidairement au porteur qui leur avoient été ci-devant donnés ; il a été arrêté que tous les billets qui ont été faits pour raison dudit prêt à chacun des Directeurs & Actionnaires, & signés par Messieurs Soullet, Desvieux, Tardif, Pelletier, le Mercier, Chaperon & Sandrier, en exécution de la délibération du 28 Mars dernier payables solidairement au porteur dans deux ans des jours de leurs dates, seront rapportés pour être annullés, au lieu & place desquels il sera fourni à chacun des Directeurs & Actionnaires des billets particuliers dudit sieur le Noir payables aux mêmes échéances & des mêmes sommes que ceux qui fourniront ci-après lesdits 50 pour cent, & seront lesdits billets dudit sieur le Noir, faits suivant la formalité ci-après, & visés de deux des Directeurs de la Compagnie. *Signé* DE LAGNY, DESVIEUX, TARDIF, LE FEBVRE, PELLETIER, BAR, HEBERT, CHAMPIGNY, & CHAPERON, HELISSENT, LAPEYRONNIE & DODUN.

ARREST
DU CONSEIL D'ÉTAT
DU ROY,

QUI permet à la Compagnie des Indes Orientales de vendre les Toiles peintes Indiennes & Ecorces d'arbres qui lui sont venues par ses derniers Vaisseaux; & aux Marchands qui les acheteront, de les débiter dans le Royaume.

Du 18 Septembre 1702.

Extrait des Registres du Conseil d'Etat.

SUR ce qui a été représenté au Roi étant en son Conseil, par les Directeurs de la Compagnie des Indes Orientales, qu'il leur reste des retours de 1700 & 1701, sept mille cent soixante-quatre piéces de toiles peintes, tapis & couvertures, & quinze cens quarante-une piéces d'écorces d'arbres qu'ils ont reçues par leurs derniers Vaisseaux, qui leur demeureroient invendues & en pure perte, s'il ne leur étoit permis de les vendre dans le Royaume, ne pouvant à cause de la conjoncture de la guerre les envoyer à l'étranger : que d'ailleurs n'en ayant qu'une très-petite quantité, cela ne peut faire de préjudice aux manufactures du Royaume, d'autant plus qu'ils ont écrit à leurs Commis aux Indes de n'en plus envoyer. Sa Majesté voulant donner à la Compagnie des marques de la continuation de sa protection, & oui sur ce le rapport du sieur Chamillart, Conseiller ordinaire au Conseil Royal,

Contrôleur général des Finances : LE ROI E'TANT EN SON CONSEIL a permis & permet aux Directeurs de la Compagnie des Indes Orientales, pour cette fois seulement & sans tirer à conséquence, de vendre à Nantes au 25 du présent mois de Septembre, avec les autres marchandises qu'elle a reçues par ses Vaisseaux, sept mille cent soixante-quatre piéces de toiles peintes, tapis & couvertures, & quinze cens quarante-une piéces d'écorces d'arbres; avec faculté aux Marchands qui les acheteront, de les vendre & débiter dans le Royaume, pendant le temps & espace d'une année seulement : après néanmoins que lesdites toiles peintes, tapis couvertures & écorces d'arbres auront été marquées par les deux bouts de la marque qui sera choisie par le sieur Bechameil de Nointel, Conseiller d'Etat, Commissaire départi en la Province de Bretagne, ou celui qui sera par lui subdélegué, comme les autres marchandises de la Compagnie, conformément à l'Arrêt du 22 Août dernier; & seront au surplus les Arrêts du Conseil d'Etat des 22 Janvier 1695, 13 Juillet & dernier Août 1700, & la Déclaration du 9 Mai dernier, exécutés selon leur forme & teneur. FAIT au Conseil d'Etat du Roi, Sa Majesté y étant, tenu à Versailles le dix-huitiéme jour de Septembre mil sept cent deux.

Signé, PHELYPEAUX.

ARREST
DU CONSEIL D'ÉTAT
DU ROY,

QUI ordonne que les Arrêts des 21 Février & 16 Mai derniers seront exécutés selon leur forme & teneur, & que les Actionnaires de la Compagnie, leurs héritiers & ayans cause, seront tenus d'y satisfaire entierement dans deux mois ; sinon & à faute de ce, seront & demeureront purement & simplement déchus de toutes les Actions qu'ils auroient pû avoir dans le fonds & commerce de ladite Compagnie.

Du 26 Septembre 1702.

Extrait des Registres du Conseil d'Etat.

VEU par le Roi étant en son Conseil les Requêtes respectivement présentées à Sa Majesté par les Actionnaires de la Compagnie des Indes Orientales, & par les Directeurs généraux de la même Compagnie ; celle présentée au nom des Actionnaires, tendante à ce qu'il plût à Sa Majesté ordonner que l'Edit du mois d'Août 1664, & la Déclaration du mois de Février 1685, seront exécutés selon leur forme & teneur, & en conséquence les recevoir opposans à l'exécution des Arrêts du Conseil des 21 Février & 16 Mai 1702, faire défense de mettre

mettre lesdits Arrêts à exécution, & d'exercer contre eux aucunes contraintes, à peine de trois mille livres d'amende, dépens, dommages & intérêts ; & pour régler les affaires de la Compagnie, & les difficultés qui pourroient naître du compte que les Directeurs doivent leur rendre, commettre tels des sieurs Commissaires du Conseil qu'il plaira à Sa Majesté ; & celle présentée par les Directeurs généraux de ladite Compagnie, à ce qu'il plût à Sa Majesté, sans avoir égard à ladite opposition formée sous le nom collectif des Actionnaires de la Compagnie, à l'exécution des Arrêts du Conseil d'Etat rendus, Sa Majesté y étant, les 21 Février & 16 Mai 1702, de laquelle opposition ils seront déboutés, ordonner que lesdits Arrêts seront exécutés selon leur forme & teneur, nonobstant toutes oppositions faites ou à faire, pour lesquelles il ne sera différé. Vû aussi ledit Edit du mois d'Août 1664, les Lettres Patentes en forme de Déclaration du 17 Juillet 1684, registrées au Parlement le 29 Août ensuivant, ladite Déclaration du mois de Février 1685, registrée dans les Cours, l'Arrêt du Conseil d'Etat du 21 Février 1685, celui du 26 Août 1687, les procès-verbaux dressés par les sieurs Prevôts des Marchands des assemblées générales de ladite Compagnie des Indes, tenues les 2 Juillet 1697, 29 Décembre 1698, 10 Décembre 1699, & 24 Janvier 1702, les Arrêts du Conseil d'Etat rendus, Sa Majesté y étant, les 17 Août 1697, 11 Février 1699 & 23 Mars 1700, qui les ont confirmées & homologuées ; la délibération prise par les Directeurs de ladite Compagnie le 20 Décembre 1701, lesdits Arrêts du Conseil d'Etat rendus, Sa Majesté y étant, les 21 Février & 16 Mai 1702, & autres piéces & mémoires joints auxdites Requêtes ; & tout considéré : SA MAJESTÉ E'TANT EN SON CONSEIL, faisant droit sur lesdites Requêtes, sans avoir égard à celle desdits Actionnaires de la Compagnie des Indes Orientales, en opposition à l'exécution desdits Arrêts du Conseil des 21 Février & 16 Mai 1702, a ordonné & ordonne que lesdits Arrêts des 21 Février & 16 Mai dernier, seront exécutés selon leur forme & teneur, & que lesdits Actionnaires, leurs héritiers & ayans cause, seront tenus d'y satisfaire entierement dans deux mois, à compter du jour de la signification qui leur sera faite du présent Arrêt, pour toutes préfixions & délais; après lequel tems ceux qui n'y auront pas entierement satisfait, seront & demeureront purement & simplement déchûs de toutes les actions, fonds, droits & prétentions qu'ils auroient pû avoir dans le fonds & commerce de ladite Compagnie, lesquels fonds & actions demeureront accrûs au fonds capital de ladite Compagnie, au profit des autres intéressés qui auront satisfait auxdits Arrêts, sans que ceux qui n'y auront pas satisfait y puissent rien prétendre à l'avenir pour quelque raison & sous quelque prétexte que ce puisse être : ce qui sera exécuté nonobstant toutes oppositions, appellations & autres empêchemens quelconques formés ou à former, pour lesquels ne sera différé. FAIT au Conseil d'Etat du Roi, Sa Majesté y étant, tenu à Fontainebleau le vingt-sixiéme Septembre mil sept cent deux. *Signé*, PHELYPEAUX.

LOUIS, PAR LA GRACE DE DIEU, ROI DE FRANCE ET DE NAVARRE : au premier notre Huissier ou Sergent sur ce requis. Nous te mandons & commandons que l'Arrêt dont l'extrait est ci-attaché sous le contrescel de notre Chancellerie, ce jourd'hui donné en notre Conseil d'Etat, nous y étant, tu signifies & fasses pour l'entiere exécution d'icelui toutes sommations, contraintes, & autres actes dont seras requis; de ce faire te donnons pouvoir : car tel est notre plaisir. DONNÉ à Fontainebleau le vingt-sixiéme jour du mois de Septembre, l'an de grace mil sept cent deux, & de notre regne le soixantiéme. *Signé*, LOUIS. *Et plus bas* : Par le Roi, PHELYPEAUX. Et scellé du grand sceau de cire jaune.

ARREST
DU CONSEIL D'ÉTAT
DU ROY,

QUI ordonne que dans huitaine, du jour de la publication du présent Arrêt, les Directeurs de la Compagnie des Indes Orientales remettront entre les mains du Sieur Chamillart un état par eux certifié, contenant les noms des Marchands & autres particuliers qui ont acheté les 7164 piéces de Toiles peintes, Tapis & Couvertures des Indes, & les 1541 piéces d'Ecorces d'arbres, avec la quantité de piéces de Toiles peintes & Ecorces d'arbres vendues à chacun desdits Marchands & autres particuliers, le prix de chaque piéce, & les termes convenus pour le payement ; avec défenses de faire dans le Royaume aucun commerce ni usage des Toiles peintes & Ecorces d'arbres.

Du 18 Novembre 1702.

Extrait des Registres du Conseil d'Etat.

SUR ce qui a été représenté au Roi étant en son Conseil, que par Arrêt du Conseil du dix-huit Septembre dernier, Sa Majesté auroit permis aux Directeurs de la Compagnie des Indes Orientales de vendre à Nantes sept mille cent soixante-quatre piéces de toiles peintes, tapis & couvertures qui lui restoient des retours des Indes, des années 1700 & 1701, & quinze cens quarante-une piéces d'écorces d'arbres, que la Compagnie avoit reçûes par ses derniers Vaisseaux, avec faculté aux Marchands qui les acheteroient de les vendre & débiter dans le Royaume pendant le tems & espace d'une année; après néanmoins que lesdites toiles peintes, tapis & couvertures, & lesdites écorces d'arbres auroient été marquées par les deux bouts de la marque qui seroit choisie par le sieur Bechameil de Nointel, Conseiller d'Etat, Commissaire départi en la Province de Bretagne, ou par son Subdélégué : qu'à la faveur de la permission portée par ledit Arrêt, il seroit aisé nonobstant la précaution de ladite marque, d'introduire dans le commerce du Royaume des toiles peintes & écorces d'arbres venant des pays étrangers, & de les vendre comme provenant de la Compagnie Françoise des Indes : que l'usage & la consommation de ces toiles peintes & écorces d'arbres tirées des pays étrangers, feroient un préjudice très-considérable aux différentes manufactures de petites étoffes du Royaume, dont le travail cesseroit presque entierement faute de débit : que les peuples seroient privés par-là de l'occupation qu'ils y trouvent, & que les matieres qui y sont employées resteroient en perte à ceux qui en sont chargés. Sa Majesté voulant obvier à ces inconvéniens, conserver à ses sujets les secours qu'ils ont coutume de retirer du travail des manufactures & du commerce qui se fait des marchandises qui en proviennent, & maintenir en même tems l'exécution des réglemens ci-devant faits pour empêcher le commerce & l'usage de toutes sortes de toiles peintes & écorces d'arbres, & entre autres de l'Arrêt du Conseil du 13 Juillet 1700, & de la Déclaration du Roi du 9 Mai 1702; Sa Majesté auroit résolu de retirer lesdites sept mille cent soixante-quatre piéces de toiles peintes, & quinze cens quarante-une piéces d'écorces d'arbres, de ceux qui les ont achetées, & de leur en rembourser le prix, ou de le payer pour eux à ladite Compagnie des Indes. Vû lesdits

Arrêts du Conseil du 13 Juillet 1700, & 18 Septembre 1702, & ladite Déclaration de Sa Majesté du neuf Mai 1702; oui le rapport du sieur Chamillart, Conseiller ordinaire au Conseil Royal, Contrôleur général des Finances: LE ROI ÉTANT EN SON CONSEIL, a ordonné & ordonne que dans huitaine du jour de la publication du présent Arrêt, les Directeurs de la Compagnie des Indes Orientales remettront entre les mains dudit sieur Chamillart un état par eux certifié, contenant les noms des Marchands & autres particuliers qui ont acheté lesdites sept mille cent soixante-quatre piéces de toiles peintes, tapis & couvertures des Indes, & lesdites quinze cens quarante-une piéces d'écorces d'arbres, avec la quantité de piéces de toiles peintes & écorces d'arbres vendues à chacun desdits Marchands & autres particuliers, le prix de chaque piéce, & les termes convenus pour le payement. Ordonne pareillement Sa Majesté, que chacun desdits Marchands & autres particuliers qui ont acheté de ladite Compagnie lesdites toiles peintes, tapis & couvertures, & écorces d'arbres, seront tenus dans le même délai de huitaine du jour de la publication du présent Arrêt, de porter, sçavoir à Paris dans le bureau qui sera établi à cet effet sous la Halle aux draps, & dans les autres Villes du Royaume, dans le lieu qui sera désigné par les sieurs Intendans & Commissaires départis, toutes les toiles peintes, tapis & couvertures, & écorces d'arbres qu'ils ont achetées de ladite Compagnie des Indes, d'en déclarer le prix, & les termes convenus pour le payement, ensemble les frais de voitures & payement des droits qu'ils peuvent avoir faits pour raison desdites toiles peintes & écorces d'arbres, depuis l'achat d'icelles; & en cas qu'ils ayent vendu partie desdites toiles peintes & écorces d'arbres, ils seront tenus d'en déclarer la quantité, & les noms des personnes qui les auront achetées. Ce faisant, les Marchands & autres qui ont acheté de ladite Compagnie lesdites sept mille cent soixante-quatre piéces de toiles peintes, & quinze cens quarante-une piéces d'écorces d'arbres,

R iij

seront déchargés du payement de ce qu'ils peuvent devoir du prix desdites toiles peintes & écorces d'arbres à ladite Compagnie des Indes, & remboursés de ce qu'ils auront déja payé, ensemble des frais de voitures & payement des droits qu'ils justifieront avoir légitimement faits, à peine de trois mille livres d'amende contre ceux qui manqueront de satisfaire au présent Arrêt dans ledit tems. Ordonne Sa Majesté, que ce qui restera dû à ladite Compagnie des Indes du prix desdites toiles peintes & écorces d'arbres qui seront rapportées, lui sera payé par le Garde de son Trésor Royal à l'échéance des termes convenus avec les acheteurs, sur l'état qui en sera arrêté par Sa Majesté. Et en conséquence ordonne Sa Majesté que les réglemens ci-devant faits concernant le commerce & l'usage desdites toiles peintes & écorces d'arbres, seront exécutés selon leur forme & teneur, & conformément à iceux, fait Sa Majesté défenses aux Directeurs de ladite Compagnie des Indes, & à tous Marchands & autres personnes de quelque qualité & condition que ce soit, de faire commerce, exposer en vente, vendre ni débiter dans le Royaume des toiles peintes & des étoffes d'écorces d'arbres, à commencer du jour de la publication du présent Arrêt, à peine de confiscation desdites toiles peintes & écorces d'arbres qui seront brûlées, de trois mille livres d'amende contre les Marchands qui seront trouvés en contravention, d'interdiction de commerce pendant trois mois, & d'avoir leurs boutiques fermées pendant ledit tems, & de punition pour les autres personnes. Fait aussi Sa Majesté défenses à toutes personnes de quelque qualité & condition qu'elles soient, de porter, s'habiller, ou faire faire aucuns vêtemens, ni meubles d'écorces d'arbres, ou toiles peintes; & aux Tailleurs, Couturieres, Tapissiers & Fripiers, d'employer ni avoir chez eux des toiles peintes & écorces d'arbres, ni des hardes ou meubles faits d'icelles, à peine de confiscation des habits & vêtemens dont les particuliers se trouveront vêtus, & de cent cinquante livres d'amende; & à peine aussi contre lesdits Tailleurs, Couturieres, Tapiffiers & Fripiers, de confifcation des hardes & meubles qui feront trouvés chez eux, de trois mille livres d'amende, d'interdiction des maîtrifes, & de tout exercice defdits métiers. Ordonne Sa Majefté que pour l'exécution de ce que deffus, il fera fait des vifites par les Juges de Police chez les Marchands, Négocians, Tailleurs, Couturieres, Tapiffiers & Fripiers, dans toutes les villes du Royaume ; & que toutes les écorces d'arbres & toiles peintes, ou les meubles & vêtemens faits d'icelles, qui feront trouvés chez eux, feront confifqués & brûlés ; & lefdits Marchands, Négocians, Tailleurs, Couturieres, Tapiffiers & Fripiers, condamnés aux peines ci-deffus exprimées. Fait encore Sa Majefté très-expreffes inhibitions & défenfes à toutes perfonnes de quelque qualité & condition que ce foit, de peindre ou imprimer, faire peindre ou faire imprimer des toiles de coton, de lin ou de chanvre, vieilles ou neuves, des taffetas, fatins, fiamoifes, & autres étoffes de quelque matiere qu'elles foient compofées, & d'avoir des moules fervans à peindre on imprimer des toiles, taffetas, fatins, fiamoifes & autres étoffes, fous les peines portées par les précédens réglemens. Comme auffi fait Sa Majefté défenfes à tous ouvriers & artifans d'employer en habits, hardes ou meubles, des toiles, taffetas, fatins, fiamoifes & autres étoffes peintes ou imprimées en France ; & à toutes perfonnes d'en porter, s'en habiller, ou en faire faire des habits, hardes ou meubles, fous les peines ci-deffus marquées pour les toiles peintes & écorces d'arbres des Indes. Enjoint Sa Majefté au fieur Lieutenant général de Police à Paris, & aux fieurs Intendans & Commiffaires départis dans les Provinces, de tenir la main, chacun en droit foi, à l'exécution du préfent réglement, qui fera lû, publié & affiché partout où befoin fera, à ce que perfonne n'en ignore. FAIT au Confeil d'Etat du Roi, Sa Majefté y étant, tenu à Verfailles le dix-huit Novembre mil fept cent deux.

LOUIS, par la grace de Dieu, Roi de France et de Navarre, Dauphin de Viennois, Comte de Valentinois, Diois, Provence, Forcalquier, & terres adjacentes : à nos amés & féaux Conseillers en nos Conseils, le sieur Lieutenant général de Police à Paris, & les sieurs Intendans & Commissaires départis pour l'exécution de nos ordres dans les Provinces & Généralités de notre Royaume, Salut. Nous vous mandons & enjoignons de tenir la main, chacun à votre égard, à l'exécution de l'Arrêt, dont l'extrait est ci-attaché sous le contre-scel de notre Chancellerie, ce jourd'hui donné en notre Conseil d'Etat, nous y étant, pour les causes y contenues ; lequel nous commandons au premier notre Huissier ou Sergent sur ce requis, de signifier à tous qu'il appartiendra, à ce qu'ils n'en ignorent, & faire pour l'entiere exécution d'icelui tous commandemens, sommations, & autres actes & exploits nécessaires, sans autre permission : car tel est notre plaisir. Donné à Versailles le 18 Novembre mil sept cent deux, & de notre regne le soixantiéme. *Signé*, par le Roi, Dauphin, Comte de Provence en son Conseil, Phelypeaux, Et scellé.

Surséance

Surséance du payement des Billets de 50 pour cent.

Du 14 Novembre 1701.

LA Compagnie ayant résolu, par sa délibération du 14 Novembre 1701, dé surséoir jusqu'après le retour de ses Vaisseaux le payement de ses billets, que le sieur le Noir a faits, tant aux Directeurs qu'aux Actionnaires, pour les intérêts maritimes de l'année 1696, payables au premier dudit mois de Novembre 1701, laquelle délibération a été homologuée par Arrêt du 11 Avril suivant, & n'étant point encore en état d'acquitter lesdits billets, tant parce qu'elle a fait depuis ladite délibération du 14 Novembre 1701, un envoi aux Indes, que parce qu'il lui reste dans ses magasins quantité de marchandises invendues, & qu'elle étoit obligée d'acquitter préférablement ce qu'elle doit au public.

Il a été unanimement résolu que le payement desdits billets sera encore différé jusqu'après le remboursement des cinquante pour cent qui auront été payés par forme de prêt par les Directeurs, en exécution de l'Arrêt du 21 Février dernier.

ARREST
DU CONSEIL D'ÉTAT
DU ROY,

QUI ordonne que la Déclaration du 9 Mai 1702 sera exécutée selon sa forme & teneur ; & fait défenses aux Directeurs de la Compagnie des Indes, & à tous Marchands & autres personnes de quelque qualité que ce soit, de faire commerce, vendre ni débiter dans le Royaume après le dernier Décembre 1703 des Etoffes de soye pure, ou mêlée de soye, or ou argent, à peine de confiscation & de trois mille livres d'amende.

Du 12 Décembre 1702.

Extrait des Regiſtres du Conſeil d'Etat.

LE Roi ayant par sa Déclaration du 9 Mai dernier maintenu les Directeurs de la Compagnie des Indes dans la faculté de faire venir & apporter dans le Royaume des marchandises des Indes & autres pays de leur concession, telles que bon leur semblera, à la réserve seulement des toiles peintes, des étoffes d'écorces d'arbres, & de celles de soye pure, ou de soye mêlée d'or ou d'argent, Sa Majesté leur auroit permis de vendre les étoffes de pure soye, & de soye mêlée d'or ou d'argent restant dans leurs magasins ; ensemble celles qui arriveroient dans le courant de la présente année par les retours des

Vaisseaux qu'ils avoient envoyés sur la fin de l'année 1700 ou au commencement de l'année 1701, Sa Majesté auroit pareillement permis aux Marchands qui acheteroient lesdites étoffes de soye pure, & de soye mêlée d'or ou d'argent, de les vendre & débiter jusques au dernier Décembre 1703 : & Sa Majesté n'ayant point prescrit de temps pour l'usage & consommation desdites étoffes, ce qui pourroit donner lieu à l'introduction en fraude dans le Royaume des étoffes de pareille qualité venant des pays étrangers, & en perpétuer l'usage & la consommation au préjudice des manufactures du Royaume, en faveur desquelles les Directeurs de ladite Compagnie auroient renoncé à la faculté d'apporter desdites étoffes de soye des Indes. Et étant nécessaire d'y pourvoir, vû ladite Déclaration, & le tout vû & considéré, oüi le rapport du sieur Chamillart, Conseiller ordinaire au Conseil Royal, Contrôleur général des Finances, LE ROI ÉTANT EN SON CONSEIL a ordonné & ordonne que ladite Déclaration du 9 Mai 1702 sera exécutée selon sa forme & teneur ; & conformément à icelle, fait Sa Majesté défenses aux Directeurs de ladite Compagnie des Indes, & à tous Marchands & autres personnes de quelque qualité que ce soit, de faire commerce, exposer en vente, vendre ni débiter dans le Royaume après ledit jour dernier Décembre 1703, des étoffes de soye pure ou mêlée de soye, d'or ou d'argent des Indes, à peine de confiscation desdites étoffes, de trois mille livres d'amende, & d'interdiction de commerce pendant trois mois contre les Marchands qui seront trouvés en contravention, & d'avoir leurs boutiques fermées pendant ledit temps ; & de punition pour les autres personnes : fait pareillement Sa Majesté défenses à toutes personnes de quelque qualité & condition que ce soit, de porter, s'habiller, ou faire faire aucuns vêtemens ni meubles desdites étoffes de soye pure, ou de soye mêlée d'or ou d'argent, après le dernier jour de Décembre de l'année 1704, & aux Tailleurs, Couturieres, Tapissiers & Fripiers d'employer ni avoir chez eux après ledit jour dernier Décembre 1704, des étoffes de foye pure, ou de foye mêlée d'or ou d'argent des Indes, à peine de confifcation des habits & vêtemens dont les particuliers fe trouveront vêtus, & de cent cinquante livres d'amende; à peine auffi contre les Tailleurs, Couturieres, Tapiffiers & Fripiers, de confifcation des hardes & meubles qui feront trouvés chez eux, de trois mille livres d'amende, d'interdiction des maîtrifes, & de tout exercice defdits métiers : ordonne Sa Majefté que pour l'exécution de ce que deffus après ladite année 1704 expirée, il fera fait des vifites par les Juges de Police chez les Marchands, Négocians, Tailleurs, Couturieres, Tapiffiers & Fripiers dans toutes les Villes du Royaume. Enjoint Sa Majefté au fieur Lieutenant général de Police à Paris, & aux fieurs Intendans & Commiffaires départis dans les Provinces du Royaume, de tenir la main à l'exécution du préfent Arrêt. FAIT au Confeil d'Etat du Roi, Sa Majefté y étant, tenu à Verfailles le douziéme jour de Décembre mil fept cent deux.

Signé PHELYPEAUX.

LOUIS, PAR LA GRACE DE DIEU, ROI DE FRANCE ET DE NAVARRE, Dauphin de Viennois, Comte de Valentinois, Diois, Provence, Forcalquier & terres adjacentes : à nos amés & féaux Confeillers en nos Confeils le fieur Lieutenant général de Police à Paris, & les fieurs Intendans & Commiffaires départis pour l'exécution de nos ordres dans les Provinces & Généralités de notre Royaume : SALUT. Nous vous mandons & enjoignons de tenir la main, chacun à votre égard, à l'exécution de l'Arrêt dont l'extrait eft ci-attaché fous le contre-fcel de notre Chancellerie, ce jourd'hui donné en notre Confeil d'Etat, nous y étant, pour les caufes y contenues ; lequel nous commandons au premier notre Huiffier ou Sergent fur ce requis, de fignifier à tous qu'il appartiendra, à ce qu'ils n'en ignorent, & faire pour l'entiere exécution d'icelui tous commandemens, fommations, & autres actes & exploits néceſſaires, ſans autre permiſſion; car tel eſt notre plaiſir. Donné à Verſailles le douziéme jour de Décembre l'an de grace mil ſept cent deux, & de notre regne le ſoixantiéme. *Signé*, par le Roi Dauphin, Comte de Provence, en ſon Conſeil, Phelypeaux. Et ſcellé.

ARREST
DU CONSEIL D'ÉTAT
DU ROY,

QUI confirme & homologue la Délibération prise par les Directeurs de la Compagnie des Indes le 24 Novembre dernier, & ordonne qu'elle sera exécutée selon sa forme & teneur.

Du 2 Janvier 1703.

Extrait des Regiſtres du Conſeil d'Etat.

VU par le Roi étant en son Conseil la délibération prise par les Directeurs de la Compagnie des Indes Orientales le 14 Novembre 1701; contenant qu'ayant été fait par le sieur le Noir, Caissier de ladite Compagnie, en exécution de la délibération du 2 Janvier 1701, des billets, tant aux Directeurs qu'aux Actionnaires, pour les intérêts maritimes de l'année 1696, payables au premier Novembre suivant; elle auroit délibéré de retarder le payement de ladite année, tant aux Directeurs qu'aux Actionnaires, jusqu'après le retour des Vaisseaux arrivés en Juillet 1702, laquelle délibération auroit été homologuée par Arrêt du 11 Avril 1702. Et comme ladite Compagnie n'est point encore en état d'acquitter lesdits billets faits par ledit sieur le Noir pour les intérêts maritimes de l'année 1696, tant parce qu'elle a fait depuis ladite délibération du 14 Novembre 1701 un envoi aux Indes, que parce qu'il lui reste dans ses magasins quantité de marchandises invendues, & qu'elle est obligée d'acquitter préférablement ce qu'elle doit au public, elle auroit de nouveau délibéré le 24 Novembre dernier, de retarder le payement des billets, tant aux Directeurs qu'aux Actionnaires, jusqu'après le remboursement des 50 pour cent qui auront été payés par forme de prêt par les Directeurs & Actionnaires, en exécution de l'Arrêt du 21 Février dernier : vû aussi ladite délibération du 24 Novembre dernier, & tout considéré ; SA MAJESTÉ ÉTANT EN SON CONSEIL, a confirmé & homologué la délibération prise par les Directeurs de ladite Compagnie des Indes le 24 Novembre dernier, & en conséquence a ordonné & ordonne qu'elle sera exécutée selon sa forme & teneur : & en cas que pour raison de l'exécution du présent Arrêt il survienne quelque difficulté, Sa Majesté s'en est reservée à soi & à son conseil la connoissance, & a icelle interdite à toutes ses autres Cours & Juges. FAIT au Conseil d'Etat du Roi, Sa Majesté y étant, tenu à Versailles le deuxiéme Janvier de l'an mil sept cent trois. *Signé* PHELYPEAUX.

Droit de préfence de 1702, payés en Billets au porteur.

Du 16 Mars 1703.

LA Compagnie ayant jugé à propos de pourvoir aux moyens de payer à Messieurs les Directeurs leurs droits de préfence de l'année 1702, l'affaire a été mife en délibération; il a été arrêté, afin de ne point altérer le courant des affaires de la Compagnie, ni les fonds de la caisse, que le payement ne s'en feroit qu'en billets de la Compagnie, payables au porteur au premier Novembre 1703, fans intérêts, desquels droits de préfence il a été ce jourd'hui dressé, aux termes de la délibération du 13 Mai dernier, homologuée par l'Arrêt du Conseil d'Etat du Roi du 16. dudit mois, un état de ce qui est dû à chacun de Messieurs les Directeurs, lequel s'est trouvé monter à la fomme de foixante-trois mille livres, compris les trois mille livres qui ont été payés comptant à Monfeigneur le Comte de Pontchartrain le premier Janvier dernier; & pour les foixante mille livres restans, il fera fait des billets payables au porteur fans intérêts, que Messieurs Soulet, Desvieux, Tardif, Pelletier, le Mercier, Chaperon & Landrier font priés de figner, desquels billets le fieur le Noir fe chargera en recette envers la Compagnie, & les fournira à chacun de Messieurs, en prenant leur reçû en marge dudit état de ce jour, après cependant qu'ils auront figné toutes les délibérations jufqu'à ce jour, & non autrement, & rapportant par ledit fieur le Noir ledit état bien déchargé, ladite fomme de foixante-trois mille livres lui fera paffée & allouée dans la dépenfe de fes comptes; au payement desquels billets tous Messieurs les Directeurs feront folidairement obligés comme s'ils les avoient tous fignés, enfemble tous les Actionnaires & Intéressés dans la Compagnie, chacun à proportion de leurs fonds, ainfi qu'il eft mentionné dans les Arrêts du Conseil d'Etat des 17 Août 1697, 11 Février 1699 & 23 Mars 1700.

ARREST

ARREST
DU CONSEIL D'ÉTAT
DU ROY,

PORTANT qu'il sera fait Inventaire des Toiles de coton blanches ou teintes, rayées ou à carreaux, & des Mousselines sujettes à la marque, venues par le Vaisseau le saint Louis, pour la Compagnie des Indes; ensemble de celles qui lui arriveront par le Vaisseau la Toison d'or qu'elle attend incessamment : comme aussi de celles qui lui restent dans ses magasins invendues, pour être marquées aux deux bouts de chaque piéce de la marque qui sera choisie par le Sieur de Nointel ou son Subdélégué à Nantes.

Du 24 Juillet 1703.

Extrait des Registres du Conseil d'Etat.

LE Roi étant informé qu'il est arrivé au Port-Louis le Vaisseau le saint Louis, appartenant à la Compagnie des Indes Orientales, chargé de salpêtre, poivre, cauris, caffé, soye, bois de sapan, ris, toiles de coton blanches ou teintes, rayées & à carreaux & de mousselines ; qu'il lui doit arriver incessamment le Vaisseau la Toison d'or, chargé de pareilles marchandises, & qu'il lui en reste dans des magasins une partie considérable invendue, de toutes lesquelles la vente doit être incessamment

Tome II. T

faite : & Sa Majesté voulant qu'en exécution des Arrêts du Conseil ci-devant rendus sur la marque à apposer aux toiles de coton & mousselines qui y sont sujettes, elles soient incessamment marquées, afin qu'il n'en soit débité aucunes dans le Royaume que celles de la Compagnie, conformément aux Arrêts des 10 Février & 13 Mars 1691, Déclaration de Sa Majesté du 9 Mai 1702, & autres Réglemens concernant le commerce de ladite Compagnie, en payant seulement les droits d'entrée portés par le Tarif de 1664, pour les marchandises qui y sont dénommées & contenues; & à l'égard de celles qui sont obmises & non comprises dans ledit Tarif, trois pour cent de leur valeur, suivant l'article XLIV de l'Edit d'établissement de ladite Compagnie, & des Arrêts des 29 Avril & 22 Novembre 1692, nonobstant tous autres qui pourroient être contraires : Sa Majesté désirant y pourvoir & faire jouïr ladite Compagnie des Indes des priviléges qui lui sont accordés; oüi le rapport du sieur Chamillart, Conseiller ordinaire au Conseil Royal, Contrôleur général des Finances, LE ROI EN SON CONSEIL a ordonné & ordonne, conformément aux derniers Arrêts ci-devant rendus sur le fait de la marque des marchandises venant des Indes pour le compte de ladite Compagnie, que par le sieur Bechameil de Nointel, Conseiller d'Etat, Commissaire départi en la Province de Bretagne, ou celui qui sera par lui subdélegué, il sera fait inventaire des toiles de coton blanches ou teintes, rayées ou à carreaux, & des mousselines sujettes à la marque, venues par le Vaisseau le saint Louis : ensemble de celles qui lui arriveront par le Vaisseau la Toison d'or, qu'elle attend incessamment; comme aussi de celles qui lui restent dans ses magasins invendues, pour être marquées aux deux bouts de chaque piéce de la marque qui sera choisie par ledit sieur de Nointel ou son Subdélegué à Nantes : toutes lesquelles toiles, mousselines, salpêtre, poivre, cauris, caffé, soyes, bois de sapan, ris & autres marchandises venant des Indes, seront ensuite vendues en la ville de Nantes en la maniere accoutumée, en payant les droits d'entrée, conformément au Tarif de 1664, & à l'article XLIV de l'Edit du mois d'Août audit an, & suivant les Arrêts des 29 Avril & 22 Novembre 1692, & 2 Novembre 1700 : fait Sa Majesté très-expresses inhibitions & défenses aux Marchands, Négocians & à toutes personnes de quelque qualité & condition qu'elles soient, de vendre ni débiter aucunes marchandises des Indes sujettes à ladite marque, si elles ne sont marquées de celle qui aura été choisie par le sieur de Nointel, ni d'en faire entrer, garder ou débiter d'autres, à peine de confiscation & de trois mille livres d'amende, applicable moitié à l'Hôpital des lieux où la saisie aura été faite, & l'autre moitié au dénonciateur : permet Sa Majesté aux Directeurs de ladite Compagnie de faire faire la visite des marchandises des Indes qui se trouveront chez les Marchands, Négocians, & tous autres de quelque qualité & condition qu'ils soient, & de faire saisir celles qui ne seront point marquées de ladite marque : enjoint Sa Majesté au sieur Lieutenant général de Police de la ville de Paris, & aux sieurs Intendans & Commissaires départis dans les Provinces & Généralités du Royaume, de faire exécuter le présent Arrêt, qui sera lû, publié & affiché par-tout où besoin sera, & exécuté nonobstant oppositions ou appellations quelconques. FAIT au Conseil d'Etat du Roi, tenu à Versailles le vingt-quatriéme jour de Juillet mil sept cent trois. *Collationné. Signé* RANCHIN.

LOUIS, PAR LA GRACE DE DIEU, ROI DE FRANCE ET DE NAVARRE, Dauphin de Viennois, Comte de Valentinois & Diois, Provence, Forcalquier & terres adjacentes : à nos amés & féaux Conseillers en nos Conseils les sieurs Intendans & Commissaires départis pour l'exécution de nos ordres dans les Provinces & Généralités de notre Royaume : SALUT. Nous vous mandons & enjoignons de tenir la main chacun en droit soi, à l'exécution de l'Arrêt dont l'extrait est ci-attaché sous le contre-scel de notre Chancellerie, ce jourd'hui donné en notre Conseil d'Etat

T ij

pour les caufes y contenues : commandons au premier notre Huiffier ou Sergent fur ce requis, de fignifier ledit Arrêt aux y dénommés & à tous autres qu'il appartiendra, à ce qu'ils n'en ignorent, & de faire en outre pour l'entiere exécution d'icelui, à la requête des Intéreffés & Directeurs de la Compagnie des Indes Orientales, tous commandemens, fommations, défenfes y contenues fur les peines y portées, & autres actes & exploits néceffaires, fans autre permiffion, nonobftant clameur de Haro, Charte Normande & Lettres à ce contraires : voulons que ledit Arrêt foit lû, publié & affiché par-tout où befoin fera, & exécuté nonobftant oppofitions ou appellations quelconques, & qu'aux copies d'icelui & des Préfentes, collationnées par l'un de nos amés & féaux Confeillers-Secrétaires, foi foit ajoûtée comme aux originaux; car tel eft notre plaifir. DONNÉ à Verfailles le vingt-quatriéme jour de Juillet l'an de grace mil fept cent trois, & de notre regne le foixante-uniéme. *Signé*, par le Roi Dauphin, Comte de Provence, en fon Confeil, RANCHIN. Et fcellé du grand Sceau de cire rouge. Et contre-fcellé.

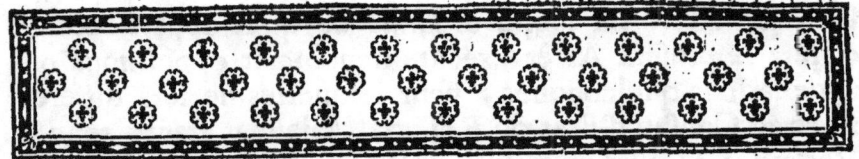

ARREST
DU CONSEIL D'ÉTAT
DU ROY,

QUI ordonne qu'il sera convoqué une Assemblée générale.

Du 20 Novembre 1703.

Extrait des Registres du Conseil d'Etat.

LE Roi s'étant fait informer de la situation du commerce de la Compagnie des Indes Orientales, afin de pourvoir aux moyens de le continuer, pourquoi il est nécessaire d'envoyer tous les ans des Vaisseaux aux Indes, & à cet effet en faire partir au commencement de l'année prochaine ; & les Directeurs de cette Compagnie ayant remontré à Sa Majesté qu'ils ne peuvent faire un envoi aux Indes sans sçavoir si les Actionnaires veulent s'obliger chacun à proportion de leurs intérêts à la dépense de cet envoi : SA MAJESTÉ ÉTANT EN SON CONSEIL, voulant que ce commerce se continue, & donner à la Compagnie la protection nécessaire pour le faire avec succès, a ordonné & ordonne que les Directeurs d'icelle feront incessamment une assemblée en leur Bureau, où ils convoqueront les Actionnaires, pour, en présence du sieur Prévôt des Marchands de la ville de Paris, être dressé procès-verbal du

T iij

résultat de ladite assemblée, & être ensuite envoyé au Conseil, afin d'être sur icelui ordonné ce qu'il appartiendra : & sera le présent Arrêt exécuté nonobstant oppositions ou appellations quelconques, pour lesquelles ne sera différé. Fait au Conseil d'Etat du Roi, Sa Majesté y étant, tenu à Versailles le vingtiéme Novembre mil sept cent trois.

Signé PHELYPEAUX.

Payement de l'emprunt à la grosse Aventure.

Du 9 Janvier 1704.

LA Compagnie ayant, en exécution des délibérations des 21 Novembre, 1 & 7 Décembre 1701, emprunté à la grosse aventure, à 75 pour cent de profit de grosse en cas de guerre, sur les Vaisseaux le saint Louis, l'Etoile d'Orient & la Toison d'or, qui ont mis à la voile du Port-Louis pour les Indes au commencement de l'année 1702, la somme de deux cens douze mille huit cens quatre-vingt-dix livres six sols dix deniers, & la Compagnie ayant fait payer aux porteurs des contrats de grosse sur le Vaisseau le saint Louis ce qui leur étoit dû, tant pour le principal que pour le bénéfice, & le Vaisseau l'Etoile d'Orient ayant été pris par les ennemis le 20 Mai 1703, ainsi qu'il est justifié par la lettre ci-après transcrite, datée à Southampton, port d'Angleterre, le 12 Juillet 1703, signée des sieurs, Duverger du Hamel, Pitouays, Fournira & Delorme, Capitaine & Officiers majors dudit Vaisseau l'Etoile d'Orient, en sorte qu'il ne reste plus à payer que la grosse de la Toison d'or, qui se trouve monter en principal à la somme de soixante-douze mille neuf cens soixante-six livres treize sols quatre deniers; pour quoi il a été expédié plusieurs contrats payables, tant pour le principal que pour le profit de grosse, aux porteurs d'iceux trois mois après l'arrivée de chacun desdits Vaisseaux, & le Vaisseau la Toison d'or étant arrivé en France le 10 Octobre dernier, la Compagnie a fait dresser l'état de ceux qui ont donné de l'argent à la grosse sur ledit Vaisseau la Toison d'or, lequel état s'est trouvé monter à la somme de cent vingt-sept mille six cens quatre-vingt-onze livres treize sols quatre deniers, dont soixante-douze mille neuf cens soixante-six livres treize sols quatre deniers pour le principal, & cinquante-quatre mille sept cens vingt-cinq livres pour le

Vaisseau pris par les Anglois.

profit de grosse, à raison de 75 pour cent, à cause de la guerre, suivant ladite délibération du 7 Décembre 1701, & elle a délibéré que les sommes y contenues seroient payées par ledit sieur le Noir, ledit état arrêté par la Compagnie avec les contrats de grosse aventure & des quittances de ceux à qui les sommes contenues audit état auront été payées, ladite somme de cent vingt-sept mille six cens quatre-vingt-onze livres treize sols quatre deniers lui sera passée & allouée dans la dépense de ses comptes.

Ensuit ladite Lettre.

Messieurs,

Nous n'avons pû plûtôt vous donner avis de la prise de votre Vaisseau l'Etoile d'Orient, qui s'est faite par les Anglois le 26 Mai de cette année, par les 47 dégrés 30 minutes de latitude, ayant eu fond la veille à la côte de Bretagne. Nous étions partis de Pondichery le 14 Octobre 1702, sans aucune nouvelle de guerre, & avions fait route pour Mascarin, que nous avions manqué, ayant été un mois entier par le parage de ladite Isle, sans pouvoir observer aucune hauteur. Ayant eu connoissance de Madagascar, nous fîmes encore ce que nous pûmes pendant huit jours pour regagner Mascarin, mais inutilement. Voyant que nous perdions ainsi notre temps, nous opinâmes d'un commun accord de faire route pour doubler le Cap de Bonne-Espérance, pour après délibérer suivant nos besoins, & pour le plus grand bien de la Compagnie, ou d'aller droit en France, ou de relâcher en quelque Port. Suivant ce projet, ayant heureusement doublé le Cap, nous nous assemblâmes sur ce que nous avions de mieux à faire dans l'état auquel nous nous trouvions alors, & il fut résolu de relâcher au Bresil, après avoir néanmoins tenté d'aborder à sainte Helene, si faire se pouvoit, prenant toutes les précautions possibles pour nous garantir d'insulte en cas de

guerre,

guerre, que nous craignions. Le 22 Janvier dernier, nous aurions mouillé à cette Isle à dix heures du matin; mais étant proche du mouillage, on nous tira plusieurs coups de canon, dont un seulement vint à bord; ce qui nous ayant rendu certains de la guerre, nous continuâmes notre route pour le Bresil, étant dans l'impossibilité de pouvoir faire autrement, vû la quantité de nos malades, qui étoient au nombre de 30, dont le sieur Constantin en étoit un. Nous arrivâmes à la Baye de tous les Saints le 13 Février, & mîmes le lendemain 42 des plus malades à terre, le restant de l'équipage étant presque tous attaqués du scorbut: nous avons resté au Bresil jusqu'au 6 Mars, pendant lequel temps nous avons tâché de remettre notre équipage, que nous avons augmenté de huit hommes pour remplacer ceux qui étoient morts depuis notre départ de Pondichery, il nous a fallu même emprunter 600 écus, monnoye du Bresil, dont nous avons laissé un billet de change à un Marchand dudit lieu. Nous étions assez parvenus heureusement jusques par les 47 dégrés 30 minutes de latitude, & avions eu la sonde de la côte de Bretagne le 25 Mai. Le 26 à 6 heures du matin nous eûmes connoissance de 25 à 30 gros Vaisseaux qui étoient sous le vent à nous, trois ayant été envoyés nous donner chasse : le Vaisseau le Midois de 60 canons & 400 hommes d'équipage, nous ayant joint environ les 10 heures, nous nous défendîmes autant que nous pûmes jusqu'à 5 heures du soir, que le Vaisseau étant en très-mauvais état, d'ailleurs n'ayant aucune espérance de nous sauver, notre ennemi étant à la voix & tirant continuellement; d'ailleurs les deux autres Vaisseaux qui avoient été détachés avec lui étant fort proches, nous fûmes obligés de nous rendre, après avoir défendu votre bien avec autant de vigueur qu'il ait été possible contre un ennemi aussi supérieur qu'étoit celui auquel nous avions affaire. Nous avons été conduits à Portsmouth, & de-là à Southampton, où nous attendions quelques effets de votre souvenir, en interposant votre crédit, tant pour nous procurer quelque soulagement que notre élargissement par les premieres occafions. Comme vous pourrez être inftruits de notre conduite, nous efpérons que vous nous rendrez la même juftice que nous a rendu notre ennemi : nous interrogeant fur nos prétentions dans une défenfe auffi opiniâtre qu'avoit été la nôtre, nous lui répondîmes qu'elles étoient de défendre votre bien & notre liberté, dont nous vous fupplions de procurer le rétabliffement, dans le deffein de vous en confacrer l'ufage, étant tous avec beaucoup de refpect, Meffieurs, vos très-humbles & très-obéiffans ferviteurs, *Signé* DU HAMEL, PITHOUAYS, FAVIERS *&* DE LORME. *Et à côté eft écrit :* Le fieur Conftantin eft mort huit jours avant notre prife, il avoit toujours été malade depuis fainte Helene. *Et au-deffous eft écrit :* A Southampton ce 12 Juillet 1703.

Assemblées fixées à quatre par semaine.

Du 18 Janvier 1704.

LA Compagnie ayant au mois de Mai 1702 jugé à propos pour le bien de ses affaires d'établir quatre assemblées générales par semaine, au lieu de deux qui se tenoient auparavant, & de convertir en droits de présence manuels les droits de présence fixes qui avoient été ci-devant réglés en conséquence de la Déclaration du Roi du mois de Février 1685, par les Arrêts du Conseil des 21 Février suivant & 26 Août 1687, à 3000 l. par an pour chacun des Directeurs, pour être lesdits droits de présence manuels distribués avec accroissement de la part des absens aux présens, pourquoi il auroit été fait le 13 Mai 1702 une délibération de la Compagnie, qui a été homologuée par Arrêt du Conseil du 16 dudit mois, pour avoir son exécution depuis le 19 dudit mois jusqu'à la fin de l'année derniere 1703. Et étant nécessaire de pourvoir pour la présente année 1704 à ce qui sera pratiqué sur le fait desdites assemblées & desdits droits de présence, la Compagnie a délibéré qu'à l'avenir, à commencer au premier de ce mois, il sera fait quatre assemblées générales par semaine, qui se tiendront le Mardi, Mercredi, Vendredi & Samedi (qui ne seront point jours de Fêtes) après midi, depuis quatre heures jusqu'à sept, ce qui s'est exécuté depuis le premier de ce mois.

Qu'il y sera donné à chacun des présens seulement à chaque assemblée un louis d'or de 13 liv. & que la part des absens accroîtra aux présens.

Qu'il y aura outre cela deux assemblées particulieres le Mercredi & Samedi au matin, depuis neuf heures jusqu'à midi, où se trouveront trois ou quatre Directeurs seulement, qui se changeront tous les mois à tour de rôle, suivant l'ordre ci-après; ce qui s'est aussi exécuté depuis le premier de ce mois.

Qu'il y sera aussi distribué à chacun des présens seulement & à chaque assemblée un louis d'or de 13 liv. & que la part des absens accroîtra aux présens.

Qu'il sera tenu un regiftre fur lequel seront écrits tous les jours d'assemblée générale & particuliere les noms des présens, chacun de sa main.

Que nonobstant ce que dessus, Messieurs le Gendre & de Boisanger feront payés de leurs droits de préfence, fixés fur le pied de 3000 liv. chacun par an; ledit sieur le Gendre parce qu'il a été reçû dans la direction avec faculté de continuer son domicile à Rouen, & ledit sieur de Boisanger, parce qu'il se charge des affaires de la Compagnie à l'Orient, ce qui lui sera continué tant qu'il sera chargé des mêmes soins.

Que sur les 60000 liv. destinées pour les droits de préfence fixes des Directeurs, il sera préalablement pris tout ce à quoi monteront ces droits de préfence manuels desdites assemblées générales & particulieres.

Qu'il sera encore prélévé la somme de dix mille livres pour les droits de préfence fixes de Monsieur le Gendre & de Boisanger, & que le surplus sera partagé entre les autres Directeurs également.

Que ceux des Directeurs qui seront à la suite de la Cour, ou en Province pour les affaires de la Compagnie, & par déclaration d'icelle, seront toujours réputés présens pendant tout le temps qu'ils vaqueront aux affaires de la Compagnie seulement, & que la présente délibération sera exécutée dans toute l'année 1704.

ARREST
DU CONSEIL D'ÉTAT
DU ROY,

QUI homologue la délibération du dix-huit Janvier.

Du 29 Janvier 1704.

Extrait des Registres du Conseil d'Etat.

VU par le Roi étant en son Conseil, la délibération prise par les Directeurs de la Compagnie des Indes Orientales le 18 du présent mois de Janvier, pour régler leurs assemblées pendant la présente année 1704, leurs droits de présence fixés par les Arrêts du Conseil d'Etat rendus, Sa Majesté y étant, les 21 Février 1685 & 26 Août 1687, à raison de trois mille livres pour chacun des vingt Directeurs, lesquels droits ils ont jugé à propos de répartir entre ceux qui se trouveront présens aux assemblées générales & particulieres qu'ils ont établies par ladite délibération pour le bien des affaires de ladite Compagnie : & tout considéré, SA MAJESTÉ ÉTANT EN SON CONSEIL, a confirmé & homologué la délibération prise par lesdits Directeurs le 18 du présent mois de Janvier, & l'a déclarée commune avec ceux des Directeurs qui ne l'ont pas signée ; en conséquence a ordonné & ordonne qu'elle sera exécutée selon sa forme & teneur, & demeurera à cet effet annexée à la minute du présent : &

en cas que pour raison de l'exécution de ladite délibération du présent mois il survienne quelque difficulté, Sa Majesté s'en réserve à soi & à son Conseil la connoissance, & a icelle interdite à toutes ses autres Cours & Juges. FAIT au Conseil d'Etat du Roi, Sa Majesté y étant, tenu à Versailles le vingt-neuf Janvier mil sept cent quatre.

Signé PHELYPEAUX.

ARREST
DU CONSEIL D'ÉTAT
DU ROY,

RENDU sur les Requêtes respectives pour la Compagnie des Indes Orientales.

Du 1 Avril 1704.

Extrait des Regiſtres du Conſeil d'Etat.

LE Roi ayant été informé que les ſujets principaux de conteſtation entre les Directeurs de la Compagnie des Indes Orientales & les Actionnaires de la même Compagnie, étoient ſur la qualité de l'engagement que leſdits Actionnaires ont contracté avec ladite Compagnie, la reddition des comptes & la forme des emprunts qui feront faits à l'avenir par la Compagnie, leſdits Actionnaires ayant d'abord prétendu qu'aux termes de l'établiſſement de ladite Compagnie, fait en 1664, ils n'étoient engagés que juſqu'à concurrence du fonds qu'ils avoient dans la Compagnie, ſans qu'ils fuſſent tenus des emprunts faits par ladite Compagnie, ni des pertes par elle faites au-delà dudit fonds; que pour connoître l'état de l'affaire, il étoit néceſſaire que les comptes fuſſent rendus avant toutes choſes, & qu'ils ne devoient être ſujets à aucuns emprunts, à moins que les délibérations n'euſſent été faites avec eux & ſignées d'eux. Les Directeurs ſoutenant au contraire que leſdits Actionnaires étoient entrés dans tous les profits & les pertes de la Compagnie,

& tenus des emprunts qui avoient été faits jufqu'à préfent, chacun à proportion de fon action, qu'au furplus ils n'empêchoient point que les comptes ne fuffent rendus : & à l'égard des emprunts, que comme ils n'avoient rien fait jufqu'à préfent que pour le plus grand bien de la Compagnie, & au vû & fçû des Actionnaires, ils ne prétendoient pas en ufer autrement à l'avenir ; fur quoi lefdits Directeurs & Actionnaires s'étant affemblés plufieurs fois, & ayant tâché d'entrer dans les tempérammens raifonnables qui pouvoient concilier leurs différens intérêts, ils auroient propofé à Sa Majefté ce qu'ils eftimoient de part & d'autre de plus convenable. Et vû par Sa Majefté leurs propofitions & mémoires refpectifs ; ceux defdits Directeurs, tendant à ce qu'il plût à Sa Majefté ordonner que tous les Actionnaires de ladite Compagnie des Indes Orientales continueront de demeurer intéreffés en fon commerce, tant pour le paffé que pour l'avenir, pour en partager les profits & fupporter les pertes chacun à proportion de fon action, à l'effet de quoi lefdits Actionnaires demeureroient de même chacun à proportion de leur action, obligés à toutes les dettes contractées par ladite Compagnie ; ordonner néanmoins que les Actionnaires ne pourront être obligés à l'avenir par les Directeurs de ladite Compagnie pour la dépenfe d'aucun armement ou envoi à faire aux Indes, que la délibération n'en ait été faite en préfence de trois des Actionnaires choifis & nommés entr'eux, qui feront convoqués à cet effet au Bureau de ladite Compagnie, & dans lefquelles affemblées les délibérations pafferont à la pluralité des voix, lefdits trois Actionnaires préfens ou dûement appellés : comme auffi que les Directeurs feront rendre inceffamment les comptes de la geftion dudit commerce, qui feront communiqués à ceux que les Actionnaires nommeront d'entr'eux à cet effet, pour être examinés & enfuite arrêtés pardevant les fieurs Commiffaires du Confeil. Ceux defdits Actionnaires, tendant à ce qu'il plût à Sa Majefté ordonner que tous les Actionnaires de ladite Compagnie des Indes Orientales continueront d'y être intéreffés,

téreffés ; pour avoir part dans tous les profits & pertes dudit commerce, chacun diftinctement, à proportion de fon fond capital : que les Directeurs feront rendre inceffamment les comptes de la geftion dudit commerce, lefquels feront communiqués à ceux que les Actionnaires nommeront d'entr'eux à cet effet, pour être avant toutes chofes examinés, & enfuite arrêtés par les fieurs Commiffaires du Confeil ; & que les Actionnaires à l'avenir ne pourront être engagés dans aucuns emprunts, à moins que les délibérations ne foient fignées de trois defdits Actionnaires, du nombre de cinq qui feront par eux nommés, tant pour l'examen defdits comptes, que pour figner lefdites délibérations. Vû auffi les Arrêts rendus par Sa Majefté les 23 Mars 1700, 21 Février, 16 Mai, 26 Septembre 1702 & 20 Novembre 1703 ; l'Edit d'établiffement de ladite Compagnie du mois d'Août 1664 ; la Déclaration du mois de Février 1685, & autres piéces & mémoires : & défirant Sa Majefté établir une parfaite union entre les Directeurs & Actionnaires en reglant leur état, oüi le rapport, & tout confidéré, SA MAJESTÉ ÉTANT EN SON CONSEIL, a ordonné & ordonne que tous les Actionnaires de ladite Compagnie des Indes Orientales continueront de demeurer intéreffés en fon commerce, pour en partager les profits & fupporter les pertes chacun diftinctement, à proportion de fon action ou fond capital, tant pour le paffé que pour l'avenir : & pour connoître l'état de l'affaire, les fonds capitaux, tant des Directeurs que des Actionnaires, les emprunts qui ont été faits, enfemble les profits & les pertes : ordonne Sa Majefté que les Directeurs feront rendre inceffamment & avant toutes chofes les comptes de la geftion dudit commerce, pour être communiqués à ceux que les Actionnaires nommeront d'entr'eux à cet effet, & par eux examinés, & enfuite arrêtés par les fieurs Commiffaires du Confeil : ordonne en outre Sa Majefté qu'à l'avenir les Actionnaires ne pourront être engagés dans aucuns nouveaux emprunts, à moins que les délibérations ne foient fignées de trois des Actionnaires du nombre de cinq qui feront par

Tome II.   X eux nommés, tant pour l'examen des comptes que pour signer lesdites délibérations; & en cas qu'il y eut de la difficulté au sujet du refus de signer par lesdits Actionnaires, les parties se retireront pardevant le sieur Comte de Pontchartrain, Secrétaire d'Etat, ayant le département de la Marine, pour à son rapport y être pourvû par Sa Majesté. FAIT au Conseil d'Etat du Roi, Sa Majesté y étant, tenu à Versailles le premier Avril mil sept cent quatre.

Signé PHELYPEAUX.

ARREST
DU CONSEIL D'ÉTAT
DU ROY,

QUI évoque au Conseil les contestations d'entre la Compagnie & M. de Bercy.

Du 13 Mai 1704.

Extrait des Registres du Conseil d'Etat.

LE Roi étant informé qu'il s'est mû quelques contestations entre les Directeurs de la Compagnie du commerce des Indes Orientales, & même qu'il a déja été commencé des procédures pour raison de ce, aux Requêtes de l'Hôtel, de la part du sieur de Bercy, l'un desdits Directeurs, lesquelles procédures pourroient interrompre la bonne union & correspondance qui doit être entr'eux, tant pour leur utilité particuliere que pour le bien en général de ceux qui ont intérêt audit commerce ; SA MAJESTÉ E'TANT EN SON CONSEIL, a évoqué à soi & à son Conseil le procès mû entre ledit sieur de Bercy & les autres Directeurs de ladite Compagnie, en quelque Cour & Jurisdiction qu'il soit pendant, & pour faire droit sur les contestations des parties, a ordonné & ordonne qu'elles seront tenues de remettre incessamment entre les mains du sieur Comte de Pontchartrain, Secrétaire d'Etat, leurs piéces & mémoires concernant leurs contestations, pour en être par lui fait rapport à Sa Majesté, & être ordonné ce qu'il appartiendra, & en conséquence a déchargé & décharge lesdits Directeurs des assignations qui leur ont été données aux Requêtes de l'Hôtel, à la requête dudit sieur de Bercy, & de toutes autres poursuites faites en conséquence, faisant défense aux parties de se pourvoir pour raison desdites contestations ailleurs que pardevant Sa Majesté. FAIT au Conseil d'Etat du Roi, Sa Majesté y étant, tenu à Versailles le treiziéme Mai mil sept cent quatre.

Signé PHELYPEAUX.

ARREST
DU CONSEIL D'ETAT
DU ROY,

CONCERNANT le Sieur Chaperon.

Du 13. Mai 1704.

Extrait des Regiſtres du Conſeil d'Etat.

LE Roi ayant été informé que s'étant trouvé entre les papiers & ſous le ſcellé des effets du feu ſieur René Chaperon, qui étoit au jour de ſon décès l'un des Directeurs de la Compagnie Royale des Indes Orientales, pluſieurs papiers & mémoires concernant les affaires les plus intérieures de ladite Compagnie, & auſſi pluſieurs billets de ladite Compagnie, faits en exécution de ſes délibérations, payables au porteur, & ſignés en la maniere accoûtumée, leſquels ont été donnés par la Compagnie audit feu ſieur Chaperon pour la valeur des billets particuliers que ledit ſieur Chaperon a faits & donnés pour être négociés dans le public au profit & pour la facilité des affaires de ladite Compagnie, leſquels billets dudit ſieur Chaperon ſont des mêmes ſommes, aux mêmes échéances & datées des mêmes jours que ceux de la Compagnie qui lui ont été fournis pour la valeur des ſiens, & qui ſont actuellement entre les effets de ſa ſucceſſion; que les billets particuliers dudit feu ſieur Chaperon ayant été acquittés depuis ſon décès par le Caiſſier de la Compagnie, ſont reſtés entre les mains de la ſucceſſion du feu ſieur Chaperon, lesquels doivent être rendus à la Compagnie, en remettant par elle à la succession dudit feu sieur Chaperon les billets particuliers dudit feu sieur Chaperon pour pareille valeur, & les contestations survenues ou qui pourroient survenir au sujet tant des billets de ladite Compagnie qui sont entre les effets de la succession dudit feu sieur Chaperon, que de ceux dudit sieur Chaperon qui sont entre les mains de ladite Compagnie & de son Caissier, étant d'une nature singuliere, en ce que cela concerne la direction intérieure du commerce & des affaires de ladite Compagnie des Indes Orientales : tout consideré, SA MAJESTE' E'TANT EN SON CONSEIL, a ordonné & ordonne que tous les papiers & mémoires concernant ladite Compagnie qui se sont trouvés & sont restés entre les papiers & effets de la succession dudit sieur Chaperon, seront remis par inventaire entre les mains du Secrétaire de ladite Compagnie, lequel en donnera sa décharge; à quoi faire les dépositaires desdits papiers & mémoires seront contraints par toutes voyes dûes & raisonnables : & Sa Majesté évoque à elle & à son Conseil toutes les contestations mûes & à mouvoir concernant tant les billets de ladite Compagnie qui se sont trouvés entre les effets de la succession dudit feu sieur Chaperon, que ceux qui sont entre les mains de ladite Compagnie & de son Caissier, desquelles contestations Sa Majesté s'est reservée & à son Conseil la connoissance, & l'a interdite à toutes ses Cours & Juges. FAIT au Conseil d'Etat du Roi, Sa Majesté y étant, tenu à Versailles le treiziéme Mai mil sept cent quatre. *Signé* PHELYPEAUX.

ARREST
DU CONSEIL D'ÉTAT DU ROY,

QUI fait defenses à M. de Bercy & aux Directeurs de procéder ailleurs que devant Sa Majesté.

Du 29 Juillet 1704.

Extrait des Registres du Conseil d'Etat.

VU au Conseil d'Etat du Roi la requête présentée à Sa Majesté par les Directeurs généraux de la Compagnie des Indes Orientales, contenant qu'encore que par Arrêt du Conseil du 13 Mai 1704 Sa Majesté ait évoqué à soi & à son Conseil les procès & différens mûs entre le sieur de Bercy & les autres Directeurs de la Compagnie des Indes Orientales en quelques Cours & Jurisdictions qu'ils fussent pendans, & ordonne que les parties seroient tenues de remettre entre les mains du sieur Comte de Pontchartrain, Secrétaire d'Etat, leurs piéces & mémoires, pour en être par lui fait rapport à Sa Majesté, avec défense de se pourvoir ailleurs que pardevant Sa Majesté : néanmoins ledit sieur de Bercy prétendant que dans un Acte qui lui a été signifié en conséquence de cet Arrêt, il y a des termes injurieux contre lui, & que dans le même temps il lui a été donné connoissance d'une plainte faite contre lui par quelques Directeurs de ladite Compagnie, & reçûes par le Commissaire Barry le 15 Juillet 1702, au sujet des ratures faites alors par ledit sieur de Bercy sur le regiftre des délibérations de la Compagnie des signatures qu'il avoit mis au bas de plusieurs desdites délibérations, il a présenté requête à la Chambre de la Tournelle criminelle du Parlement de Paris, par laquelle il a conclu à ce que ladite plainte soit cassée & déclarée injurieuse ; que le Commissaire Barry soit condamné en trois mille livres d'amende, avec défense de récidiver, à peine d'interdiction ; que les termes injurieux contenus dans l'écrit à lui signifié les 16 Juin dernier, sous le nom de ladite Compagnie, soient rayés, & que ceux qui ont signifié ladite plainte & ledit écrit soient tenus de lui faire réparation, & condamnés en ses dommages & intérêts, laquelle requête il a fait signifier à quelques Directeurs le 24 Juillet 1704, ce qui étant contraire aux intentions de Sa Majesté, expliquées par ledit Arrêt du Conseil du 13 Mai 1704, requéroient à ces causes qu'il plût à Sa Majesté ordonner que ledit Arrêt du Conseil du 13 Mai dernier sera exécuté selon sa forme & teneur, & en conséquence faire défenses audit sieur de Bercy, aux Directeurs de la Compagnie des Indes & à tous autres, de faire aucune poursuite ailleurs que devant Sa Majesté, tant sur ladite requête présentée par le sieur de Bercy à la Tournelle criminelle du Parlement de Paris, qu'au sujet des autres contestations mûes & à mouvoir entre ledit sieur de Bercy & lesdits Directeurs, & à toutes Cours & Juges d'en connoître, à peine de nullité, trois mille livres d'amende, & de tous dépens, dommages & intérêts. Vû aussi ledit Arrêt du 13 Mai dernier, la plainte rendue par les sieurs Pelletier & de Champigny pardevant le Commissaire Barry, des ratures faites par ledit sieur de Bercy sur le regiftre des délibérations de ladite Compagnie ; ladite requête présentée par ledit sieur de Bercy à la Chambre de la Tournelle le 7 Juillet, signifiée le 24 dudit mois ; oüi le rapport, & tout consideré, SA MAJESTE' E'TANT EN SON CONSEIL, a ordonné & ordonne que ledit Arrêt du Conseil du 13

Mai

Mai dernier sera exécuté selon sa forme & teneur, & en conséquence fait Sa Majesté défense audit sieur de Bercy, aux Directeurs de la Compagnie des Indes & à tous autres de faire aucunes poursuites ailleurs que devant Sa Majesté, tant sur ladite requête présentée par ledit sieur de Bercy à la Tournelle criminelle du Parlement de Paris, qu'au sujet des autres contestations mûes & à mouvoir entre lesdits sieurs de Bercy & lesdits Directeurs, & à toutes Cours & Juges d'en connoître, à peine de nullité, trois mille livres d'amende, & de tous dépens, dommages & intérêts. FAIT au Conseil d'Etat du Roi, Sa Majesté y étant, tenu à Versailles le vingt-neuviéme jour de Juillet mil sept cent quatre. *Signé* PHELYPEAUX.

ARREST
DU CONSEIL D'ÉTAT
DU ROY,

QUI ordonne qu'il sera fait Inventaire des marchandises de la Compagnie & ensuite marquées.

Du 2 Septembre 1704.

Extrait des Registres du Conseil d'Etat.

LE Roi étant informé qu'il est arrivé au Port-Louis les Vaisseaux le Maurepas & le Pondichery, appartenant à la Compagnie des Indes Orientales, chargés de poivre, bois rouge, cuivre du Japon, vif-argent, camphre, borax, & toiles de coton blanches ou teintes, & qu'il lui en reste dans ses magasins une partie invendue, provenant des précédens retours, de toutes lesquelles la vente doit être incessamment faite ; & Sa Majesté voulant qu'en exécution des Arrêts du Conseil ci-devant rendus sur la marque à poser aux toiles de coton qui y sont sujettes, elles soient incessamment marquées, afin qu'il n'en soit débité aucunes dans le Royaume que celles de la Compagnie, conformément aux Arrêts du 10 Février & 10 Mars 1691, Déclaration de Sa Majesté du 9 Mai 1702, & autres Réglemens concernant le commerce de ladite Compagnie, & que lesdites marchandises soient ensuite vendues dans le Royaume, en payant seulement les droits d'entrée portés par le Tarif de 1664 pour les marchandises qui y sont dénommées & contenues, & à l'égard de celles qui sont obmises dans le Tarif, trois pour cent de leur valeur, suivant l'article XLIV de l'Edit de l'établissement de ladite Compagnie, & des Arrêts des 29 Avril & 22 Novembre 1692; & Sa Majesté désirant y pourvoir & faire joüir ladite Compagnie des Indes des priviléges qui lui sont accordés ; oui sur ce le rapport du sieur Chamillart, Conseiller ordinaire au Conseil Royal, Contrôleur général des Finances, LE ROI ETANT EN SON CONSEIL a ordonné & ordonne, conformément aux derniers Arrêts ci-devant rendus sur le fait de la marque des marchandises venant des Indes pour le compte de ladite Compagnie, que par le sieur Bechameil de Nointel, Conseiller d'Etat, Commissaire départi en la Province de Bretagne, ou celui qui sera par lui subdélegué, il sera fait inventaire des toiles de coton blanches ou teintes sujettes à la marque, venues par les Vaisseaux le Maurepas & le Pondichery, comme aussi de celles qui lui restent dans ses magasins invendues, pour être marquées aux deux bouts de chaque piéce de la marque qui sera choisie par ledit sieur de Nointel ou son Subdélegué à Nantes ; toutes lesquelles toiles, ensemble les poivres, bois rouge, cuivre du Japon, vif-argent, camphre, borax, vermillon, & autres marchandises venant des Indes, seront ensuite vendues en la ville de Nantes en la maniere accoûtumée, en payant pour celles dont le débit & l'usage sont permis dans le Royaume, les droits d'entrée, conformément au Tarif de 1664, & à l'article XLIV de l'Edit du mois d'Août audit an, & suivant les Arrêts des 29 Avril & 22 Novembre 1692, & 2 Novembre 1700 : fait Sa Majesté très-expresses inhibitions & défenses aux Marchands, Négocians, & à toutes personnes de quelque qualité & conditions qu'elles soient, de vendre ni débiter aucunes marchandises des Indes sujettes à ladite marque, si elles ne sont marquées de celle qui aura été choisie par ledit sieur de Nointel, ni d'en faire entrer, à peine de confiscation & de trois mille livres d'amende, applicable moitié à l'Hôpital des lieux où la saisie aura été faite, & l'autre moitié au dénonciateur : permet Sa Majesté aux Directeurs de ladite Compagnie de faire faire la visite des marchandises des Indes qui se trouveront chez les Marchands, Négocians & tous autres de quelque qualité & condition qu'ils soient, & de faire saisir celles qui ne seront point marquées de ladite marque ; enjoint Sa Majesté au sieur Lieutenant général de Police de la ville de Paris, & aux sieurs Intendans & Commissaires départis dans les Provinces & Généralités du Royaume, de faire exécuter le présent Arrêt, qui sera lû, publié & affiché par-tout où besoin sera, à ce que personne n'en ignore. FAIT au Conseil d'Etat du Roi, Sa Majesté y étant, tenu à Versailles le deuxiéme jour de Septembre mil sept cent quatre.

Signé PHELYPEAUX.

ARREST
DU CONSEIL D'ÉTAT DU ROY,

Concernant Monsieur de Bercy.

Du 23 Septembre 1704.

Extrait des Regiſtres du Conſeil d'Etat.

VU au Conſeil d'état du Roi l'Arrêt rendu en icelui le treiziéme Mai dernier par lequel Sa Majeſté a évoqué à ſoi & à ſon Conſeil les procès mûs entre le ſieur de Bercy & les autres Directeurs de la Compagnie des Indes, en quelque Cour & Juriſdiction qu'ils ſoient pendans, & pour faire droit ſur les conteſtations des parties a ordonné qu'elles ſeroient tenues de remettre inceſſamment entre les mains du ſieur Comte de Pontchartrain Secrétaire d'Etat, leurs piéces & mémoires concernant leurs conteſtations, pour en être par lui fait rapport à Sa Majeſté, & être ordonné ce qu'il appartiendra, & en conſéquence a déchargé les Directeurs des aſſignations qui leur ont été données aux Requêtes de l'Hôtel à la requête du ſieur de Bercy, & de toutes autres pourſuites faites en conſéquence, faiſant défenſes aux parties de ſe pourvoir pour raiſon deſdites conteſtations ailleurs que pardevant Sa Majeſté, ledit Arrêt ſignifié audit ſieur de Bercy le dix-ſept dudit mois. Acte ſignifié auxdits Directeurs à la requête dudit ſieur de Bercy le dix-ſept Juillet mil ſept cent deux, par lequel il auroit ſommé leſdits Directeurs de faire une délibération

Y iij

par laquelle ils confentiroient que pour leur fûreté des trente mille livres de nouveaux fonds par forme de prêt qu'ils ont été obligés de faire fuivant l'Arrêt du Confeil du vingt-un Février, il leur fera expédié des billets payables chacun dans deux ans fur les effets fimplement de la Compagnie, finon qu'il donnera fa requête pour le faire ordonner ; la plainte rendue pardevant le Commiffaire Barry le quinze Juillet audit an mil fept cent deux, par laquelle il paroît que ledit fieur Barry Commiffaire ayant été requis s'eft tranfporté au Bureau de la Compagnie, où étant entré il a trouvé les fieurs Pelletier & Moufle Directeurs, qui lui ont fait plainte, & dit qu'étant affemblé dans leur bureau avec les fieurs Maillard & le Noir teneur de livres, & Caillier, pour arrêter le compte de la caiffe, le fieur de Bercy eft entré, & après avoir conféré quelque tems avec eux, eft paffé dans le bureau attenant où travaillent leurs Commis, & y a emporté fubrepticement le regiftre des délibérations, & ayant été dans ledit bureau l'efpace d'une demi-heure, il en feroit forti, après quoi lefdits fieurs Pelletier & Moufle de Champigny ayant fait appeller le fieur Roger leur Commis, pour fçavoir de lui ce qu'avoit fait le fieur de Berci, il auroit dit qu'il avoit donné ordre à Tournon, l'un de leur Commis de fe retirer, & à lui Roger d'aller chercher du vin pour lui, & qu'étant revenu il auroit trouvé que ledit fieur de Bercy feuilletoit le regiftre avec une plume à la main, & y faifoit quelques notes, n'ayant à la diftance où il étoit pû voir précifement ce qu'il faifoit ; ledit fieur de Bercy affectant de tenir en l'air une partie dudit regiftre pour empêcher que ledit Roger ne le vît faire, & lefdits fieurs Pelletier & de Champigny ayant fait à l'inftant rapporter par ledit Roger ledit regiftre, ils l'auroient ouvert en fa préfence, & trouvé que ledit fieur de Bercy avoit rayé fes fignatures au bas de plufieurs délibérations qui font la premiere du vingt-huit Mars ; une du trois Avril, deux du cinq, deux du vingt-quatriéme, & trois du vingt-neuviéme dudit mois d'Avril ; une du feize, une du vingt-un, une du vingt-quatre, deux du vingt-sept & une du trentiéme Mai ; une du troisiéme, une du sept & une du neuf Juin de ladite année mil sept cent deux, au nombre de dix-huit délibérations, ainsi qu'il est apparu audit sieur Commissaire Barry, dont lesdits sieurs Pelletier & de Champigny, tant pour eux que pour les autres Directeurs de la Compagnie ont rendu la présente plainte. Autre Acte signifié auxdits Directeurs, à la requête dudit sieur de Bercy, le vingt-deux audit an mil sept cent deux, portant que les Directeurs n'ayant voulu revoquer la délibération du vingt-huit Mars dernier, portant que pour les cinquante pour cent il seroit donné des billets au porteur, & n'ayant signé ladite délibération que par inadvertance, & les Directeurs n'ayant voulu la revoquer, il auroit barré sa signature & celles qui avoient été faites en exécution ; que depuis ils en ont fait une contraire, mais seulement sur une feuille volante, les somme de la mettre sur le livre de la Compagnie, sinon qu'il donnera sa requête à Monsieur de Pontchartrain pour le faire ordonner, fait ses protestations de rapporter repartitions de mil six cent quatre-vingt-sept & mil six cent quatre-vingt-onze, avec les intérêts ; somme les Directeurs de revoquer l'ordre qu'ils ont donné de ne lui rien communiquer, sinon proteste de donner sa requête à Monsieur de Pontchartain, & qu'il prétend de son chef pouvoir demander d'être instruit quand il lui plaira, déclare qu'il ne signera aucun des emprunts qu'ils feront dans la suite ou qu'ils ont fait ; que quand ils voudront emprunter ils n'ont qu'à l'appeller & lui communiquer, & que lors en connoissance de cause, il s'obligera, sinon proteste de nullité de tous les emprunts qu'ils pourroient faire ; déclare qu'ayant demandé inutilement depuis quinze ans qu'on fit un compte général, il requiert qu'il y soit procédé, & qu'il donnera sa requête pour faire nommer des Commissaires ; les somme de déclarer s'il y a quelque compte rendu à la Compagnie par leurs Commis du commerce d'Inde en Inde, dont on a tenu les connoissances secrettes ; déclare encore qu'il s'oppose à ce que le sieur Soullet fasse seul les ventes ; les somme de nommer deux d'entre eux qui soient assis au côté du sieur Soullet, & sans l'avis desquels il ne puisse adjuger ; les somme de s'assembler & qu'il assistera à l'assemblée après qu'on l'aura retabli dans les fonctions libres de Directeur, sinon qu'il donnera sa requête ; & enfin leur déclare qu'il ne retournera pas à la Compagnie qu'il ne soit retabli avec l'honneur qui lui est dû. Acte signifié audit sieur de Bercy à la requête des Directeurs le trentiéme dudit mois d'Août mil sept cent deux, par lequel ils protestent de nullité de l'acte à eux signifié le vingt-deux dudit mois, attendu qu'une partie des faits sont contraires à la notoriété de ce qui a été fait, & que le reste est contraire à la bonne régie des affaires de la Compagnie & contre les engagemens du sieur Bercy ; déclarent que Sa Majesté ayant accordé à la Compagnie huit cens cinquante mille livres à condition qu'elle fourniroit cinquante pour cent de son capital, & que les Directeurs fourniroient dix mille livres à la grosse, le sieur de Bercy fit de grandes instances aux Directeurs qui sollicitoient cette affaire, pour supplier Messeigneurs les Ministres de consentir que ces cinquante pour cent pussent être retirés dans deux ans, ce qui auroit donné lieu à l'Arrêt du Conseil du vingt-un Février de ladite année mil sept cent deux qui l'auroit ainsi ordonné, ensuite de quoi fut dressé la délibération du vingt-huit Mars en pleine assemblée portant qu'il seroit donné des billets payables au porteur dans deux ans, ce qui fut exécuté ; mais que depuis le sieur de Bercy voulant se décharger de la solidité dudit prêt, il fit la sommation du treize Juillet dernier ci-dessus énoncée, & le quinze dudit mois à neuf heures du matin qu'il alla au bureau, où ayant trouvé deux Directeurs qui travailloient à l'examen des comptes de la caisse il prit subrepticement le registre des délibérations & raya la signature de la délibération du vingt-huit Mars, & celles faites en conséquence au nombre de dix-huit, ce qui ayant été reconnu par lesdits Directeurs, la Compagnie en auroit fait ses plaintes à Monseigneur de Pontchartrain,

qui

qui auroit condamné ce procédé, & trouvé à l'égard de la forme des billets qu'il étoit plus avantageux à la Compagnie que le Caissier en donnât ses reçus ; que la Compagnie craignant d'altérer son crédit ne fit point de poursuites contre ledit sieur de Bercy pour ladite rature, & depuis on convint avec lui d'une nouvelle délibération qui fut signée quelques jours après ; mais comme elle doit être approuvée par Monseigneur de Pontchartrain, on a différé à l'écrire sur le registre jusqu'après son approbation ; que cependant ledit sieur de Bercy ayant tenu des discours calomnieux contre les Directeurs, le sieur Tardif lui déclara qu'ils en porteroient leurs plaintes à Monseigneur de Pontchartrain ; déclarent qu'ils ne veulent lui confier en son particulier aucuns registres, actes, ni autres papiers de la Compagnie, attendu que ce sont piéces communes qui doivent être examinées en plein bureau aux jours & heures d'assemblées ; qu'ayant sujet de tout craindre de lui depuis ladite rature, même le Jeudi dix-sept du présent mois & an, auquel jour il dit qu'il a été au bureau demander communication des registres, n'étant point un jour d'assemblée, il y a lieu de croire qu'il prenoit ce temps pour exécuter quelque dessein indiscret ; déclarent qu'ils ne lui contestent point la premiere place, & qu'il entrera autant qu'il voudra en connoissance de toutes les affaires de la Compagnie aux jours & heures d'assemblées, sans qu'on soit obligé de l'y appeller ; que les Directeurs ne lui étant comptables de rien, ce n'est point à lui à s'immiscer si l'on doit faire un compte général de la Compagnie, & que Monseigneur de Pontchartrain l'ordonnera quand il le jugera à propos ; que ce n'est point à lui à leur imposer des régles en son particulier ni pour les affaires communes, ni pour les ventes, que c'est un fait de gestion commune ; qu'il peut aux assemblées ouvrir ses avis pour en être décidé à la pluralité des voix, & au-surplus protestant, s'il continue à les troubler, de donner leur requête & de le rendre responsable du préjudice que la Compagnie en souffriroit, sans préjudice des prétentions des Directeurs pour raisons desdites ratures. La reponse

Tome II. Z

dudit sieur de Bercy au pied dudit acte dudit jour 30 Août, contenant, qu'il s'étonne que lesdits Directeurs se plaignent qu'il ait barré sa signature sur ladite délibération du vingt-huit Mars dernier, puisqu'ils conviennent qu'ils ont donné parole de la revoquer; qu'il a eu raison de rayer sa signature, cette délibération étant contraire aux intentions du Roi, n'acquittant en rien la Compagnie, & les billets qu'ils se faisoient donner ne pouvoient en cas de perte être payés que par ceux qui avoient des biens apparens; qu'il y a plusieurs des Directeurs qui n'ont aucuns biens en fonds ni apparens, que le sieur Soullet s'est défait l'hyver précédent de sa charge de Secrétaire du Roi, qui est le seul effet apparent qu'il eut, & que ses enfans sont revêtus de tous ses autres biens, quoique ce soit les fruits de la Compagnie, que c'est une illusion de dire que l'on peut prendre connoissance des affaires de la Compagnie aux jours de l'assemblée parce qu'il ne s'y fait autre chose que signer des billets d'emprunt, & lire quelques lettres; que les trois quarts des Directeurs ne sçavent rien des affaires de la Compagnie; le sieur Soullet seul, & celui qui tient la caisse en sont instruits; que depuis quinze ans il n'y a eû aucun compte ni des Indes ni en France, nul état certifié des dettes, nul emploi connu, ni des emprunts ni des retours, nulle connoissance de la depense des armemens; qu'il ne doit point attendre les jours d'assemblées pour avoir ces connoissances, qu'il a droit de les demander au Caissier, Teneur de livre & Secrétaire; somme les Directeurs de consentir qu'il se fasse donner toutes les connoissances qu'il demande, sinon déclare qu'il le fera ordonner; qu'il prétend sçavoir ce que deviennent tous les billets qui s'acquittent; prétend qu'après être barrés & déchirés ils soient mis dans un coffre dont le Caissier & trois Directeurs auront chacun une clef; qu'il s'en fasse tous les mois un état qui sera porté sur le livre, & qui sera signé de tous les Directeurs; qu'il a droit de se plaindre que depuis quinze ans la Compagnie ne rend point de compte positif à cet égard dans sa premiere sommation, sinon il se pourvoira à l'égard des ventes ; persiste pareillement & leur déclare qu'il ne porte aucun trouble à la Compagnie par ses demandes, les somme comme ils le menacent de donner leur requête à Monsieur de Pontchartrain, qu'il attendra encore trois jours, & s'ils ne consentent à tout ce qu'il demande, donnera sa requête pour le faire ordonner devant le Roi. Requête dudit sieur de Bercy, présentée à Sa Majesté, par laquelle il demande qu'il lui plaise ordonner que les Directeurs de la Compagnie des Indes seront tenus de mettre sur le livre de la Compagnie la délibération qu'ils ont faite le deuxiéme Août dernier, par laquelle celle du vingt-huitiéme Mars précédent a été revoquée, & en conséquence que tous les Directeurs qui avoient pris pour les trente mille livres de nouveau fonds des billets payables au porteur, seront tenus de les rapporter au Caissier de la Compagnie pour être iceux barrés & les signatures biffées & rayées, & être donné des billets du Caissier payables dans deux ans à chaque Directeur sur les effets de la Compagnie sans aucune solidité, de tous lesquels billets payables au porteur, rapportés par les Directeurs, il en sera dans quinzaine donné au sieur de Bercy un état certifié par le Caissier, & iceux billets chancellés, mis dans un coffre dont il sera parlé ci-après ; ordonner pareillement que les Teneurs de livres, Caissier & Secrétaire de la Compagnie, seront tenus de donner au sieur de Bercy tous les éclaircissemens & lumieres qu'il leur demandera : 1° un Etat certifié de l'un d'eux, de tous les billets qui composent les dettes de la Compagnie. 2° Que le Caissier sera tenu de lui donner tous les quinze jours un état de sa recette, tant en argent qu'en billets, & de sa dépense, lequel état ledit Caissier sera tenu de certifier & signer. 3° Que le Caissier au retour de la vente sera tenu de lui donner un état signé & certifié de lui, des fonds qu'on lui aura remis en mains provenant de la vente. 4° Que le Teneur de livres sera tenu au retour de la vente de lui donner un état signé & certifié de lui des billets qui lui auront été remis en main

Z ij

provenant de la vente. 5° Que le Teneur de livres sera tenu de lui donner des états certifiés de lui de toute la dépense des armemens & desarmemens. 6° Que ceux desdits Officiers qui en sont chargés seront tenus de lui faire connoître la dépense des envois précédens, les connoissemens des cargaisons, la preuve de la reception des cargaisons aux Indes, les tems que les billets de la Compagnie auront été faits pour les emprunts; & enfin de lui donner toutes les connoissances & lumieres qu'il convient à un Directeur d'avoir, devant être instruit de toutes les affaires de la Compagnie sans être obligé de s'en plaindre à votre Majesté; ordonner que conformément à l'établissement de la Compagnie, les Directeurs ne pourront obliger les absens qui ne voudront sous quelque prétexte ou occasion que ce soit; au surplus ordonner que compte sera rendu en entier de l'état de la Compagnie de tous les envois & retours des emprunts & emploi d'iceux, & repartitions touchées, & que le compte sera dressé par un homme nommé par le suppliant, & par un nommé par la Compagnie, & ce pardevant tels Commissaires qu'il plaira à Sa Majesté de nommer; ordonner aussi qu'il sera nommé d'entre les Directeurs ceux que votre Majesté jugera capables de faire la vente, & que de ceux qui seront ainsi choisis, il y en aura un par tour & rang chaque année qui fera la vente, & deux autres à ses côtés sans l'avis desquels il ne pourra adjuger; & enfin ordonner que non-seulement tout le produit de la vente sera employé au payement des dettes de la Compagnie, mais aussi que toutes les lettres de changes & tous les billets tant anciennement acquittés que ceux qui s'acquitteront dorénavant seront remis après avoir été rayés, biffés & chancellés, dans un coffre dont le Caissier aura une clef & trois autres Directeurs, de tous lesquels billets & lettres de change acquittés & chancellés sera dressé un état tous les mois qui sera mis sur le livre, & signé de tous les Directeurs de la Compagnie; comme aussi ordonner que pour la sûreté des Créanciers & des Directeurs qui sont tous solidairement obligés, tous les Directeurs seront obligés d'indiquer des biens & effets apparents & non affectés, ni hypothéqués à aucunes dettes, lesquelles pourront répondre des payemens des dettes de la Compagnie, & enfin que la Compagnie sera tenue de faire au suppliant reparation telle qu'il lui convient des termes faux & calomnieux insérés dans leur écrit du 30 Août dernier, lesquels demeureront rayés & supprimés, & que la Compagnie sera aussi obligée de lui tenir compte de toutes ses présences depuis qu'il a été réduit à se pourvoir contre elle, ladite requête signée de Malon. L'Acte du seize Octobre mil sept cent deux, par lequel ledit sieur de Bercy déclare qu'il a donné sa requête à Monsieur de Pontchartrain contr'eux, à ce qu'ils ayent à en prendre communication & y défendre, & qu'il en poursuivra le jugement, & proteste de nullité de toutes les délibérations qu'ils pourroient faire sans sa participation. Acte des Directeurs du dix Novembre audit an, par lequel ils déclarent audit sieur de Bercy qu'ils protestent de nullité dudit Acte du 16 Octobre précédent, en ce que ledit sieur de Bercy fait une protestation de nullité de toutes les délibérations qu'ils pourroient faire sans sa participation, lui déclarant que les jours & heures des assemblées en leur bureau étant reglés par délibération du treize Mai dernier, signée dudit sieur de Bercy, & homologuée par Arrêt du Conseil du seize dudit mois, dont lui a été laissé copie, c'est à lui à se trouver, si bon lui semble, auxsusdites assemblées, & qu'il sera par eux continué comme il a été fait jusqu'à présent, soit que ledit sieur de Bercy soit présent ou absent, à procéder & à faire les délibérations que lesdits Directeurs jugeront nécessaires pour le bien de la Compagnie. La requête présentée par ledit sieur de Bercy aux Requêtes de l'Hôtel le dix-huit dudit mois de Novembre 1702, à ce qu'il lui soit permis d'y faire assigner les Directeurs, & le sieur Pelletier en son particulier, pour voir dire que la délibération qui revoque celle du vingt-huit Mars sera exécutée, & en conséquence les Directeurs tenus de rapporter les billets au porteur pour être biffés, en être fait un état signé de six des

Directeurs & mis dans un coffre dont trois auront des clefs, lui donner acte de ce qu'il offre aussitôt que cela aura été exécuté, de payer les trois mille livres à lui demandées par le sieur Pelletier, & le reste de ce qu'il peut devoir des quarante mille livres, faute à eux de rapporter lesdits billets dans huitaine qu'ils y seront contraints par corps, ensuite de laquelle est l'assignation donnée aux Directeurs. Autre acte dudit sieur de Bercy du vingt-quatre Novembre 1702, par lequel il proteste de nullité de l'acte du dixiéme du présent mois attendu qu'il ne peut assister à leurs assemblées jusqu'à ce que justice lui ait été faite, pourquoi il réitére les protestations ci-devant faites de n'être tenu & de ne tenir aucunes de leurs délibérations, puisqu'elles ne vont toutes qu'à laisser la Compagnie dans la confusion, & qu'il assistera aux assemblées quand l'ordre y aura été rétabli. Autre acte dudit sieur de Bercy du vingt-huit Novembre audit an 1702, par lequel il déclare que le sieur de Boisanger lui ayant demandé son agrément pour sa reception en la place du sieur Bazin, il lui a dit qu'il s'y opposoit formellement, & qu'étant engagé de solidité avec tous les Directeurs, il ne consentiroit qu'aucun vendit sa place que les dettes ne fussent payées; qu'il sçait bien quelle part y a le sieur Bazin, & qu'il y a des gens qui ont acheté avec lui sa place dans la vûe d'avoir un homme à l'Orient, mais que ces particuliers étant solidairement obligés avec ledit sieur Bazin, il ne veut en aucune maniere les décharger de la solidité, ainsi proteste de nullité de la vente qu'il pourroit faire de sa place au sieur de Boisanger ou autres, & de la reception que les Directeurs pourroient faire, à ce que le tout ne puisse préjudicier à l'obligation solidaire qu'il a dudit Bazin & des cooblligés, déclare en outre qu'il s'oppose formellement à ce qu'aucun Directeur n'ait à vendre sa place, & proteste de nullité de toutes les ventes qui pourroient en être faites, nonobstant lesquelles il proteste d'exécuter la solidité. Autre requête dudit sieur de Bercy présentée aux Requêtes de l'Hôtel le vingt-huit Novembre 1702, pour y faire assigner les Directeurs & les sieurs de Boisanger & Bazin, pour voir dire qu'ils seront tenus de lui donner copie dudit acte de vente, des contrats faits avec ceux qui ont part dans ladite place, comme aussi des titres & facultés du sieur de Boisanger pour la sûreté de la solidité des dettes de la Compagnie, pour icelles piéces vûes être par lui pris telles conclusions qu'il avisera, & à l'égard des Directeurs pour voir dire que jusqu'à ladite communication, défenses leur seront faites de recevoir aucun Directeur nouveau sans l'agrément & la participation dudit sieur de Bercy, & en cas qu'ils passent outre, que les receptions seront nulles, & que ceux qui auront vendu ne laisseront d'être tenus solidairement des dettes. Autre requête dudit sieur de Bercy présentée aux Requêtes de l'Hôtel le vingt-neuf dudit mois de Novembre, pour voir dire que les Directeurs seront tenus dans le jour de lui donner ou de consentir que leur Teneur de livres & Caissier lui donnent un état des dettes de la Compagnie certifié par cinq Directeurs, ensemble un état du produit de la derniere vente, & de l'emploi qu'ils ont fait des deniers qui en sont provenus, & des autres effets qu'ils avoient depuis que le sieur de Bercy est en procès avec eux, & qu'il a fait ses protestations; faire défenses aux Directeurs de disposer des effets de la Compagnie, qu'au payement des créanciers & avec sa participation; sinon qu'il demeurera déchargé de la solidité, & tous les Directeurs condamnés solidairement à lui payer dans le jour le montant de son action de soixante mille livres pour son premier fond, & quarante mille livres pour ses dernieres avances avec tous les intérêts dûs, & tous ses droits de préfence jusqu'au jour du payement, & en cas qu'ils satisfassent à la présente demande, être après ladite communication pris par lui telles conclusions qu'il avisera; ordonner pareillement que jusqu'à ce, & depuis le jour qu'il a été obligé de se séparer de la Compagnie par les mauvais traitemens qu'il a reçus, & parce que les Directeurs lui ont refusé de lui laisser prendre connoissance de l'état de la Compagnie, qu'elle sera condamnée de lui payer ses retributions comme s'il avoit été présent ; & comme la ruine du suppliant dépend du mauvais emploi des deniers provenant de la vente, & qu'il ne seroit pas juste de leur en laisser la disposition, demande permission d'appeller les Directeurs à Vendredi prochain, & cependant faire saisir entre les mains des Teneur de livres & Caissier les deniers de la derniere vente, ensemble tous les autres effets qu'ils peuvent avoir entre leurs mains à ladite Compagnie, & d'appeller lesdits Teneur de livres & Caissier pour voir dire qu'ils seront tenus de lui donner un état certifié d'eux de tous les deniers & effets qu'ils ont entre leurs mains appartenans à ladite Compagnie, ladite Requête signifiée auxdits sieurs Directeurs, Teneur de livres & Caissier, avec saisies entre leurs mains. Sentence par défaut obtenue aux Requêtes de l'Hôtel par ledit sieur de Bercy le premier Décembre 1702, qui ordonne que les sieurs Bazin & Boisanger donneront dans le jour copie desdits Contrats, ensemble des titres & facultés sur lesquels Boisanger pretend donner sa sûreté pour payement solidaire des dettes de la Compagnie ; défenses aux Directeurs de passer outre à sa réception jusqu'à ce que ladite communication faite ledit sieur de Bercy y ait consenti ; défendre pareillement de vendre aucune place de Directeur, ni d'en recevoir aucun sans son consentement par écrit, à peine de nullité des réceptions, nonobstant lesquelles ils ne laisseront de demeurer solidairement obligés aux dettes de la Compagnie, ladite Sentence signifiée le deuxiéme dudit mois. Autre Sentence par défaut desdites Requêtes de l'Hôtel dudit jour premier Décembre 1702, qui ordonne que les Directeurs seront tenus de donner où de consentir qu'il soit donné audit sieur de Bercy un état des dettes de la Compagnie certifié par cinq Directeurs, un état du produit de la derniere vente, & de l'emploi des deniers, & autres effets depuis que le sieur de Bercy est en procès avec eux ; défenses aux Directeurs de disposer d'aucuns effets de la Compagnie, qu'au payement des Créanciers & avec sa participation, & faute de donner lesdits états, qu'il sera déchargé gé de la solidité ; ce faisant, les Directeurs condamnés solidairement à lui rembourser le montant de son action ; sçavoir, soixante mille livres pour le fonds ancien, & quarante mille livres pour le nouveau, ensemble tous les intérêts & droits de présence qui peuvent ou pourront lui être dûs ; à ce faire contraints par les voyes ordinaires dans les sociétés publiques, & que lesdits Maillard & le Noir donneront dans le jour audit sieur de Bercy un état certifié d'eux des effets appartenans à ladite Compagnie ; ladite Sentence signifiée ledit jour 2 Décembre 1702. Autre acte dudit mois de Décembre 1702, signifié aux Directeurs à la requête dudit sieur de Bercy, portant que les sieurs Chaperon & Pelletier députés par la Compagnie, ayant déclaré, suivant l'ordre qu'ils en avoient, en présence de Monseigneur de Pontchartrain, que la Compagnie consentoit que ledit sieur de Bercy prît tous les éclaircissemens qu'il souhaiteroit des affaires de la Compagnie, qu'il demeurât préposé à la caisse, & qu'il seroit rendu un compte exact de tout le passé jusqu'à présent, qu'il se désiste de la Sentence par lui obtenue le premier du présent mois, fait main-levée des saisies qu'il avoit faites entre les mains des sieurs Maillard & le Noir. Autre acte du 22 Mars 1704, signifié à la requête dudit sieur de Bercy, par lequel il déclare qu'il n'entend point que l'envoi des Vaisseaux qui vont partir pour les Indes soit solidaire, s'oppose à ce que les droits de présence de 1702 & 1703 soient mis à la grosse ; somme les Directeurs de rapporter les Contrats, & ceux qui ont touché pour 1702 de rapporter, la caisse étant obérée, & soutient qu'on n'en doit plus toucher que la Compagnie ne soit en état de les payer ; s'oppose à ce qu'on en paye à la succession dudit sieur de Boisanger ni au sieur Bazin, que sur le pied de huit mille livres d'intérêt qu'il a dans l'action ; somme lesdits sieur Soullet & Mercier de rapporter ceux qu'ils ont touché sous les noms du sieur Bazin & de Boisanger ; les somme tous de signer le bilan des billets de la Compagnie existant sur la place, & de convenir qu'il en soit fait

Tome II.   A a

trois copies, dont l'une demeurera chez le Caiffier, une chez le Secrétaire de la Compagnie, l'original & une des copies, signées de tous les Directeurs préfens, mifes entre les mains de deux Directeurs de la Compagnie, qu'on ne fignera aucuns billets pour emprunts qu'on n'en ait fait une note, pour être infcrite fur le regiftre, & une note des billets dûs par la Compagnie qu'il faudra acquitter: protefte à faute de ce de n'être tenu d'aucuns emprunts, s'oppofe à ce que les deniers provenans des ventes & autres ne foient employés qu'au payement des dettes, les frais de l'envoi préfent devant être pris fur les biens des Directeurs; s'oppofe auffi qu'aucun compte foit rendu par le Caiffier qu'en fa préfence, ou qu'il n'en ait été averti, finon déclare au fieur le Noir, Caiffier, qu'il ne le tiendra pas déchargé: veut & entend vifer & figner les états des efcomptes & changes; déclare qu'il a fait fommer les fieurs Defvieux, Landais & Sandrier de rapporter les billets au porteur qu'ils ont pris pour les cinquante pour cent, & au lieu du fieur Bazin a fait fommer les véritables Intéreffés, qui font les fieurs Soullet & Mercier; s'oppofe à ce qu'il foit rien payé aux fieurs Chefnard, Vitry, fes repréfentans ou faififfans fur eux, attendu qu'ils doivent des rapports confidérables à la Compagnie; s'oppofe à ce qu'aucun accommodement foit fait avec les Créanciers du fieur Chaperon fans fa participation; fomme les Directeurs de s'oppofer fur ledit Chaperon, pour la fûreté des dettes de la Compagnie, leur déclare que le nommé Mantrot refufe de travailler faute d'être fatisfait; les fomme de régler avec lui, en forte qu'il puiffe travailler aux comptes de la Compagnie; leur déclare qu'il fera fommer les Actionnaires, tant en fon nom qu'en celui de la Compagnie, d'y affifter. Autre acte dudit fieur de Bercy, fignifié aux Directeurs le 26 Mars 1704, par lequel il leur donne copie de l'acte qu'il prétend faire fignifier aux Actionnaires, tant pour lui que pour tous Meffieurs de la Compagnie des Indes, par lequel il leur déclare, qu'en conféquence de la lettre de cachet du Roi les fieurs Directeurs ont mis deux hommes pour travailler aux comptes; les fomme d'y mettre aussi un homme de leur part, sinon que l'arrêté qui sera fait par les deux particuliers sera réputé commun avec eux. Requête dudit sieur de Bercy aux Requêtes de l'Hôtel, du 27 Mars 1704, pour faire ordonner que faute par les Directeurs d'avoir rétabli Mantrot, il sera nommé d'office par la Cour un autre homme pour travailler aux comptes. Autre Requête dudit sieur de Bercy dudit jour 27 Mars 1704, à ce que les Directeurs soient condamnés à rapporter les Contrats à la grosse que les Directeurs ont pris pour leurs droits de présence de 1703, qu'ils seront déclarés nuls, & qu'ils demeureront simplement créanciers tant pour ladite année, que pour ceux des années suivantes, ce qu'ils ne pourront néanmoins faire qu'après une délibération de la Compagnie à lui signifiée, avant que de le faire exécuter, à peine de lui répondre solidairement & chacun en particulier des deniers qu'ils auront pris dans la caisse sous prétexte desdits droits, & que le Noir, Caissier, sera condamné à lui payer les droits de présence à lui dûs pour l'année 1702, & ladite Requête signifiée, avec assignation au sieur le Noir, & au sieur d'Hardancourt Secrétaire de la Compagnie. Autre acte dudit jour 27 Mars, par lequel ledit sieur de Bercy déclare qu'il s'oppose à ce que ledit sieur le Noir ne paye aux Directeurs de ladite Compagnie les droits de présence de 1703, à peine de payer deux fois; empêche pareillement qu'ils ne prennent les droits de présence de 1703 en payement des cinquante pour cent qu'ils sont obligés de fournir. Réponse de la Compagnie à l'acte de M. de Bercy, du 22 Mars 1704, mise en marge dudit acte, & envoyée à Monseigneur le Comte de Pontchartrain, par laquelle ils exposent que M. de Bercy a reconnu qu'il étoit si important de faire ledit envoi, ainsi que les autres Directeurs, qu'ils en ont tous signé la garantie solidaire à Messieurs Soullet, Tardif & Helissant, sans quoi l'armement n'auroit pû se faire; que les droits de présence de 1702 & 1703 ont été payés, ainsi qu'il s'est toujours pratiqué depuis la Déclaration de 1685, & l'Arrêt du 26 Février de ladite année; à l'égard des droits de présence des sieurs

A a ij

Boisanger & Bazin, qu'ils appartiennent au Directeur existant, qui en peut faire à ses cointéressés telle part qu'il lui plaît qu'il n'en coûte rien de plus à la Compagnie ; à l'égard du bilan des billets de la Compagnie, quand il sera parfait, les Directeurs s'assembleront à l'ordinaire pour l'examiner ; que quand il plaira à Monsieur de Bercy on travaillera aux comptes de caisse de l'année 1703 ; & pour les décomptes & changes, la Compagnie le prie de les vérifier ; à l'égard des Directeurs qui n'ont pas rapporté les billets de la Compagnie des cinquante pour cent, qu'ils ont promis d'y satisfaire au plutôt, que M. Desvieux l'a fait, & que Monseigneur de Pontchartrain est très-humblement supplié de l'ordonner à ceux qui sont en demeure ; à l'égard des sieurs Chesnard & Vitry, la Compagnie rendra compte à Monseigneur de Pontchartrain de l'état de cette affaire, & recevra ses ordres ; que l'on n'a rien fait concernant la succession du sieur Chaperon, sans l'aveu dudit sieur de Bercy, & qu'il fera plaisir à la Compagnie de s'en mêler pour la finir, & pour l'opposition qu'il demande que l'on fasse sur ladite succession, qu'elle recevra les ordres de Monseigneur, & que M. de Bercy n'entend pas ses intérêt à cet égard, & n'y a pas fait réflexion ; à l'égard de Mantrot, que l'on ne devoit point, suivant la Déclaration de 1685, employer un étranger pour faire le compte en question, & que c'est au Teneur de livre & Caissier à le faire & le présenter aux Directeurs pour l'examiner ; que la Compagnie recevra les ordres de Monseigneur sur la sommation que ledit sieur de Bercy prétend devoir être faite aux Actionnaires pour assister aux comptes. Autre acte dudit sieur de Bercy du 10 Avril 1704, par lequel il expose qu'il ne s'est désisté du profit de la Sentence par défaut, adjudicative des conclusions de sa requête du 29 Novembre précédent, par laquelle il avoit demandé que le provenu de la derniere vente fut employé au payement des dettes, que sur la parole que les Directeurs lui avoient donnée qu'ils y consentiroient ; que les Directeurs sont demeurés d'accord que le dernier envoi ne feroit pas folidaire ; qu'il convient d'être engagé aux dettes de la Compagnie précédentes le dernier envoi, mais qu'il n'en peut être tenu folidairement par deux raifons, la premiere parce qu'ils doivent plus à la fociété qu'il n'eft dû dans le public, ayant pris des répartitions en 1687 & 1691 dans un temps où la Compagnie étoit obérée ; que par délibération du 8 Mars 1697, confirmée par Arrêt du 24 Avril, rendu fur leur requête, ils ont confenti de les rapporter : la deuxiéme que pendant que le fieur Soullet ne craint point de s'engager, il paroît qu'il a difpofé de tous fes biens, fur lefquels ledit fieur de Bercy avoit fondé fa réfolution de s'engager folidairement avec lui ; les fomme de payer chacun comptant leur part du dernier envoi, aux offres de payer la fienne ; les fomme pareillement de payer leur part des dettes de la Compagnie faites avant le dernier envoi, aux mêmes offres ; les fomme pareillement de rapporter chacun les répartitions de 1687 & 1691, avec les intérêts du jour qu'ils les ont reçûs, & de fe joindre à lui pour faire rapporter les autres particuliers, aux offres de rapporter celles qu'il a touchées avec les intérêts, pour être les deniers provenans defdites répartitions, employés au payement des dettes de la Compagnie, & payer à chacun fa part du reftant, fauf leur recours, ainfi qu'ils aviferont ; fomme le fieur Soullet de rétablir autant de bien qu'il en a difpofé en faveur de fes enfans, & le prix de fa charge de Secrétaire du Roi, finon protefte de n'être tenu d'aucune folidité des dettes de la Compagnie. Acte fignifié auxdits Directeurs, à la requête dudit fieur de Bercy le 21 Avril 1704, par lequel il leur déclare que quoiqu'il ait découvert que les douze mille livres ordonnées pour la répartition de 1687, fous le nom du fieur de Vitry la Ville, appartiennet à lui fieur de Bercy depuis le jour qu'elle a été ordonnée, il perfifte néanmoins aux fommations qu'il a faites de rapporter lefdites répartitions des années 1687 & 1691, aux offres qu'il fait de rapporter celles par lui touchées en 1691, avec les intérêts, & de décharger la Compagnie du payement qu'elle eft tenue de lui faire de celle de 1687, & intérêts depuis que l'état en a été fait; proteste de n'être tenu d'aucune solidité, d'autant qu'il a toujours requis verbalement lesdits sieurs Directeurs de payer leurs dettes restantes, aux offres qu'il fait de payer sa part comptant. La requête dudit sieur de Bercy aux Requêtes de l'Hôtel, signifiée auxdits Directeurs ledit jour 21 Avril, par laquelle il demande qu'avant faire droit sur la demande dudit sieur Chesnard, il soit ordonné qu'il sera dressé un compte sur les livres de la Compagnie des années 1683, 1684, 1685, 1686, 1687 & 1688, par relation, à sçavoir que les envois ont été faits, & que les retours sont revenus des Indes pour les Directeurs de la Compagnie qui prétendent avoir fait des envois pour leur compte particulier; ensemble pour sçavoir combien de dettes anciennes & créées avant l'année 1682, ont été payées par les anciens Directeurs avant l'année 1684, & si les Directeurs n'ont payé sur les nouveaux fonds de la Compagnie depuis le bilan de l'année 1684, que les dettes portées par ledit bilan de l'année 1684, ledit compte dressé par trois hommes experts en ladite profession, d'un desquels les Directeurs anciens conviendront, le sieur de Bercy & les Directeurs établis depuis ledit bilan d'un autre, & ledit sieur Chesnard & ledit Vitry de la Ville d'un autre; sinon qu'il en sera nommé trois d'office, pour ledit compte rapporté en Justice, être ordonné ce que de raison, tant sur les prétentions dudit sieur Chesnard, comme créancier de Vitry la Ville, que sur les prétentions que la Compagnie peut & pourra avoir au moyen dudit compte contre ledit Vitry de la Ville; ensemble sur celles que les Directeurs nouveaux entrés ou établis depuis le bilan de 1684, pourront avoir contre les Directeurs ou contre ceux qui l'ont été avant ledit bilan. Autre requête dudit sieur de Bercy aux Requêtes de l'Hôtel dudit jour 24 Avril, par laquelle il demande avant faire droit sur la demande dudit Vitry de la Ville, à ce que la Compagnie soit tenue de lui donner un bref état des sommes qu'elle lui peut devoir, sans avoir égard au mémoire surpris de la Compagnie sans aucune connoissance, qui sera déclaré nul; qu'il soit ordonné qu'il sera dressé un compte par trois experts ou gens capables dans cette profession, un pour les anciens Directeurs, un pour le sieur de Bercy, & un pour les nouveaux Directeurs établis depuis le bilan de 1684, s'ils veulent se joindre à lui, & un pour les enfans du sieur de Vitry la Ville, pour icelui rapporté être ordonné ce que de raison; débouter dès à présent les enfans du sieur de Vitry la Ville & le sieur de Vitry la Ville leur pere, de leur demande en payement d'icelles, comme pareillement de leurs demandes en répartitions de 1687 & 1691; condamner la Compagnie à payer audit sieur de Bercy la somme de douze mille livres pour répartitions à lui dûes de l'année 1687, avec lesquels intérêts tels que ladite somme a profité à la Compagnie depuis le jour que ladite répartition a été ordonnée, lui donner acte de ce que pour le compte rendu il réserve, tant pour lui que pour la Compagnie, toutes les demandes que la Compagnie a faites contre le sieur de Vitry la Ville, en restitution des sommes que sur ce faux mémoire la Compagnie a payées au Roi & aux particuliers en l'acquit du sieur de Vitry la Ville, persuadée par ce faux mémoire, le tout nonobstant & sans se départir des offres par lui faites de rapporter lesdites répartitions lorsqu'il fera condamner les Directeurs & Actionnaires à les rapporter de même. La réponse des Directeurs audit acte du 10 Avril, signifiée au sieur de Bercy le 16 Juin de la présente année 1704, par laquelle ils soutiennent que la Déclaration du mois de Février 1685 a dérogé à l'article II de l'Edit de 1664, en ce qui s'est passé depuis, & en dernier lieu l'Arrêt du Conseil du premier Avril 1704, qui déboute les Actionnaires de pareilles prétentions; que le sieur de Bercy n'a jamais formé d'opposition à la Déclaration du 28 Mars 1702; que pour éclaircir ce fait ils sont obligés de dire que par délibération de la Compagnie du 26 Décembre 1701, homologuée par Arrêt du 21 Février 1702, il fut arrêté que chacun des Directeurs fourniroit à la caisse quarante mille livres, dont trente mille livres seroient en augmentation de fonds, & dix mille livres à la grosse, & par l'Arrêt d'homologation les Directeurs ont le choix ou d'augmenter leur capital, ou de prêter ce capital pour deux ans à la Compagnie ; que le sieur de Bercy soutient que le prêt étoit le meilleur parti, que son avis fut suivi, & la délibération arrêtée & signée de lui le 28 Mars 1702 ; que depuis ayant été trouvé plus à propos que les Directeurs au lieu de billets de la Compagnie prissent des billets du Caissier, cela fut arrêté par une délibération du 30 Août 1702 ; que dans l'entre-temps le sieur de Bercy étant venu au Bureau le 15 Juillet 1702, raya ses signatures sur dix-huit délibérations, entr'autres sur celle du 28 Mars 1702, dont ils rendirent plainte incontinent devant le Commissaire Barry : à l'égard de la Sentence dont parle M. de Bercy, quoique dans la forme elle fût fort irréguliere, elle prononce sur un fait tout différent de celui que prétend M. de Bercy : à l'égard de la solidité, c'est l'usage constant de la Compagnie depuis son établissement, confirmé par toutes les délibérations que M. de Bercy a signées avec tous les autres Directeurs depuis l'année 1687, & conforme en cela aux usages de toutes les Compagnies du Royaume : quoi qu'il en soit, si M. de Bercy s'est désisté de sa Sentence, ç'a été pour éviter que la Compagnie ne continuât ses poursuites pour raison desdites signatures rayées, & les Directeurs ont bien voulu pour le bien de la paix consentir à ce désistement ; mais il est de nécessité indispensable que l'autorité du registre affoiblie par les ratures des dix-huit délibérations, soit rétablie, & la Compagnie espére que Sa Majesté aura la bonté de l'ordonner : pour ce qui concerne le dernier envoi, M. de Bercy n'est pas bien fondé à se défendre de la solidité, sa qualité d'Associé & de Directeur l'ont obligé solidairement aux emprunts qu'il a fallu faire, les délibérations pour signer les billets d'emprunt, portent en terme exprès, que tous les Directeurs présens & absens seront tenus solidairement comme ceux qui auront signé : M. de Bercy a signé ces délibérations, & d'ailleurs il y a plusieurs Arrêts du Conseil qui justifient la solidité, de même que la délibération du 28 Mars 1702 ; que la solidité est encore établie par la

délibération

délibération du 15 Février 1702, signée de M. de Bercy, par laquelle il est arrêté que tous les Directeurs seront garants des billets signés, de même que ceux qu'ils ont signé par le passé, & comme s'ils les avoient tous signés euxmêmes ; elle est encore établie par le traité fait avec le sieur Masson, Banquier, pour tirer de Gennes trois cens mille livres en piéces de huit, ratifié par M. de Bercy le premier Février dernier, avec promesse solidaire d'y satisfaire, & par un pareil traité fait avec le sieur Moura, pour tirer d'Espagne quarante mille piéces de huit, aussi ratifié par M. de Bercy, avec pareille promesse solidaire. A l'égard du rapport des répartitions, elles ont été faites en vertu de délibérations de la Compagnie ; celles de 1687 après une assemblée du 14 Août 1687, à laquelle Monsieur de Seignelay présida, & où se trouva M. le Prévôt des Marchands, & sur un bilan justificatif de l'état où se trouvoit les affaires de la Compagnie ; & pour celle de 1691, elle fut faite après en avoir pris les ordres de Monseigneur de Pontchartrain, & résolue dans une délibération du 23 Juin de la même année, signée de M. de Bercy ; qu'il est vrai qu'il y eut une délibération du 8 Mars 1697, par laquelle les Directeurs auroient consenti le rapport desdites répartitions ; mais l'Arrêt du 28 Avril ayant ordonné qu'avant faire droit il seroit incessamment convoqué une assemblée générale de tous les Actionnaires de la Compagnie des Indes Orientales, & l'assemblée ayant été faite & dressé procès-verbal d'icelle par le sieur Prévôt des Marchands, contenant qu'il n'y avoit eu aucun des Intéressés qui ne fut contraire au rapport des répartitions, & que le plus grand nombre des Actionnaires avoient opiné à faire un emprunt de quinze cens mille livres pour l'armement prochain, il y eut Arrêt le 17 Août suivant, qui confirma la délibération, & permit aux Directeurs d'emprunter quinze cens mille livres : au surplus, qu'il n'appartient point à M. de Bercy de prescrire des loix à ses Associés ; que l'on ne doit point avoir égard aux offres de M. de Bercy, si on considére ce qui se passe tous les jours à son égard, 1º qu'il n'a point obéi à l'Ar-

Tome II.   Bb

rêt du Conseil du 21 Février 1702, & n'a point prêté les dix mille livres à la grosse; 2° les Directeurs ont prétendu que même pour faire son supplément de trente mille livres, cela ne s'étoit pas passé sans procédure en Justice, expliquée par ledit acte, & enfin ils le somment de rétablir incessamment avant toutes choses & dans trois jours, ses dix-huit signatures qu'il a raturées sur le regiftre des délibérations. Autre acte signifié à la requête du sieur de Bercy le premier Juillet 1704, par lequel il soutient que l'acte du 16 Juin est l'ouvrage du sieur Soulet, que l'on peut soutenir l'obligation solidaire sans faire connoître qu'en cas d'infortune on est déterminé à faire banqueroute; que la Compagnie étant chargée de dettes, le premier moyen de s'acquitter est de rapporter ce qui a été mal pris; que si lors des répartitions la Compagnie étoit en perte, les Directeurs doivent acquiescer au rapport, & il articule ensuite plusieurs faits pour blâmer en particulier la conduite du sieur Soulet: à l'égard de la plainte, qu'elle a été rendue mal à propos sur une action très-sage dudit sieur de Bercy, & à l'occasion d'une très-mauvaise action inspirée par ledit sieur Soulet à la Compagnie, si mauvaise qu'elle a été blâmée & condamnée par le Roi; qu'il est faux & contre la vérité que la Déclaration de 1685 ait dérogé à celle de 1664, concernant la solidité; persiste dans ses protestations, & soutient que les Directeurs n'ayant pas voulu payer chacun leur part des dettes lorsqu'il leur en a fait les sommations, ayant lui son argent tout prêt pour payer sa part, il n'est plus tenu d'aucune solidité, proteste de se pourvoir en Justice contre ladite plainte, dont il n'avoit jamais eu jusqu'à présent aucune connoissance, de s'en faire décharger & demander réparation, tant contre les Directeurs qui la soutiendront que contre ceux qui ont signé le dernier écrit. Autre acte signifié à la requête du sieur Soulet, l'un des Directeurs de la Compagnie des Indes, audit sieur de Bercy le 24 Juillet 1704, par lequel ledit sieur Soulet répond aux faits particuliers & personnels allégués contre lui par l'écrit dudit sieur de Bercy du premier du même mois: & au surplus persiste aux protestations prises par la Compagnie dans l'acte du 16 Juin. La requête dudit sieur de Bercy présentée en la Chambre de la Tournelle criminelle du Parlement, du 7 du même mois de Juillet, signifiée le 24 du même mois, par laquelle il conclut à être reçû appellant, tant comme de Juge incompétant qu'autrement, de la plainte rendue contre lui par les sieurs Pelletier & Mousle le 15 Juillet 1702, tenu pour bien relevé, faisant droit sur son appel, la plainte cassée & déclarée injurieuse, le Commissaire Barry condamné en trois mille livres d'amende pour l'avoir reçûe, défense de récidiver à peine d'interdiction, & de plus grande peine, s'il y écheoit; que tous les termes de mépris, suppositions, & autres insolens & injurieux, contenus dans l'écrit à lui signifié le 16 Juin dernier, sous le nom de la Compagnie, seront rayés & supprimés; ordonner que ceux qui ont signé la plainte dudit jour 15 Juillet 1702, & l'écrit dudit jour 16 Juin dernier, seront tenus de venir dans sa maison à un jour qui sera marqué, & en présence de telle personne qu'il lui plaira choisir, lui en demander pardon, & condamner en outre à ses dommages & intérêts, tels qu'il plaira à la Cour d'arbitrer, & aux dépens. Autre acte signifié à la requête dudit sieur de Bercy audit sieur Soulet le 28 du même mois de Juillet servant de reponse à l'écrit dudit sieur Soulet du vingt-quatre du même mois, par lequel le sieur de Bercy après avoir répondu aux faits qui regardent personnellement ledit sieur Soulet soutient que la Compagnie n'est point solidaire, au surplus que les offres qu'il avoit faites de payer sa part des dettes étoient sérieuses & par écrit, que pour les arguer de nullité il falloit les avoir acceptées, mais puisque la Compagnie les avoit refusées, il étoit en plein droit déchargé de toute solidité. L'Arrêt du Conseil d'Etat du 29 dudit mois de Juillet signifié audit sieur de Bercy le 2 Août audit an 1704, rendu sur la requête des Directeurs de la Compagnie, par lequel Sa Majesté ordonne que ledit Arrêt du Conseil du treize Mai dernier sera exécuté, & en conséquence fait Sa Majesté défenses audit sieur de Bercy, aux Directeurs de la Compagnie & à tous autres de faire aucunes pourfuites ailleurs que pardevant Sa Majefté, tant fur ladite requête préfentée par ledit de Bercy à la Tournelle criminelle qu'au fujet des autres conteftations mûes & à mouvoir entre ledit fieur de Bercy & les Directeurs, & à toutes Cours & Juges d'en connoître à peine de nullité, trois mille livres d'amende, & de tous dépens, dommages & intérêts. Vû aufli la Déclaration portant établiffement de ladite Compagnie des Indes Orientales du mois d'Août 1664; la Déclaration du mois de Février 1685; la délibération du treize Août 1687, faite en préfence du fieur Marquis de Seignelay par laquelle il eft porté que fa Majefté a agréé une repartition de vingt pour cent aux intéreffés, ce qui a été agréé par la Compagnie. Autre délibération du huitiéme Mars 1697, par laquelle les Directeurs délibérent de mettre chacun la fomme de vingt mille livres en accroiffement de fonds, & que tant eux que les Actionnaires rapporteront les repartitions faites en 1687 & 1691; l'Arrêt du 24 Avril 1697, qui ordonne avant faire droit fur la requête des Directeurs afin d'homologation de ladite délibération, qu'il fera convoqué une affemblée générale; procès-verbal de ladite affemblée du 2 Juillet audit an 1697, par laquelle il paroît que l'avis de l'affemblée eft contraire au rapport defdites repartitions & font d'avis de faire un emprunt de quinze cens mille livres; Arrêt du Confeil d'Etat du dix-fept Août 1697 qui homologue la délibération en ce qu'elle permet aux Directeurs d'emprunter folidairement jufqu'à la fomme de quinze cens mille livres, duquel emprunt les Actionnaires demeureront garants jufqu'à concurrence & à proportion des actions qu'ils ont dans la Compagnie. Autre Arrêt dudit Confeil du onziéme Février 1699, qui homologue la délibération defdits Directeurs & le confentement des Actionnaires contenu dans le procès-verbal du vingt-neuviéme du mois de Décembre pour l'emprunt néceffaire à l'expédition de quatre Vaiffeaux qui fera faite folidairement par les Directeurs & que les Actionnaires en demeureront garants jufqu'à concurrence de leurs actions. Autre Arrêt du vingt-trois Mars 1700, qui homologue la délibération desdits Directeurs du dix Décembre 1699, & le consentement desdits Actionnaires pour l'emprunt nécessaire audit commerce qui sera fait solidairement par les Directeurs, & que les Actionnaires en demeureront garants à proportion de leurs actions; & permet Sa Majesté aux Directeurs & Actionnaires de prendre les intérêts des sommes qu'ils ont dans le fond de ladite Compagnie pour les années 1693 & 1694 aux terme portés par la Déclaration de 1685. Extrait du regiftre des délibérations des quinze Février 1702, onze & dix-huitiéme Mai & dix-sept Août 1703, trente Janvier, premier & six Février 1704, contenant les différens emprunts faits par ladite Compagnie dont les Directeurs, & entr'autres le sieur de Bercy, demeurent solidairement garants. Arrêt du Conseil du vingt-un Février 1702, qui homologue la délibération du vingt Décembre dernier, & en conséquence ordonne que tous les Directeurs & Actionnaires feront un fonds de cinquante pour cent de leur capital, outre lequel les Directeurs seront tenus de fournir chacun dix mille livres à la grosse sur les trois premiers Vaisseaux que la Compagnie envoie aux Indes, si mieux n'aime tant les Directeurs que les Actionnaires faire un prêt pour deux ans de cinquante pour cent. Autre extrait dudit regiftre des délibérations du 13 Mai 1702, par laquelle il est arrêté qu'il sera fait à l'avenir par chaque semaine une assemblée; sçavoir les Mardi, Mercredi, Vendredi & Samedi après midi, depuis trois heures jusqu'à six, après chacune desquelles il sera distribué deux cens quatre-vingts livres entre les Directeurs présens, la part des absens accroissant aux présens, pour tenir lieu des trois mille livres des droits de présence fixés, sans que les absens puissent prétendre aucuns autres droits de présence tels qu'ils puissent être, ladite délibération homologuée par Arrêt du Conseil du 16 Mai 1702. Copie de la délibération de la Compagnie du trente Août 1702; lettre de cachet du Roi du vingt Juin 1703, qui commet les sieur Daguesseau,

Chamillart, de Pontchartrain & Amelot, pour examiner les comptes des effets de la Compagnie qui leur seront présentés par les sieurs de Bercy, Soulet & Chaperon Directeurs de la Compagnie, auxquels Sa Majesté enjoint & donne pouvoir de faire faire en leur présence par deux personnes qu'ils choisiront & préposeront à cet effet, un bilan compte certain par recette & dépense année par année tant en France qu'aux Indes à commencer de l'année 1684. Autre Arrêt du premier Avril 1704, qui ordonne que tous les Actionnaires de la Compagnie continueront de demeurer intéressés en son commerce pour en partager les profits & supporter les pertes chacun distinctement à proportion de son fonds capital tant pour le passé que pour l'avenir, & pour connoître l'état de l'affaire, les fonds capitaux, tant des Directeurs que des Actionnaires, les emprunts qui ont été faits, ensemble les profits & les pertes, que les Directeurs feront rendre incessamment & avant toutes choses les comptes de la gestion dudit commerce pour être communiqués à ceux que les Actionnaires nommeront d'entre eux à cet effet & par eux examinés, & ensuite arrêtés par les sieurs Commissaires du Conseil, qu'à l'avenir les Actionnaires ne pourront être engagés dans aucuns nouveaux emprunts, à moins que les délibérations ne soient signées de trois d'entre eux du nombre de cinq qui seront par eux nommés tant pour l'examen des décomptes que pour signer lesdites délibérations & en cas qu'il y eut de la difficulté au sujet du refus de signer par lesdits Actionnaires; les parties se retireront pardevant ledit sieur Comte de Pontchartrain pour à son rapport y être pourvû par Sa Majesté. Autre Arrêt du 27 Mai 1704, qui ordonne que les premiers billets qui ont été faits pour raison des cinquante pour cent seront rapportés par les Directeurs & Actionnaires pour leur être fait d'autre billets par le sieur le Noir, Caissier de la Compagnie, aux termes de la délibération du trente Août 1702, & autres piéces & mémoires respectifs de parties; & tout considéré, SA MAJESTE' ETANT EN SON CONSEIL, a évoqué à soi & à son Conseil la demande dudit sieur de Bercy portée par sa requête présentée à la Chambre de la Tournelle le septiéme Juillet dernier, signifiée le vingt-quatre dudit mois, & sans s'y arrêter ayant égard à la demande desdits Directeurs, ordonne que les dix-huit signatures par lui rayées sur le regiſtre des délibérations; la premiere du vingt-huit Mars 1702, la deuxiéme du troisiéme Avril, les trois & quatre du cinq dudit mois, les cinq & six du vingt-quatre dudit mois, les sept, huit & neuf du vingt-neuf dudit mois, la dixiéme du seize Mai, la onziéme du vingt dudit mois, la douziéme du vingt-quatre dudit mois, les treize & quatorze du vingt-sept dudit mois, la quinziéme du trente dudit mois, la seiziéme du troisiéme Juin, la dix-septiéme du sept dudit mois, & la dix-huitiéme & derniere du neuf dudit mois, le tout audit an 1702, demeureront retablies en vertu du présent Arrêt, & faisant droit sur les autres contestations des parties ci-devant évoquées par ledit Arrêt du treiziéme Mai dernier, sans s'arrêter aux demandes, sommations & oppositions dudit sieur de Bercy, tant pour le rapport des répartitions de 1687 & 1691, sur lesquelles Sa Majesté se reserve de faire droit s'il y écheoit, sauf à lui à se pourvoir contre le sieur de Vitry la Ville ou ses créanciers pour raison de celles de 1687 ainsi qu'il avisera; défense au contraire que pour la décharge de la solidité des dettes de la Compagnie, droits de présence par lui prétendus pour l'année 1702, & le rapport de ceux qu'il prétend avoir été touchés par les sieurs Soulet & Mercier sous le nom des sieurs Bazin & Boisanger, & payement de ses retributions comme s'ils avoient été présens, dont elle l'a pareillement débouté, ordonne Sa Majesté que toutes les propositions, demandes & prétentions des Directeurs concernant l'intérêt commun, l'ordre général & la discipline de la Compagnie seront traités & discutés en ses assemblées, & resolues à la pluralité des voix dont il sera dressé des délibérations. Fait Sa Majesté défenses auxdits cas, tant audit sieur de Bercy, qu'aux autres Directeurs de se pourvoir en particulier en aucune jurisdiction contre la Compagnie & ailleurs qu'auxdites assemblées, à peine de nullité de procédures, sauf à ceux qui voudront se plaindre desdites délibérations à mettre leurs piéces & mémoires entre les mains du sieur Comte de Pontchartrain Secrétaire d'Etat & des commandemens de Sa Majesté, ayant le département de la marine, pour y être à son rapport incessamment pourvû par Sa Majesté, & en conséquence sur le surplus des contestations & demandes, Sa Majesté a mis & met les parties hors de cour & de procès. FAIT au Conseil d'Etat du Roi, Sa Majesté y étant, tenu à Fontainebleau le vingt-troisiéme Septembre mil sept cent quatre. *Signé* PHELYPEAUX.

Le onziéme Octobre 1704, à la requête des Directeurs généraux de la Compagnie Royale des Indes Orientales de France qui ont élu leur domicile en leur bureau sçis rue Pavée près l'Hôtel de Bourgogne, l'Arrêt du Conseil d'Etat ci-devant a été signifié, & d'icelui laissé copie aux fins y contenues à Monsieur de Bercy, Conseiller du Roi en ses Conseils, Maître des Requêtes ordinaire de son Hôtel, parlant à son portier en son Hôtel, Isle Notre-Dame, par nous Huissier ordinaire du Roi en ses Conseils. Signé JARY.

Billets

Billets au porteur payables en deux ans pour les 50 pour cent d'emprunt.

Du 17 Décembre 1704.

LA Compagnie étant informée que les billets qui ont été ci-devant fournis en conséquence des délibérations des 28 Mars & 30 Août 1702, aux Directeurs & Actionnaires pour les cinquante pour cent de leurs actions qu'ils ont payé en exécution de l'Arrêt du Conseil d'Etat du 21 Février audit an 1702, étoient presque tous échus; que même il y avoit quelques-uns des Actionnaires qui en avoient fait demander le payement à la Compagnie: que d'autres avoient fait assigner les Directeurs aux Consuls pour obtenir des condamnations contre eux, à quoi il étoit nécessaire de pourvoir. La Compagnie ayant sur ce délibéré, il a été arrêté qu'il sera fait des billets, tant aux Directeurs qu'aux Actionnaires, payables solidairement au porteur dans deux ans, du jour de l'échéance de ceux qui leur ont été ci-devant fournis pour le principal des cinquante pour cent, auxquels seront joints les intérêts de l'avenir, à raison de neuf pour cent par an; qu'à l'égard de l'intérêt du passé, il sera payé comptant aux Directeurs & Actionnaires au jour de l'échéance de leurs billets.

Du 10 Janvier 1705.

LA Compagnie n'ayant point de fonds en caisse pour acquitter entre autres choses des lettres de change échues, & des billets sur lesquels il a été obtenu aux Consuls des Sentences contre ceux des Directeurs qui les ont signés, dont tous les délais sont échus, & les commandemens faits, en sorte qu'on pourroit craindre quelque insulte, s'il n'y étoit incessamment pourvû; il a été délibéré qu'il sera fait dans le cours de ce mois un prêt de dix mille livres par chacun des Directeurs en bons effets négociables, pourquoi il fera fourni des billets de la Compagnie payables au porteur au premier Novembre 1705, ce secours étant indispensable pour soutenir la Compagnie.

Que comme il s'agit de chose très-instante & qui ne se peut différer, chacun de nous sera tenu de fournir dans tout ce mois de bons effets, ou ses billets payables au premier Mars 1705, & ceux qui ne fourniront ni leurs billets négociables, ni d'autres effets aussi négociables dans le tems ci-dessus, seront déchus de tous droits de présence, à commencer du premier Mars prochain; qu'il sera délivré à ceux qui fourniront des effets autres que leurs billets, des billets de la Compagnie, comme il est ci-dessus dit, après qu'ils auront été négociés.

Que ceux qui fourniront leurs billets auront seulement une reconnoissance de M. le Noir, Caissier, portant promesse de fournir les billets de la Compagnie lorsque ceux qu'ils auront fournis auront été acquittés.

Que faute par quelques-uns de nous d'acquitter leurs billets aux échéances, il sera procédé contre eux par les voyes ordinaires, & cependant ils ne seront point tenus présens aux assemblées, quoiqu'ils y viennent, & ne seront inscrits sur le registre qu'après ledit jour qu'ils les auront acquittés.

Et comme il faut que ce secours soit effectif, la Compagnie ne prendra en payement de cette contribution, ses billets échus que pour le quart des sommes y portées.

Droits de présence à 3000 livres.

Du 28 Janvier 1705.

LA Compagnie ayant jugé à propos de convertir les droits de présence réglés par les Arrêts du Conseil du 21 Février 1685, & 26 Août 1687, à raison de 3000 livres pour chacun des Directeurs en droit de présence manuels, & de les distribuer entre ceux des Directeurs qui se trouvent aux assemblées, conformément aux délibérations qu'elle a ci-devant prises à ce sujet, & qui ont été homologuées par Arrêt du Conseil, & spécialement à celle du 13 Mai 1702, & les Directeurs se trouvant obligés de vaquer aux affaires de la Compagnie, avec la même assiduité que par le passé, & de faire journellement des efforts pour en soutenir le commerce : il a été délibéré qu'il sera fait cette année comme les précédentes quatre assemblées par chaque semaine, qui seront les Mardis, Mercredis, Vendredis & Samedis après midi, depuis trois heures jusqu'à sept, pourvû cependant qu'ils ne soient point jours de Fêtes, à commencer du premier de ce mois jusqu'à la fin de cette année, & que pour chaque jour d'assemblée il sera distribué après sept heures sonnées deux cens soixante-onze livres entre les Directeurs présens, & que la part des absens accroîtra aux présens.

Qu'à commencer au premier Mars prochain ceux qui n'auront pas satisfait à la délibération de la Compagnie du dix de ce mois, seront exclus desdits droits de présence, quoiqu'ils viennent aux assemblées, jusqu'à ce qu'ils ayent satisfait, & que lesdits droits de présence seront partagés entre les présens seulement qui auront exécuté la délibération.

Que M. le Gendre sera toujours réputé présent, & sa part réservée sans accroissement, attendu qu'il est notoirement domicilié à Rouen, qu'il y agit pour les affaires de la Compagnie.

Que ceux des Directeurs qui seront à la suite de la Cour pour les affaires de la Compagnie, & par délibération d'icelle, ou mandés exprès, ou à Nantes pour la vente, seront tenus présens, & leur part réservée avec accroissement, comme s'ils étoient au Bureau à Paris.

Et attendu que les droits de présence ci-dessus réglés, ne seront payés qu'à la fin de l'année, il sera tenu un registre sur lequel seront écrits les noms des présens de la main de chaque Directeur, ou par l'un des Directeurs, & autres, le nombre des présens sera constaté en toutes lettres, & signé par l'un des Directeurs.

ARREST
DU CONSEIL D'ÉTAT
DU ROY,

QUI ordonne que l'Arrêt du Conseil du 12 Décembre 1702 & les autres Reglemens concernant les Etoffes des Indes, seront exécutés selon leur forme & teneur, & en conséquence fait Sa Majesté défenses à toutes personnes de quelque qualité & condition que ce soit, de porter, s'habiller, faire ou faire faire aucuns vêtemens ni meubles desdites Etoffes de pure soye, ou de soye mêlée d'or ou d'argent, ou des Etoffes appellées Furies venant des Indes, ou contrefaites, après le dernier jour du mois d'Août prochain; & aux Tailleurs, Coutarieres, Tapissiers & Fripiers, d'employer ni d'avoir chez eux desdites Etoffes, à peine de confiscation des habits & vêtemens.

Du 17 Février 1705.

Extrait des Regiſtres du Conſeil d'Etat.

LE Roi ayant jugé à propos de défendre par divers réglemens du Conseil, l'entrée, la vente & le débit dans son Royaume des étoffes de soye pure, ou mêlées de soye, d'or & d'argent, venant des Indes; Sa Majesté auroit encore par l'Arrêt du Conseil du 12 Décembre 1702, fait défenses à toutes personnes de quelque qualité & condition que ce soit, de porter, s'habiller, ou faire aucuns vêtemens ni meubles desdites étoffes de soye, ou mêlées de soye, d'or ou d'argent, après le dernier jour du mois de Décembre de l'année 1704, & aux Tailleurs, Couturieres, Tapissiers & Fripiers, d'employer ni tenir chez eux après ledit jour, desdites étoffes des Indes, à peine de confiscation des habits & vêtemens dont les particuliers se trouveront vêtus, & de cent cinquante livres d'amende ; à peine aussi contre les Tailleurs, Couturieres, Tapissiers & Fripiers, de confiscation des hardes & meubles qui seront trouvés chez eux, de trois mille livres d'amende, d'interdiction de maîtrise, & de tout exercice desdits métiers. Et Sa Majesté ayant été informée qu'au préjudice desdits réglemens, plusieurs personnes portent encore des habillemens faits desdites étoffes & de celles appellées Furies, venant pareillement des Indes, ou contrefaites en Hollande, ou dans le Royaume ; comme aussi que les Tailleurs, Couturieres, Tapissiers & Fripiers, employent desdites étoffes & en font des habits ou des meubles, dans la confiance qu'en considération des personnes de qualité pour qui ils travaillent, ils ne seront pas condamnés aux peines portées par lesdits Arrêts : à quoi étant nécessaire de pourvoir, Sa Majesté qui connoît plus que jamais le préjudice que cause un pareil abus, voulant être absolument obéie sans distinction de qualité & de personnes, après le dernier délai qu'elle veut bien encore accorder ; oui le rapport du sieur Chamillart, Conseiller ordinaire au Conseil Royal, Contrôleur général des Finances : LE ROI E'TANT EN SON CONSEIL a ordonné & ordonne, que ledit Arrêt du Conseil du 12 Décembre 1702, & les autres réglemens concernant lesdites étoffes des Indes, seront exécutés selon leur forme & teneur ; & en conséquence fait Sa Majesté défenses à toutes personnes de quelque qualité & condition que ce soit, de porter, s'habiller, faire ou faire faire aucuns vêtemens ni meubles desdites étoffes de pure soye, ou de soye mêlée d'or ou d'argent, ou des étoffes appellées Furies venant des Indes, ou contrefaites, après le dernier jour du mois d'Août prochain ; & aux Tailleurs, Couturieres, Tapissiers & Fripiers, d'employer ni d'avoir chez eux desdites étoffes, à peine de confiscation des habits & vêtemens, dont les particuliers de quelque qualité & condition que ce soit se trouveront vêtus, & de trois cens livres d'amende ; à peine aussi contre les Tailleurs, Couturieres, Tapissiers & Fripiers, de confiscation des hardes & meubles qui se trouveront chez eux, de trois mille livres d'amende, d'interdiction de maîtrise, & de tout exercice desdits métiers, sans que le délai ci-dessus marqué puisse être prorogé pour quelque cause & occasion que ce soit. Ordonne Sa Majesté, que pour l'exécution de ce que dessus, après ledit jour dernier Août prochain, il sera fait des visites par les Juges de Police chez les Marchands, Négocians, Tailleurs, Couturieres, Tapissiers & Fripiers ; dans toutes les Villes du Royaume ; & que la moitié des amendes & confiscation appartiendra aux Hôpitaux des lieux, & l'autre moitié au Dénonciateur. Enjoint Sa Majesté aux sieurs Intendans & Commissaires départis dans les Provinces du Royaume, de tenir la main à l'exécution du présent Arrêt. Fait au Conseil d'Etat du Roi, Sa Majesté y étant, tenu à Versailles le dix-septiéme jour de Février mil sept cent cinq. Signé, PHELYPEAUX.

LOUIS, PAR LA GRACE DE DIEU, ROI DE FRANCE ET DE NAVARRE, Dauphin de Viennois, Comte de Valentinois & Diois, Provence, Forcalquier & terres adjacentes : à nos amés & féaux Conseillers en nos Conseils les sieurs Intendans & Commissaires départis pour l'exécution de nos ordres dans les Provinces de notre Royaume, SALUT. Nous vous mandons & enjoignons par ces Présentes signées de nous, de tenir la main à l'exécution de l'Arrêt, dont l'extrait est ci-attaché sous le contre-scel de notre Chancellerie, ce jourd'hui donné en notre Conseil d'Etat, nous y étant, pour les causes y contenues ; lequel nous commandons au premier notre Huissier ou Sergent sur ce requis, de signifier à tous qu'il appartiendra, à ce qu'ils n'en ignorent, & de faire pour l'entiere exécution d'icelui, tous commandemens, sommations & autres actes & exploits nécessaires, sans autre permission : car tel est notre plaisir. DONNE' à Versailles le dix-septiéme jour de Février, l'an de grace mil sept cent cinq, & de notre regne le soixante-deuxiéme. *Signé*, LOUIS; *Et plus bas,* Par le Roi Dauphin, Comte de Provence en son Conseil, PHELIPEAUX. Et scellée du grand Sceau de cire jaune.

Nouveaux Billets avec les intérêts à 10 pour cent.

Du 18 Février 1705.

LA Compagnie n'étant pas en état d'exécuter à présent la délibération du 17 Décembre dernier sur le fait des cinquante pour cent, il a été délibéré & arrêté qu'elle sera & demeurera annullée, & au lieu des dispositions y contenues, il a été résolu que pour le remboursement de ce cinquante pour cent payé par les Directeurs & Actionnaires en exécution de l'Arrêt du 21 Février 1702, il sera fait des billets payables au porteur au premier Décembre prochain avec l'intérêt, à raison de dix pour cent par an, du jour de l'échéance de ceux qui seront rapportés, lesquels billets ne seront point délivrés, mais seront déposés à la caisse dans un coffre fermant à trois clefs, dont Messieurs Tardif & de Champigny auront chacun une clef, & le sieur le Noir, Caissier, l'autre, & qu'il sera donné à chacun des Directeurs & Actionnaires des reconnoissances dudit sieur le Noir, des billets qu'ils auront déposé dans ledit coffre, visées desdits sieurs Tardif & de Champigny, & ce en rapportant les billets ci-devant faits pour raison desdits cinquante pour cent ; & en cas que les Actionnaires fassent difficulté de consentir au dépôt ci-dessus résolu, il leur sera fourni des billets dudit sieur le Noir, payables à eux & non au porteur, ni à ordre, aussi au premier Décembre 1705, avec les intérêts, à raison de dix pour cent par an, du jour de l'échéance des billets qu'ils rapporteront.

ARREST

ARREST
DU CONSEIL D'ÉTAT
DU ROY,

QUI homologue les délibérations des 10 & 28 Janvier 1705, au sujet de 3000 livres de droits de présence.

Du 17 Mars 1705.

Extrait des Regiſtres du Conſeil d'Etat.

VU par le Roi étant en ſon Conſeil la délibération priſe par les Directeurs de la Compagnie des Indes Orientales le vingt-huit Janvier 1705, pour partager manuellement les droits de préſence fixes, réglés par les Arrêts du Conſeil d'Etat rendus, Sa Majeſté y étant, les vingt-un Février mil ſix cent quatre-vingt-cinq, & vingt-ſix Août mil ſix cent quatre-vingt-ſept, à raiſon de trois mille livres pour chacun des Directeurs entre ceux deſdits Directeurs qui ſe trouveront aux aſſemblées qu'ils ont établies par ladite délibération pour le bien des affaires de ladite Compagnie. Vû auſſi celle du dix Janvier 1705 ; & tout conſidéré : SA MAJESTE' E'TANT EN SON CONSEIL, a confirmé & homologué les délibérations priſes par leſdits Directeurs, les dix & vingt-huit dudit mois de Janvier 1705, en tout ce qu'elles contiennent, & les a déclarées communes avec ceux des Directeurs qui ne les ont pas ſignées, & en conſéquence demeureront à cet effet anexées à la minute des Présentes ; & en cas que pour raison de l'exécution desdites délibérations, & du présent Arrêt il survienne quelque difficulté, Sa Majesté s'en est réservée à soi & à son Conseil la connoissance, & a icelle interdite à toutes ses autres Cours & Juges. FAIT au Conseil d'Etat du Roi, Sa Majesté y étant, tenu à Versailles le dix-sept Mars mil sept cent cinq. *Signé* PHELYPEAUX.

Billets de la Compagnie à ceux qui fourniront des effets autres que des Billets.

Du 18 Avril 1705.

LA Compagnie n'ayant point de fonds en caisse pour acquitter entre autres choses des lettres de change échues, & des billets sur lesquels il a été obtenu aux Consuls des Sentences contre ceux des Directeurs qui les ont signés, dont tous les délais sont échus & les commandemens faits ; en sorte qu'on pourroit craindre quelque insulte s'il n'y étoit incessamment pourvû, il a été délibéré qu'il sera fait dans le cours de ce mois un prêt de dix mille livres par chacun des Directeurs en bons effets négociables : pourquoi il sera fourni des billets de la Compagnie payables au porteur au premier Décembre 1705, ce secours étant indispensable pour soutenir la Compagnie.

Que comme il s'agit de chose très-importante & qui ne se peut différer, chacun de nous sera tenu de fournir dans tout ce mois de bons effets ou ses billets payables au porteur dans six ou huit mois, & ceux qui ne fourniront ni leurs billets, ni d'autres effets négociables dans le tems ci-dessus, seront déchus de tous droits de présence, à commencer du premier Mai prochain.

Qu'il sera délivré à ceux qui fourniront des effets autres que leurs billets, des billets de la Compagnie, comme il est ci-dessus dit.

Que ceux qui fourniront les billets auront seulement une reconnoissance de M. le Noir, Caissier, portant promesse de fournir les billets de la Compagnie, lorsque ceux qu'ils auront fournis auront été acquittés.

Et comme il faut que ce secours soit effectif, la Compagnie ne prendra en payement de cette contribution ses billets échus que pour le quart des sommes y portées.

Billets de la Compagnie à ceux qui fourniront des effets autres que des Billets.

Du 3 Juin 1705.

LA Compagnie n'ayant point de fonds en caisse pour acquitter entre autres choses des lettres de change échues, & des billets sur lesquels il a été obtenu aux Consuls des Sentences contre ceux des Directeurs qui les ont signé, dont tous les délais sont échus, & les commandemens faits, en sorte qu'on pourroit craindre quelque insulte s'il n'y étoit incessamment pourvû; il a été délibéré qu'il sera fait dans ce mois un prêt de dix mille livres par chacun des Directeurs en bons effets négociables, pourquoi il sera fourni des billets de la Compagnie payables au porteur au premier Janvier 1706; ce secours étant indispensable pour soutenir la Compagnie.

Que comme il s'agit de chose très-importante, & qui ne se peut différer, chacun de nous sera tenu de fournir dans tout ce mois de bons effets ou ses billets payables au porteur dans six mois au plus tard, & ceux qui ne fourniront ni leurs billets, ni d'autres effets négociables dans le tems ci-dessus, seront déchus de tous droits de présence, à commencer du premier Juillet prochain.

Qu'il sera délivré à ceux qui fourniront des effets autres que leurs billets, des billets de la Compagnie, comme il est ci-dessus dit.

Que ceux qui fourniront leurs billets auront seulement une reconnoissance de M. le Noir, Caissier, portant promesse de délivrer les billets de la Compagnie, lorsque ceux qu'ils auront fourni auront été acquittés.

Et comme il faut que ce secours soit effectif, la Compagnie ne prendra en payement de cette contribution ses billets échus que pour le quart des sommes y portées.

ARREST
DU CONSEIL D'ÉTAT DU ROY,

QUI homologue les délibérations des 18 Avril & 3 Juin 1705 au sujet du supplément fait par les Directeurs.

Du 28 Juillet 1705.

Extrait des Registres du Conseil d'Etat.

SUR ce qui a été représenté au Roi étant en son Conseil, par les Directeurs de la Compagnie des Indes Orientales, que n'étant point en état d'acquitter des fonds de leur caisse leurs billets échus & les lettres de change tirées des Provinces sur leur Caissier, ils ont été obligés de faire plusieurs fois des prêts à la Compagnie, & afin que ce secours fût plus effectif, & qu'aucun des Directeurs ne s'en dispensât, ils s'y sont engagés par leurs délibérations des dix Janvier, dix-huit Avril, & trois Juin 1705, sous les peines y portées ; la premiere desquelles délibérations ayant été homologuée par Arrêt du Conseil du 26 Mars 1705, presque tous les Directeurs y ont satisfait ; mais comme les deux dernieres délibérations n'ont pas été exécutées avec la même exactitude ; que plusieurs des Directeurs pour s'en dispenser cessent de venir aux assemblées, en sorte que la Compagnie n'est pas secourue, & que ceux des Directeurs qui ont signé les

D d iij

billets font pourfuivis par les voyes les plus rigoureufes, requéroient à ces caufes, qu'il plût à Sa Majefté fur ce leur pourvoir ; ce faifant, homologuer les délibérations des 18 Avril & 3 Juin 1705 ; & en conféquence ordonner, que les Directeurs qui n'ont pas jufqu'à préfent fait les prêts réfolus par lefdites délibérations, feront tenus de les faire entierement dans un mois, à compter du jour de la fignification qui leur fera faite de l'Arrêt qui interviendra, pour toutes préfixions & délais, après lequel tems ceux qui n'y auront pas entierement fatisfait, feront déchus de leurs droits de préfence, & qu'après ledit délai du mois paffé, ils feront contraints à la diligence des autres Directeurs au payement des fommes dont les prêts ont été réfolus par lefdites délibérations, par les mêmes voyes pour lefquelles les Directeurs qui ont figné les billets feront contraints au payement d'iceux, fauf auxdits Directeurs qui feront lefdits prêts d'avoir leurs recours contre leurs participes & cointéreffés, par les mêmes voyes & aux mêmes peines: le tout fans préjudice des droits & recours des Directeurs contre les Actionnaires & Intéreffés au commerce de ladite Compagnie. Vû lefdites délibérations du 10 Janvier, 18 Avril & 3 Juin 1705, & l'Arrêt du Confeil du 27 Mars 1705, portant homologation de celle du 10 Janvier précédent ; & tout confidéré : SA MAJESTE' ÉTANT EN SON CONSEIL, a confirmé & homologué les délibérations prifes par les Directeurs des 18 Avril & 3 Juin 1705, en tout ce qu'elles contiennent, & les a déclarées communes avec ceux des Directeurs qui ne les ont pas fignées, lefquelles délibérations demeureront annexées à la minutte des Préfentes : ordonne Sa Majefté, que ceux des Directeurs qui n'ont pas fait les prêts portés par lefdites délibérations, feront tenus d'y fatisfaire entierement dans un mois, à compter du jour de la fignification qui leur fera faite du préfent Arrêt, pour toutes préfixions & délai, après lequel tems ceux qui n'y auront pas entierement fatisfait feront déchus de leurs droits de préfence, & après ledit délai du mois paffé, ils feront contraints à la diligence des autres Directeurs au payement des sommes dont les prêts ont été résolus par lesdites délibérations, par les mêmes voyes par lesquelles les Directeurs qui ont signé les billets de la Compagnie pourroient être contraints au payement d'iceux, sauf auxdits Directeurs qui feront lesdits prêts d'avoir leurs recours contre leurs participes & cointéressés, par les mêmes voyes & aux mêmes peines : le tout sans préjudice des droits & recours des Directeurs contre les Actionnaires & Intéressés au commerce de ladite Compagnie. Et sera le présent Arrêt exécuté nonobstant toutes oppositions, appellations & autres empêchemens quelconques formés ou à former, pour lesquels il ne sera différé, sous quelque prétexte & pour quelque cause & raison que ce puisse être, dont si aucuns interviennent, Sa Majesté s'en reserve à soi & à son Conseil la connoissance, & icelle interdit à toutes ses autres Cours & Juges. FAIT au Conseil d'Etat du Roi, Sa Majesté y étant, tenu à Versailles le vingt-huit Juillet mil sept cent cinq.

Signé PHELYPEAUX.

ARREST
DU CONSEIL D'ÉTAT
DU ROY,

QUI ordonne que la Requête y inférée sera communiquée aux Actionnaires.

Du 26 Septembre 1705.

Extrait des Regiſtres du Conſeil d'Etat.

VU au Conſeil d'Etat du Roi, Sa Majeſté y étant, la requête préſentée par les Directeurs de la Compagnie des Indes Orientales, contenant que pour ſoutenir ſon commerce, il a été ordonné par Arrêt du 21 Février 1702, que les Actionnaires de ladite Compagnie, leurs héritiers, donataires, légataires & ayans cauſe, feront entre les mains de Marcou le Noir, Caiſſier d'icelle, un prêt pour deux ans de cinquante pour cent de leur capital en actions, ainſi que les Directeurs qui ont exécuté ledit Arrêt avec quelques-uns des Actionnaires; mais que pluſieurs d'entre leſdits Actionnaires, bien loin de ſuivre l'exemple des autres & de contribuer comme eux, ils ont éludé l'exécution dudit Arrêt, ſuppoſant qu'ils ne ſont intéreſſés dans le commerce des Indes Orientales que par ſociété en commendite, c'eſt-à-dire, pour le capital qu'ils y ont mis, ſans pouvoir être tenus de contribuer au-delà, ſi on juſtifie la perte de leur fonds. Pourquoi Sa Majeſté
auroit

auroit par Arrêt de son Conseil du 16 Mai 1702, ordonné que ledit Arrêt du 21 Février 1702, seroit exécuté selon sa forme & teneur, nonobstant toutes oppositions, appellations & autres empêchemens quelconques formés ou à former, & ce nonobstant l'article II de l'Edit d'établissement de 1664, & toutes autres dispositions qui pourroient être contraires auxdits Arrêts, auxquels Sa Majesté a expressément dérogé. Que les Actionnaires auroient formé leur opposition à l'exécution de ces deux Arrêts en nom collectif, sur laquelle opposition il seroit intervenu Arrêt contradictoire du 26 Septembre 1702, par lequel Sa Majesté faisant droit sur les requêtes respectives des Directeurs & des Actionnaires, sans avoir égard à celles desdits Actionnaires en opposition à l'exécution desdits Arrêts des 21 Février & 16 Mai 1702, auroient ordonné que lesdits Arrêts seroient exécutés selon leur forme & teneur, & que lesdits Actionnaires, leurs héritiers & ayans cause seroient tenus d'y satisfaire entierement dans deux mois, à compter du jour de la signification qui leur seroit faite dudit Arrêt du 26 Septembre 1702, pour toutes préfixions & délais; après lequel tems ceux qui n'y auroient pas entierement satisfait, seroient & demeureroient purement & simplement déchus de toutes les actions, fonds, droits & prétentions qu'ils auroient pû avoir dans le fonds & commerce de ladite Compagnie; & que leurs fonds accroîtroient au profit des autres Intéressés qui auroient satisfait auxdits Arrêts, sans que ceux qui n'y auroient pas satisfait y puissent rien prétendre à l'avenir; ce qui seroit exécuté nonobstant toutes oppositions, appellations & autres empêchemens quelconques formés ou à former. Que cet Arrêt du 26 Septembre 1702, ayant été signifié aux Actionnaires, & n'ayant pas eu plus d'exécution que les deux premiers, lesdits Actionnaires se seroient retirés pardevant Sa Majesté pour demander qu'il fût dressé un compte des effets de la Compagnie; sur quoi est intervenu un quatriéme Arrêt le premier Avril 1704, sur les requêtes & mémoires respectifs des Directeurs & des Actionnaires, par lequel il est ordonné entre autres choses, 1° que les Actionnaires continueront de demeurer intéressés dans le commerce de la Comgnie, tant pour le passé que pour l'avenir, pour en partager les profits & en supporter les pertes, chacun distinctement & à proportion de son action ou fonds capital. 2° Qu'avant toutes choses les Directeurs feront rendre les comptes de la gestion du commerce pour être communiqués à ceux que les Actionnaires nommeront d'entre eux à cet effet & par eux examinés, & ensuite arrêtés par les sieurs Daguesseau Conseiller au Conseil Royal des Finances, Chamillart Secrétaire d'Etat, & Contrôleur général des Finances, Comte de Pontchartrain Secrétaire d'Etat, & Amelot Conseiller d'Etat, auquel le sieur Rouillé du Coudray, aussi Conseiller d'Etat, a été substitué, Commissaires nommés par Lettres de cachet des 20 Juin 1703, & 26 Août dernier. 3° Qu'à l'avenir les Actionnaires ne pourront être engagés dans aucuns nouveaux emprunts, à moins que les délibérations ne soient signées de trois des Actionnaires du nombre de cinq, qui seront par eux nommés, tant pour l'examen desdits comptes, que pour signer lesdites délibérations. Qu'en exécution de la premiere Lettre de cachet du 20 Juin 1703, & dudit Arrêt dudit jour premier Avril 1704, les Directeurs ont fait dresser les comptes ordonnés, & sommé le 28 Mars 1704 les Actionnaires d'y mettre un homme de leur part pour assister à leur confection; lesquels comptes ont été donnés en communication aux Syndics choisis par les Actionnaires dès le mois de Janvier dernier, qui les ont examinés sur les livres du commerce de la Compagnie, & sur tout ce qui s'est trouvé dans le Bureau, où ces Syndics ont travaillé à plusieurs reprises, & auxquels on a fourni tout ce qu'ils ont desiré pour leur entier éclaircissement, si bien que les Directeurs espéroient qu'après six mois d'examen, ces Syndics éclairés, & qui se sont fait assister par le sieur Clerx l'un des Actionnaires, homme très-versé dans le commerce, & très-intelligent dans la maniere & méthode d'en tenir les livres & les écritures, conviendroient de la vérité de ces comptes, ou en releveroient les erreurs par des débats solides. Mais ces Syndics n'ayant en vûe que d'éluder l'exécution de ces quatre Arrêts, pour attendre du tems une plus heureuse situation du commerce de la Compagnie, ils ont donné un mémoire vague, & n'ont pris aucune conclusion, se contentant de se plaindre, 1º Que les comptes qu'on leur a communiqué ne sont pas intelligibles, que ce ne sont pas des comptes dans la forme qu'ils doivent être, sans pourtant définir cette forme qu'ils désirent, & qu'enfin ce ne sont pas des comptes. 2º Que les dépenses du commerce sont immenses, & qu'il ne peut pas les supporter. 3º Que le nombre des Directeurs est trop grand. 4º Que leurs préciputs sont trop forts, & enfin ces Syndics blâment l'administration des Directeurs en général, & particulierement dans certains faits singuliers. A quoi ces Directeurs ont répondu & pleinement justifié que les Syndics étoient mal fondés, puisque les comptes qui leur ont été communiqués, sont dans la forme usitée dans le commerce, & conformes à ce qui est prescrit par l'article XIX de l'Edit d'établissement de 1664. Qu'en 1668, 1675 & 1684, on a compté dans la même forme. Que si on comptoit autrement, le seul compte d'une année en consommeroit un autre en écritures inutiles. Que tout ce que les Syndics peuvent désirer est compris dans les comptes qu'on leur a communiqué. Que le nombre des Directeurs & leurs droits de présence sont établis par les Arrêts du Conseil des 21 Février 1685, & 26 Août 1687, & qu'on ne peut leur rien reprocher, si ce n'est de s'être trop livré pour le maintien du commerce. Que ces mémoires respectifs ayant été renvoyés aux sieurs Daguesseau & Rouillé Conseillers d'Etat ordinaires, il y a eu plusieurs conférences chez eux entre les Directeurs & les Actionnaires, sans que ces derniers se soient départis de ce qu'ils avoient avancé, soutenant toujours que les comptes qu'on leur a communiqué ne sont point des comptes dans la forme qu'ils doivent être, & que ce ne sont pas des comptes. Qu'ils ne peuvent les examiner ni les débattre, si on ne les leur fournit dans une autre forme, à moins qu'il ne plaise à Sa Majesté de déclarer que ces comptes sont dans la forme qu'ils doivent être, auquel cas ils les examineront & y formeront leurs débats, en vérifiant les recettes & les dépenses, les achats & les ventes, les emprunts & les payemens, l'œconomie & les abus ; après quoi ces comptes ou ces bilans seront arrêtés par les sieurs Commissaires nommés à cet effet par Sa Majesté. Ils ont encore soutenu que les Directeurs ne pouvoient leur demander aucun secours nouveau pour la continuation du commerce, parce que l'Arrêt du premier Avril 1704, a suspendu l'exécution des Arrêts des 21 Février, 16 Mai & 26 Septembre 1702, en ordonnant qu'avant toutes choses les comptes de la gestion leur seroient rendus ; d'où ils ont fait sentir qu'ils inféroient que cet Arrêt ne détruisoit pas la prétention qu'ils ont de ne s'être associé qu'en commendite, & qu'en perdant leur fonds capital ils étoient quittes de tout engagement ; en sorte que les Directeurs & les Actionnaires ne pouvant convenir entre eux, ni sur la forme des comptes, ni sur les engagemens du passé, ils sont encore moins d'accord sur les moyens de continuer & de soutenir le commerce pour le présent & pour l'avenir, quoique tous conviennent qu'il est absolument nécessaire de faire cette année un envoi aux Indes. En effet les Syndics des Actionnaires disent, que cet envoi ne se peut faire par contribution. Qu'ils n'ont ni le pouvoir ni la volonté de fournir de nouveaux fonds. Que la délibération qui les nomme Syndics ne les autorise pas à consentir à des emprunts, & que quand ils auroient le pouvoir, ils ne consentiroient pas, qu'auparavant l'on n'ait supprimé les droits de présence, & retranché le nombre des Directeurs ; & que quand même les Directeurs souscriroient à ces conditions, les Syndics des Actionnaires doutent que la plûpart d'entre eux voulussent consentir à de nouveaux emprunts, lorsqu'on leur fait voir que leurs premiers fonds sont perdus entierement. Que cela étant, ils aimeroient beaucoup mieux renoncer au commerce, que d'entrer dans de nouveaux engagemens. Qu'ainsi il est préalable qu'on leur donne un compte, par lequel ils connoissent leur état, afin qu'ils prennent le parti qu'ils jugeront convenable. A quoi les Directeurs ont repliqué que l'armement jugé indispensable par les Actionnaires mêmes, ne peut être fait que par contribution de la part de tous ceux qui ont intérêt dans le commerce, puisque ce commerce n'a par lui aucun fonds. Qu'il n'est pas juste que pour le soutien d'une entreprise commune, ceux qui la dirigent fournissent seuls par eux-memes, ou par un engagement solidaire entre eux, & que les autres Intéressés n'aident & ne fournissent aucun secours, quoique le bénéfice doive leur être partagé sur la proportion du fonds capital de leur action, d'où il résulte que les Actionnaires étant rebutés des engagemens qui ont été indispensables, & en craignant encore plus les suites, le trouble & la désunion est entre eux & les Directeurs, le commerce de la Compagnie languit & est dans un péril imminent & infaillible s'il n'y est pourvû incessamment. Et pour faire cesser les plaintes & les inquiétudes des Actionnaires, les Directeurs requeroient qu'il plût à Sa Majesté de régler l'état des uns & des autres, tant pour le passé que pour le présent & l'avenir, puisque par-là on trouvera des moyens de soutenir le commerce de la nation aux Indes; & à cet effet ordonner, 1° Que le compte ou bilan que les Directeurs ont remis dès le mois de Janvier dernier aux Actionnaires sera arrêté par les sieurs Commissaires du Conseil nommés à cet effet par les Lettres de cachet du Roi, des 20 Juin 1703 & 26 Août dernier, & conformément à l'Arret du premier Avril 1704, attendu que lesdits Actionnaires ont eu communication d'icelui. 2° Qu'attendu qu'il est indispensable de faire cette année un envoi aux Indes, & d'en faire remettre les fonds nécessaires au Caissier de la Compagnie, ordonner par provision en attendant le jugement du compte, que les Actionnaires qui n'ont pas entierement fourni les cinquante pour cent de leurs actions, suivant les Arrets des 21 Février, 16 Mai & 26 Septembre

1702, contribueront chacun sur la proportion de son intérêt capital leur part du fonds qui sera jugé nécessaire par délibération prise avec les Syndics des Actionnaires, ou eux dûement sommés d'y assister avec les Directeurs, en présence du sieur Comte de Pontchartrain Secrétaire d'Etat, ayant le département de la Marine. 3º Que faute par les Actionnaires de fournir leur part dudit fonds résolu dans tout le mois d'Octobre prochain pour toutes préfixions & délais, la société d'entre eux & les Directeurs sera & demeurera résolue au premier Janvier de l'année prochaine 1706, ou au jour que les Vaisseaux attendus des Indes seront arrivés, s'ils ne sont rentrés avant ledit jour premier Janvier prochain, & dès-à-présent déchus de toutes les suites du commerce, qui sera fait après la date de l'Arrêt qui interviendra. 4º Qu'après le retour des premiers Vaisseaux attendus des Indes, les Directeurs fourniront aux Actionnaires un bilan, contenant les effets & les dettes de la société, tant aux Indes qu'en Europe, lquel bilan sera examiné par les Actionnaires dans le mois, à compter du jour qu'il leur aura été remis, pour être ensuite arrêté par les sieurs Commissaires du Conseil. 5º Qu'en portant au débit de ce bilan tous les effets de la société, tant ceux qui seront aux Indes que ceux qui seront en Europe, sur leur valeur réelle & connue, les autres par estimation, ces derniers seront réglés par les sieurs Commissaires du Conseil, en cas que les Directeurs & les Actionnaires n'en conviennent point entre eux. 6º Qu'après l'arrêté de ce bilan final, les Actionnaires seront tenus de payer aux Directeurs les parts & portions dont chaque Actionnaire sera tenu sur la proportion du fonds capital de son action, des pertes qui se trouveront excéder le fonds originaire de la société, les parts des Actionnaires qui se trouveront insolvables, faisant partie de la perte commune. 7º Que si par l'arrêté de ce bilan final il se trouve au contraire que tout le fonds originaire ne soit point perdu, ce qui en restera sera payé par les Directeurs aux Actionnaires à proportion du fonds capital de chaque action, si mieux ils n'aiment demeurer intéreffés dans la société pour ce qui fe trouvera leur revenir, le tout aux offres que les Directeurs font d'accepter les mêmes conditions pour ce qu'ils ont d'intérêts dans la société, confentant dès-à-préfent que les Actionnaires foient mis & fubrogés en leur lieu & place, à condition que les Actionnaires s'obligeront folidairement de les rembourfer de ce qui fe trouvera leur être dû par l'arrêté dudit bilan final, ce qu'ils feront obligés d'opter dans le mois du jour de la fignification de l'Arrêt qui interviendra; defquelles offres les Directeurs demandent acte. Vû ladite Requête, les Arrêts du Confeil d'Etat rendus, Sa Majefté y étant, les 21 Février, 16 Mai & 26 Septembre 1702, les Lettres de cachet des 20 Juin 1703, & 26 Août dernier, l'Arrêt du premier Avril 1704; & tout confidéré: LE ROI E'TANT EN SON CONSEIL, avant faire droit, a ordonné & ordonne, que ladite requête fera communiquée aux Syndics des Actionnaires pour y fournir de réponfe dans quinzaine du jour de la fignification du préfent Arrêt, pour toutes préfixions & délais, pour y être fait droit ainfi qu'il appartiendra. FAIT au Confeil d'Etat du Roi, Sa Majefté y étant, tenu à Fontainebleau le vingtfixiéme jour de Septembre mil fept cent cinq.

Signé PHELYPEAUX.

LOUIS, PAR LA GRACE DE DIEU, ROI DE FRANCE ET DE NAVARRE: au premier notre Huiffier ou Sergent fur ce requis. Nous te mandons & commandons par ces Préfentes fignées de notre main, que l'Arrêt dont l'extrait eft ci-attaché fous le contrefcel de notre Chancellerie, ce jourd'hui donné en notre Confeil d'Etat, nous y étant, tu fignifies à tous qu'il appartiendra, à ce qu'ils n'en ignorent, & faffes pour fon entiere exécution tous actes & exploits néceffaires fans demander autre permiffion. Voulons qu'aux copies dudit Arrêt & des Préfentes, collationnées par l'un de nos amés & féaux Confeillers-Secrétaires, foi foit ajoutée comme aux originaux car tel est notre plaisir. DONNE' à Fontainebleau le vingt-sixiéme Septembre, l'an de grace mil sept cent cinq, & de notre regne le soixante-troisiéme. Signé LOUIS. *Et plus bas*; par le Roi, PHELIPEAUX. Et scellé du grand Sceau de cire jaune. Et contre-scellé.

Le vingt-huitiéme Septembre mil sept cent cinq, à la requête des sieurs Directeurs de la Compagnie des Indes Orientales, qui ont élû leur domicile en leur Bureau rue Pavée près saint Sauveur, le présent Arrêt a été signifié & d'icelui laissé copie aux fins y contenues, & de la communication y portée à M. Vallier Président au Parlement de Paris, en son domicile à Paris, rue des Francs-Bourgeois, parlant à son Portier; au sieur Rolland Conseiller au Parlement de Paris, aussi en son domicile à Paris, rue des Fossés-Montmartre, parlant à son Portier; au sieur Vigneron Président en la Chambre du Domaine & Trésor du Palais à Paris, en son domicile à Paris, rue de Sorbonne, parlant à sa servante domestique; au sieur Gaillard Conseiller au Châtelet de Paris, en son domicile à Paris, rue saint Antoine, parlant à sa servante; & au sieur le Brun Marchand, aussi en son domicile à Paris, rue de la Monnoye, parlant à son garçon de boutique, tant pour eux, comme Actionnaires & Intéressés dans ladite Compagnie, que comme Syndics de tous les autres Actionnaires, à ce qu'ils n'en ignorent, & ayent à y satisfaire dans le tems y porté, par nous Huissier ordinaire du Roi en sa grande Chancellerie de France. Signé RAINCE.

Extrait des Registres du Conseil d'Etat.

VU au Conseil d'état du Roi Sa Majesté y étant, l'Arrêt rendu audit Conseil d'Etat le vingt-six Septembre mil sept cent cinq, par lequel Sa Majesté étant en son Conseil, avant faire droit, a ordonné que la requete insérée audit Arrêt sera communiquée aux Syndics des Actionnaires, pour y fournir de réponse dans quinzaine du jour de la signification dudit Arrêt, pour toutes préfixions & délais,

délais, pour y être fait droit ainsi qu'il appartiendra ; la signification faite dudit Arrêt par Raince Huissier en la grande Chancellerie le 28 Septembre 1705, à la requête des Directeurs de la Compagnie des Indes, aux sieurs Vallier Président au Parlement de Paris, Vigneron Président en la Chambre du Domaine, Rolland Conseiller au Parlement de Paris, Gaillard Conseiller au Châtelet, & le Brun Marchand, en leur domicile, tant pour eux, comme Actionnaires & Intéressés dans ladite Compagnie, que comme Syndics de tous les autres Actionnaires, à ce qu'ils ayent à y satisfaire dans le tems y porté. Trois sommations faites les 5, 8 & 10 Octobre 1705, à la requête desdits Directeurs de la Compagnie des Indes Orientales auxdits sieurs Vallier, Rolland, Vigneron, Gaillard & le Brun, tant pour eux, comme Actionnaires & Intéressés dans ladite Compagnie, que comme Syndics de tous les autres Actionnaires, de fournir de réponse à ladite requête insérée dans ledit Arrêt du 26 Septembre précédent, avec déclaration que faute de ce ils poursuivroient Arrêt sur les fins d'icelle, au rapport du sieur Comte de Pontchartrain Ministre & Secrétaire d'Etat, ayant le département de la Marine. Deux actes signifiés à la requête desdits sieurs Gaillard & Rolland en qualité d'Actionnaires de la Compagnie des Indes, le 13 Octobre 1705, par lesquels ils ont déclaré auxdits Directeurs de la Compagnie des Indes, qu'ils protestoient de nullité de la signification à eux faite le 28 Septembre précédent dudit Arrêt du Conseil d'Etat du 26 du même mois à la requête desdits Directeurs, ensemble des trois sommations qui leur avoient été faites de répondre aux conclusions de la requête insérée audit Arrêt, attendu que lesdits sieurs Rolland & Gaillard, non plus que les autres Syndics, n'ont aucun pouvoir des Actionnaires qui ait rapport aux conclusions prises par ladite requête, leur pouvoir n'étant que d'examiner le compte qui doit être rendu en exécution de l'Arrêt du Conseil du premier Avril 1704, & de consentir aux emprunts qui seront jugés nécessaires pour le bien des affaires de la Compagnie, ainsi qu'il est de la connoissance des Directeurs, qui ont en leur possession l'acte de Syndicat, & l'Arrêt du Conseil qui l'a homologué; au moyen de quoi ils ont protesté de nullité de tout ce qui pourroit être fait au préjudice desdits actes, les Directeurs pouvant se pourvoir contre chacun des Actionnaires en particulier, ou les faire assembler en général, ainsi qu'ils aviseront bon être. L'acte signifié à la requête desdits Directeurs le 17 Octobre 1705 auxdits sieurs Vallier, Rolland, Vigneron, Gaillard & le Brun, tant pour eux, comme Actionnaires & Intéressés dans la Compagnie des Indes, que comme Syndics de tous les autres Actionnaires, portant que le délai de quinzaine porté par ledit Arrêt du Conseil du 26 Septembre dernier pour répondre à la requête insérée audit Arrêt étant expiré, sans qu'ils y ayent fourni d'autre réponse que par lesdits deux actes signifiés aux Directeurs le 13 du même mois à la requête desdits sieurs Rolland & Gaillard; lesquels actes ne tendent qu'à éluder l'exécution, tant dudit Arrêt du 26 Septembre dernier, que de tous ceux qui ont été précédemment rendus par Sa Majesté sur le même sujet, & ont d'autant moins de fondement, que lesdits sieurs Vallier, Rolland, Vigneron, Gaillard & le Brun, ayant été nommés Syndics par les autres Actionnaires, ce qui leur a été communiqué, doit être réputé communiqué à tous les autres Actionnaires généralement, & que c'est auxdits Syndics à se mettre par eux-mêmes en état de répondre à ladite requête, & à se faire donner les instructions & pouvoirs qui peuvent leur être nécessaires à cet effet; ce qu'ils ont dû faire pendant le délai de quinzaine à eux accordé par ledit Arrêt dudit jour, qui leur a été signifié. Par toutes lesquelles raisons lesdits Directeurs ont déclaré qu'ils avoient remis entre les mains du sieur Comte de Pontchartrain ledit Arrêt du 26 Septembre dernier, avec les significations qui en ont été faites auxdits sieurs Syndics des Actionnaires, & les trois sommations à eux faites de fournir de réponse à la requête insérée audit Arret, ensemble lesdits deux actes signifiés aux Directeurs à la requête desdits sieurs Rolland & Gaillard, sur quoi lesdits Directeurs poursuivroient l'entérinement de leurdite requête ; & tout considéré : LE ROI E'TANT EN SON CONSEIL, avant faire droit, a ordonné & ordonne, que ladite requête des Directeurs de la Compagnie des Indes Orientales insérée audit Arrêt du Conseil d'Etat du 26 Septembre 1705, sera communiquée à tous les Actionnaires de ladite Compagnie des Indes, leurs héritiers, donataires, légataires, successeurs ou ayans cause, pour y fournir de réponse dans deux mois du jour de la signification qui leur sera faite dudit Arrêt & du présent, pour toutes préfixions & délais ; pour sur leur réponse, ou faute par eux d'en fournir dans ledit tems, être fait droit sur ladite requête ainsi qu'il appartiendra. FAIT au Conseil d'Etat du Roi, Sa Majesté y étant, tenu à Marly le troisiéme jour de Novembre mil sept cent cinq.

Signé PHELYPEAUX.

LOUIS, PAR LA GRACE DE DIEU, ROI DE FRANCE ET DE NAVARRE : au premier notre Huissier ou Sergent sur ce requis. Nous te mandons & commandons par ces Présentes, signées de notre main, que l'Arrêt dont l'extrait est ci-attaché sous le contre-scel de notre Chancellerie, ce jourd'hui donné en notre Conseil d'Etat, nous y étant, tu signifies à tous qu'il appartiendra, à ce qu'ils n'en ignorent; & fasses pour son entiere exécution tous actes & exploits nécessaires, sans demander autre permission. Voulons qu'aux copies dudit Arrêt & des Présentes, collationnées par l'un de nos amés & féaux Conseillers-Secrétaires, foi soit ajoûtée comme aux originaux ; car tel est notre plaisir. DONNÉ à Marly le troisiéme jour de Novembre, l'an de grace mil sept cent cinq, & de notre regne le soixante-troisiéme. *Signé* LOUIS. *Et plus bas* : par le Roi, PHELYPEAUX. Et scellé du grand Sceau de cire jaune. Et contre-scellé.

228

L'An mil sept cent   le   jour de par vertu des deux Arrêts du Conseil d'Etat du Roi vingt-six Septembre & trois Novembre mil sept cent cinq, & commissions sur iceux des mêmes jours, lesdites commissions, signées LOUIS, & plus bas, par le Roi, PHELYPEAUX, & scellés du grand Sceau de cire jaune, & contrescellés ; à la requête des sieurs Directeurs généraux de la Compagnie Royale des Indes Orientales de France Impétrans, pour lesquels domicile est élu en la maison & personne de M. Charles Aubry, Avocat en Parlement & ès Conseils du Roi, sise Cloître & Paroisse saint Merry ; iceux Arrêts & Commissions, dont copie est ci-dessus & des autres parts, ont été par moi Nicolas-Gaspard Boucault, Huissier-Priseur au Châtelet de Paris, demeurant rue Saint Martin, soussigné, montré, signifié & laissé cette copie aux fins y contenues & de la communication y portée a

Actionnaire de ladite Compagnie parlant à
à domicile, à ce qu'il n'en ignore : & en conséquence l'ai sommé & interpellé de satisfaire auxdits Arrêts dans le tems y porté, sinon & à faute de ce faire, protestent lesdits sieurs Directeurs de se pourvoir ainsi que de raison, & de tous dépens, dommages & intérêts, dont Acte.

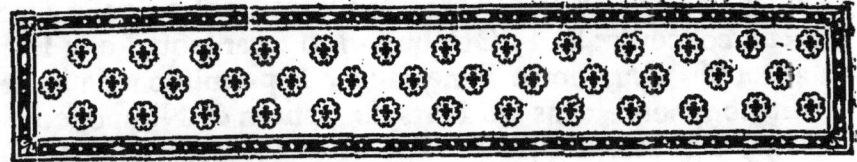

LETTRES PATENTES
DU ROY,

PORTANT établissement d'une Compagnie Royale pour le Commerce de la Chine.

Données à Fontainebleau au mois d'Octobre 1705.

Regiſtrées en Parlement le premier Février 1706.

LOUIS, PAR LA GRACE DE DIEU, ROI DE FRANCE ET DE NAVARRE: à tous ceux qui ces préſentes Lettres verront, SALUT. Par notre Déclaration du mois d'Août 1664, portant établiſſement de la Compagnie des Indes Orientales, nous lui avons accordé le pouvoir de naviger & négocier ſeule, à l'excluſion de tous nos autres Sujets, depuis le Cap de Bonne-Eſpérance juſques dans toutes les Indes & mers Orientales pour le tems de cinquante années, à commencer du jour que les premiers Vaiſſeaux ſortiront du Royaume, pendant lequel temps il eſt fait défenſes à toutes perſonnes de faire ladite navigation & commerce; mais comme l'état des affaires de cette Compagnie ne lui a pas permis juſqu'à préſent d'exercer par elle-même ce commerce dans toute ſon étendue, elle auroit propoſé à quelques-uns de nos Sujets de leur céder la faculté de commercer en certains Ports du Royaume de la

F fiij

Chine ; ce qui ayant été par eux accepté, elle a passé avec eux un concordat le 23 Octobre 1700, par lequel elle leur a accordé, sous notre bon plaisir, la permission de faire ledit commerce dans les Ports de Canton & Nimpo seulement, à l'exclusion précise de ladite Compagnie des Indes, & de tous autres à qui elle pourroit communiquer son privilége, à peine de confiscation des Vaisseaux & marchandises, & à la charge de joüir par eux de tous les priviléges & droits de ladite Compagnie, & aux autres charges, clauses & conditions portées par ledit concordat, lequel a été homologué par Arrêt de notre Conseil d'Etat du 9 Novembre 1700, pour l'exécution duquel il est dit par ledit Arrêt que toutes Lettres Patentes seront expédiées en conséquence. Lesdits particuliers ont formé une Compagnie & passé un acte de société, même fait des envois considérables dans leursdites concessions ; mais pour donner toute la forme nécessaire à leurdite Compagnie, ils désireroient qu'il nous plût en exécution dudit Arrêt leur accorder nos Lettres Patentes pour autoriser ledit concordat, & en conséquence les confirmer dans la joüissance de tous les droits & priviléges de ladite Compagnie des Indes Orientales, dont ils font un démembrement. A CES CAUSES, de l'avis de notre Conseil, & de notre certaine science, pleine puissance & autorité Royale, nous avons par ces Présentes confirmé & approuvé, confirmons & approuvons ledit concordat dudit jour 23 Octobre 1700, ci-attaché sous le contre-scel des Présentes, voulons & nous plaît que les Intéressés audit commerce de la Chine le puissent exercer librement, sous le nom de la *Compagnie Royale de la Chine*, dans lesdits Ports de Canton & Nimpo seulement, à l'exclusion de tous nos autres Sujets, même de notredite Compagnie des Indes Orientales, & de tous autres à qui elle pourroit communiquer son privilége, à peine de confiscation des Vaisseaux & marchandises ; & en conséquence qu'elle joüisse de tous les droits & priviléges dont joüit notredite Compagnie des Indes Orientales, en conséquence de nos Edits, Déclarations & Arrêts ci-attachés sous le contre-scel des Présentes, & de tous autres rendus en faveur de ladite Compagnie des Indes Orientales, que nous déclarons communs avec ladite Compagnie de la Chine ; le tout pendant le temps que doit durer encore le privilége de notredite Compagnie des Indes Orientales, & aux autres clauses & conditions portées par ledit concordat, que nous voulons être exécuté selon sa forme & teneur : permettons à ladite Compagnie d'associer audit commerce telles personnes que bon lui semblera, aux clauses & conditions qui seront convenus entre eux : même de disposer en tout ou partie de son privilége, pourvû que ce ne soit qu'en faveur de nos Sujets seulement, & de notre consentement. Et ceux avec qui elle aura traité ou qui auront obtenu d'elle des permissions d'envoyer des Vaisseaux dans les Ports à elle concédés, jouïront en vertu des présentes Lettres, & sans qu'il en soit besoin d'autres, des mêmes droits, priviléges & exemptions dont la Compagnie doit jouïr : & en cas qu'il arrive des contestations pour raison dudit commerce & effets de ladite Compagnie concernant icelui, voulons, conformément à la Déclaration du mois de Février 1685, donnée en faveur de la Compagnie des Indes Orientales, que les parties se pourvoient en premiere instance pardevant les Maîtres des Requêtes de notre Hôtel, auxquels nous en avons attribué toute Cour & Jurisdiction, & par appel en notre Cour de Parlement de Paris, l'interdisant à tous autres Juges. Si donnons en mandement à nos amés & féaux Conseillers, les Gens tenant notre Cour de Parlement à Paris, que ces Présentes ils ayent à faire regîtrer, & le contenu en icelles garder & observer selon sa forme & teneur, cessant & faisant cesser tous troubles & empêchemens qui pourroient être donnés au contraire ; car tel est notre paisir : en témoin de quoi nous avons fait mettre le Scel à ces Présentes. DONNE'ES à Fontainebleau au mois d'Octobre l'an de grace mil sept cent cinq, & de notre regne le soixante-troisiéme. *Signé* LOUIS. *Et sur le repli*, par le Roi, *signé* PHELYPEAUX. *Et sur le même repli est écrit* :

Regiſtrées, où le Procureur Général du Roi, pour joüir par les Impétrans de leur effet & contenu, & être exécuté ſelon leur forme & teneur, ſuivant l'Arrêt de ce jour. A Paris en Parlement, le premier Février mil ſept cent ſix.

Signé Du Tillet.

Extrait des Regiſtres de Parlement.

VU par la Cour les Lettres Patentes du Roi données à Fontainebleau au mois d'Octobre mil ſept cent cinq, ſignées LOUIS, & ſur le repli, par le Roi, Phelypeaux, & ſcellées du grand Sceau de cire jaune, obtenues par les Intéreſſés en la Compagnie Royale de la Chine, par leſquelles, pour les cauſes y contenues, le Seigneur Roi a approuvé & confirmé le concordat paſſé entre les Intéreſſés & Directeurs de la Compagnie des Indes Orientales & les Impétrans le 23 Octobre 1700; veut & lui plaît le Seigneur Roi que les Intéreſſés au commerce de la Chine le puiſſent exercer librement ſous le nom de la Compagnie Royale de la Chine dans les Ports de Canton & de Nimpo ſeulement, à l'excluſion de tous autres Sujets du Seigneur Roi, même de ladite Compagnie des Indes Orientales, & de tous autres à qui elle pourroit communiquer ſon privilége, à peine de confiſcation des Vaiſſeaux & marchandiſes; & en conſéquence qu'elle joüiſſe de tous les droits & priviléges dont joüit ladite Compagnie des Indes Orientales, en conſéquence des Edits, Déclarations & Arrêts attachés ſous le contre-ſcel deſdites Lettres, & de tous autres rendus en faveur de ladite Compagnie des Indes Orientales, que ledit Seigneur Roi déclare communs avec ladite Compagnie de la Chine, le tout pendant le temps que doit durer encore le privilége de ladite Compagnie des Indes Orientales, & autres clauſes & conditions portées par ledit concordat, dont le Seigneur Roi veut qu'il ſoit exécuté ſelon ſa forme & teneur; permet

en

en outre à ladite Compagnie d'associer audit commerce telles personnes que bon lui semblera, aux clauses & conditions qui seront convenues entr'eux, même de disposer en tout ou partie de son privilége, pourvû que ce ne soit qu'en faveur des Sujets du Seigneur Roi seulement & de son consentement, & que ceux avec qui elle aura traité ou qui auront obtenu d'elle des permissions d'envoyer des Vaisseaux dans les Ports à elle concédés, joüiront en vertu desdites Lettres, & sans qu'il en soit besoin d'autres, des mêmes droits, priviléges & exemptions dont la Compagnie doit joüir, & en cas qu'il arrive des contestations pour raison dudit commerce & effets de ladite Compagnie, veut le Seigneur Roi, conformément à la Déclaration du mois de Février 1685, donnée en faveur de la Compagnie des Indes Orientales, que les parties se pourvoyent en premiere instance aux Requêtes de l'Hôtel, auxquels il en attribue toute Cour & Jurisdiction, & par appel en la Cour, l'interdisant à tous autres Juges, ainsi que plus au long le contiennent lesdites Lettres à la Cour adressantes. Vû aussi ledit concordat & autres piéces attachées sous le contre-scel desdites Lettres, & pareillement l'Arrêt du 2 Décembre 1705, par lequel la Cour avant de procéder à l'enregistrement desdites Lettres, ordonne qu'elles seront communiquées à la Compagnie des Indes Orientales, pour y donner son consentement ou y dire autrement ce qu'elle avisera bon être, pour ce fait & communiqué au Procureur général du Roi, être ordonné ce que de raison, le consentement de ladite Compagnie des Indes Orientales & l'enregistrement desdites Lettres, à la charge que ledit concordat du 23 Octobre 1700 sera exécuté selon sa forme & teneur, & sans aucun changement ni augmentation à icelui par les Intéressés audit commerce de la Chine, du 26 Janvier 1706, au bas duquel est l'acceptation desdits Intéressés du même jour & la requête présentée par lesdits Impétrans, afin d'enregistrement d'icelles; conclusion du Procureur général du Roi, oüi le rapport de Me François Robert, tout considéré : LA COUR a ordonné & ordonne que

Tome II.　　　　　　　　　　　　　　　　Gg

lefdites Lettres feront enregiftrées au Greffe d'icelle, pour en joüir par les Impétrans de leur effet & contenu, & être exécutées felon leur forme & teneur. FAIT en Parlement le premier Février mil fept cent fix. *Collationné.*

Signé DU TILLET.

ARREST
DU CONSEIL D'ÉTAT
DU ROY,

QUI ordonne que la Requête insérée en l'Arrêt du 26 Septembre 1705, sera communiquée aux Actionnaires de ladite Compagnie.

Du 3 Novembre 1705.

Extrait des Registres du Conseil d'Etat.

VU au Conseil d'Etat du Roi, Sa Majesté y étant, l'Arrêt rendu audit Conseil d'Etat le 26 Septembre 1705, par lequel Sa Majesté étant en son Conseil, avant faire droit a ordonné que la requête insérée audit Arrêt sera communiquée aux Syndics des Actionnaires, pour y fournir de réponse dans quinzaine du jour de la signification dudit Arrêt, pour toutes préfixions & délais, pour y être fait droit ainsi qu'il appartiendra ; la signification faite dudit Arrêt par Raince, Huissier en la grande Chancellerie, le 28 Septembre 1705, à la requête des Directeurs de la Compagnie des Indes, aux sieurs Vallier Président au Parlement de Paris, Vigneron Président en la Chambre du Domaine, Rolland Conseiller au Parlement de Paris, Gaillard Conseiller au Châtelet, & le Brun Marchand, en leurs domiciles, tant pour eux, comme Actionnaires & Intéressés en ladite Compagnie, que comme Syndics de tous les autres Actionnaires, à ce qu'ils ayent à y satisfaire

Gg ij

dans le temps y porté ; trois sommations faites les 5, 8 & 10 Octobre 1705, à la requête des Directeurs de la Compagnie des Indes Orientales, auxdits sieurs Vallier, Rolland, Vigneron, Gaillard & le Brun, tant pour eux, comme Actionnaires & Intéressés en ladite Compagnie, que comme Syndics de tous les autres Actionnaires, de fournir de réponse à ladite requête insérée dans ledit Arrêt du 26 Septembre précédent, avec déclaration que faute de ce ils poursuivroient Arrêt sur les fins d'icelle, au rapport du sieur Comte de Pontchartrain, Ministre & Secrétaire d'Etat ayant le département de la Marine ; deux actes signifiés à la requête desdits sieurs Gaillard & Rolland, en qualité d'Actionnaires de la Compagnie des Indes, le 13 Octobre 1705, par lesquels ils ont déclaré auxdits Directeurs de la Compagnie des Indes qu'ils protestoient de nullité de la signification à eux faite le 28 Septembre précédent dudit Arrêt du Conseil d'Etat du 26 du même mois, à la requête desdits Directeurs, ensemble des trois sommations qui leur avoient été faites de répondre aux conclusions de la requête insérée audit Arrêt, attendu que lesdits sieurs Rolland & Gaillard, non plus que les autres Syndics, n'ont aucun pouvoir des Actionnaires qui ait rapport aux conclusions prises par ladite requête, leur pouvoir n'étant pas d'examiner le compte qui doit être rendu en exécution de l'Arrêt du Conseil du premier Avril 1704, & de consentir aux emprunts qui seront jugés nécessaires pour le bien des affaires de la Compagnie, ainsi qu'il est de la connoissance des Directeurs, qui ont en leur possession l'acte de Syndicat & l'Arrêt du Conseil qui l'a homologué, au moyen de quoi ils ont protesté de nullité de tout ce qui pourroit être fait au préjudice desdits actes, les Directeurs pouvant se pourvoir contre chacun des Actionnaires en particulier, ou les faire assembler en général, ainsi qu'ils aviseront bon être ; l'acte signifié à la requête desdits Directeurs le 17 Octobre 1705 auxdits sieurs Vallier, Rolland, Vigneron, Gaillard & le Brun, tant pour eux, comme Actionnaires & Intéressés dans la Compagnie des Indes, que comme Syndics de tous les autres Actionnaires, portant que le délai de quinzaine porté par ledit Arrêt du Conseil du 26 Septembre dernier, pour répondre à la requête inférée audit Arrêt, étant expiré sans qu'ils y ayent fourni d'autre réponse que par lesdits deux actes signifiés aux Directeurs le 13 du même mois, à la requête desdits sieurs Rolland & Gaillard, lesquels actes ne tendent qu'à éluder l'exécution dudit Arrêt du 26 Septembre dernier, que de tous ceux qui ont été précédemment rendus par Sa Majesté sur le même sujet, & ont d'autant moins de fondement, que lesdits sieurs Vallier, Rolland, Vigneron, Gaillard & le Brun ayant été nommés Syndics par les autres Actionnaires, ce qui leur a été communiqué doit être reputé communiqué à tous les autres Actionnaires généralement, & que c'est auxdits Syndics à se mettre par eux-mêmes en état de répondre à ladite requête, & à se faire donner les instructions & pouvoirs qui peuvent leur être nécessaire à cet effet; ce qu'ils ont dû faire pendant le délai de quinzaine à eux accordé par ledit Arrêt dudit jour qui leur a été signifié. Par toutes lesquelles raisons lesdits Directeurs ont déclaré qu'ils avoient remis entre les mains du sieur Comte de Pontchartrain ledit Arrêt du 26 Septembre dernier, avec les significations qui en ont été faites auxdits sieurs Syndics des Actionnaires, & les trois sommations à eux faites de fournir de réponse à la requête inférée audit Arrêt, ensemble lesdits deux actes signifiés aux Directeurs, à la requête desdits sieurs Rolland & Gaillard, surquoi lesdits Directeurs poursuivroient l'enterrinement de leurdite requête : & tout considéré, LE ROI ÉTANT EN SON CONSEIL, avant faire droit, a ordonné & ordonne que ladite requête des Directeurs de la Compagnie des Indes Orientales inférée audit Arrêt du Conseil d'Etat du 26 Septembre 1705, sera communiquée à tous les Actionnaires de ladite Compagnie des Indes, leurs héritiers, donataires, légataires, successeurs ou ayans cause, pour y fournir de réponse dans deux mois du jour de la signification qui leur sera faite dudit Arrêt

& du préfent, pour toutes préfixions & délais, pour sur leurs réponfes, ou faute par eux d'en fournir dans ledit temps, être fait droit fur ladite requête ainfi qu'il appartiendra. FAIT au Confeil d'Etat du Roi, Sa Majefté y étant, tenu à Marly le troifiéme jour de Novembre mil fept cent cinq. *Signé* PHELYPEAUX.

ARREST
DU CONSEIL D'ÉTAT
DU ROY,

PORTANT qu'il sera fait Inventaire des marchandises, &c.

Du 30 Mars 1706.

Extrait des Registres du Conseil d'Etat.

LE Roi étant informé qu'il est arrivé à Brest & au Port-Louis le 19 Octobre dernier ses Vaisseaux l'Agréable, la Mutine, l'Aurore & le saint Louis, venant des Indes Orientales, les deux derniers appartenant à la Compagnie des Indes, lesdits quatre Vaisseaux chargés tant de marchandises de son commerce que de celles du Vaisseau le Phœnix doré, pris aux Indes en 1705 sur les Hollandois par lesdits Vaisseaux, & de celles qui restoient au Fort de Pondichery, provenant du Vaisseau le Cantorbery, aussi pris aux Indes au mois de Décembre 1703 par les Vaisseaux le Maurepas & le Pondichery, appartenant à ladite Compagnie des Indes, & encore de quelques autres marchandises & effets provenans des prises aussi faites aux Indes & en y allant par lesdits quatre Vaisseaux des frégates Portugaises le saint Quetton & le saint Antoine de pitié, du Vaisseau Anglois l'Aventure, & de la barque le Jesus, Maria, Joseph, prises sur les Portugais auxdites Indes en revenant; comme aussi de quelques effets pris sur les Portugais au Fort de Bengale à la côte d'Angole, suivant les procès-verbaux des 29 Octobre, 12 Novembre 1704, 11 & 15 Juin 1705, que les prises des Vaisseaux le Cantorbery & le Phœnix doré ont été adjugées à ladite Compagnie par des Arrêts du Conseil souverain de Pondichery des 25 Janvier 1704 & 25 Janvier 1705; & qu'à l'égard des prises des frégates Portugaises le saint Quetton & le saint Antoine de pitié, & du Vaisseau Anglois l'Aventure, elles n'ont point été jugées par les Officiers du Conseil souverain de Pondichery, parce qu'on ne leur en a point donné connoissance, & le séjour que lesdits quatre Vaisseaux ont fait à la rade de Pondichery ayant été trop bref pour cela, & que les prises de la barque Portugaise le Jesus, Maria, Joseph, & des effets du Fort de Bengale n'ont pas été jugés, ces prises ayant été faites par lesdits quatre Vaisseaux en revenant des Indes; que cependant les Directeurs de ladite Compagnie des Indes ont par des affiches publiques & apposées dans toutes les villes de commerce du Royaume, & dans les pays étrangers, indiqué en la ville de Nantes au 12 Mai prochain la vente de toutes les susdites marchandises & effets; mais que les Officiers de l'Amirauté prétendant devoir seuls & à l'exclusion de tous autres, faire l'instruction des procédures concernant les prises & la vente des marchandises provenant desdites prises, pour la conservation tant du droit de-dixiéme dû à l'Amiral de France sur les prises, que des autres droits de la Jurisdiction de l'Amirauté, réglé & établi par les Ordonnances de la Marine; les Directeurs prétendant au contraire que comme il s'agit de prises faites au-delà de la ligne dans les pays de leur concession, ils ne sont sujets à aucuns de ces droits, dont au contraire ils soutiennent être formellement déchargés par les titres de leur établissement : il seroit à craindre que les discussions de ces différentes prétentions, & les formalités qui s'observent ordinairement dans les siéges des Amirautés pour la vente des marchandises provenant des prises, ne retardassent trop long-tems la vente de celles qui proviennent desdites prises, ce qui pourroit apporter un préjudice

judice considérable à la vente indiquée par ladite Compagnie au 17 Mai prochain : à quoi étant nécessaire de pourvoir, SA MAJESTÉ ÉTANT EN SON CONSEIL, a ordonné & ordonne que par les Officiers de l'Amirauté de Nantes il sera procédé en la forme ordinaire au procès-verbal de déchargement & inventaire des marchandises & effets provenant desdites prises le Phœnix doré, le Cantorbery, le saint Quetton, le saint Antoine de pitié, l'Aventure, le Jesus, Maria, Joseph, & du Fort de Bengale ; & pour parvenir à la vente desdites marchandises & effets, il sera aussi par lesdits Officiers de l'Amirauté procédé incessamment à l'apposition des affiches & aux trois publications ordinaires, lesquelles néanmoins ne seront que de trois jours en trois jours seulement, après la publication desquelles il sera procédé à l'adjudication définitive desdites marchandises, au plus offrant & dernier enchérisseur ; dérogeant à cet effet Sa Majesté, pour cette fois seulement & sans tirer à conséquence, aux Réglemens & usages qui pourroient y être contraires, & sans préjudice des droits respectifs de l'Amiral de France, des Juges & Officiers de l'Amirauté, & des Directeurs de la Compagnie des Indes, qui demeurent en leur entier jusqu'à ce qu'il en ait été ordonné par Sa Majesté ; & en cas que pour raison de l'exécution du présent Arrêt il survienne quelque difficulté, Sa Majesté s'en est réservée à soi & à son Conseil la connoissance, & a icelle interdit à toutes ses autres Cours & Juges : & sera le présent Arrêt exécuté nonobstant oppositions ou appellations quelconques, pour lesquelles ne sera différé. FAIT au Conseil d'Etat du Roi, Sa Majesté y étant, tenu à Versailles le trente Mars mil sept cent six.

Signé PHELYPEAUX.

ARREST
DU CONSEIL D'ÉTAT DU ROY,

QUI ordonne l'exécution de celui du 23 Septembre 1704.

Du 20 Avril 1706.

Extrait des Registres du Conseil d'Etat.

SUR la requête présentée au Roi étant en son Conseil par les Directeurs de la Compagnie des Indes Orientales, contenant que Sa Majesté ayant par Arrêt du 23 Septembre 1704 ordonné que toutes les propositions, demandes & prétentions des Directeurs concernant l'ordre général & la discipline de la Compagnie seroient traitées & discutées en ses assemblées, & résolues à la pluralité des voix, & en outre fait défense à tous Directeurs de se pourvoir en particulier en aucune Jurisdiction contre la Compagnie, & ailleurs qu'auxdites assemblées, à peine de nullité de procédure, sauf à ceux qui voudroient se plaindre desdites délibérations, à mettre leurs piéces & mémoires entre les mains du sieur Comte de Pontchartrain, Secrétaire d'Etat & des commandemens de Sa Majesté, ayant le département de la Marine, pour y être à son rapport incessamment pourvû par Sa Majesté; néanmoins le sieur Hebert, l'un des Directeurs d'icelle, contre la disposition formelle de cet Arrêt, a fait assigner à sa requête par exploit du 8 de ce mois, les Directeurs de ladite Compagnie aux Requêtes de l'Hôtel, pour se voir condamner solidairement à rendre & restituer audit sieur Hebert le fonds actuel qu'il a dans ladite Compagnie, montant à la somme de soixante mille livres d'une part, celle de vingt-six mille sept cens quatre-vingt-quatre livres quatre deniers d'autre, & celle de cent mille livres pour dépens, dommages & intérêts par lui prétendus, laquelle assignation, si elle avoit lieu, pourroit interrompre la bonne union & correspondance qui doit être entr'eux, tant pour leur utilité particuliere que pour le bien en général de ceux qui ont intérêt audit commerce : requéroient à ces causes qu'il plût à Sa Majesté ordonner que ledit Arrêt du 23 Septembre 1704 sera exécuté selon sa forme & teneur, & en conséquence les décharger de ladite assignation, faire défense aux Juges des Requêtes de l'Hôtel & à tous autres d'en connoître, à peine de nullité, cassation de procédure, de dix mille livres d'amende, & de tous dommages & intérêts. Vû ladite requête, l'Arrêt du 23 Septembre 1704 rendu, Sa Majesté y étant, & ladite assignation du 8 du présent mois d'Avril, & tout consideré, SA MAJESTE' E'TANT EN SON CONSEIL, a ordonné & ordonne que ledit Arrêt du Conseil du 23 Septembre 1704 sera exécuté selon sa forme & teneur, & en conséquence a déchargé & décharge les Directeurs de la Compagnie de l'assignation qui leur a été donnée aux Requêtes de l'Hôtel le 8 du présent mois d'Avril, sauf audit sieur Hebert de se pourvoir ainsi qu'il trouvera à propos au désir dudit Arrêt. FAIT au Conseil d'Etat du Roi, Sa Majesté y étant, tenu à Marly le vingtiéme Avril mil sept cent six. *Signé* PHELYPEAUX.

Traité fait entre la Compagnie & M. Jourdan.

Du 21 Avril 1706.

MONSIEUR Jourdan & sa Compagnie ayant proposé à celle des Indes Orientales de leur permettre d'envoyer trois Vaisseaux aux Isles Moluques & autres Isles des mers Orientales, & aux Ports du Royaume de la Chine que la Compagnie des Indes s'est réservée, sans pouvoir toucher ni négocier dans ceux de Canton & Nimpo, qu'elle a cédé à la Compagnie de la Chine par l'article cinq du traité fait entre les deux dites Compagnies le 23 Octobre 1700, homologué par Arrêt du Conseil du 9 Novembre suivant, à condition de payer à la Compagnie des Indes la somme dont on conviendroit pour la communication de son privilége. La Compagnie des Indes ayant réfléchi sur la proposition qui lui a été faite, a délibéré, sous le bon plaisir de Monseigneur le Comte de Pontchartrain, d'accepter la proposition qui lui est faite par M. Jourdan & sa Compagnie, sous les conditions suivantes.

1º Que M. Jourdan & sa Compagnie ne pourront faire toucher leurs Vaisseaux ni négocier à la Chine dans les Ports de Canton & de Nimpo, que la Compagnie des Indes a cédé à la Compagnie de la Chine par l'article cinq du traité fait entre les deux Compagnies le 23 Octobre 1700, homologué par Arrêt du Conseil du 9 Novembre suivant, sur les peines portées, qu'ils ont dit bien sçavoir; mais auront la faculté d'aller dans tous les autres Ports de la Chine.

2º Que ledit sieur Jourdan & sa Compagnie seront tenus de se conformer à l'article sept du traité ci-dessus daté, pour les restrictions y portées.

3º Que ledit sieur Jourdan & sa Compagnie ne pourront apporter de la Chine en France pour y être vendues aucunes sortes de toiles, ni basins, ni de cangues, ni étoffes de foye mêlées de coton, or ou argent, ni autres matiéres, ni brodées de fil & de foye, ainfi qu'il eft porté par l'article trois du traité ci-deffus daté.

4º Ne pourront aucun defdits trois Vaiffeaux toucher à aucune côte des Indes pour y faire directement ni indirectement aucun commerce ailleurs qu'aux Ifles Moluques, à peine de confifcation des Vaiffeaux & des marchandifes qui feront fur iceux.

5º Que ledit fieur Jourdan & fa Compagnie feront tenus de payer à la Compagnie des Indes pour la communication de fon privilége, pour ce voyage feulement & fans tirer à conféquence, la fomme de trente mille livres; fçavoir, * quinze mille livres en billets de monnoye avant le depart defdits trois Vaiffeaux, quinze mille livres après le retour d'iceux, payables un mois après, s'il eft en argent; & s'il eft en marchandifes, un mois après la vente faite.

6º Les fix articles ci-deffus ont été convenus fous le bon plaifir du Roi & l'agrément de Monfeigneur le Comte de Pontchartrain, entre la Compagnie Royale de Indes Orientales & M. Jourdan & la Compagnie. Fait double à Paris ce vingt-un Avril mil fept cent fix. *Signé* JOURDAN & Compagnie, pour approbation & engagement au traité ci-deffus, BARRANGUE, CHAMBELLAIN, ORCEAU & LEMES DE MALON, SOULET, DESVIEUX, TARDIF, LE FEBVRE, BAR, CHAMPIGNY, HELLISSANT & LAPEYRONIE.

*Depuis, la Compagnie eft convenue de s'intéreffer dans ledit armément pour lefdits 15000 livres, qui aux termes du préfent Traité doivent être payées comptant. Ladite note a été paraphée par les fouffignés ci-deffus.

Achat de deux Vaiffeaux par Monfieur Jourdan.

Du 23 Avril 1706.

MONSIEUR Jourdan & fa Compagnie ayant propofé aux Directeurs de la Compagnie des Indes Orientales d'acheter deux Vaiffeaux qu'elle a au port de l'Orient en Bretagne, nommés la Princeffe de Savoye & l'Aurore, avec ce qu'ils peuvent avoir d'agrès & d'apparaux, pour le prix feront eftimés par gens connoiffans, nommés par ladite Compagnie & par les Intéreffés audit armement, & de payer le montant à Paris aux Directeurs de ladite Compagnie en billets de monnoye; fçavoir, moitié du payement quinzaine après l'avis qui aura été reçu de la livraifon faite au port de l'Orient defdits Vaiffeaux & de leurs agrès & apparaux, & l'autre moitié avant leur départ dudit port de l'Orient. La Compagnie ayant délibéré fur cette propofition, elle a jugé à propos de l'accepter, & elle a écrit à Meffieurs Fouchevole & de Charmoy, tous deux préfens fur les lieux, pour les informer de cette réfolution, & les prier de choifir une perfonne d'expérience pour faire la vifite & eftimation defdits deux Vaiffeaux la Princeffe de Savoye & l'Aurore, & des agrès & apparaux qu'ils peuvent avoir, avec M. le Mayer, Commiffaire de la Marine, que M. Jourdan & fa Compagnie ont nommé de leur part: après que lefdits Vaiffeaux & leurs agrès & apparaux feront livrés au porteur des ordres dudit fieur Jourdan & Compagnie, & le prix payé à Paris au fieur le Noir, Caiffier de ladite Compagnie des Indes Orientales, en billets de monnoye en deux payemens égaux, moitié quinzaine après l'avis qu'il aura reçu de la livraifon faite au port de l'Orient, & l'autre moitié avant le départ defdits Vaiffeaux du port de l'Orient. Il a été encore convenu qu'au retour en France defdits deux Vaiffeaux ou de l'un d'iceux, fi ladite Compagnie des Indes en a befoin pour fon fervice, il en fera fait eftimation par experts qui feront nommés de part & d'autre, & ils feront remis à ladite Compagnie par préférence, en payant le prix fur le pied de l'eftimation qui en fera faite, ce que la Compagnie fera tenue de déclarer deux mois après leur arrivée, finon elle fera déchûe de cette option fans aucune formalité de Juftice. *Signé* JOURDAN, tant pour moi que pour ma Compagnie. Vû bon pour approbation & engagement au traité ci-deffus, BARRANGUE, CHAMBELLAIN, ORCEAU & LEMES, DE MALON, SOULET, DESVIEUX, TARDIF, LE FEBVRE, BAR, HELLISSANT & LAPEYRONNIE.

Billets au porteur avec les intérêts à 10 pour cent.

Du 10 Juillet 1706.

LA Compagnie s'étant fait représenter la délibération prise le 18 Février 1705, par laquelle il a été résolu que pour le remboursement des 50 pour cent payés par Messieurs les Directeurs & Actionnaires, en exécution de l'Arrêt du Conseil du 21 Février 1702, il seroit fait des billets payables au porteur au premier Décembre 1705, avec l'intérêt à raison de 10 pour cent par an du jour de l'échéance de ceux ci-devant faits qui seroient rapportés, lesquels nouveaux billets ne seroient point délivrés & seroient déposés à la caisse dans un coffre fermant à trois clefs, dont Messieurs Tardif & de Champigny en auroient chacun une, & le sieur le Noir Caissier l'autre, & qu'il seroit donné à chacun des Directeurs & Actionnaires des reconnoissances dudit sieur le Noir des billets qu'ils auront déposé dans ledit coffre, visés desdits sieurs Tardif & Champigny, & ce en rapportant les billets ci-devant faits pour raison desdits 50 pour cent; & qu'en cas que les Actionnaires fissent difficulté de consentir au dépôt ci-dessus résolu, il leur seroit fourni des billets dudit sieur le Noir, payables à eux, & non au porteur ni à ordre, payables audit jour premier Décembre 1705, avec l'intérêt à raison de 10 pour cent par an du jour de l'échéance des billets qu'ils rapporteroient : & comme cette délibération a été exécutée par Messieurs les Directeurs & quelques-uns des Actionnaires, & que l'état présent des affaires de la Compagnie ne permet pas d'acquitter lesdits billets, elle ne peut se dispenser de les renouveller. Sur quoi il a été arrêté que lesdits billets seront tirés dudit coffre pour les renouveller en d'autres billets payables solidairement au porteur au premier Juillet 1708, auxquels billets sera joint l'intérêt, à raison de 8 pour cent par an, à compter dudit jour premier Décembre 1705, lesquels billets Messieurs Soulet, Desvieux, Tardif, le Mercier & Sandrier sont priés de signer, & cependant tous Messieurs les Directeurs, tant présens qu'absens, seront & demeureront solidairement obligés au payement d'iceux comme s'ils les avoient tous signés, ensemble tous les Actionnaires & Intéressés dans la Compagnie, chacun à proportion de leurs fonds, ainsi qu'il est mentionné dans les Arrêts du Conseil d'Etat des 17 Août 1697, 11 Février 1699 & 23 Mars 1700 : & seront lesdits billets remis audit sieur le Noir pour s'en charger en recette, & ensuite mis & enfermés dans ledit coffre, comme il est ci-dessus expliqué.

Renouvellement des Billets avec les intérêts à 10 pour cent.

Du 7 Août 1706.

VU la délibération de la Compagnie, prise le 18 Février 1705, portant que pour le remboursement de 50 pour cent payé par Messieurs les Directeurs, en exécution de l'Arrêt du Conseil du 21 Février 1702, il seroit fait des billets payables au porteur au premier Décembre 1705, avec l'intérêt à raison de 10 pour cent de change par an, à compter du jour de l'échéance de ceux ci-devant faits qui seroient rapportés ; lesquels nouveaux billets ne seroient point délivrés, mais bien déposés à la caisse & mis dans un coffre fermant à trois clefs ; & en cas que les Actionnaires fissent difficulté de rapporter leurs billets & de consentir au dépôt ci-dessus résolu, il leur seroit fourni des billets du sieur le Noir Caissier, payables à eux & non au porteur ni à ordre, audit jour premier Décembre 1705, avec l'intérêt à raison de 10 pour cent de change par an, ce qui a été exécuté ponctuellement par Messieurs les Directeurs ; mais parce que l'état présent des affaires de la Compagnie ne lui permet pas d'acquitter lesdits billets, & qu'elle qu'elle ne peut se dispenser de les renouveller, elle a arrêté par une délibération du 10 Juillet dernier, que lesdits billets déposés seront tirés dudit coffre pour les renouveller, & qu'il en sera fait d'autres payables solidairement au porteur au premier Juillet 1708, auxquels billets sera joint l'intérêt, à raison de 8 pour cent par an, à compter dudit jour premier Décembre 1705, dont la note sera au bas de la présente, lesquels billets Messieurs Soulet, Desvieux, Tardif, le Mercier & Sandrier sont priés de signer; au payement desquels tous Messieurs les Directeurs tant présens qu'absens seront & demeureront solidairement obligés comme s'ils les avoient tous signés, ensemble tous les Actionnaires & Intéressés dans la Compagnie, chacun à proportion de leurs fonds, ainsi qu'il est mentionné dans les Arrêts du Conseil d'Etat des 17 Août 1697, 11 Février 1699 & 23 Mars 1700: & seront lesdits billets remis audit sieur le Noir pour s'en charger en recette, & ensuite mis & enfermés dans ledit coffre, suivant qu'il est porté par la délibération dudit jour 10 Juillet dernier, au moyen duquel dépôt ledit sieur le Noir Caissier donnera à chacun de Messieurs les Directeurs qui auront déposé leurs billets dans ledit coffre, ses reconnoissances, visées de Messieurs Tardif & de Champigny, conformément à la délibération du 18 Février 1705.

ARREST
DU CONSEIL D'ÉTAT
DU ROY,

QUI défend le Commerce aux Officiers des Vaisseaux & Employés de la Compagnie.

Du 28 Septembre 1706.

Extrait des Registres du Conseil d'Etat.

SUR la requête présentée au Roi en son Conseil par les Directeurs généraux de la Compagnie Royale des Indes Orientales, contenant que pour mieux reconnoître les services des Officiers, soit de Sa Majesté, soit de la Compagnie, & pour les exciter davantage à exécuter les Ordonnances & Réglemens, à faire le bien de la Compagnie & à ne point commettre de contraventions à son privilége, elle leur accorde ordinairement par gratification la permission d'acheter ou faire acheter aux Indes pour leur compte particulier pour certaines sommes de marchandises, pour être consignées à la Compagnie en France, & être par elle vendues au profit particulier de ces Officiers; mais cela n'a pas empêché que par le passé quelques-uns plus sensibles à leur profit particulier qu'attentifs à leur devoir & aux défenses expresses de Sa Majesté, n'ayent fait commerce en fraude & au préjudice de la Compagnie bien au-delà des sommes pour lesquelles la Compagnie leur a accordé des permissions, & quoiqu'en ce cas-là tant les marchandifes dont ils ont fait commerce en fraude, que celles mêmes des sommes jusqu'à concurrence desquelles il leur a été permis d'en acheter, doivent être confisquées au profit de la Compagnie, puisque par leurs fraudes & contraventions ils se sont rendus indignes de profiter de la permission, qui ne leur a été accordée que pour les mieux recompenser, & à condition précise de ne rien faire au-delà : néanmoins pour empêcher que, le cas arrivant, cela ne fasse difficulté, sous prétexte que les Réglemens ne prononcent expressément la confiscation que des marchandises en fraude, & non pas de celles qui sont à concurrence des sommes pour lesquelles la Compagnie a permis de faire commerce, ce qui seroit également contraire à l'esprit des Réglemens, aux intentions de Sa Majesté, au privilége & au bien de la Compagnie ; requéroient à ces causes les Supplians qu'il plût à Sa Majesté ordonner qu'en cas de contraventions aux Réglemens, aux défenses de Sa Majesté ou aux priviléges de la Compagnie de la part des Officiers des Vaisseaux de Sa Majesté ou de la Compagnie, ou de quelques autres Officiers, Commis ou Employés de la Compagnie que ce puisse être, toutes les marchandises généralement dont ils se trouveront avoir fait commerce dans leur traite, tant celles dont ils auront fait commerce par contravention au privilége de la Compagnie, que celles qui se trouveront à concurrence des sommes pour lesquelles il leur aura été permis de faire commerce, seront & demeureront confisquées au profit de la Compagnie, laquelle en pourra librement disposer comme de ses autres marchandises. Vû ladite requête, oüi le rapport, & tout considéré, LE ROI ÉTANT EN SON CONSEIL, ayant égard à ladite requête, a ordonné & ordonne qu'en cas de contravention auxdits Réglemens, aux défenses de Sa Majesté & privilége de la Compagnie, de la part des Officiers de Sa Majesté ou de la Compagnie, ou de quelques autres Officiers, Commis ou Employés de ladite Compagnie que ce puisse être, toutes les marchandises généralement dont ils se trouveront avoir fait commerce par contravention au privilége de ladite Compagnie, & celles qui se trouveront dans les termes des permissions qu'elle leur aura accordées, seront & demeureront confisquées au profit de ladite Compagnie, laquelle en pourra librement disposer comme de ses autres marchandises. FAIT au Conseil d'Etat du Roi, Sa Majesté y étant, tenu à Versailles le vingt-huit Septembre mil sept cent six. *Signé* PHELYPEAUX.

ARREST
DU CONSEIL D'ÉTAT
DU ROY,

CONTRE les héritiers & bien-tenants du Sieur Thomas le Gendre.

Du 18 Janvier 1707.

Extrait des Regiſtres du Conſeil d'Etat.

SUR la requête préſentée au Roi étant en ſon Conſeil par les Directeurs généraux de la Compagnie Royale des Indes Orientales, contenant que le ſieur Thomas le Gendre Négociant, qui étoit l'un des vingt Directeurs de la Compagnie des Indes étant mort, le public & les ſuplians ont un égal intérêt que ſa place ſoit remplie, & que pour cet effet ſes héritiers & bien-tenans ſoient tenus de nommer à Sa Majeſté une perſonne pour être reçu Directeur de la Compagnie en ſon lieu & place, pour être préſent aux aſſemblées & délibérations de la Compagnie, y donner ſes avis, prendre connoiſſance des affaires qui ont été dirigées depuis la mort dudit défunt ſieur le Gendre, & travailler conjointement avec les ſuplians à celles qui ſurviendront, & pour être au nom des héritiers & bien-tenans dudit défunt ſieur Thomas le Gendre, & comme porteur de leur procuration, obligé ſolidairement aux dettes de la Compagnie : requéroient à ces cauſes les ſuplians qu'il plût à Sa Majeſté ordonner que les héritiers & bientenans dudit défunt ſieur Thomas le Gendre ſeront tenus

I i iij

de nommer à Sa Majesté dans tel temps qu'il lui plaira de régler, une personne pour être reçû Directeur de la Compagnie des Indes au lieu & place dudit défunt sieur Thomas le Gendre, pour en faire toutes les fonctions conjointement avec les autres Directeurs de la même Compagnie, & être au nom des héritiers & bien-tenans dudit défunt sieur Thomas le Gendre, & comme porteur de leur procuration, obligé solidairement aux dettes de la Compagnie. Vû ladite requête, & tout considéré, LE ROI E'TANT EN SON CONSEIL, a ordonné & ordonne que les héritiers & bientenans dudit défunt sieur Thomas le Gendre seront tenus de nommer à Sa Majesté dans un mois pour tout délai du jour de la signification qui leur sera faite du présent Arrêt, une personne pour être reçû Directeur de la Compagnie des Indes au lieu & place dudit défunt, pour en faire toutes les fonctions conjointement avec les autres Directeurs de la même Compagnie, & être au nom des héritiers & bien-tenans dudit défunt sieur Thomas le Gendre, & comme porteur de leur procuration, obligé solidairement aux dettes de ladite Compagnie des Indes. FAIT au Conseil d'Etat du Roi, Sa Majesté y étant, tenu à Versailles le dix-huit Janvier mil sept cent sept. Signé PHELYPEAUX.

ARREST
DU CONSEIL D'ÉTAT
DU ROY,

CONTRE *les gens des trois Etats de Bretagne.*

Du 2 Juillet 1707.

Extrait des Regiſtres du Conſeil d'Etat.

SUR la requête préſentée au Roi en ſon Conſeil par les Directeurs généraux de la Compagnie Royale des Indes Orientales, contenant que les gens des trois Etats du Pays & Duché de Bretagne ayant délibéré que pendant les années 1706 & 1707 il ſeroit impoſé & levé la ſomme de 700000 livres ſur les maiſons des Villes & gros Bourgs de cette Province, pour les ſommes qu'elle doit payer à Sa Majeſté, qui ont coûtume d'être priſes ſur les foüages ordinaires & extraordinaires qui ſe levent dans la Province, leſquels n'ont pû ſuffire pour remplir ce qu'elle doit payer à Sa Majeſté ; & les délibérations ayant été con-firmées par Arrêt du Conſeil d'Etat rendu, Sa Majeſté y étant, le 22 Juin 1706, il a été en conſéquence dreſſé un rôle des Villes & Bourgs ſur leſquels cette ſomme doit être levée, dans lequel rôle l'on a compris l'Orient pour la ſomme de 1800 liv. dont on prétend faire payer 954 liv. 18 ſ. à la Compagnie des Indes pour les maiſons de l'enclos & parc du Port qu'elle a fait conſtruire à l'Orient, & dont Sa

Majesté se sert conjointement avec la Compagnie ; mais attendu qu'aux termes mêmes des délibérations des Etats, de l'Arrêt du Conseil & du rôle qui a été dressé en conséquence, l'imposition & la levée ne doivent être faites que sur les maisons des Villes & gros Bourgs de la Province ; que le rôle porte même expressément qu'il ne sera rien imposé sur les maisons du plat pays, tant nobles que roturieres, que par conséquent les 1800 liv. imposées sur l'Orient doivent être levées sur la seule ville ou bourg de l'Orient, qui est composé de plusieurs rues, d'un très-grand nombre de maisons, & où il y a plus de deux mille habitans, sans qu'il soit rien imposé ni levé sur les bâtimens de l'enclos & parc du Port, lequel enclos & parc du Port, dont il est séparé du Bourg & des rues & maisons de l'Orient, n'étoit avant que la Compagnie eut fait construire ce Port, l'eut fait entourer de murs & y eut fait faire quelques bâtimens, casernes & cabannes, que des terres vaines & vagues qu'il a plû à Sa Majesté de concéder à la Compagnie à titre de fief, à la charge de foi & hommage ; que cet enclos & parc du clos n'est encore aujourd'hui ni Ville ni Bourg, que par cette raison les bâtimens, casernes & cabannes qui y sont ne peuvent être imposés, vû particulierement que l'on n'y souffre & que l'on n'y laisse demeurer que l'Intendant de Sa Majesté, les Capitaine du Port, Garde-magasin & autres Officiers de Marine, tant pour Sa Majesté que pour la Compagnie, & les ouvriers nécessaires pour la construction, avitaillement, armement & désarmement des Vaisseaux, tant de Sa Majesté que de la Compagnie, Sa Majesté s'y étant établie depuis 1688, & y faisant actuellement ses armemens conjointement avec ceux de la Compagnie, & se servant du Port & de tous les magasins, chantiers, corderie, forges & logemens de la Compagnie comme la Compagnie même ; que ce Port a toujours été & doit être regardé comme un Port Royal, exempt de ces sortes d'impositions, d'autant plus que ce Port, son parc, enclos & bâtimens ne concernent que le bâtiment, avitaillement & armement des Vaisseaux de la Compagnie,

&

& qu'il est certain qu'en vertu de l'article XLIII de son Edit d'établissement & privilége, elle ne paye aucuns droits pour toutes les choses nécessaires au bâtiment & avitaillement de ses Vaisseaux, qui même par jugement des Commissaires de la reformation du Domaine du 18 Décembre 1683, la Compagnie a été déchargée de payer des lods & ventes pour tout l'emplacement de ce Port, parc & enclos, & que par Arrêt du Conseil d'Etat du 16 Octobre 1696, elle a été déchargée des droits de lods & ventes pour les Vaisseaux par elle achetés ; que d'ailleurs le parc & port de Brest ni les maisons qui sont dedans ne sont point imposées dans le rôle de l'imposition dont il s'agit, quoique la ville de Brest y soit comprise ; que de la même maniere le parc & enclos du port de l'Orient ni les bâtimens qui y sont renfermés, ne doivent point être imposés, mais seulement les maisons de la ville & du bourg de l'Orient, qui est séparé du parc & enclos du Port ; que l'imposition dont il s'agit n'étant faite que pour suppléer aux foüages ordinaires & extraordinaires, & pour en tenir lieu, elle ne doit pas être faite sur le parc, enclos & bâtimens du port de l'Orient, où il n'a jamais été payé de foüages ordinaires ni extraordinaires, attendu enfin que les Directeurs & autres membres de la Compagnie des Indes ne sont point habitans de la Bretagne, & qu'aux termes même des délibérations des Etats & de l'Arrêt du Conseil qui les a confirmés, Sa Majesté qui se sert des bâtimens, magasins, corderie, forges, chantiers, & du parc, enclos & port de l'Orient de même que la Compagnie & conjointement avec elle, ne pourroit se dispenser de payer sa part de cette imposition & d'en dédommager la Compagnie. Requéroient à ces causes les supplians qu'il plût à Sa Majesté les recevoir opposans aux commandemens, sommations, saisies, exécutions, garnisons & autres poursuites qui pourroient avoir été faites contre les Officiers & ouvriers de la Compagnie des Indes Orientales qui occupent les bâtimens, casernes ou cabannes étant dans le parc & enclos du port de l'Orient, faisant droit sur leur opposition décharger purement & simplement la Compagnie des Indes, les Directeurs, Officiers, ouvriers & matelots de toute taxe, imposition & levée pour les bâtimens, casernes & cabannes étant dans le parc & enclos du port de l'Orient, ensemble de tous frais, mises & dépens faits pour raison de ce, sauf aux Etats de Bretagne à percevoir sur les maisons de la ville ou bourg de l'Orient séparées du parc & enclos du Port, les 1800 liv. qui ont été imposées sur l'Orient. Vû ladite requête, ledit Arrêt du Conseil d'Etat du 22 Juin 1706, le rôle des Villes & Bourgs arrêté en conséquence, par lequel la ville ou bourg de l'Orient est imposée à 1800 livres, la sommation & dénonciation faite aux Officiers de la Compagnie par exploit du 20 Décembre 1706, par quelques habitans de l'enclos du port de l'Orient, des commandemens à eux faits, ledit jugement de la reformation du Domaine de Bretagne du 18 Décembre 1683, l'Arrêt du Conseil d'Etat du 16 Octobre 1696, & autres piéces y jointes: ouï le rapport du sieur Chamillart, Conseiller ordinaire au Conseil Royal, Contrôleur général des Finances, LE ROI EN SON CONSEIL, a renvoyé & renvoye ladite requête au sieur Ferrand, Commissaire départi pour l'exécution des ordres de Sa Majesté en Bretagne, pour après avoir oüi le Syndic de ladite Province & autres qu'il appartiendra, donner avis à Sa Majesté, & icelui rapporté, être par elle ordonné ce que de raison. FAIT au Conseil d'Etat du Roi, tenu à Versailles le deuxiéme jour de Juillet mil sept cent sept. *Collationné. Signé* RANCHIN.

Traité entre la Compagnie & le Sieur Martin de la Chapelle.

Du 5 Novembre 1707.

NOus soussignés Directeurs généraux de la Compagnie des Indes Orientales de France, permettons sous le bon plaisir de Monseigneur le Comte de Pontchartrain que M. Martin de la Chapelle Armateur à saint Malo, fasse les voyages du golphe de Perse & de la mer rouge, où il enverra deux Vaisseaux pour y charger du caffé ou autres marchandises dont la Compagnie n'a point de privilége exclusif, à condition expresse que ces Vaisseaux ne pourront pénétrer dans les mers des Indes Orientales & autres pays de la concession de la Compagnie, que le golphe de Perse & la mer rouge seulement, ni faire des prises sur les Vaisseaux Maures & autres nations des Indes, quand même lesdits Vaisseaux porteroient les pavillons ennemis de la Couronne, ni sur les Portugais au-dela du Cap de Bonne Espérance, à peine de confiscation des Vaisseaux & marchandises, & de nous indemniser de toutes les pertes & dommages que la Compagnie souffriroit aux Indes s'il avoit été fait des prises sur les Maures ou sur les Portugais au préjudice du présent traité.

La présente permission accordée moyennant la somme de 7000 livres qui nous seront payées en espéces d'or & non billets de monnoie, aussitôt après le passeport expédié, & à la charge que la Compagnie ne pourra accorder permission à personne jusqu'au premier Juillet prochain à peine de restitution de ladite somme de 7000 livres & cependant le présent traité demeurera nul & résolu; si dans le mois de Janvier prochain ledit sieur de la Chapelle étoit empêché de partir par ordres supérieurs de la Cour, auquel cas ladite somme de 7000 livres lui sera rendue sans autres dommages & intérêt de part ni d'autre. Fait double à Paris au bureau de ladite Compagnie le cinquiéme Novembre 1707, celui-ci pour Messieurs les Directeurs. *Signé*, SOULET, TARDIF, CHAMPIGNY, HELISSANT *&* LAPEYRONNIE.

 Je soussigné comme ayant pouvoir de Monsieur de la Chapelle pour sa lettre du 30 Octobre dernier, promets de faire exécuter le traité ci-dessus par ledit sieur de la Chapelle, & de lui faire ratifier dans quinzaine, comme aussi de payer en mon propre & privé nom auxdits sieurs Directeurs la somme de 7000 livres en espéces en me remettant entre les mains les deux passeports des deux Vaisseaux. Fait à Paris ledit jour 5 Novembre 1707. *Signé* DE LA SALLE.

 Je soussigné après avoir examiné le traité des autres parts écrit, je l'ai ratifié & confirmé, & promis l'exécuter de point en point selon sa forme & teneur. Fait à saint Malo le huitiéme Novembre mil sept cent sept. *Signé* MARTIN DE LA CHAPELLE.

ARREST
DU CONSEIL D'ÉTAT
DU ROY,

Concernant Monsieur l'Amiral.

Du 26. Novembre 1707.

Extrait des Regiſtres du Conſeil d'Etat.

VU au Conſeil d'Etat du Roi, Sa Majeſté y étant, les mémoires reſpectivement préſentés par Louis-Alexandre de Bourbon, Comte de Toulouſe, Amiral de France, d'une part, & les Directeurs de la Compagnie Royale des Indes Orientales d'autre; le premier mémoire dudit ſieur Amiral tendant à ce qu'il plaiſe à Sa Majeſté ordonner qu'à l'avenir les écrivains des Vaiſſeaux de la Compagnie des Indes ſeront obligés d'exécuter l'Ordonnance de la Marine de 1681 pour ce qui les regarde; que les Vaiſſeaux de ladite Compagnie ne pourront partir des Ports de France ſans Congé ou Commiſſion de l'Amiral, ſous peine de confiſcation, & que le dixiéme de toutes les priſes faites ou à faire par les Vaiſſeaux de ladite Compagnie, lui ſera payé, le tout conformément à la même Ordonnance de 1681: & le ſecond à ce qu'il ſoit ordonné qu'il joüira, comme il a toujours joüi, du droit de dixiéme ſur toutes les priſes faites par les Vaiſſeaux de la Compagnie des Indes Orientales, tant pour l'avenir que pour le paſſé, à compter du jour & date de ſes proviſions; qu'aucun des

K k iij

Vaisseaux de ladite Compagnie, sous quelque prétexte que ce soit, ne pourra partir des Ports du Royaume sans les Congés & Commissions de l'Amiral de France, & ce sous les peines portées par les Ordonnances & Réglemens ; & que les Maîtres ou Capitaines de leurs Vaisseaux seront obligés à chaque retour de voyage de faire leur rapport à l'Amirauté, de remettre les papiers & prisonniers des prises qu'ils auront faites aux Officiers d'Amirauté, pour en faire la procédure à l'ordinaire ; & que les Ecrivains seront pareillement obligés de se conformer à l'article IX, titre de l'Ecrivain, de l'Ordonnance de 1681. Les mémoires de ladite Compagnie des Indes, tendant à ce qu'il plaise à Sa Majesté ordonner que l'Edit d'établissement de ladite Compagnie de 1664 & la Déclaration du mois de Février de 1685, qui en a ordonné l'exécution, seront exécutés selon leur forme & teneur ; ce faisant que ladite Compagnie sera maintenue dans la liberté du commerce dont elle est chargée, & dans l'exemption du droit de dixiéme des prises par elle faites ou qu'elle fera au-delà de la ligne, & dans les mers de sa concession, ainsi qu'elle en a joüi jusqu'à présent ; comme aussi dans l'exemption de prendre des Congés & Commissions de l'Amiral, attendu les Congés & Commissions générales accordées à ladite Compagnie pour le temps de son privilége par les articles XXVII & XXXVII de l'Edit de son établissement de 1664, confirmé par la Déclaration de 1685 ; & encore dans l'exemption de faire faire à l'arrivée de ses Vaisseaux des rapports à l'Amirauté, & d'y remettre les papiers de sa navigation, attendu l'obligation dans laquelle elle est de remettre directement toutes ses expéditions ès mains du Secrétaire d'Etat ayant le Département de la Marine aussi-tôt que ses Vaisseaux sont arrivés, & que les jugemens du Conseil souverain de Pondichery seront exécutés, avec défenses aux Juges des Amirautés du Royaume de prendre connoissance au retour des Vaisseaux des Indes des marchandises qui s'y trouveront, à peine d'interdiction & de tous dépens dommages & intérêts. Les mémoires dudit sieur Amiral, contenant que les prétentions de ladite Compagnie font formellement contraires aux dispositions des Ordonnances faites pour la Marine durant près de trois cens ans, c'est-à-dire à celles de 1400, 1517, 1543, 1584 & 1681, & à l'usage pratiqué par toutes les Compagnies de commerce qui n'ont jamais été établies en France; que toute prétention contraire aux loix & usages observés dans un Etat, doit être rejettée sans autre examen, si ceux qui l'avancent n'en rapportent des preuves suffisantes; qu'il n'y a point d'autres preuves pour établir une prétention contre les loix, que les dérogations faites par le Souverain à ces mêmes loix; que par conséquent c'est aux Directeurs de ladite Compagnie à prouver que ces exemptions leur ont été accordées, & à faire voir les dérogations faites en leur faveur, lesquelles ne peuvent être établies par des termes ambigus, mais doivent être aussi précises que les loix mêmes auxquelles il est dérogé; que sur ce qui concerne les rapports des Capitaines au retour de leurs voyages, les procédures des prises & autres papiers qui doivent être remis par les Ecrivains à l'Amirauté, les dispositions de l'Ordonnance de 1681, conforme à toutes les Ordonnances antérieures, sont précises, titre X des Congés & rapports article IV, titre des prises, article XXI, titre de l'Ecrivain article IX; que ses dispositions sont si claires & générales, que si la Compagnie n'a une exemption en sa faveur, elle doit s'y soumettre comme tous les autres Sujets du Roi; que les articles XXVII, XXXVII & XLIII de l'Edit de 1664 que la Compagnie cite, ne donnent aucune idée d'exemption en sa faveur sur la question dont il s'agit; que l'induction que les Directeurs en tirent est que l'Edit de 1664 n'a eu en vûe que de faire joüir la Compagnie de tous les privilèges qu'il contient, & la mettre hors du droit commun, par conséquent qu'il ne faut envisager à son égard que cet Edit, qui exempte expressément, article XLIII, ses Vaisseaux & marchandises des droits d'Amirauté en général; qu'il n'est pas extraordinaire que la Compagnie, qui par privilége spécial & par les articles XXVII & XXXVII de son

Edit a une Commiſſion & un Congé perpétuel, qui doit durer autant que ſon privilége pour naviger, & qui peut équiper & armer tel nombre de Vaiſſeaux qu'elle aviſera, ſoit de guêrre ou de commerce, établir des garniſons, faire fondre des canons, &c. & qui, ſuivant l'article XXXVI du même Edit, peut envoyer des Ambaſſadeurs, faire des traités de paix ou de tréve, puiſſe ſe diſpenſer de dépoſer au retour de ſes Vaiſſeaux des papiers qui lui ſont néceſſaires pour l'expédition de ſon commerce ; mais qu'il n'y a pas d'apparence que les Directeurs, lorſqu'ils diſent que l'Edit de 1664 a mis leur Compagnie hors du droit commun, prétendent par là être exempts d'obéir à toutes les loix du Royaume, exprimées ou non exprimées, ſans aucune exception ; qu'il faut donc en revenir à dire que cet Edit ne les exempte que de l'obſervation de quelques loix particulieres, qui doivent même y être formellement déſignées & expliquées, étant certain que toutes ſortes d'exemptions & de priviléges ſont de droit Edit, & ne peuvent être étendues au-delà des termes de l'Edit qui les accorde ; que les termes de l'Edit font entendre que les Vaiſſeaux & marchandiſes de la Compagnie ſeront exempts des droits d'Amirautés & de bris, qu'elle pourra équiper le nombre des Vaiſſeaux qu'il lui plaira, établir des garniſons dans les pays de ſa conceſſion, envoyer des Ambaſſadeurs ; qu'on ne conteſte rien de tout cela, mais que cet article n'a aucun rapport à la queſtion, puiſqu'il n'eſt point dit que les Vaiſſeaux de la Compagnie ne doivent point à leur retour en France faire des rapports à l'Amirauté, ni que la procédure des priſes qu'ils ont faites n'y doivent point être inſtruites, ni encore que les Ecrivains ſont exempts de remettre au Greffe de l'Amirauté les papiers que l'Ordonnance de 1681 oblige d'y remettre ; que cependant elle le prend, & dit qu'auſſitôt après l'arrivée de ſes Vaiſſeaux le décompte des Officiers majors, mariniers & gens des équipages ſont faits à Paris, & qu'auſſitôt que ces décomptes ſont arrêtés, elle renvoye à l'Orient en Brétagne à ſes Directeur les rôles qui ordonnent à un chacun le payement de

ce

ce qui lui est dû, & que cela ne sçauroit se faire sans que les Ecrivains remettent, comme ils ont toujours fait, les inventaires, testamens & tous autres papiers à son Bureau général ; mais il en arriveroit plusieurs inconvéniens, 1º si les Capitaines ne sont point obligés de faire leur rapport, conformément à l'Ordonnance de 1681, il entrera dans le Royaume des Vaisseaux dont l'Amiral ni les Officiers d'Amirauté ne pourront prendre aucune connoissance, quoiqu'ils soient responsables de la police de la navigation ; 2º si les papiers des prises faites par les Vaisseaux de la Compagnie ne sont pas remis ni à l'Amirauté ni à l'Amiral, mais à leur Bureau, ce sera donc à eux d'en faire la procédure & à en juger la validité ; 3º si les Ecrivains ne remettent point les papiers & registres à l'Amirauté, mais au Bureau des Directeurs, ils deviendront donc, à l'exclusion des Officiers d'Amirauté, les exécuteurs des testamens que les Ecrivains ont reçû à la mer ; qu'on sçait que les effets de ceux qui meurent sans héritiers sont partagés en trois, un tiers au Roi, un tiers à l'Amiral & un tiers à l'hôpital du lieu où le Vaisseau est de retour ; qu'il faudra donc que les Directeurs de la Compagnie prononcent & exécutent ce partage, & que les Officiers du Domaine, les Receveurs de l'Amiral & ceux des hôpitaux aillent demander au Bureau de la Compagnie chacun ce qui leur appartiendra ; qu'à l'égard des Congés & Commissions, le droit commun est établi par toutes les Ordonnances, & confirmé par celle de 1681, titre X des Congés & rapports, article I, titre des prises, article I ; que c'est aux Directeurs de la Compagnie, qui prétendent n'être point tenus de prendre ni Congés ni Commissions, à prouver leurs priviléges à cet égard, & la dérogation qui a été faite en leur faveur à toutes les Ordonnances ; que les articles XXVII, XXXVII & XLIII n'en disent pas un mot ; que s'ils font sortir leurs Vaisseaux des Ports de France sans Congés ni Commissions, ils peuvent être arrêtés par tous ceux qui les reconnoîtront, & si on les trouvoit faisant la course, les Officiers seroient traités, avec justice & suivant les régles, comme pirates; qu'ils n'ont pas le droit en France de donner des Congés & des Commissions eux-mêmes à leurs propres Vaisseaux; que lorsqu'ils allèguent que les passeports de Sa Majesté qu'ils prennent quelquefois, les exemptent de ceux de l'Amiral, ils sont dans une double erreur, vû qu'ils n'ont point besoin de passeports du Roi pour aller dans les pays de leur concession, puisque leur Edit le leur permet & le défend à tous autres, & que quand ces passeports leur seroient nécessaires, ils n'en seroient pas moins obligés de prendre des Congés de l'Amiral, parce que les passeports du Roi ne regardent en aucune manière la police de la navigation, dont Sa Majesté laisse tout le soin aux Officiers de l'Amirauté; que pour le dixiéme des prises, le Réglement de 1669 porte que l'Amiral joüira du droit de dixiéme sur toutes les prises faites en mer ou sur les greves, sous commission & pavillon de France, appartiendra à l'Amiral avec le dixiéme des rançons; ces deux dispositions sont conformes à toutes les Ordonnances & Réglemens faits sur la Marine, & de toutes les Compagnies établies depuis près de cent ans par des Edits, il n'y en a jamais eu qui ait prétendu l'exemption de ce droit que la Compagnie des Indes prétend, quoiqu'elle ne lui soit pas accordée plus qu'aux autres; qu'il s'agit en cela d'ôter à l'Amiral de France un droit dont il est en possession depuis trois cens ans, & de détruire la disposition de toutes les Ordonnances qui le lui attribuent; qu'au lieu par les Directeurs de produire des Déclarations expresses qui leur accordent une exemption si considérable, & des Déclarations formelles à toutes les Ordonnances, ils ne rapportent pour unique fondement de cette prétention que l'article XLIII de leur Edit; qu'il dit à la vérité que les Vaisseaux & les marchandises de la Compagnie seront exempts des droits d'Amirauté, ce qui n'a aucun rapport aux prises; qu'il y a de la différence entre les Vaisseaux ou les marchandises de la Compagnie, & les prises faites par ces mêmes Vaisseaux, & que de ce que les Vaisseaux & marchandises sont exempts des droits d'Amirauté, il ne s'enfuit pas que les prifes foient exemptes de payer le dixiéme ; que fi Sa Majefté avoit voulu ôter à l'Amiral de France un droit fi confidérable & qui lui eft donné à titre onéreux, & pour fupporter les grandes dépenfes qu'il eft obligé de faire à la mer, Sa Majefté l'en auroit indemnifé d'une maniere proportionnée à la perte qu'il en devoit fouffrir ; que ces termes des droits d'Amirauté ne peuvent jamais être entendus du dixiéme des prifes, 1° parce que le corps de l'article n'eft fait que pour exempter la Compagnie des droits qui fe payent réellement fur le corps des Vaiffeaux ou des marchandifes ; que c'eft fur cela uniquement que tombe l'exemption ; ces droits font les droits de faix & fanaux, tonnes & balifes, leftage, deleftage & autres pareils ; que par cette raifon l'article comprend auffi les droits d'entrée fur le fer, chanvre & autres marchandifes dont la Compagnie a befoin pour fes Vaiffeaux : 2° qu'il eft aifé de voir que les Directeurs qui étoient en 1664 & qui ont dreffé cet article, n'étoient pas encore inftruits de cette matiere ni de ce qu'ils vouloient demander, qu'on ne voit pas ce qu'ils ont pû imaginer en demandant pour leurs Vaiffeaux l'exemption du droit de bris, qui n'a jamais eu lieu en France, où tous les Vaiffeaux qui font naufrage font fous la protection particuliere de Sa Majefté ; mais que l'Amiral en tire deux inductions très-importantes, la premiere que ce prétendu droit de bris ne pouvant jamais regarder que les Vaiffeaux de la Compagnie, non-plus que tout le refte de l'article, c'eft une preuve certaine qu'il ne peut avoir aucun rapport aux prifes ; la feconde, qu'un article auffi obfcur que celui-là, & qu'il eft impoffible d'expliquer, ne fçauroit être regardé comme un titre fuffifant pour ôter à l'Amiral un droit auffi confidérable que celui dont il s'agit : 3° qu'il eft aifé de prouver que fous ces termes de droit d'Amirauté, on ne peut jamais entendre le dixiéme des prifes, puifque c'eft un droit Royal, faifant partie du Domaine de la couronne, & qui y retourneroit fi fa charge venoit à être fupprimée ; qu'il eft attaché à la charge & à la perfonne de l'Amiral, & non à l'Amirauté ; qu'il a toujours été regardé comme un droit purement Royal, que le Roi a accordé à l'Amiral, comme représentant sa personne dans les affaires maritimes ; que quand ces mots (droits d'Amirauté & de bris) auroient assez de force pour signifier bien clairement que Sa Majesté a voulu accorder à la Compagnie l'exécution du droit de dixiéme sur toutes les prises qu'elle fera, il faut que les Directeurs conviennent que si leur Edit de 1664 a dérogé sur le fait du dixiéme à toutes les Ordonnances rendues depuis 1400 jusqu'en 1664, ce Réglement de 1669, postérieur à cet Edit, & l'Ordonnance de 1681, ont dérogé aussi à leur Edit à l'égard de ce même dixiéme ; que cet argument décide toute la question, en ce que ce Réglement & l'Ordonnance y assujettissent toutes les prises faites par les Sujets du Roi, sans aucune exception ni réserve, d'autant plus qu'il ne s'agit pas de supposer, comme dans l'article XLIII, des dispositions & des dérogations tacites qui n'y ont jamais été, les dérogations de l'Ordonnance de 1681 étant expresses, générales, & ne laissant aucune ambiguité, en ces termes : Voulons que la présente Ordonnance soit gardée & observée en notre Royaume, terres & pays de notre obéissance, & abrogeons toutes Ordonnances, coûtumes, loix, statuts, Réglemens, stiles & usages contraires aux dispositions y contenues. Que les Directeurs ne peuvent alléguer la possession où ils prétendent être de ne point payer le dixiéme, vû que 1° la possession ne peut être alléguée dans des affaires de cette nature contre une charge de la couronne & contre des Amiraux mineurs ; 2° qu'il n'y a aucune possession, attendu que les dixiémes des prises ont toujours été demandés ; que dès 1696 les Directeurs furent assignés à la Table de Marbre à Paris, à la requête de M. le Comte de Toulouse, ils firent dire que Sa Majesté n'avoit pas agréable qu'ils fussent traduits en cette Jurisdiction ; l'on cessa de les y poursuivre, & depuis ce temps M. le Comte de Toulouse a fait donner en différens temps plusieurs mémoires pour faire donner cette question. Vû aussi les Ordonnances de 1400, 1517, 1543 & 1584, & celle de 1681 ;

les mémoires des Directeurs de la Compagnie des Indes Orientales, contenant sur le premier chef que comme les dispositions de l'Ordonnance de 1681, qui obligent les Maîtres & Capitaines de navires à leur arrivée de faire leur rapport à l'Amirauté, & Ecrivain de remettre au Greffe les minutes des inventaires, informations & testamens, sont le droit commun, duquel la Compagnie a été tirée par ses priviléges & conditions particulieres portées par l'Edit de son établissement, on ne doit point envisager ces dispositions à son égard, mais qu'il faut nécessairement se renfermer dans ses priviléges, qui sont des exceptions formelles sans lesquelles elle n'auroit point entrepris son commerce; que sur le XXII article des propositions faites à Sa Majesté pour l'établissement de la Compagnie, par lequel on a demandé qu'il lui plût accorder le pouvoir d'exercer la justice souveraine dans les pays de sa concession, il a été mis une apostille signée de la propre main de Sa Majesté, en ces termes (accordés même tous droits de Justice & d'Amirauté sur le fait de la Marine dans toute l'étendue desdits pays ;) que par l'article XXVIII de l'Edit de son établissement de 1664, registré & confirmé par la Déclaration de 1685 aussi registrée, Sa Majesté lui a accordé tous les droits qui pourroient lui appartenir à cause de sa Souveraineté ; que par l'article XXXI elle a le pouvoir d'établir des Juges pour l'exercice de la Justice souveraine & de la Marine dans toute l'étendue de sa concession ; que le seul article XLIII de son Edit d'établissement pourroit lui suffire pour l'exempter de toutes les formalités & droits d'Amirauté, puisqu'il ajoûte à toutes les dispositions précédentes que la Compagnie, ses Vaisseaux & marchandises seront exempts des droits d'Amirauté & de bris ; que ce sont des conditions sans lesquelles la Compagnie ne se seroit pas chargée d'un commerce très-onéreux & qui importe bien plus à la gloire du Roi & à la réputation de l'Etat qu'aux particuliers qui le font, & que par cette raison elles doivent seules être considérées, & sont cependant incompatibles avec ce que l'on prétend ; que comme tous ces mouvemens sont réglés par les ordres exprès de Sa Majesté, elle est directement subordonnée au Secrétaire d'Etat qui a le Département de la Marine, & que sa disposition ayant véritablement rapport à l'Etat, elle se trouve dans la nécessité au moment que ses Vaisseaux sont arrivés, de remettre entre ses mains tout ce qui est nécessaire pour lui donner une entiere connoissance de sa navigation & de son commerce, ce qu'elle ne pourroit pas faire si elle étoit assujettie à toutes les formalités ordinaires, qui sont contraires à son privilége & inutiles à son égard, puisqu'elle fait auprès du Roi ce que les autres font devant les Juges de l'Amirauté ; que depuis plus de 42 ans qu'elle est établie, elle n'a point été sujette à ces formalités, & que cette possession est décisive en sa faveur, sans que l'on puisse craindre les inconvéniens qu'on oppose, puisqu'il n'en est arrivé aucun depuis quarante-deux ans, quoiqu'elle n'ait point subi les formalités auxquelles on veut l'assujettir. Sur le second chef concernant les Congés & Commissions, la Compagnie pourra soutenir à ce qu'elle a expliqué sur le premier ; mais elle doit ajoûter qu'elle a par privilége spécial un Congé & une Commission perpétuelle par les articles XXVII & XXXVII de l'Edit de son établissement, qui porte qu'elle pourra naviger seule depuis le Cap de Bonne-Espérance jusques dans toutes les Indes & mers Orientales, équiper & armer tel nombre de Vaisseaux qu'elle verra bon être, soit de guerre ou de commerce : que quand on veut l'assujettir à prendre des Congés ou Commissions, & à les faire enregistrer à l'Amirauté, c'est pour exercer les droits de l'Amirauté, ce qui ne peut avoir lieu à son égard, puisque l'article XLIII de son Edit porte que la Compagnie, ses Vaisseaux & marchandises seront exempts des droits d'Amirauté ; & que l'on ne peut lui faire de difficulté sur ce sujet ; jusqu'à présent elle a pris des passeports de Sa Majesté qui ont toujours été accompagnés de l'attache de l'Amiral, outre que par tous les mémoires donnés sous son nom on est convenu qu'elle n'a pas besoin de prendre des passeports pour ses Vaisseaux ; & que son Edit en est un perpétuel, d'où il s'ensuit qu'il est aussi un Congé & une Commission perpétuelle. Sur le troisiéme chef, concernant le dixiéme des prises qu'elle n'a point payé depuis plus de quarante-deux ans qu'elle est établie, elle ose assurer que M. l'Amiral ne le prétendroit pas s'il étoit bien informé des conditions expresses auxquelles la Compagnie s'est chargée de son entreprise, ne s'agissant que des prises faites par la Compagnie au-delà de la ligne & dans les mers de sa concession ; que par l'apostille mise à côté de l'article XXII des conditions de son établissement, Sa Majesté lui a expressément accordé tous droits de Justice & d'Amirauté sur le fait de la Marine dans toute l'étendue des pays de sa concession ; que cet article seul pourroit suffire, ne se pouvant pas faire que la Compagnie ait tous les droits d'Amirauté, & que néanmoins elle doive le dixiéme, qui est le principal droit d'Amirauté, des prises par elle faites dans les mêmes pays ; que par l'article XXVIII de son Edit, confirmé par la Déclaration de 1685, Sa Majesté lui a accordé tous les droits utiles qui pourroient lui appartenir à cause de sa Souveraineté ; que la Compagnie ayant au lieu de Sa Majesté tous les droits utiles de Souveraineté dans toute l'étendue de sa concession, elle ne peut pas devoir le dixiéme des prises faites dans la même étendue, qui est un droit Royal, que M. l'Amiral ne prétend que comme représentant Sa Majesté ; que la Compagnie a, par l'article XXXI du même Edit, le pouvoir d'établir des Juges pour l'exercice de la Justice souveraine & de la Marine dans toute l'étendue de sa concession, & que les prises dont on demande le dixiéme, ont même été jugées par le Conseil souverain de Pondichery ; qu'ainsi bien loin qu'elle doive le dixiéme, qui est le principal droit d'Amirauté, elle a au contraire & exerce tous les droits d'Amirauté, la justice souveraine de la mer étant le plus éminent de ses droits ; que l'article XXXIX du même Edit porte expressément que s'il est fait aucunes prises par les Vaisseaux de la Compagnie sur les ennemis de l'Etat au-delà de la ligne & dans les mers des pays concédés, elles lui appartiendront, & seront jugées par les Officiers des lieux des mêmes pays, sauf l'appel à la Justice souveraine de la Compagnie ; que l'on ne peut disconvenir que cet article doive s'entendre sans qu'elle soit sujette au dixiéme, 1° parce que suivant les dispositions précédentes elle a dans toute sa concession tous les droits de Sa Majesté, & particulierement la Justice & tous les droits d'Amirauté ; 2° parce qu'autrement cet article XXXIX seroit inutile, & ne lui accorderoit rien au-delà de la ligne & dans les mers de sa concession, qu'elle n'ait de droit commun & sans aucun privilége, même en deça de la ligne & en quelque endroit que ce puisse être ; 3° parce qu'il est certain que les droits & l'autorité de la charge d'Amiral de France ne peuvent avoir lieu au-delà de la ligne, où, selon les loix de la mer on ne connoît ni livrée, ni couleurs, ni pavillons, où Sa Majesté n'a attribué aucun droit à l'Amiral de France, & où au contraire elle a attribué à la Compagnie tous les droits de Souveraineté & d'Amirauté, & que c'est par cette raison que l'article XXXIX de son Edit d'établissement lui accorde par distinction, mais indéfiniment & sans aucune charge du droit de dixiéme, les prises qu'elle fera au-delà de la ligne ; 4° parce que le même article porte que ces prises seront jugées souverainement par les Officiers de la Compagnie, d'où il s'ensuit nécessairement que l'Amiral n'a aucune jurisdiction ni aucun droit d'Amirauté au-delà de la ligne & dans l'étendue de la concession ; qu'enfin l'article XLIII de l'Edit de 1664, confirmé par la Déclaration de 1685, porte que la Compagnie, ses Vaisseaux & marchandises seront exempts des droits d'Amirauté & de bris, ce qui confirme tout ce qui a été dit, & fait voir que Sa Majesté a voulu que la Compagnie fût exempte des droits d'Amirauté, & cela est particulierement incontestable à l'égard des prises faites au-delà de la ligne & pour toute l'étendue de sa concession ; que la Compagnie a aussi une possession certaine qui explique & confirme ces titres, puisque depuis plus de quarante-deux ans qu'elle est établie, elle n'a point payé le dixiéme des prises qu'elle a faites ; que comme il ne s'agit que des prises faites au-delà de la ligne,

&

& qu'elles n'ont pas même été jugées en France, mais dans les pays de la concession de la Compagnie & par sa Justice souveraine, l'exemption du dixiéme à cet égard ne porte aucun préjudice aux droits ni à l'autorité de la charge d'Amiral; qu'il s'en faut beaucoup que les prises que la Compagnie fait puissent la dédommager de celles que les ennemis de l'Etat ont tant de fois fait sur elle, & qu'elle ne pourroit être assujettie à ce dixiéme, auquel elle n'a pas dû s'attendre, sans que cette charge la mit dans l'impossibilité de satisfaire aux grands engagemens qu'elle a avec le public, & de continuer son commerce : que comme les exemptions de la Compagnie lui ont été accordées en 1664, 19 ans avant que M. le Comte de Toulouse ait été pourvû de la charge d'Amiral, & dans un temps qu'il n'y avoit ni Amiral ni charge d'Amiral, cette charge, qui avoit été supprimée en 1626 & 1627, n'ayant été rétablie avec le titre & dignité d'Officier de la couronne, qu'en 1669, cinq ans après que la Compagnie a eu un droit acquis par l'Edit de 1664, on ne peut pas prétendre que l'Amiral ait rien souffert ni qu'il puisse y avoir lieu à une indemnité à son égard; que quand même la charge d'Amiral auroit subsisté dans le temps que la Compagnie a été établie, il ne pourroit en prétendre aucune, puisqu'auparavant cet établissement on ne faisoit ni navigation ni prise dans ces mers; que le dixiéme étant un droit Royal, il est par cette raison nécessairement compris dans tous les droits utiles appartenans à Sa Majesté à cause de sa souveraineté, qu'elle a expressément attribués à la Compagnie dans tous les pays de sa concession par l'article XXVIII de son Edit, & dans tous les droits d'Amirauté & de Justice souveraine de la Marine, que Sa Majesté lui a accordés par l'apostille de l'article XXII des conditions, & par l'article XXXI de l'Edit; que l'article XLIII du même Edit, qui porte que la Compagnie, ensemble ses Vaisseaux & marchandises, seront exempts des droits d'Amirauté & de bris, comprend non-seulement le corps de Vaisseaux & marchandises de la Compagnie, mais même la Compagnie en général; que l'exemption des droits

Tome II. Mm

d'Amirauté & de bris n'est point par rapport à l'exécution du droit de bris, une disposition difficile à entendre, vû que les livres sont pleins de dispositions faites par les réglemens sur les droits d'Amirauté & de bris conjointement; que si on veut que le Réglement de 1669, & l'Ordonnance de 1681 ayent dérogé à l'Edit de 1664 parce qu'ils sont postérieurs à cet Edit, il faut aussi convenir que la Déclaration de 1685, qui est le dernier titre général de l'établissement de la Compagnie, laquelle a été registrée, & a ordonné l'exécution de l'Edit de 1664, doit prévaloir & au Réglement de 1669, & à l'Ordonnance de 1681 auxquels elle est postérieure, & que l'abrogation portée par l'Ordonnance de 1681 de toutes les Ordonnances, coutumes, loix, statuts, réglemens, stiles & usages contraires à ses dispositions, ne peut avoir aucun effet à l'égard du privilége de la Compagnie qu'elle n'a point abrogé, & dont elle n'a point parlé, parce qu'il est de principe que les priviléges étant des dispositions particulieres, & des exceptions du droit commun, & étant par cette raison bien plus de fait que de droit, ils ne peuvent être abrogés ni détruits que par une dérogation expresse, & lors seulement qu'ils ont été revoqués nommément de la même maniere qu'ils ont été établis par une disposition expresse, & que le privilége ne peut recevoir aucun changement d'une abrogation générale & d'une clause de style ordinaire, telle que celle de l'Ordonnance de 1681; vû que ces abrogations & causes générales ne peuvent être appliquées qu'à ce qui est de droit, & non à ce qui est de fait, & ne regardent que le droit commun, & non pas des priviléges qui sont des exceptions du droit commun; ce qui est si vrai, que l'Ordonnance abroge bien les Ordonnances & les loix antérieures qui y sont contraires, mais non pas les priviléges antérieurs, même en général, bien loin qu'elle déroge au privilége de la Compagnie nommément & en particulier. Vû aussi les articles XXII & XXXV des propositions faites à Sa Majesté pour l'établissement de ladite Compagnie des Indes, & les apostilles étant à côté desdits articles signées de Sa Majesté, & arrêtées au Conseil le dernier Mai 1664 : l'Edit portant établissement de ladite Compagnie des Indes, donné au mois d'Août 1664, & régistré dans le cours du mois de Septembre suivant ; l'Edit de Sa Majesté, du mois de Janvier 1627, portant révocation & suppression de la charge d'Amiral de France : l'Arrêt du Conseil du 4 Mars 1664, par lequel Sa Majesté a entr'autres choses fait très-expresses défenses à tous Seigneurs, Gentilshommes & autres, de quelque état & condition qu'ils soient, de se dire & intituler Amiraux dans leur terres, ni d'exiger les droits d'Amirauté, ni d'affermer le droit de naufrage & bris, & à leurs Officiers de prendre aucune connoissance desdits bris & naufrages : l'Edit du mois de Novembre 1669, portant rétablissement & création de la charge d'Amiral de France : le réglement fait le douziéme du même mois de Novembre 1669, sur les pouvoirs, fonctions & droits de la charge d'Amiral de France : la Déclaration donnée au mois de Février 1685, & regiftrée dans les Cours, par laquelle Sa Majesté a ordonné que l'Edit du mois de Septembre 1664 de l'établissement de la Compagnie, seroit exécuté selon sa forme & teneur, pour le temps qui en reste à expirer : l'Arrêt du Conseil du dernier Juillet 1687, portant entr'autres choses que le Secrétaire général de la Marine sera tenu d'envoyer tous les deux mois au Secrétaire d'Etat ayant le département de la Marine, copie collationnée des états des Congés qui auront été distribués, & qui enjoint aux Procureurs de Sa Majesté dans les Siéges des Amirautés, d'envoyer tous les deux mois audit Secrétaire d'Etat des états des Congés de la Marine qui auront été enregistrés au Greffe : l'Arrêt du Conseil du 25 Juillet 1702, par lequel il est ordonné que les Vaisseaux & autres bâtimens appartenans aux particuliers, dont elle payera & nourrira les équipages, & nommera les Capitaines, seront exempts des droits de Congés & d'ancrage : l'Arrêt rendu au Conseil souverain de Pondichery le 25 Janvier 1704, qui a déclaré le navire le Cantorbery & sa cargaison de bonne prise, & les a con-

M m ij

fifqués au profit de la Royale Compagnie des Indes Orientales de France : l'Ordonnance du Conseil des prifes du 17 Novembre 1697, qui a déclaré le Vaiffeau de Vaumole de bonne prife, l'adjuge au fieur Defmonts, commandant le Vaiffeau le Pontchartrain, & en conféquence en ordonne la vente, & que le prix fera remis audit Defmonts, à la réferve du dixiéme appartenant à Monfieur le Comte de Touloufe, qui feroit délivré au Receveur de fes droits; le commandement étant enfuite dudit jugement fait aux Directeurs de la Compagnie des Indes Orientales le 3 Juillet 1700 de payer le dixiéme de la fomme de onze mille trois cens foixante-trois livres fix-fols, monnoye de Portugal, procédant de la vente dudit Vaiffeau le Vaumole & de fon chargement : la requête préfentée par Monfieur le Comte de Touloufe, Amiral de France, aux Juges de l'Amirauté de France, à ce que les Directeurs de ladite Compagnie fuffent affignés devant eux, & condamnés à remettre au receveur général de fes droits la fomme de onze cens trente-fix livres fix fols fept deniers, faifant le dixiéme defdites onze mille trois cens foixante & trois livres fix fols à lui dûe ; l'Ordonnance étant au bas de foient parties appellées à huitaine, du 14 Août 1700, & enfuite l'affignation donnée en conféquence aux Directeurs le 30 Août 1700 ; oui le rapport du fieur Comte de Pontchartrain, Secrétaire d'Etat ayant le département de la Marine : LE ROI ÉTANT EN SON CONSEIL, faifant droit fur le tout, & ayant aucunement égard aux demandes des parties, a ordonné & ordonne que l'Ordonnance de la Marine du mois d'Août 1681 fera exécutée felon fa forme & teneur pour les Vaiffeaux de la Compagnie des Indes Orientales ; & en conféquence que les Capitaines, Ecrivains & autres Officiers defdits Vaiffeaux feront affujettis à prendre des Congés & Commiffions en guerre, faire leurs rapports aux Officiers de l'Amirauté, leur remettre les papiers trouvés dans les prifes & les prifonniers, pour en faire les procédures, & généralement à ce qui eft prefcrit par ladite Ordonnance ainfi qu'il fe pratique pour tous les autres bâtimens des sujets de Sa Majesté, & pour ce qui concerne le dixiéme, Sa Majesté ayant égard à l'Edit du mois d'Août 1664, confirmé par la Déclaration du mois de Février 1685, elle a maintenu & confirmé ladite Compagnie des Indes Orientales, dans l'exemption du dixiéme de l'Amiral pour les prises qui ont été par elle ci-devant faites, ou qui se feront à l'avenir au-delà de la ligne seulement. Et à l'égard des prises qui ont été ou qui seront par elle faites à l'avenir en deça de la ligne, Sa Majesté les a déclarées sujettes audit droit, conformément à l'Ordonnance de 1681 du consentement de ladite Compagnie des Indes Orientales, que Sa Majesté a au surplus maintenue & confirmée dans ses priviléges & exemptions. FAIT au Conseil d'Etat du Roi, Sa Majesté y étant, tenu à Versailles, le vingt-six Novembre mil sept cent sept. *Signé* PHELYPEAUX.

LOUIS, PAR LA GRACE DE DIEU, ROI DE FRANCE ET DE NAVARRE : au premier des Huissiers de notre Conseil, ou autre Huissier ou Sergent sur ce requis. Nous te mandons & commandons par ces Présentes signées de notre main, que l'Arrêt dont l'extrait est ci-attaché sous le contre-scel de notre Chancellerie, ce jourd'hui rendu en notre Conseil d'Etat nous y étant, tu signifies à tous qu'il appartiendra, à ce qu'ils n'en prétendent cause d'ignorance, & fasses pour son entiere exécution tous commandemens, sommations & autres actes & exploits nécessaires, sans autre permission : car tel est notre plaisir. DONNE' à Versailles le vingt-sixiéme Novembre, l'an de grace mil sept cent sept, & de notre regne le soixante-cinquiéme. *Signé* LOUIS ; *Et plus bas*, Par le Roi, PHELYPEAUX. Et scellé du grand Sceau de cire jaune, & contre-scellé.

Le treiziéme Mars 1708 à la requête des sieurs Directeurs généraux de la Compagnie Royale des Indes Orientales, qui ont élu domicile en la maison de Maître Charles Aubry Avocat ès Conseils du Roi, demeurant Cloître & Paroisse saint Méderic, le présent Arrêt a été signifié, & d'icelui laissé copie aux fins y contenues, & de la Commission étant ensuite, signée & scellée à son Altesse Sérenissime Monseigneur le Comte de Toulouse, Amiral de France, au domicile du sieur Brossard son Tréforier, sis rue saint André des Arcs, parlant à son cocher, à ce qu'il n'en ignore, par nous Huissier ordinaire du Roi en ses Conseils. Signé HALLE'.

ARREST
DU CONSEIL D'ÉTAT
DU ROY,

Concernant les prises.

Du 26 Novembre 1707.

Extrait des Regiſtres du Conſeil d'Etat.

VU par le Roi étant en ſon Conſeil les requêtes préſentées, la premiere par le Procureur de ſa Majeſté en la commiſſion des priſes, tendante à ce qu'il lui plaiſe le recevoir appellant de l'Ordonnance rendue en mil ſix cent quatre-vingt-dix par les Officiers de la Compagnie Royale des Indes à Pondichery en ce qu'elle adjuge le Vaiſſeau le Montfort, & ſon chargement en entier aux Intéreſſés dans ladite Compagnie, & en conſéquence ordonner que Sa Majeſté ſera admiſe dans le partage du tout; ladite requête contenant que la flotte des Indes commandée par le ſieur Duqueſne, ayant pris dans ſa route au-delà de la ligne ledit Vaiſſeau le Montfort, il fut conduit à Pondichery, où il a été déclaré de bonne priſe & adjugé avec ſon chargement à la Compagnie par Ordonnance des Officiers qu'elle y a établi, de laquelle le Procureur de Sa Majeſté a interjetté l'appel dont il s'agit; fondé ſur ce que le droit commun des armemens, étant de partager également les priſes entre ceux qui y ont contribué, on ne peut refuſer à Sa Majeſté la part qui lui eſt dûe dans le Montfort, ſur lequel aux termes des Réglemens de 1674, & Ordonnance de 1689, elle a droit de prétendre outre la portion entiere que devoit emporter le Vaisseau l'Oiseau qu'elle avoit armé, le tiers de celle qui devoit revenir à deux autres qui lui appartenoient en propre. En effet quoique depuis ce temps-là Sa Majesté se soit réduite au cinquiéme des prises par le réglement de 1694; comme il est postérieur au fait dont il s'agit, il ne peut avoir d'effet rétroactif, ni être appliqué à une prise faite quatre ans auparavant; qu'il est vrai que la Compagnie est en droit de négocier seule dans les mers des Indes, mais il ne s'agit point de donner atteinte à ce privilége qui ne regarde que le commerce qui est l'unique objet de son établissement, & n'a aucun rapport à une prise faite en route par les Vaisseaux du Roi joints à ceux de la Compagnie; que le droit de propriété & de souveraineté qui lui est accordé dans les pays qu'elle pourra conquerir ne fait rien à la prétention qu'elle a sur le Vaisseau en question, la clause générale par laquelle il est accordé ne suffisant point pour établir un droit, outre qu'elle ne pourroit s'appliquer qu'aux effets ennemis trouvés dans les pays concédés, & non à ceux qui sont saisis en pleine mer & par des Vaisseaux du Roi; que c'est en vain qu'on oppose que Sa Majesté s'étant engagée de faire escorter à ses dépens les convois de ladite Compagnie, l'escorte ne doit point participer aux prises qui se font en route, puisque si ce motif étoit soutenable, il s'ensuivroit que le Roi n'auroit plus aucun droit sur celles qui se font par tous les Vaisseaux qu'elle donne pour escorter les Marchands François, ce qui n'est pas, & ladite Compagnie est d'autant plus mal fondée à demander cette extention de la grace qui lui a été faite, que sa Majesté s'est expliquée sur cette difficulté par l'Ordonnance du 19 Janvier 1692; qu'enfin le partage dont il s'agit est d'autant plus juste, qu'il se trouve un dépérissement considérable des Vaisseaux du Roi dans des voyages aussi longs, & qu'il s'y fait une consommation très-préjudiciable à Sa Majesté. La seconde requête présentée par les Directeurs de la Compagnie des Indes à ce qu'il plaise à Sa Majesté déclarer son Procureur en la Commission des priſes non recevable en ſon appel, & en conſéquence que le jugement rendu à Pondichery ſera exécuté, parce que cet appel eſt non-ſeulement irrégulier dans le fonds mais encore dans la forme, puiſque leur ayant été permis d'établir différens dégrés de Juriſdiction à Pondichery on ne peut ſe pourvoir contre l'Ordonnance rendue par le premier Juge ailleurs que devant le Tribunal ſupérieur établi au même lieu : l'irrégularité dans le fonds eſt auſſi évidente, en ce qu'on a pour objet de diſputer à la Compagnie, la propriété d'une priſe qui ne peut appartenir qu'à elle ſeule aux termes de ſon établiſſement ; en effet Sa Majeſté lui a non-ſeulement cédé tous ſes droits de propriété & de ſouveraineté dans les pays qu'elle pouvoit conquérir, mais encore accordé le privilége excluſif de naviger ſeule dans les Indes, en renonçant à tous les autres droits qui pouvoient lui appartenir à elle-même, & elle s'eſt expliquée en même temps ſur les priſes faites dans les mers des pays concédés auxquelles elle a déclaré ne rien prétendre, & en a remis le jugement aux Officiers établis par la Compagnie ; que c'eſt mal à propos qu'on ſuppoſe que cette diſpoſition n'a lieu que pour les priſes faites par les Vaiſſeaux de la Compagnie, étant certain que ſi cette reſtriction étoit admiſe on ne pourroit plus regarder comme un privilége la clauſe dont il s'agit, puiſqu'on n'a pas eu beſoin d'être autoriſé de Sa Majeſté pour avoir la propriété des priſes faites par les Vaiſſeaux de la Compagnie qui eſt un droit commun à tous les armateurs du Royaume. On convient que dans la priſe du Vaiſſeau le Montfort, ceux du Roi étoient joints à ceux de la Compagnie ; mais Sa Majeſté s'étant obligée de faire eſcorter ſes convoys à ſes propres dépens, & ne s'étant reſervée aucune part au profit, elle ne peut rien prétendre aux partages des priſes faites pendant le voyage qu'on doit d'autant moins envier à la Compagnie, qu'elles ne ſont qu'un dédommagement très-médiocre des pertes qu'elle a ſouffertes pendant la derniere & la préſente guerre. Vû auſſi les procédures faites par les Officiers de Pondichery ſur leſquelles eſt intervenue l'Ordonnance dont eſt appel, ladite Ordonnance rendue en 1690, enfemble tout ce qui a été remis par les parties refpectivement ; oui le rapport du fieur Comte de Pontchartrain, Secrétaire d'Etat ayant le département de la Marine, Le Roi e'tant en son Conseil, faifant droit fur l'appel interjetté par fon Procureur en la Commiffion des prifes, de l'Ordonnance rendue en 1690, par les Officiers de Pondichery, & fans s'arrêter à ladite Ordonnance, a ordonné & ordonne que ledit Vaiffeau le Montfort fera partagé entre fes Vaiffeaux & ceux de la Compagnie des Indes Orientales qui l'ont pris, & cependant Sa Majefté a, par grace & fans tirer à conféquence, remis à ladite Compagnie la portion qui pouvoit lui en revenir pour en difpofer ainfi que bon lui femblera. Fait au Confeil d'Etat du Roi, Sa Majefté y étant, tenu à Verfailles le ving-fix Novembre mil fept cent fept.

Signé Phelypeaux.

Traité fait avec Monsieur Jourdan.

Du 17 Décembre 1707.

LA Compagnie Royale des Indes Orientales ayant fait un traité avec M. Jourdan & Compagnie le 21 Avril 1706, par lequel elle lui accorde la permission d'envoyer des Vaisseaux négocier dans les pays de sa concession au-delà des détroits de la Sonde & de Malac, Isles Moluques & dans les ports de la Chine, à l'exception toutefois des ports de Canton & Nimpo, pour laquelle permission ledit sieur Jourdan & Compagnie auroit fourni à celle des Indes 30000 livres de billets, payables au porteur à la fin de Juillet dernier, signés de Messieurs Jourdan, Orceau, de la Live, de Lime, de la Fontaine & Barangue, &c. auquel traité la Compagnie de la Chine s'étant opposée, sous prétexte que celle des Indes n'avoit pas droit de donner des permissions pour aller négocier dans aucuns des ports de la Chine sans son consentement, ce qui auroit tenu une contestation entre la Compagnie & ledit sieur Jourdan, sur laquelle s'étant retirés par-devant M. le Haguais, Intendant du commerce, après avoir entendu les raisons de la Compagnie & celle du sieur Jourdan, la Compagnie prétendant toujours que son traité du 21 Avril 1706 devoit avoir lieu & être exécuté dans son entier, mondit sieur le Haguais avoit été d'avis que pour finir toutes les procédures commencées au Conseil, il convenoit bien mieux d'entrer en accommodement; que son avis étoit que la Compagnie des Indes rendit au sieur Jourdan les 25600 livres de billets qui restent entre ses mains desdites 30000 livres, que les 4400 liv. que la Compagnie a reçûes du sieur Reveillon, resteroient à la Compagnie; & que le sieur Jourdan & Compagnie fourniroient pour 20000 livres de contrats à la grosse sur cet armement, ensorte que les 30000 livres que ledit sieur Jourdan & Compagnie devoient payer, sont réduites à 24400 livres par cet avis ; ce que la Compagnie a bien voulu consentir, suivant l'avis de mondit sieur le Haguais, & en conséquence la Compagnie des Indes a rendu audit sieur Jourdan & Compagnie les 25600 liv. qui lui restent desdits billets de 30000 liv. en recevant pour 20000 liv. de contrats à la grosse aventure, tous dépens compensés de part & d'autre : en ce faisant, la Compagnie, conformément audit traité du 21 Avril 1706, consent & permet autant qu'il est en elle, audit sieur Jourdan & Compagnie d'aller faire sa négociation dans les pays & ports spécifiés par ledit traité, avec ses Vaisseaux la Princesse, l'Aurore, la Diligente, la Découverte & la Cornette, d'environ cent tonneaux, nommée l'Espérance, à condition qu'ils ne pourront faire de prises sur les Vaisseaux Maures & autres nations Indiennes sujettes du Mogol, quand même lesdits Vaisseaux porteroient pavillon des ennemis de la couronne, mais seulement sur les Vaisseaux Anglois & Hollandois, le tout à peine de confiscation des Vaisseaux & marchandises. Fait & signé triple à Paris au Bureau général de ladite Compagnie des Indes, le 17 Décembre 1707. *Signé* JOURDAN, SOULET, CHAMPIGNY, HELISSANT, LAPEYRONNIE & SANDRIER.

En exécution du traité ci-dessus transcrit, les sieur Jourdan & Compagnie ont payé à la Compagnie des Indes la somme de vingt-quatre mille quatre cens livres ; sçavoir, 4400 liv. qui ont été payées par le sieur Reveillon le dernier Juillet 1707, & 20000 liv. en contrats à la grosse aventure sur les Vaisseaux dénommés dans le traité ci-dessus, sous les noms des sieurs Roger & Touron, passés devant Gondin & Touvenot, Notaires au Châtelet de Paris, le 30 Novembre 1707, & signé de Messieurs Jourdan, la Lins, Piccourt, Delivré, Genêt, de Launay, Orceau, Barangue, de la Fontaine & Reveillon, laquelle somme de 4400 liv. & lesdites 20000 liv. de contrats à la grosse, dont la note est au bas de la présente, ont été remis au sieur le Noir Caissier, pour s'en charger en recette, & négocier lesdits contrats au plus grand avantage de la Compagnie.

Note desdits Contrats.

6 Contrats de 1000 liv. chacun sur l'Aurore.	6000 liv.
6 *Idem* de 1000 liv. sur la Princesse.	6000 liv.
5 *Idem* de 1000 liv. sur la Diligente.	5000 liv.
3 *Idem* de 1000 liv. sur la Découverte.	3000 liv.
20	20000 liv.

ARREST
DU CONSEIL D'ÉTAT
DU ROY,

QUI décharge la Compagnie de la taxe imposée par les Etats de Bretagne sur les maisons & casernes de l'Orient.

Du 14 Juillet 1708.

Extrait des Registres du Conseil d'Etat.

VU au Conseil d'Etat du Roi l'Arrêt rendu en icelui le 2 Juillet 1707 sur la requête qui a été présentée par les Directeurs généraux de la Compagnie Royale des Indes Orientales, tendant à ce qu'il plût à Sa Majesté les recevoir opposans aux commandemens, saisies, exécutions, garnisons & autres poursuites qui pourroient avoir été faites contre les Officiers & ouvriers de ladite Compagnie qui occupent les bâtimens, casernes & cabannes étant dans le parc & enclos du port de l'Orient; faisant droit sur leurs oppositions décharger purement & simplement ladite Compagnie des Indes, ses Directeurs, Officiers, ouvriers & matelots de toute taxe, imposition & levée pour les bâtimens, casernes & cabannes étant dans le parc & enclos du port de l'Orient, ensemble de tous frais, mises & dépens faits pour raison de ce, sauf aux Etats de Bretagne à percevoir sur les maisons de la ville ou bourg de l'Orient séparées du parc & enclos du Port, les dix-huit cens livres qui ont été impofées fur l'Orient, par lequel Arrêt Sa Majefté a renvoyé ladite requête au fieur Ferrand, Commiffaire départi pour l'exécution de fes ordres en Bretagne, pour après avoir oüi le Syndic de ladite Province & autres qu'il appartiendra, donner avis à Sa Majefté, & icelui rapporté être par elle ordonné ce que de raifon. La requête préfentée par les Directeurs de ladite Compagnie des Indes Orientales audit fieur Ferrand en exécution dudit Arrêt, à ce qu'il fût communiqué au fieur Procureur général, Syndic de la Province de Bretagne, & autres qu'il appartiendroit, & qu'il leur fût ordonné de donner leurs défenfes dans un bref délai à la requête inférée audit Arrêt, pour fur le tout être par ledit fieur Ferrand donné fon avis, & enfuite ordonné par Sa Majefté ce que de raifon, & cependant qu'il leur fût donné main-levée des garnifons qui pourroient avoir été mifes pour raifon de ladite impofition, & fait défenfes d'ufer des contraintes jufqu'à ce que par Sa Majefté il leur eût été définitivement fait droit ; au bas de ladite requête eft l'ordonnance dudit fieur Ferrand du 14 Octobre 1707, portant que ladite requête feroit communiquée au fieur de la Guibourgere, Procureur général, Syndic des Etats de Bretagne, pour fa réponfe vûe être ordonné ce qu'il appartiendra ; la réponfe faite par ledit Procureur général, Syndic de la Province, au bas defdites requête & ordonnance, fignée de Coetlogon, en date à Rennes du 11 Mai 1708 ; l'Arrêt du Confeil d'Etat rendu, Sa Majefté y étant, le 22 Juin 1706, par lequel Sa Majefté a confirmé les délibérations prifes par les gens des trois Etats de Bretagne, portant que pendant les années 1706. & 1707 il feroit levé une fomme de fept cens mille livres fur les maifons des Villes & gros Bourgs de cette Province pour les fommes qui devoient être payées à Sa Majefté, les rôles des Villes & Bourgs arrêté en conféquence, par lequel la ville ou bourg de l'Orient a été impofée ; la fommation ou dénonciation faite aux Officiers de ladite Compagnie des Indes par exploit du 20 Décembre 1706 par quelques habitans de l'enclos du port de l'Orient des commandemens à eux faits : l'Edit d'établiſſement de ladite Compagnie du mois de Septembre 1664, contenant ſes priviléges ; jugement de la reformation du Domaine de Bretagne du 18 Décembre 1683, qui a déchargé ladite Compagnie des lods & ventes de l'emplacement dudit port de l'Orient ; Arrêt du Conſeil d'Etat du 16 Octobre 1696, rendu ſur l'avis du ſieur de Nointel, Commiſſaire départi en la Province de Bretagne, par lequel Sa Majeſté a déchargé les Directeurs de ladite Compagnie des droits des lods & ventes contre elle prétendus pour raiſon de la vente du Vaiſſeau le Chriſtianus Quintus acheté par leſdits Directeurs, & a fait défenſes aux y dénommés & à tous autres de troubler à l'avenir ladite Compagnie dans l'exemption deſdits droits, à peine de tous dépens, dommages & intérêts, & l'avis dudit ſieur Ferrand du 25 du mois de Juin dernier, donné en exécution dudit Arrêt du Conſeil du 2 Juillet 1707 : oüi le rapport du ſieur Deſmarets, Conſeiller ordinaire au Conſeil Royal, Contrôleur général des Finances, LE ROI EN SON CONSEIL, faiſant droit ſur le tout, & conformément à l'avis dudit ſieur Ferrand, a déchargé & décharge les Directeurs de la Compagnie des Indes Orientales de l'impoſition de la ſomme de neuf cens cinquante-quatre livres dix-huit ſols, pour laquelle les maiſons du parc, enclos & bâtimens qui appartiennent à ladite Compagnie à l'Orient ont été compriſes dans le rôle arrêté par les habitans du bourg de l'Orient, montant à la ſomme de dix-huit cens livres, ſans néanmoins que ladite ſomme de neuf cens cinquante-quatre livres dix-huit ſols puiſſe être rejettée ſur les propriétaires des autres maiſons du bourg de l'Orient, & en conſéquence ordonne Sa Majeſté qu'il en ſera fait diminution ſur ladite ſomme de dix-huit cens livres, & qu'elle ſera paſſée & allouée à la décharge du bourg de l'Orient dans la dépenſe des comptes du Tréſorier général des Etats de la Province de Bretagne. FAIT au Conſeil d'Etat du Roi, tenu à Fontainebleau le quatorze Juillet mil ſept cent huit. *Signé* RANCHIN.

Demande

Demande au Roi de remettre le privilége de la Compagnie à quelqu'autre.

Du 4 Août 1708.

LA Compagnie ayant fait des efforts infinis pour soutenir son commerce pendant vingt années de guerre, & ayant souffert dans cet intervalle des pertes immenses, elle a fait au mois de Juillet 1706 un dernier effort pour envoyer trois Vaisseaux à la mer du Sud, qui devoient passer aux Indes avec une cargaison considérable ; mais la traite à la mer du Sud ayant été fort désavantageuse, & les Commandans des Vaisseaux ayant pris le parti d'en ramener deux en France & de n'en envoyer qu'un aux Indes, ceux qui sont revenus se sont trouvés chargés d'une grosse dont le capital & le profit maritime montent à cinq cens mille livres au-delà de ce que ces deux Vaisseaux rapportent, ce mauvais succès ruinant absolument la Compagnie, & la mettant hors d'état de continuer son commerce, les Directeurs ont eu l'honneur de rendre compte à Monseigneur le Comte de Pontchartrain de la situation où elle se trouve, & de le supplier très-humblement d'avoir la bonté d'en informer le Roi, & de faire agréer à Sa Majesté que la Compagnie lui remette son privilége & ses établissemens, & de faire examiner par les Commissaires de Sa Majesté ce qui est à faire pour tirer les Intéressés de l'oppression où ils seront, & pourvoir aux moyens de faire continuer ce commerce par ceux des sujets de Sa Majesté qui sont les plus capables de soutenir une si importante entreprise.

Monseigneur le Comte de Pontchartrain ayant eu la bonté de prendre les ordres de Sa Majesté sur cette affaire, a jugé à propos de jetter les yeux sur Messieurs de S. Malo, comme étant des plus considérables Négocians du Royaume, & leur a mandé de députer ici quelques-uns d'eux, pour entrer en propofition avec la Compagnie des Indes, & traiter de fon privilége & de fes effets.

Meffieurs de S. Malo ont pour cela député cinq d'entr'eux, lefquels s'étant affemblés chez M. le Hagais, Confeiller d'honneur en la Cour des Aydes, Intendant du commerce, où quelques-uns des Directeurs ont été mandés, l'affaire a commencé d'être difcutée, ce qui a depuis continué en différentes féances chez M. Dagueffeau, Confeiller d'Etat ordinaire & au Confeil Royal des Finances, où les mémoires & états de la Compagnie ont été examinés & remis par mondit fieur Dagueffeau à Meffieurs les Députés de faint Malo, pour prendre une entiere connoiffance de cette affaire, & fe mettre en état de faire à la Compagnie des propofitions convenables ; & comme il y a lieu de croire que cette négociation, commencée par les ordres du Roi & de Monfeigneur le Comte de Pontchartrain, fera conduite à fa fin, & qu'il eft à propos que ceux qui feront appellés à ces conférences pour la Compagnie foient munis de pouvoirs fuffifans pour continuer la négociation & traiter du privilége & des effets de la Compagnie, en cas que Meffieurs de faint Malo faffent des propofitions convenables, Meffieurs Soulet, Tardif & de Champigny ont été priés (fous le bon plaifir de Monfeigneur le Comte de Pontchartrain) d'affifter aux conférences qui fe tiendront à ce fujet, & la Compagnie leur a donné plein pouvoir de faire & dire tout ce qu'ils croiront néceffaire pour la plus parfaite inftruction de Meffieurs les Députés de S. Malo, de leur faire telles propofitions qu'ils jugeront à propos, & de recevoir celles qui feront faites par Meffieurs de S. Malo, pour être lefdites propofitions réciproques rapportées à la Compagnie, & pris par les Directeurs & autres Intéreffés telles réfolutions qu'ils jugeront convenables. Arrêté au Bureau général de la Compagnie ce 4 Août 1708.

Enfuit le pouvoir mentionné dans la délibération ci-deffus.

LA Compagnie ayant pour les causes & considérations portées en sa délibération de ce jour, résolu de remettre au Roi son privilége & ses établissemens, & supplier très-humblement Sa Majesté d'avoir la bonté de pourvoir au payement de ses dettes, & de tirer les Intéressés de leur engagement ; Sa Majesté voulant que le commerce des Indes soit continué par ceux de ses sujets qui seront les plus capables de soutenir une si importante entreprise, Messieurs de la ville de saint Malo ont eu ordre de députer quelques-uns d'entr'eux pour entrer en négociation avec la Compagnie ; & comme il est nécessaire que ceux des Directeurs qui seront appellés aux conférences qui se tiendront à ce sujet soient munis de pouvoirs suffisans, la Compagnie a prié, sous le bon plaisir de Monseigneur le Comte de Pontchartrain, Messieurs Soulet, Tardif & de Champigny d'assister à ces conférences, de faire & recevoir telles propositions qu'ils jugeront à propos, pour être lesdites propositions rapportées à la Compagnie, & être pris par les Directeurs & autres Intéressés telles résolutions qu'ils jugeront convenables. Fait à Paris au Bureau général de la Compagnie des Indes le 4 Août 1708. *Signé* DESVIEUX, PELETIER, LE FEBVRE, BAR, LE MERCIER, HELLISSANT, DE LAGNY, FOUCHEVOLE, LANDAIS, LAPEYRONNIE, DODUN *&* SANDRIER.

ARREST
DU CONSEIL D'ÉTAT
DU ROY,

PORTANT *qu'il sera tenu une Assemblée dans deux mois des Directeurs & Actionnaires de la Compagnie des Indes Orientales, en présence de Monsieur le Prévôt des Marchands.*

Du 6 Novembre 1708.

Extrait des Registres du Conseil d'Etat.

LE Roi étant informé que les créanciers de la Compagnie des Indes Orientales sollicitent avec plus d'empressement que par le passé le payement des billets de cette Compagnie, que les Directeurs paroissent plus embarrassés pour y satisfaire, & prennent de nouvelles inquiétudes à proportion que leurs créanciers sont plus pressans, & que les Actionnaires sont désunis d'avec les Directeurs, Sa Majesté a été d'autant plus surprise de l'impatience des créanciers, du découragement des Directeurs & de la division des Actionnaires, qu'elle sçait que jamais la Compagnie n'a été dans une meilleure situation : qu'elle a payé depuis 1702 la plus grande partie de ses dettes & de très-gros intérêts avec beaucoup d'exactitude : qu'elle doit huit millions moins qu'elle ne devoit alors, & que dans le tems qu'elle étoit infiniment plus chargée de dettes qu'elle n'est, ses créanciers n'en ont eu aucune allarme ni souffert aucun préjudice : que cependant elle n'a pas laissé d'augmenter depuis peu d'années ses établissemens aux Indes à tel point que ses forteresses sont les plus considérables de l'Inde, & qu'il seroit difficile de les estimer leur juste valeur : que tout cela s'est fait par l'utilité de son commerce, & nonobstant les grandes pertes que la guerre lui a causées depuis plus de vingt ans : qu'elle attend actuellement des retours des Indes qui pourroient lui donner le moyen d'acquitter une bonne partie de ce qu'elle doit, si pour soutenir une entreprise de cette nature, on n'étoit pas obligé de faire de nouveaux envois : que d'ailleurs la Compagnie n'a jamais reçu tant de marques effectives de la bonté de Sa Majesté & de sa protection : que l'intention de Sa Majesté est de la lui continuer, de rendre son commerce florissant, & de lui procurer toute l'étendue qu'il pourra avoir, quand il aura plû à Dieu de donner la paix à l'Europe : que dans cette situation & avec ces espérances, les créanciers ont lieu d'être plus tranquilles, & tous les Intéressés doivent être unanimement déterminés à prendre avec plus de confiance des engagemens qui sont sans péril. Et comme le commerce des Indes est moins l'affaire des particuliers qui en sont chargés, que celle de l'Etat; que Sa Majesté le regarde comme une entreprise qui intéresse la Religion, la gloire & l'honneur de la nation ; qu'il est très-important pour le Royaume de soutenir ce commerce si avantageux : que le même zele qui a fait naître à Sa Majesté le désir d'introduire & d'établir dans cette partie de l'univers la Religion Catholique, lui fait encore souhaiter de l'y maintenir & de l'étendre ; en cet état le public ni les créanciers de la Compagnie ne doivent pas craindre que Sa Majesté souffre que tant de vûes si élevées, si pieuses, & en même-temps si importantes, soient troublées par les intérêts de quelques particuliers rarement unis entre eux, lorsqu'ils se trouvent dans des engagemens dont ils ne tirent pas une utilité présente. Sa Majesté désirant par toutes ces raisons être parfaitement instruite de tout ce qui peut concerner ce commerce, & des différens expédiens qui feront jugés néceffaires pour le foutenir; & voulant donner à la Compagnie de nouvelles marques de la protection dont elle l'a toujours honoré, SA MAJESTÉ ÉTANT EN SON CONSEIL, a ordonné & ordonne que dans deux mois il fera tenu une affemblée générale des Directeurs & des Syndics des Actionnaires de la Compagnie des Indes Orientales, en préfence du fieur Prévôt des Marchands de la ville de Paris, pour recueillir les différens expédiens qui feront propofés & jugés néceffaires pour foutenir & augmenter le commerce de la Compagnie, & lui donner un nouveau crédit, pour être le tout remis aux Commiffaires nommés par Sa Majefté, & fur l'avis defdits Commiffaires être par Sa Majefté ordonné ce qu'il appartiendra par raifon. FAIT au Confeil d'Etat du Roi, Sa Majefté y étant, tenu à Marly le fixiéme Novembre mil fept cent huit. *Signé* PHELYPEAUX.

LOUIS, PAR LA GRACE DE DIEU, ROI DE FRANCE ET DE NAVARRE: au premier notre Huiffier ou Sergent fur ce requis. Nous te mandons & commandons que l'Arrêt ci-attaché fous le contre-fcel de notre Chancellerie, ce jourd'hui donné en notre Confeil d'Etat, nous y étant, tu fignifies aux Directeurs & Syndics des Actionnaires de la Compagnie des Indes Orientales & autres qu'il appartiendra, & que tu faffes tous commandemens & autres actes dont tu feras requis en vertu dudit Arrêt & des Préfentes fans autre permiffion; car tel eft notre plaifir. DONNÉ à Marly le fixiéme jour de Novembre l'an de grace mil fept cent huit, & de notre regne le foixante-fixiéme. *Signé* LOUIS. *Et plus bas*; par le Roi, PHELIPEAUX. Scellé du grand Sceau de cire jaune, & contre-fcellé.

ARREST
DU CONSEIL D'ÉTAT
DU ROY,

QUI ordonne l'exécution de l'Arrêt du 6 du présent mois, & qui sursoit toutes les poursuites faites contre les Directeurs de la Compagnie des Indes Orientales.

Du 12 Novembre 1708.

Extrait des Registres du Conseil d'Etat.

LE Roi ayant ordonné par Arrêt du 6 de ce mois que dans deux mois il sera tenu une assemblée générale des Directeurs & des Syndics des Actionnaires de la Compagnie des Indes Orientales, en présence du sieur Prévôt des Marchands de la ville de Paris, pour recueillir les différens expédiens qui seront proposés & jugés nécessaires pour soutenir & augmenter le commerce de la Compagnie, & lui donner un nouveau crédit, pour être le tout remis aux Commissaires nommés par Sa Majesté, & sur leur avis être ordonné ce qu'il appartiendra par raison. Et Sa Majesté ayant depuis considéré que pour parvenir aux fins qu'elle s'est proposée en rendant ledit Arrêt, qui sont de régler l'ordre, la police & l'état de ladite Compagnie, d'augmenter son commerce, & de chercher les expédiens les plus convenables pour en acquitter les dettes, il étoit nécessaire de connoître les effets de ladite

Compagnie, leur valeur préfente & les dettes dont elle fe trouve chargée, & de prévenir le défordre que quelques créanciers inquiets pourroient caufer dans les affaires de ladite Compagnie par les procédures & les frais qu'ils pourroient faire, qui bien loin de procurer le payement des fommes à eux dûes, ne ferviroient qu'à l'éloigner & le rendre plus difficile. A quoi Sa Majefté voulant pourvoir & profiter du délai porté par ledit Arrêt, pour ne pas retarder les bons effets qui en doivent réfulter, foit pour l'avantage & l'augmentation du commerce de ladite Compagnie, foit pour le payement de fes créanciers: vû ledit Arrêt du 6 de ce mois, LE ROI E'TANT EN SON CONSEIL, a ordonné & ordonne que dans les deux mois portés par ledit Arrêt du 6 de ce mois, les Directeurs de ladite Compagnie des Indes Orientales feront tenus de dreffer un état des effets de ladite Compagnie, & de leur eftimation & valeur préfente; comme auffi un état des dettes paffives de ladite Compagnie fur chacun des articles, duquel fecond état ils cotteront les délibérations prifes pour l'emprunt des fommes y mentionnées, & les comptes & les autres piéces néceffaires pour en juftifier l'emploi au profit de ladite Compagnie; lefquels états certifiés par eux, ils feront tenus de remettre avec les regiftres, comptes & autres piéces, pardevant les fieurs Dagueffeau, Confeiller d'Etat ordinaire & au Confeil Royal des Finances; Phelypeaux de Pontchartrain, Confeiller de Sa Majefté en tous fes Confeils, Secrétaire d'Etat & de fes commandemens; Bignon, Bechameil de Nointel & Rouiller du Coudray, Confeillers d'Etat ordinaires; Defmarets, Confeiller ordinaire au Confeil Royal, Contrôleur général des Finances; & Boucher d'Orfay, Maître des Requêtes, Intendant du commerce, que Sa Majefté a commis & commet pour les examiner & donner leur avis fur la liquidation & acquittement defdites dettes, & généralement fur tout ce qui concernera l'exécution tant dudit Arrêt du 6 de ce mois que du préfent: & cependant ordonne Sa Majefté qu'il fera furfis à toutes pourfuites, contraintes & exécutions pour

raifon

raison desdites dettes sur les effets de ladite Compagnie, & sur les personnes & biens desdits Directeurs, en vertu d'aucuns jugemens obtenus & à obtenir, sauf auxdits créanciers à se pourvoir pardevant lesdits sieurs Commissaires, & y former telle demande que bon leur semblera : leur fait Sa Majesté défenses de procéder ailleurs, à peine de nullité & de tous dépens, dommages & intérêts. FAIT au Conseil d'Etat du Roi, Sa Majesté y étant, tenu à Versailles le douze Novembre mil sept cent huit. *Signé* PHELYPEAUX.

LOUIS, PAR LA GRACE DE DIEU, ROI DE FRANCE ET DE NAVARRE : au premier notre Huissier ou Sergent sur ce requis. Nous te mandons que l'Arrêt qui commet les sieurs Commissaires de notre Conseil pour examiner les affaires des Directeurs de la Compagnie des Indes Orientales, ci-attaché sous le contre-scel de notre Chancellerie, ce jourd'hui rendu en notre Conseil, nous y étant, tu signifies à qui il appartiendra, & qu'à la requête desdits Directeurs tu fasses en conséquence dudit Arrêt & des Présentes, toutes significations, sommations, contraintes & autres actes que besoin sera, sans autre permission ; car tel est notre plaisir. DONNÉ à Versailles le douziéme Novembre, l'an de grace mil sept cent huit, & de notre regne le soixante-sixiéme. *Signé* LOUIS. *Et plus bas* ; par le Roi, PHELYPEAUX. Scellé du grand Sceau de cire jaune, & contre-scellé.

L'AN mil sept cent   le   jour de   par vertu de l'Arrêt du Conseil d'Etat & commission sur icelui, *signé, scellé & contre-scellé, dont copie est ci-devant, à la requête desdits sieurs Directeurs de la Compagnie de Indes, pour lesquels domicile est élû en leur Bureau, rue Pavée, Paroisse saint Sauveur, lesdits Arrêt & commission ont été par moi Nicolas-Gaspard Boucault, Huissier-Priseur au Châtelet de Paris, y demeurant rue saint Martin, soussigné, montré, signifié & laissé cette copie à*

à ce qu'il n'en ignore, & *lui ai fait & réitéré les surséances & défenses y portées, sur les peines y contenues.*

Tome II.   P p

Concordat entre la Compagnie & Monsieur Crozat, & consorts.

Du 1 Décembre 1708.

Article premier.

NOUS soussignés sommes convenus, sous le bon plaisir du Roi, de ce qui suit; sçavoir,

Nous Nicolas Soulet, Louis Desvieux & Louis-François Mousle de Champigny, Directeurs de la Compagnie des Indes Orientales, tant pour nous que pour les autres Directeurs & Intéressés en ladite Compagnie, dont nous nous faisons & portons fort

II.

De donner à Monsieur Crozat, tant pour lui que pour Messieurs de la Lande Magon pere & fils, dont il se fait & porte fort, la permission d'envoyer aux Indes un ou deux Vaisseaux dans le mois de Janvier prochain, pour y négocier dans les comptoirs d'Ougly, Pondichery & autres de la côte de Coromandel ou Malabare, les marchandises que ledit sieur Crozat jugera à propos.

III.

D'ordonner aux Commis de la Compagnie de rendre aux Armateurs tous les services qu'ils pourront pour l'achat des marchandises du pays & la vente de celles de France.

IV.

A condition que la Compagnie n'accordera point d'autre permission particuliere pour la côte de Coromandel, Malabare, que pour partir après le dernier Juillet prochain.

V.

Qu'il sera permis aux Armateurs d'embarquer les piastres nécessaires pour leur cargaison, à la charge d'en faire remettre autant dans le Royaume.

VI.

Que la Compagnie garantira les Armateurs des évenemens qui pourroient arriver sur leurs navires & effets à Pondichery au sujet des dettes de la Compagnie, sans qu'elle puisse se servir contre ledit sieur Crozat d'Arrêt de surséance.

VII.

Que les marchandises qui seront rapportées des Indes seront déchargées en présence des Préposés de la Compagnie, & vendues en France par les Armateurs au plus offrant & dernier enchérisseur, en présence d'un des Directeurs avec le privilége de la Compagnie pour les droits; pourquoi ledit sieur Crozat sera tenu de remettre à la Compagnie avant la décharge desdits Vaisseaux la facture des Indes, certifiée par les chefs des comptoirs des Indes.

VIII.

Que la Compagnie aura la liberté de faire rapporter sur ces deux Vaisseaux sans fret la quantité de 10 tonneaux de marchandises des Indes.

IX.

Qu'il sera payé à la Compagnie 15 pour cent du montant de la vente des marchandises en France, sans aucune déduction; comme aussi de celles provenant des prises.

X.

Et outre ce 10 pour cent de toutes les prises qui seront faites au-delà de la ligne par lesdits Vaisseaux, & non en-deça.

XI.

Que la Compagnie se reservera les tonneaux d'aller & de retour.

XII.

Que les Armateurs joüiront des priviléges dont joüit la Compagnie des Indes Orientales, tant pour la sortie des marchandises qu'ils chargeront pour envoyer aux Indes, que des droits d'entrée au retour sur celles qu'ils apporteront : pourquoi le présent traité sera, sous le bon plaisir du Roi, homologué au Conseil.

XIII.

Et moi Crozat m'oblige d'exécuter & de faire exécuter par lesdits sieurs la Lande Magon les conditions du présent traité.

Fait & arrêté double à Paris au Bureau général de la Compagnie le premier Décembre 1708. *Signé* SOULET, DESVIEUX, MOUFLE DE CHAMPIGNY & CROZAT.

Nous sommes convenus qu'il sera permis audit Crozat de joindre aux deux Vaisseaux ci-dessus une patache de 8 ou 10 canons, pour servir de bâtiment d'avis, & l'envoyer dans les Ports ou rivieres des Indes qu'il sera jugé à propos, aux mêmes clauses & conditions du traité ci-dessus.

Fait & arrêté double à Paris au Bureau de ladite Compagnie le 19 Décembre 1708. *Signé* SOULET, DESVIEUX, TARDIF, PELETIER, LE MERCIER, MOUFLE DE CHAMPIGNY, HELISSANT, SANDRIER, DE CHARMOY & CROZAT.

Il a été de plus arrêté qu'en exécution du traité ci-dessus, le sieur Crozat, tant pour lui que pour les sieurs de la Lande Magon pere & fils, ne pourront faire des prises que sur les ennemis de l'Etat, & non sur les Indiens ni sur les Vaisseaux Maures. *Signé* CROZAT.

Vu par le Roi étant en son Conseil le concordat fait entre les Directeurs de la Compagnie des Indes Orientales & le sieur Crozat, tant pour lui que pour les sieurs

Magon pere & fils, le premier Décembre 1708, pour les permissions que ladite Compagnie accorde audit sieur Crozat d'envoyer deux Vaisseaux aux Indes dans le mois de Janvier prochain, contenant treize articles, par le douziéme desquels il est porté que, sous le bon plaisir de Sa Majesté, ledit concordat sera homologué par Arrêt du Conseil: oui le rapport du sieur Desmarets, Conseiller ordinaire au Conseil Royal, Contrôleur général des Finances, LE ROI ETANT EN SON CONSEIL, a homologué & homologue le concordat passé entre les Directeurs de la Compagnie des Indes Orientales & le sieur Crozat, tant pour lui que pour les sieurs de la Lande Magon pere & fils; ordonne qu'il sera exécuté selon sa forme & teneur, & qu'il demeurera annexé à la minute du présent Arrêt, à condition cependant que lesdits sieurs Crozat & de la Lande Magon pere & fils ne pourront faire rapporter en France que les sortes de marchandises des Indes que la Compagnie a la liberté d'y vendre, si ce n'est à la charge de les faire sortir à l'étranger. FAIT au Conseil d'Etat du Roi, Sa Majesté y étant, tenu à Versailles le quinze Décembre mil sept cent huit. *Signé* PHELYPEAUX.

Installation de Monsieur Bignon, Prévôt des Marchands.

Du 29 Décembre 1708.

MONSEIGNEUR le Comte de Pontchartrain a fait l'honneur à la Compagnie de venir au Bureau sur les trois heures de relevée, accompagné de M. le Prévôt des Marchands, où ayant pris séance, & après lui toute l'assemblée, il a dit qu'il avoit amené M. Bignon, Prévôt des Marchands, son cousin germain, pour l'installer.

Qu'il avoit différé de le faire, parce qu'il y avoit lieu de douter que la Compagnie pût encore se soutenir après toutes les disgraces qui lui sont arrivées; mais que comme le Roi avoit la bonté de l'honorer d'une protection particuliere, & d'entrer dans tous les différens expédiens qui ont été proposés à Sa Majesté pour rétablir & augmenter son commerce, on pouvoit espérer qu'aidée & soutenue de tout ce qui pourroit la secourir, M. le Prévôt des Marchands la laisseroit, en sortant de sa place, en meilleur état qu'il ne la trouvoit, & qu'il répondoit de son zele & de son application pour tout ce qui seroit de l'intérêt de la Compagnie : que quoiqu'elle fût dans un état très-violent, il étoit certainement très-différent du passé, puisqu'elle a bien payé depuis quelques années plus de huit millions de dettes, & les intérêts.

Monsieur le Prévôt des Marchands a remercié Monseigneur de l'honneur qu'il lui avoit fait de l'installer pour Président en son absence aux assemblées, l'a assuré qu'il étoit très-sensible à toutes les marques qu'il recevoit de sa confiance & amitié ; que la liaison du sang, l'agrément de la relation, le devoir de son ministere & l'intérêt de la Compagnie, le porteroit toujours à faire pour la Compagnie tout ce qui dépendroit de lui, & qu'il donneroit à ses affaires toute son attention.

Ensuite de quoi Monseigneur a dit qu'il se porteroit volontiers à protéger la Compagnie quand il seroit bien informé par M. le Prévôt des Marchands que les Directeurs feroient de leur côté tout ce qu'ils devroient pour soutenir & reparer les infortunes : que pour parvenir aux vûes qu'on se propose, il avoit été jugé nécessaire de rendre deux Arrêts consécutifs.

L'un du 6 Novembre dernier, qui ordonne que dans deux mois il sera tenu une assemblée générale des Directeurs & des Syndics des Actionnaires de la Compagnie des Indes Orientales, en présence de M. le Prévôt des Marchands de la ville de Paris, pour recueillir les différentes expéditions qui seront proposées & jugées nécessaires pour soutenir & augmenter le commerce de ladite Compagnie, & lui donner un nouveau crédit, pour être le tout remis aux Commissaires nommés par Sa Majesté, & sur l'avis desdits Commissaires être par Sa Majesté ordonné ce qu'il appartiendra pour raison.

L'autre du 12 Novembre, qui ordonne que dans les deux mois portés par ledit Arrêt du 6, les Directeurs de ladite Compagnie des Indes Orientales seront tenus de dresser un état des effets de ladite Compagnie, & de leur estimation & valeur présente ; comme aussi un autre état des dettes passives de ladite Compagnie, sur chacun des articles duquel second état ils cotteront les délibérations prises pour l'emprunt des sommes y mentionnées, & les comptes & les autres piéces nécessaires pour en justifier l'emploi au profit de ladite Compagnie, lesquels états certifiés par eux, ils seront tenus de remettre avec les regîtres, comptes & autres piéces par-devant les Commissaires nommés par Sa Majesté, & cependant ordonne qu'il sera sursis à toutes poursuites, contraintes & exécutions pour raison desdites dettes, sur les effets de ladite Compagnie & sur les personnes & biens desdits Directeurs, en vertu d'aucuns jugemens obtenus & à obtenir, sauf auxdits créanciers à se pourvoir par-devant lesdits sieurs Commissaires & y fournir telles demandes que bon leur semblera.

Qu'il s'agit de satisfaire à ces deux Arrêts, & d'en suivre l'exécution.

Qu'il prie M. le Prévôt des Marchands d'y veiller, & les Directeurs de travailler en conformité.

Traité entre la Compagnie & les Sieurs Crozat, Beauvais le Fer, & consorts.

Du 22 Avril 1709.

Article Premier.

NOus soussignés Directeurs de la Compagnie des Indes Orientales, tant pour nous que pour les autres Directeurs & Intéressés en ladite Compagnie, dont nous nous faisons & portons fort, sommes convenus sous le bon plaisir du Roi, de donner permission à Messieurs Crozat,

Beauvais le Fer, du Colombier Gris & Chapdelaine, d'envoyer dans le cours de la présente année, ou dans le commencement de l'année prochaine quatre Vaisseaux & plus s'ils le jugent à propos à Suratte, & dans toute la côte de Malabare, à Pondicheri, & dans toute la côte de Coromandel, dans le Gange, à l'Isle de Bourbon, & dans les autres comptoirs de la Compagnie aux Indes, pour y faire commerce, à la charge de payer à la Compagnie dix pour cent du montant de la vente des marchandises qu'ils rapporteront des Indes en France sans aucune déduction.

II.

Que sur les prises qui seront faites, tant en deçà qu'au delà de la ligne, pendant ce voyage, il sera payé à ladite Compagnie sur le montant de la vente qui en sera faite, tant en France qu'aux Indes; sçavoir, cinq pour cent pour celles qui seront faites en deçà de la ligne, & quinze pour cent de celles qui seront au-delà de la ligne, y compris le dixiéme de l'Amiral, appartenant à la Compagnie au delà de la ligne, conformément à la Déclaration de 1664, & l'Arrêt du 26 Novembre 1707, le payement desquels cinq & quinze pour cent dans les cas susdits, sera fait en France sur les comptes qui en auront été faits dans les endroits où les prises auront été vendues; sçavoir, les dix des quinze pour cent pour les prises au-delà de la ligne, comme se paye le dixiéme à Monseigneur l'Amiral, & les cinq de l'excédent de même que les cinq en deçà de la ligne, sur ce qui reviendra aux Armateurs, les frais déduits; & cependant si les marchandises des prises étoient vendues aux Indes, les droits des quinze & cinq pour cent ci-dessus stipulés en faveur de la Compagnie, seront retenus & laissés aux Indes, & prélevés comme il est dit ci-dessus.

III.

Sera permis aux Officiers majors & mariniers, lesquels seront choisis par lesdits sieurs Armateurs, de porter entre
eux

eux jufqu'à quinze mille livres de pacotilles fur chacun Vaiffeau, dont les retours en marchandifes feront vendues, conjointement avec les marchandifes de la cargaifon, & fur le montant de la vente defdites pacotilles, il fera payé à ladite Compagnie des Indes cinq pour cent fans aucune déduction.

IV.

POURRONT lefdits Armateurs envoyer dans la préfente année & la fuivante tels autres Vaiffeaux qu'ils jugeront à propos dans la mer rouge, & autres endroits de la conceffion de la Compagnie, à la charge de rapporter en France & non ailleurs les marchandifes qu'ils tireront de ces différens endroits, & de payer à la Compagnie dix pour cent du montant des ventes en France, fans aucune déduction, & aux autres claufes & conditions du préfent Traité, fans cependant qu'ils puiffent aller une feconde fois à la côte de Malabare, de Coromandel, & dans la riviere du Gange, à peine de confifcation des Vaiffeaux & des marchandifes.

V.

S'IL eft fait des prifes dans ces voyages, la Compagnie y aura les mêmes droits qui ont été ci-deffus ftipulés.

VI.

LES Armateurs defdits Vaiffeaux ou leurs propofés, payeront feulement les mêmes droits que la Compagnie a coutume de payer aux Indes, & feront exempts de ceux qui appartiennent à ladite Compagnie dans les établiffemens qu'elle a faits à Pondicheri, & autres endroits des Indes, pourquoi lefdits fieurs Directeurs feront tenus de donner aux Armateurs defdits Vaiffeaux à leur départ des ordres par écrit à leurs Directeurs & Commis aux Indes, de recevoir les Officiers defdits Vaiffeaux, & de les affranchir des droits qui leur appartiennent; & fi au préjudice defdits ordres il étoit payé aucun defdits droits, le double de ce qui fe trouvera avoir été payé, fera déduit à ladite Compagnie sur les dix pour cent à elle ci-devant accordés.

VII.

Les droits que Sa Majesté a la bonté de faire à la Compagnie pour chaque tonneau de marchandises allant & venant des Indes, appartiendront à la Compagnie, pourquoi les Armateurs donneront un état des marchandises qu'ils porteront de France aux Indes.

VIII.

La Compagnie des Indes ne pourra sous quelque prétexte que ce puisse être envoyer des Vaisseaux aux Indes, & dans les endroits dont elle a le privilege, ni donner des permissions pour y aller, que pour partir au premier Janvier 1711 ; & qu'après en avoir offert la permission aux Armateurs ci-devant nommés, qui seront cependant tenus de l'accepter ou refuser après le retour des Vaisseaux partis pour les Indes au mois de Février dernier, ou tout au plus tard dans le premier Août 1710.

IX.

Les sieurs susnommés auront, sous le bon plaisir du Roi, les mêmes droits que la Compagnie des Indes pour le transport des piastres dont ils auront besoin pour leur commerce aux Indes, pour le transit des marchandises nécessaires pour l'armement de leurs Vaisseaux, soit qu'elles viennent des Pays étrangers, ou des Provinces réputées étrangeres, pour l'exemption des droits d'entrée & de sortie & d'octrois, vivres, poudres, bois de construction, sels & autres munitions, & généralement de tous privileges & exemptions de droits pour la vente des marchandises des retours desdits Vaisseaux, & de celles qui proviendront des prises, conformément aux privileges accordés à ladite Compagnie, & de même que si lesdits Vaisseaux avoient été armés & envoyés par ladite Compagnie.

X.

Au départ des Vaisseaux, les Armateurs seront tenus de donner à la Compagnie des Indes une déclaration du nom des Vaisseaux, de leur port, du nombre des canons, des noms des Officiers, & du port de France d'où ils partiront.

XI.

La Compagnie fera fournir gratuitement dans ses comptoirs des Indes les magasins qu'elle y a, aux Capitaines & autres Officiers des Vaisseaux, sans qu'ils soient obligés de s'en servir si bon ne leur semble.

XII.

Toutes espéces de marchandises des Indes pourront être apportées en France, à la charge cependant que celles dont l'usage est défendu dans le Royaume, seront entreposées pour être vendues en France & être portées à l'Etranger.

XIII.

Avant que les Vaisseaux partent des Indes, les Capitaines ou autres proposés par les Armateurs, remettront aux chefs des comptoirs les factures des qualités, quantités, poids & numeros des marchandises qui seront chargées dans leurs Vaisseaux, Vaisseau par Vaisseau, lesdites factures signées & paraphées à chaque page par eux & par les chefs des comptoirs, pour être envoyées en France à la Compagnie, le tout si lesdits achats sont faits dans les comptoirs de la Compagnie.

XIV.

Quant aux marchandises qui proviendront des prises, il en sera usé en la maniere accoutumée.

XV.

Il sera fait défenses aux Capitaines & autres Officiers

de décharger, en revenant en France, aucunes marchandises ni dans la route, ni ailleurs, que dans les ports de France, à peine d'être pourfuivis extraordinairement, & de perte de leurs appointemens, & de confifcation de leurs pacotilles, même dans la confifcation des marchandifes déchargées en France, ou de la valeur d'icelles fi ç'a été de l'ordre des Armateurs.

XVI.

Aussitôt après l'arrivée en France des Vaiffeaux venant des Indes, & avant qu'il en puiffe être rien déchargé, fi faire fe peut, les Capitaines & autres propofés par les Armateurs, donneront une facture entiere de leur chargement à ladite Compagnie ou à celui qui fera par elle propofé, fans que les Armateurs puiffent être garants des faits des Officiers & équipages defdits Vaiffeaux.

XVII.

Le déchargement des Vaiffeaux fera fait dans un port de France, en préfence d'un Directeur ou autres propofés, s'il s'en trouve, & fans que cela puiffe porter retardement à la décharge defdits Vaiffeaux; il fera fait des états doubles des marchandifes, & elles feront mifes dans un magafin, dont les Armateurs & la Compagnie auront chacun une clef.

XVIII.

Les ventes feront faites dans un port de France tel qu'il fera choifi par les Armateurs en la maniere accoutumée, au plus offrant & dernier enchériffeur, en préfence d'un ou de deux Directeurs de la Compagnie, & les droits feront payés par les acheteurs, fuivant les Déclarations, Arrêts & réglemens rendus en faveur de la Compagnie.

XIX.

La Compagnie des Indes fournira gratuitement à l'Orient & à Nantes fes magafins, s'il en eft befoin.

XX.

Les Armateurs auront le droit de transit pour les marchandises qui seront portées dans les Provinces réputées étrangeres, & dans les Pays étrangers, sans payer les droits d'entrée ni de sortie, suivant les priviléges de la Compagnie.

XXI.

La Compagnie se joindra aux Armateurs pour obtenir de Monseigneur le Comte de Pontchartrain les ordres nécessaires aux Commissaires de Marine pour la levée des Matelots.

XXII.

La Compagnie s'oblige de s'intéresser dans l'armement pour les Indes pour la somme de trois cens mille livres, qu'elle sera tenue de payer dans le premier Septembre prochain, faute de quoi elle n'aura d'intérêt qu'à proportion de ce qu'elle aura payé audit jour premier Septembre.

XXIII.

Les Armateurs ne pourront faire des prises que sur les ennemis de l'Etat, & non sur les Indiens, ni sur les Vaisseaux Maures.

XXIV.

La Compagnie des Indes garantira les Armateurs de tous les évenemens qui pourront arriver à leurs Vaisseaux & cargaisons dans les ports & comptoirs des Indes, au sujet des dettes de la Compagnie, dont l'indemnité sera prise sur les dix pour cent ci-devant accordés, & pour le surplus sur ses autres effets par privilége, pourquoi elle ne pourra se servir contre lesdits Armateurs d'Arrêt de surséance, auquel elle a expressément renoncé.

XXV.

Sa Majesté sera très-humblement suppliée d'accorder un Arrêt de son Conseil pour homologation du présent Traité.

XXVI.

Et si dans l'exécution d'icelui il survient quelques contestations entre les Armateurs de la Compagnie, ils seront tenus d'en passer par l'avis de deux personnes de commerce qu'ils choisiront entre eux, avec pouvoir d'en nommer une troisiéme s'ils ne convenoient pas, au jugement desquels ils se soumettront comme à un Arrêt de Cour souveraine, sans pouvoir se pourvoir contre, à peine de cinquante mille livres contre le contrevenant, sans que cette peine puisse être réputée comminatoire.

Arrêté double à Paris au Bureau général de la Compagnie des Indes ce 22 Avril 1709. Celui-ci pour la Compagnie des Indes. *Signé* SOULET, DESVIEUX, TARDIF, MOUFLE DE CHAMPIGNY & HELISSANT.

Nous soussignés sçavoir, moi Antoine Crozat, Ecuyer Conseiller Secrétaire du Roi, en mon nom, & moi Louis-Anne Jourdan de la Salle, au nom & comme ayant ordre des sieurs Beauvais le Fer, Coulombier Gris & Chapdelaine, Armateurs à saint Malo, acceptons la permission ci-dessus aux clauses & conditions y portées, que nous promettons exécuter, & faire exécuter, même moi de la Salle, de faire ratifier par lesdits sieurs Beauvais le Fer, Coulombier Gris & Chapdelaine, & en rapporter leur ratification ensuite du présent. Fait audit Bureau lesdits jour & an que dessus. *Signé* CROZAT & DE LA SALLE.

Nous soussignés de Beauvais le Fer, du Coulombier Gris & Chapdelaine, après avoir pris communication de la permission & Traité ci-dessus, nous l'approuvons & ratifions en tout son contenu, & promettons de l'exécuter de point en point selon sa forme & teneur. Fait à saint Malo le 27 Avril 1709. *Signé* BEAUVAIS LE FER, DE CHAPDELAINE, & DU COULOMBIER GRIS.

ARREST
DU CONSEIL D'ÉTAT
DU ROY,

QUI homologue les actes passés les 22 & 27 Avril dernier entre les Directeurs de la Compagnie, & les Sieurs Crozat Beauvais, le Fer, &c.

Du 3 Juin 1709.

Extrait des Regiſtres du Conſeil d'Etat.

VU par le Roi étant en ſon Conſeil les propoſitions faites par la Compagnie des Indes Orientales aux ſieurs Crozat, Beauvais le Fer, du Coulombier Gris & Chapdelaine, pour envoyer dans le cours de la préſente année, ou dans le commencement de l'année prochaine quatre Vaiſſeaux & plus, s'ils le jugent à propos, à Suratte, & dans toute la côte de Malabare, à Pondicheri, & dans toute la côte de Coromandel, dans le Gange, à l'Iſle de Bourbon, & dans les autres comptoirs de la Compagnie aux Indes, aux conditions contenues en vingt-ſix articles arrêtés au Bureau général de la Compagnie le 22 Avril 1709, ſignées Soulet, Deſvieux, Tardif, Mouſle de Champigny & Heliſſant, par le vingt-cinquiéme deſquels il eſt porté que Sa Majeſté ſera très-humblement ſuppliée d'accorder un Arrêt de ſon Conſeil pour l'homologation du Traité, l'acte étant au pied deſdits articles, par lequel le sieur Crozat en son nom, & le sieur Jourdan de la Salle, au nom & comme ayant ordre des sieurs Beauvais le Fer, Coulombier Gris & Chapdelaine, Armateurs à saint Malo, acceptant ladite permission, aux clauses & conditions y portées, qu'ils promettent d'exécuter & faire exécuter, même ledit sieur de la Salle les faire ratifier par lesdits sieurs Beauvais le Fer, Coulombier Gris & Chapdelaine, & en rapporter la ratification, ledit acte en date dudit jour 22 Avril dernier, ensuite desquels actes est la ratification desdits sieurs Beauvais le Fer, & du Coulombier Gris, en date du 27 dudit mois d'Avril dernier, par laquelle ils promettent d'exécuter ladite permission de point en point selon sa forme & teneur. Oui le rapport du sieur Desmarets Conseiller ordinaire au Conseil Royal, Contrôleur général des Finances : LE ROI ÉTANT EN SON CONSEIL, a homologué & homologue lesdits actes des 22 & 27 Avril dernier, ordonne qu'ils seront exécutés selon leur forme & teneur, & en conséquence que lesdits sieurs Crozat, Beauvais le Fer, du Coulombier Gris & Chapdelaine, seront tenus d'envoyer au moins quatre Vaisseaux aux comptoirs de la Compagnie des Indes dans le courant de la présente année, ou dans le commencement de la prochaine, aux conditions portées par lesdits articles, & demeureront lesdits actes des 22 & 27 Avril attachés à la minute du présent Arrêt. FAIT au Conseil d'Etat du Roi, Sa Majesté y étant, tenu à Versailles le troisième jour de Juin mil sept cent neuf. *Signé* PHELYPEAUX.

Vente

Vente de deux Vaisseaux à Monsieur Crozat.

Du 22 Juin 1709.

NOus soussignés Nicolas Soulet, Ecuyer Conseiller Secrétaire du Roi, Directeur de la Compagnie des Indes Orientales, faisant tant pour moi que pour les autres Directeurs & Intéressés en ladite Compagnie, dont je me fais & porte fort, & Antoine Crozat, Ecuyer Conseiller Secrétaire du Roi, aussi tant pour moi que pour Messieurs Beauvais le Fer, du Coulombier Gris & Chapdelaine, Armateurs à saint Malo, sommes convenus & demeurés d'accord de ce qui ensuit.

Que moi Soulet, audit nom, vend à Monsieur Crozat en ladite qualité les deux Vaisseaux le Maurepas & la Toison d'Or, appartenant à ladite Compagnie des Indes, avec tous les agrès, ustenciles & appareaux contenus dans les états que le sieur Verdier Garde-Magasin pour la Compagnie a délivré à la personne que Messieurs Beauvais le Fer, du Coulombier Gris & Chapdelaine, ont envoyée au port de l'Orient pour les visiter, pour le prix & somme de quatre-vingt-douze mille livres, qui seront employées pour partie, & à compte de l'intérêt que la Compagnie doit prendre dans l'armement qui sera fait pour les Indes dans le cours de la présente année, ou dans le commencement de l'année prochaine, en exécution du Traité fait avec la Compagnie le 22 Avril dernier, homologué par Arrêt du 3 du présent mois de Juin ; & sera le présent Traité accepté & ratifié, tant par les autres Directeurs de ladite Compagnie, que par Messieurs Beauvais le Fer, du Coulombier Gris & Chapdelaine. Fait double à Paris ce 19 Juin 1709, celui-ci pour la Compagnie des Indes. *Signé* SOULET *&* CROZAT.

Nous soussignés Directeurs de la Compagnie des Indes, après avoir pris communication du présent Traité, nous l'approuvons & ratifions en tout son contenu. Fait à Paris au Bureau général de la Compagnie ce 22 Juin 1709. *Signé* Desvieux, Tardif, le Febvre & Helissant.

Nous soussignés, après avoir pris communication du Traité ci-dessus, nous l'approuvons & ratifions en tout son contenu. Fait à saint Malo le 22 Juin 1709. *Signé* Margon et Fils, du Coulombier Gris, Beauvais le Fer & Chapdelaine.

ARREST
DU CONSEIL D'ÉTAT
DU ROY,

QUI ordonne que les deniers provenant de la prise le Phénix d'Or seront remis au Trésorier de la Marine.

Du 6 Juillet 1709.

Extrait des Registres du Conseil d'Etat.

VU par le Roi étant en son Conseil les mémoires présentés, le premier par les Directeurs & Intéressés en la Compagnie, tendant à ce qu'il plaise à Sa Majesté ordonner que sur la part qui lui revient dans la prise du Vaisseau le Phénix d'Or, faite au-delà de la ligne, & dans les mers de leur concession, il en soit levé un dixiéme à leur profit, ledit mémoire contenant que par l'apostille mise à côté de l'art. XXII des conditions de l'établissement de ladite Compagnie du mois de Mai 1664, signée de Sa Majesté, son intention est de lui accorder tous les droits de Justice & d'Amirauté sur le fait de la Marine, dans toute l'étendue de sa concession, à l'effet de quoi elle lui a accordé par le trente-uniéme article des Lettres Patentes confirmatives dudit établissement, le pouvoir d'établir des Juges en premiere instance, & en dernier ressort, & par l'art. XXXIX de faire juger les prises par ses Juges; que le dixiéme des prises est constamment un droit

R r ij

de Justice & d'Amirauté, & que l'Amiral de France qui est en possession de le percevoir, même sur celles qui sont faites par les Vaisseaux du Roi, joüiroit de son droit sur celles faites au-delà de la ligne, si la Compagnie des Indes n'avoit pas les mêmes droits & prérogatives que l'Amiral de France : qu'enfin par l'article XXVIII desdites Lettres Patentes, elle doit joüir des droits utiles de la Souveraineté dans les lieux de sa concession ; le second, du Procureur de Sa Majesté en la commission des prises, contenant que les Directeurs de la Compagnie des Indes ne peuvent contester qu'ils ne sont pas en droit de percevoir le dixiéme des prises faites par les Vaisseaux de Sa Majesté, si elle ne s'est imposée cette charge elle-même en termes formels : or par les Lettres Patentes de leur établissement, on ne voit aucune clause dont ils puissent tirer cette conséquence, l'article XXXIX est le seul qui contienne une disposition sur les prises, & cet article porte uniquement, que les prises faites par les Vaisseaux de la Compagnie au-delà de la ligne lui appartiendront, & seront jugées par les Juges qu'elle aura établis, d'où on peut conclure que Sa Majesté ait voulu assujettir à la prestation du dixiéme au profit de la Compagnie l'art. XXVIII qui leur accorde les droits utiles de la Souveraineté ; ils ne peuvent pas en tirer la conséquence qu'ils sont en droit de percevoir le dixiéme des prises faites par les Vaisseaux de Sa Majesté, parce que c'est un principe que Sa Majesté n'accorde jamais de privilége contre elle-même ; l'article XXXI des mêmes Lettres Patentes, qui accorde à la Compagnie la faculté d'établir des Juges n'est pas plus décisif, puisque le dixiéme des prises n'est point un droit de Justice, & n'appartient point en France à l'Amiral à ce titre. L'apostille mise à côté de l'article XXII des conditions qui leur ont été accordées lors de leur établissement n'étant pas dans les Lettres Patentes, il y a lieu de dire qu'il a été rejetté ; & quand même en vertu de cette apostille les Directeurs pourroient prétendre les droits d'Amirautés, ils n'en seroient pas mieux fondés à demander un dixiéme des prifes faites par les Vaiſſeaux de Sa Majeſté : qu'il n'y a aucune Ordonnance précife qui attribue à l'Amiral de France le dixiéme des prifes faites par les Vaiſſeaux de Sa Majeſté : qu'enfin Sa Majeſté en établiſſant la Compagnie, ne s'eſt ni privée de la faculté d'envoyer ſes Vaiſſeaux dans les mers des pays concédés, ni chargée de payer le dixiéme des prifes faites par ſes Vaiſſeaux. Vû auſſi les piéces jointes auxdits mémoires : oui le rapport du ſieur Comte de Pontchartrain Secrétaire d'Etat, ayant le département de la Marine : LE ROI ÉTANT EN SON CONSEIL, ſans avoir égard au mémoire deſdits Directeurs & Intéreſſés en la Compagnie des Indes, les a débouté de leur demande; en conféquence ordonne que les deniers provenans de la priſe du Vaiſſeau le Phénix d'Or, ſeront par eux entierement remis au ſieur de Fontanieu, Tréſorier général de la Marine, à quoi faire ils ſeront contraints, comme pour les affaires de Sa Majeſté. FAIT au Conſeil d'Etat du Roi, Sa Majeſté y étant, tenu à Verſailles le ſixiéme jour de Juillet mil ſept cent neuf.

Signé PHELYPEAUX.

LE *vingt-un Août mil ſept cent neuf, à la requête du ſieur de Fontanieu, Tréſorier général de la Marine, qui a élû ſon domicile en ſa maiſon à Paris, rue ſaint Honoré, l'Arrêt du Conſeil ci-devant tranſcrit a été ſignifié, & icelui laiſſé pour copie aux fins y contenues aux ſieurs Directeurs & Intéreſſés en la Compagnie des Indes en leur Bureau à Paris, parlant au nommé en l'original, à ce qu'il n'en ignore, par nous Huiſſier ordinaire du Roi en ſes Conſeils.* Signé SEGNIVOLLE, *avec paraphe.*

ARREST
DU CONSEIL D'ÉTAT
DU ROY,

QUI accorde 30000 livres à ceux qui ameneront le Vaisseau le saint Louis dans un Port de France.

Du 26 Août 1709.

Extrait des Registres du Conseil d'Etat.

SUR ce qui a été représenté au Roi étant en son Conseil, par les Directeurs de la Compagnie des Indes Orientales, qu'ils attendent un de leurs Vaisseaux venant des Indes nommé le saint Louis, dans la cargaison duquel plusieurs particuliers sont intéressés, tant pour argent pris à la grosse qu'autrement, & que le grand nombre de Vaisseaux ennemis qui croisent aux atterages des côtes de France, leur faisant craindre quelque mauvaise rencontre, ils ont estimé nécessaire, pour exciter les Armateurs & Capitaines des Vaisseaux François armés en course, d'offrir une récompense de trente mille livres à celui ou à ceux de ces Vaisseaux qui rencontrant ce navire à la mer, l'ameneront en sûreté dans les Ports de France, lesquels trente mille livres seront payées par les Intéressés en l'armement dudit navire le saint Louis, à proportion de l'intérêt que chacun d'eux se trouvera y avoir ; à quoi étant nécessaire de pourvoir, tout considéré ; SA MAJESTÉ

E'TANT EN SON CONSEIL, a ordonné & ordonne que les Armateurs & Capitaines des Vaisseaux qui ont été armés en course dans les ports de la Province de Bretagne seront informés de la résolution ci-dessus, & qu'il sera donné pour récompense aux Armateurs, de celui ou de ceux de ces Vaisseaux armés en course qui rameneront ledit Navire le saint Louis dans l'un des Ports de France, une somme de trente mille livres qui sera répartie entre lesdits Armateurs, laquelle somme de trente mille livres sera payée par tous les Intéressés en l'armement dudit navire le saint Louis au sol la livre à proportion de l'intérêt que chacun desdits Intéressés y aura, ce qui sera exécuté nonobstant toutes oppositions & autres empêchemens quelconques. FAIT au Conseil d'Etat du Roi, Sa Majesté y étant, tenu à Marly, le vingt-six Août mil sept cent neuf. *Signé* PHELYPEAUX.

ARREST
DU CONSEIL D'ÉTAT
DU ROY,

FAISANT défenses de porter aucunes Robbes & vêtemens de Toile peinte, Furies & Etoffes des Indes; & d'en faire aucun commerce, sur les peines y contenues.

Du 27 Août 1709.

Extrait des Regiſtres du Conſeil d'Etat.

LE Roi étant informé qu'au préjudice des Arrêts & Réglemens qui ont ci-devant défendu l'uſage des étoffes & de toiles des Indes, la Chine & du Levant dans le Royaume, il s'y en introduit journellement une ſi grande quantité, que les manufactures en ſouffrent conſidérablement : & Sa Majeſté déſirant faire ceſſer abſolument un mal auſſi préjudiciable à ſes ſujets : oui le rapport du ſieur Deſmarets Conſeiller ordinaire au Conſeil, Contrôleur général des Finances, SA MAJESTE' ÉTANT EN SON CONSEIL, a ordonné & ordonne que les précédens Arrêts & réglemens ſeront exécutés ſelon leur forme & teneur; & conformément à iceux a fait très-expreſſes inhibitions & défenſes à tous Négocians, Marchands, & autres perſonnes, de quelque qualité & condition qu'elles ſoient, de faire commerce, expoſer en vente, vendre, colporter, débiter ni acheter en gros ou en détail, ſoit par eux, ſoit par perſonnes interpoſées aucunes étoffes des Indes, de la Chine,

ou

ou du Levant, tant les étoffes des Indes de foye pure, que celles mêlées d'or & d'argent, celles d'écorces d'arbre, laine, fil ou coton, & généralement toutes autres fortes d'étoffes provenant du cru & fabrique defdits pays, neuves ou vieilles, à peine de confifcation, & de trois mille livres d'amende payable par corps & fans déport pour chacune contravention. Veut & ordonne de plus Sa Majefté que lefdits Marchands & Négocians qui auront contrevenu auxdites défenfes, demeurent interdits du commerce pour toujours; que leurs noms foient infcrits dans des Tableaux qui feront affichés dans l'auditoire de la Jurifdiction Confulaire du lieu, ou de la plus prochaine, & dans les Bureaux de leurs corps & communautés; & que leurs garçons, apprentifs & autres qui auront participé auxdites contraventions, foient & demeurent incapables d'être admis à aucune maîtrife.

II.

Defend auffi Sa Majefté fous les mêmes peines auxdits Négocians, Marchands & à toutes autres perfonnes, de faire aucun commerce ni trafic, vendre ni acheter directement ou indirectement, en gros ou en détail, aucunes mouffelines, toiles de coton des Indes, de la Chine ou du Levant, neuves, ou vieilles, foit blanches ou peintes, dedans ou dehors le Royaume, à l'exception néanmoins des toiles de coton blanches & mouffelines qui proviendront de prifes faites fur mer dont Sa Majefté permet la vente, debit & ufage dans fon Royaume pendant le temps de la préfente guerre conformément à l'arrêt du

Ordonne Sa Majefté que ceux qui feront adjudicataires des toiles de coton blanches & mouffelines, & qui voudront les vendre dans le Royaume, feront tenus, avant que de les pouvoir tirer du magafin ou autre dépôt, d'en faire leurs déclarations aux fieurs Intendans & Commiffaires départis dans les Provinces, ou à leurs Subdélegués, pour être lefdites toiles & mouffelines marquées fur les deux bouts de chaque piéce de la marque particuliere qui fera choisie pour cet effet par lesdits sieurs Intendans & Commissaires départis ; desquelles appositions de marques sera dressé des procès-verbaux, qui seront envoyés par les sieurs Intendans & Commissaires départis au sieur Contrôleur général des Finances. Veut & entend Sa Majesté que les Marchands, Négocians & autres personnes chez lesquels il se trouvera des piéces de coton blanches & mousselines non marquées desdites marques, soient condamnés aux peines portées par le présent Arrêt.

III.

Defend pareillement Sa Majesté à la Compagnie des Indes Orientales, & à toute autre Compagnie, d'apporter dans le Royaume sous quelque prétexte que ce soit, même d'entrepôt pour les pays étrangers, & d'y vendre ni débiter aucunes des étoffes & toiles ci-dessus exprimées, à peine de confiscation, & de trois mille livres d'amende.

IV.

Fait aussi Sa Majesté très-expresses défenses à ses Fermiers, Directeurs, Receveurs, Commis, Contrôleurs, Visiteurs, Brigadiers, Gardes & autres employés dans ses Fermes, de laisser passer aucunes desdites toiles & étoffes par les Bureaux d'entrées, à peine de semblable amende de trois mille livres, & des peines portées par sa Déclaration du 20 Septembre 1701 contre ceux qui laissent entrer des marchandises dans le Royaume au préjudice de ses défenses.

V.

Defend encore Sa Majesté à toutes personnes de quelque sexe, qualité & condition qu'elles soient, à commencer du jour de la publication du présent Arrêt, de porter, s'habiller, ou de faire aucuns habits ou vêtemens, ni meubles desdites étoffes & toiles, ni d'en avoir dans leurs maisons qui soient en piéces, & non employées, à peine de confiscation & de mille livres d'amende. Veut & ordonne

Sa Majesté que les maris & pères de familles soient civilement responsables des amendes auxquelles leurs femmes & enfans étant en leur puissance auront été condamnés.

VI.

Defend en outre Sa Majesté à tous Fripiers, Tailleurs, Couturiers, Tapissiers, Brodeurs & autres ouvriers, d'employer chez eux, ou dans les maisons particulieres, ni d'avoir dans leurs magasins, boutiques ou chambres, aucunes desdites étoffes & toiles, ni aucuns habits, vêtemens ou meubles faits d'icelles, neufs ou vieux, à peine de confiscation, de trois mille livres d'amende, & d'interdiction perpétuelle de tout art & métier contre lesdits ouvriers, & d'incapacité d'aspirer à aucune maîtrise contre leurs garçons, compagnons, apprentifs & autres participans auxdites fraudes. Ordonne de plus Sa Majesté que les noms desdits Fripiers, Tailleurs, & autres ouvriers qui auront contrevenu auxdites défenses, seront inscrits dans un tableau qui sera affiché dans le Bureau de leurs Communautés.

VII.

Fait encore Sa Majesté très-expresses défenses à tous ses sujets de peindre, imprimer, ou faire peindre & imprimer sur aucune toile blanche de coton, chanvre, lin, ni étoffe composée de coton, fil, soye, ou fleuret, & généralement sur toute autre espéce d'étoffe, & toile neuve ou vieille, même du cru & fabrique du Royaume; & à tous graveurs & autres ouvriers de faire aucuns meubles ni instrumens servans auxdites impressions. Veut & ordonne Sa Majesté que lesdits moules & instrumens soient rompus & brûlés, lesdites toiles & étoffes confisquées; & que les fabriquans, graveurs & autres ouvriers qui auront travaillé esdits moules, instrumens, peinture & impression, soient condamnés par emprisonnement de leurs personnes, à pareille amende de trois mille livres, & demeurent pour toujours interdits de tout métier, art & profession.

VIII.

Veut & entend Sa Majesté que les défenses contenues dans tous les articles ci-dessus, soient exécutées, même dans les lieux privilégiés : & pour faire cesser les abus qui se sont commis & se commettent actuellement dans les lieux privilégiés de la ville, fauxbourgs & banlieue de Paris, tel que les enclos du Temple, de saint Jean de Latran, de l'Abbaye saint Germain, & autres, elle permet au sieur Lieutenant général de Police de ladite ville de Paris d'y faire ou faire faire des visites par telles personnes qu'il choisira & préposera pour cet effet, & lui donne pouvoir de juger des contraventions qui y auront été pratiquées, ainsi & en la même forme que celles qui auront été commises dans le surplus de l'étendue de ladite Ville.

IX.

Defend pareillement Sa Majesté à tous Marchands, Négocians, & autres personnes de quelque qualité & condition qu'elles soient, de transporter dans aucune Colonie Françoise desdites toiles & étoffes ; & aux habitans desdites Colonies d'en faire aucun commerce ni usage en meubles & habillemens, ainsi & sous les mêmes peines que celles qui ont été ci-devant exprimées pour les habitans du Royaume.

X.

Desirant Sa Majesté exciter ceux qui auront connoissance de quelques contraventions au présent Arrêt à les dénoncer, elle ordonne que les deux tiers des amendes appartiendront aux dénonciateurs ; que la moitié seulement des toiles & étoffes saisies & confisquées sera brûlée, & que l'autre moitié sera vendue de l'autorité du sieur Lieutenant général de Police à Paris, & des sieurs Intendans & Commissaires départis dans les Provinces, à la charge d'être renvoyées dans les pays étrangers, pour le prix en provenant être délivré aux Dénonciateurs ; à l'effet de quoi lesdites étoffes & toiles seront portées & renfermées dans des lieux qui seront choisis à Paris par ledit sieur Lieutenant général de Police, & dans les Provinces par les sieurs Intendans & Commissaires départis.

XI.

ET seront tenus les Adjudicataires de donner leurs soumissions de prendre au dernier Bureau de sortie par eux indiqué un certificat du Commis des Fermes, pour justifier de la sortie desdites toiles & étoffes hors du Royaume; comme aussi de rapporter un certificat du Consul de la Nation Françoise, pour en prouver le déchargement dans les pays étrangers, & de représenter dans trois mois au plus tard après qu'elles auront été tirées du magasin, lesdits certificats tant de sortie que de déchargement au Bureau du lieu où l'adjudication en aura été faite, à peine d'amende, qui ne pourra être moindre que du double du prix de ladite adjudication.

XII.

ORDONNE Sa Majesté que le sieur Lieutenant général de Police à Paris, les sieurs Intendans & Commissaires départis dans les Provinces, connoîtront de toutes les contraventions au présent Arrêt, circonstances & dépendances, leur en attribuant pour cet effet toute Cour, Jurisdiction & connoissance, qu'elle interdit à tous autres Juges : & veut Sa Majesté que ce qui sera par eux ordonné, soit exécuté nonobstant opposition ou appellation quelconques, dont si aucune intervient Sa Majesté s'en réserve la connoissance.

XIII.

ORDONNE aussi Sa Majesté qu'en cas de contravention il en sera informé dans la ville & banlieue de Paris par le sieur Lieutenant général de Police, & dans les Provinces par les sieurs Intendans & Commissaires départis, ou par leurs Subdélegués; & que sur l'information il sera décerné par lesdits sieurs Commissaires tel Décret qu'il appartiendra.

XIV.

FAUTE par les contrevenans de se représenter sur lesdits décrets, ils seront condamnés diffinitivement aux peines portées par le présent Arrêt, sans autre procédure ni formalité.

XV.

EN cas de comparution pourront lesdits sieurs Lieutenant de Police, Intendans & Commissaires départis, après avoir oui les contrevenans, les condamner aux susdites peines, ou convertir les informations en enquêtes, & permettre aux Parties de faire preuve au contraire, s'ils en sont requis, pour sur les deux enquêtes rapportées être fait droit ainsi qu'il appartiendra.

XVI.

N'ENTEND néanmoins Sa Majesté déroger par le présent Arrêt aux Arrêts des 10 Juillet 1703, & 16 Janvier 1706 pour la ville, port & territoire de Marseille seulement.

XVII.

VEUT & entend Sa Majesté qu'il soit publié & affiché deux fois l'année en vertu d'Ordonnance du sieur Lieutenant général de Police à Paris, & des sieurs Intendans & Commissaires départis dans les Provinces de son Royaume, pays, terres & Seigneuries de son obéissance, auxquels sa Majesté enjoint de tenir la main à l'exécution dudit Arrêt, & de faire faire fréquentes visites dans les boutiques & magasins des Négocians, Marchands & autres, même de ceux établis dans les lieux prétendus privilégiés. FAIT au Conseil d'État du Roi, tenu à Marly le vingt-sept Août mil sept cent neuf. *Collationné. Signé* RANCHIN.

LOUIS, PAR LA GRACE DE DIEU, ROI DE FRANCE ET DE NAVARRE, Dauphin de Viennois, Comte de Valentinois & Diois, Forcalquier & terres adjacentes : à notre amé & féal Conseiller en nos Conseils & en notre Conseil d'Etat, le sieur d'Argenson, Lieutenant général de Police de notre bonne ville de Paris, à nos amés & feaux Conseillers en nos Conseils, Maître des Requêtes ordinaires de notre Hôtel, les sieurs Intendans & Commissaires départis pour l'exécution de nos ordres dans les Provinces & Généralités de notre Royaume : SALUT. Nous vous mandons & enjoignons chacun en droit soi, de tenir la main à l'exécution de l'Arrêt dont l'extrait est ci-attaché sous le contre-scel de notre Chancellerie, ce jourd'hui donné en notre Conseil, pour les causes y contenues. Commandons au premier notre Huissier ou Sergent sur ce requis, de signifier ledit Arrêt aux y dénommés, & à tous autres qu'il appartiendra, à ce qu'aucun n'en ignore, & de faire en outre pour l'entiere exécution dudit Arrêt tous commandemens, sommations, défenses y contenues, sur les peines y portées, & tous autres actes & exploits nécessaires, sans autre permission, nonobstant clameur de Haro, Charte Normande, & Lettres à ce contraires. Voulons que ledit Arrêt soit lû, publié & affiché deux fois l'année par-tout où il appartiendra ; & qu'aux copies d'icelui & des Présentes, collationnées par l'un de nos amés & feaux Conseillers-Secrétaires, foi soit ajoutée comme aux originaux ; car tel est notre plaisir. DONNÉ à Marly le vingt-septiéme jour d'Août l'an de grace mil sept cent neuf, & de notre regne le soixante-septiéme. Par le Roi Dauphin, Comte de Provence, en son Conseil. *Signé* RANCHIN. Et scellé.

IL est enjoint à Marc-Antoine Pasquier, Juré Crieur ordinaire de la Ville, Prévôté & Vicomté de Paris, de lire, publier & faire afficher à son de trompe & cry public le présent Arrêt dans les lieux & places publiques de cette ville & fauxbourgs de Paris, à ce que nul n'en prétende cause d'ignorance. Ce fut fait & donné par Messire Marc René de Voyer de Paulmy, Chevalier, Marquis d'Argenson, Conseiller d'Etat ordinaire du Roi en ses Conseils,

Lieutenant général de Police de la Ville, Prévôté & Vicomté de Paris, Commiſſaire député par le Roi en cette partie, le huitiéme jour de Mars mil ſept cent treize.

Signé DE VOYER D'ARGENSON.

L'Ordonnance ci-deſſus a été lûe & publiée à haute & intelligible voix, à ſon de trompe & cry public en tous les lieux ordinaires & accoutumés par moi Marc-Antoine Paſquier Juré Crieur ordinaire du Roi en la Ville, Prévôté & Vicomté de Paris, y demeurant rue du milieu de l'Hôtel des Urſins, accompagné de Louis Ambezar, Nicolas Ambezar, & Claude Craponne, Jurés Trompettes, l'onziéme jour de Mars 1713 *à ce que perſonne n'en prétende cauſe d'ignorance, & affiché ledit jour eſdits lieux.*
Signé PASQUIER.

ARREST

ARREST
DU CONSEIL D'ÉTAT
DU ROY,

QUI ordonne que tous les Directeurs & Intéressés de la Compagnie remettront dans huit jours 3600 liv. à la caisse pour payer les loyers de la maison qu'elle occupe.

Du 7 Octobre 1709.

Extrait des Registres du Conseil d'Etat.

LE Roi étant informé que les Directeurs de la Compagnie Royale des Indes Orientales sont poursuivis par le sieur Bachelier, propriétaire de la maison qu'ils occupent, pour le payement des loyers qui lui sont dûs montant à trois mille six cens livres; que ledit sieur Bachelier a fait à cet effet saisir les meubles de ladite Compagnie, & ceux de ses Commis, & menacé de les faire vendre; que pour éviter scandale quelques-uns des Directeurs lui ont fait différentes propositions, & entr'autres de payer chacun leur part de cette dette, & fait convoquer plusieurs fois des assemblées au Bureau de ladite Compagnie pour prendre ensemble les tempérammens convenables & se mettre en état d'exécuter ce qu'ils avoient proposé audit sieur Bachelier, ce que plusieurs d'entr'eux ont négligé de faire,

Tome II.   Tt

même de se trouver au Bureau pour en délibérer, quoique la chose soit très-instante; à quoi étant nécessaire de pourvoir, & tout considéré; SA MAJESTÉ ÉTANT EN SON CONSEIL, a ordonné & ordonne que tous les Directeurs de la Compagnie des Indes Orientales, les héritiers & ayans cause de ceux qui sont décédés, remettront dans huit jours entre les mains du sieur le Noir, Caissier de ladite Compagnie, trois mille six cens livres pour satisfaire au payement des loyers dûs au sieur Bachelier, en contribuant chacun leur part & portion jusques à concurrence de ladite somme, à quoi ils seront contraints par les voyes ordinaires & accoutumées; & sera le présent Arrêt exécuté nonobstant oppositions ou appellations quelconques, pour lesquelles ne sera différé. FAIT au Conseil d'Etat du Roi, Sa Majesté y étant, tenu à Marly le septiéme jour d'Octobre mil sept cent neuf. *Signé* PHELYPEAUX.

Il a été arrêté que Messieurs les Directeurs, & les héritiers & ayans cause de ceux qui sont décédés, remettront audit sieur le Noir dans la huitaine à compter du jour de la date dudit Arrêt, chacun deux cens cinquante livres, tant pour satisfaire au payement des loyers échus, & acquitter les frais de saisie & exécutions qui ont été faits pour raison desdits loyers, que pour payer les ports de lettres & menue dépense concernant le service de ladite Compagnie, sinon & à faute de quoi ils seront contraints par les voyes ordinaires & accoutumées, desquelles sommes ledit sieur le Noir se charge en recette, & fournira à chacun de Messieurs les Directeurs son billet portant promesse de les rembourser des premiers deniers qui rentreront en caisse.

Monsieur Hardancourt député pour les Indes.

Du 7 Décembre 1709.

LA Compagnie n'étant point en état de continuer son commerce par elle-même, & ne pouvant se flatter de pouvoir après la paix le faire avec autant de succès qu'il faudroit pour réparer les malheurs du passé, elle auroit jugé à propos sous le bon plaisir du Roi, de donner la permission à Messieurs Crozat, Coulombier Gris, Beauvais le Fer & Chapdelaine, d'envoyer quatre Vaisseaux aux Indes, & plus, s'ils le jugent à propos, dans la fin de cette année 1709, ou dans le mois de Janvier 1710, aux clauses & conditions énoncées dans le traité qu'elle a fait avec ces Messieurs le vingt-deux Avril dernier, homologué par Arrêt du trois Juin suivant; & comme il y a lieu de croire que ce voyage & le précédent seront assez avantageux pour les Intéressés, pour déterminer Messieurs de saint Malo à se charger à l'avenir de ce commerce, comme ils avoient marqué le souhaiter il y a quelque temps, & que vraisemblablement ils feront leur route dans les principaux comptoirs de la Compagnie; ensorte qu'ils seront en état de connoître par eux-mêmes les établissemens de la Compagnie, soit à Pondichery, Bengale, Calicut & les autres, de se rendre certains des dettes de la Compagnie, & de ses effets, & de toutes les autres choses sur lesquelles on pourroit par la suite entrer en négociation avec eux. La Compagnie a pensé que pour avoir de même une connoissance parfaite de l'état de ses affaires aux Indes, & plus exacte & plus sûre qu'on ne la peut avoir par des lettres, il étoit à propos qu'elle fît embarquer sur ses Vaisseaux une personne de confiance qui fût déja au fait de ses affaires, & qui pût pendant le séjour que ces Vaisseaux feront dans les différens comptoirs des Indes, travailler à prendre tous les éclaircissemens nécessaires, pour parvenir à la négociation qu'on se propose, & cependant travailler conjointement avec les chefs des comptoirs pour lui procurer en partie sa libération par la vente des effets & marchandises dont on pourra disposer, faire cesser les dépenses qu'on pourra retrancher, & mettre de concert avec Messieurs de saint Malo, toutes les affaires en régle, jusqu'à ce qu'au retour Messieurs de saint Malo, & la Compagnie également instruits puissent convenir de leurs faits, & former leur engagement reciproque. Pour cela la Compagnie a cru ne pouvoir faire un meilleur choix que de la personne de Monsieur Hardancourt, à qui elle donnera incessamment son instruction, & elle suppliera très-humblement Monseigneur le Comte de Pontchartrain, d'avoir la bonté de lui donner ses ordres.

ARREST
DU CONSEIL D'ÉTAT
DU ROY,

QUI permet à la Compagnie des Indes de vendre ses marchandises.

Du 10 Décembre 1709.

Extrait des Registres du Conseil d'Etat.

SUR la requête présentée au Roi, étant en son Conseil, par les Directeurs de la Compagnie des Indes Orientales, contenant que par l'Edit de son établissement du mois de Septembre 1664, les Déclarations des mois de Septembre 1675 & Février 1685, & Arrêts rendus en conséquence, Sa Majesté auroit permis à ladite Compagnie de faire venir & débiter dans le Royaume toutes sortes de marchandises des Indes & autres pays de sa concession : que depuis par Déclaration du 9 Mai 1702, Sa Majesté, en défendant à ladite Compagnie d'apporter aucunes toiles peintes, écorces d'arbre, ni étoffes de soye pure, ou mêlée d'or & d'argent, lui auroit confirmé la faculté d'y faire venir & vendre toutes les autres marchandises des Indes : que ladite Compagnie a exécuté avec soumission les dispositions de cette Déclaration, qui restraignoit considérablement son commerce, mais qu'elle seroit absolument obligée de l'abandonner, si les défenses prononcées contre elle par l'Arrêt du 27 Août dernier, de faire venir mêmes fous prétexte d'entrepôt pour les pays étrangers, aucunes mousselines ni toiles de coton blanches, subsistoient, parce que depuis la Déclation du 9 Mai 1702, elles ont composé la plus grande partie des retours de ses Vaisseaux, qui sont arrivés depuis, ou qui arriveront dans la suite, désirant Sa Majesté donner à ladite Compagnie de nouvelles marques d'une protection particuliere, & empêcher les abus que des Marchands & autres particuliers pourroient commettre en débitant dans le Royaume des toiles de coton blanches & mousselines provenant d'ailleurs que du commerce de ladite Compagnie, oui le rapport du sieur Desmarets, Conseiller au Conseil Royal, Contrôleur général des Finances : LE ROI ÉTANT EN SON CONSEIL, ayant aucunement égard à ladite requête, a permis & permet à la Compagnie des Indes Orientales de vendre dans le Royaume les mousselines & toiles de coton blanches, qui seront apportées sur le Vaisseau le Saint Louis, & à tous Négocians, Marchands & autres particuliers d'en faire débit & usage, après néanmoins qu'elles auront été marquées en la maniere accoutumée ; & pour cet effet ordonne Sa Majesté, qu'aussitôt après l'arrivée dudit Vaisseau dans un Port du Royaume, les Directeurs de la Compagnie en donneront avis au sieur Contrôleur général, pour en rendre compte à Sa Majesté, & être par elle pourvû à la marque & vente desdites mousselines & toiles de coton blanches, ainsi qu'il appartiendra ; & au surplus ordonne Sa Majesté, que l'Arrêt du 27 Août dernier sera exécuté selon sa forme & teneur sous les peines portées par icelui, & par sa Déclaration du 20 Septembre 1701. FAIT au Conseil d'Etat du Roi, Sa Majesté y étant, tenu à Versailles le dixiéme jour de Décembre mil sept cent neuf.

Signé PHELYPEAUX.

ARREST
DU CONSEIL D'ÉTAT
DU ROY,

QUI ordonne que tous les Directeurs de la Compagnie & héritiers, ayans cause de ceux qui sont décédés, remettront leur part & portion de 16000 livres.

Du 16 Décembre 1709.

Extrait des Registres du Conseil d'Etat.

VU par le Roi étant en son Conseil, la délibération prise par les Directeurs de la Compagnie des Indes Orientales le 10 du mois de Novembre dernier, contenant qu'ayant été assemblés extraordinairement pour délibérer sur les mesures qu'ils ont à prendre pour satisfaire au payement de plusieurs dépenses indispensables, concernant la régie des affaires de ladite Compagnie, entre autres les appointemens des Commis, les ports de lettres, les frais de Bureau, & autres, montant, suivant l'état qui en a été fait, à la somme de seize mille livres ou environ, au payement desquels il est indispensable de pourvoir incessamment ; il ne se seroit trouvé au Bureau qu'un très-petit nombre de Directeurs, les autres ayant négligé d'y venir, quoiqu'ils y ayent été mandés plusieurs fois, espérant par leur absence éluder l'exécution desdites délibérations qui se prennent aux assemblées de la Compagnie, &

se dispenser de faire les contributions qui sont jugées nécessaires. Et comme il n'est pas juste que ceux des Directeurs qui se trouvent présens aux assemblées soient les seuls chargés du payement de ces dépenses, il auroit été résolu que tous les Directeurs de la Compagnie, les héritiers & ayans cause de ceux qui sont décédés, remettront incessamment entre les mains du sieur le Noir, Caissier de la Compagnie, chacun leur part & portion de la somme de seize mille livres, pour satisfaire au payement de ces dépenses ; & tout considéré : SA MAJESTÉ ÉTANT EN SON CONSEIL, a ordonné & ordonne, que tous les Directeurs de la Compagnie des Indes Orientales, les héritiers & ayans cause de ceux qui sont décédés, remettront dans huit jours entre les mains du sieur le Noir, Caissier de ladite Compagnie, chacun leur part & portion de la somme de seize mille livres, pour satisfaire au payement de plusieurs dépenses, concernant la régie des affaires de la Compagnie, à quoi faire ils seront contraints par les voyes ordinaires & accoutumées ; & sera le présent Arrêt exécuté nonobstant oppositions ou autres empêchemens quelconques, pour lesquels ne sera différé. FAIT au Conseil d'Etat du Roi, Sa Majesté y étant, tenu à Marly le seiziéme jour de Décembre mil sept cent neuf. *Signé* PHELYPEAUX,

ARREST

ARREST
DU CONSEIL D'ÉTAT
DU ROY,

QUI ordonne aux Créanciers, Actionnaires de la Compagnie, de s'assembler chez M. Boucher d'Orsay, afin d'élire entre eux des Syndics pour assister aux Assemblées générales de la Compagnie.

Du 11 Janvier 1710.

Extrait des Registres du Conseil d'Etat.

LE Roi étant informé que le Vaisseau le Saint Louis appartenant à la Compagnie des Indes Orientales, est arrivé au Port-Louis le dix-huit Décembre dernier chargé de marchandises provenant des pays de sa concession, dont la vente, le débit & l'usage ont été autorisés par l'Edit d'établissement de la Compagnie de 1664, la Déclaration de 1685, & les autres Déclarations du Roi & Arrêts du Conseil de Sa Majesté rendus en conséquence, & notamment par l'Arrêt du 10 Décembre 1709, rendu en interprétation de celui du 27 Août précédent ; que pour parvenir à la vente des marchandises apportées par ce Vaisseau, il est provisoire de les faire décharger pour les faire transporter à Nantes, où elles doivent être vendues au jour & aux conditions qui seront indiquées ; que la dépense de ce transport & les frais de la vente pourront monter à quarante ou cinquante mille livres au moins ; que les Directeurs ne sont point en état de fournir à cette dépense ; que les Créanciers ne sont point disposés à y contribuer ; que quelques-uns même soit donneurs de grosse, ou autres, ont fait saisir au Port-Louis lesdites marchandises, ce qui pourroit faire naître des procès, soit entre les Directeurs & les Créanciers, soit entre les différens Créanciers, & retarder par de nouvelles difficultés la vente desdites marchandises, quoique l'intérêt commun soit de l'accélérer, & que l'unique objet des Créanciers aussi bien que des Directeurs, doive être de se procurer de concert une vente avantageuse, & de pourvoir en même-tems à ce que les deniers qui proviendront de la vente desdites marchandises, soient remis entre les mains d'un dépositaire sûr, pour être employés fidélement au payement des dettes de la Compagnie, ainsi qu'il sera ordonné par Sa Majesté, suivant l'avis des sieurs Commissaires de son Conseil par elle nommés par l'Arrêt du 12 Novembre 1708 ; & Sa Majesté voulant faire cesser les difficultés qui pourroient retarder la vente desdites marchandises, & régler l'emploi des deniers qui en proviendront pour procurer en même-tems le plus grand avantage de la Compagnie & des Créanciers : SA MAJESTÉ ÉTANT EN SON CONSEIL, a ordonné & ordonne que les Créanciers & Actionnaires de la Compagnie des Indes Orientales s'assembleront le dix-huit du présent mois de Janvier chez le sieur d'Orsay Maître des Requêtes, Intendant du Commerce, pour nommer respectivement des Syndics entre eux, & que le 21 du même mois les Directeurs de la Compagnie, & les Syndics qui auront été nommés par les Créanciers & par les Actionnaires, s'assembleront au Bureau de la Compagnie en présence du sieur Bignon Conseiller d'Etat, Prevôt des Marchands, pour délibérer sur la vente ou autres dispositions du Vaisseau le saint Louis, & des marchandises de son chargement sur le choix du dépositaire des effets qui en proviendront, & généralement sur tout ce qui sera jugé à propos pour le bien & l'avantage de la Compagnie & des Créanciers, pour les procès-verbaux desdites assemblées, & des délibérations qui auront été prises, rapportées, être par Sa Majesté, sur l'avis desdits sieurs Commissaires, ordonné ce que de raison ; & cependant Sa Majesté a permis aux Directeurs de la Compagnie des Indes d'emprunter jusqu'à la somme de quarante mille livres, pour être employées aux frais de déchargement, transport & vente desdites marchandises à Nantes, & autres dépenses nécessaires pour ladite vente, laquelle somme de quarante mille livres & les intérêts d'icelle, seront préalablement & par préférence pris sur les premiers deniers qui proviendront de la vente desdites marchandises, pour être remboursés à ceux qui les auront prêté en tout ou partie, à la charge par les Directeurs de rendre compte de l'emploi qui en aura été fait ; comme aussi Sa Majesté a fait pleine & entiere mainlevée de toutes les saisies & oppositions qui pourroient avoir été faites sur ledit Vaisseau le saint Louis, & les marchandises de son chargement ; fait défenses à tous Créanciers d'en faire aucunes, sauf à eux à se pourvoir pardevant les sieurs Commissaires : fait aussi Sa Majesté défenses à celui qui sera nommé dépositaire, de se dessaisir des deniers & effets qui proviendront de la vente dudit Vaisseau & des marchandises, jusqu'à ce que la distribution des deniers ait été ordonnée par Sa Majesté, sur l'avis desdits sieurs Commissaires, à l'exception seulement de la somme de quarante mille livres & intérêts, si tant a été emprunté, que ledit dépositaire sera tenu de payer à ceux qui les auront prêté, dont il sera bien & valablement déchargé, en rapportant les billets que les Directeurs en auront faits, acquittés ; & sera le présent Arrêt lû, publié & affiché par-tout où besoin sera, & exécuté nonobstant oppositions faites ou à faire, & autres empêchemens quelconques, pour lesquels il ne sera différé, & si aucuns interviennent Sa Majesté s'en est réservé la connoissance, & aux sieurs Commissaires par elle nommés, & a icelle interdit à toutes ses Cours & Juges. FAIT à Versailles le onze Janvier mil sept cent dix. *Signé* PHELYPEAUX.

ARREST
DU CONSEIL D'ÉTAT DU ROY,

QUI ordonne que les porteurs de Contracts à la grosse, sur le Vaisseau le saint Louis, représenteront leurs titres devant M. Boucher d'Orsay.

Du 22 Février 1710.

Extrait des Registres du Conseil d'Etat.

VU au Conseil d'Etat du Roi, Sa Majesté y étant, les requêtes respectivement présentées par Pierre du Sault & François l'Enfant, Marchands à Paris, Syndics des créanciers, porteurs de contrats à grosse aventure sur le Vaisseau le saint Louis, & les Directeurs généraux de la Compagnie des Indes Orientales les vingt-cinq & trente Janvier derniers, celle desdits du Sault & l'Enfant, Syndics, tendante à ce qu'il plût à Sa Majesté ordonner que les porteurs de contrats à grosse aventure sur le Vaisseau le saint Louis, seront payés par privilége & préférence à tous autres de leurs principaux & profits maritimes portés auxdits contrats sur les deniers qui proviendront de la vente dudit Vaisseau, effets & marchandises de son chargement (les frais de déchargement, transports & vente préalablement pris) à ce faire les dépositaires contraints; ordonner pareillement que ladite vente sera faite aux trois

V u iij

quarts d'argent, & le quart en billets de monnoye, conformément aux Déclarations du Roi, à laquelle vente l'un des Syndics desdits Créanciers porteurs de contrats à grosse aventure, assistera conjointement avec ceux des sieurs Directeurs de la Compagnie des Indes, qui seront députés à cet effet, se rapportant à Sa Majesté d'indiquer ladite vente à tel jour, & nommer tel dépositaire qu'elle jugera à propos, duquel dépositaire lesdits sieurs Directeurs de la Compagnie des Indes, demeureront solidairement en leurs propres & privés noms responsables, à la charge que les deniers qui proviendront de ladite vente seront mis dans un coffre fermant à deux serrures, dont une clef sera remise à celui des Syndics qui sera présent à la vente, & l'autre ès mains du dépositaire, qui demeurera chargé dudit coffre, le tout sans préjudice des autres droits & actions desdits Syndics esdits noms, au bas de laquelle requête est l'Ordonnance de soit communiqué aux Directeurs de la Compagnie des Indes & aux Syndics des Créanciers chirographaires dudit jour vingt-cinq Janvier, & l'exploit de signification de ladite requête du 27 dudit mois; celle des Directeurs généraux de la Compagnie des Indes, employée pour réponse à celle desdits Syndics, tendante à ce qu'il leur fût donné acte de ce qu'ils n'entendent point empêcher que les Créanciers porteurs de contrats à grosse aventure sur le Vaisseau le saint Louis, soient payés par privilége & préférence à tous autres sur les deniers qui proviendront de la vente dudit Vaisseau le saint Louis, effets & marchandises de son chargement, les frais de déchargement, transport & vente préalablement pris, de ce qui se trouvera leur être dû après que le profit maritime aura été réglé par les sieurs Commissaires à ce députés sur les mémoires qui seront présentés par la Compagnie des Indes, pour établir les raisons par lesquelles elle croit être bien fondée à demander que le bénéfice de la grosse soit réduit à proportion des relâches forcés & des séjours que le Vaisseau le saint Louis a été obligé de faire dans sa route, pour être radoubé & mis en état de continuer le voyage, pour assurer les propres intérêts des donneurs de grosse, sans cependant que cette contestation particuliere puisse aucunement retarder la décision des autres chefs de contestations, sur lesquelles il est préalable de prononcer pour accélérer la vente & le payement des Créanciers porteurs de contrats à la grosse, qu'il soit ordonné que les Directeurs de la Compagnie des Indes pourront faire ladite vente, moitié en billets de monnoye, & moitié en argent à tels termes que lesdits Directeurs & les Syndics des Créanciers qui seront présens à la vente à Nantes, ainsi que lesdits Directeurs y consentent (jugeront à propos) sans néanmoins que cela puisse préjudicier aux droits desdits Créanciers porteurs de contrats à la grosse pour le payement de leurs principaux & des profits maritimes, tels qu'ils seront réglés par Sa Majesté, sur l'avis des sieurs Commissaires du Conseil a ce députés ; qu'il soit pareillement ordonné que le jour de la vente sera fixé au cinq Mars, & que le Noir sera dépositaire des effets qui proviendront de la vente, sans cependant que la Compagnie des Indes en soit garante, attendu que les Directeurs de la Compagnie des Indes consentent que les deniers & effets soient déposés dans un coffre fort fermant à trois différentes clefs, dont une sera remise à l'un des Directeurs de la Compagnie, l'autre à celui des Syndics des Créanciers porteurs de contrats à la grosse, qui sera présent à la vente, & l'autre audit sieur le Noir dépositaire, au bas de laquelle requête est l'Ordonnance d'ait acte, & la signification qui en a été faite ledit jour trente Janvier aux Avocats des Syndics des Créanciers porteurs de contrats à la grosse, & des Créanciers chirographaires. Autre requête des Syndics des Créanciers porteurs de contrats à la grosse du premier Février, employée pour réponse à celle desdits sieurs Directeurs. Acte signifié le six dudit mois de Février à la requête de Me Ferari Avocat des sieurs Denis du Sault, Jean-Mathieu de Randon & Ferdinand de Gumery, Créanciers & Syndics des Créanciers chirographaires de ladite Compagnie des Indes, à M^e. l'Enfant Avocat des Syndics des Créanciers porteurs de contrats de grosse, & à Me Aubry Avocat desdits sieurs Directeurs, contenant qu'ils se rapportent à ce qu'il plaira aux sieurs Commissaires à ce députés d'être d'avis qu'il soit ordonné par Sa Majesté sur les deux, trois & quatriéme chefs de conclusions, tant de la requête des Syndics des Créanciers porteurs des contrats de grosse, que sur les conclusions prises par lesdits sieurs Directeurs de la Compagnie des Indes; mais que pour ce qui concerne le payement prétendu par les Syndics des Créanciers par contrats à la grosse, en adhérant à ce qui a été dit à cet égard par lesdits sieurs Directeurs de la Compagnie des Indes, ils espérent qu'il sera ordonné, que tant lesdits Créanciers par contrats à la grosse, que tous autres de quelque nature & qualité que soient leurs dettes, seront tenus d'en remettre les titres pardevant le sieur d'Orsay Maître des Requêtes, Intendant du commerce, l'un des sieurs Commissaires à ce députés, pour être communiqués aux Syndics desdits Créanciers chirographaires, & aux sieurs Directeurs de la Compagnie des Indes, pour y répondre ce qu'il appartiendra, dont il sera dressé procès-verbal par ledit sieur d'Orsay, afin de parvenir à un ordre général du payement qui devra être fait à tous les Créanciers, sur le prix de la vente des marchandises venues sur le Vaisseau le saint Louis, conformément à l'Arrêt du Conseil du onze Janvier, sans que cette discution puisse retarder ladite vente. Autres actes signifiés à la requête des parties le trente & trente-un Janvier, quatre, six & onze dudit mois de Février; l'Arrêt du Conseil du douze Novembre 1708, par lequel Sa Majesté auroit entre autres choses commis les sieurs Daguesseau, Conseiller d'Etat ordinaire & au Conseil Royal des Finances, Phelypeaux de Pontchartrain, Conseiller du Roi en tous ses Conseils, Secrétaire d'Etat & de ses commandemens, Bignon, Bechameil de Nointel, & Rouillé du Coudray, Conseillers d'Etat ordinaire, Desmarets, Conseiller ordinaire au Conseil Royal, Contrôleur général des Finances, & Boucher d'Orsay, Maître des Requêtes, Intendant du Commerce, pour examiner

&

& donner les avis sur la liquidation & acquittement des dettes de la Compagnie des Indes Orientales, avec surséance à toutes poursuites & contraintes, sauf aux Créanciers à se pourvoir pardevant lesdits sieurs Commissaires, & y former telle demande que bon leur semblera. Autre Arrêt du Conseil du onze Janvier dernier, par lequel Sa Majesté auroit entre autres choses ordonné que les Créanciers & Actionnaires de la Compagnie des Indes Orientales, s'assembleroient le dix-huit Janvier chez le sieur d'Orsay, Maître des Requêtes, & Intendant du Commerce, pour nommer respectivement des Syndics entre eux, & que le 21 du même mois les Directeurs de la Compagnie des Indes, & lesdits Syndics, s'assembleroient au Bureau de ladite Compagnie, en présence du sieur Bignon, Conseiller d'Etat, Prevôt des Marchands, pour délibérer sur la vente & autres dispositions du Vaisseau le saint Louis, & des marchandises de son chargement sur le choix d'un dépositaire, & généralement sur tout ce qui seroit jugé à propos pour le bien & l'avantage de la Compagnie & des créanciers, pour les procès-verbaux desdites assemblées, & des délibérations qui y auront été prises, rapportés, être par Sa Majesté, sur l'avis des sieurs Commissaires à ce députés ordonné ce que de raison ; le procès-verbal fait par ledit sieur d'Orsay, Maître des Requêtes, Intendant du Commerce, le 18 dudit mois de Janvier, contenant la comparution des Actionnaires de ladite Compagnie, & les raisons qu'ils ont eues pour ne point nommer des Syndics entre eux ; la comparution des créanciers porteurs de contrats à grosse aventure sur le Vaisseau le saint Louis, & la nomination par eux faite des sieurs Pierre du Sault & François l'Enfant pour leurs Syndics ; & la comparution des Créanciers chirographaires de ladite Compagnie, & la nomination qu'ils ont faite des sieurs Denis du Sault, Randon & de Gumery pour leurs Syndics ; le procès-verbal fait par le sieur Bignon, Conseiller d'Etat, Prevôt des Marchands, le 21 dudit mois de Janvier en l'assemblée tenue au Bureau de ladite Compagnie des Indes, contenant les propositions faites entre les sieurs Directeurs de la Compagnie des Indes & les Syndics desdits Créanciers, au sujet de la vente dudit Vaisseau le saint Louis, effets & marchandises de son chargement, & tout ce qui a été joint par lesdites parties. Vû aussi l'avis desdits sieurs Commissaires : LE ROI ETANT EN SON CONSEIL, a ordonné & ordonne que les Créanciers porteurs de contrats à la grosse aventure sur le Vaisseau le saint Louis, & tous les Créanciers de ladite Compagnie des Indes, porteurs de billets & autres, seront tenus de représenter dans quinzaine du jour de la publication dudit présent Arrêt pardevant ledit sieur d'Orsay, Commissaire, les originaux de leurs titres, & de lui en laisser des copies signées d'eux, sinon & à faute de ce faire dans ledit tems, & icelui passé, sera procédé à l'ordre & distribution du prix qui proviendra de la vente dudit Vaisseau le saint Louis, & des marchandises de son chargement sur les titres qui auront été représentés seulement, pour desdits titres être par ledit sieur Commissaire dressé procès-verbal, & iceux communiqués aux Directeurs & aux Syndics, tant des Créanciers à la grosse aventure que chirographaires, & autres, être sur l'avis desdits sieurs Commissaires, ordonné par Sa Majesté ce que de raison ; ordonne en outre Sa Majesté que la vente desdites marchandises sera indiquée pour le dix-sept Mars prochain, pour être faite en présence de l'un des Syndics des Créanciers porteurs de contrats à la grosse, & de l'un des Syndics des Créanciers chirographaires, & sur la demande desdits sieurs Directeurs, & des Syndics des Créanciers chirographaires, à ce que lesdites marchandises soient vendues, moitié en espéces & moitié en billets de monnoye, & dans différens termes ; ordonne Sa Majesté, que lesdites marchandises seront vendues, pour être payées au cours & sans termes, si mieux n'aiment lesdits sieurs Directeurs & Syndics des Créanciers chirographaires donner aux porteurs de contrats à la grosse des sûretés suffisantes de les payer dans les termes qui seront stipulés entre eux ; ordonne Sa Majesté que le Noir, Caisfier de ladite Compagnie, fera depofitaire des deniers qui proviendront de la vente defdites marchandifes, lefquels deniers feront mis dans un coffre fermant à trois clefs, dont l'une fera donnée au Syndic des Créanciers à la groffe aventure, une autre au Syndic des Créanciers chirographaires, & la troifiéme reftera au dépofitaire, dont les Directeurs feront garants, & fur la demande defdits fieurs Directeurs & des Syndics des Créanciers chirographaires, pour la réduction des profits maritimes prétendus par les Créanciers porteurs de contrats à la groffe aventure fur ledit Vaiffeau le faint Louis; ordonne Sa Majefté que les parties contefteront plus amplement pardevant lefdits fieurs Commiffaires, & que le préfent Arrêt fera lû, publié & affiché aux lieux ordinaires & accoutumés. FAIT au Confeil d'Etat du Roi, Sa Majefté y étant, tenu à Verfailles le vingt-deuxiéme jour de Février mil fept cent dix.

Signé PHELYPEAUX.

ARREST
DU CONSEIL D'ÉTAT
DU ROY,

QUI ordonne que les Marchands seront tenus de payer à la Compagnie leurs billets à leur écheance.

Du 11 Août 1710.

Extrait des Regiſtres du Conſeil d'Etat.

LE Roi étant informé que la Compagnie des Indes Orientales ayant vendu dans la ville de Nantes pluſieurs mouchoirs de coton ou de ſoye & coton, après qu'en conformité de l'Arrêt du 4 Février dernier ils ont été marqués de la marque choiſie pour cet effet par le ſieur Ferrand, Intendant de la Province de Bretagne, pluſieurs Marchands auxquels leſdits mouchoirs ont été délivrés en piéces, prétendent ſe diſpenſer de payer les billets qu'ils ont paſſé au profit de ladite Compagnie pour la valeur tant deſdits mouchoirs que d'autres marchandiſes, ſur le prétexte que partie deſdits mouchoirs a été arrêtée dans la ville de Paris par les Fermiers généraux, & que les Commis des Fermes ont refuſé de donner les acquits néceſſaires pour ce qui en eſt reſté à Nantes: à quoi Sa Majeſté déſirant pourvoir enſorte que leſdits Marchands ayent la diſpoſition libre deſdits mouchoirs, ſans qu'il puiſſe néanmoins en être fait aucun abus au préjudice de la diſpoſition de l'Arrêt du 27 Août 1709, & procurer à ladite Compagnie le payement desdits billets lors de leur échéance : ouï le rapport du sieur Desmarets, Conseiller au Conseil Royal, SA MAJESTE' ETANT EN SON CONSEIL, a ordonné & ordonne que celles desdites piéces de mouchoirs que lesdits Marchands déclareront vouloir vendre & débiter dans le Royaume, leur seront rendues à la Douane de Paris, & qu'il leur sera délivré des acquits par les Commis des Fermes à Nantes, après que lesdites piéces auront été préalablement coupées mouchoir par mouchoir, & qu'à l'égard de celles qu'ils désireront envoyer dans les pays étrangers, ils en feront pareillement leur déclaration, & les laisseront en dépôt à la Douane de Paris ou au Bureau des Fermes à Nantes jusqu'au temps du départ pour lesdits pays étrangers, lors duquel les ballots y seront ficelés & plombés, & feront lesdits Marchands leur soumission de rapporter dans trois mois au plus tard un certificat du Commis des Fermes au dernier Bureau de sortie par eux indiqué ; comme aussi un certificat du Consul de la nation Françoise, pour en justifier le déchargement dans lesdits pays étrangers, à peine de trois mille livres d'amende : fait Sa Majesté très-expresses inhibitions & défenses, tant auxdits Marchands qu'à tous autres de quelque qualité & condition qu'ils soient, de vendre, acheter, employer ni garder aucunes desdites piéces & de contrevenir au présent Arrêt, sous les peines portées par celui du 27 Août 1709 : ordonne au surplus Sa Majesté que lesdits Marchands seront tenus de payer à ladite Compagnie des Indes leurs billets lors de leur échéance, & qu'à faute de ce faire, ils y seront contraints par les voyes ordinaires ; ce qui sera exécuté nonobstant toutes oppositions, pour lesquelles il ne sera différé, & dont si aucune intervient, Sa Majesté s'est reservé la connoissance, & icelle interdit à toutes autres Cours & Juges. FAIT au Conseil d'Etat du Roi, Sa Majesté y étant, tenu à Versailles le onziéme jour d'Août mil sept cent dix. *Signé* PHELYPEAUX.

ARREST
DU CONSEIL D'ÉTAT
DU ROY,

QUI ordonne qu'il sera fait Inventaire du Vaisseau le saint Malo, par M. l'Intendant de Bretagne.

Du 20 Septembre 1710.

Extrait des Registres du Conseil d'Etat.

LE Roi étant informé qu'il est arrivé au Port-Louis le 23 Août dernier les navires le Malo & le Jean-Baptiste, & la petite patache la Bien-Aimée, venant des Indes Orientales, chargés de poivre, bois rouge, salpêtre, thé, plomb, cannes ou rottins, toiles de coton, mousseline, soye & mouchoirs, de toutes lesquelles marchandises la vente doit être incessamment faite; & Sa Majesté voulant qu'en exécution des Arrêts du Conseil ci-devant rendus sur la marque à apposer aux toiles de coton blanches & mousselines qui y sont sujettes, elles doivent être incessamment marquées, afin qu'il n'en soit débité aucunes dans le Royaume que celles de la Compagnie ou de ceux qui sont en ses droits, conformément aux Arrêts des 10 Février & 13 Mars 1691, Déclaration de Sa Majesté du 9 Mai 1702, & autres rendus en conséquence concernant le commerce de ladite Compagnie, & notamment à celui du 10 Décembre dernier, rendu en interprétation de celui du 27 Août précédent, qui permet à ladite Compagnie de vendre dans le Royaume les mousselines & toiles de coton blanches qui seront apportées sur lesdits Vaisseaux le Malo, le Jean-Baptiste & la petite patache la Bien-Aimée, & à tous Négocians, Marchands & autres particuliers d'en faire débit & usage, après néanmoins qu'elles auront été marquées en la maniere accoutumée, & autres Réglemens concernant le commerce de ladite Compagnie, en payant seulement les droits d'entrée portés par le Tarif de 1664 pour les marchandises qui y sont dénommées & accoutumées, & à l'égard de celles qui sont obmises & non comprises dans ledit Tarif, trois pour cent de leur valeur, suivant l'article XLIV de l'Edit d'établissement de ladite Compagnie, & des Arrêts des 29 Avril & 22 Novembre 1692, nonobstant tous autres qui pourroient être contraires ; Sa Majesté désirant y pourvoir & faire joüir ladite Compagnie des Indes des priviléges qui lui sont accordés, oüi le rapport du sieur Desmarets, Conseiller ordinaire au Conseil Royal, Contrôleur général des Finances, LE ROI E'TANT EN SON CONSEIL, a ordonné & ordonne que par le sieur Ferrand, Commissaire départi en la Province de Bretagne, ou par celui qui sera par lui subdélegué, il sera fait inventaire de toutes les toiles de coton, mousselines, mouchoirs, poivre, bois rouge, salpêtre, plomb, thé, cannes ou rottins, & autres marchandises venues des Indes sur les Vaisseaux le Malo, le Jean-Baptiste & la patache la Bien-Aimée, & que conformément aux Arrêts ci-devant rendus sur le fait de la marque des marchandises venant des Indes pour la Compagnie, sujettes à la marque, & à l'Arrêt du 10 Décembre 1709, les toiles de coton blanches & mousselines seront marquées aux deux bouts de chaque piéce de la marque qui sera choisie par le sieur Ferrand ou son Subdélegué à Nantes, toutes lesquelles marchandises venues des Indes sur lesdits Vaisseaux seront ensuite vendues en la ville de Nantes en la maniere accoutumée, en payant les droits conformément au Tarif de 1664 & à l'article XLIV de l'Edit du mois d'Août audit an, & suivant les Arrêts des 29 Avril & 22 Novembre 1692, 2 Novembre 1700 & 10 Décembre 1709, à l'exception cependant des toiles teintes & rayées de couleur, des étoffes de soye ou mêlées de soye, & autres marchandises prohibées qui seront vendues pour sortir hors du Royaume : fait Sa Majesté très-expresses inhibitions & défenses aux Marchands, Négocians, & à toutes personnes de quelque qualité & condition qu'elles soient, de vendre ni débiter aucunes marchandises des Indes sujettes à ladite marque, si elles ne sont marquées de celle qui aura été choisie par le sieur Ferrand, ni d'en faire entrer, garder ni débiter d'autres, à peine de confiscation & de trois mille livres d'amende, applicable moitié à l'Hôpital des lieux où la saisie aura été faite, & l'autre moitié au dénonciateur : permet Sa Majesté aux Directeurs de la Compagnie des Indes Orientales de faire faire la visite des marchandises venant des Indes qui se trouveront chez les Marchands, Négocians & tous autres de quelque qualité & condition qu'ils puissent être, & de saisir & faire saisir celles qui ne seront pas marquées de ladite marque : enjoint Sa Majesté au sieur Lieutenant général de Police de la ville de Paris & aux sieurs Intendans & Commissaires départis dans les Provinces & Généralités du Royaume, de faire exécuter le présent Arrêt, qui sera lû, publié & affiché par-tout où besoin sera, & exécuté nonobstant oppositions ou appellations quelconques, pour lesquelles ne sera différé. FAIT au Conseil d'Etat du Roi, Sa Majesté y étant, tenu à Versailles le vingtiéme Septembre mil sept cent dix.

Signé PHELYPEAUX.

Traité

Traité entre la Compagnie & Monsieur Dumoulin & de Laye.

Du 27 Septembre 1710.

ARTICLE PREMIER.

Nous soussignés sommes convenus, sous le bon plaisir du Roi, de ce qui ensuit; sçavoir, nous Nicolas Soulet, Louis Desvieux & Louis-François Moufle de Champigny, Directeurs de la Compagnie des Indes Orientales, tant pour nous que pour les autres Directeurs & Intéressés en ladite Compagnie, dont nous nous faisons & portons forts

II.

De donner à Messieurs Dumoulin & de Laye la permission d'envoyer aux Indes deux Vaisseaux dans le mois de Janvier prochain, pour y négocier dans les comptoirs d'Ougly, Surate, Pondichery, dans le Gange, à l'Isle de Bourbon & autres de la côte de Coromandel ou Malabare, & dans tous les pays de la concession de la Compagnie, les marchandises que les susdits sieurs jugeront à propos.

III.

D'ordonner aux Commis de la Compagnie de rendre aux Armateurs tous les services qu'ils pourront, tant pour l'achat des marchandises du pays que pour la vente de celles de France.

IV.

Ladite Compagnie ne pourra, sous quelque prétexte que ce puisse être, accorder d'autres permissions pour ledit pays que pour partir dans le mois de Janvier 1712.

V.

Que la Compagnie garantira les Armateurs des évenemens qui pourront arriver sur leurs navires & effets à Pondichery & autres de leurs comptoirs au sujet des dettes de la Compagnie, sans qu'elle puisse se servir contre lesdits sieurs d'Arrêts de surséance.

VI.

Que les marchandises qui seront rapportées des Indes seront déchargées en présence des Préposés de la Compagnie, & vendues en France par les susdits sieurs Armateurs au plus offrant & dernier enchérisseur, en présence d'un des Directeurs avec le privilége de la Compagnie pour les droits, pourquoi lesdits sieurs Armateurs seront tenus de remettre à la Compagnie avant la décharge desdits Vaisseaux, la facture des Indes, certifiée par les chefs des comptoirs des Indes.

VII.

Qu'il sera payé à ladite Compagnie des Indes en considération du présent traité, dix pour cent du montant de la vente qui se fera en France des marchandises achetées dans les comptoirs de ladite Compagnie, sans aucune déduction; comme aussi de celles provenant des prises.

VIII.

Et outre ce il sera payé à ladite Compagnie dix pour cent de toutes les prises qui seront faites au-delà de la ligne seulement, pour le dixiéme de l'Amiral appartenant à ladite Compagnie au-delà de la ligne, conformément à la Déclaration de 1664 & l'Arrêt du 26 Novembre 1707.

IX.

Les Armateurs desdits Vaisseaux, ou leurs Préposés, payeront seulement les mêmes droits que la Compagnie a coutume de payer aux Indes, & seront exempts de ceux qui appartiennent à ladite Compagnie dans les établissemens qu'elle a faits à Pondichery & dans les autres endroits des Indes; pourquoi lesdits sieurs Directeurs de ladite Compagnie seront tenus de donner aux Armateurs lors du départ desdits Vaisseaux, des ordres par écrit pour leurs Directeurs & Commis des Indes, afin qu'ils se conforment au présent traité, & qu'ils reçoivent les Officiers desdits Vaisseaux, & les affranchissent des droits qui leur appartiennent; & si au préjudice desdits ordres il étoit payé aucuns desdits droits, le double de ce qui se trouvera avoir été payé sera déduit à ladite Compagnie sur les dix pour cent à elle accordés.

X.

Les droits que Sa Majesté a la bonté de faire payer pour chaque tonneau de marchandises allant & venant des Indes, appartiendront à ladite Compagnie; pourquoi les Armateurs donneront un état des marchandises qu'ils porteront de France aux Indes.

XI.

Les Armateurs auront le droit de transit pour les marchandises qui seront portées dans les Provinces réputées étrangeres, sans payer les droits d'entrée ni de sortie, suivant les priviléges de la Compagnie.

XII.

Les Armateurs défendront à leurs Capitaines & autres Officiers de faire aucunes prises sur les Vaisseaux Indiens & Maures, mais seulement sur les Vaisseaux des ennemis de l'Etat.

XIII.

Que la Compagnie fera fournir gratuitement auxdits Armateurs ses magasins, tant à l'Orient, Port-Louis, Nantes, que dans ses comptoirs des Indes; s'ils en ont besoin.

XIV.

Que la Compagnie se joindra aux susdits Armateurs pour obtenir de Monseigneur le Comte de Pontchartrain les ordres nécessaires pour les Commissaires de la Marine des

Ports où se feront les armemens des susdits deux Vaisseaux, pour la levée des équipages.

XV.

QUE toutes les marchandises provenant tant desdits deux Vaisseaux que des prises qu'ils pourroient faire, seront vendues dans l'un des Ports du Royaume tel que lesdits sieurs Armateurs le choisiront.

XVI.

QUE la Compagnie aura la liberté de s'intéresser dans ledit armement jusqu'à la somme de cent mille livres; & afin que cet article ne cause aucun retardement à l'armement & expédition desdits deux Vaisseaux, il est convenu qu'elle sera obligée de remettre les fonds à la caisse dudit armement entre ci & le huitiéme jour de Novembre prochain, faute de quoi elle sera déchûe du susdit intérêt.

XVII.

QUE si le Vaisseau le saint Louis convient auxdits sieurs Armateurs, il en sera fait une estimation sur les lieux avec tous ses agrès & apparaux, tant ceux de retour que ceux qui se trouveront dans les magasins de la Compagnie, dont les Armateurs auront besoin, & que la Compagnie s'intéressera dans cet armement pour le prix du tout, suivant l'estimation, en déduction desdites cent mille livres.

XVIII.

SA MAJESTÉ sera très-humblement suppliée d'accorder un Arrêt de son Conseil pour l'homologation du présent traité. *Signé* SOULET, DESVIEUX, MOUFLE DE CHAMPIGNY *&* LE FEBVRE.

Nous soussignés acceptons le présent traité aux clauses & conditions y contenues, que nous promettons d'exécuter. Fait à Paris le 27 Septembre 1708. *Signé* DUMOULIN *&* DE LAYE.

Approuvé le présent traité dans tout son contenu. Fait à Paris lesdits jour & an. *Signé* CROZAT.

ARREST
DU CONSEIL D'ÉTAT DU ROY,

QUI homologue les Actes du 27 Septembre dernier.

Du 13 Octobre 1710.

Extrait des Registres du Conseil d'Etat.

VU par le Roi étant en son Conseil les propositions faites par la Compagnie des Indes Orientales aux sieurs Dumoulin & de Laye, pour envoyer dans le mois de Janvier prochain deux Vaisseaux à Surate & dans toute la côte de Malabare, à Pondichery & dans toute la côte de Coromandel, dans le Gange, à l'Isle de Bourbon & dans les autres comptoirs de la Compagnie aux Indes, aux conditions contenues en dix-huit articles, arrêtés au Bureau général de la Compagnie le 27 Septembre 1710, signé Soulet, Desvieux, le Febvre & Mousle de Champigny ; par le dix-huitiéme duquel il est porté que Sa Majesté sera très-humblement suppliée d'accorder un Arrêt de son Conseil pour l'homologation du traité, l'acte étant au pied desdits articles, par lequel lesdits sieurs Dumoulin & de Laye acceptent ladite permission aux clauses & conditions y portées, qu'ils promettent d'exécuter & faire exécuter, ledit acte daté dudit jour 27 Septembre : oüi le rapport du sieur Desmarets, Conseiller ordinaire au

Conseil Royal, Contrôleur général des Finances, LE ROI E'TANT EN SON CONSEIL, a homologué & homologue lesdits actes du 27 Septembre dernier ; ordonne qu'ils seront exécutés selon leur forme & teneur, & en conséquence que lesdits sieurs Dumoulin & de Laye seront tenus d'envoyer au mois de Janvier prochain deux Vaisseaux aux comptoirs de la Compagnie des Indes, aux conditions portées par lesdits articles ; & demeureront lesdits actes du 27 Septembre dernier attachés à la minute du présent Arrêt. FAIT au Conseil d'Etat du Roi, Sa Majesté y étant, tenu à Marly le treiziéme jour d'Octobre mil sept cent dix. *Signé* PHELYPEAUX.

ARREST
DU CONSEIL D'ÉTAT
DU ROY,

QUI ordonne le payement de ce qui est dû aux Officiers qui montoient le Vaisseau le saint Louis.

Du 20 Octobre 1710.

Extrait des Registres du Conseil d'Etat.

VU au Conseil d'Etat du Roi l'Arrêt rendu en icelui le 22 Février 1710, par lequel il a été entre autres choses ordonné que les créanciers de la Compagnie des Indes Orientales porteurs de contrats à la grosse aventure sur le Vaisseau le saint Louis, représenteroient dans la quinzaine du jour de la publication dudit Arrêt pardevant le sieur Boucher d'Orsay, Maître des Requêtes, Intendant du commerce, les originaux de leurs contrats, dont ils laisseroient des copies signées d'eux audit sieur d'Orsay, & que procès-verbal seroit fait par ledit sieur Commissaire de ladite représentation, pour être le tout communiqué aux Directeurs & Syndics, &c. oüi le rapport, LE ROI ETANT EN SON CONSEIL, a ordonné & ordonne que sur le prix provenant des marchandises du Vaisseau le saint Louis, corps & quille dudit Vaisseau, les Officiers & l'équipage qui montoient ce Vaisseau seront payés par privilége & préférence de leurs appointemens ; & à l'égard des contrats à la grosse aventure sur le Vaisseau le saint Louis, ordonne Sa Majesté que les deux contrats de cinq cens livres chacun, sous le nom de Mathurin Bourlier, du 22 Janvier 1706 ; ceux sous le nom de François l'Enfant, l'un de six mille livres & l'autre de trois mille livres, du 26 Janvier 1706 ; trois sous le nom de Charles Mercier, de trois mille livres chacun, du 3 Janvier ; celui de onze cens livres, sous le nom du sieur Forne, du 29 Janvier ; celui de six cens livres, sous le nom du sieur Crustel, du 22 Janvier ; celui de mille livres du sieur Calandiny, du 29 Janvier ; celui de trois cens livres, sous le nom d'Antheaume, du 6 Février ; celui de deux cens livres, sous le nom de Fournier, du 6 Février ; celui de sept cens livres, sous le nom de Brulé, du 5 Février ; celui de sept cens livres, sous le nom de Robelastre, du 13 Février ; celui de quinze cens livres, sous le nom de du Molin, du 13 Janvier ; celui de quinze cens livres, sous le nom de la Feüillée, du 19 Février ; ceux sous le nom de Pierre du Sault, l'un de six mille livres, deux de trois mille livres chacun, & un de deux mille livres, du 26 Février ; celui de mille livres, sous le nom de François Denix, du 26 Février ; celui de six cens livres, sous le nom de Bergeret, du 26 Février ; trois sous le nom d'Etienne Jolly, de mille livres chacun, du 19 Février ; celui de mille livres, sous le nom d'Antoinette Pecoul ; celui de mille livres, sous le nom d'Antoinette Guesdon ; celui de mille livres, sous le nom de Marie Guesdon, lesdits trois contrats du 5 Mars ; deux sous le nom de Claude le Brun, de mille livres chacun, du 6 Février ; quatre, dont trois de mille livres chacun, & le quatriéme de trois cens cinquante livres, sous le nom de Mouchard, du 22 Janvier ; celui de huit cens quatre-vingt-six livres, de Dupuis, du 5 Février ; celui de trois cens livres, du sieur Aubry, du 13 Janvier ; celui de deux mille cinq cens livres, du sieur Rocante, du 17 Février ; celui de mille livres, du sieur Viallet, du 16 Janvier ; celui sous le nom de Jacques Molin, de trois cens livres, du 13 Janvier ; celui sous le nom

de

de Claude Renaud, de trois cens livres, du 19 Février; trois contrats sous le nom de Rapin, l'un de quatre cens livres & deux de cinq cens livres chacun, du 22 Janvier; celui sous le nom de Dicbrik, de mille livres, du 29 Février; & celui sous le nom de François le Roi, de deux cens livres, du 10 Février 1706; de tous lesquels contrats Sa Majesté ordonne que le payement en sera fait à ceux qui en sont porteurs, tant des principaux que des profits maritimes, suivant les clauses & conditions portées par les contrats; ensemble des intérêts, à raison de 6 pour cent par an, suivant la convention faite entre les parties jusqu'à ce jour 20 Octobre 1710; & avant faire droit sur le surplus des autres contrats, Sa Majesté ordonne que dans quinzaine pour toute préfixion & délai, les Directeurs de la Compagnie, leurs hoirs ou ayans cause seront tenus de remettre pardevers le sieur d'Orsay, Maître des Requêtes, Intendant du commerce, un état certifié véritable des contrats qu'ils ont pris, des noms sous lesquels ils les ont mis, & de ceux auxquels ils les ont transportés; comme aussi ordonne Sa Majesté que ceux qui ont représenté lesdits contrats, donneront pardevant ledit sieur d'Orsay une déclaration d'eux, certifiée des noms de ceux de qui ils tiennent lesdits contrats, & déclareront si lesdits contrats leur appartiennent ou à d'autres, pour lesdites déclarations faites & communiquées aux Syndics des créanciers chirographaires, être par Sa Majesté, sur l'avis desdits sieurs Commissaires, ordonné ce que de raison. FAIT au Conseil d'Etat du Roi, Sa Majesté y étant, tenu à Versailles le vingt Octobre mil sept cent dix. *Signé* PHELYPEAUX.

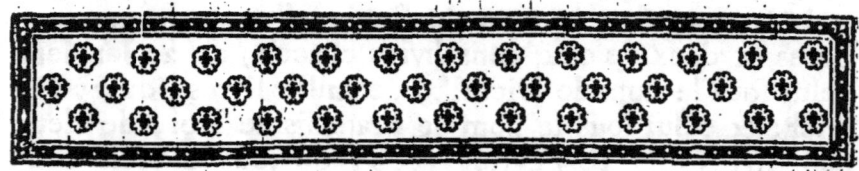

ARREST
DU CONSEIL D'ÉTAT
DU ROY,

CONCERNANT *les Créanciers Chirographaires de la Compagnie.*

Du 12 Janvier 1711.

Extrait des Registres du Conseil d'Etat.

VU par le Roi étant en son Conseil la soumission faite par les Directeurs de la Compagnie des Indes Orientales, le 9 du présent mois, portant que pour faire cesser les contestations qui sont entr'eux & les créanciers chirographaires de ladite Compagnie, ils s'obligent solidairement de faire dans le 20 de ce mois un fonds de dix mille livres chacun, moitié en argent, moitié en billets de monnoye, pour composer la somme de deux cens mille livres, à condition que tous les contrats à la grosse sur le Vaisseau le saint Louis, qui sont interloqués par l'Arrêt du 20 Octobre dernier, seront payés à ceux qui en sont porteurs aussi-tôt que chaque Directeur aura fourni dix mille livres pour sa part de la contribution, ensorte que la contribution personnelle fasse cesser l'interlocutoire personnellement; que lesdits Directeurs s'engagent encore, afin que la contribution soit réellement de deux cens mille livres, de payer dès-à-présent la part du sieur Chaperon, mort depuis quelques années, & celle du sieur Hebert absent, à la charge de reprendre celle dudit sieur Hebert sur ce qui sera adjugé à la Dame sa femme par les sieurs Commissaires nommés par Sa Majesté pour examiner les affaires de la Compagnie, & de payer aussi dans trois mois la part de ceux qui n'auront pas fait la susdite contribution : & lesdits Directeurs ayant par ladite soumission supplié Sa Majesté de l'homologuer par Arrêt de son Conseil avec ceux d'entr'eux qui ne l'auront pas signé, & d'ordonner qu'elle sera exécutée contre les successions & ayans cause des Directeurs qui sont morts, lesquelles successions & ayans cause seront tenus de l'exécuter dans le 20 du présent mois pour tout délai, sur la simple dénonciation qui leur en sera faite, avec sommation d'y satisfaire, s'étant lesdits Directeurs, sous le bon plaisir de Sa Majesté, reservé leurs droits contre les Actionnaires pour leur part de ladite contribution, conformément à ce qui a été ordonné par l'Arrêt du Conseil du premier Avril 1704, contradictoirement rendu entre les Directeurs & les Actionnaires : oüi le rapport, & tout considéré, SA MAJESTÉ ETANT EN SON CONSEIL, a homologué & homologue ladite soumission ; ordonne qu'elle sera exécutée selon sa forme & teneur, tant par ceux des Directeurs qui l'ont signée que par ceux qui ne l'ont pas signée, à quoi faire tous les Directeurs, leurs hoirs, successeurs & ayans cause, participes & Intéressés seront contraints par toutes voyes dûes & raisonnables, & ce nonobstant toutes Lettres d'Etat ou de répi, même l'Arrêt du 12 Novembre 1708, portant surséance de toutes poursuites contre les Directeurs, laquelle surséance Sa Majesté a levé pour ce regard seulement, sans préjudice des droits des Directeurs contre le sieur Hebert & la Dame sa femme, & contre les Actionnaires de ladite Compagnie défenses au contraire ; & sera ladite soumission attachée à la minute du présent Arrêt, lequel sera exécuté nonobstant oppositions ou empêchemens quelconques, dont si aucuns interviennent, Sa Majesté s'en est reservé la connoissance, & l'a interdite à toutes ses autres Cours & Juges. FAIT au Conseil d'Etat du Roi, Sa Majesté y étant, tenu à Marly le 12 Janvier mil sept cent onze.

Signé PHELYPEAUX.

ARREST
DU CONSEIL D'ÉTAT
DU ROY,

RENDU entre les Directeurs Généraux de la Compagnie Royale des Indes Orientales, les porteurs de contrats à la grosse aventure sur les Vaisseaux le Maurepas, la Toison d'Or & le saint Louis, & les créanciers chirographaires.

Du 18 Janvier 1711.

Extrait des Registres du Conseil d'Etat.

VU au Conseil d'Etat du Roi, l'Arrêt rendu en icelui le 22 Février 1710, par lequel il a été entr'autres choses ordonné que les créanciers porteurs de contrats à la grosse aventure, sur le Vaisseau le saint Louis, & tous les créanciers de la Compagnie des Indes, porteurs de billets & autres, seront tenus de représenter dans quinzaine du jour de la publication dudit Arrêt par devant le sieur d'Orsay Maître des requêtes, Intendant du commerce, Commissaire à ce député, les originaux de leurs titres, & de lui en laisser des copies signées d'eux, sinon & à faute de ce faire dans ledit temps, & icelui passé qu'il sera procédé à l'ordre & distribution du prix qui proviendra de la vente dudit Vaisseau le saint Louis & des

Z ziij

marchandises de son chargement sur les titres qui auront été représentés seulement, pour des titres être par ledit sieur Commissaire dressé procès-verbal, & iceux communiqués aux Directeurs & aux Syndics, tant des créanciers à la grosse aventure que chirographaires & autres, être sur l'avis desdits sieurs Commissaires, ordonné par sa Majesté ce que de raison, & que la vente desdites marchandises sera indiquée pour le dix-sept Mars prochain pour être faite en présence de l'un des Syndics des créanciers porteurs de contrats à la grosse, & de l'un des Syndics des créanciers chirographaires, & que lesdites marchandises seront vendues pour être payées au cours & sans termes; que le Noir, Caissier de ladite Compagnie sera dépositaire des deniers qui proviendront de la vente desdites marchandises, que les deniers seront mis dans un coffre fort fermant à trois clefs, dont l'une sera donnée aux Syndics des créanciers à la grosse aventure, & une autre aux créanciers chirographaires, & la troisième au dépositaire dont les Directeurs seront garants. Autre Arrêt du Conseil d'Etat de Sa Majesté du 20 Octobre 1710, rendu sur les requêtes respectives des Syndics des créanciers porteurs de contrats à la grosse aventure, sur le Vaisseau le saint Louis, des créanciers chirographaires & des sieurs Directeurs de la Compagnie des Indes, des 20 Mars, 8, 10, & 22 Mai 2 Juillet, 6, 8, 23, 29, & 30 Août 1710, contenant leurs demandes, conclusions & défenses & piéces jointes auxdites requêtes. Consentement desdits sieurs Directeurs & Syndics des 30 Août, 1, & 2 Septembre 1710 que M. de Nointel Conseiller d'Etat, demeure Juge; délibération de la Compagnie des Indes, & acte passé entre les parties le 18 Mars 1710 qui fixe le payement des principaux & profits maritimes; procès-verbal de représentation fait devant ledit sieur d'Orsay de contrats à la grosse & autres piéces, par lequel Arrêt Sa Majesté a ordonné que sur le prix provenant des marchandises dudit Vaisseau le saint Louis, corps & quille d'icelui, les Officiers & équipages qui montoient le Vaisseau, seroient payés par privilége &

préférence de leurs appointemens, & à l'égard des contrats à la grosse aventure sur ledit Vaisseau, & que les deux contrats de cinq cens livres chacun sous le nom de Mathurin Bourlier du 22 Janvier 1706, ceux de François l'Enfant de six mille livres, & trois mille livres du 26 Janvier 1706, trois de le Mercier de trois mille livres chacun du 3 Janvier audit an, celui de onze cens livres du sieur Forne du 29 Janvier, celui du sieur Crustol de six cens livres du 20 Janvier, celui de mille livres du sieur Marcez du 29 Janvier, celui de douze cens livres du sieur Rabusseau du 13 Janvier, celui de mille livres du sieur Calandriny du 29 Janvier, celui de trois cens livres du sieur Antheaume du 6 Février, celui de deux cens livres du sieur Tournay du 6 Février, celui de sept cens livres de Brûlé, celui de sept cens livres du sieur Roblastre du 13 Février, celui de quinze cens livres de Dumoulin du 13 Janvier, celui de quinze cens livres du sieur de la Feuillye du 19 Février, ceux de Pierre du Sault, un de six mille livres, deux de trois mille livres chacun & un de deux mille livres du 26 Février, celui de mille livres de François Denys du 26 Février, celui de six mille livres du sieur Bergeret du 26 Février, trois de mille livres chacun de Jolly du 19 Février, celui de mille livres d'Antoinette Pecoul, celui de mille livres de Marie Guedon, deux de mille livres chacun de Deslandes le Brun du 6 Février, quatre dont trois de mille livres chacun, & un de trois mille cinq cens livres du sieur Mouchard du 22 Janvier, celui de huit cens quatre-vingt-six livres de Dupuys du 5 Février, celui de trois cens livres du sieur Aubry du 13 Janvier, celui de deux mille cinq cens livres du sieur Rocaut du 17 Février, celui de mille livres du sieur Vialet du 16 Janvier, celui de Moulin de trois cens livres du 19 Février, trois du sieur Turpin, un de quatre cens livres, & deux de cinq cens livres chacun du 22 Janvier, celui de Dicbrik de mille livres du 19 Février, & celui de François le Roi de deux cens livres du 10 Février 1706 seront payés à ceux qui en sont porteurs, tant des principaux que profits maritimes, suivant les clauses &

conditions portées par les contrats, ensemble des intérêts, à raison de six pour cent par an, suivant la convention faite entre les parties jusqu'au 20 Octobre 1710 & avant faire droit sur le surplus des autres contrats, Sa Majesté a ordonné que dans quinzaine, pour toutes préfixions, les Directeurs de ladite Compagnie, leurs hoirs ou ayans cause, seront tenus de remettre pardevers ledit sieur d'Orsay un état certifié véritable des contrats qu'ils ont pris, des noms sur lesquels ils les ont mis, & de ceux auxquels ils les ont transportés, comme aussi que ceux qui ont représenté lesdits contrats, donneront audit sieur d'Orsay déclaration d'eux certifiée des noms de ceux de qui ils tiennent lesdits contrats, & déclareront si lesdits contrats leur appartiennent, ou à d'autres pour lesdites déclarations faites, communiquer aux Syndics des créanciers chirographaires être par Sa Majesté sur l'avis desdits sieurs Commissaires ordonné ce que de raison. Déclarations fournies tant par lesdits sieurs Directeurs que par les porteurs de contrats à la grosse, en exécution dudit Arrêt. Procès-verbal de représentation fait des contrats depuis ledit Arrêt du 20 Octobre 1710. Procès-verbal fait pardevant ledit sieur d'Orsay le 10 Mars 1710 & jours suivans de la représentation des billets de ladite Compagnie. Autre procès-verbal fait pardevant ledit sieur d'Orsay le 23 Décembre & jours suivans 1710 des contrats à la grosse sur les Vaisseaux le Maurepas & la Toison d'or ; requête de François Duplessis Menant Ecuyer, présentée au Conseil le 12 Mars 1709, tendante à ce qu'il plaise à Sa Majesté, lui faire main levée de la surcéance portée par l'Arrêt du Conseil du 12 Novembre 1708, obtenu par lesdits Directeurs, & qu'il fut permis aux porteurs des billets de ladite Compagnie, de continuer leurs poursuites devant les Juges qui en doivent connoître, si mieux Sa Majesté n'aimoit condamner lesdits sieurs Directeurs, tant en leurs noms qu'en ladite qualité, à acquitter ledit sieur Duplessis des principaux & intérêts desdits billets, & des condamnations qui pourroient intervenir contre lui pour raison de ce, & dommages & intérêts.

térêts. Réponses desdits sieurs Directeurs à ladite requête du 17 Août 1709. Autre requête dudit sieur Duplessis Menant du 27 dudit mois d'Août de réponses. Autre requête dudit sieur Duplessis, à ce que faute par lesdits sieurs Directeurs d'avoir satisfait à l'Arrêt du Conseil du 28 Janvier 1710, & suivant icelui rapporté pardevant ledit sieur d'Orsay, les délibérations de ladite Compagnie des Indes pour faire les emprunts à la grosse pour le chargement des Vaisseaux le Maurepas & la Toison d'or, ensemble les contrats faits en conséquence & piéces justificatives de l'employ des deniers provenant desdits emprunts, il plaise à Sa Majesté lui adjuger les conclusions qu'il avoit prises, les y ajoûtent, il soit ordonné que lui & ceux qui sont porteurs des billets desdits sieurs Directeurs pour marchandises de fer, seront payés par privilége après l'équipage, & après les véritables créanciers à la grosse sur le prix provenant des marchandises du chargement du navire le saint Louis, l'Ordonnance au bas du Conseil du 27 Mars 1710 portant que ladite requête seroit communiquée auxdits sieurs Directeurs & aux créanciers chirographaires, signification ensuite du 28 dudit mois de Mars. Réponses & défenses à ladite requête tant de la part desdits sieurs Directeurs que desdits Syndics des créanciers chirographaires. Autre requête dudit sieurs Duplessis Menant, tendante à ce qu'il plaise à Sa Majesté ordonner que dans l'ordre & distribution qui sera faite du prix provenant des marchandises qui ont été apportées sur les trois navires, le Maurepas, la Toison d'or & le saint Louis, & en particulier de celle du Vaisseau le saint Louis, il sera payé par préférence & privilége, 1º de ladite somme de treize mille deux cens soixante-quatorze livres douze sols, & des intérêts depuis le 1 Février 1709. 2º De la somme de quarante-cinq mille sept cent soixante-onze livres quatre sols, & des intérêts depuis l'échéance des billets avec dépens, au bas l'Ordonnance du Conseil que ladite requête seroit communiquée auxdits sieurs Directeurs & Syndics des créanciers chirographaires du 2 Décembre 1710, signification ensuite dudit jour.

Tome II. A a a

Défenses desdits Directeurs à ladite requête signifiée le 10 dudit mois de Décembre. Repliques dudit sieur Duplessis signifiée le 15 Décembre, plusieurs piéces & mémoires jointes auxdites requêtes, & les défenses desdits Syndics des créanciers chirographaires auxdites démandes; requête de François Liberté au Conseil, à ce qu'il plaise à Sa Majesté condamner lesdits sieurs Directeurs en leurs propres & privés noms, & par corps, à lui payer la somme de sept mille livres pour les principaux portés en six contrats à la grosse aventure passés en son nom le 27 Janvier 1706; sçavoir trois mille cinq cens livres sur le Vaisseau le Maurepas, & trois mille cinq cens livres sur le Vaisseau la Toison d'or, sauf & sans préjudice à se pourvoir pour ses profits maritimes, l'Ordonnance du Conseil au bas, portant que ladite requête seroit communiquée auxdits sieurs Directeurs du 7 Mars 1710, signifiée le même jour; requête du sieur Antoine Guesdon, à ce qu'il plaise à Sa Majesté condamner solidairement lesdits sieurs créanciers en leur propres & privés noms, à lui payer la somme de six mille livres de principaux portée aux six contrats à la grosse aventure sur les Vaisseaux le Maurepas & la Toison d'or, qu'à ce faire lesdits sieurs Directeurs y seront contraints par corps comme de Marchand à Marchand, ainsi qu'ils y sont obligés par lesdits contrats; sans préjudice des profits maritimes, intérêts, frais & dépens; au bas l'Ordonnance du Conseil du 8 Mars 1710, portant que ladite requête seroit communiquée auxdits sieurs Directeurs & signification ensuite. Copie desdits contrats, joints à ladite requête. Requête de Laurens de Verzure, à ce qu'il plaise à Sa Majesté condamner lesdits Directeurs solidairement en leurs noms à lui payer la somme de sept mille livres portée aux sept contrats à la grosse aventure sur les Vaisseaux le Maurepas & la Toison d'or, à quoi faire ils y seront contraints par corps comme de Marchand à Marchand ainsi qu'ils y sont obligés par iceux, sans préjudice des profits maritimes, les intérêts de retardement, l'Ordonnance du Conseil au bas, que ladite requête seroit communiquée auxdits sieurs Directeurs du 9 Avril 1710, signification ensuite, à laquelle requête est joint sept copies de contrats. Requête de Catherine Maçon, veuve de Joseph Narcice, à ce qu'il plaise à Sa Majesté condamner lesdits sieurs Directeurs en leurs propres & privés noms, & par corps, à lui payer la somme de quatorze cens quarante livres portée aux deux contrats à la grosse aventure sur les Vaisseaux le Maurepas & la Toison d'or du 26 Janvier 1706, sans préjudice des profits maritimes & intérêts de retardement, pour raison de quoi elle demeurera conservée en ses droits, au bas est l'Ordonnance du Conseil du 2 Mai 1710, qui ordonne que ladite requête sera communiquée auxdits sieurs Directeurs, signification ensuite à ladite requête, est joint copie desdits deux contrats. Requête d'Alexandre Esteuanne, à ce qu'il plaise à Sa Majesté lever la surcéance portée par l'Arrêt du Conseil du 12 Novembre 1708, & ordonner que la Sentence qu'il a obtenue au Châtelet le 20 Juillet 1709 contre lesdits Directeurs, sera exécutée selon sa forme & teneur, & qu'ils seront condamnés en ses dépens, signification ensuite le 11 Septembre 1709, à la requête est joint copie de deux contrats à la grosse sur lesdits Vaisseaux le Maurepas & la Toison d'or, chacun de sept cens livres au profit du sieur Louis Vautroux du 5 Mars 1706. Procédures, Sentence de condamnation du Châtelet, & imprimé dudit Arrêt du Conseil d'Etat du 12 Novembre 1708 obtenu par lesdits sieurs Directeurs, portant qu'il sera sursis à toutes poursuites, contraintes & exécution contr'eux, pour raison des dettes de ladite Compagnie en vertu d'aucun Jugement, sauf aux créanciers à se pourvoir pardevant les sieurs Commissaires & y faire leurs demandes. Requête de Bertrand Gaultier, à ce qu'il plaise à Sa Majesté condamner solidairement lesdits sieurs Directeurs en leurs propres & privés noms à lui payer la somme de six cens soixante-six livres treize sols quatre deniers pour les principaux portés aux deux contrats à la grosse sur les Vaisseaux le Maurepas & la Toison d'or du 15 Février 1706, de trois cens trente-trois livres six sols huit deniers chacun, à quoi faire contraints par corps comme de Marchand à Mar-

chand, ainſi qu'ils y ſont obligés, ſans préjudice des profits
maritimes, au bas l'Ordonnance du Conſeil du 5. Janvier
1711 portant que ladite requête ſeroit communiquée auxdits
ſieurs Directeurs, ſignification enſuite, défenſes deſdits Directeurs à ladite demande. Requête deſdits ſieurs Directeurs,
à ce que ſans avoir égard aux requêtes & demandes deſdits
Liberté, Gueſdon, Verzure & Maçon, il plaiſe à Sa Majeſté ordonner que ledit Arrêt du Conſeil du 12 Novemvembre 1708 ſera exécuté ſelon ſa forme & teneur, & que
leſdits particuliers ſeront déboutés de leur requête, avec
défenſes d'attenter aux perſonnes & biens deſdits ſieurs Directeurs, au bas l'Ordonnance du Conſeil du 24 Décembre 1710, portant que ladite Requête ſeroit communiquée
auxdites parties, ſignification enſuite : requête de François
l'Enfant Syndic des créanciers, porteurs de contrats à la
groſſe aventure ſur leſdits Vaiſſeaux le Maurepas, & la
Toiſon d'or, à ce qu'il plaiſe à ſa Majeſté ordonner que
diſtraction ſera faite au profit des porteurs de contrats à la
groſſe aventure ſur leſdits deux Vaiſſeaux ſur les effets de
la vente du Vaiſſeau le ſaint Louis, 1º De la ſomme de
ſoixante-quatorze mille quatre cens livres verſée à la Conception, du Vaiſſeau le Maurepas dans ledit Vaiſſeau le
ſaint Louis. 2º De pareille ſomme de ſoixante-quatorze
mille quatre cens livres verſée du Vaiſſeau la Toiſon d'or
dans le ſaint Louis. 3º De la ſomme de cent mille livres
pour la valeur des corraux verſés des mêmes Vaiſſeaux dans
le ſaint Louis, ſauf à augmenter ladite demande s'il y échet,
ordonner que ſur les ſommes qui proviendront deſdites
diſtractions, les porteurs de contrats à la groſſe aventure,
ſur ledits Vaiſſeaux le Maurepas & la Toiſon d'or, ſeront
payés par privilége des principaux & profits maritimes qui
leur ſont dûs, ſuivant les contrats dont ils ſont porteurs,
enſemble des intérêts de retardement, comme auſſi que
le corps deſdits Vaiſſeaux le Maurepas & la Toiſon d'or,
leurs agrès & apparaux ſeront déclarés affectés par privilége, au payement des principaux & profits maritimes dûs
aux gros aventuriers porteurs deſdits contrats, que leſdits

sieurs Directeurs seront tenus de rendre raison de l'usage qu'ils ont fait desdits bâtimens, & de les représenter pour être vendus, sinon & à faute de ce, qu'ils seront condamnés en leur propres & privés noms, & par corps, à payer la somme de cent mille livres pour la valeur desdits Vaisseaux, sur laquelle lesdits porteurs de contrats seront payés par même privilége de ce qui se trouvera leur être dû, le tout sans préjudice des demandes formées & à former personnellement contre lesdits sieurs Directeurs par lesdits porteurs de contrats, tant pour raison des principaux restans à payer, que profits maritimes ; l'Ordonnance du Conseil sur la requête du 23 Décembre 1710, portant que ladite requête seroit communiquée auxdits sieurs Directeurs & aux Syndics des créanciers chirographaires, signification d'icelle ensuite ; imprimé du mémoire du sieur l'Enfant. Requête desdits sieurs Directeurs, employée pour défenses à ladite demande, avec les piéces y jointes, tendante à ce que lesdits Syndics & porteurs de contrats à la grosse sur les Vaisseaux le Maurepas & la Toison d'or, soient déclarés non recevables en leurdite requête du 23 Décembre dont ils seront déboutés, sauf à eux à se mettre au nombre des autres créanciers chirographaires de ladite Compagnie, tant pour le versement des cent quarante-huit mille huit cens livres des Vaisseaux le Maurepas & la Toison d'or sur le Vaisseau le saint Louis, que pour le versement des cinquante-deux mille livres de Coraux du Vaisseau le Maurepas sur le même S. Louis, & encore pour la valeur des corps desdits Vaisseaux le Maurepas & la Toison d'or, & leurs agrès, au bas de ladite requête l'Ordonnance du Conseil portant qu'elle seroit communiquée à l'Avocat du Syndic des créanciers porteurs de contrats à la grosse sur lesdits Vaisseaux le Maurepas & la Toison d'or du 29 Décembre 1710, signification ensuite du 30 dudit mois. Requête des Syndics des créanciers chirographaires aussi employée à celle du 23 Décembre dudit l'Enfant, tendante à ce que ledit sieur l'Enfant soit débouté de ses demandes & priviléges ou préference, & condamné aux dépens, sauf à Sa Majesté d'ordonner fur les éclairciffemens énoncés en ladite requête ce qu'il lui plaira, & au furplus en cas que Sa Majefté & Meffieurs les Commiffaires croyent qu'il n'y aie pas de la part defdits fieurs Directeurs une déconfiture, il lui plaife ordonner que ce qui reftera des deniers provenant de la vente des marchandifes, dont le Vaiffeau le faint Louis étoit chargé, les contrats à la groffe jugés bons, & les autres fommes jugées privilégiées par l'Arrêt du Confeil du 20 Octobre dernier payées, que le reftant fera remis auxdits Syndics des créanciers chirographaires comme premiers faififfans & arrêtans lefdits deniers, conformément à la difpofition de la Coûtume de Paris, qui eft la loi des parties, & condamner aux dépens les conteftans, au bas l'Ordonnance du Confeil du 31 Décembre 1710, portant qu'elle feroit communiquée auxdits fieurs Directeurs, & au furplus en jugeant, fignification enfuite audit l'Enfant, & Avocat defdits Directeurs du 2 Janvier 1711. Autre requête dudit François l'Enfant, tendante à ce qu'en rectifiant & augmentant les conclufions par lui prifes par fadite requête du 23 Décembre, il plaife à Sa Majefté ordonner que de la fomme de treize cens quatre-vingt-quinze mille quatre cens foixante-trois livres dix-huit fols provenant de la vente des marchandifes du Vaiffeau le faint Louis, faite à Nantes au mois de Mars dernier, il en fera diftrait celles de quatre cens foixante mille huit cens vingt-deux livres, comme provenant des verfemens des Vaiffeaux le Maurepas & la Toifon d'or dans le faint Louis, fur laquelle fomme après avoir prélevé ce qu'il convient pour payer les Officiers & gens de l'équipage dudit Vaiffeau, de leurs appointemens & loyers par proportion à cette diftraction, les gros aventuriers fur le Maurepas & la Toifon d'or, feront payés par privilege & préférence à tous autres des principaux & profits maritimes reftans à eux dûs, enfemble des intérêts du jour de la demande & des frais; comme auffi fur ce que lefdits fieurs Directeurs prétendent que pour la valeur des Vaiffeaux le Maurepas & la Toifon d'or, ils ont pris pour quatre-vingt-douze mille livres d'intérêts dans l'armement des sieurs Crozat & Magon parti pour les Indes au mois de Janvier 1710, il requiert qu'il plaise à Sa Majesté déclarer lesdits quatre-vingt-douze mille livres d'intérêts affectés, par privilége au payement des donneurs de grosse sur lesdits Vaisseaux; le tout avec dépens & sans préjudice auxdits aventuriers de leurs autres droits, au bas l'Ordonnance du Conseil du 7 Janvier 1711, portant en jugeant soit signifiée, & signification d'icelle du même jour; mémoire desdits sieurs Directeurs, employé pour réponses à ladite demande. Requête des Administrateurs de l'Hôtel-Dieu, de l'Hôpital général des Enfans trouvés à Paris, comme esdites qualités, légataires du feu sieur Larette, tendante à ce que sur le produit du Vaisseau le saint Louis, ils soient payés, tant de la somme de trois mille livres pour le principal du contrat à la grosse sur ledit Vaisseau le saint Louis du 25 Février 1706, six mille cent cinquante livres pour les intérêts maritimes de cette somme pendant quarante-un mois, & de sept mille six cens trente livres pour les profits maritimes des sommes de quatre mille livres, & de trois mille livres aussi mises par ledit sieur Larette sur lesdits Vaisseaux le Maurepas & la Toison d'or, dudit jour 25 Février 1706, & ce par préférence à tous créanciers particuliers de la Compagnie, & aux donneurs à la grosse sur lesdits Vaisseaux le Maurepas & la Toison d'or, qui ne sont plus porteurs de leurs contrats, & aussi qu'ils seront payés par privilége & préférence à tous créanciers, de la somme de sept mille six cens trente livres par lesdits Directeurs, sur le prix du corps desdits Vaisseaux le Maurepas & la Toison d'or, sans que lesdits Directeurs puissent se servir contre lesdits Administrateurs de la surséance portée par l'Arrêt du Conseil du 12 Novembre 1708, le tout conformément à la Déclaration du Roi du mois de Mars 1680, au bas de laquelle requête l'Ordonnance du Conseil du 20 Mars 1710, portant qu'elle seroit communiquée auxdits Directeurs, aux Syndics des créanciers à la grosse aventure, & aux Syndics des créanciers chirographaires, signification ensuite, copie desdits contrats & autres piéces jointes à ladite requête, mémoires & défenses à ladite requête desdits sieurs Directeurs & desdits Syndics, la replique desdits Administrateurs, requête de Jean-Baptiste Devillers, ci-devant Gouverneur pour le Roi, & ladite Compagnie des Indes Orientales en l'Isle de Bourbon, tendante à qu'il plaise à Sa Majesté ordonner que sur les deniers qui proviendront de la vente du Vaisseau le saint Louis & ses dépendances, & des marchandises de son chargement, il sera payé par préférence à tous créanciers, à l'exception des frais de charges, transport & vente desdites marchandises, des sommes de dix-huit cens quatorze livres seize sols cinq deniers à lui dûes pour reste de ses appointemens, trois cens livres pour sa nourriture, pendant le relâche dudit Vaisseau le saint Louis à ladite Isle de Bourbon, depuis le 27 Avril 1709 jusqu'au 7 Septembre suivant, & des sommes de six mille & trois mille livres à lui dûes par deux contrats des 29 Mars & 10 Décembre 1707, ensemble des intérêts d'icelles à raison de dix pour cent, ainsi qu'ils sont stipulés par iceux, suivant l'usage des Indes, à compter du jour & date des contrats, jusqu'au parfait payement desdites deux sommes principales, en tout cas qu'il sera payé desdites deux sommes de six mille livres & trois mille livres & intérêts à dix pour cent en hipothéque des jours & dates desdits contrats, au bas l'Ordonnance du Conseil du 22 Mars 1710, portant que ladite requête seroit communiquée auxdits sieurs Directeurs & aux Syndics des créanciers à la grosse & à ceux des créanciers chirographaires, signification ensuite, copie desdits contrats & piéces jointes à ladite requête, requête des Syndics des créanciers porteurs de contrats à la grosse aventure sur le Vaisseau le S. Louis, employée pour réponses à celle dudit sieur de Villers, & à ce qu'il soit débouté de sa demande afin de payement par préférence & par hypothéque, sauf à être fait droit sur ladite requête, pour les sommes qui se trouveront être bien légitimement dûes audit sieur de Villers, comme créancier chirographaire, au bas l'Ordonnance du Conseil du 8 Mai 1710 ait acte, signification ensuite. Autre requête dudit sieur de Villers, avec piéces y jointes, employée pour réponse à celle desdits sieurs Directeurs imprimée & desdits Syndics, & à ce que, sans avoir égard à leurs raisons, auxquelles ils seront déclarés non-recevables, il soit ordonné qu'il sera payé par préférence aux créanciers chirographaires, au bas l'Ordonnance du Conseil du 31 Décembre 1710, portant que ladite requête seroit communiquée auxdits Directeurs & auxdits Syndics des créanciers chirographaires, signification ensuite du 2 Janvier 1711, imprimé d'une grosse requête desdits sieurs Directeurs, qui servoit de défenses à la demande dudit de Villers ; requête dudit sieur de Villers, aussi présentée le 20 dudit mois de Décembre, servant de réponse aux mémoires & requêtes desdits Directeurs & Syndics, avec des piéces y jointes, & à ce que les conclusions qu'il avoit prises lui fussent adjugées, au bas l'Ordonnance du Conseil en jugeant ; signification de ladite requête ensuite. Requête du sieur Chevalier Hebert, tendante à ce qu'il plaise à Sa Majesté ordonner que sur les deniers qui proviendront de la vente des marchandises & effets du Vaisseau le saint Louis, il sera payé par préférence à tous créanciers de la somme de quinze mille livres, à lui dûes pour dix-huit mois de ses appointemens, échûs au dernier Décembre 1709 ; ce faisant que le dépositaire choisi sera tenu de la remettre à Demoiselle Marie Gillette Boilleau son épouse, fondée de sa procuration, quoi faisant il en demeurera bien & valablement déchargé ; au bas l'Ordonnance du Conseil du 8 Février 1710, portant que ladite requête seroit communiquée auxdits sieurs Directeurs & auxdits Syndics des créanciers de contrats à la grosse, & créanciers chirographaires ; signification ensuite du 13 dudit mois, piéces jointes à ladite requête, défenses desdits Syndics des créanciers porteurs de contrats à la grosse, par lesquels ils soutiennent que ledit sieur Hebert devoit être débouté de sadite requête, signifiée le 3 Mars 1710 ; défenses desdits sieurs Directeurs à ladite demande. Autre requête du sieur Hebert, tendante à ce qu'il lui soit payé par privilége & préférence sur la vente desdites marchandises du Vaisseau le saint Louis, de la somme de vingt-cinq mille livres à lui dûes pour trente mois de ses appointemens, qui échéront au dernier Décembre 1710, au lieu des quinze mille livres par lui ci-devant demandées, & que ladite somme soit remise à ladite Demoiselle son épouse, fondée de sa procuration, à quoi faire tous séquestres & dépositaires seront contraints, quoi faisant déchargés, au bas l'Ordonnance du Conseil que ladite requête seroit communiquée auxdits Directeurs & Syndics des créanciers chirographaires, du 24 Décembre 1710; signification ensuite, défense à ladite demande desdits Directeurs & Syndics desdits créanciers. Requête d'Anne Pillavoyne, fille majeure, sœur d'Etienne-Louis Pillavoyne, Directeur de ladite Compagnie à Surate, tendante à ce que sur les deniers provenans de la vente des marchandises chargées sur ledit Vaisseau le saint Louis, elle soit payée des sommes de six cens cinquante-six livres cinq sols d'une part, & huit cens soixante-quinze livres d'autre, faisant ensemble quinze cens trente-une livres, à quoi faire les dépositaires seront contraints, quoi faisant déchargés, au bas l'Ordonnance du Conseil du 13 Mars 1710, portant que ladite requête seroit communiquée auxdits Directeurs & aux Syndics des créanciers chirographaires; signification ensuite & piéces jointes à ladite requête. Requête de Joseph Macary, Chirurgien, François de nation, tendante à ce qu'il soit ordonné qu'il sera payé de ses appointemens, & que le payement lui en soit fait à Paris, au bas l'Ordonnance du Conseil du 10 Mars 1710, portant que ladite requête seroit communiquée auxdits Directeurs, signification ensuite, piéces jointes à ladite requête. Requête desdits sieurs Directeurs du 20 Novembre 1710, employée pour défenses à ladite demande. Requête dudit Macary, employée pour réponses à la précédente, & à ce qu'il soit ordonné qu'il sera payé de la somme de six mille six cens vingt-sept livres neuf sols cinq deniers, à lui dûe par ladite Compagnie pour ses appointemens, par privilége & préférence sur les deniers provenant des effets & marchandifes de la cargaifon dudit Vaiffeau le faint Louis, & condamner lefdits Directeurs aux dépens, au bas l'Ordonnance du Confeil qu'elle feroit communiquée auxdits Directeurs & auxdits Syndics des créanciers chirographaires du 25 Novembre 1710, fignification enfuite. Requête & piéces y jointes de Jacques Lauriau & Marguerite Martin fon époufe, Michel Defprez & Agnès Martin fon époufe, & conforts, enfans & héritiers de feu fieur Martin Vivant, Directeur général de ladite Compagnie des Indes Orientales, & Gouverneur des ville & fortereffe de Pondichery, tendante à ce qu'il plaife à Sa Majefté en procédant à la diftribution du prix des marchandifes des effets du Vaiffeau le S. Louis, ordonner que fur les deniers en provenans ils feront payés par privilége & préférence à tous créanciers, après les donneurs de groffes, les gens de l'équipage, & les quarante mille livres empruntées en conféquence de la permiffion de Sa Majefté, tant de la fomme de vingt mille cinq cens vingt-cinq livres fept fols fix deniers pour refte & folde des appointemens dudit fieur Martin, que de celle de vingt-trois mille trois cens quatre-vingt-dix livres, prêtée à ladite Compagnie, enfemble des intérêts defdites fommes depuis le premier Février 1710, ainfi que ladite Compagnie des Indes y a été condamnée par Sentence des Confuls des 5 & 7 defdits mois de Février, & dépens liquidés par icelle à treize livres, au bas l'Ordonnance du Confeil du 15 Mars 1710, portant que ladite requête feroit communiquée auxdits fieurs Directeurs & aux Syndics des créanciers chirographaires, fignification enfuite. Requête de défenfes defdits Directeurs & Syndics defdits créanciers à ladite demande. Repliques defdits fieurs Lauriau & Defprez. Autre requête defdits Lauriau du 5 Juillet 1710, tendante à ce qu'en rectifiant en tant que de befoin leurs conclufions, ils concluoient à être payés fur les deniers provenant dudit Vaiffeau le faint Louis, par privilége & préférence à tous créanciers, même aux donneurs de groffe, attendu qu'ils font payés de leurs avances defdites fommes à eux dûes, & intérêts & dépens, au bas

Bbb ij

l'Ordonnance de soit communiqué aux Syndics des créanciers porteurs de grosse, signification ensuite, les défenses desdits Syndics à ladite demande, & mémoire desdits Directeurs de repliques aux demandes desdits Lauriau, mémoire imprimé desdits Lauriau de leurs moyens. Requête de Nicolas Gargan, ci-devant sous-Marchand de ladite Compagnie des Indes, tendante à ce que sur le prix desdites marchandises du Vaisseau le saint Louis il soit ordonné qu'il sera payé par privilége & préférence à tous créanciers de la somme de dix-huit livres quatre sols quatre deniers d'une part pour ses appointemens jusqu'au 15 Février 1709, de cinq cens trois livres six sols huit deniers pour ceux depuis ledit jour jusqu'au 17 Décembre 1709 d'autre, & de cent soixante livres pour sa subsistance pendant quatre mois, & des intérêts, frais & dépens, au bas l'Ordonnance portant que ladite requête seroit communiquée auxdits Directeurs & aux Syndics des porteurs de contrats & créanciers chirographaires, du 21 Mars 1710 ; signification ensuite & piéces jointes à ladite requête. Défenses desdits Syndics des créanciers porteurs de contrats à ladite demande. Requête de Jacques le Prevost, Chirurgien major pour le service de ladite Compagnie dans l'Isle de Bourbon, avec piéces y jointes, tendante à ce que sur les deniers provenant de ladite vente du Vaisseau le saint Louis & des marchandises de son chargement, il soit payé par préférence à tous créanciers de la somme de trois mille quatre cens neuf livres dix-sept sols trois deniers, pour huit années six mois neuf jours de ses appointemens, à raison de quatre cens livres par an, à compter du 9 Juin 1701 qu'il est arrivé en ladite Isle, jusqu'au 18 Décembre 1709 qu'il est arrivé de retour en France, & de la somme de trois mille livres de principal à lui dûe par contrat du 29 Mars 1707, ensemble des intérêts à dix pour cent, à compter dudit jour 29 Décembre 1707, jour dudit contrat, jusqu'au 29 Mars 1710, qui sont trois années, montant à la somme de neuf cens livres ; comme aussi des intérêt à la susdite raison de dix pour cent, qui écheront depuis ledit jour 29

Mars 1710 jusqu'au parfait payement de ladite somme de trois mille livres de principal, en tout cas en hypothéque du jour de sondit contrat desdites trois mille livres de principal & des intérêts à la susdite raison & dépens, au bas est l'Ordonnance du Conseil que ladite requête seroit communiquée auxdits Directeurs & Syndics des créanciers à la grosse aventure & créanciers chirographaires, du 22 Mars 1710, signification ensuite. Requête desdits Directeurs, servant de réponses & défenses à ladite demande. Défenses desdits Syndics porteurs de contrats à ladite requête du 8 Mai 1710. Autre requête dudit Prevost, avec piéces y jointes, employée pour réponse à celle desdits Directeurs, & à ce que Acte lui soit donné de ce qu'il sommoit lesdits Directeurs de représenter & produire le reçû qu'il a donné de deux caisses de médicamens & instrumens, sinon qu'il demeurera pour constant qu'il est de la somme de onze cens soixante-quatre livres à compte de ses appointemens, & au surplus que ses conclusions lui seront adjugées ; au bas l'Ordonnance du 31 Décembre 1710, portant que ladite requête seroit communiquée auxdits Directeurs & Syndics des créanciers chirographaires, signification ensuite. Mémoire desdits Directeurs, servant de réponse à ladite requête. Requête de la veuve Fuet, avec les piéces y jointes, tendante à ce que sur les deniers provenant de la vente des marchandises & du Vaisseau le saint Louis, il soit ordonné qu'elle sera payée de la somme de douze cens livres pour les années 1707, 1708 & 1709 de la pension de quatre cens livres, que son fils, qui est au comptoir de Calicut pour ladite Compagnie, lui donne à prendre chacun an sur ses appointemens qui lui sont dûs, & ce après que les dettes privilégiées dudit Vaisseau auront été acquittées, & qu'il sera fait fonds dans les états de la Compagnie pour l'année 1710 & les suivantes, de ladite somme de quatre cens livres par an, tant que son fils sera au service de ladite Compagnie ; au bas est l'Ordonnance du Conseil du 15 Mai 1710, portant que ladite requête seroit communiquée auxdits Directeurs & Syndics des créanciers chirographaires, fignification enfuite. Défenfes defdits Directeurs contre ladite demande. Requête de Jean de Ligondez, Enfeigne de Vaiffeau du Roi, tendante à ce qu'il plût à Sa Majefté ordonner que fur les deniers provenant du prix de la vente des marchandifes & effets dudit Vaiffeau le faint Louis, qu'il foit payé par préférence & privilége à tous créanciers de la fomme de neuf cens quatre-vingt-dix livres pour fes appointemens de onze mois entiers, & de celle de cinq cens livres qu'il a dépenfée pour fa fubfiftance pendant le relâche à l'Ifle de Bourbon, à ce faire les féqueftres & dépofitaires feroient contraints, quoi faifant déchargés, & les conteftans condamnés aux dépens; au bas l'Ordonnance du Confeil du 24 Mai 1710, qui ordonne que ladite requête feroit communiquée auxdits Directeurs & aux Syndics des créanciers à la groffe aventure & créanciers chirographaires; fignification enfuite. Requête de Jean-Alexandre Ducormier, avec les piéces y jointes, tendante à ce que lefdits fieurs Intéreffés dans ladite Compagnie foient condamnés folidairement à lui payer la fomme de deux cens quatre-vingt-trois livres cinq fols; fçavoir, deux cens cinquante livres pour fes appointemens, depuis le 15 Février 1709 jufqu'au 15 Décembre fuivant, & celle de trente-trois livres contenue au compte arrêté à Pondichery ledit jour 15 Février 1709, à quoi faire contraints par toutes voyes, & aux dépens; l'Ordonnance du Confeil au bas du 10 Juin 1710, portant que ladite requête feroit communiquée auxdits Directeurs, fignification enfuite. Requête de Goluin Simon, & piéces y jointes, tendante à ce qu'il foit ordonné qu'il fera payé des fommes de cent foixante-quatorze livres huit fols d'une part, neuf cens quatre-vingt-trois livres onze fols trois deniers, & cent cinquante-fept livres douze fols fix deniers d'autre, par privilége & préférence à tous créanciers, fur les deniers provenant de la vente du Vaiffeau le faint Louis, effets & marchandifes de fon chargement; au bas l'Ordonnance du Confeil, portant que ladite requête feroit communiquée auxdits Directeurs & créanciers chirographaires. Requête d'Alexandre & Jacques Regnault freres, Georges Regnault, Anne Regnault & conforts, héritiers chacun pour un cinquiéme de feu Robert Regnault, tendante à ce qu'il plaife à Sa Majefté ordonner que fur les deniers qui font provenus & proviendront de la vente des effets de la Compagnie des Indes, & de la vente du Vaiffeau le faint Louis & marchandifes de fa charge, par préference & privilége ils feront payés & remboursés de la fomme de fix mille quatre cens cinquante-une roupies vingt-cinq peffas un denier avec l'intérêt du 18 Juin 1709, jour du décès dudit Regnault; & en cas de conteftation, les conteftans condamnés aux dépens; au bas l'Ordonnance du Confeil du 20 Novembre 1710, portant que ladite requête feroit communiquée aux Directeurs & aux Syndics des créanciers chirographaires; fignification enfuite, piéces jointes à ladite requête. Requête de Jean Hallé & Jean-Baptifte le Brun, & piéces y jointes à icelle, tendante à ce qu'il plaife à Sa Majefté condamner les Directeurs de ladite Compagnie des Indes Orientales à leur payer & rembourfer la fomme de fix mille fept cens quatre livres, à quoi fe monte la valeur de trois mille fix cens foixante-treize roupies quinze fols deux deniers à eux dûes, avec les intérêts à un pour cent par mois, à compter du jour que chaque partie de cette fomme eft entrée dans la caiffe de la Compagnie, fuivant le compte qui en a été envoyé auxdits Hallé & le Brun jufqu'au remboursement qui en fera fait; ordonner auffi qu'ils feront payés de leur principal & intérêts fur le prix des marchandifes venues dans le Vaiffeau le faint Louis, par privilége & préference à tous créanciers de ladite Compagnie, & à l'exception feulement des donneurs de groffe, & de ce qui doit être payé avant les groffes aventures; que pour faciliter le rembourfement de ladite fomme principale & intérêts, il leur fera permis, fi bon leur femble, d'acheter des marchandifes venues fur ledit Vaiffeau le S. Louis, jufqu'à concurrence de ce qui leur eft dû, & donner en payement leurs billets, que le dépofitaire fera tenu de prendre pour argent comptant & efpéces fonnantes, &

en cas de contestation, condamner les contestans aux dépens; au bas l'Ordonnance du Conseil du premier Février 1710, portant que ladite requête sera communiquée auxdits Directeurs & aux Syndics des créanciers chirographaires, signification ensuite. Requête de la veuve le Brun & Claude le Brun, les piéces y jointes, tendante à ce qu'il plaise à Sa Majesté condamner lesdits Directeurs à leur payer & rembourser la somme de treize mille huit cens cinquante-quatre livres de principal, à quoi revient sept mille cinq cens quatre-vingt-treize roupies vingt-huit sols dix deniers qui leur reste dûe suivant le compte à eux envoyé, daté au Fort-Louis de Pondichery le 15 Janvier 1709, avec les intérêts, à compter du premier Novembre 1703 jusqu'au jour du payement qui leur sera fait sur le pied que les Directeurs eux-mêmes les ont réglés par le compte envoyé daté d'Ougly le 13 Janvier 1704, & que les sommes à eux dûes seront payées sur le prix des marchandises dudit Vaisseau le saint Louis, par privilége & préférence à tous créanciers de ladite Compagnie, à l'exception des donneurs de grosses & de ce qui doit être payé avant les grosses aventures, à qui faire les dépositaires seront contraints par toutes voyes, quoi faisant déchargés; ordonner que pour faciliter le payement de leur dû en principal & intérêts, il sera permis, si bon leur semble, d'acheter des marchandises dudit Vaisseau le saint Louis jusqu'à concurrence de leur dû, & de donner en payement leurs billets, que le dépositaire nommé sera tenu de prendre pour argent comptant, & condamner les contestans aux dépens; au bas l'Ordonnance du Conseil portant que ladite requête seroit communiquée auxdits Directeurs & aux Syndics desdits créanciers, du 7 Février 1710, signification ensuite. Requête de Henry Petit, & piéces y jointes, tendante à ce qu'il plaise à Sa Majesté ordonner que le contrat fait entre lesdits sieurs Directeurs & ledit Petit le 23 Février 1703, sera exécuté selon sa forme & teneur; ce faisant que sur le prix provenant de la vente des marchandises dudit navire le saint Louis, & autres appartenant à ladite Compagnie, ledit

Petit

Petit sera payé de la somme principale de quatre mille trois cens trente-neuf livres quinze sols, à raison de dix pour cent, à compter du premier Mai 1706, par privilége aux simples créanciers par billets, & en cas de contestation, condamner les contestans aux dépens; au bas l'Ordonnance du Conseil, que ladite requête seroit communiquée aux Directeurs & Syndics des créanciers chirographaires, du 8 Février 1710, signification ensuite; défense desdits Directeurs à la demande. Requête de Georges Petit, fils & légataire universel de feu Antoine Petit son pere, & piéces y jointes, tendante à ce qu'il plaise à Sa Majesté ordonner que sur le prix provenant des marchandises & effets du chargement dudit Vaisseau le saint Louis, ledit Petit sera payé de la somme de douze mille cent cinquante livres, pour deux années d'intérêts à neuf pour cent de la somme de soixante-sept mille cinq cens livres, échûs au mois d'Avril 1710; ensemble de ceux qui sont échûs depuis & qui écheront ci-après jusqu'à l'actuel payement, comme aussi de ladite somme principale de soixante-sept mille cinq cens livres, & dépens; l'Ordonnance sur ladite requête, portant qu'elle seroit communiquée auxdits Directeurs & Syndics des créanciers chirographaires, du 10 Juin 1710, signification ensuite. Requête d'Antoine Boucher, ci-devant Secrétaire & Procureur Fiscal pour ladite Compagnie dans l'Isle de Bourbon, avec les piéces y jointes, tendante à ce que sur les deniers provenant de la vente dudit Vaisseau le saint Louis, ses dépendances & des marchandises de son chargement, il sera payé par préférence à tous créanciers de la somme de trois cens livres à laquelle il se restraint pour sa nourriture pendant le relâche dudit Vaisseau le S. Louis à ladite Isle de Bourbon, depuis le 27 Avril 1709 jusqu'au 7 Septembre suivant, & des deux sommes de trois mille livres chacune, à lui dûes par deux contrats des 29 Mars & 10 Décembre 1707; ensemble des intérêts d'icelles, à raison de dix pour cent par chacun an, à compter des jours & dates desdits contrats, sur lesquelles sommes il offre de déduire 1° sur ladite somme de trois cens livres, ensuite sur les intérêts desdites deux sommes de principal, de trois mille livres chacune, & si ces déductions ne suffisent, sur les trois mille livres portées par le contrat du 10 Décembre 1707, celle de deux mille huit cens quatre-vingt-une livres seize sols, qu'il doit de reste à la Compagnie pour les deniers qu'il a reçûs du prix des marchandises qu'il a vendues, dont il s'étoit trouvé chargé après l'apurement & l'arrêté fait de son dernier compte par le sieur Hebert, & pour les sommes qu'il a reçûes pour la Compagnie, déduction faite des sommes qu'il a aussi déboursées, & du surplus desdites marchandises non vendues qu'il a remises au sieur d'Haramboure qui lui a succédé dans son emploi, le tout depuis l'arrêté de sondit compte fait par le sieur Hebert, en tout cas qu'il sera payé desdites sommes portées par lesdits contrats en principaux & intérêts, à la susdite raison de dix pour cent en hypothéque des jours & dates de sesdits contrats, & aussi de ses dépens; l'Ordonnance du Conseil sur ladite requête, portant qu'elle seroit communiquée auxdits Directeurs & aux Syndics des créanciers porteurs de contrats & créanciers chirographaires, du 21 Mars 1710, signification ensuite. Requête de Louis de la Verune, Lieutenant de Vaisseau, ci-devant Capitaine commandant le navire le Maurepas, & piéces y jointes, tendante à ce que par préférence & privilége à tous créanciers il soit payé sur les effets & marchandises du Vaisseau le saint Louis de la somme de deux mille trois cens quatre-vingt-trois livres quatorze sols huit deniers; sçavoir, cinq cens vingt-neuf livres onze sols quatre deniers pour les quatre pour cent de la somme de treize mille deux cens trente-neuf livres douze sols, qui est provenue de la prise Angloise nommée la Reine Anne, & de celle de dix-huit cens cinquante-quatre livres trois sols quatre deniers pour vingt-deux mois huit jours de ses appointemens sur le pied de quatre-vingt-trois livres six sols huit deniers par mois, ensemble aux intérêts du jour de la demande jusqu'à l'actuel payement, & aux dépens; sur laquelle requête Ordonnance du Conseil du 30 Mai 1710, portant qu'elle feroit communiquée auxdits fieurs Directeurs & aux Syndics des créanciers porteurs de contrats & chirographaires, fignification enfuite. Requête de Daniel Pujol, Secrétaire & Greffier des Etats de la Province de Languedoc, avec les piéces y jointes, tendante à ce que fur les deniers provenant de la vente dudit Vaiffeau le S. Louis & des marchandifes de fon chargement & autres effets de la Compagnie des Indes, il foit payé par privilége & préférence de la fomme de cinq mille fept cens foixante-feize livres dix-neuf fols deux deniers, & des intérêts, frais & dépens du jour des protefts, le tout aux rifques, périls & fortunes des Intéreffés en la Compagnie du Cap-Neigre du baftion de France, & de fe pourvoir contre eux en cas de défaut de payement par les Intéreffés en ladite Compagnie des Indes ; au bas l'Ordonnance du Confeil du 24 Juillet 1710, portant que ladite requête feroit communiquée, fignification d'icelle auxdits Directeurs & Syndics. Requête de Louis Barbault, ci-devant Infpecteur de l'armement du Vaiffeau le faint Louis, & piéces y jointes, tendante à ce qu'il plaife à Sa Majefté ordonner qu'il feroit payé par préférence & privilége à toutes perfonnes fur les deniers qui proviendront des effets & marchandifes dudit Vaiffeau le S. Louis, de la fomme de douze cens dix-neuf livres feize fols à lui dûe de refte de fes appointemens, fuivant le billet de la Compagnie du 5 Septembre 1708, enfemble des intérêts & dépens ; l'Ordonnance du Confeil fur ladite requête du 14 Février 1710, portant qu'elle feroit communiquée auxdits Directeurs & aux Syndics des créanciers porteurs de contrats & chirographaires, fignification enfuite ; réponfe & défenfes defdits fieurs Directeurs & Syndics à ladite requête. Requête de Henry Bouynot, ci-devant Capitaine des Vaiffeaux des Indes Orientales, tendante à ce qu'il plaife à Sa Majefté ordonner que lefdits fieurs Directeurs de ladite Compagnie des Indes feront condamnés à lui payer les appointemens à lui dûs en qualité de Capitaine de Vaiffeaux de la Compagnie pendant fix années, à compter fur le pied qu'ils feront réglés avec lui, aux intérêts de ladite somme à laquelle ils se trouveront monter, & en ses dépens, dommages & intérêts ; ladite requête signifiée auxdits sieurs Directeurs le 10 Mai 1710. Requête d'Etienne Chaplet, Fermier des poudres & salpêtres, & piéces y jointes, tendante à ce qu'il plaise à Sa Majesté ordonner que sur les deniers provenant des effets appartenant à ladite Compagnie des Indes, qui ont été rapportés par leurs Vaisseaux, & notamment le saint Louis, il sera payé par privilége & préférence de la somme de dix mille huit cens cinquante livres pour le prix de quinze mille cinq cens livres de poudre de guerre à eux fournies, intérêts de ladite somme ; sçavoir, de huit mille cinquante livres depuis le premier Août 1706, & de deux mille huit cens livres, du 18 Décembre de la même année ; Ordonnance sur ladite requête, portant qu'elle seroit communiquée auxdits sieurs Directeurs & Syndics des créanciers porteurs de contrats chirographaires, du 15 Mai 1710 ; signification ensuite du 28 dudit mois ; défenses desdits sieurs Directeurs & Syndics. Deux requêtes du sieur Jean-Baptiste Aubert, Capitaine en second sur ledit Vaisseau le saint Louis, & piéces y jointes, tendante à ce que sur les deniers provenant du prix de la vente des effets & marchandises appartenant auxdits sieurs Intéressés sur ledit Vaisseau le saint Louis, il soit payé 1° de la somme de cinquante-deux livres dix sols pour un mois & demi qui lui restoit dû de demi solde lors de son départ de France, 2° de seize cens vingt-huit livres pour ses appointemens depuis le 15 Juillet 1706 jusqu'au 23 Juin 1708, à raison de soixante-dix livres par mois, 3° de dix-huit cens livres pour ses appointemens qui ont couru depuis le 23 Juin 1708 jusqu'au 20 Décembre 1709 que ledit Vaisseau est arrivé en France, sur le pied de cent livres par mois, 4° de cinq cens livres qu'il a mis de son argent dans la caisse de ladite Compagnie ; sur lesquelles requêtes est l'Ordonnance des 18 Juin & 12 Juillet 1710, portant qu'elles seroient communiquées auxdits sieurs Directeurs & Syndics, signification ensuite. Requête de Goluen Simon, & piéces y jointes, tendante à ce qu'il soit ordonné qu'il sera payé par privilége & préférence sur les deniers provenant du Vaisseau le S. Louis & marchandises de son chargement, des sommes de trois mille livres, d'une part, & mille sept cens trente-six livres dix-huit sols d'autre, ensemble des intérêts desdites sommes; l'Ordonnance sur ladite requête, portant qu'elle seroit communiquée auxdits sieurs Directeurs & Syndics des créanciers chirographaires, du 11 Septembre 1710, signification ensuite. Requête de François-Michel des Bordes, sieur de Charanville, ci-devant Gouverneur de l'Isle de Bourbon, tendante à ce que sur le prix de la vente de la cargaison du navire le saint Louis & dudit navire, il sera par privilége à tous créanciers payé de la somme de cinq cens trente-six livres cinq sols, à lui dûe pour sesdits appointemens, à raison de neuf cens livres pour chacun an, depuis le premier Février 1710 jusqu'au 23 Août audit an qu'il est de retour en France, ensemble des intérêts du jour de la demande; l'Ordonnance sur ladite requête, portant qu'elle sera communiquée auxdits sieurs Directeurs & aux Syndics des créanciers chirographaires, du 20 Décembre 1710, signification ensuite, & piéces jointes à ladite requête. Requête de Charles le Dal, sieur de Gueront, Lieutenant sur le Vaisseau le saint Louis, tendante à ce que lesdits sieurs Directeurs de la Compagnie des Indes soient condamnés à lui rendre & restituer la somme de trois cens livres avec les intérêts, par privilége sur les fonds qu'ils ont dans leur caisse de la vente faite à Nantes au mois de Mars 1710, comme étant un profit qu'il a fait audit lieu à la caisse de ladite Compagnie, aux offres qu'il faisoit de rendre l'original du billet qu'il a, qu'à ce faire ils seront contraints par les voyes ordinaires, le tout avec dépens; au bas l'Ordonnance, portant qu'elle seroit communiquée aux sieurs Directeurs & aux Syndics des créanciers chirographaires, du 17 Décembre 1710. Requête de Dame Charlotte du Verger de Marigni, tendante à ce qu'il soit ordonné qu'elle sera payée de la somme de quatre mille cent cinquante-quatre livres dix-sept sols sur le prix provenant de la vente dudit Vaiſſeau le ſaint Louis & des marchandiſes qui étoient deſſus, par privilége & préférence à tous créanciers, ce faiſant que les dépoſitaires ſeroient contraints par toutes voyes, même par corps, à la payer de ſon principal & intérêts, quoi faiſant déchargés, & condamner les conteſtans aux dépens; ſur laquelle requête l'Ordonnance du Conſeil, portant qu'elle ſeroit communiquée auxdits ſieurs Directeurs & aux Syndics des créanciers chirographaires, du 18 Décembre 1710, ſignification enſuite & piéces jointes à ladite requête: défenſes deſdits ſieurs Directeurs & Syndics. Requête de Georges de Lamarre de Caen, Capitaine de flûte, tendante à ce qu'en conſéquence de l'Arrêt du Conſeil d'Etat de Sa Majeſté du premier Octobre 1710, il plaiſe à Sa Majeſté liquider les ſommes portées par ledit Arrêt à celle de dix mille quarante-trois livres dix ſols, y compris les deux mille livres de dommages & intérêts, & droit de contrôle d'iceux, & que leſdits ſieurs Intéreſſés ſeront condamnés à lui payer ladite ſomme, à quoi faire contraint par corps, & que pour en faciliter le payement, ordonner que ſur les deniers provenant de la vente des marchandiſes du Vaiſſeau le ſaint Louis, il ſera payé par privilége & préférence de ladite ſomme; ledit Arrêt du Conſeil d'Etat de Sa Majeſté, du premier Octobre 1710, par lequel entr'autres choſes Sa Majeſté ordonne que ledit ſieur Lamarre ſera payé de ſes appointemens à deux cens livres par mois, conformément au traité qu'il a fait avec la Compagnie des Indes le 13 Avril 1706, & ce juſqu'au jour de ſon arrivée en France, enſemble la dépenſe de ſon paſſage des Indes en France, à raiſon de trente ſols par jour, & condamner ladite Compagnie envers ledit de Lamarre en deux mille livres de dommages & intérêts civils, & autres piéces jointes à ladite requête. Requête de Catherine d'Herbe, veuve Pierre Dubocq, vivant Capitaine en ſecond ſur ledit Vaiſſeau le ſaint Louis, & piéces y jointes, tendante à ce qu'il plaiſe à Sa Majeſté ordonner qu'elle ſera payée par privilége & préférence à tous créanciers ſur les effets provenant du navire le ſaint Louis & autres effets de ladite Compagnie des Indes, de la somme de quatre mille neuf cens quarante livres pour les appointemens du défunt Capitaine Dubocq, plus de la somme de trois mille livres pour ses dommages & intérêts, comme aussi des appointemens dûs à Dubocq fils, suivant qu'ils se trouveront avoir été réglés par la délibération de la Compagnie, ensemble des frais de son retour & passage en France, condamner en outre ladite Compagnie à lui restituer la somme de douze mille huit cens soixante-quatre roupies, vingt pesas quatre deniers, revenant à la somme de dix-neuf mille deux cens quatre-vingt-seize livres monnoye de France, à quoi monte le produit des effets dudit défunt Dubocq, déposée au comptoir de ladite Compagnie à Ougly, ensemble aux intérêts suivant que les sieurs Directeurs de la Compagnie conviendront s'être servi de ladite somme, dont ils feront leur déclaration en leur honneur & conscience, & aux dépens; Ordonnance du Conseil sur ladite requête, portant qu'elle sera communiquée auxdits sieurs Directeurs, du 5 Janvier 1711, signification ensuite; défenses desdits sieurs Directeurs à ladite demande. Requête de Pierre Roger Favieres, ci-devant Ecrivain sur les Vaisseaux de la Compagnie des Indes, avec piéces y jointes, tendante à ce qu'il soit ordonné que sur les deniers provenant de la vente des marchandises du Vaisseau le saint Louis, il sera payé par privilége & préférence de la somme de six cens soixante-six livres treize sols quatre deniers à lui dûe, & dont il a couru les risques sur ledit Vaisseau le saint Louis, suivant la délibération desdits sieurs Directeurs de la Compagnie des Indes. Requête de Michel Hamby & consorts, & piéces y jointes, tendante à ce qu'il soit ordonné que des deniers qui proviendront de la vente des marchandises du Vaisseau le saint Louis, ils soient payés par préférence à tous créanciers de la somme de onze cens cinq livres pour reste des appointemens de défunt Antoine de Hamby, premier Lieutenant sur le Vaisseau le saint Louis, dont ils sont légataires; & de ce qui peut revenir pour sa part des prises, suivant l'apurement qui est entre les mains des Directeurs de ladite Compagnie des Indes, avec les intérêts, qu'à payer le dépositaire sera contraint, quoi faisant déchargé; l'Ordonnance sur ladite requête du 10 Avril 1710, portant qu'elle seroit communiquée auxdits Directeurs & Syndics des créanciers porteurs des contrats & créanciers chirographaires; signification ensuite, & défenses desdits Directeurs & Syndics à ladite demande. Requête du sieur Comte de Robec, Enseigne sur les Vaisseaux de Sa Majesté, fils du sieur Baron de Palliere, & piéces y jointes, tendante à ce qu'il soit ordonné qu'il sera payé de la somme de 1068 livres 4 sols 6 den. qui lui sont dûs, suivant les Sentences de liquidation & apurement de l'Amirauté de Nantes, du 2 Mai 1708, & 29 Août 1709, & ce pour sa part & portion du cinquiéme des prises que ledit sieur Baron de Palliere a fait en qualité de commandant l'Escadre, suivant ce qu'il en revient au Vaisseau l'Agréable, ordonner que la somme de 1068 livres 4 sols 6 deniers, lui sera payée sur les deniers provenant des marchandises du Vaisseau le saint Louis, déposé entre les mains du sieur le Noir, Caissier, dont il sera payé par préférence à tous créanciers, & les contestans condamnés aux dépens: Ordonnance sur ladite requête, portant qu'elle seroit communiquée auxdits sieurs Directeurs & Syndics des créanciers porteurs de contrats, & créanciers chirographaires du 6 Mai 1710; signification ensuite. Requête dudit sieur Baron de Palliere dudit jour 6 Mai 1710, à ce qu'il soit ordonné sur les marchandises dudit Vaisseau le saint Louis de la somme de treize mille quatre cens deux livres trois deniers qui lui sont dûes, suivant les Sentences de liquidation, & apurement de l'Amirauté de Nantes, desdits jours 21 Mai 1708 & 29 Août 1709, pour sa part du cinquiéme des prises qu'il a faites comme commandant l'Escadre envoyée aux Indes par Sa Majesté en 1704, & ce par préférence à tous créanciers, & condamner les contestans aux dépens, au bas l'Ordonnance de communiqué auxdits sieurs Directeurs & Syndics dudit jour 6 Mai

Mai 1710; signification ensuite. Autre requête dudit sieur Baron de Palliere & consorts, à ce que lesdits sieurs Directeurs fussent tenus de lui payer par privilége & préférence sur le produit dudit Vaisseau le saint Louis, tout ce qui leur est dû pour les droits de prises faites en 1704, avec l'intérêt, à quoi faire ils seront contraints par toutes voyes, quoi faisant déchargés & condamnés aux dépens, au bas l'Ordonnance de soit communiqué auxdits sieurs Directeurs & Syndics des créanciers porteurs de contrats & chirographaires du 19 Septembre 1710; signification ensuite. Autre requête desdits sieurs Baron de Palliere, Louis-Gabriel du Dresné Cezard le pere, & Henry de Chazel, tous Officiers employés, pour réponses aux requêtes desdits sieurs Directeurs & Syndics, au bas est l'Ordonnance; ait acte du 23 Décembre 1710, lesdites requêtes & défenses desdits sieurs Directeurs & Syndics auxdites demandes. Requête de Jean le Prado, Capitaine en second du Vaisseau le saint Louis, à ce que lesdits sieurs Directeurs fussent condamnés à lui payer la portion qui lui revient dans le cinquiéme, des trois prises mentionnées en ladite requête, avec les profits & intérêts sur le pied maritime, & pour fixer ledit cinquiéme, que ladite Compagnie rapportera les Jugemens de condamnation & procès-verbaux de vente des effets de ces trois prises, pour être ensuite procédé à la liquidation de ce qui lui est dû pour sa portion dans le cinquiéme, & condamner lesdits Directeurs en ses dommages, intérêts & dépens; signification ensuite de ladite requête du 22 Juillet 1710. Requête du sieur de Boisquenay, Commissaire de Marine au département d'Hennebon, à ce qu'il fut ordonné qu'il seroit payé par privilége & préférence à tous créanciers, de la somme de huit cens livres portée au billet du sieur Verdier, Caissier de ladite Compagnie des Indes, & ce sur le prix des marchandises dudit Vaisseau le saint Louis, au bas l'Ordonnance du 5 Septembre 1710, portant que ladite requête seroit communiquée auxdits sieurs Directeurs & Syndics des créanciers chirographaires; signification en-

Tome II.   D d d

suite. Requête des Officiers, soldats & Matelots, employés pour le service de la Marine, à ce qu'il soit ordonné que sur les biens & effets de ladite Compagnie des Indes, & nommément sur les marchandises dudit Vaisseau le saint Louis, ils seront payés par privilége & préférence à tous créanciers de la somme de cent cinquante-sept mille-six cens six livres à eux dûe des armemens desdits Vaisseaux le saint Louis en 1705, l'Aurore, le Maurepas & la Toison d'Or, & pour les prises le Cantorbery & le Phénix d'Or, suivant l'état certifié par le sieur Clairambault, Commissaire de la Marine, Ordonnateur au Port-Louis. Ordonnance sur ladite requête, portant qu'elle sera communiquée auxdits sieurs Directeurs & Syndics des créanciers chirographaires du 26 Novembre 1710; signification ensuite. Requête de Pierre Masson, d'Arby, Hely & autres ci-devant employés aux Indes au service de la Compagnie des Indes Orientales, & piéces y jointes, à ce qu'il soit ordonné que sur les marchandises & effets dudit Vaisseau le saint Louis, ils seront payés par privilége & préférence à tous créanciers de la somme de sept mille trois cens soixante-quinze livres cinq sols cinq deniers à eux dûe pour les décomptes des Indes qui ne leur pourra être payé; le tout suivant l'état certifié par le sieur Verdier, Caissier de ladite Compagnie à l'Orient du 17 Novembre 1710, l'Ordonnance ensuite du 11 Décembre 1710, portant qu'il seroit communiqué auxdits Directeurs & Syndics des créanciers chirographaires, signification ensuite. Requête du Chevalier de Fontenay, Capitaine, ci-devant commandant le Vaisseau le Maurepas, à ce que sur les deniers provenant des effets & marchandises du Vaisseau le saint Louis, il sera payé par privilége & préférence à tous autres créanciers de la somme de quatre mille six cens six livres dix-huit sols deux deniers, à lui dûe, & qui lui revient pour sa part dans le dixiéme de la prise le Cantorbery, dans la part qui en appartient à l'équipage du Maurepas, suivant le compte qui en a été délivré par le sieur Blanchard, Teneur de livres de ladite Compagnie, signé de lui & defdits Directeurs, enfemble des intérêts de ladite fomme, à compter du jour que ladite Compagnie en a profité avec dépens, l'Ordonnance au bas de foit communiqué auxdits fieurs Directeurs & Syndics des créanciers chirographaires, du 20 Décembre 1710, fignification enfuite & piéces jointes à ladite requête. Requête de Denis du Sault & conforts, repréfentant le feu fieur Durand, intéreffé pour un quart au commerce du Baftion de France en la fociété du premier Août 1684, & Ferdinand de Gumery, intéreffé pour un autre quart en ladite fociété, tendante à ce qu'il foit ordonné que des deniers qui font actuellement en la caiffe de ladite Compagnie des Indes, il y fera laiffé la fomme de cent vingt mille huit cens foixante-fix livres onze fols neuf deniers, ou telle autre fomme qu'il plaira à Sa Majefté, pour y demeurer jufqu'à l'Arrêt qui fera rendu fur l'inftance qui eft au rapport de Monfieur de Machault, & être diftribué à qui il fera ordonné par Sa Majefté, fi mieux n'aiment lefdits fieurs Directeurs, donner dès à préfent audit fieur du Sault & Gumery, des affurances certaines dont ils conviendront enfemble, ou que Sa Majefté trouvera fuffifantes, s'ils ne s'accordoient pas à payer les fommes qui feroient adjugées par l'Arrêt qui interviendra fur ladite inftance, à ceux à qui elles feront déclarées appartenir, & qui doivent les toucher, & qu'acte leur fût donné, de ce qu'ils joignent les piéces juftificatives de leur demande à ladite requête, au bas de laquelle eft l'Ordonnance du Confeil du 24 Décembre 1710, portant qu'elle feroit communiquée auxdits fieurs Directeurs & Syndics des créanciers chirographaires, fignifications, piéces & imprimés joints à ladite requête. Requête defdits fieurs Directeurs, employée pour réponfes à la précédente, & de contredits aux piéces y jointes, avec ce qu'ils avoient dit & produit en l'Inftance pendante au rapport de Monfieur de Machault & Meffieurs les Commiffaires nommés pour connoître des affaires du Baftion de France, & à ce que lefdits fieurs du Sault & Gumery foient déboutés purement & fimple-

D dd ij

ment de leurdite requête, & condamnés aux dépens, au bas est l'Ordonnance de ait acte, du 7 Janvier 1711. Requête, dires & mémoires imprimés desdits sieurs Directeurs & Syndics des créanciers chirographaires, employés pour réponses à toutes les requêtes de demandes ci-devant énoncées. Arrêt du Conseil d'Etat de Sa Majesté du 12 Janvier 1711, par lequel Sa Majesté a homologué la soumission faite par lesdits sieurs Directeurs, de donner chacun dix mille livres, faisant deux cens mille livres, pour être distribuées aux créanciers, & ordonné qu'elle sera exécutée selon sa forme & teneur, tant par ceux desdits Directeurs qui l'ont signée, que par ceux qui ne l'ont signée, à quoi faire les Directeurs, leurs hoirs, successeurs & ayans cause, seront contraints par toutes voyes dûes & raisonnables, même par corps, & ce nonobstant l'Arrêt du 12 Novembre 1708, portant surséance de toutes poursuites contre les Directeurs, laquelle surséance Sa Majesté a levée pour ce regard seulement, sans préjudice des droits des Directeurs contre le sieur Hebert & la Dame sa femme, & contre les Actionnaires de ladite Compagnie, défenses au contraire, & que ladite soumission sera attachée à la minute dudit Arrêt, lequel sera exécuté nonobstant oppositions ou appellations quelconques, & en cas qu'il en intervienne, Sa Majesté s'en est réservé la connoissance & l'a interdite à toutes ses autres Cours & Juges. Requête de François Denis, Jean Hallé, Jean-Baptiste le Brun, & Bergeret, à ce qu'il plaise à Sa Majesté, ordonner que conformément à la demande des Syndics des porteurs de contrats de grosse, ils seront payés en concurrence dudit Syndic, & par privilége & préférence à tous autres créanciers, de toutes les sommes qui leur sont dûes, tant pour les profits maritimes des contrats, dont les principaux sont déja payés, que des intérêts ; & en cas de contestation, que les contestans seront condamnés en leurs dépens. Copie d'acte sous-seing privé & passé à Nantes le 18 Mars 1710 entre les sieurs Thomas Tardif, Louis-François Mousle de Champigny, Louis Sandrier, & Nicolas Emeretz de Charmois, Directeurs de la Compagnie des Indes Orientales, François l'Enfant, Syndic des créanciers porteurs de contrats à la grosse, sur le Vaisseau le saint Louis, & Denis du Sault, Syndic des créanciers chirographaires de ladite Compagnie, faisant tant pour eux que le fond valable pour les Compagnies pour lesquelles ils agissoient ; par lequel acte, entre autres choses, a été convenu entre eux, que les principaux des contrats à la grosse & les profits maritimes, seront payés en entier, à compter du jour du départ du Vaisseau jusqu'au jour de son arrivée ; & se seroient lesdits sieurs Directeurs & du Sault, Syndic des créanciers chirographaires désisté de la prétention qu'ils avoient formée au Conseil, de faire réduire lesdits profits maritimes, en considération dequoi les principaux & profits maritimes ne seront payés que moitié en espéces & moitié en billets de monnoye, dans les termes & avec les mêmes sûretés & hypotéques exprimés dans le mémoire, étant au commencement dudit acte ; oui le rapport, & tout considéré : LE ROI ETANT EN SON CONSEIL, faisant droit sur le tout, a ordonné & ordonne, que sur les deniers & effets restans de la vente qui a été faite à Nantes, des marchandises du Vaisseau le saint Louis, appartenant à la Compagnie des Indes Orientales, ensemble sur celle de 200000 liv. que lesdits Directeurs doivent fournir conformément à l'Arrêt du Conseil du 12 du présent mois, il en sera payé par privilége les sommes qui ensuivent. Sçavoir au sieur de la Marre de Caen, ci-devant Capitaine dudit Vaisseau, la somme de neuf mille six cens soixante-onze livres dix sols quatre deniers à lui restant dûe, tant pour ses appointemens que pour sa dépense & ses dommages & intérêts, le tout à lui adjugé par Arrêt du Conseil du premier Octobre 1710, & sur sa demande afin de payement de deux cens cinquante livres pour le droit de contrôle, hors de cour. A la veuve & représentans le sieur Dubocq, Capitaine en second sur ledit Vaisseau, la somme de trois mille deux cens cinquante-quatre livres six sols huit deniers, restant à elle due pour les appointemens de défunt son mary, depuis le 14 Juillet 1706, jour que ledit Vaisseau a mis à la voile, jusqu'au 15 Février 1709, que ledit sieur Dubocq a demandé son congé pour aller à la Chine. Plus la somme de deux cens quarante-trois livres deux sols deux deniers, restant due des appointemens du fils dudit Dubocq, à raison de dix livres par mois pour le même temps, a débouté ladite Dame veuve Dubocq, de sa demande en dommages & intérêts. Au sieur Aubert, Lieutenant dudit Vaisseau, la somme de deux mille quatre cens dix-huit livres un sol, à lui restant due pour ses appointemens pendant la campagne du saint Louis de retour au mois de Décembre 1709, si fait n'a été en exécution de l'Arrêt du 20 Octobre dernier. A Goluen Simon, ayant les droits d'Olivier Masson, Matelot du Maurepas, embarqué sur le saint Louis à la Mer du Sud, la somme de cent soixante-quatorze livres huit sols. A Etienne Chaplet, ci-devant fermier de la fabrique & fourniture des poudres, la somme de trois mille six cens seize livres treize sols quatre deniers, faisant le tiers de dix mille huit cens cinquante livres, pour le prix des poudres de guerre par lui fournies pour l'armement des Vaisseaux de la Compagnie, & nommément dudit Vaisseau le saint Louis, & des intérêts de ladite somme, conformément à l'Ordonnance, à compter du 28 Mai 1710 jour de la demande, jusqu'au jour du présent Arrêt. Au sieur Favieres, la somme de six cens soixante-six livres treize sols quatre deniers, pour valeur de marchandises qui ont été chargées sur le Vaisseau le saint Louis, à ses risques, suivant l'accord fait entre la Compagnie & ledit Favieres; & faisant droit sur les demandes afin de payement des sommes portées par les contrats à la grosse aventure sur le Vaisseau le saint Louis, qui ont été interloqués par l'Arrêt du Conseil du 20 Octobre dernier, ordonne Sa Majesté, que les sommes de cinq mille livres portées aux trois contrats passés au nom de Lecoq, de sept mille livres portées aux sept contrats passés au nom de la Croix, de deux mille livres portées aux deux contrats passés au nom de Pean, de mille livres portées au contrat passé au nom de Turpin, de quinze cens livres portées au contrat passé au nom de Lessats, de mille livres portées aux deux contrats passés au nom de Philibert, de trois mille cinq cens livres portées aux trois contrats passés au nom de François Liberté, de trois mille livres portées aux trois contrats passés au nom d'Enée, de deux mille cinq cens livres portées en deux contrats passés au nom de Pinon, de quatre mille livres portées aux quatre contrats passés au nom de Cochard, de trois mille livres portées aux deux contrats passés au nom de David Tixerat, de six mille livres portées aux deux contrats passés au nom de Chrétien Libert de Tramery, de mille livres portées au contrat passé au nom de François Perrier, de dix-sept cens livres portées au contrat passé au nom de la veuve Prest, de six cens soixante-six livres treize sols quatre deniers portées au contrat passé au nom de Joseph Durbecq, de sept cens vingt livres portées au contrat passé au nom de Narcis, de trois cens trente-trois livres six sols huit deniers portées au contrat passé au nom de Bertrand Gaultier, de huit cens livres portées au contrat passé sous le nom de Joseph Connik, de douze cens livres portées au contrat passé sous le nom de Philippe Masson, de mille livres portées au contrat passé au nom de Duclos Claude, de sept mille livres portées aux deux contrats passés au nom de Jean Dupré, de dix mille livres portées aux deux Contrats passés au nom de Louis Georget, de neuf mille livres portées aux quatre contrats passés au nom de Pierre Ruelle, de neuf mille cent livres portées aux quatre contrats passés au nom de Philippe Lepape, de trois mille livres portées aux trois contrats passés au nom de Jacques de la Forêt, de trois mille livres portées au contrat passé au nom de Balthasar Lerette, de trois mille quatre cens trente-trois livres six sols huit deniers portées aux quatre contrats passés au nom d'Antoine Blanche, de trois mille trois cens trente-trois livres six sols huit deniers portées au contrat passé au nom de Joachim Martel, de trois mille trois cens livres portées aux trois contrats passés au nom de Maillot, de six mille quatre cens livres portées aux sept contrats passés au nom de

Louis Vantroux, de mille livres portées au contrat passé au nom de la Condamine, de trois mille livres portées au contrat passé au nom de Louis de la Feuillye, de cinq mille livres portées aux deux contrats passés au nom d'Antoine Martin, de treize cens trente livres portées au contrat passé au nom d'Antoine Bigot, de sept mille livres portées aux sept contrats passés au nom de Charles Bifet, de sept mille livres portées aux sept contrats passés au nom de Charles Vezinier, de onze mille huit cens livres portées aux onze contrats passés au nom de Jean Soluin, de mille livres portées au contrat passé au nom du sieur Langlois, de dix mille livres portées aux deux contrats passés au nom de Visien, de mille livres portées au contrat passé au nom de Petit, de trois cens trente-trois livres six sols huit deniers portées au contrat passé au nom de Baudy, de cinq mille livres portées au contrat passé au nom de Tourot, de sept cens livres portées au contrat passé au nom du sieur Laudais, seront payées aux porteurs desdits contrats, avec les profits maritimes à compter du 16 Juillet 1706, jour du départ du Vaisseau le saint Louis, jusqu'au 18 Decembre 1709, jour de son retour en France, ensemble les intérêts, tant des principaux, que des profits maritimes, à raison de six pour cent par an à compter du 18 Mars 1710, suivant la convention faite à Nantes le même jour, jusqu'au jour du présent Arrêt : & ayant aucunement égard aux requêtes dudit l'Enfant, Syndic des gros aventuriers sur les Vaisseaux le Maurepas & la Toison d'or, des 23 Décembre dernier & 7 du présent mois, afin de payement sur la valeur des Piastres & corraux, tirés des deux Vaisseaux le Maurepas & la Toison d'or, & remis sur le Vaisseau le saint Louis : ordonne Sa Majesté, que du prix provenant de la vente des marchandises dudit Vaisseau le saint Louis, il en sera distrait la somme de cent quarante-huit mille huit cens livres pour la valeur desdites piastres, sur laquelle sera payé aux porteurs de contrats de grosse sur lesdits Vaisseaux le Maurepas & la Toison d'or, vingt-trois mille cinq cens six livres pour les principaux. Sçavoir deux contrats de mille livres chacun passés au nom d'Antoinette Pecoul, deux

contrats

contrats de mille livres chacun paſſés au nom de Marie Guefdon, deux contrats de mille livres chacun paſſés au nom d'Antoinette Guefdon, ſept contrats de mille livres chacun paſſés au nom de Jacques de la Foreſt, ſix contrats montant à ſept mille livres paſſés au nom de François Liberté, deux contrats de ſept cens vingt livres chacun paſſés au nom de Narcis, deux contrats de trois cens trente-trois livres chacun paſſés au nom de Bertrand Gaultier, & deux contrats de ſept cens livres chacun paſſés au nom de Louis Ventroux ; & le ſurplus de ladite ſomme de cent quarante-huit mille huit cens livres, montant à cent vingt-cinq mille deux cens quatre-vingt-quatorze livres, ſera payé aux porteurs de contrats ſur leſdits deux Vaiſſeaux le Maurepas & la Toiſon d'or qui en ont fait la repréſentation par devant ledit ſieur d'Orſay, Commiſſaire à ce député, ſuivant ſon procès-verbal du vingt-trois Décembre dernier, à compte ſur les profits maritimes & intérêts à eux dûs, & ce par contribution entr'eux, dans laquelle contribution ils entreront, ſçavoir la Dame de Bragelonne pour vingt-deux mille ſept cens quatre-vingt-une livres & intérêts, à compter du 25 Février 1709, jour de la demande qu'elle en a formé au Siége de l'Amirauté de Paris, le ſieur Porte pour ſept cens vingt-ſix livres & intérêts à lui adjugés par Sentence du 24 Avril 1709, Alexandre Eſtevanne pour quinze cens vingt-ſix livres & intérêts à lui adjugés par Sentence du 20 Juillet 1709. Plus Antoine Gueſdon pour ſix mille cinq cens quarante livres, Jean Laurens Verzure pour ſept mille ſix cens trente livres, Antoine de Mouras pour ſoixante-onze mille ſept cens vingt livres, Cathérine Maſſon veuve Narcis, pour quinze cens ſoixante-neuf livres, François l'Enfant pour onze mille neuf cens quatre-vingt-dix livres, Mathurin Bourlier, pour dix-ſept cens quarante-quatre livres, le ſieur Thomé, pour onze mille quatre cens quarante-cinq livres, le ſieur le Bret, pour deux mille cent quatre-vingts livres, François Hazon, pour ſix mille cinq cens quarante livres, Charles Pierre Mouchard, pour deux mille neuf cens cinquante-trois livres, Jacques Molin,

Tome II.   E e e

pour six cens cinquante-quatre livres, Robert Butigny, pour deux mille cent quatre-vingts livres, Pierre du Moulin, pour trois mille deux cens soixante-dix livres, Louis Tournay, pour quatre cens trente-six livres, le sieur Vialet pour deux mille cent quatre-vingts livres, Christophe Roblastre, pour quinze cens vingt-six livres, le sieur du Sault, pour trente-deux mille sept cens livres, Jean-Baptiste Coustol, pour quinze cens vingt-six livres, Jean Claude Tourton, pour deux mille cent quatre-vingts livres, le sieur Cornuau, pour cinq mille quatre cens cinquante livres, Geofroy Guillot, pour deux mille cent quatre-vingts livres, le sieur de la Condamine, pour deux mille cent quatre-vingts livres, le sieur Molier, pour quatorze cens cinquante-trois livres, Philippes Masson, pour quatre mille trois cens soixante livres, le sieur Menant du Plessis, pour deux mille cent quatre-vingts livres, Jean Charpentier, pour deux mille cent quatre-vingts livres, le sieur Lamblin, pour deux mille cent quatre-vingts livres, Pierre Ruelle, pour vingt-deux mille huit cens quatre-vingt-dix livres, les Administrateurs de l'Hôtel-Dieu & Hôpital général de Paris pour sept mille six cens trente livres, le tout de profits maritimes dûs pour raison desdits contrats de grosse sur les deux Vaisseaux le Maurepas & la Toison d'or, ensemble pour les intérêts des susdites sommes principales & profits maritimes, dont la demande a été formée par la requête dudit l'Enfant audit nom de Syndic du 23 Décembre dernier, pour ceux seulement qui n'en avoient point formé de demande antérieure, & ce à compter dudit jour 23 Décembre, jusqu'au jour du présent Arrêt, & avant de faire droit sur les requêtes dudit l'Enfant au chef, concernant la distraction par lui demandée pour la valeur des corraux tirés du Vaisseau le Maurepas, & mis dans le saint Louis, ordonne Sa Majesté que les Directeurs de la Compagnie des Indes seront tenus de rapporter dans un an les comptes du produit de la vente faite dans les Indes desdits corraux, pour iceux communiqués aux parties être sur l'avis desdits sieurs Commissaires ordonné ce que de raison, Et sur la demande dudit l'Enfant concernant le privilége par lui prétendu sur les quatre-vingt-douze mille livres d'intérêts pris par les Directeurs de la Compagnie des Indes dans l'armement du sieur Crozat & consorts pour la valeur desdits Vaisseaux le Maurepas & la Toison d'or, ordonne Sa Majesté que les parties contesteront plus amplement, & cependant que lesdits porteurs de contrats sur les deux Vaisseaux le Maurepas & la Toison d'or, entreront pour ce qui leur restera dû de profits maritimes & intérêts (après la contribution particuliere faite entr'eux de la somme distraite à leur profit dans la contribution générale qui sera faite avec les créanciers chirographaires, à la charge néanmoins qu'après qu'ils auront reçu ce qu'il leur reviendra du produit de la vente des corraux ou autres effets, ils seront tenus de rapporter au profit des créanciers chirographaires, ce qu'ils auront touché sur la présente contribution ; au-delà de ce qu'ils devroient en avoir touché, s'ils étoient présentement payés du produit desdits corraux & autres effets, à François du Plessis Menant la somme de treize mille deux cens soixante-quatorze livres douze sols restant à lui payer de vingt-sept mille deux cens soixante-quatorze livres douze sols, à quoi monte son quart des marchandises de fer vendues à la Mer du Sud, suivant le compte arrêté par les Directeurs de la Compagnie, plus de la somme de quinze mille deux cens cinquante-sept livres un sol quatre deniers pour un tiers de celle de quarante-cinq mille sept cens soixante-onze livres quatre sols à lui dûe pour les trois autres quarts desdites marchandises de fer, ensemble sera ledit Menant payé des intérêts desdites deux sommes de treize mille deux cens soixante-quatorze livres douze sols d'une part, & quinze mille deux cens cinquante-sept livres un sol quatre deniers d'autre, adjugées par Sentence des Consuls jusqu'au jour du présent Arrêt. Et après lesdits créanciers privilégiés payés, & la distraction faite desdits cent quarante-huit mille huit cens livres, seront encore payés par préférence sur les effets & marchandises dudit Vaisseau le Saint Louis, les créanciers ci-après nommés, sçavoir, à ladite Hébert épouse du sieur

Chevalier Hébert à préſent Gouverneur de Pondichery, la ſomme de dix mille livres par proviſion à compte des appointemens du ſieur Hebert ſon mary, & ſur le ſurplus de ſa demande hors de cour quant à préſent, Anne Pillavoyne, la ſomme de quinze cens trente-une livres cinq ſols ſur les appointemens d'Etienne Pillavoyne ſon frere, Directeur à Surate, ſçavoir, ſix cens cinquante-ſix livres cinq ſols, pour cinq quartiers d'une penſion alimentaire de trois cens ſoixante-quinze livres que ſon frere lui donne ſur ſes appointemens échus au 12 Mars 1710, & huit cens ſoixante-quinze livres pour ſept quartiers d'une autre penſion de cinq cens livres par an, deſtinée à la nourriture & entretien de Maurice Pillavoyne, fils dudit Pillavoyne, dont ladite Anne Pillavoyne eſt chargée, échûs au 28 Février 1710 au ſieur de Villers, ci-devant Gouverneur de l'Iſle de Bourbon, la ſomme de dix-huit cens quatorze livres ſeize ſols cinq deniers, pour reſte de ſes appointemens, juſqu'au dix-huit Décembre 1709 jour de ſon retour en France, & ſur ſa demande afin de payement de ſa nourriture pendant le relâche à l'Iſle de Bourbon, hors de Cour. A la veüve Fuet, la ſomme de huit cens livres pour la penſion que lui donne ſon fils, ſous-Marchand de la Compagnie à Calicut, ſur ſes appointemens des années 1708 & 1709. Aux ſieurs Lauriau, Deſprez & conſorts, repréſentant le ſieur Chevalier Martin, vivant Gouverneur de Pondichery, la ſomme de vingt-mille cinq cens vingt-cinq livres ſept ſols ſix deniers pour reſte & ſolde des appointemens dudit Chevalier Martin, ſuivant l'arrêté de compte du 31 Janvier 1709, & ſur la demande afin de payement des intérêts, hors de Cour. A Jean Ligondez, ci-devant Capitaine d'Infanterie à Pondichery la ſomme de neuf cens quatre-vingt-dix livres pour onze mois d'appointemens en ladite qualité, l'a débouté de ſa demande pour ſa nourriture pendant le relâche à l'Iſle de Bourbon, aux héritiers de Robert Regnault, Marchand de la Compagnie à Bengale, la ſomme de quinze cens livres pour une année de ſes appointemens en qualité de Marchand de la Compagnie à Ougly. A Nicolas Gargan, ci-devant sous-Marchand à Pondichery, la somme de cinq cens vingt-trois livres onze sols; sçavoir, dix-huit livres quatre sols quatre deniers pour reste de ses appointemens à Pondichery, & cinq cens six livres un sol huit deniers pour les mêmes appointemens pendant la traversée, l'a débouté de sa demande pour sa nourriture pendant le relâche à l'Isle de Bourbon. A Jean Alexandre du Cormier, ci-devant employé au comptoir de Pondichery, la somme de deux cens quatre-vingt-trois livres cinq sols pour reste de ses appointemens. A Joseph Macary la somme de six cens livres pour une année de ses appointemens en qualité de Chirurgien, & sur le surplus de sa demande, les parties contesteront plus amplement. A Jacques Prevost, ci-devant Chirurgien en l'Isle de Bourbon, la somme de trois cens livres sur ses appointemens, & sur le surplus desdits appointemens, les parties contesteront plus amplement; l'a débouté de sa demande pour sa nourriture pendant le relâche à l'Isle de Bourbon. A Sa Majesté débouté le sieur du Plessis Menant, le sieur Lauriau, Desprez & consorts, le sieur de Villers, Goluen, Simon, la veuve Fuet, Prévôt & Regnault de leurs demandes en préférence, pour les autres sommes à eux dûes par ladite Compagnie des Indes, ordonne qu'ils viendront à contribution, ainsi que lesdits Chaplet, la veuve & héritiers Dubocq, pour ce qui leur restera dû avec les autres créanciers chirographaires. A aussi débouté les Officiers, soldats, matelots, qui ont servi sur les Vaisseaux l'Agréable, la Mutine, l'Aurore & le Maurepas de retour en 1705 le Maurepas & la Toison d'or, de retour en 1708, même les sieurs de Pallieres, de Robec, Chevalier de Fontenay, de Marolles, Dudresnay, la Verusse, veuve & héritiers Hamby, les sieurs Prado, Boisquesnay & autres se prétendant créanciers, tant pour appointemens, que pour parts des prises; les sieurs Salmon & le Dal de Quereon, Antoine Boucher, ci-devant Procureur Fiscal en l'Isle de Bourbon, Charlotte du Verger Dame de Marigny, la veuve le Brun; les sieurs Hallé & le Brun, le sieur Aubert, Henry & Georges Petit, les nommés Maſſon, Darby, Hely & conſorts pour anciens décomptes aux Indes, le ſieur de Charanville, les ſieurs Pujol & Barbault de leurs demandes en préférences ſur les deniers & effets provenant dudit Vaiſſeau le ſaint Louis; ordonne que tous ceux ci-deſſus nommés, pour ce qui ſe trouvera leur être ou reſter dû, & les créanciers chirographaires de la Compagnie qui ont repréſenté leurs titres ſuivant le procès-verbal qui en a été dreſſé par ledit ſieur d'Orſay, viendront par contribution au marc la livre entr'eux ſur le revenant bon dudit Vaiſſeau le ſaint Louis, & les deux cens mille livres qui doivent être fournies par leſdits Directeurs après que leſdits créanciers privilégiés & préférables auront été payés, le tout ſuivant la liquidation qui en ſera faite pardevant le ſieur Bignon Prévôt des Marchands, l'un deſdits ſieurs Commiſſaires, ſur la requête & demande des Intéreſſés au Baſtion de France du 24 Décembre 1710; ordonne Sa Majeſté qu'avant faire droit ils ſeront tenus de faire juger dans huitaine l'inſtance au rapport du ſieur de Machault, Maître des Requêtes, Intendant du commerce, ſans retardation néanmoins de l'exécution du préſent Arrêt. Et ſur la demande dudit ſieur la Verune afin de payement par préférence des appointemens du Roi, hors de Cour faute par lui d'avoir rapporté ſon traité fait avec la Compagnie. A débouté purement & ſimplement le ſieur Boynot de ſa demande, & ſur le ſurplus des autres requêtes & demandes des parties hors de Cour, ſauf aux ſieurs Hallé & le Brun, veuve Claude le Brun & au ſieur Pujol à ſe pourvoir ainſi & contre qui ils aviſeront bon être, défenſes au contraire. FAIT au Conſeil d'Etat du Roi, Sa Majeſté y étant, tenu à Verſailles le dix-huit Janvier mil ſept cent onze. Signé PHELYPEAUX.

LOUIS, PAR LA GRACE DE DIEU, ROI DE FRANCE ET DE NAVARRE, au premier notre Huiſſier ou Sergent ſur ce requis. Nous te mandons & commandons par ces Préſentes ſignées de notre main, que l'Arrêt dont l'extrait est ci-attaché sous le contre-scel de notre Chancellerie, ce jourd'hui donné en notre Conseil d'Etat nous y étant; tu signifies à tous qu'il appartiendra à ce qu'ils n'en prétendent cause d'ignorance, & fais pour son entiere exécution tous commandemens, sommations & autres actes, & exploits nécessaires sans autre permission; car tel est notre plaisir. DONNÉ à Versailles le dix-huitiéme jour de Janvier l'an de grace mil sept cent onze, & de notre régne le soixante-huitiéme, *Signé* LOUIS; *& plus bas*, par le Roi, PHELYPEAUX, scellé du grand Sceau de cire jaune, & contre-scellé.

ARREST
DU CONSEIL D'ÉTAT
DU ROY,

QUI ordonne l'exécution de l'Arrêt du 18 dudit mois au sujet du payement de 10000 livres à faire à Madame Hebert.

Du 26 Janvier 1711.

Extrait des Regiſtres du Conſeil d'Etat.

SUR la requête préſentée au Roi étant en ſon Conſeil par la Dame Hebert, épouſe du ſieur Hebert, Directeur général de la Compagnie des Indes Orientales, Gouverneur des ville & fort de Pondichery aux Indes, où il eſt actuellement; contenant que les ſieurs Directeurs étoient convenus avec lui avant ſon départ de France que ſes appointemens ſeroient de dix mille livres par an, & qu'ils ſeroient payés à la ſuppliante de trois mois en trois mois à Paris, pour la ſubſiſtance de ſa nombreuſe famille; que la Compagnie en a depuis deux ans & demi & plus différé le payement ſous divers prétextes, en ſorte qu'il lui eſt dû vingt-cinq mille livres, échûs au dernier Décembre 1710, que pour en être payée elle a été obligée de ſe pourvoir à l'ordre qui vient d'être fait du provenu des marchandiſes du Vaiſſeau le ſaint Louis, où elle a demandé par préférence les vingt-cinq mille livres qui lui ſont dûes; ſur quoi il a plû à Sa Majeſté d'ordonner que la ſuppliante

pliante feroit payée par provifion de dix mille livres, à compte des appointemens de fon mari, & de la mettre hors de Cour pour le furplus quant à préfent : quelques jours auparavant les fieurs Directeurs, pour fe concilier avec les créanciers de la Compagnie, fe font foumis folidairement de faire dans ce mois un fonds de dix mille livres chacun, moitié en argent, moitié en billets de monnoye, pour faire enfemble deux cens mille livres, aux conditions exprimées par leur foumiffion, & ils fe font engagés de payer quant à préfent la part dudit fieur Hebert abfent, à la charge de la reprendre fur ce qui feroit adjugé à la fuppliante par l'Arrêt du Confeil qui interviendroit : cette foumiffion a été fignifiée à la fuppliante le 17 du préfent mois, avec fommation d'y fatisfaire, ce qui la met hors d'état de recevoir les dix mille livres qui lui ont été adjugées ; & comme cette provifion n'eft qu'une partie de ce qui lui eft dû des appointemens du fieur fon mari, que lefdits appointemens courent journellement & s'accumulent tous les jours, & font plus que fuffifans pour affurer la part dudit fieur Hebert dans la contribution à laquelle les Directeurs fe font foumis, que d'ailleurs la famille de la fuppliante compte fur ce fecours, & feroit fort embarraffée s'il lui manquoit, & qu'il n'eft pas jufte que pendant que les Officiers qui ont ramené heureufement le Vaiffeau le faint Louis en France font payés de tout ce qui leur eft dû, le mari de la fuppliante, dont les foins ont infiniment contribué au retour avantageux que ce Vaiffeau a produit à la Compagnie, ne foit pas payé au moins d'une partie de fes appointemens : requéroit à ces caufes qu'il plût à Sa Majefté, faifant droit fur fa demande, ordonner que la fuppliante fera payée de la fomme de dix mille livres à elle adjugée par provifion par l'Arrêt du Confeil du 18 de ce mois, & ce nonobftant la foumiffion faite par les Directeurs le 9 du même mois, fauf à eux à fe pourvoir fur le furplus des appointemens dudit fieur fon mari. Vû ledit Arrêt du Confeil du 18 du préfent mois, & l'avis des fieurs Commiffaires nommés pour les affaires de la Compagnie des Indes

Tome II.   F ff

Orientales, pardevant lesquels les Directeurs de ladite Compagnie ont été entendus sur ladite requête: oüi le rapport, LE ROI ÉTANT EN SON CONSEIL, a ordonné & ordonne que ledit Arrêt du Conseil du 18 de ce mois sera exécuté selon sa forme & teneur, ce faisant que ladite Dame Hebert sera payée par provision de la somme de dix mille livres à elle adjugée par icelui, à ce faire tous dépositaires & séquestres contraints, quoi faisant ils en seront bien & valablement quittes & déchargés, sans néanmoins tirer à conséquence, & sauf auxdits Directeurs à se pourvoir contre ledit sieur Hebert, & sur le surplus des appointemens à lui dûs pour sa part dans la contribution à laquelle ils se sont soumis; & sera le présent Arrêt exécuté nonobstant oppositions ou empêchemens quelconques, dont si aucun intervient, Sa Majesté s'en réserve la connoissance. FAIT au Conseil d'Etat du Roi, Sa Majesté y étant, tenu à Versailles le vingt-sixiéme jour de Janvier mil sept cent onze. *Signé* PHELYPEAUX.

ARREST
DU CONSEIL D'ÉTAT
DU ROY,

QUI subroge Monsieur de Machault, Maître des Requêtes, au lieu & place de Monsieur d'Orsay.

Du 16 Février 1711.

Extrait des Registres du Conseil d'Etat.

SUR la requête présentée au Roi étant en son Conseil par les Directeurs de la Compagnie des Indes Orientales, contenant que par Arrêt du Conseil d'Etat du 12 Novembre 1708 le sieur Boucher d'Orsay, Maître des Requêtes & Intendant du commerce, auroit été commis pour rapporter l'instance pendante entre les supplians & leurs créanciers devant les sieurs Commissaires nommés par Sa Majesté par ledit Arrêt dudit jour 12 Novembre 1708 ; mais d'autant que ledit sieur Boucher d'Orsay vient d'être nommé Intendant de Limoges, de sorte qu'il ne peut continuer le rapport de cette affaire ; à ces causes requéroient qu'il plût à Sa Majesté commettre & subroger au lieu & place dudit sieur Boucher d'Orsay tel autre qu'il plaira à Sa Majesté pour achever d'instruire & rapporter les différends des parties devant lesdits sieurs Commissaires,

& donner conjointement avec eux son avis à Sa Majesté. Vû ladite requête & ledit Arrêt, oüi le rapport, & tout consideré, LE ROI ÉTANT EN SON CONSEIL, a commis & subrogé le sieur de Machault, Maître des Requêtes, Intendant du commerce, au lieu & place dudit sieur Boucher d'Orsay, pour achever d'instruire & rapporter les différends entre lesdits sieurs Directeurs de la Compagnie des Indes Orientales & leurs créanciers, & donner son avis conjointement avec les sieurs Commissaires nommés par ledit Arrêt du 12 Novembre 1708. FAIT au Conseil d'Etat du Roi, Sa Majesté y étant, tenu à Marly le seiziéme jour de Février mil sept cent onze.

Signé PHELYPEAUX.

DECLARATION DU ROY,

PORTANT établissement d'un Conseil provincial à l'Isle de Bourbon.

Du 7 Mars 1711.

LOUIS, PAR LA GRACE DE DIEU, ROI DE FRANCE ET DE NAVARRE, à tous présens & à venir : SALUT. L'attention continuelle que nous avons de faire rendre la justice à nos sujets dans les pays de notre domination les plus éloignés, nonobstant la guerre que nous soutenons presque contre toutes les Puissances de l'Europe, nous ayant fait connoître que l'Isle de Bourbon qui appartient à la Compagnie que nous avons établie pour le commerce aux Indes Orientales, se peuple avec succès, & devient de jour en jour une Colonie nombreuse, trop éloignée de la côte de Coromandel, & souvent denuée d'occasions pour renvoyer au Conseil établi à Pondichery les contestations & les procès civils & criminels qui naissent dans ladite Isle, nous sommes obligés de pourvoir aux moyens de faire rendre la justice aux habitans qui sont & seront ci-après dans ladite Isle, en celles de Jean de Lisboa, de Romeiros, de l'Isle Dauphine ou Madagascar, & autres Isles voisines que nos sujets pourront habiter, nous avons estimé qu'il étoit nécessaire pour le bon ordre & pour contenir chacun dans son devoir, d'établir un Conseil provincial dans l'Isle de Bourbon, pour rendre en notre nom la justice, tant civile que criminelle, à tous ceux de quelque qualité, condition & pays qu'ils soient qui y font habitués & qui s'y habitueront, & dans toutes les autres Isles que nous déclarons de sa dépendance. A CES CAUSES, de l'avis de notre Conseil, qui a vû nos Edits des mois de Janvier 1671 & Février 1701, portant établissement des Conseils de Surate & Pondichery, & de notre certaine science, pleine puissance & autorité Royale, nous avons créé, érigé & établi, & par ces Présentes, signées de notre main, créons, érigeons & établissons un Conseil provincial en ladite Isle de Bourbon, pour y rendre la justice, tant civile que criminelle, à tous ceux qui y sont habitués & qui s'y habitueront ci-après dans ladite Isle & les autres de sa dépendance, qui y feront trafic & résidence, & s'y transporteront pour l'exécution de nos ordres, de quelque qualité, condition & pays qu'ils soient, le tout en la forme & maniere ci-après ordonnée ; sçavoir, que ledit Conseil pour toute ladite Isle de Bourbon sera composé des Directeurs généraux de ladite Compagnie, au cas qu'il s'en trouve dans ladite Isle de Bourbon, & en leur absence, de leur Directeur général & Gouverneur du comptoir de ladite Isle, des Prêtres, Curés pour le civil seulement, des Marchands pour ladite Compagnie résidant dans le comptoir, & de ceux des habitans François qui seront choisis par le Gouverneur, lesquels habitans Conseillers pourront être changés d'année en année, & auxquels nous ferons expédier nos Lettres de provision en tel cas requis, & en attendant exerceront par provision sur leur prestation de serment entre les mains du Gouverneur, pour dans le Siége, aux jours & heures marquées par lesdits Directeurs, Gouverneur & Marchands ; y rendre en notre nom la justice, tant civile que criminelle, suivant l'exigence des cas, suivant nos Ordonnances de 1667 & la Coutume de Paris pour le civil, & de 1670 pour le criminel ; ce faisant voulons que les jugemens qui seront rendus par lesdits Directeurs, Gouverneur, Marchands & Conseillers au nombre de cinq en matiere civile, ou par l'un d'eux en l'absence ou légitime empêchement des autres, appellés avec lui quatre autres Marchands, Négocians ou autres habitans François capables & de probité pour faire ledit nombre de cinq, soient exécutés par provision, en donnant caution, sauf l'appel au Conseil de Pondichery, & nonobstant ledit appel; & à l'égard des procès criminels, voulons qu'ils soient instruits & jugés en la forme ordinaire, suivant notredite Ordonnance de 1670, par lesdits Directeur & Gouverneur, Marchands & Conseillers ou appellés avec eux le nombre de François capables & de probité, suffisant pour former le nombre de sept, sans néanmoins que lesdits procès criminels puissent être jugés en dernier ressort contre les naturels François, Créoles & étrangers libres, mais seulement contre les Esclaves & Négres; & à l'égard desdits naturels François, Créoles & étrangers libres, ils seront jugés à la charge de l'appel ou audit Conseil de Pondichery ou à celui de nos Parlemens dans l'étendue duquel abordera le Vaisseau chargé des accusés & de leurs procès; & en conséquence pour la plus prompte exécution des Présentes, nous confiant en la suffisance, probité & fidélité à notre service de nos chers & bien amés les sieurs Parat, Gouverneur de ladite Isle de Bourbon, & Pierre de Harambourg, Marchand pour ladite Compagnie audit comptoir de l'Isle de Bourbon, qui nous ont été nommés par les Directeurs généraux de notre Compagnie des Indes Orientales, nous les avons institués, commis & ordonné, & par ces mêmes Présentes les instituons, commettons & ordonnons pour dans ladite Isle de Bourbon tenir ledit Conseil, & rendre à nos sujets & autres qui y sont habitués & s'y habitueront, y trafiqueront ou résideront ci-après dans ses dépendances, lieux & comptoirs, la justice tant civile que criminelle, aux pouvoirs & prérogatives ci-dessus portées, dont nous chargeons leur honneur & conscience; ce faisant voulons qu'ils puissent & leur soit loisible de faire choisir & nommer toutes les années trois habitans François ou Créoles de ladite Isle, pour en qualité de nos Conseillers assister audit Conseil, en prêtant le serment requis entre les mains du Gouverneur, sur laquelle élection & installation nous ferons expédier nos

Lettres de provision, & de commettre telles personnes capables qu'ils aviseront pour faire en notre nom & pour l'intérêt public, tant au civil qu'au criminel, les réquisitions qu'il appartiendra, comme aussi un Greffier pour recevoir & expédier leurs jugemens & autres actes de Justice, & seront lesdits jugemens intitulés en notre nom, & scellés du Sceau de nos armes, semblable à celui ci-devant par nous établi pour les expéditions des Conseils à Surate & à Pondichery, qui sera remis à cet effet entre les mains dudit sieur Parat, que nous en avons établi garde & dépositaire, & en son absence le plus ancien dudit Conseil: permettons aux Directeurs de notre Compagnie Royale des Indes de révoquer ledit sieur Parat & autres lorsqu'ils le jugeront à propos, à la charge de nous en présenter d'autres, qui seront aussi par nous établis sur leurs nominations; & pour faciliter l'administration de la Justice dans les Isles de la dépendance de celle de Bourbon, nous avons commis, ordonné & établi, commettons, ordonnons & établissons les chefs des comptoirs particuliers qui seront ci-après établis, avec d'autres de nos sujets capables & de probité, au nombre de trois en matiere civile, & de cinq en matiere criminelle en premiere instance; & à la charge de l'appel, ainsi qu'il est dit ci-dessus. Si donnons en mandement à notre très-cher & féal Chevalier Chancelier de France le sieur Phelypeaux, Comte de Pontchartrain, Commandeur de nos ordres, que ces Présentes il fasse lire, le Sceau tenant, & régistrer ès régistres de l'audiance de la Chancellerie de France, à nos Gens tenant nos Parlemens de Paris & de Bretagne, & au Conseil établi à Pondichery, de faire régistrer, lire & publier ces Présentes; pour le contenu en icelles faire garder & observer selon sa forme & teneur, cessant & faisant cesser tous troubles & empêchemens, nonobstant toutes Ordonnances, Edits, Déclarations, Réglemens & autres choses à ce contraires, auxquelles nous avons dérogé & dérogeons par ces Présentes; & en conséquence mandons à notre très-cher & féal Chancelier de France de recevoir

le

le serment en tel cas requis & accoutumé qui sera prêté par deux Directeurs de la Compagnie pour ledit sieur Parat, que nous avons commis & commettons par ces Présentes pour recevoir le serment dudit sieur de Harambourg & autres personnes capables qui seront élûes nos Conseillers audit Conseil de ladite Isle de Bourbon, auxquels mandons que ces Présentes ils ayent à faire lire, publier, registrer faire garder & observer; enjoignons à tous nos sujets & à ceux qui se sont habitués & s'habitueront dans ladite Isle de Bourbon & autres de ses dépendances, de reconnoître pour Juges lesdits Directeurs, & en leur absence lesdits sieurs Parat, d'Harambourg & autres qui auront été choisis & reçûs, & ceux qui seront par eux commis, & d'obéir à leurs jugemens, à peine de désobéissance & d'être procédé contr'eux suivant la rigueur de nos Ordonnances: mandons à nos Lieutenans généraux, Gouverneurs & autres commandant nos armées & Vaisseaux, de prêter mainforte à l'exécution de leurs jugemens : voulons qu'aux copies des Présentes, collationnées par l'un de nos amés & féaux Conseillers & Secrétaires, foi soit ajoûtée comme à l'original ; car tel est notre plaisir : & afin que ce soit chose ferme & stable à toujours, nous avons fait mettre notre scel à ces Présentes. DONNÉ à Versailles au mois de Mars l'an de grace mil sept cent onze, & de notre regne le soixante-huitiéme. *Signé* LOUIS. *Et plus bas*, par le Roi, PHELYPEAUX. Et scellé du grand Sceau de cire verte en lacs de soye rouge & verte. *Et au-dessous est écrit :* Visa, PHELYPEAUX, pour l'établissement d'un Conseil provincial en l'Isle de Bourbon, *signé* PHELYPEAUX. *Et au-dessous est encore écrit :* lû & publié à Versailles, le Sceau tenant, le 7 Mars 1711, de l'Ordonnance de Monseigneur Phelypeaux, Chevalier, Comte de Pontchartrain, Chancelier de France, Commandeur de nos ordres ; & registré ès registres de l'Audiance de France par nous Conseiller du Roi en ses Conseils, grand Audiancier de France.

Signé DE LA NICAVILLE.

Délibération. Etat des dettes chirographaires.

Du 24 Avril 1711.

LE Roi ayant réglé par Arrêt du 18 Janvier dernier les priviléges & préférences prétendues par divers créanciers de la Compagnie, & ordonné que les autres viendront par contribution au marc la livre entr'eux, suivant la liquidation qui sera faite par M. Bignon, Conseiller d'Etat, Prévôt des Marchands, les Directeurs ont fait payer à Bureau ouvert toutes les dettes jugées privilégiées & préférables par l'Arrêt, après quoi ils ont travaillé à reconnoître leurs effets & leurs dettes, dont ils ont composé des états qui ont été communiqués à Messieurs les Syndics des créanciers, qui après avoir convoqué leurs Cosyndics des créanciers & pris leurs avis, ont fait à la Compagnie diverses propositions sur lesquelles il s'est trouvé plusieurs difficultés ; les Directeurs en ont fait d'autres, que les Syndics des créanciers ont rebutées, & ont demandé diffinitivement que la Compagnie s'engageât de payer le tiers des principaux de ses dettes, suivant les titres représentés pardevant M. d'Orsay avant l'Arrêt ou depuis jusqu'à ce jour, à imputer 1º sur les intérêts échûs jusqu'au premier Mai prochain, le surplus sur le capital, auquel cas les créanciers voudroient bien prendre en payement de ce tiers vingt pour cent du capital en billets de monnoye, & treize un tiers pour cent en espéce. La Compagnie ayant sur ce délibéré, & voulant marquer à ses créanciers le désir sincére qu'elle a de s'acquitter autant qu'elle le peut, & d'employer tous ses effets à payer des dettes, quoiqu'elle n'ait pas assez de fonds pour acquitter le tiers des capitaux, elle a cependant résolu que de toutes les dettes comprises au présent état, montant en principal, suivant les titres qui en ont été représentés en exécution de l'Arrêt du 22 Février 1710 jusqu'à ce jour, à la somme de deux millions deux cens trente mille cinq cens dix-huit livres deux sols deux deniers, il en sera payé le tiers, dont vingt pour cent du capital en billets de monnoye, & treize un tiers pour cent en espéces, le tout à imputer 1° sur les intérêts échûs jusqu'au premier Mai prochain au denier vingt, le surplus sur le capital, dont il sera donné par ceux qui seront porteurs des titres réputés, des quittances pardevant Notaires, & outre ce les billets seront endossés du montant des payemens qui seront faits à compte, pour ne valoir la quittance & l'endossement que d'un seul & même acquit. Et sera le présent état & la délibération de la Compagnie transcrite sur ce registre, pour en être délivré copie au sieur le Noir, Caissier de la Compagnie, dépositaire de ses effets, après néanmoins que la liquidation aura été faite par Monsieur le Prévôt des Marchands, conformément audit Arrêt du 18 Janvier dernier. Délibéré à Paris au Bureau de la Compagnie des Indes Orientales le 24 Avril 1711. *Signé* TARDIF, CHAMPIGNY, HELISSANT *&* SANDRIER.

Nous soussignés Syndics des créanciers de la Compagnie des Indes Orientales, après avoir pris communication de la délibération de ladite Compagnie, dont copie est cidevant, consentons qu'elle sorte son plein & entier effet, nous réservant nos droits, noms, raisons, actions & prétentions pour le reste de ce qui nous est dû par ladite Compagnie & tous les Directeurs qui la composent, leurs hoirs & ayans cause, comme étant tous nos débiteurs au solidaire pour le restant de nos créances. Fait à Paris le 28 Avril 1711. *Signé* DE LANDON *&* DU SAULT.

Et à l'instant les Directeurs ont protesté que les réserves cidessus faites par les Syndics des créanciers de la Compagnie ne leur pourront nuire ni préjudicier pour les raisons à déduire en temps & lieu, & ont signé cedit jour 28 Avril 1711. *Signé* TARDIF, CHAMPIGNY, HELISSANT *&* SANDRIER.

L'AN mil sept cent onze, le vingt-neuviéme Avril, huit heures du matin, sont comparus pardevant nous Hierôme Bignon, Conseiller d'Etat ordinaire & l'un des Commissaires nommés par le Roi par l'Arrêt du Conseil d'Etat rendu, Sa Majesté y étant, le 12 Novembre 1708, pour la discution générale des affaires de la Compagnie, assisté de Me Charles Aubry, leur Avocat au Conseil de Sa Majesté, & les Syndics des créanciers de ladite Compagnie, en exécution de l'Arrêt du Conseil d'Etat rendu, Sa Majesté y étant, le 18 Janvier dernier, qui a ordonné que les créanciers chirographaires de la Compagnie qui ont représenté leurs titres, suivant le procès-verbal qui en a été dressé par le sieur d'Orsay, viendront par contribution au marc la livre entr'eux sur le revenant-bon du Vaisseau le saint Louis, & les deux cens mille livres qui doivent être fournies par les Directeurs, après que les créanciers privilégiés & préférables auront été payés, le tout suivant la liquidation qui en sera faite pardevant nous, nous ont représenté qu'en vertu dudit Arrêt les Directeurs de ladite Compagnie ont fait payer à Bureau ouvert toutes les dettes jugées privilégiées & préférables par ledit Arrêt du 18 Janvier dernier, après quoi ils ont travaillé à reconnoître leurs effets & leurs dettes, dont ils ont composé des états qu'ils ont communiqué aux Syndics de leurs créanciers, & après plusieurs propositions faites par les Directeurs aux sieurs Syndics, & contestations sur le tout, la Compagnie des Indes voulant marquer à ses créanciers le désir sincere qu'elle a de s'acquitter autant qu'elle le peut, & d'employer tous ses effets à payer ses dettes, quoiqu'elle n'ait pas assez de fonds pour acquitter le tiers des capitaux, elle a cependant résolu que de toutes les dettes comprises en l'état qu'elle en a dressé, montant à deux millions deux cens trente mille cinq cens dix-huit livres deux sols deux deniers, il en sera payé le tiers, dont vingt pour cent du capital en billets de monnoye, & treize un tiers pour cent en espéces, le tout à imputer premierement sur les intérêts échûs jusqu'au premier Mai prochain au denier vingt, le surplus sur le capital, & tant lesdits sieurs Directeurs de la Compagnie des Indes Orientales que les sieurs Syndics des créanciers chirographaires de ladite Compagnie, nous ont représenté ledit état dressé par lesdits Directeurs des dettes de la Compagnie des Indes Orientales qui doivent être payées par contribution au marc la livre, en exécution dudit Arrêt du Conseil du 18 Janvier dernier, suivant la liquidation qui en sera par nous faite, aussi bien que la délibération prise par les Directeurs de la Compagnie des Indes le 25 Avril 1711 pour l'acquittement desdites dettes, & l'acte par lequel les Syndics des créanciers après avoir pris communication de ladite délibération, ont consenti qu'elle sorte son plein & entier effet, & les protestations faites par lesdits Directeurs que les réserves faites par les Syndics des créanciers ensuite de leur consentement, ne leur pourroient nuire ni préjudicier, & nous ont lesdits Directeurs & Syndics des créanciers requis de vouloir, suivant ledit Arrêt du 18 Janvier dernier, faire la liquidation desdites dettes contenues audit état, pour être ensuite les créanciers payés par contribution au marc la livre entr'eux, suivant la liquidation qui en aura été par nous faite, après que ladite liquidation aussi bien que ladite délibération des Directeurs du 24 du présent mois d'Avril, & le consentement des Syndics des créanciers du 28 du même présent mois, auront été autorisés par Nosseigneurs les Commissaires nommés par ledit Arrêt du Conseil du 11 Novembre 1708; & nous ont en outre lesdits Directeurs remontré qu'il leur a été communiqué une requête présentée par Joseph Pontoise, Marchand à Bordeaux, par laquelle il demande à être payé par privilége & préférence aux créanciers chirographaires de la somme de trois cens livres, portée par un contrat à la grosse aventure sur le Vaisseau le S. Louis, passé à son profit, ensemble des profits maritimes, ce que lesdits Directeurs nous ont dit ne pouvoir empêcher, ledit porteur de contrats à la grosse s'étant pourvû avant que les chirographaires ayent été payés, nous requérant de les autoriser ou faire autoriser par Messieurs les Commissaires à payer ladite partie par privilége. Sur quoi nous Commissaires susdits, avons donné acte auxdits sieurs Directeurs de la Compagnie des Indes Orientales & Syndics des créanciers de ladite Compagnie, de leurs dires, déclarations & réquisitions, ensemble la représentation qu'ils nous ont faite dudit état des dettes de la Compagnie des Indes Orientales, de la délibération des Directeurs de ladite Compagnie du 24 du présent mois d'Avril, du consentement des Syndics des créanciers du 28 du même présent mois, & de la protestation des Directeurs, étant ensuite dudit consentement, & encore de la représentation à nous faite par les Directeurs de ladite requête présentée par ledit Joseph Pontoise, pour être payé par privilége d'un contrat à la grosse de la somme de trois cens livres sur le Vaisseau le saint Louis, & des profits maritimes & intérêts ; ordonnons qu'il sera par nous du tout référé à Messieurs les Commissaires, pour être ordonné ce qu'il appartiendra.

Signé BIGNON.

Traité fait entre la Compagnie & le Sieur Crozat & consorts.

Article premier.

Nous soussignés sommes convenus, sous le bon plaisir du Roi, de ce qui ensuit ; sçavoir, nous Louis-Nicolas Soulet, Louis Desvieux & Louis-François Moufle de Champigny, Directeurs de la Compagnie des Indes Orientales, tant pour nous que pour les autres Directeurs & Intéressés en ladite Compagnie, dont nous nous faisons & portons fort

II.

De donner à Messieurs Dumoulin & de Laye la permission d'envoyer aux Indes deux Vaisseaux dans le mois de Janvier, pour y négocier dans les comptoirs d'Ougly, Surate & Pondichery, dans le Gange, à l'Isle de Bourbon & autres de la côte de Coromandel ou Malabare, & dans tous les pays de la conceſſion de la Compagnie, les marchandiſes que leſdits ſieurs jugeront à propos.

III.

D'ORDONNER aux Commis de la Compagnie de rendre aux Armateurs tous les ſervices qu'ils pourront, tant pour l'achat des marchandiſes du pays que pour la vente de celles de France.

IV.

LADITE Compagnie ne pourra, ſous quelque prétexte que ce puiſſe être, accorder d'autre permiſſion pour leſdits pays, que pour partir dans le mois de Janvier 1712.

V.

QUE la Compagnie garantira les Armateurs des évenemens qui pourront arriver ſur leurs navires & effets à Pondichery & autres de leurs comptoirs, au ſujet des dettes de la Compagnie, ſans qu'elle puiſſe ſe ſervir contre leſdits ſieurs d'Arrêt de ſurſéance.

VI.

QUE les marchandiſes qui ſeront rapportées des Indes ſeront déchargées en préſence des Prépoſés de la Compagnie, & vendues en France par leſdits ſieurs Armateurs au plus offrant & dernier enchériſſeur, en préſence d'un des Directeurs avec privilége de la Compagnie pour les droits ; pour quoi leſdits ſieurs Armateurs ſeront tenus de remettre à la Compagnie, avant la décharge deſdits Vaiſſeaux, la facture des Indes, certifiée par les chefs des comptoirs des Indes.

VII.

QU'IL ſera payé à la Compagnie (en conſidération du préſent traité) dix pour cent du montant de la vente qui ſe fera en France des marchandiſes achetées dans les comptoirs de ladite Compagnie, sans aucune déduction, comme aussi de celles provenant des prises.

VIII.

Et outre ce il sera payé à ladite Compagnie dix pour cent de toutes les prises qui seront faites au-delà de la ligne seulement, pour le dixiéme de l'Amiral appartenant à la Compagnie au-delà de la ligne, conformément à la Déclaration du Roi de 1664, & à l'Arrêt du 26 Novembre 1707.

IX.

Les Armateurs desdits Vaisseaux, ou leurs Préposés, payeront seulement les mêmes droits que la Compagnie a coûtume de payer aux Indes, & seront exempts de ceux qui appartiennent à ladite Compagnie dans les établissemens qu'elle a fait à Pondichery & dans les autres endroits des Indes, pourquoi lesdits Directeurs seront tenus de donner aux Armateurs lors du départ desdits Vaisseaux des ordres par écrit pour leurs Directeurs & Commis aux Indes, afin qu'ils se conforment au présent traité, & qu'ils reçoivent les Officiers desdits Vaisseaux & les affranchissent des droits qui leur appartiennent; & si au préjudice desdits ordres il étoit payé aucun desdits droits, le double de ce qui se trouvera avoir été payé sera déduit à ladite Compagnie sur les dix pour cent à elle accordés.

X.

Les droits que Sa Majesté a la bonté de faire payer pour chaque tonneau de marchandises allant & venant des Indes, appartiendront à la Compagnie; pourquoi les Armateurs donneront un état des marchandises qu'ils porteront des Indes en France.

XI.

Les Armateurs auront le droit de transit pour les marchandises qui seront portées dans les Provinces reputées étrangeres

étrangeres & dans les pays étrangers, sans payer les droits d'entrée & de sortie, suivant les priviléges de la Compagnie.

XII.

Les Armateurs défendront à leurs Capitaines & autres Officiers de faire aucunes prises sur les Vaisseaux Indiens & Maures, mais seulement sur les Vaisseaux des ennemis de l'Etat.

XIII.

Que la Compagnie fera fournir gratuitement aux susdits Armateurs ses magasins, tant à l'Orient, Port-Louis, Nantes, que dans ses comptoirs des Indes, s'ils en ont besoin.

XIV.

Que la Compagnie se joindra auxdits Armateurs pour obtenir de Monseigneur le Comte de Pontchartrain les ordres nécessaires pour les Commissaires de la Marine des Ports où se feront les armemens des susdits deux Vaisseaux pour la levée des équipages.

XV.

Que toutes les marchandises provenant tant desdits deux Vaisseaux que des prises qu'ils pourroient faire, seront vendues dans l'un des deux Ports du Royaume, & tel que les susdits Armateurs le choisiront.

XVI.

Que la Compagnie aura la liberté de s'intéresser dans ledit armement jusqu'à la somme de cent mille livres; & afin que cet article ne cause aucun retardement à l'armement & expédition desdits deux Vaisseaux, il est convenu qu'elle sera obligée de remettre les fonds à la caisse dudit armement entre-ci & le 8 Novembre prochain, à faute de quoi elle sera déchûe du susdit intérêt.

XVII.

Que si le Vaisseau le saint Louis convient auxdits sieurs, il en sera fait une estimation sur les lieux, avec tous ses agrès & apparaux, tant ceux de retour que ceux qui se trouveront dans les magasins de la Compagnie, dont les Armateurs auront besoin, & que la Compagnie s'intéressera dans cet armement pour le prix du tout, suivant l'estimation, en déduction desdites cent mille livres.

XVIII.

Sa Majesté sera très-humblement suppliée d'accorder un Arrêt de son Conseil pour l'homologation du présent traité. *Signé* SOULET, DESVIEUX, MOUFLE DE CHAMPIGNY *&* LE FEBVRE.

Nous soussignés acceptons le présent traité aux clauses & conditions y contenues, que nous promettons d'exécuter. Fait à Paris ce 27 Septembre 1710. *Signé* DUMOULIN *&* DE LAYE.

Approuvé le présent traité dans tout son contenu. Fait à Paris ledit jour & an. *Signé* CROZAT.

ARREST
DU CONSEIL D'ÉTAT DU ROY,

CONCERNANT les Mousselines & Toiles de coton blanches.

Du 28 Avril 1711.

Extrait des Registres du Conseil d'Etat.

LE Roi s'étant fait représenter l'Arrêt du neuf Juillet mil sept cent dix, par lequel Sa Majesté, pour favoriser la course sur ses ennemis, & accorder de nouvelles graces à ceux qui voudront y prendre intérêt, auroit permis de vendre & consommer dans le Royaume plusieurs espéces de marchandises, qui par les réglemens précédens, devoient etre renvoyées dans les pays étrangers, & entre autres les mousselines & toiles de coton blanches, en payant les droits fixés par ledit Arret. L'Arret du 27 Août 1709, par lequel, article II, il a été défendu de faire aucun commerce ni trafic, vendre ni acheter directement ou indirectement, en gros ou en détail, aucunes mousselines ni toiles de coton neuves ou vieilles, soit blanches ou peintes, dedans ou dehors le Royaume, à l'exception néanmoins des mousselines & toiles de coton blanches, qui proviendroient des prises faites sur mer, & dont Sa Majesté a permis le débit & l'usage pendant le cours de la présente guerre seulement : deux Arrets du 10

Décembre 1709, par lesquels Sa Majesté, pour donner de nouvelles marques de sa protection à la Compagnie des Indes Orientales, auroit pareillement permis de vendre & acheter les mousselines & toiles de coton blanches, apportées dans le Royaume sur les Vaisseaux le saint Louis, le Malo, & le Jean-Baptiste, & sur la Patache la Bien-aimée : & Sa Majesté étant informée qu'au préjudice dudit Arrêt du 27 Août 1709, il a été introduit dans le Royaume plusieurs piéces de mousselines & toiles de coton blanches provenant du commerce des Etats voisins & étrangers : à quoi désirant pourvoir, & empêcher tous les abus & fraudes qui pourroient être commis, & qui nuiroient aux manufactures du Royaume ; oui le rapport du sieur Desmaretz, Conseiller ordinaire au Conseil Royal, Contrôleur général des Finances : SA MAJESTÉ EN SON CONSEIL, a ordonné & ordonne, que ledit Arrêt du 27 Août 1709, sera exécuté selon sa forme & teneur, & en conséquence, que dans quinzaine pour toute préfixion & délai, à compter du jour de la publication du présent Arrêt, les Marchands, Négocians & autres particuliers qui auront en leur possession des piéces de mousselines ou toiles de coton blanches, seront tenus de les représenter à Paris pardevant le sieur d'Argenson, Conseiller d'Etat ordinaire, Lieutenant général de Police ; & dans les Provinces pardevant les sieurs Intendans & Commissaires départis, leurs Subdélegués ou autres Officiers par eux commis ; & qu'après qu'il leur aura été justifié qu'elles sont provenues des prises faites sur mer, ou des ventes de la Compagnie des Indes Orientales, il sera dressé procès-verbal de leur nombre & qualité, & des noms des Marchands & autres particuliers qui les auront représentées ; & il sera apposé à chacune d'icelles, avec un cachet, une marque pareille à l'empreinte qui sera mise au pied du présent Arrêt, & qui sera imprimée sur un morceau de parchemin, signée & paraphée par les sieurs Mesnager & Chauvin, que Sa Majesté a commis & commet pour cet effet. Ordonne aussi Sa Majesté que les piéces de mousselines & toiles de coton blanches, qui à l'avenir proviendront desdites prises faites sur les ennemis de l'Etat, seront après l'adjudication, & avant la délivrance aux Adjudicataires, marquées en la meme forme par lesdits sieurs Intendans & Commissaires départis, leurs Subdélegués, ou autres Officiers par eux commis : défendant Sa Majesté aux Officiers des Amirautés, aux Commis des Fermes, & autres dépositaires des marchandises des prises, de délivrer lesdites mousselines & toiles de coton blanches, qu'après l'apposition de ladite marque, à peine d'en être & demeurer responsables en leur propre & privé nom. Ordonne en outre Sa Majesté, que ceux desdits Marchands & Négocians qui revendront dans la suite aucunes desdites piéces entieres, seront obligés d'en faire mention sur leur registre, & d'y exprimer le nombre & qualité desdites piéces, & le nom de l'acheteur, à peine pour chacune contravention d'etre condamnés en une amende de cent livres, qui ne pourra etre remise ni modérée sous quelque prétexte que ce soit, comme aussi qu'ils seront sous la meme peine tenus de déclarer tous les six mois audit sieur d'Argenson, Conseiller d'Etat ordinaire dans ladite Ville de Paris, & dans les Provinces aux sieurs Intendans & Commissaires départis, leurs Subdélegués, & autres Officiers par eux commis, la quantité des piéces qu'ils auront vendues & débitées en détail, & de leur en remettre les marques qui y auront été apposées. Fait au surplus Sa Majesté très-expresses inhibitions & défenses, sous les peines portées par ledit Arret du Conseil du 27 Août 1709 à tous Marchands, Négocians & autres particuliers, d'avoir dans leurs boutiques, chambres, magasins, de faire aucun commerce, vendre ni acheter aucunes autres piéces de mousselines & toiles de coton blanches, que celles qui auront été marquées en exécution du présent Arrêt. Enjoint Sa Majesté audit Sr d'Argenson, Conseiller d'Etat ordinaire, Lieutenant général de Police de la Ville de Paris, & auxdits sieurs Intendans & Commissaires départis, de tenir la main à l'exécution de ce que dessus. FAIT au Conseil d'Etat du Roi, tenu à Marly le vingt-huitiéme d'Avril mil sept cent onze. *Collationné. Signé* Du Jardin.

LOUIS, PAR LA GRACE DE DIEU, ROI DE FRANCE ET DE NAVARRE, Dauphin de Viennois, Comte de Valentinois, Diois, Provence, Forcalquier, & terres adjacentes : à notre amé & féal Conseiller en notre Conseil d'Etat le sieur d'Argenson, Lieutenant général de Police de notre bonne Ville & Fauxbourgs de Paris, & à nos amés & féaux Conseillers les sieurs Intendans & Commissaires départis pour l'exécution de nos ordres dans les Provinces & Généralités de notre Royaume, SALUT. Nous vous mandons & enjoignons de tenir la main à l'exécution de l'Arrêt, dont l'extrait est ci-attaché sous le contre-scel de notre Chancellerie, ce jourd'hui donné en notre Conseil d'Etat, pour les causes y contenues ; commandons au premier notre Huissier ou Sergent sur ce requis, de signifier ledit Arret à tous qu'il appartiendra, à ce qu'aucun n'en ignore, & de faire en outre pour l'entiere exécution d'icelui tous commandemens, sommations, défenses y contenues, & autres actes & exploits nécessaires, sans autre permission, nonobstant clameur de Haro, Charte Normande, & Lettres à ce contraires. Voulons qu'aux copies dudit Arrêt & des Présentes, collationnées par l'un de nos amés & féaux Conseillers & Secrétaires, foi soit ajoutée comme aux originaux : car tel est notre plaisir. DONNE' à Marly le vingt-huitiéme jour d'Avril, l'an de grace mil sept cent onze, & de notre regne le soixante-huitiéme. Par le Roi Dauphin, Comte de Provence en son Conseil, *Signé* DU JARDIN. Et scellé.

IL est enjoint à Marc-Antoine Pasquier, Juré-Crieur ordinaire de la Ville, Prevôté & Vicomté de Paris, de lire, publier & faire afficher dans les Carrefours, Places & lieux ordinaires & accoutumés de cette Ville de Paris, l'Arrêt du Conseil d'Etat ci-dessus, à ce que nul n'en prétende cause d'ignorance. Ce fut fait & donné par

Messire MARC-RENÉ DE VOYER DE PAULMY, Chevalier, Marquis d'Argenson, Conseiller ordinaire du Roi en son Conseil d'Etat, & Lieutenant général de Police de la Ville, Prevôté & Vicomté de Paris, le quatriéme jour d'Août mil sept cent onze.

Signé DE VOYER D'ARGENSON.

L'Arrêt ci-dessus a été lû & publié à haute & intelligible voix, à son de trompe & cri public, en tous les lieux ordinaires & accoutumés, par moi Marc-Antoine Pasquier, Juré Crieur ordinaire du Roi en la Ville, Prévôté & Vicomté de Paris, y demeurant rue du milieu de l'Hôtel des Ursins, accompagné de Louis Ambezar, Nicolas Ambezar, & Claude Crapone, Jurés Trompettes, le septiéme jour d'Août 1711, à ce que personne n'en prétende cause d'ignorance : Et affiché ledit jour esdits lieux. Signé PASQUIER.

ARREST
DU CONSEIL D'ÉTAT
DU ROY,

QUI *ordonne que les créanciers chirographaires de la Compagnie des Indes Orientales compris dans l'état arrêté le 24 Avril 1711 seront payés du tiers de leurs capitaux, suivant la Délibération du 25 du même mois d'Avril.*

Du 4 Mai 1711.

Extrait des Regiſtres du Conſeil d'Etat.

VU par le Roi étant en ſon Conſeil, l'Arrêt du dix-huit Janvier dernier, par lequel il eſt entre autres choſes ordonné, que les créanciers de la Compagnie des Indes qui ont été déboutés de leurs demandes en privilége ou préférence ſur les deniers & effets provenant du Vaiſſeau le ſaint Louis, & les créanciers chirographaires de ladite Compagnie, qui ont repréſenté leurs titres, ſuivant le procès-verbal qui en a été dreſſé par le ſieur d'Orſay, Maître des Requêtes, Intendant du Commerce, viendront par contribution au marc la livre entre eux, ſur le revenant-bon dudit Vaiſſeau le ſaint Louis, & les deux cens mille livres qui doivent être fournies par leſdits Directeurs, après que les créanciers privilégiés & préférables auront été payés : le tout ſuivant la liquidation qui en ſeroit faite pardevant le ſieur Bignon, l'un deſdits Commiſſaires,

Commissaires, l'état des dettes de la Compagnie du vingt-quatre Avril dernier, suivant les titres représentés avant & depuis ledit Arrêt du dix-huit Janvier jusqu'à ce jour, la délibération des Directeurs, contenant leur engagement de payer le tiers des principaux des dettes contenues audit état; sçavoir, vingt pour cent du capital en billets de monnoye, & treize un tiers pour cent en espéces; le tout à imputer premierement sur les intérêts échûs jusqu'au premier Mai prochain au denier vingt, le surplus sur le capital, & l'acceptation des Syndics des créanciers de la Compagnie, du contenu en la susdite délibération, aux réserves & protestations réciproques. Vû aussi la requête du sieur Pontoise, par laquelle il demande d'être payé par privilége & préférence sur les effets restans de la vente dudit Vaisseau le saint Louis, d'un contrat à la grosse sur ledit Vaisseau de la somme de trois cens livres en principal, avec les profits maritimes & les intérêts du retardement, lequel contrat a été représenté depuis l'Arrêt du dix-huit Janvier dernier, le consentement des Directeurs de ladite Compagnie, & des Syndics, & le procès-verbal fait par ledit sieur Bignon Commissaire, en exécution dudit Arrêt du dix-huit Janvier dernier, par lequel il est donné acte aux parties de leurs dires, délibérations & consentemens, réserves & protestations, & ordonné que du tout il en sera par lui référé auxdits sieurs Commissaires; oui le rapport: LE ROI ÉTANT EN SON CONSEIL, conformément à l'avis desdits sieurs Commissaires, a ordonné & ordonne, que le sieur Pontoise sera payé par privilége & préférence de la somme de trois cens livres pour le principal d'un contrat à la grosse aventure sur le Vaisseau le saint Louis, & des profits maritimes & intérêts du retardement, ainsi qu'ils sont réglés par l'Arrêt du dix-huit Janvier dernier, pour tous les contrats à la grosse sur ledit Vaisseau; ordonne en outre du consentement des Directeurs de la Compagnie & des Syndics des créanciers, que la délibération de la Compagnie des Indes Orientales du vingt-cinq Avril mil sept cent onze, sera exécutée selon sa forme & teneur, & en conséquence que les créanciers non privilégiés & chirographaires de ladite Compagnie, qui font compris dans l'état arrêté entre les Directeurs & les Syndics des créanciers le vingt-quatre dudit mois d'Avril, feront payés du tiers de leurs capitaux ; sçavoir, vingt pour cent en billets de monnoye, & treize un tiers pour cent en espéces, le tout à imputer premierement sur les intérêts échûs au premier de ce mois, le surplus sur le capital, & feront ledit état des dettes de la Compagnie du vingt-quatre Avril, la délibération des Directeurs, l'acceptation des créanciers, & le procès-verbal dudit sieur Bignon Commissaire, attachés à la minute du présent Arrêt, lequel sera exécuté nonobstant oppositions ou empêchemens quelconques, dont si aucunes interviennent, Sa Majesté s'est réservé & à son Conseil la connoissance, & a icelle interdit à toutes ses autres Cours & Juges. Fait au Conseil d'Etat du Roi, Sa Majesté y étant, tenu à Marly, le quatriéme jour de Mai mil sept cent onze.

Signé PHELYPEAUX.

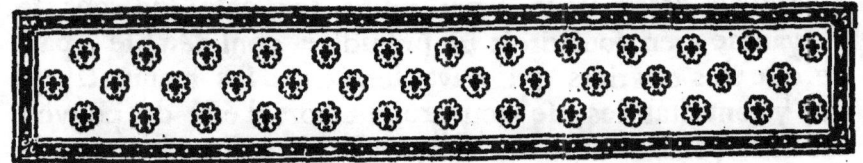

ÉDIT
DU ROY,

QUI décharge la Ville de Lyon de l'établissement du doublement des Octrois & sur-Octrois qui se perçoivent dans ladite Ville.

Donné à Marly au mois de Juin 1711.

LOUIS, PAR LA GRACE DE DIEU, ROI DE FRANCE ET DE NAVARRE : à tous préfens & à venir, SALUT. Nous avons par notre Edit du mois de Septembre 1710 ordonné, qu'à commencer au premier Octobre enfuivant, il feroit reçû & payé pendant fix années dans toutes les Villes & lieux de notre Royaume un double droit des revenus & deniers d'octroys, & tarifs qui fe perçoivent dans les mêmes Villes & lieux, & nous avons par cet Edit, & par la Déclaration donnée en conféquence le 7 Octobre 1710, réglé la maniere en laquelle fe feroit la levée du doublement des droits d'octroy. Les Prevôt des Marchands & Echevins de notre bonne Ville de Lyon nous ont depuis très-humblement fait remontrer qu'il étoit impoffible d'établir dans ladite Ville le doublement des octrois, foit parce que ceux qui fe levent fur le bétail, fur le vin & fur les autres denrées qui y font fujettes, font déja exceffifs, foit parce que le com-

I iij

merce de cette Ville, qui influe fur celui de tout le Royaume, en souffriroit un préjudice confidérable, parce que les ouvriers qui travaillent dans les manufactures qui y font établies, se trouveroient hors d'état de pouvoir fubfifter par la cherté des denrées, foit enfin parce que le doublement des octrois diminueroit infailliblement la confommation, & par conféquent le produit des octrois & fur-octrois qui y font établis, qui appartiennent à la Ville, & qui font deftinés pour le payement des rentiers à vie, & des autres dettes que la Ville a contractées pour emprunter les différentes sommes qui font entrées dans nos coffres, lefquelles dettes font d'autant plus confidérablement augmentées, que la Ville a été obligée, pour faire fubfifter les habitans pendant la difette caufée par le grand hyver de l'année 1709, & pour empêcher que le pain ne fût porté à un prix auffi haut qu'il a été dans toutes les autres Villes du Royaume, d'acheter des bleds fur lefquels lefdits Prevôt des Marchands & Echevins ont fait une perte immenfe; la diminution qui eft furvenue aux revenus dont la Ville joüit, qui confiftent principalement dans les octrois & fur-octrois, a encore caufé une très-grande perte à la Ville, qui a été obligée d'accorder des indemnités à fes Fermiers, comme il a été pratiqué dans les Fermes de Sa Majefté: la Ville de Lyon fe trouvera même engagée dans les dépenfes extraordinaires pour réparer le ravage que l'inondation furvenue en la préfente année 1711 a fait fur les ports, fur les quays, aux ponts & dans les autres lieux publics de la Ville & des Fauxbourgs de Lyon, outre les fommes que les réparations de la Doüanne incendiée en l'année 1709 ont coûté: en forte que les Prevôt des Marchands & Echevins auroient lieu d'efpérer que nous voudrions bien les décharger de l'exécution de notre Edit pour le doublement des octrois; mais comme ils ont toujours eu une attention particuliere à nous donner des marques de leur zéle, & à contribuer au bien de l'Etat, ils nous ont offert de nous payer par forme de don gratuit la fomme de fept cens mille livres en espéces, & de cinq cens mille livres, seulement en billets de monnoye, assignations sur les recettes générales, billets des Fermiers & Receveurs généraux à cinq ans, & billets de l'Extraordinaire des Guerres, quoique par l'Edit du mois de Septembre 1710, & la Déclaration du 7 Octobre ensuivant, nous ayons permis aux Villes de nous payer en papier seulement la finance du doublement des octrois, lesquelles offres ils nous ont fait, espérant que nous aurions la bonté de les décharger de l'exécution de l'Edit pour le doublement des octrois, du payement du dixiéme des revenus dont joüit le corps de Ville, qui sont sujets au dixiéme, & de l'imposition faite sur les suifs, aux offres qu'ils font de payer au préposé au recouvrement des droits qui en doivent provenir, la somme qui sera par nous réglée pendant un certain nombre d'années ; que pour donner moyen auxdits Prevôt des Marchands & Echevins de nous payer ladite somme de douze cens mille livres, & d'acquitter celles qu'ils ont été obligés d'emprunter pour remplacer les pertes qu'ils ont faites sur les bleds, & par les diminutions de leur revenu, il leur sera permis d'emprunter la somme de deux millions deux cens mille livres de telles personnes qu'ils aviseront bon être, lesquelles seront déchargées du payement du dixiéme sur les arrérages ou les intérêts des sommes qu'ils prêteront, & qu'il nous plaira aussi d'accorder l'exemption du dixiéme des intérêts, arrérages, honoraires, gages & appointemens à tous les rentiers & créanciers de ladite Ville, aux Officiers de l'Hôtel de Ville, & aux commis & préposés par lesdits Prevôt des Marchands pour la perception de ses revenus ; & que pour donner à ceux qui prêteront leurs deniers, en exécution du présent Edit, une entiere sûreté, il sera imposé deux sols six deniers sur chaque livre pesant de soye originaire, sept sols six deniers sur chaque livre pesant de soye étrangere, la moitié desdits droits sur les filozeles, fleurets, capitons & bourres de soyes, tant originaires qu'étrangeres, & cinq sols sur chaque livre pesant de fil & poil de chevre qui passeront par la Ville de

Lyon, ou par les bureaux de Gannat & de Vichy, pendant l'espace de douze années, à commencer du premier Juillet de la présente année, & que nous voudrons bien renouveller les anciennes Ordonnances & les derniers Réglemens rendus sur le fait de la Doüanne de Lyon, surtout par rapport au passage des soyes par la Ville de Lyon. A CES CAUSES & autres à ce nous mouvans, voulant donner des marques auxdits Prevôt des Marchands & Echevins, bourgeois & habitans de notre bonne Ville de Lyon, de la satisfaction que nous avons de leur attachement & fidélité à notre service, nous avons par le présent Edit perpétuel & irrévocable accepté & acceptons les offres qu'ils nous ont faites de nous payer par forme de don gratuit la somme de sept cens mille livres en espéces, & de cinq cens mille livres en billets de monnoyes, assignations sur les recettes générales, billets des Fermiers & Receveurs généraux à cinq ans, & billets de l'Extraordinaire des Guerres, laquelle sera par eux payée entre les mains du Garde de notre Trésor Royal, qui leur en délivrera ses quittances, au moyen du payement de laquelle somme nous avons déchargé & déchargeons ladite Ville de Lyon de l'établissement du doublement des octrois & sur-octrois qui se perçoivent dans ladite Ville, ordonné être levé par notre Edit du mois de Septembre 1710, & la Déclaration donnée en conséquence le sept Octobre ensuivant, ensemble de l'imposition faite sur les suifs, à condition toutefois de payer par lesdits Prevôt des Marchands & Echevins pendant dix années au préposé au recouvrement sur les suifs la somme de dix mille livres en deux payemens égaux par chaque année de six mois en six mois, dont la joüissance commencera, à compter du premier Janvier 1711, & le premier payement se fera au mois de Juillet de ladite année, & le dernier se fera au mois de Janvier 1721, au moyen du payement de laquelle somme faisons très-expresses inhibitions & défenses aux préposés au recouvrement des droits sur le suif, d'en exiger aucuns dans ladite Ville & Fauxbourgs ; comme aussi nous avons déchargé & déchargeons lesdits Prevôt des Marchands & Echevins de la Ville de Lyon du payement du dixiéme des revenus de ladite Ville qui y sont sujets. Et pour donner moyen auxdits Prevôt des Marchands & Echevins de nous payer ladite somme de douze cens mille livres, & d'acquitter les dettes qu'ils ont contractées à cause des pertes qu'ils ont faites sur les bleds, de la diminution de leurs revenus, & des accidens causés, tant par l'incendie arrivée à la maison de la Doüanne, qui appartient à ladite Ville, que par les inondations survenues en la présente année, nous leur avons permis & permettons d'emprunter de telles personnes qu'ils aviseront bon être, soit dedans ou dehors le Royaume, & aux conditions les plus avantageuses qu'ils pourront, la somme de deux millions deux cens mille livres, soit par contrat de constitution ou obligation, & d'en stipuler les arrérages ou les intérêts sur le pied du denier vingt, même du denier dix-huit, ou de six pour cent, lesquels intérêts nous permettons aux Notaires de stipuler par les contrats de constitution, ou par les obligations, dérogeant pour cet effet, à cet égard seulement, & sans tirer à conséquence, à toutes nos Ordonnances à ce contraires, sans que les Communautés séculieres ou régulieres, qui prêteront leurs deniers en vertu de notre présent Edit, soient tenues d'aucuns droits d'amortissement, dont nous les avons dispensé & dispensons. Voulons que ceux qui prêteront leurs deniers auxdits Prevôt des Marchands & Echevins, en vertu de notre présent Edit, ensemble tous les rentiers, créanciers & Officiers de l'Hôtel de Ville, & les commis & préposés par lesdits Prevôt des Marchands & Echevins, pour la perception des revenus de ladite Ville, soient exempts du payement du dixiéme des intérêts ou arrérages, honoraires, pensions, gages & appointemens qui leur seront payés par ladite Ville, quoique sujets au dixiéme que nous avons ordonné être levé par notre Déclaration du 14 Octobre 1710, à laquelle nous avons dérogé & dérogeons à cet égard seulement. Faisons défenses auxdits Prevôt des Marchands & Echevins de retenir à leurs créanciers, rentiers, pensionnaires à vie ou autrement, Officiers de l'Hôtel de Ville, commis & préposés pour la perception de nos revenus le dixiéme de leurs rentes viageres, arrérages, intérêts, honoraires, pensions, gages ou appointemens ; & pour donner à ceux qui prêteront leurs deniers une entiere sûreté, nous avons permis & permettons auxdits Prevôt des Marchands & Echevins de lever & faire percevoir, outre les droits de la Doüanne de Lyon, & tiers sur-taux & quarantiéme, un nouveau droit de sept sols six deniers sur chaque livre pesant de soyes étrangeres, de quelques qualités qu'elles soient, ouvrées ou non ouvrées, crues, torses ou teintes, exemptes ou non exemptes, de quelques pays qu'elles viennent, même sur celles sortant d'Avignon & du Comtat ; & pour les taffetas & étoffes de soyes qui y auront été fabriquées, lesquelles payeront lesdits droits de sept sols six deniers sur chaque livre pesant, ensemble celui du tiers sur-taux & quarantiéme ; deux sols six deniers pour livre sur chaque livre pesant de toutes les soyes originaires, ouvrées ou non ouvrées, comme ci-dessus, qui passeront par la Ville de Lyon ; sept sols six deniers pour les soyes de toutes sortes de qualités qui passeront par les bureaux de Gannat & de Vichy, & la moitié de tous les droits sur les filozelles, fleurets, capitons & bourres de soyes, tant étrangeres qu'originaires, & sur les coccons qui sortiront d'Avignon & du Comtat. Faisons très-expresses inhibitions & défenses à toutes personnes de faire entrer aucunes soyes, taffetas & étoffes de soye dans le Royaume, ni de les commercer sans avoir été transportées dans ladite Ville de Lyon, & y avoir acquitté lesdits droits, même d'en faire aucune vente, débit ni entrepôt, depuis les lieux par lesquels lesdites soyes étrangeres entreront dans le Royaume, jusqu'à leur arrivée dans ladite Ville de Lyon, à peine de confiscation d'icelles, des chevaux, charrettes, mulets, bateaux & autres équipages, & de trois mille livres d'amende, à l'exception toutefois de

celles

celles qui paſſeront par les bureaux de Gannat & de Vichy, où leſdits droits ſeront payés, déclarant toutes les autres routes, bureaux & paſſages, obliques & défendus, ſur les peines portées par nos Ordonnances, Arrêts & Réglemens ; permettons à cet effet auxdits Prevôt des Marchands & Echevins d'établir tels Bureaux, Commis & Receveurs qu'ils jugeront à propos dans les lieux de Gannat, de Vichy, de Villeneuve & de Septeſme, & dans tous les autres endroits qui ſeront néceſſaires, tant pour la conſervation deſdits droits, que pour les y faire percevoir, éviter les fraudes & les paſſages obliques ; & pour l'entiere exécution des Edits & Ordonnances des années 1540, 1566, 1583, 1605 & 1613, des Arrêts du Conſeil des 3 Février & 10 Décembre 1670, 2 Juin 1674, 26 Juillet 1687, premier Février 1701 & 17 Février 1705, leſquels Arrêts, Réglemens & Ordonnances nous voulons être exécutés en tout leur contenu, ſuivant leur forme & teneur, & ſous les peines y portées, attendu qu'il n'y a point été dérogé ; permettons auſſi auxdits Prevôt des Marchands & Echevins de lever & faire percevoir outre & par-deſſus les anciens droits cinq ſols par chaque livre peſant de fil & poil de chévre entrant dans la Ville de Lyon ; le tout pendant le temps de douze années, à commencer du premier Juillet de la préſente année 1711 pendant lequel tems les conteſtations qui ſurviendront pour raiſons deſdits droits, ſeront portées pardevant le ſieur Intendant de la Généralité de Lyon en premiere inſtance, & par appel au Conſeil. Voulons que le produit deſdits droits demeure ſpécialement affecté & hypotequé au payement des intérêts, arrérages & ſorts principaux des ſommes qui ſeront empruntées en vertu du préſent Edit, & que leſdits Prevôt des Marchands & Echevins puiſſent proroger les obligations après leur échéance, même rembourſer les ſommes qu'ils auront empruntées, & faire pour cet effet de nouveaux emprunts par contrats de conſtitution ou par obligations, avec ſubrogation aux anciens créanciers aux mêmes charges, clauſes & conditions ci-deſſus, & affecter ſpécialement aux nouveaux emprunts qu'ils feront, & au payement des intérêts & arrérages & principaux, lesdits droits établis sur les soyes & poil de chevre, & généralement tous les biens patrimoniaux de ladite Ville; & en cas qu'ils empruntent une partie de ladite somme à Gennes, ou de quelques autres étrangers, nous voulons que ceux qui prêteront leurs deniers, joüissent des mêmes avantages & priviléges qui ont été par nous ci-devant accordés à ceux qui ont prêté à ladite Ville de Lyon par les contrats des 12 Juillet 1704, & 16 Novembre 1709, en exécution des Arrêts de notre Conseil sur ce intervenus, lesquels nous déclarons communs, aussi-bien que l'Arrêt de notre Conseil du 17 Juillet 1708, avec ceux qui prêteront leurs deniers en vertu du présent Edit, & seront toutes les sommes employées en recette ou dépense dans les comptes du Receveur de ladite Ville pour raison dudit emprunt, tant en principaux qu'arrerages, intérêts ou frais passées dans lesdits comptes, sur les mandemens desdits Prevôt des Marchands & Echevins en la maniere accoûtumée. Si donnons en mandement à nos amés & feaux Conseillers, les gens tenans notre Cour de parlement, Chambre de nos Comptes & Cour des Aides à Paris, que le présent Edit ils ayent à faire lire, publier & registrer, & le contenu en icelui garder & observer selon sa forme & teneur, cessant & faisant cesser tous troubles & empêchemens qui pourroient être mis ou donnés, nonobstant tous Edits, Déclarations, Arrêts, Réglemens & autres choses à ce contraires, auxquels nous avons dérogé & dérogeons par le présent Edit; aux copies duquel collationnées par l'un de nos amés & feaux Conseillers-Secrétaires, voulons que foi soit ajoûtée comme à l'Original : car tel est notre plaisir. Et afin que ce soit chose ferme & stable à toujours, nous y avons fait mettre notre Scel. DONNE' à Marly au mois de Juin, l'an de grace mil sept cent onze; & de notre regne le soixante-neuviéme. *Signé* LOUIS; *Et plus bas*, Par le Roi, COLBERT. *Visa* PHELYPEAUX. Vû au Conseil, DESMARETZ. Et scellé du grand Sceau de cire verte, en lacs de soye rouge & verte.

Regiſtrées, ouï & ce requérant le Procureur Général du Roi, pour être exécutées ſelon leur forme & teneur, & copies collationnées envoyées en la Sénéchauſſée & Préſidial de Lyon, pour y être lues, regiſtrées & publiées; enjoint au Subſtitut du Procureur général du Roi d'y tenir la main, & d'en certifier la Cour dans un mois, ſuivant l'Arrêt de ce jour. A Paris en Parlement le dix Juillet mil ſept cent onze. Signé DONGOIS.

Traité fait au sujet de l'armement du Sieur de Roquemador.

Du 8 Juin 1711.

Nous fouffignés Moyfe-Auguftin Fontanieu Directeur général des Compagnies établies pour le commerce maritime, ftipulant par ordre du Roi pour la Compagnie des Indes Orientales d'une part, & Antoine Crozat, faifant tant pour lui que pour le fieur Jean-Baptifte Bruny de Marfeille, dont il fe porte & fait fort, fommes convenus de ce qui fuit.

Article premier.

Que Monfieur Crozat fera armer trois Vaiffeaux du Roi, le Ruby, le Fondant & la Médufe, ou autres à peu-près de pareille force, qui feront commandés par Monfieur de Roquemador, Capitaine de Vaiffeau du Roi, pour les faire partir de Cadix dans le premier Janvier 1713, à l'effet d'aller faire la courfe dans les Indes Orientales, & par-tout où ledit fieur de Roquemador jugera à propos.

II.

Que lefdits Vaiffeaux ne porteront aucunes marchandifes & provifions dont ils auront befoin dans les Indes, ledit fieur Crozat pourra feulement faire embarquer dix ou douze mille Piaftres pour fervir aux befoins defdits Vaiffeaux.

III.

Que les Commis de la Compagnie des comptoirs des Indes auront ordre de Monfeigneur de Pontchartrain, d'affifter lefdits Vaiffeaux de tous leurs foins, & de leur faire fournir les fecours dont ils auront befoin en payant.

IV.

Que les marchandises provenant des prises que lesdits Vaisseaux du Roi pourront faire, seront déchargées à leur arrivée en France, en présence d'un des Directeurs, & joüiront lesdits Armateurs de tous les priviléges dont joüit ladite Compagnie des Indes Orientales pour tous les droits d'entrées sur les marchandises qu'ils apporteront des Indes, à l'effet de quoi sera le présent traité homologué au Conseil, sous le bon plaisir du Roi.

V.

Que la Compagnie aura quinze pour cent du profit des prises qui seront faites par-delà le Cap de Bonne-Espérance, au moyen de quoi elle céde aux armateurs tous les droits & priviléges généralement quelconques à elle accordés par Sa Majesté, & leur promet garantie des contestations qu'ils pourroient souffrir dans l'exécution du présent article, déclarant en ce cas que lesdits Armateurs demeureront valablement déchargés envers la Compagnie des prétentions que l'on pourroit former contr'eux, en consignant la valeur desdites prétentions ainsi qu'il sera ordonnné, & payant le surplus à ladite Compagnie.

IV.

Si l'on fait des prises en deça du Cap de Bonne-Espérance, la Compagnie aura seulement cinq pour cent desdites prises des Indes, déduction faite de quatre cens mille livres pour la mise dehors, à quoi elle a été fixée; & s'il se trouve des marchandises des Indes Orientales dont la Compagnie a seule le privilége exclusif de les vendre en France, elle cédera comme elle céde dès-à-présent son privilége & tous ses droits auxdits sieur Crozat & Bruny.

VII.

Que la Compagnie n'accordera aucune permission pour aucun autre navire pour aller faire la course ni le commerce dans les Indes Orientales, pour pouvoir partir dans toute la préfente année 1711, lui fera cependant loifible d'envoyer un Vaiffeau à l'Ifle de Bourbon.

VIII.

Qu'en cas de tréve ou de paix avec les Anglois, Portugais ou Hollandois avant le départ defdits Vaiffeaux d'Europe, il fera loifible audit fieur Crozat de continuer leur deftination pour les Indes Orientales, & au lieu d'y faire la courfe, ils y feront le commerce qu'ils jugeront à propos, à condition de payer à la Compagnie dix pour cent du montant de la vente des marchandifes des Indes en France.

IX.

Que la Compagnie fe referve les droits des tonneaux de l'allé & du retour accordés par le Roi felon la teneur de l'article XLVI de fes priviléges, & qu'il n'en coutera rien aux Armateurs.

X.

Que comme il eft très-important que le préfent traité foit tenu très-fecret, il a été convenu qu'après que Sa Majefté aura eû la bonté de l'homologuer, il fera cacheté double de nos cachets, pour n'être communiqué à la Compagnie que dans le mois de Février prochain, & qu'en attendant Monfieur de Fontanieu aura attention que la Compagnie des Indes ne traite avec d'autres particuliers, qui propoferoient d'envoyer aux Indes pour pareille entreprife ou pour y faire commerce, & qu'il informera Monfeigneur de Pontchartrain de ce qui viendra à fa connoiffance pour prendre fes ordres.

XI.

Et moi Crozat, je m'oblige tant pour moi que pour Monfieur Bruny, d'exécuter les conditions du préfent traité

& de les faire exécuter par Monsieur de Roquemador.

Fait & arrêté triple, le cinquiéme Juin mil sept cent onze. *Signé* FONTANIEU *&* CROZAT.

Ledit traité homologué le huitiéme Juin mil sept cent onze. *Signé* PHELYPEAUX.

ARREST
DU CONSEIL D'ÉTAT
DU ROY,

QUI declare le nommé Gorget mal fondé en ses Requêtes.

Du 28 Juillet 1711.

Extrait des Regiſtres du Conſeil d'Etat.

VU par le Roi étant en ſon Conſeil l'Arrêt rendu en icelui le douziéme jour de Novembre 1708 par lequel Sa Majeſté auroit commis les ſieurs Dagueſſeau, Conſeiller d'Etat ordinaire & au Conſeil Royal des finances, Phelypeaux de Pontchartrain Secrétaire d'Etat & de ſes commandemens, Béchameil de Nointel, Rouillé du Coudray, Conſeillers d'Etat ordinaires, Deſmarêts Contrôleur général des finances & Boucher d'Orſay Maître des Requêtes & Intendant du commerce, à préſent Commiſſaire départi en la généralité de Limoges, au lieu duquel le ſieur de Machault, auſſi Maître des Requêtes & Intendant du commerce a été ſubrogé pour examiner l'état des affaires du commerce de la Compagnie des Indes Orientales, donner leur avis à Sa Majeſté ſur la liquidation & acquittement des dettes de la Compagnie, pour y être par elle pourvû ſuivant ſon bon plaiſir.

plaisir. Requête à elle présentée & auxdits sieurs Commissaires le 15 Avril 1711, par Thomas Gorget Bourgeois de Paris, à ce que pour les causes y contenues il lui fût permis de poursuivre l'exécution de l'Arrêt contradictoire du Conseil du 9 Mars précédent, comme il auroit pû faire avant la signification à lui faite le 31 du même mois du susdit Arrêt du 12 Novembre 1708; qui surseoit à toutes poursuites, exécutions & contraintes pour raisons des dettes de ladite Compagnie, & sur les personnes & biens des Directeurs d'icelle en vertu d'aucuns jugemens obtenus & à obtenir, sauf aux créanciers à se pourvoir devant les sieurs Commissaires, avec défenses de procéder ailleurs, au bas de laquelle requête est l'ordonnance dudit sieur de Machault portant qu'elle seroit signifiée à Aubry Avocat de ladite Compagnie. Requête desdits sieurs Directeurs, &c. que acte leur soit donné de ce qu'ils déclarent audit Gorget que ne tenant qu'à lui de recevoir de la Compagnie des Indes Orientales, suivant les offres qui lui en ont été réitérées le 12 dudit mois de Juin, la somme de vingt-trois mille neuf cens quarante-huit livres trois sols quatre deniers, conformément à l'Arrêt du 4 Mai précédent, s'il n'y satisfait par ladite somme (soit en billets de monnoyes ou espéces) demeurera à ses risques, perils & fortunes en la caisse de ladite Compagnie des Indes, avec protestation de rechef de tous leurs dépens, dommages & intérêts, &c. Plusieurs autres requêtes & demandes respectives, ensemble l'état des piéces qu'ils ont jointes à leursdites requêtes du 23 Juin signifiée le 25, & tout ce que par lesdites parties a été respectivement mis par devers lesdits sieurs Commissaires, oui le rapport, & tout consideré; LE ROI ÉTANT EN SON CONSEIL, conformément à l'avis desdits sieurs Commissaires, a déclaré & déclare ledit Gorget non recevable & mal fondé en sesdites requêtes, dont il est débouté, a déclaré & déclare bonnes & valables les offres à lui faites tant par lesdits Directeurs de la Compagnie des Indes Orientales par actes des 15 Avril & 12 Juin dernier que par requête du 25 dudit mois; comme aussi celles à lui faites par lesdits du Sault, de Gumery & Rebuty, ès noms qu'ils procédent, par actes des 9 & 16 Juillet derniers, & en conséquence ordonne Sa Majesté que ledit Gorget se retirera à la caisse de ladite Compagnie des Indes pour y recevoir, conformément à l'Arrêt du 4 Mai dernier, les sommes contenues auxdites offres, & l'a condamné aux dépens, tant envers lesdits Directeurs de la Compagnie des Indes Orientales qu'envers lesdits du Sault, de Gumery, & Rebuty. FAIT au Conseil d'Etat du Roi, Sa Majesté y étant, tenu à Fontainebleau le vingt-huit Juillet mil sept cent onze. *Signé* PHELYPEAUX.

ARREST
DU CONSEIL D'ÉTAT
DU ROY,

QUI règle les payemens à faire à quelques créanciers de la Compagnie.

Des 6 & 18 Août 1711.

Extrait des Regiſtres du Conſeil d'Etat.

VU au Conſeil d'Etat du Roi, l'Arrêt rendu en icelui, Sa Majeſté y étant, le 12 Janvier 1711, par lequel Sa Majeſté a homologué la ſoumiſſion faite par les Directeurs de la Compagnie Royale des Indes Orientales le 9 du même mois, & ordonné qu'elle ſera exécutée ſelon ſa forme & teneur, tant par ceux des Directeurs qui l'ont ſignée que par ceux qui ne l'ont pas ſignée à quoi faire tous leſdits Directeurs, leurs hoirs, ſucceſſeurs & ayans cauſe, participes & Intéreſſés ſeront contraints par toutes voyes dues & raiſonnables, & ce nonobſtant toutes Lettres d'état ou de répy, même l'Arrêt du 12 Novembre 1708 portant ſurſéance de toutes pourſuites contre leſdits Directeurs, laquelle ſurſéance Sa Majeſté a levée pour ce regard ſeulement, ſans préjudice des droits des Directeurs contre le ſieur Hebert & la Dame ſa femme, & contre les Actionnaires de ladite Compagnie, défenſes au contraire, & que ladite ſoumiſſion ſera attachée à la minute dudit Arrêt, lequel ſera exécuté nonobſtant

Lll ij

oppofitions ou empêchemens quelconques, dont fi aucuns interviennent Sa Majefté s'en eft refervé la connoiffance & l'a interdite à toutes fes autres Cours & Juges. La fignification faite dudit Arrêt à la requête defdits Directeurs de la Compagnie Royale des Indes Orientales le 30 Janvier 1711 aux fieurs Colande & de Berville comme repréfentant le feu fieur Thomas le Gendre leur pere vivant, Directeur de ladite Compagnie en leurs domiciles. Requête préfentée par lefdits Directeurs à ce qu'il plaife à Sa Majefté débouter purement & fimplement lefdits fieurs Colande & de Berville de l'oppofition par eux formée à l'exécution dudit Arrêt du Confeil d'Etat du 12 Janvier 1711 & en conféquence ordonner que ledit Arrêt fera exécuté felon fa forme & teneur contre lefdits fieurs Colande & de Berville, en qualité de fils & héritiers du feu fieur Thomas le Gendre leur pere vivant, l'un des Directeurs de ladite Compagnie, les débouter pareillement de toutes demandes en main levée des faifies fur eux faites, & les condamner en l'amende ordinaire de cent cinquante livres & aux dépens, & décharger lefdits Directeurs des condamnations portées par la fentence contre eux incompetemment rendue & par attentat en l'Amirauté au Siége de la Table de Marbre du Palais à Paris le 30 Mars 1711, & faire très-expreffes défenfes tant au Procureur de Sa Majefté audit Siége, qu'à tous autres de faire aucunes pourfuites contre lefdits Directeurs, à peine de nullité, caffation, & de tous dépens, dommages & intérêts, au bas eft l'ordonnance du fieur de Machault du 4 Mai 1711, portant, foit la requête communiquée aux fieurs Colande & de Berville en leur domicile pour y répondre dans trois jours & leurs réponfes vûes, & ou faute par eux d'y répondre être ordonné ce qu'il appartiendra, fignification faite de ladite requête le 5 Mai 1711 aux fieurs Colande & de Berville en leurs domiciles par de la Ruelle Huiffier du Confeil. Autre requête defdits Directeurs, à ce qu'il plaife à Sa Majefté en leur adjugeant les conclufions qu'ils ont prifes contre lefdits fieurs Colande

& de Berville par la requête à eux signifiée le 5 Mai 1711, ordonner qu'ils seront tenus de faire leurs fonds, & contribution de la somme de dix mille livres, & en outre de onze cens vingt livres pour la part des héritiers Chaperon & du sieur Hebert, totalement en argent, faute par eux de l'avoir fait dans le 31 Janvier 1711, & les condamner aux dépens; au bas est l'ordonnance du sieur de Machault du 18 Mai 1711, portant acte au surplus en jugeant & soit signifié, signification faite de ladite requête le 19 Mai 1711 à Me Bronod l'aîné, Avocat desdits sieurs Colande & de Berville, par Macé Huissier du Conseil. Requête des sieurs Thomas le Gendre, chevalier seigneur de Colande, Brigadier des armées de Sa Majesté, Colonel du Régiment de Vaisseaux, & Charles le Gendre Chevalier sieur de Berville, aussi Brigadier des armées de Sa Majesté, Colonel de Dragons, servant de reponse à celles des Directeurs, signifiée le 5 Mai précédent, à ce qu'il plaise à Sa Majesté les recevoir opposans à l'Arrêt du Conseil du 12 Janvier 1711, en ce que l'on prétend par cet Arrêt les assujettir à contribuer au nouveau fonds de deux cens mille livres, leur faire pleine & entiere main levée de toutes les saisies faites & à faire faute de payement de ladite somme, condamner les Directeurs & tous autres dépositaires à la restitution des sommes qui pouroient avoir été exigées des créanciers & débiteurs desdits sieurs Colande & de Berville, pour raison de ce, faire très-expresses inhibitions & défenses auxdits Directeurs, & tous autres d'exercer aucunes contraintes contr'eux, à peine de nullité, cassation de procédures, trois mille livres d'amende & de tous dépens, dommages & intérêts, & condamner lesdits Directeurs en tous leurs dépens, au bas est l'ordonnance du sieur de Machault du 10 Juin 1711 portant acte de l'emploi & au surplus en jugeant, & soit signifié sans retardement, signification faite de ladite requête le 13 Juin 1711 à Me Aubry Avocat des Directeurs par de la Ruelle Huissier du Conseil. Autre requête desdits Directeurs servant de réponse à celle des sieurs le

Gendre signifiée le 13 Juin précédent, & de contredits aux pièces qui y sont jointes, ladite requête des Directeurs tendante à ce qu'il plaise à Sa Majesté faisant droit adjuger auxdits Directeurs sans aucune restriction les conclusions par eux prises par leurs précédentes requêtes signifiées les 5 & 19 Mai précédent, & en outre attendu les mauvaises procédures faites par les sieurs le Gendre à la Table de Marbre & ailleurs, ordonner que les parties procéderont en tant que de besoin au Châtelet de Paris sur les saisies faites par les Directeurs sur lesdits sieurs le Gendre entre les mains de leurs fermiers, receveurs & débiteurs, & sur les assignations qu'ils y ont fait donner, sur lesquelles lesdits sieurs le Gendre y ont fourni des défenses : faire défense, tant auxdits sieurs le Gendre qu'à leurs fermiers, receveurs & débiteurs, de se pourvoir ailleurs pour raison de ce, & à tous autres Juges d'en connoître, & condamner lesdits sieurs le Gendre aux dommages & intérêts de la Compagnie des Indes & aux dépens, au bas est l'ordonnance dudit sieur de Machault du 8 Juillet 1711, portant, soit communiqué aux héritiers du sieur le Gendre au domicile de Mᵉ Bronod Avocat ; signification de ladite requête faite le 8 Juillet 1711 audit Mᵉ Bronod par de Boiscourgeon Huissier en la grande Chancellerie. Autre requête desdits sieurs le Gendre employée pour plus amples moyens & pour réponse à la dernière requête desdits Directeurs conjointement avec la délibération du 9 Janvier 1711, jointe à ladite requête, à ce qu'il plaise à Sa Majesté adjuger auxdits sieurs le Gendre les fins & conclusions par eux prises avec dépens, dommages & intérêts, au bas est l'ordonnance du sieur de Machault du 23 Juillet 1711, portant, soit communiqué aux Directeurs de la Compagnie Royale des Indes Orientales au domicile de Mᵉ Aubry leur Avocat sans retardation, signification faite de ladite requête le 23 Juillet 1711 audit Mᵉ Aubry par Legrand Huissier du Conseil. Exploit de commandement fait le 11 Mars 1711 à la requête desdits sieurs Directeurs auxdits sieurs Colande & Berville en vertu de l'Arrêt du Conseil d'Etat du

12 Janvier 1711; exploit de saisie & arrêt fait le 17 Mars 1711 à la requête desdits Directeurs entre les mains des fermiers & receveurs des terres de Romilly & Berville, avec assignation au Châtelet de Paris pour affirmer; dénonciation faite à la requête des Directeurs le 21 du même mois de Mars desdites saisies & Arrêts auxdits sieurs de Colande & de Berville; défenses fournies par ledit sieur de Berville au Châtelet le 26 du même mois; acte d'opposition formée par ledit sieur de Berville à l'Arrêt du Conseil du 12 Janvier 1711; ledit acte signifié le dernier Mars 1711; sentence de l'Amirauté du 30 du même mois de Mars, signifiée le premier Avril 1711; commandement recordé fait auxdits sieurs Colande & de Berville à la requête desdits Directeurs le 18 Mai 1711; Arrêt du Conseil d'Etat rendu, Sa Majesté y étant, le 26 Août 1687, par lequel Sa Majesté a ordonné qu'il seroit augmenté dans la Compagnie des Indes Orientales huit Directeurs qui seront choisis par Sa Majesté & qui joüiront des mêmes droits, priviléges & avantages que les douze Directeurs auparavant choisis; autre Arrêt du Conseil d'Etat rendu, Sa Majesté y étant, le même jour 26 Août 1687, par lequel Sa Majesté a nommé & choisi lesdits huit Directeurs; Arrêt du Conseil d'Etat rendu, Sa Majesté y étant, par lequel elle a ordonné que les héritiers & biens-tenans dudit feu sieur Thomas le Gendre seront tenus de nommer à Sa Majesté dans un mois du jour de la signification dudit Arrêt une personne pour être reçue Directeur de la Compagnie des Indes au lieu & place dudit feu sieur le Gendre; signification faite dudit Arrêt à la requête desdits Directeurs auxdits sieurs le Gendre le 12 Mars 1707; Arrêt du Conseil d'Etat rendu, Sa Majesté y étant, le 26 Août 1709; autre Arrêt du Conseil d'Etat rendu, Sa Majesté y étant, le 18 Janvier 1711, & autres piéces jointes auxdites requêtes desdits Directeurs; cahier imprimé contenant l'Edit d'Etablissement de la Compagnie des Indes Orientales du mois d'Août 1664, & les enregistremens qui en ont été faits dans les Cours & au Parlement de Roüen; Arrêt du

Conseil d'Etat rendu Sa Majesté y étant le 10 Juin 1688, par lequel Sa Majesté a choisi Thomas le Gendre pour en qualité de Directeur de la Compagnie des Indes Orientales, régir & administrer en la ville de Roüen les affaires de ladite Compagnie sur les avis & délibérations des Directeurs de ladite Compagnie, en payant suivant le consentement dudit le Gendre la somme de soixante mille livres entre les mains du Caissier de la Compagnie ; copie de la délibération desdits Directeurs du 9 Janvier 1711, signifiée à leur requête audit sieur de Colande le 17 du même mois de Janvier par de Boiscourgeon Huissier du Conseil, & autres piéces jointes auxdites requêtes desdits sieurs de Colande & de Berville & tout ce qui a été joint devant le sieur de Machault Conseiller du Roi en ses Conseils, Maître des Requêtes ordinaire de son Hôtel, & Intendant du commerce, rapporteur de l'instance qui en a communiqué aux sieurs Daguesseau, Roüillé du Coudray & Bignon, Commissaires nommés par Sa Majesté pour la discution générale des affaires de ladite Compagnie des Indes ; vû aussi l'avis desdits sieurs Commissaires, LE ROI ÉTANT EN SON CONSEIL, sans s'arrêter à l'opposition formée par lesdits sieurs le Gendre audit Arrêt du Conseil du 12 Janvier dernier, a ordonné & ordonne que ledit Arrêt sera exécuté selon sa forme & teneur, & en conséquence que lesdits sieurs le Gendre seront tenus de payer en deniers comptans la somme de onze mille cent vingt livres ensemble les intérêts de ladite somme à compter du jour de la demande ; faute par eux d'avoir fourni les fonds dans le tems porté par ledit Arrêt ; ordonne pareillement Sa Majesté que sans s'arrêter à la sentence de l'Amirauté du trente Mars dernier que Sa Majesté a cassée & annullée, lesdites parties continueront de procéder au Châtelet de Paris sur les saisies suivant les derniers erremens, & a condamné & condamne lesdits sieurs le Gendre aux dépens. FAIT au Conseil d'Etat du Roi tenu à Fontainebleau le sixiéme jour d'Août mil sept cent onze. *Signé* PHELYPEAUX.

Traité

Traité entre Monsieur de Champigny pour la Compagnie, & les sieurs Guymont du Coudray & Bille.

Du 5 Févier 1712.

ARTICLE PREMIER.

Nous soussignés Louis-François Moufle de Champigny, Directeur de la Compagnie des Indes Orientales, stipulant par ordre de Monseigneur le Comte de Pontchartrain, Ministre & Secrétaire d'Etat ayant le département de la Marine, pour la Compagnie des Indes, par laquelle je promets faire approuver & ratifier le présent traité un mois après que les Vaisseaux qui doivent être armés en exécution d'icelui, seront partis, sommes convenus de donner à Messieurs Hervé-René Guymont du Coudray, Capitaine de Vaisseau du Roi, & Louis Bille, Bourgeois de Paris, tant pour eux que pour ceux avec lesquels ils seront associés au présent armement, la permission d'envoyer le 15 Juillet prochain au plus tard, trois Vaisseaux, même quatre, s'ils le jugent à propos, dans tous les comptoirs de la Compagnie aux Indes, pour y faire commerce, à la charge de payer à la Compagnie dix pour cent du montant de la vente des marchandises qu'ils rapporteront des Indes en France, sans aucune déduction.

II.

Que sur les prises qui seront faites, tant en-deça qu'au delà de la ligne, pendant ce voyage, il sera payé à ladite Compagnie, sur le montant de la vente qui en sera faite tant en France qu'aux Indes, sçavoir, cinq pour cent pour celles qui seront faites en-deça de la ligne, & quinze pour cent pour celles qui seront faites au-delà de la ligne, y compris le dixiéme de l'Amiral appartenant à la Compagnie au-delà de la ligne, conformément à la Déclaration de

1664 & l'Arrêt du 26 Novembre 1707, le payement desquels cinq & quinze pour cent dans le cas susdit, sera fait en France sur les comptes qui en auront été faits dans les endroits où lesdites prises auront été vendues; sçavoir, les dix de quinze pour cent pour les prises au-delà de la ligne, comme le dixième se paye à Monseigneur l'Amiral, & les cinq de l'excédent, de même que les quinze en-deça de la ligne sur ce qui reviendra aux Armateurs, les frais déduits.

III.

Si les Armateurs jugent à propos de permettre à leurs Officiers majors & mariniers de porter quelque pacotille, elle sera fixée pour chaque Vaisseau à la somme de quinze mille livres, dont les retours en marchandises seront vendus conjointement avec les marchandises de la cargaison, & sur le montant de la vente desdites pacotilles, il sera payé à ladite Compagnie des Indes cinq pour cent, sans aucune déduction.

IV.

Les Armateurs desdits Vaisseaux, ou leurs Préposés, payeront seulement les mêmes droits que la Compagnie a coûtume de payer aux Indes, & seront exempts de ceux qui appartiennent à ladite Compagnie dans les établissemens qu'elle a faits à Pondichery & autre endroits des Indes; pour quoi lesdits sieurs Directeurs seront tenus de donner aux Armateurs desdits Vaisseaux à leur départ, des ordres par écrit à leurs Directeurs & Commis aux Indes de recevoir les Officiers desdits Vaisseaux, & de les affranchir des droits qui leur appartiennent, & si au préjudice desdits ordres il étoit payé aucun desdits droits, le double de ce qui se trouvera avoir été payé sera déduit à la Compagnie sur les dix pour cent à elle ci-devant accordés.

V.

Les droits que Sa Majesté a la bonté de faire payer à la Compagnie pour chaque tonneau de marchandises allant

& venant des Indes, appartiendront à la Compagnie; pourquoi les Armateurs donneront un état des marchandises qu'ils porteront de France aux Indes.

VI.

La Compagnie des Indes ne pourra, sous quelque prétexte que ce puisse être, envoyer des Vaisseaux aux Indes & dans les autres endroits dont elle a le privilége, ni donner permission pour y aller, que pour partir au premier Février 1713.

VII.

Les sieurs susnommés auront, sous le bon plaisir du Roi, les mêmes droits que la Compagnie des Indes pour le transport des piastres dont ils auront besoin pour leur commerce aux Indes pour le transit des marchandises nécessaires pour l'armement de leurs Vaisseaux, soit qu'elles viennent des pays étrangers ou des Provinces reputées étrangeres, pour l'exemption des droits d'entrée & de sortie, & d'octroi, vivres, poudres, bois de construction, sels & autres munitions, & généralement de tous priviléges & exemptions de droits pour la vente des marchandises des retours desdits Vaisseaux, & de celles qui proviendront des prises, conformément aux priviléges accordés à ladite Compagnie, & de même que si lesdits Vaisseaux avoient été armés & envoyés par ladite Compagnie.

VIII.

Au départ des Vaisseaux les Armateurs seront tenus de donner à la Compagnie des Indes une déclaration du nom des Vaisseaux, de leur port, du nombre des canons, des noms des Officiers & du Port de France d'où ils partiront.

IX.

La Compagnie fera fournir gratuitement dans ses comptoirs des Indes les magasins qu'elle y a aux Capitaines &

autres Officiers des Vaisseaux, sans qu'ils soient obligés de s'en servir, si bon leur semble.

X.

Toutes espéces de marchandises des Indes pourront être apportées en France, à la charge cependant que celles dont l'usage est défendu dans le Royaume, seront entreposées, pour être vendues en France & être portées à l'étranger.

XI.

Avant que les Vaisseaux partent des Indes, les Capitaines ou autres préposés pour les Armateurs, remettront aux chefs des comptoirs les factures des qualités, quantités, poids & numéros des marchandises qui seront chargées dans leurs Vaisseaux, Vaisseau par Vaisseau, lesdites factures signées & paraphées à chaque page par eux & par les chefs des comptoirs, pour être envoyées en France à la Compagnie, le tout si lesdits achats sont faits dans les comptoirs de la Compagnie.

XII.

Quant aux marchandises qui proviendront des prises, il en sera usé en la même maniere accoutumée.

XIII.

Il sera fait défenses aux Capitaines & autres Officiers de décharger en venant en France aucunes marchandises dans la route ni ailleurs que dans les Ports de France, à peine d'être poursuivis extraordinairement & de perte de leurs appointemens, & de confiscation de leurs pacotilles, même de la confiscation des marchandises déchargées en fraude, ou de la valeur d'icelle, si ç'a été de l'ordre des Armateurs.

XIV.

Aussi-tôt après l'arrivée en France des Vaisseaux venant des Indes, & avant qu'il en puisse être rien déchargé, si faire se peut, les Capitaines & autres Préposés par les Armateurs, donneront une facture entiere de leur chargement à ladite Compagnie ou à celui qui sera par elle préposé, sans que les Armateurs puissent être garants des faits des Officiers & équipages desdits Vaisseaux.

XV.

LE déchargement des Vaisseaux sera fait dans un Port de France, en présence d'un Directeur ou autre préposé, s'il s'en trouve, & sans que cela puisse porter de rétardement à la décharge desdits Vaisseaux, il sera fait des états doubles des marchandises, & elles seront mises dans un magasin dont les Armateurs & la Compagnie auront chacun une clef.

XVI.

LES ventes seront faites dans un Port de France tel qu'il sera choisi par les Armateurs, en la maniere accoutumée, au plus offrant & dernier enchérisseur, en présence d'un ou deux Directeurs de la Compagnie, & les droits seront payés par les acheteurs, suivant les Déclarations, Arrêts & Réglemens rendus en faveur de la Compagnie.

XVII.

LA Compagnie des Indes fournira gratuitement à l'Orient & à Nantes ses magasins, s'il en est besoin.

XVIII.

LES Armateurs auront le droit de transit pour les marchandises qui seront portées dans les Provinces reputées étrangeres & dans les pays étrangers, sans payer les droits d'entrée ni de sortie, suivant les priviléges de la Compagnie.

XIX.

LA Compagnie se joindra aux Armateurs pour obtenir de Monseigneur le Comte de Pontchartrain les ordres nécessaires aux Commissaires de Marine pour la levée des matelots.

XX.

Les Armateurs ne pourront faire de prises que sur les ennemis de l'Etat, & non sur les Indiens & sur les Vaisseaux des Maures.

XXI.

Que la Compagnie garantira les Armateurs des évenemens qui pourroient arriver sur leurs navires & effets à Pondichery & autres de leurs comptoirs au sujet des dettes de la Compagnie, sans qu'elle puisse se servir contre lesdits sieurs d'Arrêt de surséance.

XXII.

Sa Majesté sera très-humblement suppliée d'accorder un Arrêt de son Conseil pour homologation du présent traité.

XXIII.

Et si dans l'exécution d'icelui il survient quelques contestations entre les Armateurs & la Compagnie, ils seront tenus d'en passer par l'avis de deux personnes de commerce qu'ils choisiront entr'eux, avec pouvoir d'en nommer un troisiéme s'ils ne convenoient pas, au jugement desquels ils se soumettront comme à un Arrêt de Cour souveraine, sans pouvoir se pourvoir contre, à peine de cinquante mille livres contre le contrevenant, sans que cette peine puisse être reputée comminatoire.

Fait double à Paris ce 5 Février 1712. *Signé* Guymont du Coudray, Bille *&* Moufle de Champigny.

ARREST
DU CONSEIL D'ÉTAT
DU ROY,

QUI ordonne que les Marchandises apportées des Indes sur les Vaisseaux le Maurepas, le Lys-Brillac, l'Auguste & le François d'Argouges, avec celles de la Prise le nouveau Georges, de retour des Indes Orientales le 8 Février dernier, seront marquées de la marque qui sera choisie par le Sieur Ferrand, Commissaire départi en Bretagne, ou par son Subdélegué, & vendues en la maniere accoutumée en la Ville de Nantes le 23 Mai prochain.

Du 29 Mars 1712.

Extrait des Registres du Conseil d'Etat.

SUR la requête présentée au Roi étant en son Conseil par les Directeurs généraux de la Compagnie Royale des Indes Orientales, contenant qu'il est arrivé au Port-Louis le 8 Février 1712 les Vaisseaux le Maurepas, le François d'Argouges, l'Auguste & le Lys-Brillac, venant des Ports de leur concession, & que le Vaisseau nommé le nouveau Georges, pris sur les Anglois par cette escadre au-delà de la ligne aux Indes Orientales, est aussi arrivé à Morlaix le   Janvier dernier; lesquels Vaisseaux sont chargés de poivre, salpêtre, bois rouge, thé, sucre, cauris, indigo, laine de Carmenie, coton filé, toiles de coton, mousselines, soye & mouchoirs, étoffes de soye & mêlées de soye & coton, toiles peintes & teintes, & autres marchandises, dont celles qui sont prohibées se sont trouvées dans ladite prise Angloise ; de toutes lesquelles marchandises, tant permises que prohibées, la vente doit être faite dans la ville de Nantes le plûtôt que faire se pourra, après cependant que les mousselines & autres toiles de coton blanches sujettes à la marque, auront été marquées de celle qu'il plaira à Sa Majesté d'ordonner, afin qu'il n'en soit débité aucunes dans le Royaume que celles de la Compagnie ou de ceux qui sont en ses droits, conformément aux Arrêts des 10, 24 Février & 13 Mars 1691, 2 Novembre 1700, Déclaration de Sa Majesté du 9 Mai 1702, & autres rendus en conséquence concernant le commerce de ladite Compagnie, & notamment à celui du 10 Décembre 1709, rendu en interprétation de celui du 27 Août précédent, qui permet à ladite Compagnie de vendre dans le Royaume des mousselines & toiles de coton blanches qui seront apportées dans lesdits Vaisseaux le Maurepas, le François d'Argouges, l'Auguste & le Lys-Brillac, & à tous Négocians, Marchands & autres particuliers d'en faire débit & usage, en payant seulement les droits d'entrée portés par le Tarif de 1664 pour les marchandises qui y sont dénommées & contenues, & à l'égard de celles qui sont obmises & non comprises dans ledit Tarif, trois pour cent de la valeur, suivant l'article XLIV de l'Edit d'établissement de ladite Compagnie, & les Arrêts des 29 Avril, 22 Novembre 1692, & ceux rendus en faveur de ladite Compagnie, & tous autres qui pourroient être contraires : que par l'Arrêt du 28 Avril 1711, rendu pour empêcher qu'on n'introduise en fraude dans le Royaume les mousselines & toiles de coton blanches provenantes du commerce des Etats voisins & étrangers, il est entr'autres choses ordonné qu'il sera apposé à chacune des pièces qui se trouveront chez les Marchands à Paris & dans les Provinces, & qu'ils justifieront provenir des prises faites sur mer, autres que les ventes de la Compagnie des Indes Orientales

Orientales ; une marque pareille à l'empreinte étant au pied dudit Arrêt, & qui seroit imprimée sur un morceau de parchemin, signé & paraphé par les sieurs Mesnager & Chauvin, que Sa Majesté avoit commis à cet effet, au lieu desquels les sieurs Heron & Moreau ont été depuis commis par Arrêt des 25 Août 1711 & 6 Février 1712, & que cette marque seroit attachée à chacune desdites pièces avec un cachet. Sur quoi lesdits Directeurs remontroient très-humblement à Sa Majesté que dans le nombre des marchandises rapportées des Indes, il y a plus de cent vingt mille pièces sujettes à la marque ; que s'il les falloit marquer en la forme portée par l'Arrêt du 28 Avril 1711, il seroit impossible que ce travail fût achevé en six mois & plus, ce qui retarderoit infiniment la vente & causeroit un préjudice très-considérable aux Intéressés ; que quand ces marques seroient faites, il seroit encore moins possible de les apposer avec un cachet & de la cire, à cause du péril du feu : c'est pourquoi ils espéroient que Sa Majesté, pour accélérer ladite vente & la leur rendre plus avantageuse, voudroit bien nommer un plus grand nombre de Députés au Conseil du commerce pour signer lesdites marques, ordonner que la signature d'un seul d'entr'eux fût suffisante, attendu qu'avec l'empreinte elle assureroit assez la vérité desdites marques pour empêcher les fraudes, & permettre auxdits Directeurs d'attacher auxdites pièces de mousselines & toiles de coton blanches lesdites marques, avec le plomb de leur Compagnie : requéroient à ces causes qu'il plût à Sa Majesté sur ce leur pourvoir. Vû lesdits Arrêts des 27 Août 1709, 28 Avril & 25 Août 1711, 6 Février 1712, Réglement du 24 Mars 1703, & autres Arrêts & Réglemens rendus sur le fait des marchandises des Indes & provenant des prises & échouemens : ouï le rapport du sieur Desmarets, Conseiller ordinaire au Conseil Royal, Contrôleur général des Finances, LE ROI E'TANT EN SON CONSEIL, ayant aucunement égard à ladite requête, a ordonné & ordonne que par le sieur Ferrand, Commissaire départi en la Province de Bretagne, ou par celui qu'il subdéleguera pour cet effet, il sera fait inventaire de toutes les mousselines, toiles de coton, mouchoirs, poivre, salpêtre, bois rouge, thé, sucre, cauris, indigo, laines de Carmenie, coton filé, soye, étoffes de soye ou mêlées de soye & coton, toiles peintes & teintes, & généralement de toutes les autres espéces de marchandises venues sur lesdits Vaisseaux le Maurepas, le François d'Argouges, l'Auguste & le Lys-Brillac, comme aussi de celles qui se sont trouvées dans ledit Vaisseau le nouveau Georges, pris aux Indes Orientales par-delà la ligne sur les Anglois, & que toutes les piéces de mousselines & toiles de coton blanches seront marquées à l'un des deux bouts de chaque piéce d'une marque pareille à l'empreinte étant au pied dudit Arrêt du 28 Avril 1711, laquelle marque sera imprimée sur un morceau de parchemin, signée par les sieurs Moreau, Heron & Piou, Députés au Conseil de commerce, que Sa Majesté a commis & commet pour cet effet, ou par l'un d'eux seulement, & sera attachée à chacune desdites piéces avec le plomb de ladite Compagnie, sans cachet, en présence dudit Subdélegué ou autre qui sera commis par ledit sieur Ferrand : ordonne pareillement Sa Majesté que sur la réquisition des Marchands qui l'estimeront nécessaire pour la facilité de leur commerce, il sera apposé dans les lieux de leur résidence à l'autre bout desdites piéces une marque semblable avec un cachet, par le sieur d'Argenson, Conseiller d'Etat, Lieutenant général de Police à Paris, & dans les Provinces par les sieur Intendans & Commissaires départis, leurs Subdélegués ou autres Officiers par eux commis, conformément audit Arrêt du 28 Avril 1711, lequel au surplus sera exécuté selon sa forme & teneur : ordonne en outre Sa Majesté qu'après l'apposition desdites marques sur lesdites piéces de mousselines & toiles de coton blanches, toutes les marchandises venues des Indes sur lesdits Vaisseaux seront vendues en ladite ville de Nantes en la maniere accoutumée, en payant les droits d'entrée, conformément au Tarif de 1664, à l'article XLIV de l'Edit du mois d'Août audit an, & aux

Arrêts des 29 Avril & 22 Novembre 1692, 2 Novembre 1700 & 10 Novembre 1709, à l'exception néanmoins des toiles peintes & rayées de couleur, des étoffes de soye ou mêlées d'or & d'argent, écorce d'arbre, laine, fil ou coton, mouchoirs, & de toutes autres sortes d'étoffes provenantes des Indes qui ne seront point marquées, & à l'égard desquelles seront observées les regles & formalités prescrites par l'Arrêt de Réglement du 24 Mars 1703, intervenu pour raison des marchandises qui proviennent d'échouement ou de prises faites sur les ennemis de l'Etat, & qui ne peuvent être vendues ni consommées dans le Royaume : fait Sa Majesté très-expresses inhibitions & défenses aux Marchands, Négocians & toutes personnes de quelque qualité & condition qu'elles soient, de vendre ni débiter en gros ou en détail, où faire aucun usage desdites mousselines ou toiles de coton blanches, si elles ne se trouvent marquées en la forme ci-dessus prescrite, ou celle ordonnée par ledit Arrêt du 28 Avril 1711, sous les peines portées par l'Arrêt du 27 Août 1709 : permet Sa Majesté auxdits Directeurs de la Compagnie des Indes de faire faire la visite desdites marchandises des Indes qui se trouveront chez lesdits Marchands, Négocians & tous autres de quelque qualité & condition qu'ils puissent être, & de faire saisir celles qui ne seront point marquées de l'une ou de l'autre desdites marques portées par le présent Arrêt ou par celui du 28 Avril 1711 : enjoint Sa Majesté au sieur d'Argenson, Conseiller d'Etat, Lieutenant général de Police de la ville de Paris, & aux sieurs Intendans & Commissaires départis dans les Provinces & Generalités du Royaume, de tenir la main à l'exécution du présent Arrêt, qui sera lû, publié & affiché par-tout où besoin sera, & exécuté nonobstant oppositions ou appellations quelconques, pour lesquelles il ne sera différé. FAIT au Conseil d'Etat du Roi, Sa Majesté y étant, tenu à Versailles le vingt-neuf Mars mil sept cent douze.

Signé PHELYPEAUX.

LOUIS, PAR LA GRACE DE DIEU, ROI DE FRANCE ET DE NAVARRE, à notre amé & féal Conseiller en nos Conseils, Maître des Requêtes ordinaire de notre Hôtel, & notre Intendant de Justice, Police & Finances en Bretagne : SALUT. Nous vous avons commis & commettons par l'Arrêt ci-attaché sous le contre-scel de notre Chancellerie, cejourd'hui rendu en notre Conseil d'Etat, nous y étant, pour faire marquer les mousselines & toiles de coton blanches venues des Indes sur les Vaisseaux le Maurepas, le François d'Argouges, l'Auguste, le Lys-Brillac & le nouveau Georges, ainsi qu'il est plus amplement & plus particulierement porté par ledit Arrêt; nous vous avons même permis de subdéleguer. Mandons au premier notre Huissier ou Sergent sur ce requis, de faire en vertu d'icelui & des Présentes toutes sommations, contraintes & actes dont il sera requis, sans autre permission; car tel est notre plaisir. DONNÉ à Versailles le vingt-neuviéme jour de Mars l'an de grace mil sept cent douze, & de notre regne le soixante-neuviéme. *Signé* LOUIS. *Et plus bas*, par le Roi, PHELYPEAUX. Scellé du grand Sceau de cire jaune, & contre-scellé.

ARREST
DU CONSEIL D'ÉTAT
DU ROY,

CONCERNANT les marques sur les piéces de Mousseline.

Du 28 Mai 1712.

Extrait des Regiſtres du Conſeil d'Etat.

SUR ce qui a été repréſenté au Roi étant en ſon Conſeil par les Directeurs généraux de la Compagnie des Indes Orientales, qu'ayant par des affiches indiqué au 23 Mai la vente des marchandiſes étant à Nantes, & apportées des Indes ſur les Vaiſſeaux le Maurepas, le François d'Argouges, l'Auguſte & le Lys-Brillac, & ſur le navire le nouveau Georges, pris au-delà de la ligne ſur les Anglois; les Marchands & Négocians de la ville de Paris & autres Villes du Royaume, auroient fait difficulté d'acheter aucunes mouſſelines ni toiles de coton blanches, ſi Sa Majeſté n'avoit la bonté de modérer les diſpoſitions des Arrêts des 28 Avril 1711 & 29 Mars 1712, qui les mettoient hors d'état de faire le commerce de ces toiles ſans s'expoſer à des recherches fâcheuſes, en ce que le premier de ces deux Arrêts, confirmé par le ſecond, les aſſujettit à rapporter les marques de parchemin appoſées ſur les piéces qu'ils débiteront en détail, & à exprimer ſur leurs regiſtres les noms des particuliers auxquels ils reven-

Nnn iij

dent des piéces entieres; ce qu'ils ne pourroient que difficilement exécuter, attendu que par la négligence de leurs garçons, & plusieurs autres accidens, ces marques pourroient être égarées & perdues, & que souvent ils vendent comptant des piéces entieres à des personnes inconnues: sur quoi lesdits Directeurs de ladite Compagnie des Indes Orientales remontroient très-humblement à Sa Majesté le préjudice qu'ils souffriroient si la vente desdites mousselines & toiles de coton blanches ne pouvoit être faite dans le Royaume, ce qui les mettroit hors d'état de soutenir leur commerce & de satisfaire leurs créanciers. A quoi Sa Majesté désirant pourvoir & prendre de nouvelles précautions pour empêcher que sous aucun prétexte il ne s'introduise & ne se débite dans le Royaume aucunes mousselines ni toiles de coton blanches que celles provenant de la Compagnie des Indes Orientales, ou de prises faites sur les ennemis de l'Etat: vû lesdits Arrêts des 28 Avril 1711 & 29 Mars 1712; oui le rapport du sieur Desmarets, Conseiller ordinaire au Conseil Royal, & Contrôleur général des Finances, LE ROI ÉTANT EN SON CONSEIL, ayant aucunement égard à ladite requête, a ordonné & ordonne que les Marchands & Négocians seront & demeureront dispensés & déchargés de l'exécution des Arrêts du Conseil des 28 Avril 1711 & 29 Mars 1712, en ce qui concerne le rapport des marques de parchemin apposées sur les piéces de mousselines ou toiles de coton blanches provenant des ventes ou des prises faites sur mer, & qui auront été par eux débitées en détail, & l'obligation de marquer sur leurs regiftres les noms des particuliers auxquels ils auront vendus des piéces entieres: fait Sa Majesté très-expresses inhibitions & défenses à tous Marchands, Détailleurs, Colporteurs, Revendeuses & autres, de vendre ni exposer en vente aucune demi-piéce ou coupon desdites toiles, qu'il n'y ait une marque en parchemin attachée avec un plomb de la Compagnie des Indes, ou au défaut de ladite marque & dudit plomb, avec un cachet qui sera apposé, sçavoir, à Paris par le sieur d'Argenson, Conseiller d'Etat, Lieutenant général de Police, & dans les Provinces par les sieurs Intendans & Commissaires départis, leurs Subdélegués ou autres Officiers par eux commis, conformément auxdits Arrêts des 28 Avril 1711 & 29 Mars 1712, lesquels seront au surplus exécutés selon leur forme & teneur: enjoint Sa Majesté audit sieur d'Argenson & auxdits sieurs Intendans & Commissaires départis, de tenir la main à l'exécution du présent Arrêt, nonobstant toutes oppositions ou empêchemens quelconques. FAIT au Conseil d'Etat du Roi, Sa Majesté y étant, tenu à Versailles le vingt-huitiéme jour de Mai mil sept cent douze. *Signé* PHELYPEAUX.

ARREST
DU CONSEIL D'ÉTAT
DU ROY,

CONCERNANT les Intéressés en l'armement des Vaisseaux la Princesse, l'Aurore, la Diligente & la Découverte.

Du 30 Mai 1712.

Extrait des Registres du Conseil d'Etat.

SUR la requête présentée au Roi étant en son Conseil par les Directeurs généraux de la Compagnie Royale des Indes Orientales de France, contenant que les sieurs Berangue, la Live, Piecourt & consorts, intéressés en l'armement des quatre Vaisseaux la Princesse, l'Aurore, la Diligente & la Découverte, qui ont navigé dans les mers de la concession de la Compagnie des Indes Orientales, en exécution d'un traité portant permission de la même Compagnie, fait entre elle & le sieur Jourdan, tant pour lui que pour les Intéressés en ces quatre Vaisseaux, le 17 Décembre 1707, ont le 23 Avril dernier surpris en la Chancellerie du Palais des Lettres de rescision contre ce traité du 17 Décembre 1707, & ont le 26 Avril aussi dernier présenté requête au Siége de l'Amirauté de la Table de Marbre du Palais à Paris, à ce que les Lettres de rescision soient enterrinées, les parties mises au même état qu'elles étoient avant ce traité, & que
les

les supplians soient condamnés à leur rendre & restituer les contrats à la grosse, & la somme de quatre mille quatre cens livres, qui ont été données aux supplians pour le prix de la permission par eux donnée par ce traité ; & ont fait assigner les supplians à ces fins au Siége de l'Amirauté : mais comme il a plû à Sa Majesté de commettre par Arrêt du Conseil d'Etat rendu, Sa Majesté y étant, le 12 Novembre 1708, les sieurs Daguesseau, de Pontchartrain, Bignon, Bechameil de Nointel, Rouillé du Coudray, Desmarets & Boucher d'Orsay (au lieu & place duquel le sieur de Machault a depuis été nommé) pour connoître de toutes les affaires, & faire la discution de tous les effets & dettes de la Compagnie des Indes, & que par le même Arrêt Sa Majesté a entre autres choses ordonné qu'il sera sursis à toutes poursuites, contraintes & exécutions, pour raison des dettes & affaires de la Compagnie des Indes Orientales sur les effets de ladite Compagnie, & sur les personnes & biens desdits Directeurs en vertu d'aucuns jugemens obtenus & à obtenir, sauf aux créanciers de la Compagnie ou à ceux qui se présenteroient tels, à se pourvoir pardevant lesdits sieurs Commissaires, & y former telles demandes que bon leur semblera, & leur a fait Sa Majesté défenses de procéder ailleurs, à peine de nullité, & de tous dépens, dommages & intérêts, les supplians ont le 2 Mai présent mois, sept heures du matin, fait donner copie de cet Arrêt aux Intéressés en ces quatre Vaisseaux au domicile par eux élû en la maison de Me Adrien Dupuy, leur Procureur au Parlement, parlant à sa personne, à ce qu'ils n'en ignorassent, & aux fins des sursis & défenses mentionnées en cet Arrêt, qui leur ont été faites & réitérées sur les peines y portées : cependant nonobstant cette signification faite de cet Arrêt le 2 Mai à sept heures du matin, les Intéressés en ces quatre Vaisseaux n'ont pas laissé de surprendre le 4 du même mois une Sentence par défaut contre les supplians au Siége de l'Amirauté de la Table de Marbre du Palais à Paris, laquelle Sentence en enterrinant les Lettres de rescision, a déclaré nul le traité du 17 Décembre 1707, & en conséquence a remis les parties en tel & semblable état qu'elles étoient avant le traité; ce faisant a condamné les supplians solidairement & par corps à acquitter, garentir & indemniser les Intéressés aux quatre Vaisseaux des condamnations prononcées contre eux, au profit d'un porteur de contrat à la grosse, & de celles qui pourroient intervenir par la suite ; comme aussi à rendre & restituer aux Intéressés aux quatre Vaisseaux le surplus des contrats de grosse donnés aux supplians, & quatre mille quatre cens livres par eux reçûes pour le prix dudit traité & permission avec les intérêts de ladite somme, à raison de l'Ordonnance & en tous les dépens, & que cette Sentence sera exécutée sans préjudice de l'appel. Cette Sentence par défaut ayant été signifiée aux supplians le 14 du présent mois de Mai, les supplians ont par acte signifié le 18 dudit présent mois aux Intéressés en ces quatre Vaisseaux, au domicile par eux élû chez Maître Adrien Dupuy, leur Procureur au Parlement, protesté de nullité de cette Sentence par défaut, & de tout ce qui pourra s'en ensuivre, comme ayant été surprise par attentat à l'Arrêt du Conseil d'Etat rendu, Sa Majesté y étant, le 12 Novembre 1708, ce nonobstant la signification qui leur avoit été précédemment faite de cet Arrêt, & ont protesté d'en porter leurs plaintes à Sa Majesté: il est en effet très-évident dans le fonds que la rescision demandée par les Intéressés en ces quatre Vaisseaux contre le traité du 17 Décembre 1707, est absurde & insoutenable, & dans la forme que la Sentence par défaut qu'ils ont surprise au Siége de l'Amirauté est attentatoire à l'Arrêt du Conseil d'Etat rendu, Sa Majesté y étant, le 12 Novembre 1708 ; la demande en rescision contre le traité du 17 Décembre 1707 est évidemment absurde & insoutenable, 1º. parce qu'on ne la fonde que sur ce qu'on suppose que ce traité est contraire à un Arrêt du Conseil du 31 Mai 1707, au lieu que non-seulement le traité est postérieur à cet Arrêt, qui a été rendu avec les parties mêmes qui ont fait ce traité, mais qu'il porte même expressément qu'il a été fait pour régler & accorder les parties fur l'exécution, & en conféquence de cet Arrêt, & fur les conteftations qui feroient mûes entr'elles à caufe & au fujet de cet Arrêt même ; 2° parce que ce traité a été fait par la médiation & fur l'avis du fieur le Haguais, Intendant du commerce, devant lequel les parties s'étoient retirées fur les conteftations réfultantes de ce même Arrêt ; 3° parce que ce traité a été pleinement exécuté de part & d'autre au moment même qu'il a été fait, par la remife que les fuppliants ont faite en conféquence aux Intéreffés aux quatre Vaiffeaux de vingt-cinq mille fix cens livres de billets qui leur reftoient de trente mille livres de billets qui leur avoient été précédemment donnés par les Intéreffés & par la délivrance que les Intéreffés aux quatre Vaiffeaux ont faite aux fuppliants auffi en exécution du même traité de vingt mille livres de contrats à la groffe fur ces mêmes Vaiffeaux, qui font les contrats dont les Intéreffés en ces quatre Vaiffeaux demandent aujourd'hui la reftitution ; 4° parce que les Intéreffés aux quatre Vaiffeaux n'ont point reclamé contre ce traité de 1707 jufqu'en 1712, & qu'au contraire ils ont exécuté le traité non-feulement en donnant aux fuppliants pour vingt mille livres de contrats à la groffe, comme il vient d'être dit, mais encore en faifant depuis ce temps-là naviger leurs quatre Vaiffeaux conformément à ce traité ; 5° parce qu'enfin il ne fe trouvera pas que depuis ce traité de 1707 les Intéreffés aux quatre Vaiffeaux ayent été troublés par la Compagnie de la Chine, & qu'au contraire c'eft en exécution de ce traité que les quatre Vaiffeaux ont fait leur traite & leur navigation dans la forme. La Sentence par défaut dont il s'agit eft d'autant plus attentatoire à l'Arrêt du Confeil d'Etat rendu, Sa Majefté y étant, le 12 Novembre 1708, qu'elle a été rendue deux jours après, & nonobftant la fignification qui a été faite de cet Arrêt aux Intéreffés aux quatre Vaiffeaux au domicile de leur Procureur, parlant à fa perfonne, & attendu qu'en cet état il ne feroit pas jufte que les fuppliants demeuraffent expofés aux infultes

& à la témérité des Intéressés en ces quatre Vaisseaux, qui osent revenir contre un accord & un traité tel que celui dont il s'agit, nonobstant qu'ils l'ayent eux-mêmes fait & toujours exécuté, & qu'ils osent d'ailleurs attenter à un Arrêt du Conseil d'Etat tel que celui du 12 Novembre 1708, rendu par de très-grandes considérations, Sa Majesté y étant : requéroient à ces causes les supplians qu'il plût à Sa Majesté ordonner que ledit Arrêt du 12 Novembre 1708 sera exécuté selon sa forme & teneur, & en conséquence casser & annuller ladite Sentence par défaut au Siége de l'Amirauté, du 4 Mai 1712, & tout ce qui pourroit s'en être ensuivi, comme contraire & attentatoire audit Arrêt du 12 Novembre 1708 ; faire défenses aux sieurs Barangue, la Live, Piecourt & consorts, intéressés aux quatre Vaisseaux la Princesse, l'Aurore, la Diligente & la Découverte, & à tous autres de mettre ladite Sentence à exécution, à peine de nullité, cassation, trois mille livres d'amende, & de tous dépens, dommages & intérêts, sauf auxdits Intéressés à se pourvoir devant les sieurs Commissaires nommés par Sa Majesté par ledit Arrêt du 12 Novembre 1708 ; défenses au contraire. Vû ladite requête & les piéces justificatives de ce qui y est contenu, & oüi le rapport, LE ROI ETANT EN SON CONSEIL, a ordonné & ordonne que ladite requête sera communiquée aux sieurs Barangue, la Live, Piecourt & consorts, intéressés en l'armement des Vaisseaux la Princesse, l'Aurore, la Diligente & la Découverte, & que cependant toutes choses demeureront en état jusqu'à ce que par Sa Majesté en ait été ordonné. FAIT au Conseil d'Etat du Roi, Sa Majesté y étant, tenu à Versailles le trente Mai mil sept cent douze.

Signé PHELYPEAUX.

LE troisiéme Juin mil sept douze, à la requête des Directeurs généraux de la Compagnie Royale des Indes Orientales de France, le présent Arrêt a été signifié, & d'icelui laissé copie aux fins de la communication y portée aux sieurs Barangue, la Live, Plecourt & consorts, au domicile par eux élû chez Maître Adrien Dupuy leur Procureur au Parlement, rue des vieilles Etuves saint Honoré, parlant à son Clerc, à ce qu'ils n'en ignorent, par nous Huissier ordinaire du Roi en ses Conseils. Signé COCHIN.

ARREST
DU CONSEIL D'ÉTAT
DU ROY,

QUI décharge les Soyes provenant du Commerce de la Compagnie des Indes de tous droits & autres impositions, à l'exception de ceux portés par le Tarif de 1664 & des sept sols six deniers par livres pesant imposés par l'Edit du mois de Juin 1711.

Du 14 Juin 1712.

Extrait des Registres du Conseil d'Etat.

VU au Conseil d'Etat du Roi les requêtes respectivement présentées en icelui, l'une par les Prevôt des Marchands & Echevins de la ville de Lyon, l'autre par la Compagnie des Indes Orientales de France, celles des Prevôt des Marchands & Echevins contenant qu'il ne leur est pas possible de lever sur les soyes qui sont arrivées en France par les Vaisseaux de la Compagnie des Indes les droits du tiers-surtaux & de quarantiéme, & les nouveaux sept sols six deniers imposés par Edit du mois de Juin 1711, parce que ces soyes ne sont point portées en la ville de Lyon; que par cette raison ils sont obligés d'avoir recours à Sa Majesté, pour qu'elle ait la bonté d'ordonner que les Fermiers généraux des cinq grosses Fermes ne laisseront entrer ces soyes qu'après leur avoir fait payer tous lesdits droits; que cette demande est fondée non-seulement sur des titres anciens & nouveaux, mais aussi sur des principes de commerce qui montrent la nécessité qu'il y a de lever ces droits sur les soyes qui viennent d'Italie, d'Espagne & du Levant; que l'on ne peut se dispenser d'établir cette égalité dans la levée des droits sur toutes les soyes, parce qu'autrement les Marchands qui acheteroient les dernieres, lesquelles sont sujettes à ces droits, seroient plus chargés que ceux qui acheteroient celles qui viennent des Indes; que si cette égalité n'étoit pas observée, il se feroit une distribution bien plus grande des soyes des Indes que des autres, ce qui feroit un tort considérable au commerce, parce que toutes les soyes d'Europe se négocient par une espéce d'échange avec d'autres marchandises, au lieu que celles qui viennent des Indes ne peuvent en être tirées qu'avec de l'argent comptant: qu'enfin il a été décidé par un Arrêt du Conseil du 17 Février 1705 que les soyes des prises payeront les droits de tiers-surtaux & de quarantiéme, ce qui forme un préjugé à l'égard de celles des Indes, qui ne doivent pas avoir plus de privilége: que par toutes ces raisons d'utilité & d'avantage pour le commerce, ils se trouvent obligés d'avoir recours à l'autorité de Sa Majesté pour demander que les Fermiers seront tenus de lever ou faire lever par leurs Commis à l'entrée des cinq grosses Fermes sur les soyes arrivées des Indes par les Vaisseaux de la Compagnie les droits de tiers-surtaux & de quarantiéme, ceux de la Douane de Valence, le nouveau droit de sept sols six deniers par livre, établi par Edit du mois de Juin 1711 sur toutes les soyes, aux offres que font les Prevôt des Marchands & Echevins de la ville de Lyon de payer aux Commis des Fermes un salaire convenable. Celle de la Compagnie des Indes, contenant que par les Edits rendus dès l'année 1664, temps de son établissement, les marchandises qui viennent sur ses Vaisseaux ne doivent payer les droits d'entrée que sur le pied du Tarif de 1664 pour celles qui y sont dénommées, & sur le pied de trois pour cent de la valeur à l'égard de celles qui n'y sont pas signifiées; que ce privilége ne peut être contesté ; que l'usage & la possession concourrent à détruire la demande de la ville de Lyon ; qu'il faudroit pour la soutenir rapporter quelque titre qui eût dérogé à ceux de cette Compagnie ; que dans le Tarif de 1664 les soyes y sont exprimées & les droits réglés à seize livres par quintal ; que l'on ne doit pas augmenter pour faire ce nouvel établissement de droits sur la différence qui se trouve entre ceux qui se levent sur les soyes venant des Indes & ceux qui se perçoivent sur les soyes des autres pays de l'Europe ; que ce n'est pas sans de justes raisons que la Compagnie des Indes n'a point été assujettie depuis son établissement au payement des droits de tiers-surtaux & de quarantiéme ; que les motifs qui ont empêché cette imposition sont remplis d'équité & ne font aucun tort au commerce, le motif d'équité est fondé sur ce que les soyes venant de pays si éloignés, courent une infinité de risques, & ne peuvent arriver en France qu'avec des frais immenses ; qu'en second lieu cette exemption ne fait aucun tort au commerce, & n'est point contraire à la parité du prix sur les soyes que la ville de Lyon juge devoir être observée, parce que la Compagnie vend les soyes à un plus haut prix sur le pied de l'élévation de cette exemption, & que par conséquent cette parité, bien loin d'être blessée en aucune façon, y est conservée dans son entier ; que la Compagnie profite à la vérité sur les Marchands de ce bénéfice, mais que cet avantage est si léger par rapport aux dépenses immenses qu'elle est obligée de faire, qu'il ne doit pas lui être envié ; que d'ailleurs le commerce de la Compagnie, bien loin d'être à charge à l'Etat, lui est infiniment avantageux ; qu'elle fait venir des Indes des marchandises & denrées dont on ne peut se passer, du poivre, du salpêtre, du borax, & toutes sortes d'autres épiceries & drogueries ; que ces marchandises tirées directement des Indes, coûtent infiniment moins à l'Etat que si on les tiroit de Hollande ou d'Angleterre, d'où on seroit forcé de les acheter à un prix beaucoup plus fort qu'elles ne reviennent en France ; qu'enfin le commerce ne se fait par-tout en argent comptant, que la plus grande partie se fait par une espéce d'échange avec un grand nombre de marchandises de France; qu'il est constant que l'on y porte des draps, du corail, du fer, des eaux-de-vie, & beaucoup d'autres de différentes espéces; que par toutes ces raisons, fondées sur des titres autentiques & qui se confirment les uns les autres, la demande de la ville de Lyon ne peut se soutenir, ni par rapport aux droits de tiers-surtaux & de quarantiéme, qui n'ont jamais été levés sur les soyes venant des Indes, non plus que les droits de la Douane de Valence & de Lyon, ni par rapport au nouveau droit de sept sols six deniers, qui ne peut être regardé que comme un droit local, au payement duquel les soyes des Indes ne peuvent être sujettes, parce qu'il n'y a que les marchandises qui sont transportées à Lyon qui puissent y être assujetties : vû aussi le mémoire des Fermiers généraux, contenant que toutes les marchandises qui viennent sur les Vaisseaux de ladite Compagnie ne doivent payer les droits d'entrée que sur le pied du Tarif de 1664, pour celles qui y sont dénommées, & celles qui n'y sont pas comprises, sur le pied de trois pour cent de leur valeur; que depuis son établissement on ne lui a jamais fait payer les droits de tiers-surtaux & de quarantiéme, mais qu'à l'égard des sept sols six deniers par livre, établis par l'Edit du mois de Juin 1711, les soyes provenant des Indes ne peuvent, aux termes de cet Edit, en être exemptes, & qu'elles doivent y être sujettes de même que toutes les autres soyes de quelque pays qu'elles viennent. Vû aussi l'Edit de l'établissement de la Compagnie du mois d'Août 1664, le Tarif de ladite année, la Déclaration du mois de Février 1685, Arrêt du Conseil des 29 Avril & 22 Novembre 1692, 2 Novembre 1700, 17 Février 1705, l'Edit du mois de Juin concernant la perception du nouveau droit de sept sols six deniers sur chaque livre pésant de soyes étrangeres en faveur de la ville de Lyon, & autres piéces attachées à ladite requête; oui le rapport du sieur Desmarets, Conseiller ordinaire au Conseil Royal, Contrôleur général des Finances, LE ROI EN SON CONSEIL, faisant droit sur le tout, a ordonné & ordonne que toutes les soyes venant des Indes, tant celles qui se trouveront sur les Vaisseaux le Maurepas, le Lys-Brillac, l'Auguste & le François d'Argouges, arrivés au port de l'Orient au mois de Février dernier, que celles qui pourront arriver ci-après dans les Ports de France, seront & demeureront assujetties au droit de sept sols six deniers par livre, établi par l'Edit du mois de Juin 1711, & que lesdites soyes demeureront au surplus déchargées comme par le passé du payement des droits des Douanes de Lyon & de Valence, & de tiers-surtaux & de quarantiéme, en payant seulement les droits réglés par le Tarif de 1664, suivant & conformément à l'Edit du mois d'Août 1664, portant établissement de la Compagnie des Indes, & aux Déclarations, Arrêts & Réglemens concernant les priviléges de ladite Compagnie: & sera le présent Arrêt exécuté nonobstant toutes oppositions & autres empêchemens quelconques, pour lesquels ne sera différé. FAIT au Conseil d'Etat du Roi, tenu à Marly le quatorziéme jour de Juin mil sept cent douze. *Collationné.* Signé DU JARDIN.

Traité fait entre la Compagnie & le Sieur Crozat & consorts.

Du 20 Juillet 1712.

ARTICLE PREMIER.

Nous soussignés Directeurs généraux de la Compagnie Royale des Indes Orientales de France, tant pour nous que pour les autres Directeurs & Intéressés en ladite Compagnie dont nous nous faisons & portons fort, sommes convenus sous le bon plaisir du Roi & de Monseigneur le Comte de Pontchartrain, de donner permission à Messieurs Crozat, Granville, Loquet, Lalande Magon, Beauvais le Fer, Colombier-Gris, Lasaudre le Fer, Chapelle-Martin & Chapdelaine, de faire le commerce des Indes Orientales de la même maniere qu'il est permis par notre privilége pendant les années 1713, 1714, & 1715, à Surate, côte de Malabare, Pondichery, côte de Coromandel, riviere de Gange, & généralement dans tous les lieux & endroits de notre concession, excepté la Chine que nous avons ci-devant cédée à une autre Compagnie, & à la mer du Sud.

II.

Les Vaisseaux qui seront armés pour le premier des trois voyages ne pourront partir des Ports de France pour les Indes qu'après le premier Février 1713; & en cas qu'il convienne aux Armateurs d'envoyer leurs Vaisseaux à Cadix il leur sera permis de les faire partir des Ports de France pour Cadix dans le mois de Décembre 1712 ou Janvier 1713; mais à condition cependant, que ces mêmes Vaisseaux ne pourront partir de Cadix qu'après le 15 Février 1713; pour les deux autres voyages, il sera permis aux Armateurs de partir dans tel temps qu'ils jugeront à propos, pourvû cependant que les Vaisseaux qui doivent partir en 1715 soient partis avant le dernier Mars 1715.

III.

Pourront lesdits sieurs Armateurs envoyer tel nombre de Vaisseaux qu'ils jugeront à propos pour le commerce ordinaire des Indes, à la charge de payer à la Compagnie dix pour cent du montant de la vente des marchandises qui seront rapportées des Indes en France, sans aucune déduction.

IV.

Comme aussi il sera payé à ladite Compagnie dix pour cent de la vente de toutes marchandises sans déduction au retour des voyages qui seront faits à Moka, dont le commerce ordinaire est du caffé, & pourquoi comme pour tout le surplus du commerce que les Armateurs y feront, la Compagnie leur transmet ses exemptions & priviléges suivant l'Edit de 1664, & la délibération de 1685.

V.

Pourront lesdits sieurs Armateurs envoyer des Vaisseaux dans les endroits de la concession de ladite Compagnie où elle n'a jamais envoyé, excepté la Chine & la mer du Sud, & en considération des nouvelles découvertes qu'ils pourront faire & des risques qu'ils auront à courir, il sera payé à la Compagnie sur le montant de la vente des marchandises qui seront apportées desdits pays, cinq pour cent sans aucune déduction; pourront lesdits Vaisseaux en allant ou revenant, passer dans les comptoirs de la Compagnie aux Indes, & s'ils négocient ils seront tenus de payer dix pour cent sans aucune déduction de la vente des marchandises qu'ils en rapporteront, & cinq pour cent seulement de celles qu'ils auront tirées des nouvelles découvertes.

VI.

Sur les prises qui seront faites tant en deçà qu'au delà de la ligne dans les voyages que les Armateurs feront en vertu de la présente permiſſion, il ſera payé à ladite Compagnie ſur le montant de la vente qui en ſera faite tant en France qu'aux Indes, ſçavoir cinq pour cent pour celles qui ſeront faites en deçà de la ligne, outre les dix pour cent dûs à Monſeigneur l'Amiral, & quinze pour cent pour celles qui ſeront faites au delà de la ligne, y compris le dixiéme de l'Amiral appartenant à la Compagnie au-delà de la ligne, conformément à la conceſſion du dernier Juillet 1664, & à la Déclaration du Roi de la même année, & à l'Arrêt du 26 Novembre 1707, le payement deſquels cinq & quinze pour cent dans le cas ſuſdit ſera fait en France ſur les comptes qui en auront été faits dans les endroits où leſdites priſes auront été vendues, ſçavoir les dix des quinze pour cent pour les priſes au-delà de la ligne comme ſe paye le dixiéme à Monſeigneur l'Amiral, & les cinq de l'excédent de même que les cinq en deçà de la ligne ſur ce qui reviendra aux Armateurs, les frais déduits; & cependant ſi les marchandiſes des priſes étoient vendues aux Indes, les droits des quinze & cinq pour cent ci-deſſus ſtipulés en faveur de la Compagnie, ſeront retenus & laiſſés aux Indes & prélevés comme il eſt dit ci-deſſus; ſera permis aux Officiers majors & mariniers leſquels ſeront choiſis par leſdits ſieurs Armateurs, de porter entr'eux juſqu'à quinze mille livres de pacotilles ſur chacun Vaiſſeau, dont les retours en marchandiſes ſeront vendus avec la cargaiſon du Vaiſſeau, & ſur le montant de la vente deſdites pacotilles ſera payé à ladite Compagnie des Indes cinq pour cent ſans aucune déduction.

VII.

Les Armateurs ou leurs Capitaines payeront ſeulement les mêmes droits que la Compagnie des Indes a coutume de payer dans de pareils voyages, & ſeront exempts de ceux qui appartiennent à ladite Compagnie dans les établiſſemens qu'elle a à Pondichery, & dans les autres endroits des Indes, pourquoi leſdits ſieurs Directeurs ſeront tenus de donner aux Armateurs deſdits Vaiſſeaux au départ de chacun Vaisseau, des ordres par écrit aux Directeurs & Commis auxdites Indes, de recevoir les Officiers desdits Vaisseaux, & de les affranchir des droits qui appartiennent à ladite Compagnie; & si au préjudice desdits ordres, il étoit payé aucun desdits droits que la Compagnie perçoit sur le commerce de tous autres que ceux desdits sieurs Armateurs, le double de ce qui se trouvera avoir été payé sera déduit à ladite Compagnie sur les dix pour cent ci-devant stipulés, lesquels dix pour cent demeurent encore garants de l'exécution du contenu au présent article.

VIII.

Les sommes que Sa Majesté a la bonté de faire payer à la Compagnie pour chaque tonneau de marchandises allant & venant des Indes Orientales, appartiendront à la Compagnie, pourquoi les Armateurs seront tenus de donner la facture des marchandises qui seront chargées en France en partant, & celles du chargement qui sera fait aux Indes pour le retour.

IX.

La Compagnie des Indes ne pourra, sous quelque prétexte que ce puisse être, envoyer des Vaisseaux dans les endroits dont elle a le privilége, ni donner de permissions pour lesdites années 1713, 1714 & 1715, mais elle se reserve seulement la liberté d'envoyer à l'Isle de Bourbon une patache ou un brigantin sur lequel il sera chargé pour quarante mille livres d'effets propres pour cette Isle sans qu'elle en puisse faire le retour en France en marchandises de quelque nature que ce soit, & lesdits sieurs Armateurs s'engagent de passer & nourrir gratuitement les quatre Prêtres de saint Lazare & un Frere destinés pour le service des Cures de l'Isle de Bourbon en cas que la Compagnie n'y envoye pas.

X.

Les sieurs Armateurs auront, sous le bon plaisir du Roi, la même faculté que la Compagnie des Indes pour le transport des piastres dont ils auront besoin pour leur commerce aux Indes Orientales, pour le transit des marchandises nécessaires pour l'armement de leurs Vaisseaux, soit qu'elles viennent des pays étrangers ou des Provinces réputées étrangeres, pour l'exemption des droits d'entrée & de sortie, & d'octrois, vivres, poudres, bois de constructions, sels & autres munitions, & généralement de tous priviléges & exemptions de droits pour la vente des marchandises des retours desdits Vaisseaux, & de celles qui proviendront des prises, conformément aux priviléges accordés à ladite Compagnie, & de même que si lesdits Vaisseaux avoient été armés & envoyés par ladite Compagnie.

XI.

Au départ des Vaisseaux les Armateurs seront tenus de donner à la Compagnie des Indes une déclaration du nom des Vaisseaux, de leur port, du nombre des canons, des noms des Officiers, & des Ports de France d'où ils partiront.

XII.

La Compagnie fera fournir gratuitement dans les comptoirs des Indes les magasins qu'elle y a aux Capitaines, & autres Officiers des Vaisseaux, sans qu'ils soient obligés de s'en servir si bon ne leur semble.

XIII.

Sera loisible aux Armateurs de se servir aux Indes des Commis de la Compagnie pour faire leurs emplettes s'ils le jugent à propos ; & en cas qu'ils s'en servent, ils retireront d'eux des quittances de ce qu'ils leur auront payé pour leurs commissions pour les remettre à la Compagnie à leur retour, sans cependant que cette commission puisse être représentée faire partie de quinze, dix & cinq pour cent ci-devant stipulés au profit de la Compagnie.

XIV.

Toutes les espéces de marchandises dont l'usage est

défendu dans le Royaume, seront entreposées pour être adjugées en France, mais portées à l'étranger, conformément aux réglemens faits pour le commerce des Indes.

X V.

Avant que les Vaisseaux partent des Indes, les Capitaines ou autres préposés par les Armateurs remettront aux chefs des comptoirs les factures des qualités, quantités, poids, mesures, & numéros des marchandises qui seront chargées dans leurs Vaisseaux, lesquelles factures seront signées & paraphées à chaque page par eux, & par les chefs des comptoirs, pour être envoyées en France à la Compagnie.

X V I.

Quant aux marchandises qui proviendront des prises, il en sera usé en la maniere accoutumée.

X V I I.

Aussitôt après l'arrivée en France des Vaisseaux venant des Indes, & avant qu'il en puisse être rien déchargé, si faire se peut, les Capitaines & autres préposés par les Armateurs donneront une facture pareille à celle qui aura été faite dans les comptoirs de la Compagnie ou ailleurs, sans que les Armateurs puissent être garants des faits des Officiers & équipages desdits Vaisseaux.

X V I I I.

Les déchargemens desdits Vaisseaux seront faits dans les Ports de France en présence d'un Directeur, ou autre préposé s'il s'en trouve, & sans que cela puisse porter de retardement à la décharge desdits Vaisseaux; il sera fait des états doubles des marchandises, & elles seront mises dans des magasins, dont les Armateurs & la Compagnie auront chacun une clef.

X I X.

Les ventes seront faites dans un, ou plusieurs Ports de France

France tels qu'ils feront choifis par les Armateurs en la maniere accoûtumée, au plus offrant & dernier enchériffeur fuivant les Déclarations, Arrêts & Réglemens rendus en faveur de la Compagnie.

XX.

La Compagnie des Indes fournira gratuitement à l'Orient & à Nantes fes magafins s'il eft befoin; les Armateurs auront le droit de tranfit pour les marchandifes qui feront portées dans les provinces réputées étrangéres & dans les pays étrangers, fans payer les droits d'entrée ni de fortie fuivant le privilége de la Compagnie.

XXI.

La Compagnie fe joindra aux Armateurs pour obtenir de Monfeigneur le Comte de Pontchartrain les ordres néceffaires aux Commiffaires de Marine pour la levée des matelots.

XXII.

Les Armateurs ne pourront faire des prifes que fur les ennemis de l'Etat & non fur les Vaiffeaux Maures.

XXIII.

La Compagnie des Indes garentira les Armateurs de tous évenemens qui pourroient arriver à leurs Vaiffeaux & cargaifons dans les Ports & comptoirs des Indes au fujet des dettes de la Compagnie dont l'indemnité fera prife fur les quinze, dix & cinq pour cent accordés, & pour le furplus fur les autres effets par privilége, pourquoi elle ne pourra fe fervir contre lefdits Armateurs d'Arrêt de furféance, auquel elle a expreffément dérogé.

XXIV.

Pour l'exécution de tous les articles du préfent traité, Sa Majefté fera très-humblement fuppliée d'accorder un Arrêt de fon Confeil pour l'homologation d'icelui, & fi dans

Tome II.   Q q q

l'exécution du préfent traité il furvient quelques conteftations entre les Armateurs & la Compagnie ils feront tenus de s'en rapporter à deux perfonnes de commerce qui feront choifies de part & d'autre & approuvées par Monfeigneur le Comte de Pontchartrain. Fait & arrêté au Bureau de la Compagnie ce vingt Juillet mil fept cent douze. *Signé* SOULET, TARDIF, DE LAGNY & CHAMPIGNY.

Nous fouffignés, fçavoir moi Antoine Crozat Ecuyer Confeiller-Secrétaire du Roi, en mon nom, & moi Louis-Anne Jourdan de la Salle au nom & comme ayant pouvoir des fieurs de Granville-Loquet, Chapdelaine, Lalande-Magon, Beauvais le Fer, Lafaudre le Fer, Colombier-Gris, & Chapelle-Martin, Armateurs à faint Malo, acceptons la permiffion ci-deffus aux claufes & conditions y portées, que nous promettons exécuter, & faire exécuter, même moi de la Salle de faire ratifier par lefdits fieurs fus-nommés, & en rapporter leur ratification enfuite du préfent. Fait audit Bureau lefdits jour & an que deffus. *Signé* CROZAT & DE LA SALLE.

Nous fouffignés Granville-Loquet, Chapdelaine, Lalande-Magon, Beauvais le Fer, Lafaudre le Fer, Colombier-Gris, & Chapelle-Martin, après avoir pris communication de la permiffion & traité ci-deffus, nous l'approuvons & ratifions de point en point en tout fon contenu, & promettons de l'exécuter felon fa forme & teneur. Fait à faint Malo le vingt-trois Juillet mil fept cent douze. *Signé* MARTIN DE LA CHAPELLE, BEAUVAIS LE FER, DE LALANDE-MAGON, LAUMOSNE DE CHAPDELAINE pour moi & pour Granville dit Colombier-Gris & Lafaudre le Fer.

ARREST
DU CONSEIL D'ÉTAT
DU ROY,

QUI homologue le Traité fait entre la Compagnie & les Sieurs Guymont du Coudray & Bille.

Du 8 Août 1712.

Extrait des Registres du Conseil d'Etat.

VU par le Roi étant en son Conseil, le traité fait le 5 Février 1712, entre Louis François Mousle de Champigny, Directeur de la Compagnie des Indes Orientales, stipulant tant pour lui que pour les autres Directeurs de ladite Compagnie, & Hervé René Guymont du Coudray, Capitaine des Vaisseaux du Roi, conjointement avec Louis Bille, Bourgeois de Paris, tant en leurs noms qu'au nom de leurs Armateurs, par lequel ils seroient convenus que lesdits sieurs Guymont du Coudray & Bille feront armer dans le quinze Juillet prochain au plus tard trois Vaisseaux, ou quatre s'ils le jugent à propos, pour aller faire commerce dans les Indes Orientales aux conditions contenues aux XXIII articles dudit traité par le XXIIe desquels il est porté que Sa Majesté sera humblement suppliée de l'homologuer; oui le rapport du sieur Desmarets Conseiller ordinaire au Conseil Royal, Contrôleur général des Finances, LE ROI ÉTANT EN SON CONSEIL, a homologué & homologue ledit traité du 5 Février dernier, ordonne qu'il sera exécuté selon sa forme & teneur, & sera icelui attaché à la minute du présent Arrêt. Fait au Conseil d'Etat du Roi, Sa Majesté y étant, tenu à Fontainebleau le 8 Août 1712.

Signé PHELYPEAUX.

ARREST
DU CONSEIL D'ÉTAT DU ROY,

QUI homologue le Traité du 20 Juillet précédent fait avec Messieurs Crozat & consorts.

Du 8 Août 1712.

Extrait des Registres du Conseil d'Etat.

VU par le Roi étant en son Conseil, les propositions faites à la Compagnie des Indes Orientales par le sieur Crozat, Grandville-Loquet, Lalande-Magon, Beauvais le Fer, Colombier-Gris, Lasaudre le Fer, Chapelle-Martin, & Chapdelaine, pour avoir la permission d'envoyer dans les années 1713, 1714 & 1715 tels nombres de Vaisseaux qu'ils jugeront à propos à Surate, côte de Malabare, Pondichery, côte de Coromandel, riviere de Gange, & généralement dans tous les lieux & endroits de la concession de la Compagnie, même ceux où elle n'a jamais envoyé excepté la Chine, à condition néanmoins que les Vaisseaux qui seront armés pour le premier des trois voyages, ne pourront partir des Ports de

Qqq iiij

France qu'après le premier Février 1713, & qu'au cas qu'il convienne aux Armateurs d'envoyer leurs Vaisseaux à Cadix, il leur sera permis de les faire partir de France dans le mois de Décembre 1712, ou Janvier 1713, auquel cas même ces Vaisseaux ne pourront partir de Cadix qu'après le 15 Février 1713, & que pour les deux autres voyages il sera permis aux Armateurs de partir dans tels tems qu'ils jugeront à propos, pourvû cependant que les Vaisseaux qui doivent partir en 1715, soient partis avant le dernier Mars 1715; que par le même traité la Compagnie des Indes se reserve la liberté d'envoyer, quand elle voudra, une patache ou un brigantin à l'Isle de Bourbon avec quarante mille livres d'effets propres pour cette Isle sans en pouvoir faire le retour en France en marchandises de quelque nature que ce soit, & encore aux autres conditions contenues en XXIV articles arrêtés au Bureau général de la Compagnie, le 20 Juillet 1712 signés Soulet, Tardif, Champigny, & de Lagny, par le dernier desquels il est porté que Sa Majesté sera très-humblement suppliée d'accorder un Arrêt de son Conseil pour l'homologation d'icelui, l'Acte étant au pied desdits articles, par lequel le sieur Crozat en son nom, & le sieur Jourdan de la Salle au nom, & comme ayant pouvoir des sieurs Grandville-Loquet, Lalande-Magon, Beauvais le Fer, Colombier-Gris, Lasaudre le Fer, Chapelle-Martin & Chapdelaine, Armateurs à saint Malo, acceptent ladite permission aux clauses & conditions y portées qu'ils promettent d'exécuter & faire exécuter, même ledit sieur de la Salle faire ratifier par les sus-nommés, & en rapporter la ratification, ledit Acte dudit jour 20 Juillet 1712, ensuite duquel acte est la ratification desdits sieurs Grandville-Loquet & consorts sus-nommés, en date du 23 Juillet 1712, par laquelle ils promettent d'exécuter ladite permission de point en point selon sa forme & teneur; oui le rapport du sieur Desmarets Conseiller ordinaire au Conseil Royal, Contrôleur général des Finances, LE ROI E'TANT EN SON CONSEIL, a homologué & homologue ledit traité du 20 Juillet 1712, & les actes de ratification étant ensuite, des 20 & 23 Juillet audit an 1712, lesquels demeureront joints à la minute du présent Arrêt ; ordonne que lesdits traités & actes seront exécutés selon leur forme & teneur. FAIT au Conseil d'Etat du Roi, Sa Majesté y étant, tenu à Fontainebleau le 8 Août 1712. *Signé* PHELIPEAUX.

DÉCLARATION DU ROY,

PORTANT que la Compagnie des Indes joüira pendant le tems qui reste à expirer de son Privilége, du dixiéme des Prises, dans les Pays de sa concession, après lequel tems M. l'Amiral en joüira.

Donnée à Fontainebleau le 3 Septembre 1712.

Regiſtrée en Parlement.

LOUIS, PAR LA GRACE DE DIEU, ROI DE FRANCE ET DE NAVARRE : à tous ceux qui ces présentes Lettres verront, SALUT. La charge d'Amiral de France a toujours été regardée, tant lors de son premier établissement que depuis, comme une des principales & des plus importantes charges de la Couronne : c'est pourquoi les Rois nos prédécesseurs par leurs Ordonnances, Edits & Déclarations, notamment des sixiéme Novembre 1400, onze Octobre 1480, des mois de Juillet 1517, Février 1543, Mars 1584, & Mars 1586, & nous à leur exemple par nos Edits & Réglemens du mois de Novembre 1669 pour le rétablissement de la charge d'Amiral ; & par notre Ordonnance de la marine du mois d'Août 1681, avons rétabli & confirmé les titres, prérogatives, fonctions & droits de ladite charge d'Amiral, de la maniere qui nous a paru la plus solide & la plus convenable

La charge d'A-miral & ses droits & prérogatives n'ont été rétablis qu'en 1669, cinq ans après l'établissement & la con-

ble au bien de notre service, à la dignité de ladite charge, & à l'intention que nous avons toujours eûe de faire connoître à tout le monde que les fonctions, droits & pouvoirs de ladite charge doivent être reconnus & exercés non-seulement dans toutes les mers & pays maritimes soumis à notre domination, mais encore dans toutes les autres mers & pays les plus éloignés où peuvent & pourront à l'avenir pénétrer nos Vaisseaux & ceux de nos sujets, armés & navigant sous commission & pavillon de France, en corps d'armée ou autrement, pour quelque entreprise & expédition que ce puisse être, soit de guerre, soit de commerce ; & c'est sur ce fondement & sur ces principes que nous avons toujours soutenu & favorisé les droits & fonctions de ladite charge d'Amiral contre les entreprises des particuliers qui prétendoient les usurper ; c'est pourquoi nous avons défendu par notre Ordonnance de 1681 à tous Seigneurs Riverains & autres, de se dire Amiraux Patrimoniaux dans leurs terres ; & par l'Arrêt de notre Conseil du 14 Mars 1695, nous avons fait défenses aux Gouverneur, Lieutenant général & à tous autres Officiers des Colonies de l'Amérique, de donner à l'avenir des commissions pour armer en mer, ni d'exiger sous ce prétexte le dixiéme des prises faites ou à faire sur les ennemis de l'Etat en vertu desdites commissions ou autrement. Mais la Compagnie des Indes Orientales nous ayant représenté qu'en vertu de son Edit d'établissement du mois d'Août 1664 les Vaisseaux qu'elle employe à faire le commerce, dans les pays de sa concession ont été exempts de tous droits d'Amirauté ; & que dans cette exemption générale, il y avoit lieu de comprendre l'exemption particuliere du dixiéme qui est dû à l'Amiral de France sur toutes les prises faites sous commandement & pavillon de France. Ladite Compagnie nous ayant de plus fait représenter le mauvais état de ses affaires, & l'impossibilité de continuer son commerce si elle étoit assujettie à payer ce droit de dixiéme, nous lui en aurions accordé l'exemption par l'Arrêt de notre Conseil du 26 Novembre 1707, sur toutes les prises faites ou à faire

cession des priviléges de la Compagnie des Indes Orientales.

L'Arrêt de 1707 ne dit point

Tome II.   R r r

les prises faites ou à faire dans les pays de la concession, mais exempte du dixiéme les prises faites & à faire au-delà de la ligne à la différence des prises faites & à faire en-deçà de la ligne.

* C'est la Requête qui a été remise à Monseigneur le Comte de Pontchartrain, à la fin du mois de Mars 1712 que la Compagnie rapporte.

dans les pays de sa concession, & durant le temps de son privilége. Depuis elle nous auroit encore supplié d'ordonner que cette décharge du droit du dixiéme auroit également lieu pour les prises faites & à faire par les Vaisseaux de ceux avec lesquels elle a traité de la permission d'armer & naviger en son lieu & place dans les mers & pays de sa concession; & elle nous auroit à cet effet présenté sa requête,* dont ayant ordonné la communication à l'Amiral de France, il nous auroit représenté qu'étant comme il a toujours été prêt de sacrifier ses biens & sa personne à tout ce qui peut contribuer au bien de notre service & de l'Etat, il consent très-volontiers pour ce qui regarde son intérêt particulier & personnel, à la grace que demande la Compagnie des Indes Orientales, nous suppliant seulement pour l'intérêt & l'honneur de la charge d'Amiral que nous lui avons confiée, de lui donner en cette occasion & au public de nouvelles marques & assûrances que notre intention n'est & n'a jamais été de restreindre ni diminuer l'étendue du droit du dixiéme que nous déclarons appartenir à la charge d'Amiral de France, en vertu des Ordonnances de nos prédécesseurs Rois, & des nôtres sur toutes les prises qui se font par nos Vaisseaux ou ceux de nos sujets en quelque occasion, par qui & en quelque lieu que ce soit. Et comme sur le même prétexte d'exemption attribuée à ladite Compagnie dans le même Edit, elle auroit en différentes occasions prétendu qu'elle, ou au moins ceux qu'il lui est permis de nommer & présenter pour être commis à l'exercice des fonctions de Juges, peuvent, sans avoir pris la nomination de l'Amiral, connoître des causes maritimes, ce qui est entierement opposé aux dispositions précises desdites anciennes Ordonnances, Edits & Déclarations, & à notre intention, ledit Amiral de France nous a encore supplié d'y pourvoir. A CES CAUSES, & autres à ce nous mouvans, de l'avis de notre Conseil qui a vû lesdites Ordonnances, Edits & Déclarations données par les Rois nos prédécesseurs & nous, concernant tant la charge d'Amiral de France, que l'établissement de la Compagnie des Indes Orientales, les Arrêts de notre Conseil des 14 Mars 1695 & 26 Novembre 1707, le premier, contre les Gouverneurs des Isles de l'Amérique, & le second en faveur de la Compagnie des Indes Orientales, de notre certaine science, pleine puissance & autorité Royale, nous avons par ces Présentes signées de notre main dit & déclaré, disons, déclarons, voulons & nous plaît, que l'Amiral de France continue de joüir, comme il a jusqu'à présent bien & dûement joüi ou dû joüir, de tous les honneurs, prérogatives, droits & fonctions attribués à sa charge d'Amiral ; ce faisant, qu'à l'avenir les Juges qui seront nommés pour exercer la justice dans les établissemens des Indes Orientales, ne pourront connoître des causes maritimes sans avoir pris à cet effet la nomination de l'Amiral de France conformément au réglement particulier qui sera fait sur ce sujet : qu'à l'égard du droit du dixiéme, il appartiendra, comme il a jusqu'à présent appartenu, à l'Amiral sur toutes les prises & rançons qui se feront en quelques mers, Ports & autres lieux que ce puisse être dans l'étendue ou hors l'étendue de notre domination, par nos Vaisseaux ou ceux de nos sujets armés ou équipés sous commission & pavillon de France, sans qu'à l'avenir aucun particulier ni aucune Compagnie établie ou à établir puissent prétendre l'exemption dudit droit de dixiéme, ni alléguer les Edits ou Déclarations faites sur ce sujet, auxquels nous avons dérogé & dérogeons, & moins encore prétendre que cette exemption de dixiéme puisse être comprise dans les termes généraux d'exemption des droits d'Amirauté, dans lesquels nous déclarons que les droits particulierement attachés à la charge d'Amiral, notamment celui du dixiéme, ne doivent jamais être réputés compris, comme nous n'avons jamais entendu les y comprendre. Voulons néanmoins, & ce du consentement de l'Amiral de France, que la Compagnie des Indes Orientales joüisse pour le temps qui reste à expirer de son privilége tant pour le passé que pour l'avenir & dans les pays de sa concession seulement, de l'exemption des-

Exception précise en faveur de la Compagnie des Indes Orientales, pour le tems qui reste à expirer de son privilége.

dits droits du dixiéme des prises qui y ont été ou seront faites au-delà de la ligne par les Vaisseaux qui seront armés, soit par ladite Compagnie, soit par ceux auxquels elle a cédé ou pourra ci-après céder le droit & privilége d'équipper, armer & naviger pour elle dans lesdites mers & pays de sa concession, même que ladite Compagnie joüisse & profite du dixiéme des prises qui ont été ou seront faites par lesdits Vaisseaux, & ce pourvû que lesdits Vaisseaux soient partis avant la fin du mois de Mars 1715, lequel temps passé, déclarons ladite décharge & exemption du droit de dixiéme & la faculté d'en joüir & profiter, nulle & de nul effet. Déclarons que par les termes d'exemption de droits d'Amirauté compris dans ledit Edit du mois d'Août 1664 non plus que par l'Arrêt de notre Conseil du 26 Novembre 1707, nous n'avons entendu déroger à ce qui est porté par les Ordonnances, Edits & Déclarations des Rois nos prédécesseurs & de nous, en ce qui regarde le droit de dixiéme appartenant à l'Amiral de France, & que la décharge dudit droit accordé par ces Présentes à ladite Compagnie des Indes Orientales, du consentement dudit Amiral, ne pourra tirer à conséquence pour aucune autre Compagnie établie ou à établir, pas même pour ladite Compagnie des Indes Orientales, en cas de renouvellement ou de prorogation de son privilége au-delà du temps porté par notre Edit du mois d'Août 1664. Si donnons en mandement à nos amés & feaux Conseillers, les gens tenans notre Cour de Parlement à Paris, que ces Présentes ils ayent à faire registrer, & le contenu en icelles garder & observer selon leur forme & teneur; car tel est notre plaisir. En témoin de quoi nous avons fait mettre notre Scel à cesdites Présentes. DONNE' à Fontainebleau le troisiéme jour de Septembre, l'an de grace mil sept cent douze, & de notre régne le soixante-dixiéme. Signé LOUIS. Et plus bas; par le Roi, PHELYPEAUX. Et scellé du grand Sceau de cire jaune.

Regiſtrées, oüi & ce requérant le Procureur général du Roi, pour être exécutées ſelon leur forme & teneur, & copies colla-

tionnées envoyées aux Siéges des Amirautés & ressort, pour y être lues, publiées & registrées ; enjoint au Substitut du Procureur général du Roi d'y tenir la main, & d'en certifier la Cour dans un mois ; suivant l'Arrêt de ce jour. A Paris en Parlement le sept Septembre mil sept cent douze.

Signé DONGOIS avec paraphe.

LETTRES PATENTES
DU ROY,

QUI permet au Sieur Crozat, Secrétaire du Roi, de faire seul le commerce dans toutes les terres possédées par le Roi, & bornées par le nouveau Mexique & autres, sous le nom de Gouvernement de la Louisiane.

Données à Fontainebleau le 14 Septembre 1712.

LOUIS, PAR LA GRACE DE DIEU, ROI DE FRANCE ET DE NAVARRE : à tous ceux qui ces présentes Lettres verront, SALUT. L'attention que nous avons toujours eue à procurer le bien & l'avantage de nos sujets, nous ayant porté malgré les guerres presque continuelles, que nous avons été obligé de soutenir depuis le commencement de notre regne, à chercher toutes les occasions possibles d'augmenter & d'étendre le commerce de nos Colonies de l'Amérique; nous avons en l'année 1683 donné nos ordres pour entreprendre la découverte des pays & terres qui sont situés dans les parties septentrionales de l'Amérique, entre la nouvelle France & le nouveau Méxique; & le sieur de la Salle que nous avions chargé de cette entreprise ayant assez réussi, pour que l'on ne doutât pas que la communication ne pût s'établir de la nouvelle France au golfe du Méxique, par des grandes rivieres, cela nous a obligé immédiatement après la paix de Riswik d'y envoyer établir une Colonie, & d'y entretenir une garnison qui a soutenu la possession que nous avions prise dès l'année 1683, des terres, côtes & Isles qui se trouvent situées dans le golfe du Méxique entre la Caroline à l'Est, & le vieux & nouveau Méxique à l'Ouest; mais la guerre s'étant de nouveau allumée en Europe peu de temps après, on n'a pas pû jusqu'à présent tirer de cette nouvelle Colonie les avantages qu'on en doit espérer, parce que les particuliers qui font le commerce de la mer, se trouvent tous dans des engagemens avec les autres Colonies qu'ils ont été obligés de suivre, & d'autant que sur le compte qui nous a été rendu de la disposition & situation desdits Pays connus à présent sous le nom de la Province de la Louisiane, nous avons jugé qu'on y peut établir un commerce considérable, d'autant plus avantageux à notre Royaume que jusqu'à présent on est obligé de tirer des étrangers la plus grande partie des marchandises qui peuvent en venir, & qu'on y portera en échange des marchandises du crû & manufacture de notre Royaume, nous avons résolu d'accorder le commerce du pays de la Louisiane au sieur Antoine Crozat notre Conseiller-Secretaire, Maison, Couronne de France & de nos Finances que nous chargeons de l'exécution de ce projet : nous nous y sommes portés d'autant plus volontiers, que son zéle & les connoissances particulieres qu'il s'est acquises dans le commerce maritime, nous répondent d'un succès pareil à ceux qu'il a eu jusqu'à présent dans les différentes entreprises qu'il a faites, & qui ont procuré à notre Royaume une grande quantité de matieres d'or & d'argent dans des temps qui nous les rendoient très-nécessaires.

A CES CAUSES, désirant le traiter favorablement, & regler les conditions sur lesquelles nous entendons lui accorder ledit commerce, après avoir fait mettre cette affaire en délibération dans notre Conseil, & de notre certaine science, pleine puissance & autorité Royale, nous avons par ces Présentes signées de notre main, établi & établissons ledit sieur Crozat pour faire seul le commerce dans toutes les terres par nous possédées & bornées par le nouveau Méxique, & par celles des Anglois de la Caroline, tous les

Etablissement du Sieur Crozat pour faire seul le commerce dans toutes les terres bornées par le nouveau Mexique & par celles des Anglois

de la Caroline, &c. établiſſemens, Ports, Havres, rivieres & principalement le Port & Havre de l'Iſle Dauphine appellée autrefois de Maſſacre, le fleuve ſaint Louis autrefois appellé Miſſiſſipy depuis le port de la mer juſqu'aux Illinois, enſemble les rivieres ſaint Philippe autrefois appellée des Miſſourys, & ſaint Hierôme autrefois appellée Ouabache, avec tous les pays, contrées, lacs dans les terres & les rivieres qui tombent directement ou indirectement dans cette partie du Fleuve ſaint Louis.

Article Premier.

Toutes leſdites demeureront compriſes ſous le nom du Gouvernement de la Louiſiane.

Voulons que toutes leſdites terres, contrées, fleuves, rivieres & Iſles ſoient & demeurent compris ſous le nom du gouvernement de la Louiſiane, qui ſera dépendant du gouvernement général de la nouvelle France, auquel il demeurera ſubordonné ; & voulons en outre que toutes les terres que nous poſſédons depuis les Illinois ſoient réunies en tant que beſoin eſt au gouvernement général de la nouvelle France, & en faſſent partie, nous reſervant néanmoins d'augmenter, ſi nous le jugeons à propos, l'étendue du gouvernement dudit pays de la Louiſiane.

II.

Droit de porter pendant quinze ans, des Marchandiſes de France audit pays.

Accordons audit ſieur Crozat le droit pendant quinze années conſécutives, à compter du jour de l'enregiſtrement des Préſentes, de tranſporter toutes ſortes de denrées & marchandiſes de France dans ledit pays de la Louiſiane, & d'y faire le commerce qu'il jugera à propos. Défendons à toutes ſortes de perſonnes & Compagnies, de quelque qualité & condition qu'elles ſoient, & ſous quelque prétexte que ce puiſſe être, d'y commercer, à peine de confiſcation des marchandiſes, Vaiſſeaux & autres plus grandes peines ſi le cas y échet ; à cette fin ordonnons à nos Gouverneur & autres Officiers commandant nos troupes audit pays, de prêter main-forte, faveur & aſſiſtance aux Directeurs & Agens dudit ſieur Crozat.

III.

III.

Lui permettons de faire la recherche, ouverture & fouille de toutes fortes de mines, minieres & minéraux dans toute l'étendue dudit pays de la Louisiane, & d'en transporter les matieres dans tous les Ports de France pendant lesdites quinze années, & accordons à lui, ses hoirs ou ayans cause, ou droit à perpétuité, la propriété des mines, minieres & minéraux qu'il mettra en valeur, en nous payant pour tous droits le quint des matieres d'or & d'argent seulement que ledit sieur Crozat fera transporter en France à ses frais dans les Ports qu'il jugera à propos, duquel quint nous courrons les risques de la mer & de la guerre, & le dixiéme seulement des matieres qu'il tirera des autres mines, minieres & mineraux, lequel il remettra dans nos magasins audit pays de la Louisiane.

Permission de faire la recherche, ouverture & fouille des Mines, Minieres & Mineraux, en payant le quint des matieres d'or & d'argent, &c.

Lui permettons aussi de faire la recherche des pierres précieuses & des perles, en nous payant le cinquiéme de la même maniere qu'il est dit pour les matieres d'or & d'argent.

Idem. Des pierres précieuses & perles.

Voulons que ledit sieur Crozat, ses hoirs, ou ayans cause, ou droit à perpétuité, soient déchûs de la propriété desdites mines, minieres & minéraux, s'ils en discontinuent le travail pendant trois ans, & qu'en ce cas lesdites mines, minieres & minéraux soient réunis de plein droit à notre Domaine, en vertu du présent article, sans qu'il soit besoin d'aucun acte de Justice, mais seulement de l'Ordonnance de réunion du Subdélegué de l'Intendant de la nouvelle France qui sera audit pays, & ne voulons pas que ladite peine d'être déchûs de la propriété desdites mines, minieres & minéraux, faute d'y travailler pendant trois ans, soit reputée peine comminatoire.

Au cas de discontinuation du travail auxdites mines, pendant trois ans, demeureront réuni au Domaine.

IV.

Ledit sieur Crozat pourra vendre toutes les marchandises, denrées, armes & munitions qu'il aura fait transpor-

Pouvoir de vendre les marchandises & denrées

ter dans ledit pays & gouvernement de la Louisiane, tant aux François qu'aux Sauvages qui y sont établis & s'y établiront, sans qu'aucunes autres personnes, sous quelque prétexte que ce soit, le puissent faire sans sa permission expresse par écrit.

de France audit pays.

V.

Commerce de Pelleterie, Peaux, Cuirs, Laines, &c. à l'exception du Castor.

Il pourra négocier audit pays toutes sortes de pelleteries, peaux, cuirs, laines & autres marchandises & effets dudit pays, & les transporter en France pendant lesdites quinze années ; & comme notre intention est de favoriser en tout ce que nous pourrons nos habitans de la nouvelle France, & d'empêcher que leur commerce soit diminué, nous lui défendons de commercer du castor audit pays, sous quelque prétexte que ce soit, ni d'en faire passer en notre Royaume ni dans les pays étrangers.

VI.

Propriété à perpétuité des établissement & Manufactures des terres cultivées, &c.

Accordons audit sieur Crozat, ses hoirs ou ayans cause, ou droit à perpétuité, la propriété de tous les établissemens & manufactures qu'il fera audit pays pour la soye, indigo, laines, cuirs, mines, minieres & minéraux, & celles des terres qu'il fera cultiver, avec les logemens, moulins & bâtimens qu'il fera construire dessus, en prenant de nous des concessions que nous lui accorderons sur le procès-verbal & l'avis de notre Gouverneur & du Subdélégué de l'Intendant de la nouvelle France audit pays, qu'il nous rapportera.

Réunion desdits établissemens, &c. faute de continuer dans trois ans.

Voulons que ledit sieur Crozat, ses hoirs ou ayans cause, ou droit à perpétuité, tiennent en valeur lesdits établissemens, manufactures, terres & moulins, & à faute de ce faire pendant trois ans, lui & eux en soient déchûs, & lesdits établissemens, manufactures, terres & moulins réunis à notre Domaine, de plein droit & de la même maniere qu'il est dit pour les mines, minieres & minéraux dans l'article trois.

VII.

Nos Edits, Ordonnances & Coutumes, & les usages de la Prevôté & Vicomté de Paris, seront observés pour loix & coutumes dans ledit pays de la Louisiane.

Coûtume de Paris & Loix du Royaume.

VIII.

Ledit sieur Crozat sera obligé d'envoyer dans ledit pays de la Louisiane deux Vaisseaux par an, qu'il fera partir dans les saisons convenables, dans chacun desquels il fera embarquer sans payer aucun fret vingt-cinq tonneaux en vivres, effets & munitions nécessaires pour l'entretien de la garnison & des forts de la Louisiane ; & en cas que nous fassions charger plus que lesdits vingt-cinq tonneaux sur chaque Vaisseau, nous consentons de payer le fret audit sieur Crozat au prix du Marchand.

Transport de 50 tonneaux de vivres, &c. pour l'entretien de la Garnison du pays.

Il sera tenu de faire passer nos Officiers de la Louisiane dans les Vaisseaux qu'il y enverra, & de leur fournir la subsistance & la table du Capitaine, moyennant trente sols par jour que nous lui ferons payer pour chacun.

IDEM. Des Officiers.

Il fera passer aussi dans lesdits Vaisseaux les soldats que nous voudrons envoyer audit Pays ; nous lui ferons fournir les vivres nécessaires pour leur subsistance, ou nous lui ferons payer la ration au même prix qu'elle l'est au Munitionnaire général de notre Marine.

IDEM. Des Soldats.

Il sera en outre obligé d'envoyer dans chaque Vaisseau qu'il fera partir pour ledit Pays dix garçons ou filles à son choix.

IDEM. De dix Garçons ou Filles.

IX.

Nous ferons délivrer de nos magasins audit sieur Crozat dix milliers de poudre à fusil tous les ans, qu'il nous payera au prix qu'elle nous aura coûté, & ce tant que lui restera le présent privilége.

Dix milliers de poudre par an prix contenu.

X.

Les denrées & marchandises que ledit sieur Crozat aura destinées pour ledit pays de la Louisiane seront exemptes

Exemptions des Droits de sorties pour les marchan-

dises & denrées destinées pour la Louisiane.

de tous droits de sorties mis & à mettre, encore que les exempts & privilégiés y fussent assujettis, soit qu'elles sortent par le bureau d'Ingrande, ou par quelqu'autre que ce soit, à la charge que ses Directeurs, Commis ou Préposés donneront leur soumission de rapporter dans un an, à compter du jour d'icelle, certificat de leur décharge dans ledit pays de la Louisiane, à peine en cas de contravention de payer le quadruple des droits, nous réservant de lui donner un plus long délai dans les cas & occurrences que nous jugerons à propos.

XI.

IDEM. Des droits d'entrées & sorties pour celles apportées de la Louisiane, & qui passeront à l'étranger.

Et quant aux denrées & marchandises que le sieur Crozat fera apporter dudit pays de la Louisiane & pour son compte dans les Ports de notre Royaume, & ensuite transporter dans les Pays étrangers, elles ne payeront aucuns droits d'entrée ni de sortie, & seront mises en dépôt dans les magasins des Doüannes des Ports où elles arriveront jusqu'à ce qu'elles soient enlevées; & lorsque les Commis & Préposés dudit sieur Crozat voudront les faire transporter dans les Pays étrangers, soit par mer ou par terre, ils seront tenus de prendre des acquis à caution, portant soumission de rapporter dans un certain tems un certificat du dernier Bureau de sortie qu'elles y ont passé, & un autre de leur décharge dans les Pays étrangers.

XII.

Entrepôts des Marchandises tirées de l'étranger pour la Louisiane.

En cas que ledit sieur Crozat soit obligé pour le bien de son commerce de tirer des Pays étrangers quelques denrées & marchandises de manufactures étrangeres pour les transporter dans ledit pays de la Louisiane, il nous remettra des états sur lesquels nous lui ferons expédier, si nous le jugeons à propos, nos permissions particulières avec franchises de tous droits d'entrées & de sorties, à la charge que lesdites denrées & marchandises seront mises en entrepôt dans les magasins de nos Doüanes, jusqu'à ce qu'elles soient chargées sur les Vaisseaux dudit sieur Crozat, qui sera tenu de donner sa soumission de rapporter dans un an, à compter du jour d'icelle, certificat de leur décharge dans ledit pays de la Louisiane, à peine en cas de contravention de payer le quadruple des droits, nous réservant de même d'accorder audit sieur Crozat un délai plus long s'il est nécessaire.

XIII.

Les pirongues, biscavennes, Felouques, traversiers & canots qui sont audit pays de la Louisiane à nous appartenans, serviront aux chargemens, déchargemens & transports des effets dudit sieur Crozat, qui sera tenu de les entretenir en bon état, & les remettre après les quinze années expirées, ou un pareil nombre d'égale grandeur, & en aussi bon état, à notre Gouverneur audit Pays.

Bâtimens de transports qui sont audit pays, serviront au sieur Crozat.

XIV.

Si pour les cultures & plantations que ledit sieur Crozat voudra faire faire, il juge à propos d'avoir des Négres audit pays de la Louisiane, il pourra envoyer un Vaisseau tous les ans, les traiter directement à la côte de Guinée, en prenant par lui permission de la Compagnie de Guinée de le faire, il pourra vendre ces Négres aux habitans de la colonie de la Louisiane, & faisons défenses à toute Compagnie & autre personne que ce soit, sous quelque prétexte que ce puisse être, d'en introduire ni d'en faire commerce dans ledit Pays, & audit sieur Crozat d'en porter ailleurs.

Traitte des Négres.

XV.

Il ne pourra envoyer aucuns Vaisseaux dans ledit pays de la Louisiane, qu'en les faisant partir directement de France, & il sera tenu d'y faire faire le retour desdits Vaisseaux, le tout à peine de confiscation & déchéance du présent privilége.

Envoi des Vaisseaux de France & leur retour.

XVI.

Sera tenu ledit sieur Crozat, après l'expiration des neuf

Après les neuf premieres années

de jouiſſance, le ſieur Crozat payera les Officiers Majors de la Garniſon. premieres années de ſa joüiſſance, de payer les Officiers Majors, & la Garniſon qui ſeront audit Pays, pendant les ſix dernieres années que lui reſtera le préſent privilége; pourra en ce tems ledit ſieur Crozat nous propoſer les Officiers à meſure qu'il y en aura à remplacer, ſeront par nous pourvûs après les avoir agréés.

Si donnons en mandement à nos amés & féaux Conſeillers, les gens tenant notre Cour de Parlement à Paris, & notre Conſeil ſupérieur de la nouvelle France ſéant à Quebec, que ces Préſentes ils faſſent lire, publier, regiſtrer, même dans le tems des vacations, garder & obſerver ſelon leur forme & teneur, nonobſtant tous Edits, Ordonnances, Réglemens & autres Lettres à ce contraires; voulons qu'aux copies des Préſentes, collationnées par l'un de nos amés & féaux Conſeillers-Secrétaires, Maiſon, Couronne de France, foi ſoit ajoutée comme à l'original; car tel eſt notre plaiſir, en témoin de quoi nous avons fait mettre notre ſcel à ces Préſentes. Données à Fontainebleau le quatorziéme jour de Septembre, l'an de grace mil ſept cent douze, & de notre regne le ſoixante-dixiéme. *Signé* LOUIS; *Et plus bas*, par le Roi, Phelypeaux. Et ſcellées du grand Sceau de cire jaune.

Regiſtrées, oüi & ce requérant le Procureur général du Roi, pour être exécutées ſelon leur forme & teneur, ſuivant l'Arrêt de ce jour. A Paris en Parlement en vacations le vingt-quatriéme Septembre mil ſept cent douze. Signé Ysabeau.

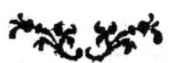

ARREST
DU CONSEIL D'ÉTAT
DU ROY,

PORTANT établissement de la Compagnie de la Chine.

Du 28 Novembre 1712.

Extrait des Regiſtres du Conseil d'Etat.

LE Roi étant informé que par l'article XXVII des Lettres Patentes du mois d'Août 1664, portant établiſſement d'une Compagnie pour le commerce des Indes Orientales, le privilége excluſif accordé à ladite Compagnie, s'eſt trouvé d'une ſi grande étendue, que ne pouvant l'exercer par elle-même dans toutes ſes conceſſions, elle auroit été obligée de le communiquer à différentes Compagnies qui ſe ſont établies de ſon conſentement dans les dernieres années de ſon privilége, & entre autres à une Compagnie établie ſous le titre de la Compagnie Royale de la Chine, laquelle lui paye actuellement une redevance pour raiſon dudit commerce, qui étoit auſſi fixé à certains Ports ; mais comme le privilége de ladite Compagnie des Indes eſt prêt d'expirer, & conſéquemment auſſi celui de ladite Compagnie de la Chine, les ſieurs Pecquet, Mouchard, Dumoulin, de la Houſſaye, Beard & du Coudray, auroient repréſenté à Sa Majeſté qu'ils étoient prêts d'entreprendre ledit commerce de la Chine, & de faire même entre eux à cet effet un fonds de neuf cens mille livres, s'il plaisoit à Sa Majesté leur accorder le privilége dudit commerce, pour le tenir directement de Sa Majesté, & l'exercer dans tous les Ports de la Chine en chef, & indépendamment d'aucune autre Compagnie, & aussi exclusivement à tous autres ; leur accorder pareillement tous les droits & priviléges de la Compagnie ci-devant établie, pour en joüir par eux ainsi que la Compagnie des Indes & la Compagnie ci devant établie, en ont bien & dûement joüi ou dû joüir ; & à la charge par eux de n'apporter dans le Royaume aucunes autres marchandises que celles que ladite Compagnie a eû droit d'apporter, suivant le concordat passé avec la Compagnie des Indes le 23 Octobre 1700 ; & Sa Majesté désirant pourvoir de bonne heure à l'établissement d'une Compagnie pour ledit commerce, afin qu'elle puisse prendre les mesures nécessaires pour l'achapt & équipement de ses Vaisseaux, & pour ses cargaisons ; & vû la Déclaration de Sa Majesté du mois d'Août 1664, registrée au Parlement le premier Septembre suivant, le concordat passé avec la Compagnie des Indes Orientales le 23 Octobre 1700, les Lettres Patentes accordées par Sa Majesté à la Compagnie ci-devant établie au mois d'Octobre 1705, registrées au Parlement le premier Février 1706 ; oui le rapport du sieur Desmarets, Conseiller ordinaire au Conseil Royal, Contrôleur général des Finances, & tout consideré : SA MAJESTÉ ÉTANT EN SON CONSEIL, a agréé & agrée les propositions à elle faites par lesdits Pecquet, Mouchard, Dumoulin, de la Houssaye, Beard & du Coudray ; ordonne qu'ils feront à l'exclusion de tous autres le commerce de la Chine, joüiront de tous les droits & priviléges de la Compagnie ci-devant établie, à la réserve seulement des droits d'Amirauté, & ce pendant cinquante années, à commencer au mois de Mars 1715, sous le titre de la Compagnie Royale de la Chine, pour le tenir directement de Sa Majesté, & indépendamment de toute autre Compagnie ; défend Sa Majesté à tous autres ses sujets,

sous

sous quelque prétexte que ce soit, d'aborder dans aucuns des Ports dudit Royaume, à peine contre les contrevenans de confiscation des Vaisseaux, armes, munitions & marchandises applicables au profit de ladite Compagnie, à la charge par elle de n'apporter dans le Royaume aucunes autres marchandises que celles que ladite Compagnie a eû droit d'y apporter, suivant le concordat passé avec la Compagnie des Indes le 23 Octobre 1700, & seront à cet effet toutes Lettres Patentes expédiées. FAIT, &c. le vingt-huitiéme jour de Novembre mil sept cent douze.

Signé PHELYPEAUX.

ARREST
DU CONSEIL D'ÉTAT
DU ROY,

QUI nomme des Commissaires pour l'examen des affaires de la Compagnie.

Du 5 Décembre 1712.

Extrait des Registres du Conseil d'Etat.

SUr la requête présentée au Roi en son Conseil par les Directeurs de la Compagnie Royale des Indes Orientales de France, contenant que par Arrêt du Conseil d'Etat rendu, Sa Majesté y étant, le douze Novembre mil sept cent huit, il a plû à Sa Majesté de commettre pour connoître de toutes les affaires & dettes de la Compagnie des Indes, & pour donner leur avis à Sa Majesté sur tout ce qui pourroit concerner lesdites affaires & dettes, les sieurs Daguesseau, Conseiller d'Etat ordinaire & au Conseil Royal des Finances, Phelypeaux de Pontchartrain, Conseiller de Sa Majesté en tous ses Conseils, Secrétaire d'Etat & de ses Commandemens, Bignon, Bechameil de Nointel & Rouillé du Coudray, Conseillers d'Etat ordinaires, Desmarets, Conseiller ordinaire au Conseil Royal, Contrôleur général des Finances, & Boucher d'Orsay, Maître des Requêtes & Intendant du Commerce, au lieu & place duquel le sieur de Machault, aussi Maître des Requêtes & Intendant du Commerce, a depuis été commis ; mais que comme il est très-difficile d'assembler plus de trois desdits sieurs Commissaires, à cause du grand nombre de différentes affaires, dont chacun d'eux se trouve chargé, l'expédition des affaires de ladite Compagnie souffriroit un retardement qui lui seroit préjudiciable, s'il ne plaisoit à Sa Majesté d'ordonner, comme elle a eü la bonté de faire en d'autres rencontres, que lesdits sieurs Commissaires, au nombre de trois au moins, pourront entendre les parties sur les contestations concernant les affaires & dettes de ladite Compagnie, & donner au même nombre leur avis à Sa Majesté, pour y être ensuite par elle pourvû ainsi qu'il appartiendra. Vû ladite requête; oui le rapport, & tout considéré : SA MAJESTÉ ÉTANT EN SON CONSEIL, a ordonné & ordonne, que lesdits sieurs Commissaires commis par ledit Arrêt du Conseil d'Etat du douze Novembre mil sept cent huit, & le sieur de Machault, Maître des Requêtes & Intendant du Commerce, pourront au nombre de trois au moins connoître de tout ce qui concerne les affaires & dettes de la Compagnie des Indes Orientales, & donner au même nombre leur avis à Sa Majesté sur la liquidation & acquittement desdites dettes, & généralement sur tout ce qui concerne l'exécution, tant dudit Arrêt du douze Novembre mil sept cent huit, que de celui du sixiéme du même mois. FAIT au Conseil d'Etat du Roi, Sa Majesté y étant, tenu à Versailles le cinquiéme jour de Décembre mil sept cent douze. *Signé* PHELYPEAUX.

ARREST
DU CONSEIL D'ÉTAT
DU ROY,

QUI ordonne qu'il sera compté par espéces, qualités & quantités des marchandises arrivées par les Vaisseaux de la Compagnie.

Du 24 Janvier 1713.

Extrait des Regiſtres du Conseil d'Etat.

LE Roi voulant être informé de la véritable quantité de marchandises de toutes qualités qui composoient le chargement des quatre Vaisseaux le Maurepas, le Lys-Brillac, le François d'Argouges & l'Auguste de saint Malo, venus des Indes Orientales au Port-Louis le 8 Février 1712, ensemble de la prise le nouveau Georges arrivé à Morlaix au mois de Janvier précédent pour le compte de la Compagnie des Indes Orientales ou de ses ayans cause, & de la disposition qui en a été faite par les Directeurs, Agens, Commis ou autres préposés au déchargement, réception, vente & adjudication desdites marchandises, tant de celles dont la consommation est permise dans le Royaume, que de celles prohibées qui ont été vendues, à la charge d'être portées à l'Etranger ; ouï le rapport du sieur Desmarets, Conseiller ordinaire au

Conseil Royal, Contrôleur général des Finances : SA MAJESTE' EN SON CONSEIL, a ordonné & ordonne, que les Directeurs, Agens & autres personnes qui ont eû la Direction du déchargement, vente & adjudication des marchandises venues des Indes par lesdits quatre Navires, & la prise le nouveau Georges, seront tenus d'en compter par bref état, par espéces, qualités & quantités desdites marchandises, pardevant les sieurs Amelot & de Nointel, Conseillers d'Etat, & le sieur de Machault, Maître des Requêtes & Intendant du Commerce, que Sa Majesté a commis & commet à cet effet ; & en conséquence, que lesdits Directeurs, Agens & Commis, représenteront devant lesdits sieurs Commissaires les connoissemens, livres de bord, factures & autres piéces justificatives des marchandises, tant prohibées que permises, qui composoient le chargement desdits Navires, ensemble les inventaires qui en ont été faits à leur arrivée, les registres de l'entrée & sortie des marchandises des magasins où elles ont été déposées, & de ceux contenant les ventes, adjudications & livraisons qui en ont été faites, tant à Nantes, le Port-Louis, qu'à Morlaix, même que les registres tenus par les commis & préposés de Charles Ysambert, chargé de la régie des Fermes, seront pareillement représentés auxdits sieurs Commissaires, pour du tout être par eux dressé procès-verbal, pour icelui vû & rapporté au Conseil avec leurs avis, être ordonné par Sa Majesté ce qu'il appartiendra. FAIT au Conseil d'Etat du Roi, tenu à Marly le vingt-quatriéme jour de Janvier mil sept cent treize. *Collationné. Signé* GOUJON.

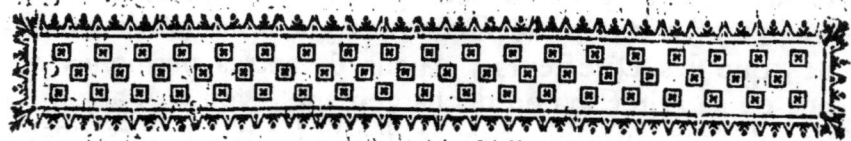

ARREST
DU CONSEIL D'ÉTAT DU ROY,

QUI règle le payement à faire aux créanciers privilégiés de la Compagnie des Indes Orientales, & celui des créanciers chirographaires.

Du 20 Février 1713.

Extrait des Registres du Conseil d'Etat.

VU au Conseil d'Etat du Roi les requêtes présentées les 23 Décembre 1710 & 7 Janvier 1711 par François l'Enfant, Syndic des créanciers porteurs de contrats à la grosse aventure sur les Vaisseaux le Maurepas & la Toison d'or, tendantes entre autres choses à ce qu'il plaise à Sa Majesté déclarer les quatre-vingt-douze mille livres d'intérêts pris par les Directeurs de la Compagnie des Indes Orientales pour la valeur desdits Vaisseaux le Maurepas & la Toison d'or, dans l'armement des sieurs Crozat & consorts, partis pour les Indes au mois de Janvier 1710, affectés par privilége au payement des donneurs de grosse sur lesdits deux Vaisseaux, le tout avec dépens & sans préjudice auxdits aventuriers de leurs autres droits ; sur lesquelles requêtes ont été mises les Ordonnances du Conseil, soit communiqué auxdits Directeurs de la Compagnie des Indes & aux Syndics des créanciers chirographaires de ladite Compagnie, pour leurs réponses vûes en jugeant être fait droit, & soit signifié, avec les significations d'icelles desdits jours 23 Décembre 1710 & 7 Janvier 1711. Imprimé de l'Arrêt dudit Conseil d'Etat du 18 dudit mois de Janvier 1711, rendu sur l'avis des sieurs Commissaires députés pour connoître des affaires de ladite Compagnie des Indes, contenant l'ordre pour la distribution des deniers provenus de la vente des marchandises du Vaisseau le saint Louis, appartenant à ladite Compagnie des Indes, par lequel entre autres choses Sa Majesté a ordonné sur la demande dudit l'Enfant, concernant le privilége par lui prétendu sur lesdites quatre-vingt-douze mille livres que les parties contesteront plus amplement, & avant faire droit aussi sur autre demande dudit l'Enfant, portée par sadite requête du 23 Décembre 1710, concernant la distraction de la somme de cent mille livres pour la valeur des coraux tirés desdits Vaisseaux le Maurepas & la Toison d'or, & mis dans le saint Louis, que lesdits Directeurs seront tenus de rapporter dans un an le compte du produit de la vente faite dans les Indes desdits coraux, pour icelui communiqué aux parties, être sur l'avis desdits sieurs Commissaires ordonné ce que de raison; & cependant que lesdits porteurs de contrats à la grosse sur lesdits deux Vaisseaux le Maurepas & la Toison d'or, entreront pour ce qui leur restera dû de profits maritimes, & intérêts, (après la contribution particuliere qui sera faite entre eux de la somme de cent quarante-huit mille huit cens livres, distraite à leur profit du prix provenu de la vente des marchandises dudit Vaisseau le saint Louis) dans la contribution générale qui sera faite avec les créanciers chirographaires, à la charge néanmoins qu'après qu'ils auront reçû ce qui leur reviendra du produit de la vente des coraux, ou autres effets tirés desdits deux Vaisseaux le Maurepas & la Toison d'or, & remis sur ledit Vaisseau le S. Louis, ils seront tenus de rapporter au profit desdits créanciers chirographaires ce qu'ils auront touché fur ladite contribution au-delà de ce qu'ils devroient en avoir touché s'ils étoient lors payés du produit defdits coraux & autres effets. Imprimé d'un autre Arrêt du Confeil du 4 Mai 1711, qui a ordonné, du confentement defdits Directeurs de la Compagnie des Indes, & des Syndics des créanciers de ladite Compagnie, que la délibération d'icelle du 25 Avril audit an fera exécutée, & en conféquence que les créanciers non privilégiés & chirographaires de ladite Compagnie, qui font compris dans l'état arrêté entre lefdits Directeurs & Syndics des créanciers le 24 dudit mois d'Avril, feront payés du tiers de leurs capitaux ; fçavoir, vingt pour cent en billets de monnoye, & treize un tiers pour cent en efpéces, le tout à imputer premierement fur les intérêts échûs au premier Mai 1711, le furplus fur le capital ; ce qui feroit exécuté nonobftant oppofitions ou empêchemens quelconques, dont fi aucuns interviennent, Sa Majefté s'eft refervé & à fon Confeil la connoiffance, & icelle interdite à toutes fes Cours & Juges. Autre requête dudit l'Enfant audit nom, employée pour plus ample conteftation en exécution dudit Arrêt du 18 Janvier, & tendante à ce qu'en lui adjugeant les conclufions de fes requêtes des 23 Décembre 1710 & 7 Janvier 1711, au chef qui concerne le privilége fur les quatre-vingt-douze mille livres d'intérêts pris par les Directeurs de la Compagnie des Indes, pour la valeur des Vaiffeaux le Maurepas & la Toifon d'or en l'armement du fieur Crozat & conforts, il plaife à Sa Majefté ordonner que lefdits porteurs de contrats à la groffe aventure fur lefdits deux Vaiffeaux, feront payés des fommes reftantes à lui dûes & intérêts d'icelles, par privilége & préférence, tant fur lefdites quatre-vingt-douze mille livres, prix de la vente defdits Vaiffeaux le Maurepas & la Toifon d'or, que fur le bénéfice ou produit defdites quatre-vingt-douze mille livres, le tout avec dépens, fans préjudice d'autres droits & actions, & l'Arrêt qui interviendra déclarer commun avec lefdits Crozat & conforts ; fur laquelle requête a été mis l'Ordonnance du Confeil,

acte

acte de l'emploi, & fur le furplus en jugeant, du 6 Février 1712, & la fignification aux Avocats defdits Directeurs & Syndics defdits créanciers chirographaires, du 8 dudit mois. Trois fommations de fournir de réponfes, des 13, 16 Février & 25 Avril audit an. Piéces attachées à ladite requête, qui font, Imprimé de l'Arrêt du Confeil du 22 Février 1710, qui a ordonné que les créanciers de ladite Compagnie des Indes repréfenteront les originaux de leurs contrats & billets pardevant le fieur d'Orfay, Maître des Requêtes, Intendant du commerce, l'un des fieurs Commiffaires, & lui en laifferont copies fignées d'eux ; copie fignifiée d'autre Arrêt du Confeil du 20 Octobre audit an, pour l'exécution du précédent, & le procès-verbal dudit fieur d'Orfay, du 23 Décembre enfuivant, contenant la repréfentation à lui faite par plufieurs des créanciers defdits contrats & billets. Requête defdits fieurs Directeurs de la Compagnie des Indes, employée pour réponfe à celle dudit l'Enfant audit nom, & tendante à ce qu'il plaife à Sa Majefté leur donner acte de ce que fur la premiere partie de la demande dudit l'Enfant, pour être par les porteurs de contrats à la groffe aventure payés des fommes à eux reftantes dûes par privilége & préférence fur les quatre-vingt-douze mille livres provenues de la vente defdits deux Vaiffeaux le Maurepas & la Toifon d'or, ils fe rapportent à elle & au Confeil d'ordonner ce qu'il lui plaira, après que les Syndics des créanciers chirographaires de la Compagnie auront été fur ce entendus, débouter lefdits porteurs de contrats à la groffe de la feconde partie de leur requête & demande, pour être payés par privilége & préférence fur le bénéfice & produit defdites quatre-vingt-douze mille livres, avec dépens : fur laquelle requête a été mis l'Ordonnance du Confeil, acte de l'emploi, & foit fignifié, du 18 Mars 1712, fignifiée le 22 dudit mois aux Avocats defdits Syndics de porteurs de contrats & créanciers chirographaires. Autre requête dudit l'Enfant audit nom, employée pour réponfes à la précédente, & tendante à ce qu'il fût ordonné que les deniers qui proviendroient de la vente des marchandises de retour par les Vaisseaux des sieurs Crozat & consorts, sur lesquels ladite Compagnie des Indes a pris intérêts pour lesdites quatre-vingt-douze mille livres, & dont la vente avoit été indiquée au mois de Mai 1712, seront jusqu'à concurrence de ce qui en appartient à ladite Compagnie des Indes mis entre les mains de tel dépositaire dont les parties conviendront, pour être ensuite procédé à la distribution desdits deniers ainsi qu'il appartiendra, l'Arrêt déclaré commun avec les sieurs Crozat & consorts, au bas de laquelle requête a été mis l'Ordonnance du Conseil, acte de l'emploi & soit communiqué auxdits Directeurs des Indes, Syndics des créanciers chirographaires & Crozat, du 30 Avril 1712, signifiée le 2 Mai audit an. Piéces attachées à ladite requête, qui sont copie du traité fait double le 19 Juin 1709, sous les signatures privées du sieur Soulet, l'un des Directeurs de ladite Compagnie des Indes, tant pour lui que pour les autres Directeurs & Intéressés, & le sieur Crozat pour lui & ses consorts Armateurs de saint Malo, par lequel ledit sieur Soulet a vendu audit sieur Crozat les deux Vaisseaux le Maurepas & la Toison d'or, appartenant à ladite Compagnie des Indes, avec tous les agrès, ustenciles & apparaux, pour le prix & somme de quatre-vingt-douze mille livres, qui seront employées pour partie & à compte de l'intérêt que ladite Compagnie devoit prendre dans l'armement qui seroit fait pour les Indes dans le cours de ladite année 1709, en exécution du traité fait avec ladite Compagnie le 12 Avril audit an, homologué par Arrêt du Conseil du 3 Juin ensuivant; les ratifications dudit traité, tant par les autres Directeurs de ladite Compagnie que les associés dudit Crozat, le 22 dudit mois de Juin, & un état de ce qui reste à payer desdits contrats à la grosse aventure sur lesdits Vaisseaux le Maurepas & la Toison d'or aux y dénommés, montant à la somme de quatre-vingt-huit mille trois cens dix-sept livres un sol sept deniers. Arrêt du Conseil du 23 Mai 1712, intervenu sur la requête dudit l'Enfant, audit nom, par lequel Sa Majesté a ordonné que le sieur le Noir, Caissier de ladite Compagnie des Indes, sera dépositaire des deniers qui appartiendront à ladite Compagnie, provenant de la vente des marchandises apportées des Indes Orientales sur les Vaisseaux le Maurepas, le Lys-Brillac, l'Auguste, le François d'Argouges & sur le nouveau Georges, qui a été pris en mer sur les Anglois, & que les deniers seront remis dans un coffre fermant à trois clefs, dont l'une sera donnée au Syndic des créanciers à la grosse aventure, une autre au Syndic des créanciers chirographaires, & la troisiéme restera au dépositaire, duquel lesdits Directeurs de la Compagnie seront garants, pour être ensuite procédé à la distribution desdits deniers ainsi qu'il appartiendra ; ledit Arrêt déclaré commun avec les sieurs Crozat & consorts, principaux Intéressés en l'armement desdits Vaisseaux, & signifié le 28 dudit mois de Mai aux Avocats desdits Directeurs des Indes, aux Syndics desdits créanciers chirographaires & sieur Crozat. Requête des sieurs Denis du Sault, Jean-Mathieu Deraudon & Ferdinand de Gumery, créanciers & Syndics des autres créanciers chirographaires, & porteurs de billets des sieurs Directeurs de ladite Compagnie des Indes, employée pour réponse à celle dudit l'Enfant audit nom, & desdits Directeurs susdatées, & tendante à ce que ledit l'Enfant soit débouté de ses demandes pour avoir privilége sur les quatre-vingt-douze mille livres & profits pour lesquels lesdits Directeurs se sont intéressés à l'armement du sieur Crozat & consorts ; qu'il soit ordonné que ledit l'Enfant sera tenu de nommer les particuliers porteurs de contrats à la grosse sur lesdits Vaisseaux le Maurepas & la Toison d'or, desquels il se prétend & dit Syndic ; que défenses lui soient faites de prendre ladite qualité de Syndic indéfiniment desdits porteurs de contrats, & le condamner aux dépens, sur laquelle a été mis l'Ordonnance du Conseil, acte de l'emploi sur le surplus en jugeant, & les piéces y mentionnées communiquées & signifiées, du 14 Juillet 1712, signifié le 16. Piéces attachées à ladite requête, qui sont deux sommations faites à la requête desdits Syndics des créanciers chirographaires, l'une du 7 dudit mois de Juillet audit l'Enfant audit nom, & auxdits Directeurs, de fournir & faire fournir l'état desdits créanciers porteurs de contrats à la grosse qui restent à payer, & l'autre du 5 Août ensuivant, faite auxdits Directeurs de fournir copie des piéces y mentionnées. Autre requête desdits Directeurs des Indes, employée pour réponse à celle dudit l'Enfant, signifiée le 2 Mai, & à celle desdits Syndics des créanciers chirographaires du 14 Juillet, au bas de laquelle est l'Ordonnance du Conseil, acte de l'emploi & soit signifié, & les piéces y attachées vûes & communiquées, du 15 Septembre 1712, signifiées le 20 dudit mois. Piéces attachées à ladite requête, qui sont un extrait du regiftre des délibérations de ladite Compagnie des Indes, contenant celles des 28 Juillet 11 Août & 5 Septembre 1708, pour le payement des créanciers porteurs de contrats à la grosse sur les trois Vaisseaux le saint Louis, le Maurepas & la Toison d'or, qu'elle fit partir pour les Indes au mois de Juillet 1706; une autre copie du traité fait le 22 Avril 1709 entre lesdits Directeurs, les sieurs Crozat & consorts intéressés à l'armement de quatre Vaisseaux pour envoyer aux Indes dans le cours de ladite année 1709, auquel ladite Compagnie s'est intéressée pour la somme de trois cens mille livres, homologué par Arrêt du Conseil du 3 Juin audit an, & un état certifié de ce qui reste dû desdits contrats à la grosse aventure aux y dénommés sur les Vaisseaux le Maurepas & la Toison d'or, tant en principal que profits maritimes & intérêts jusqu'au premier Mai 1711, montant à la somme de quatre-vingt-huit mille trois cens soixante-dix livres quatorze sols onze deniers. Autre requête dudit l'Enfant audit nom, employée pour réponse à celle desdits Directeurs & Syndics des créanciers chirographaires, avec les piéces y attachées, au bas de laquelle a été mis l'Ordonnance du Conseil, acte de l'emploi, les piéces reçûes & communiquées, du 28 dudit mois de Septembre, signifiée ledit jour. Piéces attachées à ladite requête, qui sont un Arrêt du Conseil d'Etat du 12 Novembre 1708, par lequel Sa Majesté a ordonné que dans les deux mois portés par autre Arrêt dudit Conseil du 6 dudit mois, lesdits Directeurs seroient tenus de dresser un état des effets de ladite Compagnie, de leur estimation & valeur, & un autre état des dettes passives de ladite Compagnie, qui seront par eux certifiés & remis avec les regiſtres, comptes & autres pièces nécessaires pardevers lesdits sieurs Commissaires, pour les examiner & donner leur avis sur la liquidation & acquittement desdites dettes, & généralement sur tout ce qui concernera les affaires de ladite Compagnie pour l'exécution desdits Arrêts ; & cependant Sa Majesté auroit sursis à toutes poursuites, contraintes & exécutions pour raison desdites dettes sur les effets de ladite Compagnie, & sur les personnes & biens des Directeurs, en vertu d'aucuns jugemens obtenus & à obtenir, sauf auxdits créanciers à se pourvoir pardevant lesdits sieurs Commissaires, & y former telle demande que bon leur semblera ; faisant Sa Majesté défenses de procéder ailleurs, à peine de nullité & de tous dépens, dommages & intérêts. Acte signifié le 8 Juillet 1712, à la requête dudit l'Enfant audit nom, auxdits Syndics des créanciers chirographaires, portant déclaration qu'il reste dû aux créanciers porteurs de contrats à la grosse, suivant l'état des créanciers de ladite Compagnie des Indes, & la représentation faite des originaux des contrats par le procès-verbal du 23 Decembre 1710, remis ès mains du sieur de Machault, Conseiller du Roi en ses Conseils, Maître des Requêtes ordinaire de son Hôtel, Intendant du commerce, Commissaire député au lieu du sieur d'Orsay, la somme de quatre-vingt-huit mille trois cens dix-sept livres un sol, outre les intérêts, sauf erreur de calcul. Requête desdits Syndics des créanciers chirographaires, employée pour réponse à celle desdits Directeurs & l'Enfant, des 15 & 28 Septembre, au bas de laquelle a été mis l'Ordonnance du Conseil, acte de l'emploi & soit signifié, du 11 Octobre ensuivant, signifiée ledit jour. Autre requête dudit l'Enfant audit nom, employée pour réponse à la précédente, signifiée le 14 Décembre audit an. Autre requête desdits Syndics des créanciers chirographaires, employée pour replique à celle dudit l'Enfant, & tendante à ce qu'en le déboutant de ses demandes il soit aussi ordonné que les Directeurs de la Compagnie des Indes seront tenus de rapporter les comptes du produit de la vente faite dans les Indes des coraux qui y avoient été portés par le Vaisseau le saint Louis, & qui y étoient restés, & ce conformément à l'Arrêt du Conseil du 18 Janvier 1711, & les contestans condamnés aux dépens; sur laquelle requête a été mis l'Ordonnance du Conseil, acte de l'emploi sur le surplus en jugeant, & soit signifié, du 10 Janvier 1713, signifiée ledit jour. Requête desdits Directeurs, employée pour réponse à la précédente, & de ce que pour satisfaire audit Arrêt du Conseil du 18 Janvier, ils ont joint à ladite requête l'état du produit de la vente desdits coraux aux Indes, au bas de laquelle requête a été mis l'Ordonnance du Conseil, acte de l'emploi les piéces y communiquées & signifiées, du 13 Janvier 1713, signifiée ledit jour; l'extrait signé Blanchart, Teneur des livres de ladite Compagnie, tiré des livres du comptoir de Pondichery, portant que cinquante caisses de corail y ont été vendues de net quatre-vingt-trois mille quatre cens quarante-six roupies neuf pezars huit deniers, faisant argent de France la somme de cent vingt-cinq mille cent soixante-neuf livres neuf sols huit deniers. Autre requête dudit l'Enfant audit nom, tendante à ce qu'acte lui soit donné de ce qu'il restraint les conclusions de sa requête, signifiée le 8 Février 1712, au seul privilége sur les quatre-vingt-douze mille livres d'intérêts pris par la Compagnie des Indes dans l'armement du sieur Crozat & consorts, faisant le prix des Vaisseaux le Maurepas & la Toison d'or, & ce sans extension sur le bénéfice que ce prix a produit, sans préjudice néanmoins des droits des porteurs de contrats pour ce qui pourra leur rester dû; sur laquelle requête a été mis l'Ordonnance du Conseil, acte de l'emploi sur le surplus en jugeant, & soit signifié, du 28 Janvier 1713;

signifiée le 30 dudit mois. Requête & piéces de Louis Boivin, sieur d'Hardancourt, Secrétaire général de ladite Compagnie des Indes, tendante à ce qu'il plaise à Sa Majesté ordonner que sur le produit des effets que ladite Compagnie a reçû par le retour des Vaisseaux des sieurs Crozat & consorts, il sera payé par privilége & préférence de la somme de trois mille sept cens quarante-cinq livres à lui dûe de reste de ses appointemens depuis le premier Janvier 1710 jusqu'au premier Avril 1712, & de la gratification à lui accordée à cause du voyage par lui fait aux Indes à cette occasion, suivant la délibération de ladite Compagnie du 11 Décembre 1709, & des intérêts de ladite somme à compter dudit jour premier Avril; au bas l'Ordonnance du Conseil, soit communiqué, & signifiée auxdits Directeurs & Syndics des créanciers, du 22 Novembre 1712, signifiée le 26 dudit mois. Piéces attachées à ladite requête, qui sont l'original de ladite délibération desdits Directeurs, du 11 Décembre 1709, & un acte signifié le 18 Février 1713 auxdits Directeurs & Syndics, portant désistement de la demande des intérêts formée par ledit d'Hardancourt. Requête & piéces de Jean-François Borderel, Avocat au Parlement de Paris, & de Marie-Anne Thomas sa femme, seule & unique héritiere de Bernard Fevet son oncle, employé à Pondichery au service de ladite Compagnie des Indes, tendante à ce qu'ils soient aussi payés par privilége & préférence sur les deniers étant entre les mains du sieur le Noir, Caissier de ladite Compagnie, & séquestre nommé par l'Arrêt du 23 Mai 1712, de la somme de mille une livres sept sols six deniers pour les appointemens dûs audit défunt Fevet, à raison de six cens livres par an, suivant le compte qui en a été arrêté le 15 Février 1711, & des intérêts de ladite somme, à ce faire ledit le Noir contrat, quoi faisant déchargé, avec dépens; au bas est l'Ordonnance du Conseil, soit communiqué auxdits Directeurs & Syndics des créanciers, du 27 Octobre 1712, signifiée le 31 dudit mois. Requête desdits Directeurs, employée pour réponse, & tendante à ce qu'il soit ordonné que lesdits Borderel & sa femme viendront à contribution avec les autres créanciers chirographaires de ladite Compagnie, & condamnés aux dépens; au bas l'Ordonnance du Conseil, acte de l'emploi sur le surplus en jugeant & soit signifié; du 29 Novembre, signifiée le 5 Décembre 1712. Replique desdits Borderel, du 10 dudit mois. Requête & piéces d'Anne Pillavoine, fille majeure, tendante à ce que dans la distribution des deniers dont il s'agit, elle soit payée par privilége & préférence de la somme de deux mille quatre cens six livres cinq sols pour arrérages de deux pensions alimentaires, l'une de trois cens soixante-quinze livres, l'autre de cinq cens livres, qu'Etienne-Louis Pillavoine, Directeur au comptoir de Surate pour ladite Compagnie des Indes, a donné, tant à elle qu'à Maurice Pillavoine, fils dudit Etienne, dont elle est chargée, à recevoir sur ses appointemens en ladite qualité de Directeur, sur laquelle requête a été mis l'Ordonnance du Conseil, soit communiqué, & sur le surplus en jugeant sera fait droit, du 30 Septembre 1712, signifiée le premier Octobre audit an. Réponse desdits Directeurs, du 17 dudit mois. Requête & piéces jointes à icelle de Marie-Marguerite l'Epinay, fille majeure, donataire d'Antoine l'Epinay son pere, héritier mobiliaire d'autre Antoine l'Epinay son fils, sous-Marchands pour le compte de ladite Compagnie au comptoir d'Ougly, afin d'être payée par privilége & préférence de la somme de mille cinquante-sept livres trois sols cinq deniers pour gages & vente des hardes dudit Antoine l'Epinay, décédé aux Indes le 30 Juillet 1708, des intérêts de ladite somme du jour qu'elle est entrée dans la caisse de ladite Compagnie; au bas de ladite requête est l'Ordonnance du Conseil, soit communiqué avec les piéces y attachées, & sur le surplus en jugeant, & soit signifié, du 20 Octobre 1712, signifiée ledit jour. Requête desdits Directeurs, employée pour réponse à celle de ladite l'Epinay, & à ce qu'il soit ordonné qu'elle viendra en contribution avec les autres créanciers chirographaires; au bas l'Ordonnance du Conseil, acte de l'emploi sur le surplus

en

en jugeant, & soit signifié, du 29 Novembre signifiée le 5 Décembre audit an. Requête de la veuve Fuet, aux fins d'être aussi payée par privilége & préférence sur les deniers dont il s'agit de la somme de douze cens livres pour trois années, à raison de quatre cens livres par an, 1710, 1711 & 1712, de pension que Fuet son fils, chef pour ladite Compagnie dans son comptoir de Callicut, lui a donné à prendre sur ses appointemens, suivant sa lettre missive du 15 Novembre 1704; au bas de laquelle requête est l'Ordonnance soit communiqué, du 21 Décembre 1712, signifiée ledit jour. Requête desdits Directeurs, employée pour réponses à celle de ladite veuve Fuet, à laquelle ils déclarent le décès de Fuet son fils arrivé au mois de Septembre 1711, & à ce que faisant droit, elle soit déboutée quant à présent de sa demande, jusqu'à ce que le compte dudit Fuet son fils ait été rendu à ladite Compagnie; au bas de ladite requête l'Ordonnance du Conseil, acte de l'emploi, au surplus en jugeant, & soit signifié, du 29 Décembre 1712, signifiée le 5 Décembre audit an. Autre requête & piéces jointes de Jean Dominique, Pierre-Daniel Pestalozy de Poretin, & de Genevieve Pestalozy, enfans héritiers de Daniel Pestalozy, sieur de Poretin, à ce qu'il plaise à Sa Majesté ordonner que nonobstant & sans avoir égard à la dénonciation à lui faite de l'Arrêt du Conseil du 12 Novembre 1708, obtenu par lesdits Directeurs, portant surséance à toutes poursuites & contraintes contre eux & sur leurs biens, lesdits Pestalozy pourront continuer celles qu'ils ont commencées pour l'exécution de la Sentence des Consuls de Paris du 7 Mars 1709, portant condamnation de la somme de quatre mille deux cens livres, portée au billet desdits Directeurs du 11 Août 1708, intérêts d'icelle & dépens, & les contestans condamnés aux dépens; sur laquelle requête a été mis l'Ordonnance du Conseil, soit communiqué auxdits Directeurs & Syndics des créanciers pour y fournir de réponse, du 13 Octobre 1712, signifiée le 14, trois sommations en forme de réponses. Requête desdits Directeurs, employée pour réponse à celle desdits

Pestalozy, & tendante à ce qu'en les déboutant de leur demande, il soit ordonné qu'ils seront payés par contribution comme les autres créanciers chirographaires de ladite Compagnie dans les distributions qui seront faites des deniers à elle appartenans de son commerce, & l'Arrêt du 12 Novembre 1708 exécuté ; au bas l'Ordonnance du Conseil, acte de l'emploi au surplus en jugeant, & soit signifié, du 19 Octobre 1712, signifiée ledit jour. Requête & piéces jointes de Georges Robillard, Ecuyer-Conseiller & Secrétaire de Sa Majesté, & de Pierre Pigneux, Bourgeois de Paris, tendante à ce qu'il soit ordonné qu'ils seront payés sur les deniers à distribuer ; sçavoir ledit Robillard de la somme de deux cens cinquante livres portée au billet desdits Directeurs du 10 Mars 1708, intérêts & dépens, & ledit Pigneux de celle de trois cens vingt livres quatre sols restant de quatre cens vingt-sept livres portée au billet desdits Directeurs, du 23 Mars 1707, & Sentences des Consuls de Paris, des 18 & 19 Janvier 1708, intérêts & dépens ; au bas de laquelle requête est l'Ordonnance du Conseil en jugeant, & soit signifié, du 25 Novembre 1712, signifiée le 15 Décembre ensuivant : défenses desdits Directeurs, du 19 dudit mois. Requête & piéces jointes de François Chesnard, afin d'être payé de la somme de deux mille cinq cens soixante-dix livres dix-neuf sols, contenue au billet desdits Directeurs du 24 Décembre 1707, & des intérêts à compter du 30 Octobre 1708, sur laquelle requête a été mis l'Ordonnance du Conseil, soit communiqué auxdits Directeurs & Syndics, au surplus en jugeant, du 17 Décembre 1712, signifiée le 19 : défenses desdits Directeurs du 20. Requête de Jean-Baptiste Lebrun, Marchand à Paris, afin d'être payé de la somme de sept mille cent quatre-vingt-quatorze livres contenue aux quatre billets desdits Directeurs du 5 Septembre 1708, dont les copies sont jointes à ladite requête, & des intérêts à compter du premier Février 1709, jour de l'échéance desdits billets, & dépens ; au bas l'Ordonnance du Conseil, soit communiqué, du 4 Janvier 1713, signifiée ledit jour : réponses des Directeurs, du 5 dudit mois. Requête & piéces de Catherine le Marchand, veuve d'Antoine Bruflé, Marchand à Paris, afin d'être payée de la somme de quinze cens vingt-six livres contenue en deux billets desdits Directeurs du 20 Octobre 1708, ensemble des intérêts, à compter du 11 Février 1709, jour du protest, & dépens, sur laquelle a été mis l'Ordonnance du Conseil du 9 Juillet 1712, signifiée ledit jour : réponses desdits Directeurs, signifiées le 6 Décembre audit an. Requête & piéces de Jacques de Zallay, Huissier du cabinet de la feu Reine, afin d'être payé de la somme de trois mille cent soixante-une livres contenue au billet de ladite Compagnie du 26 Mars 1707, & des intérêts de ladite somme adjugés par Sentence des Consuls de Paris du 9 Mars 1708, quatre-vingt-dix livres de dépens adjugés par ladite Sentence, & faits en exécution suivant le mémoire d'iceux, à la déduction néanmoins de la somme de huit cens livres qu'il a reçûe à compte le 8 Juillet 1708 ; au bas de laquelle est l'Ordonnance du Conseil, soit communiqué & en jugeant, du 27 Octobre 1712, signifiée le 31 dudit mois : réponses des Directeurs, du 29 Novembre audit an. Requête & piéces de Françoise Gontier, fille majeure, à ce qu'il plaise à Sa Majesté ordonner qu'elle sera payée sur les deniers dont est question de la somme de deux mille livres contenue au billet desdits Directeurs & Compagnie des Indes du 31 Décembre 1707, & des intérêts de ladite somme adjugés par Sentence de la Prévôté de l'Hôtel du 3 Septembre 1709 ; au bas de laquelle est l'Ordonnance du Conseil, soit communiqué auxdits Directeurs, du premier Août 1711, signifiée le 8 dudit mois. Requête desdits Directeurs & piéces y jointes, employée pour réponse à celle de ladite Gontier, & tendante à ce qu'elle en soit déboutée, en tout cas qu'elle sera tenue de rendre à ladite Compagnie le billet dont elle demande le payement, en lui remettant par le Caissier de ladite Compagnie un billet du sieur de la Peyronnie de pareille somme de deux mille livres, du même jour 31 Décembre 1707, payable au 15 No-

vembre 1708, fait en exécution de la délibération dudit
jour 31 Décembre 1707, & condamner ladite Gontier aux
dépens ; au bas l'Ordonnance du Conseil, acte de l'emploi, & sur le surplus en jugeant, & soit signifié, du 4
Août 1712, signifiée le 8. Autre requête desdits Directeurs, tendante à ce qu'en cas qu'il plaise à Sa Majesté
ordonner que ladite Gontier sera payée par contribution
dudit billet de deux mille livres, qui étoit payable au 15
Octobre 1708, il lui plaise aussi ordonner que les deux
autres billets de ladite Compagnie chacun de deux mille
livres, payables au 15 Septembre & 15 Novembre 1708,
demeureront compensés avec les deux billets du sieur de
la Peyronnie aussi de deux mille livres chacun, & payables aux mêmes jours que ladite Compagnie a acquitté &
qu'elle rapporte, pour la valeur desquels lesdits deux billets de la Compagnie ont été donnés audit sieur de la Peyronnie, & que ladite Gontier sera tenue d'affirmer devant
ledit sieur de Machault, Commissaire, qu'elle n'a point
lesdits deux billets de la Compagnie payables auxdits jours
15 Septembre & 15 Novembre 1708, si mieux elle n'aime les rapporter & rendre à ladite Compagnie comme nuls
& acquittés ; au bas de ladite requête est l'Ordonnance
du Conseil soit communiqué à ladite Gontier pour y répondre, au surplus en jugeant, & soit signifié, du 3 Février 1713, signifiée ledit jour, avec sommation de fournir de réponses. Autre requête & pièces du sieur Motte,
Tapissier, afin d'être payé de la somme de onze cens livres contenue au billet de ladite Compagnie du 10 Mars
1708, sur laquelle a été mis l'Ordonnance du Conseil du
10 Février, soit communiqué, & signifiée ledit jour : réponses desdits Directeurs du 15 dudit mois. Autres requêtes respectivement présentées par lesdits Directeurs de la
Compagnie des Indes, Louis Poupardin & Philippes Noel,
la premiere desdits Directeurs à ce qu'il plaise à Sa Majesté ordonner que son Arrêt du 12 Novembre 1708 sera
exécuté selon sa forme & teneur, & en conséquence que
main-levée leur sera faite des droits, gages & émolumens

de leurs Offices, loyers de maisons, fruits & revenus, & prix des baux de leurs héritages, & nommément au sieur Sandrier, l'un d'eux, des loyers desdites maisons, fruits, revenus & prix des baux de ses héritages, qui ont été saisis pour les dettes de la Compagnie à la requête dudit Poupardin, les saisies réelles tenant néanmoins sur lesdits Offices, maisons & héritages saisis pour la sureté des créanciers saisissans; ce faisant que tous Receveurs, Trésoriers, Commissaires, Sequestres, Locataires, Fermiers & autres débiteurs, seront tenus de payer & vuider leurs mains desdits droits, gages, émolumens, loyers, fruits, revenus & prix de leurs baux, & autres sommes par eux dûes à chacun desdits sieurs Directeurs à qui ils appartiennent, à ce faire contraints par toutes voyes, même comme dépositaires, quoi faisant ils en seront & demeureront bien & valablement quittes & déchargés, & l'Arrêt qui interviendra exécuté nonobstant toutes oppositions & empêchemens quelconques, pour lesquels ne sera différé, & dont Sa Majesté se reservera la connoissance, & la renverra auxdits sieurs Commissaires nommés par ledit Arrêt du 12 Novembre 1708, & icelle interdira à toutes ses autres Cours & Juges, & condamner les contestans aux dépens; sur laquelle requête a été mis l'Ordonnance du Conseil, soit communiqué au sieur Poupardin & aux Syndics des créanciers chirographaires, pour leurs réponses vûes être ordonné & fait droit ainsi qu'il appartiendra, du 12 Janvier 1711, signifiée ledit jour audit Poupardin en son domicile, & à l'Avocat desdits Syndics, avec sommation de fournir de réponses. Requête de Louis Poupardin de Fremicourt, employée pour réponses à celle desdits Directeurs, & tendante à ce qu'il plaise à Sa Majesté les débouter de la main-levée par eux demandée, & acte de ce qu'il consent en ce qui peut le regarder pour éviter le dépérissement des deniers & choses saisies, que lesdits deniers, gages, loyers de maisons, fruits, revenus, prix de baux, arrérages & autres deniers saisis, soient payés & remis par les locataires, fermiers, débiteurs & redevables, entre les mains du sieur le Noir,

Caissier de ladite Compagnie des Indes, ès mains duquel les saisies viendront, pour être les deniers baillés & délivrés à qui par Justice sera ordonné, à ce faire lesdits débiteurs, locataires, fermiers & autres redevables contraints, quoi faisant déchargés, & lesdits Directeurs condamnés aux dépens; sur laquelle requête a été mis l'Ordonnance du Conseil, acte de l'emploi, sur le surplus en jugeant sera fait droit, & soit signifié, du 17 Janvier 1711, signifiée le 19 dudit mois. Autre requête & piéces desdits Directeurs, employée pour réplique à celle dudit Poupardin, & tendante à ce que les conclusions qu'ils ont prises leur soient adjugées purement & simplement, & sans aucune restriction; au bas l'Ordonnance du Conseil, acte de l'emploi, les piéces revûes & communiquées, sur le surplus en jugeant, & soit signifié, du 12 Juin 1711, signifiée le 13 dudit mois. Piéces attachées à ladite requête, qui sont, Imprimé de l'Arrêt du Conseil dudit jour 12 Novembre 1708, par lequel Sa Majesté entre autre chose a sursis à toutes poursuites, contraintes & exécutions pour raison des dettes de ladite Compagnie des Indes, sur les effets de ladite Compagnie, & sur les personnes & biens desdits Directeurs, en vertu d'aucuns jugemens obtenus & à obtenir, sauf auxdits créanciers à se pourvoir pardevant lesdits sieurs Commissaires, & y former telles demandes que bon leur semblera, faisant Sa Majesté défenses de procéder ailleurs, à peine de nullité & de tous dépens, dommages & intérêts. Imprimé d'autre Arrêt du Conseil du 4 Mai 1711, qui a ordonné le payement du tiers des capitaux des sommes dûes aux créanciers non privilégiés & chirographaires compris dans l'état arrêté entre les Directeurs de ladite Compagnie & les Syndics desdits créanciers le 24 Avril précédent, en billets de monnoye & deniers à imputer premierement sur les intérêts échûs au premier dudit mois de Mai, & le surplus sur le capital. Acte signifié le 22 dudit mois de Mai à la requête desdits Directeurs, portant offres audit Poupardin de lui payer le tiers de sa créance de vingt-huit mille six cens quatre-vingt-quatorze livres onze fols, conformément audit Arrêt, avec fommation de fe trouver à cet effet le 26 dudit mois au Bureau du fieur le Noir, Caiffier de ladite Compagnie, fans préjudice de l'inftance pendante au Confeil. Requête & piéces de Philippes Noel, Commis à l'exercice de l'Office de Tréforier de la Marine de l'année 1704, propriétaire de fept billets de ladite Compagnie des Indes, montant à la fomme de vingt-huit mille fix cens quatre-vingt-quatorze livres onze fols fept deniers, fuivant la déclaration dudit fieur Louis Poupardin de Fremicourt, du 20 Mai 1710, employée pour réponfes à celle defdits Directeurs du 12 Juin, & tendante à ce qu'acte lui foit donné de la déclaration qu'il a faite par fon acte, fignifié auxdits Directeurs ledit jour 12 Juin, de vouloir bien, fans fe départir de fes faifies réelles & mobiliaires, recevoir le tiers de ladite fomme de vingt-huit mille fix cens quatre-vingt-quatorze livres onze fols fept deniers à lui dûe en principal, & les intérêts échûs au premier Mai 1711, conformément & ainfi qu'il eft ordonné par ledit Arrêt du 4 Mai, à condition, & non autrement, que les faifies réelles & mobiliaires faites à la requête & fous le nom de Poupardin, tiendront pour fureté du payement des deux autres tiers qui lui refteront dûs de ladite fomme principale & intérêts échûs & qui échéront jufqu'à fon parfait payement, frais faits fous le nom dudit Poupardin & à faire, dont il fera rembourfé par préférence fur les chofes faifies; & faute par lefdits Directeurs de donner leur confentement à ce que deffus, qu'ils demeureront garants des billets de monnoye, & ledit Noel confervé en tous fes droits pour le payement entier de fa créance; au bas de laquelle requête eft l'Ordonnance du Confeil, acte de l'emploi, les piéces reçues & communiquées fur le furplus en jugeant, & foit fignifié, du 18 Juin 1711, fignifiée ledit jour. Piéces attachées à ladite requête, qui font copie des fept billets folidaires defdits Directeurs de la Compagnie des Indes du 26 Mars 1706, montant à ladite fomme de vingt-huit mille fix cens quatre-vingt-quatorze livres onze fols fept deniers, payable au porteur au premier Mars 1708, valeur reçûe en coraux de la Compagnie du Baſtion de France. Copies de deux Sentences du Châtelet de Paris, la premiere du 17 Avril 1708 par défaut, & la ſeconde contradictoire du 22 Mai audit an, obtenue par ledit Poupardin à l'encontre deſdits Directeurs, & par leſquelles ils ſont condamnés ſolidairement & par corps à payer audit Poupardin ladite ſomme de vingt-huit mille ſix cens quatre-vingt-quatorze livres onze ſols ſept deniers pour le contenu auxdits ſept billets, avec les intérêts, & aux dépens. Acte ſignifié à la requête deſdits Directeurs le 25 Juin 1711, par lequel ils ont réitéré leurs offres de payer audit Noel le tiers de ſa créance en principal & intérêts, conformément à l'Arrêt du 4 Mai, ſommé à cet effet de ſe trouver le lendemain 26 au Bureau du ſieur le Noir, Caiſſier de ladite Compagnie, pour recevoir ſans préjudice de l'inſtance du Conſeil pour la main-levée des ſaiſies réelles & mobiliaires. Autre requête deſdits Directeurs, employée pour répliques à celle dudit Noel, du 18 Juin, & à ce que faiſant droit la main-levée pure & ſimple leur ſoit faite de toutes les ſaiſies réelles & mobiliaires faites à la requête de Noel, ſous le nom de Poupardin, ou autres prétendus créanciers de ladite Compagnie des Indes, des biens particuliers deſdits Directeurs, & de ceux d'entre eux qui ont ſigné les billets de ladite Compagnie, avec dommages, intérêts & dépens ; ſur laquelle requête a été mis l'Ordonnance du Conſeil, acte de l'employ, les piéces jointes reçues & communiquées, ſur le ſurplus en jugeant ſera fait droit, & ſoit ſignifié audit Noel, du 22 Juillet 1711, ſignifiée ledit jour. Imprimé de l'Edit d'établiſſement de ladite Compagnie des Indes, du mois d'Août 1664, attaché à ladite requête, portant emploi de l'article V d'icelui. Réponſes dudit Noel, ſignifiées le 23 dudit mois de Juillet 1711. Arrêt du Conſeil du 6 Août 1711, rendu ſur les requêtes & demandes deſdits Directeurs & Noel, par lequel Sa Majeſté a ordonné que ledit Noel ſera par proviſion tenu de recevoir les ſommes à lui offertes par leſdits Directeurs, conformément

mément à l'Arrêt du Conseil du 4 Mai, & que sur le surplus des demandes les Parties contesteront plus amplement, dépens réservés. Requête desdits Directeurs, employée pour plus ample contestation, & satisfaire audit Arrêt, avec les piéces y mentionnées & attachées, & à ce que faisant droit, il plaise à Sa Majesté leur adjuger les conclusions qu'ils ont pour la mainlevée pure & simple de toutes les saisies réelles & mobiliaires faites sur eux en commun & en particulier, avec dommages, intérêts & dépens contre ledit Noel & autres créanciers de ladite Compagnie; au bas est l'Ordonnance du Conseil, acte de l'emploi, les piéces revûes & communiquées sur le surplus en jugeant, & soit signifié, du 28 Septembre 1712, signifiée le 29 à Me Lemoine Avocat dudit Noel : un état certifié desdits Directeurs de ce qui est dû audit Noel, montant à vingt-huit mille six cens quatorze livres de principal, & quatre mille cinq cens trois livres huit sols onze deniers d'intérêts; lesdits intérêts payés avec cinq mille soixante-une livres huit sols trois deniers de principal à compte, en conséquence desdits Arrêts du Conseil des 4 Mai & 6 Août 1711, suivant les quittances dudit Noel du 28 dudit mois d'Août audit an. Requête dudit Noel, employée pour réponses à celle desdits Directeurs, & aussi pour satisfaire de sa part à l'Arrêt du 6 Août, qui a ordonné plus ample contestation, tendante à ce qu'en déboutant lesdits Directeurs de leurs requêtes & demandes avec dépens, ils soient aussi condamnés aux dépens réservés par ledit Arrêt du 6 Août; au bas l'Ordonnance du Conseil, acte de l'emploi sur le surplus en jugeant, & soit signifié, du 19 Décembre 1712, signifiée le 22 dudit mois. Réponses desdits Directeurs, signifiées le 24 dudit mois audit Noel, & les repliques dudit Noel aussi signifiées auxdits Directeurs le 7 Janvier 1713. Requêtes & piéces y jointes de Jean-Baptiste de Villers, ci-devant Gouverneur de l'Isle de Bourbon, François-Michel des Bordes sieur de Charanville, aussi ci-devant Gouverneur de ladite Isle, & Jean Salmon, Officier sur les Vaisseaux de ladite Compa-

Tome II.   Y yy

gnie des Indes, tendante à ce qu'il plaise à Sa Majesté, sans avoir égard à la prétendue délibération des sieurs du Sault, Randon & consorts, Syndics des créanciers chirographaires, du 10 Mai 1711, faisant droit sur l'opposition desdits de Villers, des Bordes & Salmon, à la délivrance des six deniers pour livre qui leur ont été retenus sur les sommes pour lesquelles ils ont été contribués par l'Arrêt du 18 Janvier 1711, & payés en exécution de celui du 4 Mai 1711, ordonné que les sommes de soixante-quinze livres, onze livres quatre sols, & quatre livres neuf sols demeurées de leursdites contributions entre les mains du sieur le Noir, Caissier de ladite Compagnie, leur seront rendues & restituées, à ce faire contraints, & lesdits Syndics condamnés aux dépens; au bas l'Ordonnance du Conseil, soit communiqué auxdits Syndics pour y fournir de réponses, du 4 Septembre 1711, signifiée le 9 dudit mois, & trois sommations de fournir de réponses des 11, 12 & 14. Autre requête & piéces jointes à icelle des sieurs Lauriau & Desprez, tendante à ce qu'il soit aussi ordonné que ledit le Noir, Caissier de ladite Compagnie des Indes, sera tenu de leur payer la somme de cent quatre-vingt-quatorze livres dix-huit sols qu'il leur a retenu sous prétexte de la délibération des Syndics des créanciers chirographaires, & restante à payer de celle de sept mille sept cens quatre-vingt-seize livres treize sols en conséquence des Arrets des 18 Janvier & 4 Mai 1711, & les contestans condamnés aux dépens; au bas de ladite requête a été mis l'Ordonnance du Conseil, soit nommuniqué aux Directeurs de la Compagnie des Indes, & au sieur le Noir leur Caissier, du 30 Juin 1711, signifiée ledit jour. Acte signifié le six Juillet audit an, portant sommation & dénonciation de la requete & demande desdits Lauriau & Desprez, de la part desdits Directeurs & le Noir, aux Syndics des créanciers chirographaires, comme étant de leur fait & les concernant, pour y défendre & en acquitter lesdits Directeurs & le Noir. Arrêt du Conseil obtenu par lesdits Directeur de la Compagnie des Indes le 5 Décembre 1712, par lequel Sa Majesté a ordonné que les sieurs Commissaires commis par l'Arrêt du 12 Novembre 1708, & le sieur de Machault, Maître des Requêtes & Intendant du Commerce, pourront au nombre de trois au moins connoître de tout ce qui concerne les affaires & dettes de la Compagnie des Indes Orientales, & donner au même nombre leur avis à Sa Majesté sur la liquidation & acquittement desdites dettes, & généralement sur tout ce qui concerne l'exécution, tant dudit Arrêt du 12 Novembre, que de celui du 6 dudit mois. Procès-verbal du sieur de Machault du 15 Février 1713, contenant la représentation à lui faite par les créanciers y dénommés des originaux de leurs titres de créances sur ladite Compagnie des Indes, & dont ils lui ont mis ès mains des copies pour l'exécution de l'Arrêt du Conseil du 22 Février 1712, & tout ce qui a été mis pardevers ledit sieur de Machault, qui en a communiqué au bureau du sieur Daguesseau, Conseiller d'Etat ordinaire, l'un desdits sieurs Commissaires. Vû aussi l'avis desdits sieurs Commissaires, LE ROI E'TANT EN SON CONSEIL, conformément à l'avis desdits sieurs Commissaires, faisant droit sur le tout, a ordonné & ordonne, que sur les deniers étant ès mains de le Noir, Caissier de ladite Compagnie des Indes Orientales, & à elle appartenans, comme provenans de la vente des marchandises apportées en France sur les Vaisseaux le Maurepas, le Lis-Brillac, l'Auguste, le François d'Argouges, & sur le nouveau Georges, il en sera payé par privilége & préférence les sommes qui s'ensuivent : sçavoir, au sieur d'Hardancourt, Secrétaire général de ladite Compagnie, celle de trois mille sept cens quarante-cinq livres, pour reste de ses appointemens jusqu'au premier Avril 1712, & sur sa demande pour les intérêts de ladite somme en conséquence de son désistement, a mis & met les Parties hors de Cour. A Jean-François Borderel & sa femme, la somme de six cens livres pour une année des appointemens de Bernard Fuet, employé par ladite Compagnie à Pondichery, faisant partie de mille une livres sept sols six deniers, dûes à la succession dudit Fuet par ladite Compagnie des Indes ; & pour le surplus montant à quatre cens une livres sept sols six deniers, ordonne Sa Majesté que ledit Borderel & sa femme, héritiers dudit Fuet, entreront dans la contribution ci-après ordonnée. A Marie l'Epinay pareille somme de six cens livres pour une année des appointemens de défunt Antoine l'Epinay son frere, Sous-marchand de ladite Compagnie au comptoir d'Ougly, faisant partie de celle de mille cinquante-sept livres trois sols six deniers dûe à la succession dudit l'Epinay ; & à l'égard du surplus de ladite somme montant à quatre cens cinquante-sept livres trois sols six deniers, ordonne Sa Majesté que ladite l'Epinay entrera dans la même contribution. A Anne Pillavoine la somme de deux mille quatre cens six livres, pour arrérages échûs aux 28 Novembre & 12 Décembre derniers, de deux pensions alimentaires données à elle & à Maurice Pillavoine par Estienne-Louis Pillavoine sur ses appointemens, en qualité de Directeur de ladite Compagnie à Suratte ; faisant droit sur les demandes dudit l'Enfant, Syndic des créanciers porteurs de contrats à la grosse aventure sur les Vaisseaux le Maurepas & la Toison d'Or, sans s'arrêter à celles des Syndics des créanciers chirographaires de ladite Compagnie, ordonne Sa Majesté que ledit l'Enfant & autres créanciers porteurs desdits contrats, seront payés par privilége & préférence de quatre-vingt-huit mille trois cens dix-sept livres un sol sept deniers, & intérêts de ladite somme jusqu'à concurrence de celle de quatre-vingt-douze mille livres, prix de la vente desdits Vaisseaux le Maurepas & la Toison d'Or, faite par les Directeurs de ladite Compagnie au sieur Crozat & consorts ; & sur la demande dudit l'Enfant audit nom, pour être payé sur le bénéfice produit par lesdites quatre-vingt-douze mille livres, a mis & met en conséquence de son désistement les Parties hors de Cour, sauf audit l'Enfant de se pourvoir pour ce qui restera dû auxdits porteurs de contrats à la grosse contre lesdits Directeurs & autres, ainsi qu'ils aviseront bon être. Condamne Sa Majesté lesdits Syndics des créanciers chirographaires aux trois quarts des dépens, l'autre quart compensé ; ensemble ceux d'entre ledit l'Enfant audit nom, & les Directeurs des Indes. Ordonne Sa Majesté que le surplus desdits deniers soit payé par contribution aux créanciers chirographaires de ladite Compagnie, & qu'ils y entreront ; sçavoir, ledit Pestalozy pour la somme de quatre mille deux cens livres de principal, intérêts de ladite somme échûs depuis le 6 Mars 1709, & vingt-cinq livres de dépens adjugés par Sentence du   Georges Robillard, pour la somme de deux cens cinquante livres de principal ; Pierre Pigneux pour trois cens vingt livres quatre sols aussi de principal, François Chesnard pour deux mille cinq cens soixante-dix livres dix-neuf sols neuf deniers de principal, ensemble pour les intérêts échûs depuis le 31 Octobre 1708, & pour vingt-cinq livres de dépens adjugés par Sentence du   Joseph Lebrun pour sept mille cent quatre-vingt-quatorze livres de principaux, Catherine le Marchand pour quinze cens vingt-six livres aussi de principal & intérêts, Jacques de Zalay pour deux mille trois cens soixante-une livres de principal restantes à lui dûes de trois mille cent soixante-une livres de principal ; intérêts desdites trois mille cent soixante-une livres adjugés par Sentence du 9 Mars 1708, à compter dudit jour jusqu'au 8 Juillet audit an, auquel jour il a reçu la somme de huit cens livres sur ledit principal, comme aussi pour les intérêts desdites deux mille trois cens soixante-une livres échûs depuis ledit jour 8 Juillet 1708, & pour quatre-vingt-dix livres de dépens, frais & mises d'exécution ; la Motte, Tapissier, pour onze cens livres de principal, & Françoise Gontier pour deux mille livres de principal, contenues au billet passé par les Directeurs de ladite Compagnie le 31 Décembre 1707 ; ensemble pour les intérêts de ladite somme adjugés par Sentence du 3 Septembre 1709, sans néanmoins que le présent Arrêt puisse être tiré à conséquence par ceux qui se trouveront porteurs de deux autres billets de ladite Compagnie, pasfés au profit de défunt la Peyronnie ledit jour 31 Décembre 1707, payables aux 15 Septembre & 15 Novembre 1708, & fans préjudice des droits & exceptions de ladite Compagnie ; défenfes au contraire, dépens compenfés entre ladite Gontier & lefdits Directeurs, fans s'arrêter aux demandes defdits Directeurs à fin de mainlevée des faifies réelles & mobiliaires faites par Philippes Noel fous le nom de Poupardin, dont Sa Majefté les a débouté ; & ayant égard à celles dudit Noel, a ordonné & ordonne que les deniers faifis feront payés & remis par les Tréforiers Payeurs des gages & rentes, locataires, fermiers & débiteurs, en celles dudit le Noir, Caiffier de ladite Compagnie, lefdites faifies mobiliaires tenantes en fes mains, jufqu'à ce qu'autrement par Sa Majefté en ait été ordonné, à quoi faire feront lefdits Tréforiers Payeurs, Fermiers & Débiteurs contraints par toutes voyes dûes & raifonnables, en vertu du préfent Arrêt ; & ce faifant en demeureront bien & valablement déchargés. Condamne Sa Majefté lefdits Directeurs aux dépens envers ledit Noel, même en ceux réfervés par l'Arrêt du 6 Août 1711. Sur la demande de la veuve Fuet, pour être payée par privilége & préférence de la fomme de treize cens livres, Sa Majefté a mis quant à préfent les Parties hors de Cour ; & fur celles defdits de Villers, des Bordes, Salmon, Lauriau & Defprez contre lefdits Directeurs, le Noir leur Caiffier, & les Syndics defdits créanciers chirographaires, comme auffi fur celle defdits Directeurs en fommation contre lefdits Syndics, & fur le furplus des autres demandes, fins & conclufions des Parties, Sa Majefté a mis & met les Parties hors de Cour. FAIT au Confeil d'Etat du Roi, Sa Majefté y étant, tenu à Marly le vingtiéme jour de Février mil fept cent treize. *Signé* PHELYPEAUX.

LOUIS, PAR LA GRACE DE DIEU, ROI DE FRANCE ET DE NAVARRE, au premier notre Huiffier ou Sergent fur ce requis. Nous te mandons & commandons par ces Préfentes fignées de notre main, que l'Arrêt dont l'extrait est ci-attaché sous le contre-scel de notre Chancellerie, ce jourd'hui donné en notre Conseil d'Etat nous y étant, tu signifies à tous qu'il appartiendra à ce qu'ils n'en prétendent cause d'ignorance, & faire pour son entiere exécution tous commandemens, sommations & autres actes, & exploits nécessaires sans autre permission; car tel est notre plaisir. DONNÉ à Marly le vingtiéme jour de Février, l'an de grace mil sept cent treize, & de notre régne le soixante-dixiéme, *Signé* LOUIS ; *& plus bas*, par le Roi, PHELYPEAUX. Et scellé du grand Sceau de cire jaune.

Etat des dettes accepté par les Syndics des créanciers.

Du 4 Mars 1713.

LA Compagnie ayant en exécution de l'Arrêt du Conseil d'Etat du 20 Février dernier, dreſſé un état de ſes dettes, & pris une délibération le premier de ce mois, qui a été acceptée ledit jour par les Syndics des créanciers aux réſervations & proteſtations y inſérées, ainſi qu'il eſt mentionné par le procès-verbal de M. de Machault, Conſeiller du Roi en ſes Conſeils, Maître des requêtes ordinaire de ſon Hôtel, Intendant du commerce, l'un de Meſſieurs les Commiſſaires nommés par le Roi pour les affaires de la Compagnie des Indes Orientales, le tout homologué par Arrêt du 6 du préſent mois de Mars, il a été arrêté que ledit procès-verbal, état, délibération, acceptation, réſerve des Syndics, proteſtations au contraire de la Compagnie, avec l'Arrêt d'homologation, ſeront tranſcrits ſur le regiſtre des délibérations, & que de tout il ſera délivré une expédition au ſieur le Noir, Caiſſier, pour l'autoriſer à faire les payemens ordonnés.

Premierement ledit procès-verbal.

L'AN mil ſept cent treize, le quatorziéme Mars, ſont comparus pardevant nous Louis-Charles de Machault, Maître des Requêtes, Intendant du commerce, & l'un des Commiſſaires nommés par le Roi par l'Arrêt du Conſeil d'Etat rendu, Sa Majeſté y étant, le 21 Novembre 1708, au lieu & place du ſieur d'Orſay, auquel nous avons été ſubrogé pour la diſcution générale des affaires de la Compagnie Royale des Indes Orientales, les Directeurs de ladite Compagnie aſſiſtés de Mᵉ Charles Aubry, leur Avocat au Conſeil de Sa Majeſté, & les Syndics des créanciers chirographaires de ladite Compagnie, en exécution de l'Arrêt du Conſeil d'Etat rendu, Sa Majeſté y étant, le 20 Février dernier, qui a ordonné que les créanciers chirographaires de la Compagnie

pagnie qui ont repréfenté leurs titres, fuivant les procès-verbaux qui en ont été dreffés par le fieur d'Orfay & par nous, viendront par contribution au marc la livre entr'eux fur les revenans-bons des marchandifes apportées en France par les Vaiffeaux le Maurepas, le Lys-Brillac, l'Augufte, le François d'Argouges & le nouveau Georges, après que les créanciers privilégiés & préférables auront été payés, le tout fuivant la liquidation qui en fera faite pardevant nous, nous ont repréfenté qu'en vertu dudit Arrêt, les Directeurs de ladite Compagnie ont fait payer à Bureau ouvert toutes les dettes jugées privilégiées & préférables par ledit Arrêt du 20 Février dernier ; & quoique la Compagnie n'ait pas affez de fonds pour acquitter les tiers des capitaux & fatisfaire en même temps à plufieurs chofes auxquelles elle s'eft engagée, du confentement des Syndics des créanciers, elle a cependant réfolu de concert avec lefdits fieurs Syndics, que de toutes les dettes comprifes au préfent état, il en fera payé le tiers, qui fera d'abord imputé fur les intérêts échûs jufqu'au premier Mai 1712, & le furplus fur le capital ; lefdits Directeurs de la Compagnie des Indes Orientales, & les fieurs Syndics des créanciers chirographaires de ladite Compagnie nous ont repréfenté ledit état dreffé par lefdits Directeurs des dettes de la Compagnie des Indes Orientales qui doivent être payées par contribution au marc la livre, en exécution dudit Arrêt du 20 Février dernier, fuivant la liquidation qui en fera par nous faite, auffi bien que la délibération prife par les Directeurs de la Compagnie des Indes le premier du préfent mois pour l'acquittement defdites dettes, & l'acte par lequel les Syndics des créanciers après avoir communication de ladite délibération, ont confenti qu'elle forte fon plein & entier effet, & les proteftations faites par lefdits Directeurs que les réferves faites par les Syndics des créanciers enfuite de leur confentement, ne leur pourroit nuire ni préjudicier, & nous ont lefdits Directeurs & Syndics des créanciers requis de vouloir, fuivant ledit Arrêt du 20 Février dernier, faire la liquidation defdites dettes

Tome II.   Zzz

contenues audit état, pour être enſuite les créanciers payés par contribution au marc la livre entr'eux, ſuivant la liquidation qui en aura été par nous faite, après que ladite liquidation, auſſi bien que la délibération des Directeurs du premier de ce mois, & le conſentement des Syndics des créanciers du même jour, auront été autoriſés par Noſſeigneurs les Commiſſaires nommés par ledit Arrêt du Conſeil du 12 Novembre 1708. Sur quoi nous Commiſſaires ſuſdits avons donné acte auxdits Directeurs de la Compagnie des Indes Orientales, & Syndics des créanciers de ladite Compagnie, de leurs dires, déclarations & réquiſitions, enſemble de la repréſentation qu'ils nous ont faite dudit état des dettes de la Compagnie des Indes Orientales, de la délibération des Directeurs de ladite Compagnie des Indes du premier de ce mois, du conſentement des Syndics des créanciers du même mois, & de la proteſtation des Directeurs étant enſuite dudit conſentement ; ordonnons qu'il ſera par nous du tout referé à Meſſieurs les Commiſſaires, pour être ordonné ce qu'il appartiendra.

Signé DE MACHAULT.

ARREST
DU CONSEIL D'ÉTAT
DU ROY,

QUI ordonne que la délibération du préfent mois fera exécutée.

Du 6 Mars 1713.

Extrait des Regiftres du Confeil d'Etat.

VU par le Roi étant en fon Confeil l'Arrêt du 20 Février dernier, par lequel il eft entr'autres chofes ordonné que les créanciers de la Compagnie des Indes qui ont été déboutés de leurs demandes en privilége & préférence fur les deniers & effets provenant des Vaiffeaux le Maurepas, le Lys-Brillac, le François d'Argouges, l'Augufte & la prife le nouveau Georges, & les créanciers chirographaires de ladite Compagnie qui ont repréfenté leurs titres, fuivant le procès-verbal qui en a été dreffé par le fieur de Machault, Maître des Requêtes, Intendant du commerce, l'un defdits Commiffaires, viendront par contribution au marc la livre entr'eux fur le revenant-bon defdits Vaiffeaux, après que les créanciers privilégiés & préférables auront été payés, le tout fuivant la liquidation qui en feroit faite pardevant ledit fieur de Machault : l'état des dettes de la Compagnie, du 25 Février dernier, fuivant les titres repréfentés : la délibération des Directeurs, contenant leurs engagemens de payer le tiers des principaux

Z zz ij

des dettes contenues audit état, le tout à imputer premièrement sur les intérêts échûs jusqu'au premier Mai 1712, le surplus sur le capital, & l'acceptation des Syndics des créanciers de la Compagnie contenue en la susdite délibération, aux réserves & protestations réciproques ; oui le rapport, LE ROI ÉTANT EN SON CONSEIL, conformément à l'avis desdits sieurs Commissaires, a ordonné & ordonne, du consentement des Directeurs de la Compagnie des Indes Orientales & des Syndics des créanciers chirographaires, que la délibération de ladite Compagnie des Indes Orientales du premier du présent mois de Mars sera exécutée selon sa forme & teneur, & en conséquence que les créanciers non privilégiés & chirographaires de ladite Compagnie qui sont compris dans l'état arrêté le 25 Février dernier, & qui ont représenté leurs titres pardevant les sieur d'Orsay & de Machault, seront payés du tiers des sommes pour lesquelles ils sont employés dans ledit état, le tout à imputer premièrement sur les intérêts échûs au premier Mai 1712, le surplus sur le capital ; & seront lesdits états des dettes de la Compagnie du 25 Février 1713, la délibération des Directeurs, l'acceptation des créanciers & le procès-verbal dudit sieur de Machault, Commissaire, attachés à la minute du présent Arrêt, lequel sera exécuté nonobstant oppositions ou empêchemens quelconques, pour lesquels il ne sera différé, & dont, si aucuns interviennent, Sa Majesté s'est reservé à soi & à son Conseil la connoissance, & a icelle interdite à toutes ses autres Cours & Juges. FAIT au Conseil d'Etat du Roi, Sa Majesté y étant, tenu à Versailles le sixiéme jour de Mars mil sept cent treize. Signé PHELYPEAUX.

ARREST
DU CONSEIL D'ÉTAT DU ROY,

QUI ordonne que par les Officiers de l'Amirauté de saint Malo il sera procédé inceſſamment en la forme ordinaire à l'inventaire des Caffés provenant du chargement des Navires le Beau-Parterre & la Duchesse.

Du 7 Août 1753.

Extrait des Regiſtres du Conſeil d'Etat.

LE Roi étant informé qu'il eſt arrivé à ſaint Malo le 24 Juin dernier, les Vaiſſeaux la Paix & le Diligent, venant des Indes Orientales avec la priſe le Beau-Parterre, faite ſur les Hollandois au-delà de la ligne, chargée de caffé provenant tant de ſon chargement en piaſtres & marchandiſes d'Europe, que de celui du navire la Duchesse, pris ſur les Anglois auſſi au-delà de la ligne aux Indes Orientales; que les priſes ont été déclarées bonnes par jugement de Monſieur le Comte de Toulouſe du que les Intéreſſés en l'armement deſdits Vaiſſeaux ont par des affiches publiques & appoſées dans les Villes de commerce du Royaume & dans les pays étrangers, indiqué en ladite ville de ſaint Malo au 28 de ce mois la vente des caffés provenant des Vaiſſeaux la Paix & le Diligent, & des priſes le Beau-Parterre & la Duchesse, de tous leſquels caffés les procès-verbaux ont été faits par les Officiers de l'Amirauté de faint Malo; mais que les Officiers defdites Amirautés prétendent devoir feuls, à l'exclufion de tous autres, faire l'inftruction des procédures concernant lefdites prifes & la vente provenant des caffés d'icelles, pour la confervation du droit du dixiéme dû à l'Amiral de France fur lefdites prifes, que des autres droits de la Jurifdiction de l'Amirauté, réglés & établis par les Ordonnances de la Marine; les Directeurs de la Compagnie prétendant au contraire que comme il s'agit de prifes faites au-delà de la ligne & dans les pays de leur conceffion, ils ne font fujets à aucuns de fes droits, dont au contraire ils foutiennent être formellement déchargés par les titres de leur établiffement, confirmés par Arrêt contradictoire du 26 Novembre 1707, par l'article II du traité qu'ils ont fait avec les Intéreffés en l'armement defdits Vaiffeaux venant des Indes, le 21 Avril 1709, homologué par Arrêt du 3 Juin fuivant, & par la Déclaration du 31 Septembre 1712, il feroit à craindre que la difcuffion de ces différentes prétentions & les formalités qui s'obfervent ordinairement dans les Siéges des Amirautés pour la vente des marchandifes provenant des prifes, ne retardaffent trop long-temps la vente des caffés qui proviennent defdites prifes, ce qui pourroit apporter un préjudice confidérable à la vente indiquée le 28 de ce mois. A quoi étant néceffaire de pourvoir, SA MAJESTÉ ÉTANT EN SON CONSEIL, a ordonné & ordonne, que par les Officiers de l'Amirauté de S. Malo il fera procédé inceffamment en la forme ordinaire à l'inventaire des caffés provenant du chargement des navires le Beau-Parterre & la Duchesse, apportés fur le navire le Beau-Parterre, & enfuite à l'appofition des affiches & aux trois publications ordinaires, lefquelles ne feront néanmoins que de trois jours en trois jours feulement, après la derniere defquelles il fera procédé à l'adjudication diffinitive, & fans tirer à conféquence aux Réglemens & ufages qui pourroient y être contraires, & ce fans préjudice des droits refpectifs de l'Amiral de France, des Directeurs de la Compagnie des Indes, & des Juges & Officiers de l'Amirauté, qui demeurent en leur entier jufqu'à ce qu'il en ait été ordonné par Sa Majefté; & en cas que pour raifon du préfent Arrêt il furvienne quelque difficulté, Sa Majefté s'en eft refervé à foi & à fon Confeil la connoiffance, & a icelle interdite à toutes fes autres Cours & Juges: & fera le préfent Arrêt exécuté, nonobftant oppofitions & appellations quelconques, pour lefquelles il ne fera différé. FAIT au Confeil d'Etat du Roi, Sa Majefté y étant, tenu à Marly le fept Août mil fept cent treize. *Signé* PHELYPEAUX.

LOUIS, PAR LA GRACE DE DIEU, ROI DE FRANCE ET DE NAVARRE, au premier notre Huiffier ou Sergent fur ce requis. Nous te mandons & commandons que l'Arrêt ci-attaché fous le contre-fcel de notre Chancellerie, ce jourd'hui rendu en notre Confeil d'Etat, nous y étant, tu fignifies à qui il appartiendra & que tu faffe en vertu d'icelui & des Préfentes toutes fommations, contraintes & actes de Juftice que befoin fera, fans autre permiffion; car tel eft notre plaifir. DONNÉ à Marly le feptiéme jour d'Août l'an de grace mil fept cent treize, & de notre regne le foixante-onziéme. *Signé* LOUIS. *Et plus bas*, par le Roi, PHELYPEAUX. Scellé du grand Sceau de cire jaune, & contre-fcellé.

ARREST
DU CONSEIL D'ÉTAT
DU ROY,

QUI ordonne que par le Sieur Roujault, Intendant de Rouen, il sera fait Inventaire des marchandises des Indes.

Du 7 Août 1713.

Extrait des Registres du Conseil d'Etat.

SUR la requête présentée au Roi étant en son Conseil par les Directeurs généraux de la Compagnie Royale des Indes Orientales, contenant qu'il est arrivé au Port-Louis le 18 Janvier 1713 la frégate l'Adelaïde venant des Ports de leur concession, chargée des marchandises du navire le Sherborn, pris sur les Anglois au-delà de la ligne, consistant en bois de sapan, soye de Bengale, cannes à main, porcelaines, toiles de coton, mousselines, toiles peintes & rayées de couleur, étoffes de soye & mêlées de soye & coton, taffetas d'herbe & soye, mouchoirs de coton, de soye & coton, de toutes lesquelles marchandises, tant permises que prohibées, la vente doit être faite dans la ville de Rouen le 4 Septembre 1713, après cependant que sur les mousselines & toiles de coton blanche sujettes à la marque, aura été apposée celle qu'il plaira à Sa Majesté d'ordonner, à l'effet qu'il n'en soit débité aucune dans le Royaume que celles de ladite Compagnie ou de ceux qui sont en ses droits, conformément aux Arrêts des 10, 24 Février

vrier & 13 Mars 1691, Déclaration de Sa Majesté du 9 Mai 1702, & autres Arrêts & Réglemens rendus en conséquence concernant le commerce de ladite Compagnie, & qui lui permettra de vendre dans le Royaume des mousselines & toiles de coton blanches apportées par les Vaisseaux appartenant à ladite Compagnie & autres Négocians, Marchands & autres particuliers, d'en faire débit & usage en payant seulement les droits d'entrée portés par le Tarif de 1664, pour les marchandises qui y sont dénommées & contenues, & trois pour cent de la valeur de celles qui n'y sont comprises, suivant & conformément à l'article XLIV de l'Edit d'établissement de ladite Compagnie, & Arrêts rendus en conséquence: que par l'Arrêt du 28 Avril 1711, rendu pour empêcher l'introduction en fraude dans le Royaume des mousselines & toiles de coton blanches provenant du commerce des Etats voisins & étrangers, il a été entr'autres choses ordonné qu'il seroit apposé à chacune des piéces qui se trouveroient chez les Marchands à Paris & dans les Provinces, & qu'ils justifieroient provenir des prises faites sur mer, ou des ventes faites par la Compagnie des Indes Orientales, une marque pareille à l'empreinte étant au pied dudit Arrêt, & qui seroit imprimée sur un morceau de parchemin, signé & paraphé par les sieurs Menager & Chauvin, que Sa Majesté avoit nommés à cet effet, au lieu desquels les sieurs Heron & Moreau auroient été depuis commis par Arrêts des 25 Août 1711 & 6 Février 1712, & que ladite marque seroit attachée à chacune desdites piéces avec un cachet: que par autre Arrêt du 29 Mars 1712, Sa Majesté sur les remontrances de ladite Compagnie auroit entr'autres choses ordonné qu'à l'un des deux bouts de chacune desdites piéces de mousselines & toiles de coton blanches venues sur quatre Vaisseaux appartenant à ladite Compagnie, & sur le nouveau Georges, pris par-delà la ligne aux Indes Orientales sur les Anglois, il seroit apposé une marque pareille à celle étant au pied dudit Arrêt du 28 Avril 1711, signée par les sieurs Moreau, Heron & Piou, Députés au Con-

Tome II.   Aaaa

seil de commerce, ou par l'un d'eux seulement, & qui seroit attachée à chacune desdites piéces avec le plomb de ladite Compagnie sans cachet, en présence du Subdélegué ou autre qui seroit commis par le sieur Ferrand, Commissaire départi en la Province de Bretagne, sauf aux Marchands qui l'estimeroient nécessaire d'en faire apposer une pareille à l'autre bout desdites piéces avec un cachet par le sieur d'Argenson, Conseiller d'Etat, Lieutenant général de Police à Paris, & dans les Provinces par les sieurs Intendans & Commissaires départis, leurs Subdélegués ou autres Officiers par eux préposés ; & que le 28 Mai 1712 il seroit intervenu un autre Arrêt qui auroit dispensé & déchargé les Marchands & Négocians du rapport desdites marques ordonnées par lesdits Arrêts des 28 Avril 1711 & 29 Mars 1712, & de l'obligation de marquer sur leurs registres les noms des particuliers auxquels ils auroient revendu des piéces entieres. A ces causes requeroient lesdits Directeurs de la Compagnie des Indes Orientales qu'il plût à Sa Majesté sur ce leur pourvoir. Vû lesdits Arrêts des 27 Août 1709, 28 Avril & 25 Août 1711, 6 Février, 29 Mars & 28 Mai 1712, Réglement du 24 Mars 1705, & autres Arrêts & Réglemens rendus sur le fait des marchandises des Indes provenant des prises & échouemens ; oui le rapport du sieur Desmarets, Conseiller ordinaire au Conseil Royal, Contrôleur général des Finances, SA MAJESTÉ ÉTANT EN SON CONSEIL, ayant aucunement égard à ladite requête, a ordonné & ordonne que par le sieur Roujault, Intendant de la Généralité de Rouen, ou par celui qui sera par lui subdélegué pour cet effet, il sera fait inventaire de toutes les mousselines, toiles de coton, toiles peintes & rayées de couleur, étoffes de soye & mêlées de soye & coton, taffetas d'herbe & soye, mouchoirs de coton & de soye & coton, bois de sapan, soye de Bengale, cannes à main, porcelaines, & généralement de toutes les autres espéces de marchandises venues sur la frégate l'Adelaïde, provenant du Vaisseau le Sherborn, pris au-delà de la ligne sur les Anglois, & que toutes les piéces de mousselines & toiles de coton blanches seront marquées à l'un des deux bouts de chaque piéce, même aux deux bouts, s'il est ainsi requis par les Marchands & Négocians qui s'en rendront adjudicataires, d'une marque pareille à l'empreinte étant au pied dudit Arrêt du 28 Avril 1711, imprimée sur un morceau de parchemin & signée, par lesdits Moreau, Heron & Piou, Députés au Conseil du commerce, ou par l'un d'eux seulement, laquelle sera attachée à l'une desdites piéces avec le plomb de ladite Compagnie sans cachet, en présence dudit Subdélégué ou autre qui sera commis par ledit sieur Roujault, sans que lesdits Marchands & Négocians puissent être tenus de rapporter dans la suite lesdites marques, ni de faire mention sur leurs regîstres des noms de ceux auxquels ils pourront revendre des piéces entieres : ordonne aussi Sa Majesté qu'après l'apposition desdites marques sur lesdites piéces de mousselines & toiles de coton blanches, toutes les marchandises venues des Indes sur la frégate l'Adelaïde seront vendues en ladite ville de Rouen en la maniere accoutumée, en payant les droits d'entrée conformément au Tarif de 1664, à l'article XLIV de l'Edit du mois d'Août audit an, & aux Arrêts des 29 Avril & 22 Novembre 1692, à l'exception néanmoins des toiles peintes & rayées de couleur, des étoffes de soye & de soye & coton, taffetas d'herbe & soye, mouchoirs & de toutes autres sortes d'étoffes provenant des Indes qui ne seront point marquées, & à l'égard desquelles seront observées les régles & formalités prescrites par l'Arrêt de Réglement du 24 Mars 1703, intervenu pour raison des marchandises qui proviennent d'échouement ou de prises faites sur les ennemis de l'Etat, & qui ne peuvent être vendues ni consommées dans le Royaume : fait Sa Majesté très-expresses inhibitions & défenses aux Marchands, Négocians & à toutes autres personnes de quelque qualité & condition qu'elles soient, de vendre ni débiter en gros ou en détail, ou faire aucun usage desdites mousselines ou toiles de coton blanches, si elles ne se trouvent marquées en la forme ci-dessus prescrite, ou celle ordonnée par ledit Arrêt du 28 Avril 1711, sous les peines portées par l'Arrêt du 27 Août 1709 : permet Sa Majesté aux Directeurs de la Compagnie des Indes de faire faire la visite desdites marchandises des Indes qui se trouveront chez lesdits Marchands, Négocians & tous autres de quelque qualité & condition qu'ils puissent être, & de faire saisir celles qui ne seront point marquées de l'une ou de l'autre desdites marques portées par le présent Arrêt ou par celui du 28 Avril 1711 : enjoint Sa Majesté au sieur d'Argenson, Conseiller d'Etat, Lieutenant général de Police de la ville de Paris, & aux sieurs Intendans & Commissaires départis dans les Provinces & Généralités du Royaume, de tenir la main à l'exécution du présent Arrêt, qui sera lû, publié & affiché par-tout où besoin sera, & exécuté nonobstant oppositions ou appellations quelconques, pour lesquelles il ne sera différé. FAIT au Conseil d'Etat du Roi, Sa Majesté y étant, tenu à Marly le septiéme jour d'Août mil sept cent treize.

Signé PHELYPEAUX.

LOUIS, PAR LA GRACE DE DIEU, ROI DE FRANCE ET DE NAVARRE, à notre amé & féal Conseiller en nos Conseils, Maître des Requêtes ordinaire de notre Hôtel, & notre Intendant de Justice, Police & Finances à Rouen : SALUT. Nous vous avons commis & commettons par l'Arrêt rendu en notre Conseil d'Etat, nous y étant, pour faire marquer les mousselines & toiles de coton blanches venues des Indes sur la frégate l'Adelaïde, ainsi qu'il est plus amplement & plus particulierement porté par ledit Arrêt ; nous vous avons même permis de subdéleguer. Mandons au premier notre Huissier ou Sergent sur ce requis, de faire en vertu d'icelui & des Présentes toutes sommations, contraintes & actes dont il sera requis, sans autre permission ; car tel est notre plaisir. DONNÉ à Marly le septiéme jour d'Août l'an de grace mil sept cent treize, & de notre regne le soixante-onziéme. *Signé* LOUIS. Et *plus bas*, par le Roi, PHELYPEAUX. Scellé du grand Sceau de cire jaune, & contre-scellé.

ARREST
DU CONSEIL D'ÉTAT DU ROY,

QUI ordonne que par le Sieur Ferrand, Intendant de Bretagne, il sera fait inventaire.

Du 5 Septembre 1713.

Extrait des Registres du Conseil d'Etat.

SUR la requête présentée au Roi, étant en son Conseil, par les Directeurs généraux de la Compagnie Royale des Indes Orientales, contenant qu'il a été apporté dans les Vaisseaux la Paix, le Diligent, & la prise le Beau-Parterre, venant des Ports de leur concession, & arrivés à saint Malo les 28 Mai & 24 Juin 1713 des toiles de coton, mousseline, thé, drogueries, étoffes de soye & mêlées de soye & coton, toiles peintes & teintes, & autres marchandises, dont celles qui sont prohibées proviennent des prises la Duchesse & le Beau-Parterre faites par delà la ligne aux Indes Orientales sur les Anglois & Hollandois; de toutes lesquelles marchandises tant permises que prohibées, la vente doit être faite dans la ville de saint Malo, le 18 de ce mois; après cependant que les toiles de coton & mousselines sujettes à la marque, auront été marquées de celle qu'il plaira à Sa Majesté d'ordonner, afin qu'il n'en soit débité aucune dans le Royaume, que celles de la Compagnie, ou de ceux qui sont en ses droits, conformément aux Arrêts des

A aaa iij

10, 24 Février, & 13 Mars 1691, Déclaration de Sa Majesté, du 9 Mai 1702, & autres Arrêts & Réglemens rendus en conséquence, concernant le commerce de ladite Compagnie, qui lui permet de vendre dans le Royaume des mousselines & toiles de coton blanches, apportées par les Vaisseaux appartenant à ladite Compagnie, & à tous Négocians, Marchands, & autres particuliers d'en faire débit & usage, en payant seulement les droits d'entrée, portés par le Tarif de 1664 pour les marchandises qui y sont dénommées & contenues, & trois pour cent de la valeur de celles qui n'y sont pas comprises, suivant & conformément à l'Article XLIV de l'Edit d'établissement de ladite Compagnie, & Arrêts rendus en conséquence : que par l'Arrêt du 28 Avril 1711, rendu pour empêcher l'introduction en fraude dans le Royaume des mousselines & toiles de coton blanches provenant du commerce des Etats voisins & étrangers, il a été entr'autres choses ordonné qu'il seroit apposé à chacune des piéces qui se trouveroient chez les Marchands à Paris, & dans les Provinces & qu'ils justifieroient provenir des prises faites sur mer, ou des ventes faites par la Compagnie des Indes Orientales, une marque pareille à l'empreinte étant au pied dudit Arrêt, & qui seroit imprimée sur un morceau de parchemin, signé & paraphé par les sieurs Menager & Chauvin, que Sa Majesté avoit nommés à cet effet, au lieu desquels les sieurs Heron & Moreau auroient été depuis commis par Arrêt des 25 Août 1711, & 6 Février 1712 & que ladite marque seroit attachée à chacune desdites piéces avec un cachet : que par autre Arrêt du 29 Mars 1712, Sa Majesté sur les remontrances de ladite Compagnie, auroit entr'autres choses ordonné qu'à l'un des deux bouts de chacune desdites piéces de mousselines & toiles de coton blanches venues sur quatre Vaisseaux appartenant à ladite Compagnie, & sur le nouveau George pris par delà la ligne aux Indes Orientales sur les Anglois, il seroit apposé une marque pareille à celle étant au pied dudit Arrêt du 28 Avril 1711, signée par les sieurs Moreau, Heron & Piou, Députés au Conseil de commerce, ou par l'un d'eux seulement, & qui seroit attachée à chacune desdites piéces avec le plomb de ladite Compagnie sans cachet, en présence du Subdélegué, ou autre qui seroit commis par le sieur Ferrand, Commissaire départi en la Province de Bretagne, sauf aux Marchands qui l'estimeroient nécessaire, d'en faire apposer une pareille à l'autre bout desdites piéces, avec un cachet, par le sieur d'Argenson, Conseiller d'Etat, Lieutenant général de Police à Paris, & dans les Provinces, par les sieurs Intendans & Commissaires départis, leurs Subdélegués, ou autres Officiers par eux préposés : & que le 28 Mai 1712, il seroit intervenu un autre Arrêt, qui auroit dispensé & déchargé les Marchands & Négocians du rapport desdites marques, ordonné que par lesdits Arrêts des 28 Avril 1711 & 29 Mars 1712, & de l'obligation de marquer sur leurs registres les noms des particuliers, auxquels ils auroient revendu des piéces entieres. A ces causes, requeroient lesdits Directeurs de la Compagnie des Indes Orientales, qu'il plût à Sa Majesté sur ce leur pouvoir. Vû lesdits Arrêts des 27 Août 1709, 28 Avril & 25 Août 1711, 6 Février, 29 Mars, 28 Mai 1712, Réglément du 24 Mars 1705, & autres Arrêts & Reglemens rendus sur le fait des marchandises des Indes, provenant des prises & échouement ; oui le rapport du sieur Desmarets, Conseiller ordinaire au Conseil Royal, Contrôleur général des Finances : SA MAJESTE' ETANT EN SON CONSEIL, ayant aucunement égard à ladite requête, a ordonné & ordonne, que par le sieur Ferrand, Commissaire départi en la Province de Bretagne, ou par celui qui sera par lui subdélegué pour cet effet, il sera fait inventaire de toutes les mousselines, toiles de coton, thé, drogueries, étoffes de soye & mêlées de soye & coton, toiles peintes & teintes, & autres marchandises venues sur lesdits Vaisseaux la Paix, le Diligent & le Beau-Parterre; & que toutes les piéces de mousselines & toiles de coton blanches seront marquées à l'un des deux bouts de chaque piéce, même aux deux bouts, s'il est ainsi requis par les Marchands & Négocians, qui s'en rendront adjudicataires, d'une marque pareille à l'empreinte étant au pied dudit Arrêt, du 28 Avril 1711, imprimée sur un morceau de parchemin, & signée par lesdits Moreau, Heron & Piou, Députés au Conseil de commerce, ou par l'un d'eux seulement, laquelle sera attachée à l'une desdites piéces avec le plomb de ladite Compagnie, sans cachet, en présence dudit Subdélégué, ou autre qui sera commis par ledit sieur Ferrand, sans que lesdits Marchands & Négocians puissent être tenus de rapporter dans la suite lesdites marques, ni de faire mention sur leurs registres des noms de ceux auxquels ils pourront revendre des piéces entieres. Ordonne aussi Sa Majesté, qu'après l'apposition desdites marques sur lesdites piéces de mousselines & toiles de coton blanches, toutes les marchandises venues des Indes sur les Vaisseaux la Paix, le Diligent & le Beau-Parterre, seront vendues en ladite ville de saint Malo en la maniere accoûtumée, en payant les droits d'entrée conformément au Tarif de 1664, à l'article XLIV de l'Edit du mois d'Août audit an, & aux Arrêts des 29 Avril & 22 Novembre 1692, à l'exception néanmoins des toiles peintes & teintes, étoffes de soye & mêlées de soye & coton, & de toutes autres sortes d'étoffes provenant des Indes qui ne seront point marquées, & à l'égard desquelles seront observé les régles & formalités prescrites par l'Arrêt de Réglement du 24 Mars 1703, intervenu pour raison des marchandises qui proviennent d'échouemens ou des prises faites sur les ennemis de l'Etat, & qui ne peuvent être vendues ni consommées dans le Royaume. Fait Sa Majesté très-expresses inhibitions & défenses aux Marchands, Négocians, & à toutes autres personnes de quelque qualité & condition qu'elles soient, de vendre ni débiter en gros ou en détail, ou faire aucun usage desdites mousselines ou toiles de coton blanches, si elles ne se trouvent marquées en la forme ci-dessus prescrite, ou celle ordonnée par ledit Arrêt du vingt-huit Avril 1711, sous les peines portées par l'Arrêt du 27 Août 1709. Permet Sa Majesté aux Directeurs de la Compagnie des Indes de faire

faire

faire la visite desdites marchandises des Indes, qui se trouveront chez lesdits Marchands, Négocians, & tous autres de quelque qualité & condition qu'ils puissent être, & de faire saisir celles qui ne seront point marquées de l'une ou de l'autre desdites marques portées par le présent Arrêt, ou par celui du 28 Avril 1711; enjoint Sa Majesté au sieur d'Argenson, Conseiller d'Etat, Lieutenant général de Police de la ville de Paris, & aux sieurs Intendans & Commissaires départis dans les Provinces & généralités du Royaume, de tenir la main à l'exécution du présent Arrêt, qui sera lû, publié & affiché par-tout où besoin sera, & exécuté nonobstant oppositions ou appellations quelconques, pour lesquelles il ne sera différé. FAIT au Conseil d'Etat du Roi, Sa Majesté y étant, tenu à Fontainebleau le cinquiéme Septembre mil sept cent treize. Signé PHELYPEAUX.

Suite du Traité fait avec M. Crozat & consorts.

Du 30 Décembre 1713.

MESSIEURS les Directeurs de la Compagnie des Indes ayant fait un traité le 22 Avril 1709, avec Messieurs Crozat, Beauvais le Fer, du Colombier-Gris, Chapdelaine, & autres Armateurs à saint Malo, par le IVe article duquel il est porté que lesdits sieurs Armateurs pourront, si bon leur semble, envoyer dans ladite année 1709 & la suivante, tels nombre de Vaisseaux qu'ils jugeront à propos dans la mer rouge & autres endroits de la concession de la Compagnie, à la charge de rapporter en France & non ailleurs les marchandises qu'ils en tireront, & de payer à la Compagnie, dix pour cent sans aucune déduction, & aux autres clauses & conditions dudit traité, en vertu duquel lesdits sieurs Armateurs ont envoyé à Moka les Vaisseaux la Paix & le Diligent pour y faire la traitte du caffé, qui ont pris pendant leur voyage les Vaisseaux le Beau-Parterre appartenant aux Hollandois, dont la cargaison a été vendue à saint Malo avec celle de la Paix & du Diligent le 13 Septembre dernier & les jours suivans, & la Reine Anne d'Angleterre appartenant aux Anglois, qui a été vendu aux Indes.

Il a été fait aussi par ordre du Roi (Monsieur de Fontanieu stipulant pour la Compagnie) un traité avec Monsieur Crozat, tant pour lui que pour Monsieur Bruny de Marseille, pour armer trois Vaisseaux commandés par Monsieur de Roquemadore Capitaine de Vaisseau du Roi, pour aller faire la course aux Indes Orientales sur les ennemis de l'Etat, & ledit sieur de Roquemadore ayant pris à la hauteur du Cap de Bonne-Espérance le Vaisseau le Cherbon appartenant à la Compagnie d'Angleterre, & venant des Indes Orientales, dont les marchandises ont été chargées sur le Vaisseau l'Adelaïde arrivé au Port Louis le 18 Janvier dernier, sous le commandement de Monsieur Houssaye,

& ont été vendues dans la ville de Rouen le 4. Septembre dernier & jours suivans, avec d'autres marchandises restées invendues à Nantes des précédens retours des Indes ; ensorte qu'au moyen de ce qui revient à la Compagnie de ces deux ventes, tant des cinq & dix pour cent qu'elle prétend leur être dûs sur les prises à cause du dixième de l'Amiral contesté par S. A. S. Monseigneur le Comte de Toulouse, elle se trouve en état de payer une partie de ses dettes ; surquoi la Compagnie ayant convoqué une assemblée où Messieurs les Syndics desdits créanciers se sont rendus, & après avoir mûrement délibéré il a été arrêté, du consentement desdits sieurs Syndics, que la Compagnie payera au premier Janvier 1714, (en attendant la décision du procès qu'elle a avec Monseigneur l'Amiral,) à ses créanciers vingt-cinq pour cent du capital restant, & outre ce les intérêts de la partie du capital acquitté aux mois de Mars 1713, & ce depuis le premier Mai 1712 jusqu'au premier Mars 1713 : quant aux intérêts du capital qui sera acquitté au premier Janvier 1714, la Compagnie reconnoît qu'ils sont dûs depuis le premier Mai 1712 jusqu'au premier Janvier 1714 ; & pour faire cesser les plaintes des créanciers au sujet des frais des quittances qu'ils ont à donner par devant Notaires, la Compagnie se charge de les payer à M. Durant Notaire, suivant le mémoire qu'il en donnera : il a aussi été arrêté du consentement desdits sieurs Syndics des créanciers, que la Compagnie prendra intérêt dans l'armement des Vaisseaux que Messieurs les Armateurs de S. Malo doivent faire partir l'année prochaine pour les Indes, à proportion de l'intérêt qu'elle a dans ceux qui sont partis au commencement de la présente année : ce que dessus ayant été accepté par Messieurs les Syndics des créanciers, il a été unanimement consenti que la Compagnie remettra la présente délibération à Monsieur de Machault pour la faire homologuer par un Arrêt du Conseil.

Délibéré à Paris au Bureau de la Compagnie des Indes Orientales le 30 Décembre 1713. *Signé* SOULET, TARDIF, CHAMPIGNY & SANDRIER.

Nous fouffignés Syndics des créanciers de la Compagnie des Indes Orientales, après avoir pris communication de la délibération de ladite Compagnie dont copie eſt ci-devant, confentons qu'elle forte fon plein & entier effet, nous reſervant nos droits, noms, raifons, actions & prétentions pour le reſte de ce qui nous eſt dû par ladite Compagnie & tous les Directeurs qui la compofent leurs hoirs & ayans caufe, comme étant tous nos débiteurs au folidaire pour le reſtant de nos fervices. Fait à Paris le 30 Décembre 1713. *Signé* DE RAUDON & RAUCOULES.

Et à l'inſtant les Directeurs ont proteſté que les referves ci-deſſus faites par les Syndics des créanciers de la Compagnie ne leur pourront nuire ni préjudicier par les raifons à déduire en temps & lieu, & ont figné ledit jour 30 Décembre 1713. *Signé* SOULET, TARDIF, CHAMPIGY & SANDRIER.

ARREST
DU CONSEIL D'ÉTAT DU ROY,

QUI ordonne que la délibération de la Compagnie du 30 Décembre dernier sera exécutée selon sa forme & teneur.

Du 15 Janvier 1714.

Extrait des Regiſtres du Conſeil d'Etat.

VU par le Roi étant en ſon Conſeil le procès-verbal du ſieur de Machault, Maître des Requêtes, Intendant du Commerce, & l'un des Commiſſaires nommés par Sa Majeſté par Arrêt du Conſeil d'Etat rendu, Sa Majeſté y étant, le 12 Novembre 1708, pour la diſcution générale des affaires de la Compagnie Royale des Indes Orientales, & ſubrogé au lieu & place du ſieur d'Orſay du du préſent mois de Janvier 1714, par lequel ledit ſieur de Machault a donné acte aux Directeurs de la Compagnie des Indes Orientales & aux Syndics des créanciers chirographaires de ladite Compagnie, de leurs dires, déclarations & requiſitions, enſemble de la repréſentation qu'ils lui ont faite de l'état des dettes de ladite Compagnie des Indes Orien-

Bbbb iij

tales arrêté par les Directeurs de ladite Compagnie le 23 Décembre dernier, & de la délibération des Directeurs de ladite Compagnie prise du consentement des Syndics des créanciers chirographaires de ladite Compagnie, ensemble des reserves desdits Syndics des créanciers & des protestations des Directeurs, le tout en date du 30 du même mois de Décembre dernier, & a ordonné qu'il seroit par lui du tout reféré auxdits sieurs Commissaires pour être ordonné ce qu'il appartiendroit, ledit état des dettes de la Compagnie arrêté le 23 Décembre dernier, ladite délibération des Directeurs de ladite Compagnie prise du consentement des Syndics des créanciers chirographaires de ladite Compagnie le 30 Décembre dernier, contenant entr'autres choses les engagemens de ladite Compagnie de payer à ses créanciers au premier Janvier 1714 vingt-cinq pour cent de capital restant, & outre ce les intérêts de la partie du capital acquitté au mois de Mars 1713, reconnoissant ladite Compagnie à l'égard des intérêts du principal qui sera acquitté au mois de Janvier 1714, qu'ils sont dûs depuis le premier Mai 1712 jusqu'au premier Janvier 1714, ensemble les reserves desdits Syndics des créanciers & les protestations desdits Directeurs, le tout en date du même jour trente Décembre dernier. Oui le rapport, SA MAJESTE' ÉTANT EN SON CONSEIL, conformément à l'avis desdits sieurs Commissaires, a ordonné & ordonne du consentement des Directeurs de la Compagnie des Indes Orientales & des Syndics des créanciers chirographaires de ladite Compagnie, que ladite délibération de la Compagnie des Indes Orientales du trentiéme Décembre dernier sera exécutée selon sa forme & teneur; & en conséquence que les créanciers chirographaires de ladite Compagnie qui sont compris dans ledit état des dettes de ladite Compagnie arrêté le 23 du même mois de Décembre dernier, & qui ont représenté leurs titres par devant lesdits sieurs d'Orsay & de Machault, seront payés de vingt-cinq pour cent des sommes pour lesquelles ils sont employés dans ledit état, & outre ce des intérêts au denier vingt de la partie du capital acquitté au mois de Mars 1713, lesdits intérêts depuis le premier Mai 1712 jusqu'au premier Mars 1713, & que les intérêts du capital qui sera acquitté en vertu de ladite délibération au mois de Janvier 1714, seront dûs depuis le premier Mai 1712, & seront ledit état des dettes de la Compagnie du 27 Décembre dernier, ladite délibération des Directeurs prise du consentement des Syndics des créanciers chirographaires de ladite Compagnie, avec les reserves desdits Syndics des créanciers & les protestations desdits Directeurs, le tout en date du 30 Décembre dernier, & ledit procès-verbal du sieur de Machault, Commissaire, du cinq du présent mois de Janvier 1714, attachés à la minute du présent Arrêt, lequel sera exécuté nonobstant oppositions ou autres empêchemens quelconques, pour lesquels il ne sera différé, & dont, si aucuns interviennent, Sa Majesté s'en reserve à soi & à son Conseil la connoissance, & à icelle interdite à toutes ses autres Cours & Juges. FAIT au Conseil d'Etat du Roi, Sa Majesté y étant, tenu à Versailles le quinziéme Janvier mil sept cent quatorze.

Signé PHELYPEAUX.

Délibération concernant la suite des Syndics des créanciers.

Du 20 Janvier 1714.

LA Compagnie ayant, en exécution de l'Arrêt du Conseil d'Etat du 20 Février 1713, dressé un état de ses dettes, & pris une délibération le 30 Décembre dernier, qui a été acceptée ledit jour par les Syndics des créanciers, aux réserves & protestations y insérées, ainsi qu'il est mentionné par le procès-verbal de Monsieur de Machault, Conseiller du Roi en ses Conseils, Maître des Requêtes ordinaire de son Hôtel, Intendant du Commerce, l'un de Messieurs les Commissaires nommés par le Roi pour les affaires de la Compagnie des Indes Orientales, le tout homologué par Arrêt du 15 Janvier aussi dernier, il a été arrêté que ledit procès-verbal, état, délibération, acceptation, réserves des Syndics, & protestation au contraire de la Compagnie, avec l'Arrêt d'homologation, seront transcrits sur le registre des délibérations, & que de tout il en sera dressé une expédition du sieur le Noir, Caissier, pour l'autoriser à faire les payemens ordonnés.

Premierement ledit procès-verbal.

L'AN mil sept cent quatorze, le cinquiéme Janvier, sont comparus pardevant nous Louis-Charles de Machault, Conseiller du Roi en ses Conseils, Maître des Requêtes ordinaire de son Hôtel, Intendant du Commerce, & l'un des Commissaires nommés par le Roi, par l'Arrêt du Conseil d'Etat rendu, Sa Majesté y étant, le 21 Novembre 1708, au lieu & place du sieur d'Orsay, auquel nous avons été subrogé pour la discution générale des affaires de la Compagnie Royale des Indes Orientales, les Directeurs de ladite Compagnie assistés de Mᵉ Charles Aubry leur Avocat aux Conseils de Sa Majesté, & les Syndics des créanciers chirographaires de ladite Compagnie, lesquels

nous

nous ont représenté une délibération prise par ladite Compagnie, en présence & du consentement desdits Syndics des créanciers chirographaires de ladite Compagnie, le 30 Décembre 1713, par laquelle il a été délibéré que de ce qui revient à la Compagnie des deux ventes qui ont été faites à Rouen le quatre Septembre dernier & jours suivans, & à saint Malo le 18 du même mois de Septembre dernier & jours suivans, des 5 & 10 pour cent qui appartiennent à la Compagnie, suivant les traités qu'elle a faits, sans préjudice des 10 pour cent qu'elle prétend lui être dûs sur les prises à cause du dixiéme de l'Amiral contesté par M. le Comte de *Toulouse*, la Compagnie payera au premier Janvier 1714 à ses créanciers, (en attendant la décision du procès qu'elle a avec Monsieur l'Amiral) 25 pour cent du capital restant, & outre ce les intérêts de la partie du capital acquitté au mois de Mars 1713, ledit intérêt depuis le premier Mai 1712 jusqu'au premier Mars 1713; & depuis le premier Mai 1712 jusqu'au premier Janvier 1714; & pour faire cesser les plaintes des créanciers au sujet des frais de quittances qu'ils ont à donner pardevant Notaires, la Compagnie s'est chargée de les payer à M. Durant Notaire, suivant le mémoire qu'il en donnera; il a aussi été arrêté par la même délibération, du consentement desdits sieurs Syndics des créanciers, que la Compagnie prendra intérêt dans l'armement des Vaisseaux que les sieurs Armateurs de S. Malo doivent faire partir cette année pour les Indes, à proportion de l'intérêt qu'elle a dans ceux qui sont partis du commencement de l'année derniere 1713; ce qui ayant été accepté par lesdits sieurs Syndics des créanciers, il a été unanimement consenti, que la Compagnie nous remettroit ladite délibération, pour être homologuée par Arrêt du Conseil, pour à quoi satisfaire les Directeurs de ladite Compagnie & lesdits Syndics des créanciers de la même Compagnie, nous ont représenté ladite délibération dudit jour 30 Décembre dernier, au bas de laquelle sont l'acceptation desdits sieurs Syndics des créanciers, les réserves par eux faites, & les proteſtations des Directeurs que leſdites réſerves ne leur pourront nuire ni préjudicier, le tout du même jour 30 Décembre dernier, enſemble l'état dreſſé par leſdits Directeurs des dettes de la Compagnie des Indes Orientales, qui doivent être payées par contribution au marc la livre, ſuivant ladite délibération, & nous ont leſdits Directeurs de ladite Compagnie des Indes & Syndics des créanciers requis de vouloir faire la liquidation deſdites dettes contenues audit état, pour être enſuite les créanciers de ladite Compagnie payés par contribution au marc la livre entre eux, ſuivant la liquidation qui en aura par nous été faite, après que ladite liquidation auſſi-bien que ladite délibération des Directeurs priſe du conſentement deſdits Syndics des créanciers le 30 Décembre dernier auront été autoriſées par Noſſeigneurs les Commiſſaires nommés par ledit Arrêt du Conſeil d'Etat du 12 Novembre 1708, ſurquoi nous Commiſſaires ſuſdits avons donné acte auxdits ſieurs Directeurs de la Compagnie des Indes Orientales & Syndics des créanciers de ladite Compagnie, de leurs dires, déclarations & réquiſitions, enſemble des repréſentations qu'ils nous ont faite dudit état des dettes de la Compagnie des Indes Orientales, arrêté par les Directeurs de ladite Compagnie le 23 Décembre dernier, & de ladite délibération des Directeurs de la Compagnie priſe du conſentement des Syndics des créanciers de ladite Compagnie, enſemble des réſerves deſdits Syndics des créanciers, & des proteſtations des Directeurs, le tout en date du 30 du même mois de Décembre dernier ; ordonnons qu'il ſera par nous du tout référé à Meſſieurs les Commiſſaires, pour être ordonné ce qu'il appartiendra. Fait en notre Hôtel les jour & an que deſſus. *Signé* DE MACHAULT.

ETAT des dettes de la Compagnie des Indes Orientales, qui doivent être payées par contribution au marc la livre, en exécution de l'Arrêt du Conſeil d'Etat du Roi du 15 Janvier 1714.

Cet état monte à la ſomme de 1135468 livres 8 ſols 10 deniers.

ARREST
DU CONSEIL D'ÉTAT
DU ROY,

QUI ordonne, pour faciliter l'exécution de l'Arrêt du 27 Août 1709, concernant les Toiles peintes, qu'il sera dressé des procès-verbaux sur toutes les contraventions à icelui, par ceux que le Sieur Lieutenant général de Police à Paris, & les Sieurs Intendans dans les Provinces proposeront.

Du 10 Février 1714.

Extrait des Regîstres du Conseil d'Etat.

LE Roi étant informé qu'au préjudice de l'Arrêt du 27 Août 1709, qui fait défenses à toutes personnes de quelque qualité & condition qu'elles soient, de faire aucun commerce, vendre ni exposer en vente, ni acheter aucunes toiles peintes, ou autres étoffes provenant du cru & fabrique des Indes, la Chine & du Levant, & de faire faire aucuns habits, vêtemens ni meubles desdites étoffes, à peine de confiscation & de trois mille livres d'amende, il y avoit plusieurs endroits dans le Royaume où des particuliers ne laissoient pas d'en faire un commerce ouvert, & d'autres s'en servoient pour leurs habillemens & usages, s'assurant de l'impunité de leur contravention sur l'éloignement des sieurs Intendans & Commissaires départis, & des Inspecteurs des manufactures; & Sa Majesté voulant faire cesser un abus si préjudiciable au commerce des manufactures du Royaume, & faire exécuter à la rigueur l'Arrêt du 27 Août 1709; oui le rapport du sieur Desmarets, Conseiller ordinaire au Conseil Royal, Contrôleur général des Finances : SA MAJESTE' E'TANT EN SON CONSEIL, a ordonné & ordonne, que l'Arrêt du 27. Août 1709, sera exécuté selon sa forme & teneur; & pour en faciliter l'exécution, ordonne Sa Majesté que par les Inspecteurs des manufactures, & autres qui pourront être préposés; sçavoir, dans la ville & banlieue de Paris par le sieur d'Argenson, Conseiller d'Etat, Lieutenant général de Police; & dans les Provinces par les sieurs Intendans & Commissaires départis, il sera dressé des procès-verbaux contre toutes les personnes de quelque qualité ou condition qu'elles soient, qui seront trouvées vêtues de toiles peintes, ou étoffes des Indes, de la Chine & du Levant; comme aussi contre toutes personnes qui vendront lesdites toiles ou étoffes, ou les exposeront en vente, lesquels procès-verbaux dressés par lesdits Inspecteurs des manufactures, ou autres préposés, seront par eux affirmés véritables; sçavoir, dans la ville & banlieue de Paris, pardevant ledit sieur d'Argenson; & dans les Provinces du Royaume, pardevant lesdits sieurs Intendans & Commissaires départis, ou leurs Subdélegués; & dans les lieux où il n'y a point de Subdélegué, pardevant les Juges de Police : ordonne Sa Majesté que lesdits procès-verbaux, ainsi affirmés véritables, feront foi en Justice; en conséquence enjoint Sa Majesté au sieur d'Argenson dans la ville & banlieue de Paris, & aux sieurs Intendans & Commissaires départis, de prononcer sur iceux sans aucune autre preuve, & sans autres procédures ni formalités, les condamnations & amendes portées par ledit Arrêt du 27 Août 1709; enjoint Sa Majesté au sieur d'Argenson & aux sieurs Intendans & Commissaires départis dans les Provinces, de tenir la main à l'exécution du présent Arrêt, & de le faire lire, publier & afficher par-tout où besoin sera. FAIT au Conseil d'Etat du Roi, Sa Majesté y étant, tenu à Verfailles le dixiéme jour de Février mil sept cent quatorze.

LOUIS, PAR LA GRACE DE DIEU, ROI DE FRANCE ET DE NAVARRE, Dauphin de Viennois, Comte de Valentinois & Diois, Provence, Forcalquier & terres adjacentes : à notre amé & féal Conseiller en nos Conseils & en notre Conseil d'Etat le sieur d'Argenson, Lieutenant général de Police de notre bonne ville de Paris, & à nos amés & féaux Conseillers en nos Conseils les sieurs Intendans & Commissaires départis pour l'exécution de nos ordres dans les Provinces & Généralités de notre Royaume : SALUT. Nous vous mandons & enjoignons, chacun en droit soi, de tenir la main à l'exécution de l'Arrêt, dont l'extrait est ci-attaché sous le contre-scel de notre Chancellerie, ce jourd'hui donné en notre Conseil d'Etat, nous y étant, pour les causes y contenues ; commandons au premier Huissier ou Sergent sur ce requis, de signifier ledit Arrêt à tous qu'il appartiendra, à ce qu'aucun n'en ignore, & de faire pour son entiere exécution tous actes & exploits nécessaires sans autre permission, nonobstant clameur de Haro, Charte Normande & autres Lettres à ce contraires : voulons que ledit Arrêt soit lû, publié & affiché où besoin sera, à ce que personne n'en ignore ; & qu'aux copies d'icelui & des Présentes, collationnées par l'un de nos amés & féaux Conseillers-Secrétaires, foi soit ajoutée comme aux originaux ; car tel est notre plaisir. DONNÉ à Versailles le dixiéme jour de Février, l'an de grace mil sept cent quatorze, & de notre regne le soixante-onziéme. Par le Roi, Dauphin Comte de Provence, en son Conseil. Signé LOUIS, Et plus bas PHELYPEAUX.

IL est enjoint à Marc-Antoine Pasquier, Juré-Crieur de la Ville, Prevôté & Vicomté de Paris, de publier & faire afficher dans les Carrefours, Places & lieux ordinaires & accoutumés de cette ville de Paris, l'Arrêt du Conseil ci-dessus, à ce qu'aucun n'en prétende cause d'ignorance. Ce fut fait & donné par Messire MARC-RENÉ DE

VOYER DE PAULMY, Chevalier, Marquis d'Argenson, Conseiller d'Etat ordinaire, & Lieutenant général de Police de la Ville, Prevôté & Vicomté de Paris, le vingt-huitiéme Février mill sept cent quatorze.

Signé DE VOYER D'ARGENSON.

Ordonnance de M. l'Amiral, concernant la prise du Vaisseau le Thomas de Londres.

Du 19 Février 1714.

LOUIS-ALEXANDRE DE BOURBON, Comte de Toulouse, Amiral de France; Vû le Jugement par nous rendu le 30 Mai 1712, par lequel & pour les causes y contenues, le Bâtiment le Thomas de Londres, & un Brigantin Portugais, ont été déclarés de bonne prise avec leur chargement au profit des Armateurs du Vaisseau le François d'Argouges, commandé par le sieur de la Vigne Buisson, & ordonné en outre qu'à la requête du Procureur du Roi, il sera informé des voyes de fait & d'hostilité commises par le Capitaine l'Evesque, commandant la Frégate le Comte de Tessé de Nantes, & son équipage, contre lesdits Vaisseaux le François d'Argouges, le Thomas de Londres & le Brigantin Portugais; la procédure sur laquelle ledit Jugement est intervenu, celle faite en conséquence, contenant les conclusions prises le 13 Juillet suivant, sur la premiere procédure & le décret d'assigné audit l'Evesque, & au sieur Arnaud de la Perverie, Capitaine en second, pour être ouïs, du 16, ensuite duquel est la signification du 6 Août suivant; remontrances du Procureur du Roi des 8 Avril & 27 Mai dernier, & signification d'icelles; défaut donné le 16 Novembre aussi dernier, contre le sieur René Montaudoüin, Armateur de ladite Frégate le Comte de Tessé, faute de s'être présenté suivant l'Ordonnance; conclusions diffinitives du Procureur du Roi du 11 Décembre suivant, attendu que ledit l'Evesque & son Capitaine en second sont morts, & qu'il n'a pû découvrir les domiciles, biens & personnes de leurs héritiers, que ledit défaut soit déclaré bien & dûement levé & vérifié, & pour le profit d'icelui, que ledit René Montaudoüin, pour réparation des voyes de fait, d'hostilité &

pillage commis par les Officiers & gens de l'équipage de son Navire le Comte de Teffé au mois de Février 1710, contre le Vaisseau le François d'Argouges, & sur lesdites deux prises, soit condamné, comme Armateur, au payement de la somme de quinze mille livres, dont il a dû donner caution à l'Amirauté de Nantes, avant la sortie en mer de sondit Navire lors dudit voyage, & que ladite somme de quinze mille livres soit adjugée aux Armateurs du Vaisseau le François d'Argouges, à la réserve du dixiéme à nous appartenant, après déduction faite de six deniers pour livre destinés aux Invalides, les frais de justice pris sur le restant de ladite somme, & tout considéré: Nous en vertu du pouvoir à nous attribué à cause de notre charge d'Amiral, avons condamné & condamnons ledit Montaudoüin à payer aux Armateurs du Vaisseau le François d'Argouges par forme de dommages & intérêts la somme de quinze mille livres, pour raison des pillages, voyes de fait & d'hostilité commis par ledit l'Evesque & l'équipage de son Navire le Comte de Teffé, à la réserve du dixiéme de ladite somme à nous appartenant, qui sera délivrée au Receveur de nos droits, à ce faire ledit Montaudoüin contraint par toutes voyes dûes & raisonnables; mandons au Lieutenant & à tous autres Officiers du Siége de l'Amirauté de Vannes qu'il appartiendra, de tenir la main à l'exécution du présent Jugement, & ordonnons au premier Huissier ou Sergent sur ce requis, de faire pour son entiere exécution tous exploits requis & nécessaires, de ce faire lui donnons pouvoir. Fait à Versailles le dix-neuviéme Février mil sept cent quatorze. *Signé* PELLETIER.

ARREST

ARREST
DU CONSEIL D'ÉTAT
DU ROY,

CONCERNANT les Soyes étrangeres, & celles qui viennent des Indes & de la Chine.

Du 13 Mars 1714.

Extrait des Regiſtres du Conſeil d'Etat.

VU au Conſeil d'Etat du Roi les requêtes preſentées en icelui par les Maire, Echevins & Députés de la Chambre du Commerce de Marſeille, & par le Syndic général de la Province de Languedoc, contenant, que l'Arrêt du Conſeil du 14 Juin 1712 rendu ſans entendre les Parties principales & les plus intéreſſées, eſt le ſeul titre qui paroiſſe avoir permis à la Compagnie des Indes Orientales d'introduire dans le Royaume des ſoyes des Indes, d'autant que par ſon Edit d'établiſſement du mois d'Août 1664 cette faculté ne lui a point été accordée, & ne pouvoit l'être ſans une dérogation formelle à tous les anciens & nouveaux Réglemens, qui depuis 1540 ont fixé l'entrée des ſoyes étrangeres dans le Royaume par le Pont de Beauvoiſin par terre, & par mer par le Port de Marſeille, pour être enſuite tranſportées à Lyon; que par cette conſidération le Tarif fait en 1632 pour les cinq groſſes Fermes, en réglant les droits d'entrée ne fait aucune

Tome II.   Dddd

mention des foyes, ce qu'on ne pouvoit regarder comme une omiffion, puifqu'elles font dans l'énumération des marchandifes, dont les droits font fixés à la fortie du Royaume ; que fi le Tarif fait en 1664 a limité les droits d'entrée des foyes à feize livres par quintal, il ne devoit avoir d'application qu'aux foyes originaires du Royaume, que Sa Majefté a eu intention de favorifer, & qui peuvent entrer dans les Provinces des cinq groffes Fermes par les bureaux de Gannat & de Vichy, fans paffer par la ville de Lyon, ce qui a été confirmé par un Arrêt du Confeil intervenu le 26 Juillet 1687, contradictoirement avec les Prevôt des Marchands & Echevins de la ville de Lyon ; que la Compagnie des Indes Orientales a fi bien reconnu n'être pas en droit d'apporter des foyes des Indes dans le Royaume, qu'elle n'en a point chargé aux Indes depuis 1664 jufqu'en 1685, & depuis ce tems n'en a introduit que fix à fept mille livres par an ; que le Vaiffeau le grand Dauphin revenu de la Chine à Saint Malo au mois d'Octobre dernier, en ayant apporté plus de trente mille livres pefant, il feroit à craindre que fi Sa Majefté toléroit ce commerce, il n'en arrivât dans la fuite des quantités encore plus confidérables dans le Royaume ; ce qui feroit contraire aux droits de Sa Majefté, au bien général de l'Etat, à l'intérêt particulier des Provinces de Languedoc, Provence & Dauphiné, & de nos manufactures de foye ; que les Réglemens qui ont affujetti les foyes étrangeres à entrer par le Pont de Beauvoifin, & par le Port de Marfeille, ont eu deux motifs : le premier, d'affurer la perception des droits dûs à Sa Majefté qu'il eft impoffible de frauder, au moyen de ce qu'il y faut prendre à l'entrée du Royaume, des acquits à caution de venir acquitter les droits dans la ville de Lyon, & qu'on ne peut vendre, débiter ni entrepofer aucunes foyes fur la route, où les Voituriers font obligés de faire leurs déclarations à fept ou huit bureaux différens ; il n'en feroit pas de même dans les Ports de l'Oçean, où il n'y a qu'un feul bureau pour le payement des droits, & où il eft plus facile de les frauder par plusieurs moyens différens : le deuxiéme a été de protéger les manufactures de la ville de Lyon : elles sont parvenues à un si grand point de perfection, & le commerce en est si bien établi, tant dedans que dehors du Royaume, qu'elles méritent une faveur particuliere ; elles ne pourroient néanmoins se soutenir, si les soyes des Indes & de la Chine étoient admises par les Ports de l'Océan, & n'y payoient que seize livres par quintal, pendant que les droits qui se levent à Lyon sur celles qui viennent d'Italie, d'Espagne & du Levant, se montent à quatre-vingt-treize livres dix-neuf sols ; différence qui mettroit les ouvriers des autres Villes du Royaume, en état de donner leurs étoffes à un prix beaucoup plus bas que ceux de la ville de Lyon, & qui seule a fait vendre des soyes d'Orient arrivées dans le Royaume, d'autant que leur mauvaise qualité a été reconnue par tous les marchands & fabriquans du Royaume, tant à cause de la difficulté de les devuider, que parce que les étoffes auxquelles on les a employées, se sont trouvées molasses & sans lustre, que l'usage de ces soyes seroit capable de décréditer absolument nos manufactures, lesquelles ne se sont soutenues que parce qu'on a eu une attention particuliere à se servir des plus belles soyes ; qu'il faut distinguer les soyes des autres matieres premieres dont l'abondance ne peut être trop grande ; que le concours des soyes d'Orient, lesquelles peuvent être données à très-vil prix, parce qu'elles se recueillent sans aucune dépense dans les lieux de leur origine, causeroit la destruction des mûriers, qui ont été plantés dans les Provinces de Dauphiné, Provence & Languedoc, & principalement dans cette derniere Province, qui a fait des frais très-considérables pour le succès de cette plantation ; que le prix des soyes qu'on y recueille se monte à sept ou huit millions par an ; qu'elles fournissent plus du tiers de la quantité nécessaire pour la consommation du Royaume, & que cette plantation pourra encore augmenter si les Propriétaires sont assurés du débit de leurs soyes ; que nous avons en permutation de nos denrées & marchandises, des soyes d'Italie, d'Espagne & du Levant, qui ont toujours suppléé à nos besoins, & plus promptement que ne pourroient faire celles d'Orient, quand même elles seroient de la même qualité ; que le change seul a causé l'augmentation actuelle du prix de cette matiere ; mais que cette augmentation, qui en différens tems, a été encore plus forte, n'a jamais fait cesser le travail de nos fabriquans, les étoffes de soye étant de luxe & de mode, & pour l'usage des gens aisés ; & qu'il ne conviendroit pas au bien de l'Etat que les manufactures devinssent plus nombreuses au préjudice de celles de draps, lins & cotons, & de la culture des terres ; par ces raisons lesdits Maire, Echevins & Députés de la Chambre du Commerce de Marseille, & le Syndic général de la Province de Languedoc, requéroient qu'il plût à Sa Majesté les recevoir opposans à l'Arrêt du quatorze Juin 1712, en ce qu'il permet à la Compagnie des Indes Orientales de faire entrer des soyes par les Ports de l'Ocean ; & faisant droit sur leur opposition, que conformément aux Edits, Déclarations, Ordonnances & Arrêts concernant l'entrée des soyes étrangeres dans le Royaume, il soit ordonné que les soyes étrangeres, de quelque nature qu'elles soient ne pourront entrer dans le Royaume, par terre que par le Pont de Beauvoisin, & par mer par le Port de Marseille, pour être ensuite transportées à Lyon, sous les peines portées par lesdits Réglemens ; & qu'en conséquence il soit fait défenses à la Compagnie des Indes Orientales, à la Compagnie de la Chine, & à tous autres d'apporter dans le Royaume, ni dans aucuns Ports de l'Europe aucunes soyes ni marchandises de soyes des Indes, à peine de confiscation & de six mille livres d'amende pour chaque contravention, applicable moitié au Roi & moitié au Dénonciateur. Vû aussi le mémoire des Prevôt des Marchands & Echevins de la ville de Lyon, tendant aux mêmes fins ; les mémoires de la Compagnie des Indes Orientales & de celle de la Chine, contenant que les Maire & Echevins de la Ville de Marseille, & le Syndic général de la Province de Languedoc, ne sont pas recevables dans leurs oppositions à l'Arrêt du 14 Juin 1712, rendu en parfaite connoissance de cause contradictoirement avec les Prevôt des Marchands & Echevins de la ville de Lyon, & les Fermiers généraux ; que le bien de l'Etat exige que pour entretenir & augmenter nos manufactures nous ayons une grande abondance de matieres premieres, que le prix excessif des soyes cause un extrême préjudice aux Marchands & Fabriquans, qui n'osent se charger d'étoffes par la crainte de ne les pouvoir vendre qu'avec perte, que la considération de nos soyes originaires, qui étant plus moëlleuses, plus égales & plus nettes, seront toujours débitées par préférence, ne doit empêcher l'introduction des soyes d'Orient, de même que nous recevons les laines, lins & chanvres qui proviennent des Pays étrangers, quoique le Royaume en fournisse une quantité bien plus considérable que de soyes ; que le concours des soyes d'Orient obligera les Italiens, Espagnols & Levantins de diminuer le prix des leurs, que les Prevôt des Marchands & Echevins de la ville de Lyon, dont la prétention a été condamnée par l'Arrêt du 14 Juin 1712, la renouvellent pour l'intérêt particulier des Marchands de cette Ville, qui font des profits immenses sur les soyes d'Espagne, d'Italie & du Levant, dont ils ont des magasins, pour revendre aux Marchands & Fabriquans des autres Villes du Royaume ; que si les soyes d'Orient ne sont pas propres à toutes sortes d'ouvrages, leur utilité a néanmoins été reconnue par l'empressement qu'ont eu les Marchands du Royaume d'en faire des achapts toutes les fois qu'il y en est arrivé, & parce que les manufactures de la Flandre Françoise en ont toujours employé avec succès ; que la Compagnie des Indes Orientales n'a jamais été troublée dans la possession d'en apporter en payant les droits d'entrée, fixés par le Tarif de 1664 ; que cette possession est conforme à son Edit d'établissement, parce qu'il lui a été permis d'apporter des Indes toutes sortes de marchandises, & que Sa Majesté, en considération des dépenses & des pertes de cette Compagnie, a bien voulu modérer les droits d'entrée fur les foyes de fon commerce; que tous les Réglemens qui ont prefcrit que les foyes étrangeres entreroient dans le Royaume, par terre par le Pont de Beauvoifin, & par mer par le Port de Marfeille, ne font mention que des foyes d'Italie, d'Efpagne & du Levant; que cette Compagnie n'a commencé à en apporter dans le Royaume qu'en 1685, & depuis ce tems n'y en a vendu que cent trente-neuf mille foixante-dix-neuf livres, qui n'ont pas pû faire aucun tort aux foyes qui fe recueillent dans le Royaume, & qu'elle fera toujours difpofée à en modérer les achapts aux Indes, quand celles du Royaume pourront en fouffrir quelque préjudice, ce qu'on ne doit pas craindre, puifqu'elles font de meilleur qualité ; que celles du Levant font femblables à celles des Indes, & fe tirent également pour la plus grande partie avec de l'argent comptant; qu'on ne peut pas dire que le commerce de cette Compagnie n'ait été très-avantageux au Royaume; qu'elle n'a porté de l'argent aux Indes qu'en conféquence d'une permiffion expreffe de Sa Majefté; qu'elle n'a pas laiffé de charger en France beaucoup de marchandifes pour les Indes, & que celles qu'elle en a rapportées nous ont tenu lieu de celles que nous aurions été dans la néceffité indifpenfable de prendre des Anglois & Hollandois, qui ne nous les auroient fournies qu'en augmentant de plus de moitié le prix de l'achapt aux Indes; qu'enfin ce feroit interdire abfolument le commerce des foyes d'Orient, que de les affujettir à entrer par le Port de Marfeille, puifqu'aucun Vaiffeau revenant des Indes, ou de la Chine, ne voudroit paffer le détroit pour aller débarquer des foyes à Marfeille, & rapporter le furplus de fon chargement dans un Port de l'Ocean. Vû pareillement le mémoire des anciens Juges Confuls & Gardes Jurés des Marchands de foye de la ville de Tours, portant que les foyes des Indes & de la Chine font d'une trèsmauvaife qualité, & capables de décréditer leurs manufactures : les mémoires des Marchands & Fabriquans des villes de Reims & Amiens, contenant qu'ils ne se servent plus desdites soyes, parce qu'ils s'en sont mal trouvés, & que l'entrée doit en être défendue : les avis des sieurs Intendans & Commissaires départis dans les Provinces de Languedoc, Provence, Dauphiné, Champagne & Picardie, & dans les Généralités de Lyon & Tours : l'Arrêt du Conseil du 26 Juillet 1687 ; l'Edit du mois de Juin 1711 ; l'Arrêt du 14 Juin 1712, & autres Edits, Déclarations, Ordonnances, Arrêts, Mémoires & Piéces ; oui le rapport du sieur Desmarets, Conseiller ordinaire au Conseil Royal, Contrôleur général des Finances : LE ROI E'TANT EN SON CONSEIL, a reçû & reçoit le Syndic de la Province de Languedoc, & les Maire, Echevins & Députés de la Chambre du Commerce de Marseille, opposans à l'Arrêt du Conseil du 14 Juin 1712 ; faisant droit sur leurs oppositions, a ordonné & ordonne, que les anciens Edits, Déclarations, Ordonnances & Arrêts intervenus pour la Doüanne de Lyon, ensemble l'Arrêt du 26 Juillet 1687, & l'Edit du mois de Juin 1711, seront exécutés selon leur forme & teneur ; & en conséquence, que toutes les soyes & étoffes de soye venant des Pays étrangers, à l'exception de celles des Indes Orientales & de la Chine, ne pourront entrer, par mer que par le Port de Marseille, & par terre par le Pont de Beauvoisin, pour être conduites directement en la ville de Lyon, & y payer les droits en la maniere accoutumée, sans qu'il puisse en être fait aucune vente, débit ni entrepôt, depuis les lieux par lesquels lesdites soyes étrangeres entreront dans le Royaume, jusques à leur arrivée dans ladite ville de Lyon. Fait Sa Majesté très-expresses inhibitions & défenses à la Compagnie des Indes Orientales, à celle de la Chine, & à tous autres, d'introduire dans le Royaume, par mer ni par terre aucunes soyes ni marchandises de soiries, de quelque qualité qu'elles soient, provenant des Indes Orientales & de la Chine, même sous prétexte d'entrepôt, pour être transportées dans les Pays étrangers, à peine de confiscation, tant desdites soyes & marchandises, de foiries, que des Vaisseaux, barques, bateaux, chevaux, charrettes ou autres équipages qui les auront apportées, & de six mille livres d'amende applicable, moitié au profit du Roi & moitié au dénonciateur. Enjoint Sa Majesté aux sieurs Intendans & Commissaires départis dans les Provinces du Royaume, Juges de la Doüanne de Lyon & de Valence, Juges des traites foraines, & cinq grosses Fermes, de tenir la main à l'exécution du présent Arrêt, qui sera lû, publié & affiché par-tout où besoin sera. FAIT au Conseil d'Etat du Roi, Sa Majesté y étant, tenu à Versailles le treiziéme jour de Mars mil sept cent quatorze.

Signé PHELYPEAUX.

ARREST
DU CONSEIL D'ÉTAT
DU ROY,

QUI régle les payemens à faire aux créanciers prétendus privilégiés de la Compagnie des Indes Orientales, sur les deniers qui sont entre les mains du Sieur le Noir, Caissier de ladite Compagnie.

Du 14 Mai 1714.

Extrait des Registres du Conseil d'Etat.

VU au Conseil d'Etat du Roi les Arrêts rendus en icelui, Sa Majesté y étant, les 12 Novembre 1708, 22 Février 1710 & 5 Décembre 1712, par lesquels elle a nommé les sieurs Conseillers d'Etat & Maîtres des Requêtes, Intendans du commerce, y nommés, Commissaires pour la discussion générale des affaires de la Compagnie Royale des Indes Orientales, la liquidation & acquittement des dettes d'icelle, & généralement sur tout ce qui concerne l'exécution tant dudit Arrêt du 12 Novembre 1708, que de celui du 6 Décembre audit an. La requête présentée par Joseph Macary, Chirurgien, François de nation, tendante à ce qu'il soit ordonné que sur les deniers appartenant à ladite Compagnie des Indes Orientales, il sera payé par préférence des appointemens à lui dûs en qualité de Chirurgien de ladite Compagnie pendant vingt-trois ans jusqu'en 1709, soit dans le Royaume de Siam, où il a été detenu prisonnier pendant cinq ans, soit dans celui de Bengale & autres endroits où la Compagnie a ses établissemens, & que le payement lui en sera fait à Paris; au bas l'Ordonnance du Conseil du 10 Mars 1710, portant que ladite requête seroit communiquée aux sieurs Directeurs de ladite Compagnie; signification ensuite du 11 dudit mois, & piéces jointes à icelle. Imprimé de requête desdits sieurs Directeurs du 20 Novembre audit an, employée pour réponses à celle dudit Macary & autres Employés de la Compagnie dans les Indes, à ce qu'ils fussent déboutés de la préférence par eux demandée sur les effets du Vaisseau le saint Louis, à l'exception d'une année de leurs gages seulement. Autre requête dudit Macary, employée pour réponse à la précédente, & à ce qu'il soit ordonné qu'il sera payé de la somme de six mille six cens vingt-sept livres neuf sols cinq deniers, à lui dûe par ladite Compagnie pour ses appointemens, par privilége & préférence sur les deniers provenant des effets & marchandises de la cargaison du Vaisseau le saint Louis, & condamner lesdits sieurs Directeurs aux dépens; au bas l'Ordonnance du Conseil, soit communiqué aux Directeurs de la Compagnie des Indes & aux Syndics des créanciers chirographaires, du 25 Novembre audit an 1710, signifiée le 26 dudit mois. Imprimé de l'Arrêt du Conseil d'Etat, Sa Majesté y étant, du 18 Janvier 1711, rendu entre les créanciers & Directeurs de ladite Compagnie des Indes, par lequel entr'autres choses il a été ordonné que par préférence sur les effets & marchandises dudit Vaisseau le S. Louis, il seroit payé aux créanciers y nommés, entr'autres audit Macary la somme de six cens livres pour une année de ses appointemens en qualité de Chirurgien, & que sur le surplus de ses demandes les parties contesteroient plus amplement. Mémoire dudit Macary, aux fins qu'il soit ordonné qu'il sera payé par privilége dans les distributions que font lesdits sieurs Directeurs de la Compagnie des Indes des deniers procédant des effets qui lui reviennent & appartiennent, de la somme de trois mille cinquante-cinq livres, qu'ils sont convenus lui être encore dûs pour gages: plusieurs certificats, placets & autres piéces attachées audit mémoire. Requête desdits sieurs Directeurs, employée pour satisfaire audit Arrêt du Conseil du 18 Janvier 1711, & réponses au mémoire dudit Macary & à ses requêtes, signifiées les 11 Mars & 26 Novembre 1710, & pour contredits contre les placets & piéces y jointes, & tendante à ce que ledit Macary soit débouté de sa demande pour les appointemens montant à deux mille quatre cens quarante livres seize sols, depuis le premier Novembre 1688, qu'il prétend avoir été detenu au comptoir de Siam, jusqu'au 24 Juin 1694 qu'il est arrivé à Bengale, & de ceux montant à cinq cens trente-une livres douze sols depuis le 31 Janvier 1709 jusqu'au 19 Décembre audit an, jour de son arrivée en France, & qu'il soit condamné à rendre compte à la Compagnie de la gestion, disposition & usage qu'il a fait à Siam des effets de la Compagnie, dont il paroît par les piéces qu'il a produites qu'il est resté dépositaire, & le mémoire qu'il a fait signifier auxdits sieurs Directeurs ledit jour 11 Mars, joint à leurdite requête, & jusqu'à ce les décharger du payement de ladite somme de trois mille cinquante-cinq livres un sol cinq deniers qui lui reste dûe de celle de trois mille six cens cinquante-cinq livres un sol cinq deniers pour solde de son compte arrêté à Pondichery le 31 Janvier 1709, & le condamner dèsà-présent aux dépens; au bas l'Ordonnance du Conseil, soit communiqué audit Macary, du 27 Février 1714, signifiée le 28 dudit mois à Me Ferrary son Avocat, avec sommation de fournir de défenses. Requête de Nicolas Avyat, Bourgeois de Paris, tendante à ce que faute par lesdits sieurs Directeurs de lui avoir fait payer la somme pour laquelle il a été compris dans l'état de répartition arrêté en exécution de l'Arrêt du Conseil du 23 Février 1713, des fonds provenant du retour des Vaisseaux le Maurepas, le Brillac, l'Auguste, le François d'Argouges & la prise du nouveau Georges, ils seroient condamnés en leurs propres & privés noms solidairement avec le sieur le Noir leur Caissier dépositaire, à payer audit Avyat la somme de quinze cens livres à laquelle il se restraint pour sa part dans la contribution, à imputer premierement sur les intérêts, & ensuite sur le principal de ses créances, montant à dix mille trois cens livres en plusieurs billets de ladite Compagnie des Indes, à ce faire contraints par toutes voyes, même par corps, avec dépens; au bas l'Ordonnance soit communiqué auxdits sieurs Directeurs, du 23 Juin 1713, signifiée le 26 dudit mois, les piéces jointes à ladite requête. Celle desdits sieurs Directeurs, employée pour réponses, & tendante à ce qu'acte leur soit donné de la déclaration qu'ils font que la Compagnie est prête & offre de faire payer le tiers de ce qui est dû de reste des sommes contenues aux billets dont il s'agit, conformément à l'Arrêt du Conseil du 20 Février 1713, en approuvant & signant par les héritiers du feu sieur Peletyer, vivant l'un desdits sieurs Directeurs, auxquels lesdits billets ont appartenu, toutes les délibérations prises par la Compagnie, & notamment le traité fait avec les héritiers du sieur de Bercy, aussi l'un desdits Directeurs, où en donnant par lesdits héritiers Peletyer un acte équivalent, & en conséquence de ladite déclaration & offres, débouter ledit Avyat des fins de sa requête, avec dépens; au bas l'Ordonnance, acte de l'emploi, ensemble de la déclaration & offres de ladite Compagnie des Indes, au surplus en jugeant sera fait droit, du 19 Juillet 1713, signifiée le 20 dudit mois. Requête dudit Avyat, employée pour réponses, du 16 Septembre, signifiée le 20: réponse desdits sieurs, signifiée le 15 Décembre ensuivant. Requête de François Guyot, Ecuyer, sieur de Chenizot, Conseiller-Secrétaire du Roi, Receveur général des Finances de Rouen, tendante à ce que lesdits sieurs Directeurs de la Compagnie des Indes soient condamnés à lui payer les intérêts de la somme de neuf mille trois cens vingt livres qui lui reste dûe du principal de celle de douze mille livres, portée par ses billets signés par lesdits sieurs Directeurs les 18 Février & 10 Mars 1708, 15 Janvier & 18 Février 1709, à compter depuis le premier Mai 1711 jusqu'au premier Janvier 1713, & sur le principal la somme pour laquelle ledit Guyot a été ou doit être compris comme les autres porteurs de semblables billets de ladite Compagnie, à ce faire lesdits sieurs Directeurs & leur Caissier contraints par toutes voyes dûes & raisonnables, même par corps, quoi faisant ils en demeureront bien & valablement quittes & déchargés, sans préjudice du surplus, & les condamner aux dépens; au bas est l'Ordonnance, soit communiqué, du 8 Août 1713, signifiée le 9 dudit mois, les piéces jointes à ladite requête. Celle desdits sieurs Directeurs, employée pour réponse, & tendante à ce qu'acte leur soit donné de la déclaration qu'ils font qu'ils sont prêts & offrent de faire payer le tiers de ce qui est dû de reste des sommes contenues aux billets de la Compagnie dont il s'agit, & dont le sieur Guyot demande le payement, & ce conformément à l'Arrêt du Conseil du 20 Février 1713, en approuvant & signant par les sieurs héritiers du feu sieur Peletyer, vivant l'un des Directeurs de ladite Compagnie des Indes, auxquels lesdits billets appartiennent, toutes les délibérations prises par ladite Compagnie, & notamment le traité fait par elle avec les sieurs héritiers du feu sieur de Bercy, aussi vivant l'un desdits sieurs Directeurs, ou en donnant par lesdits sieurs héritiers Peletyer à ladite Compagnie un acte équivalent & convenable à cet égard, & en conséquence desdites déclarations & offres, débouter ledit sieur Guyot des fins & conclusions de sa requête, avec dépens; au bas est l'Ordonnance, acte de l'emploi, ensemble des déclarations & offres de ladite Compagnie des Indes, au surplus en jugeant, & soit signifié, du 2 Septembre 1713, signifiée ledit jour. Requête dudit sieur Guyot de Chenizot, employée pour réponse, du 22 Novembre audit an, signifiée le 23 dudit mois. Autre requête desdits sieurs

Directeurs, aussi employée pour réponses avec celles qu'ils ont faites par leurs dires du 15 Décembre, signifiée tant audit sieur Avyat qu'audit sieur Guyot, & des offres qu'il fait par sadite requête, signifiée le 23 Novembre, d'affirmer que les billets dont il s'agit lui appartiennent, qu'il en a payé la valeur, & qu'il ne prête point son nom aux héritiers du sieur Peletyer; en conséquence que les conclusions prises par lesdits sieurs Directeurs par leur requête signifiée le 2 Septembre leur seront adjugées, si mieux n'aime ledit sieur Guyot en faisant pardevant M. le Rapporteur l'affirmation qu'il a offert faire, y ajoûter que lorsqu'il a représenté en 1710 les billets dont il est porteur, il avoit réellement & de fait payé la valeur de ses billets, & qu'il ne l'a point fait pour faire plaisir ni pour prêter son nom auxdits sieurs héritiers Peletyer; au bas l'Ordonnance, acte de l'emploi, sur le surplus en jugeant, & soit signifié, du 13 Décembre 1713, signifiée le 15 dudit mois. Requête d'André Vincent, Receveur général des Postes, ayant droit par déclaration de Claude Baune, Bourgeois de Paris, tendante à ce que les sieurs Soulet, Tardif, le Mercier, Desvieux & autres Intéressés en ladite Compagnie des Indes, soient condamnés solidairement & par corps à lui payer la somme de vingt-un mille huit cens livres contenue en deux billets au porteur du 28 Juillet 1708, avec les intérêts jusqu'à l'actuel payement, & aux dépens; au bas est l'Ordonnance soit communiqué, du 3 Août 1713, signifiée le 11 dudit mois, les originaux desdits deux billets : réponse desdits sieurs Directeurs, signifiée le 2 Septembre audit an. Requête d'Edme Rathier, ci-devant Ecrivain de Marine sur le Vaisseau le S. Louis pour le service de ladite Compagnie des Indes, tendante à ce que lesdits sieurs Directeurs soient condamnés par corps à lui payer la somme de deux mille cinquante-quatre livres, restante de celle de deux mille quatre cens cinquante livres, pour quatre années un mois de ses appointemens, à raison de cinquante livres par mois en ladite qualité d'Ecrivain, lesquels ont commencé depuis le

8 Janvier 1706, & continué jusqu'au 18 Février 1710, aux offres qu'il fait de se transporter, si besoin est, de Bretagne où il est, en cette ville de Paris, pour y travailler le temps nécessaire aux prétendus comptes qui lui sont demandés par ladite Compagnie, qui sera tenue de lui payer en outre les frais de son voyage & ses appointemens, à raison de cinquante livres par mois pour le temps qu'il sera jugé à propos, & aux dépens, signifiée le 8 Juillet 1713 à M.e le Noir, Avocat desdits sieurs Directeurs, avec sommation de fournir de réponses, les pièces attachées à ladite requête. Celle desdits sieurs Directeurs, employée pour réponses, avec les pièces y attachées, & tendante à ce que ledit sieur Rathier soit débouté quant à présent de sa demande, & qu'il soit ordonné, conformément à l'article XLIX du premier chapitre des instructions à lui données, & à la soumission qu'il a signée au bas desdites instructions, du 9 Juillet 1706, & qu'il sera tenu de rendre compte auxdits sieurs Directeurs en leur Bureau à Paris à ses frais & dépens, faute par lui de l'avoir fait à l'Orient, de toute la gestion par lui faite en ladite qualité d'Ecrivain du Vaisseau le saint Louis pendant le voyage qu'il a fait à la mer du Sud & aux Indes Orientales, dont les dépenses montent à près de trois cens mille livres, auquel effet il remettra le grand livre qui lui a été donné par la Compagnie, & fournira les états, mémoires & pièces nécessaires, afin que l'on puisse mettre ses livres en ordre, dresser son compte & en constater le débet, aux offres que font lesdits sieurs Directeurs au cas qu'après ses comptes ainsi rendus, réglés, balancés & arrêtés, il lui soit dû quelque chose pour ses appointemens, suivant le décompte qui en a été fait à la Compagnie, & que lesdits sieurs Directeurs rapportent de lui payer le restant, ainsi qu'il a été fait à tous les autres Officiers dudit Vaisseau le S. Louis, & de la maniere qu'il a été réglé à leur égard par M. de Pontchartrain, Secrétaire d'Etat ayant le département de la Marine, & condamner ledit Rathier aux dépens; au bas l'Ordonnance, acte de l'emploi, les pièces reçues &

communiquées par copies, au surplus en jugeant, & soit signifié, du 17 Novembre 1713, signifié le 18 dudit mois: réponses & contredits dudit Rathier, signifiés le 16 Janvier 1714: répliques desdits sieurs Directeurs, signifiées le 17 Février audit an. Requête de Paul Sanche d'Hauteville, au nom & comme exerçant les droits de Jacques Rebuty, au nom & comme créancier de ladite Compagnie des Indes, de la somme de quatre mille trois cens soixante-dix livres de principal & intérêts, tendante à ce qu'il soit ordonné qu'il sera payé par lesdits sieurs Directeurs par préférence à tous autres créanciers dudit Rebuty sur les répartitions faites & à faire par lesdits sieurs Directeurs, de la somme de huit cens quarante livres de principal à lui dûe par ledit Rebuty, plus de trois cens vingt livres d'intérêts échûs au 19 Juillet 1713, & de ceux échûs depuis & qui échéront jusqu'à l'actuel payement, & qui lui ont été adjugés par Arrêt du 9 Mars 1711, & ce en conséquence du cautionnement fait par le sieur Patrice du Sault, passé devant les Notaires du Châtelet le 13 Mars 1713 envers les sieurs Mathey, qui l'ont accepté par autre acte du 14 dudit mois, & en conséquence d'autre Arrêt du 24 Avril 1713, qui a ordonné l'exécution de celui dudit jour 9 Mars 1711 au profit dudit d'Hauteville, sans préjudice des frais & dépens à lui adjugés; & qu'au payement lesdits sieurs Directeurs seront contraints, quoi faisant d'autant déchargés sur ladite somme de quatre mille trois cens soixante-dix livres & intérêts, & l'Arrêt qui interviendra exécuté nonobstant oppositions & autres empêchemens quelconques; au bas l'Ordonnance du Conseil, soit communiqué, du premier Août 1713, signifiée ledit jour, les pièces jointes à ladite requête. Celle desdits sieurs Directeurs, employée pour réponses, & tendante à ce qu'acte leur soit donné des offres qu'ils font de payer audit sieur d'Hauteville la somme de quatre cens quatre-vingt-dix-sept livres dix-neuf sols deux deniers qui revient au sieur Rebuty & qui reste à lui payer en exécution des Arrêts du Conseil des 20 Février & 6 Mars 1713, & de la délibération de la Compagnie du 3 Mai audit an, en le faisant par lui dire & ordonner avec tous les saisissans & opposans sur ledit sieur Rebuty, dont les saisies & oppositions sont énoncées en l'état joint à ladite requête, ou le faisant ordonner nonobstant toutes saisies & oppositions faites & à faire entre les mains de ladite Compagnie, & qu'elle en demeurera bien & valablement quitte & déchargée envers lesdits Rebuty, saisissans & opposans; sur quoi ils se rapportent au Conseil d'ordonner ce qu'il lui plaira pour leur sûreté : cependant attendu les difficultés qui se trouvent procédant de la chose même & du propre fait dudit sieur d'Hauteville par l'inexécution de sa part des Arrêts du Conseil dont il demande l'exécution, le condamner aux dépens envers lesdits sieurs Directeurs; au bas l'Ordonnance du Conseil, acte de l'emploi, ensemble des offres de ladite Compagnie des Indes, les piéces revûes & communiquées au surplus en jugeant, & soit signifié, du 2 Septembre 1713, signifiée ledit jour : réponses dudit d'Hauteville, signifiées le 11 dudit mois de Septembre. Copie signifiée le 18 Août 1713 auxdits sieurs Directeurs d'une requête présentée par Jacques-Paul de Bar, Chevalier, Marquis de Buranlure, & Dame Marie Darest sa femme, & auparavant veuve de Claude Legras, Agent de Change, tendante à ce que faute par les sieurs de Neufchastel & de la Coutardiere, porteurs de quatre billets de ladite Compagnie des Indes, datés du même jour 26 Mars 1706, de la somme de treize mille livres à l'échéance du premier Mars 1708, & sur lesquels ledit feu sieur Legras avoit mis son aval, d'avoir satisfait aux sommations à eux faites de la part desdits sieur & Dame de Buranlure les 23 Septembre 1712 & Avril 1713, & en conséquence d'avoir représenté ces billets pardevant les sieurs Commissaires députés pour les affaires de ladite Compagnie des Indes, à l'effet de se faire employer dans les distributions qui se sont faites par les Arrêts du Conseil du 4 Mai 1711 & 20 Février 1713, ou d'avoir touché les sommes pour lesquelles ils y ont dû ou être employés, lesdits sieur & Dame de Buranlure seront pure-

Tome II.   Ffff

ment & simplement déchargés du payement de ce qui reste dû de ses billets, & des condamnations intervenues contre eux à ce sujet, tant aux Consuls qu'au Parlement & autres Jurisdictions, & lesdits sieurs de Neufchastel & de la Coutardiere condamnés en tous les dommages & intérêts soufferts par les saisies mobiliaires & réelles faites à leur requête sur lesdits sieur & Dame de Buranlure, & tout ce qui s'en est ensuivi, sauf auxdits sieurs de la Coutardiere & de Neufchastel à se pourvoir pour ce qu'ils prétendent leur rester dû contre lesdits Intéressés en la Compagnie des Indes ainsi qu'ils le jugeront à propos, & subsidiairement & sans déroger aux conclusions ci-dessus, faute par lesdits sieurs Intéressés en la Compagnie des Indes d'avoir satisfait aux dénonciations à eux faites par actes des 25 Septembre 1708, 20 Mars & 13 Janvier 1713, & suivant icelles fait cesser les poursuites & contraintes desdits sieurs de Neufchastel & de la Coutardiere contre lesdits sieur & Dame de Buranlure pour raison des billets dont il s'agit, & en conséquence de leur avoir fourni main-levée desdites saisies réelles & mobiliaires sur eux faites ; que lesdits sieurs Intéressés seront condamnés par toutes voyes, même par corps, à restituer auxdits sieur & Dame de Buranlure la somme de trois mille quatre cens livres, qu'ils ont déja été obligés de payer de leurs deniers sur ces billets ; sçavoir, cent livres d'une part, & deux mille quatre cens soixante-quinze livres d'autre audit sieur de la Coutardiere, & huit cens vingt-cinq livres audit sieur de Neufchastel, & de les acquitter du surplus de ce qui reste dû desdits billets, tant en principal qu'intérêts & dommages soufferts par lesdits sieur & Dame de Buranlure à cause desdites saisies réelles & mobiliaires dont lesdits sieurs Directeurs seront tenus de rapporter main-levée dans huitaine du jour de l'Arrêt qui interviendra, avec tous dépens, dommages & intérêts soufferts & à souffrir jusqu'au jour de ladite main-levée, comme étant la somme portée par lesdits billets la propre dette de la Compagnie, & outre condamnés en tous les dépens, tant en demandant, défendant, que de la sommation en quelques Jurisdictions qu'ils ayent été faits ; au bas l'Ordonnance du Conseil, soit communiqué à Me Aubry, Avocat desdits sieurs Directeurs des Indes, & auxdits sieurs de Neufchastel & de la Coutardiere, pour y fournir de réponses dans trois jours, sinon seroit fait droit du 18 Août 1713, signifiée le 28 dudit mois auxdites parties, avec sommation de fournir de réponses. Requête desdits sieurs Directeurs de la Compagnie des Indes, employée pour réponses à celle desdits sieur & Dame de Buranlure, avec les actes y mentionnés, du 12 Août 1713, passés devant Notaires à Paris, joint à ladite requête, & tendante à ce que faisant droit, lesdits sieur & Dame de Buranlure soient déboutés de leurs conclusions & demandes en ce qui concerne lesdits sieurs Intéressés en la Compagnie des Indes, qui en demeureroient purement & simplement déchargés, avec dépens ; au bas l'Ordonnance du Conseil, acte de l'emploi, les piéces reçûes & communiquées, au surplus en jugeant, & soit signifié, du 17 Novembre 1713, signifiée le 18 dudit mois à Me Avocat desdits sieur & Dame de Buranlure, les piéces jointes à ladite requête, avec l'acte de baillé copie d'icelles dudit jour. Requête de Pierre-Philippes le Noir, Caissier général de ladite Compagnie des Indes, tendante à ce qu'acte lui soit donné de la représentation qu'il fait de quatre billets de ladite Compagnie, du 26 Mars 1706, payables au porteur le premier de Mars 1708, montant en principal à la somme de treize mille livres, & y ayant égard ordonner que dans la premiere distribution qui sera faite des deniers appartenant à ladite Compagnie, ledit sieur le Noir sera payé par privilége & préférence à tous autres créanciers chirographaires de ladite somme de treize mille livres de principal, dont les sieurs de la Coutardiere & de Neufchastel étoient porteurs, & qu'ils ont remis audit sieur le Noir, ensemble des intérêts à raison de l'Ordonnance depuis le premier Mars 1708, & encore de la somme de vingt-neuf livres dix sols d'une part pour les frais & dépens adjugés par Sentence des Consuls audit sieur de la Coutardiere contre ladite Compagnie, à lui payés par ledit sieur le Noir par acte du 12 Août 1713, & vingt sept livres douze sols pour autres frais audit sieur de Neufchastel aussi à lui payés par autre acte du même jour 12 Août, & des intérêts desdites deux sommes, à compter depuis ledit jour; & où Sa Majesté feroit difficulté d'adjuger audit sieur le Noir la préférence par lui demandée, ordonner qu'il sera employé dans l'état des créanciers porteurs de billets de ladite Compagnie, pour ladite somme de treize mille livres & intérêts depuis ledit jour premier Mars 1708, & pour lesdites sommes de vingt-neuf livres dix sols & dix-sept livres douze sols & intérêts depuis le 12 Août 1713, & qu'il sera payé tant sur lesdits intérêts que sur lesdites sommes principales de treize mille livres, vingt-neuf livres dix sols, & vingt-sept livres douze sols, premierement des mêmes portions qui ont été ci-devant payées par les contributions qui ont été faites en 1711 & 1713, aux créanciers chirographaires, & de la même maniere qu'ils ont été payés, & en second lieu de la même portion desdites sommes, principal & intérêts, qui sera ordonnée être payée à tous lesdits créanciers chirographaires ; au bas est l'Ordonnance du Conseil, soit communiqué à Me Aubry, Avocat desdits sieurs Directeurs, & Ferrary, Avocat desdits créanciers chirographaires de ladite Compagnie des Indes, pour y fournir de réponses en trois jours, & sur le surplus en jugeant sera fait droit, du 17 Novembre 1713, signifiée le 18 dudit mois, avec sommation de fournir de réponses, les piéces jointes à ladite requête. Réponses desdits sieurs Directeurs de la Compagnie des Indes à la requête dudit sieur le Noir, signifiée le 14 Décembre audit an à Me Bouchaud son Avocat, & à Me Ferrary, Avocat desdits Syndics des créanciers chirographaires. Autre requête dudit sieur le Noir, de production nouvelle des piéces y mentionnées ; au bas l'Ordonnance portant les piéces reçûes, & signifiée le 13 dudit mois de Décembre auxdits Maîtres Aubry & Ferrary, Avocats, lesdites piéces jointes à ladite requête. Requête de Denis de Bastard, Seigneur de Montreuil, Capitaine des Vaisseaux du Roi, Chevalier de l'Ordre Militaire de saint Louis, tendante à ce qu'il soit ordonné qu'il sera payé de la somme de quinze cens trente-cinq livres douze sols huit deniers, qui est le tiers de celle de quatre mille six cens six livres dix-huit sols huit deniers à lui dûe pour sa part du dixiéme de la prise du Vaisseau le Cantorbery, suivant le compte arrêté & réglé par lesdits Directeurs de la Compagnie des Indes, & sur le même pied que les autres créanciers de la Compagnie des Indes ont été payés par le sieur le Noir, Caissier, dans la distribution faite en l'année 1713 : comme aussi ordonner qu'à l'avenir ledit sieur de Montreuil sera employé dans tous les états qui seront arrêtés par ladite Compagnie jusqu'à son parfait payement de la somme de quatre mille six cens six livres dix-huit sols deux deniers, concurremment avec les autres créanciers & à proportion de ce qui sera à distribuer ; & en cas de contestation, condamner les contestans aux dépens ; au bas l'Ordonnance du Conseil, soit communiqué à Maîtres Aubry & Ferrary, Avocats desdits sieurs Directeurs & Syndics des créanciers, du 28 Novembre 1713, signifiée le 6 Décembre ensuivant, les piéces jointes à ladite requête : réponses desdits sieurs Directeurs à ladite requête par acte signifié le 13 dudit mois de Décembre à l'Avocat dudit sieur de Montreuil. Requête de Philippes du Mesnil, Bourgeois de Paris, tendante à ce qu'acte lui soit donné de ce que pour satisfaire aux Arrêts du Conseil, & notamment à celui du 12 Novembre 1708, il employe le contenu en sadite requête & les piéces y jointes ; ce faisant ordonner qu'il sera payé du premier Juin 1707 de la somme de deux mille cinq cens livres de principal, à lui dûe par deux billets de ladite Compagnie des Indes, qui étoient payables au porteur le premier Avril 1708, & des intérêts de ladite somme du jour de la demande, & des frais bien & légitimement faits, sauf à déduire sur ladite somme principale ce qui a été payé à compte d'icelle ; au bas l'Ordonnance du Conseil, soit communiqué à Me Aubry, Avocat desdits sieurs Directeurs, du 18 Décembre 1713, signifiée le 20 dudit mois; lesdits deux billets, exploit de demande du 4 Juillet 1708 de ladite somme de deux mille cinq cens livres & intérêts, avec les Sentences de condamnation des Consuls des 9, 11, 18 Juillet & 17 Octobre 1708, & autres piéces: réponses desdits sieurs Directeurs de ladite Compagnie des Indes à ladite requête & demande, signifiées à Me Guisain, Avocat dudit du Mesnil, du 22 dudit mois de Décembre. Requête de Susanne le Febvre, veuve de Pierre Rotrou, Bourgeois de Dreux, Susanne Rotrou & consorts, héritiers d'Alain Rotrou, Sergent au Fort de Pondichery, tendante à ce qu'il soit ordonné que sur les effets de ladite Compagnie des Indes ils seront payés de la valeur de quatre cens quatre-vingt-dix roupies vingt-cinq sols onze deniers, faisant argent de France sept cens trente-cinq livres, pour reste des gages, hardes & effets vendus après la mort dudit Alain Rotrou, suivant le certificat du sieur de la Morandiere, du 31 Janvier 1709, les inventaires & autres piéces jointes à ladite requête, avec les intérêts de ladite somme & les dépens; au bas l'Ordonnance du Conseil, soit communiqué, du 23 Décembre 1713, signifiée le 29 dudit mois: réponses desdits sieurs Directeurs de la Compagnie des Indes à la requête & demande desdits héritiers Rotrou, signifiées le 2 Janvier 1714 à Maître Castel leur Avocat. Requête d'Anne Pilavoine, fille majeure, tendante à ce qu'il soit ordonné que sur le prix de la vente des marchandises & autres effets appartenant à ladite Compagnie des Indes qui sont à distribuer, elle sera payée par privilége & préférence à tous créanciers de la somme de trois cens quatre-vingt-quatorze livres à elle dûe pour une année dix-neuf jours, échûs au dernier Décembre 1713, de la pension alimentaire de trois cens soixante-quinze livres qu'Etienne-Louis Pilavoine son frere, Directeur de ladite Compagnie à Surate, lui a accordée sur ses appointemens; au bas l'Ordonnance du Conseil, soit communiqué, du 24 Décembre 1713, signifiée le 29 dudit mois: réponses desdits sieurs Directeurs, signifiées le 2 Janvier 1714 à Me Domont, Avocat de ladite Pilavoine. Requête de Charles-Gabriel Bory, Ecuyer, Conseiller du Roi, Commissaire Ordonnateur de la Marine, tendante à ce qu'acte lui soit donné de la représentation qu'il fait d'un billet de ladite Compagnie des Indes du 16 Juin 1708, payable au porteur le 14 Août 1709, de la somme de quinze cens vingt-six livres, ce faisant ordonner qu'il sera employé dans le premier état de distribution qui sera arrêté pour ladite somme de quinze cens vingt-six livres & intérêts du retardement, sur le pied de la contribution qui sera faite & reglée entre les créanciers de ladite Compagnie ; au bas l'Ordonnance, soit communiqué, du 10 Janvier 1714, signifiée ledit jour à Maîtres Aubry & Ferrary, Avocats, avec sommations de fournir de réponses. Réponses desdits sieurs Directeurs, signifiées le 17 Février 1714 à Maîtres l'Enfant & Ferrary Avocats. Requête & piéces de François Chamblan Ecuyer, Conseiller & Secrétaire du Roi, tendante à ce qu'il plût à Sa Majesté lui donner acte de la représentation qu'il fait d'un billet desdits sieurs de la Compagnie des Indes du 7 Décembre 1707, de la somme de deux mille livres, & en conséquence ordonner qu'il sera employé dans le premier état de distribution qui sera arrêté au Conseil pour ladite somme de deux mille livres & intérêts du retardement, du premier Novembre 1708, sur le pied de la contribution qui sera faite & reglée entre les créanciers de ladite Compagnie : au bas l'Ordonnance du Conseil, soit communiqué aux Avocats desdits Directeurs & des Syndics des créanciers chirographaires de ladite Compagnie, pour y fournir de réponses, du 18 Avril 1714, signifiée le 21 dudit mois, avec sommation de fournir de réponses. Réponses desdits Directeurs, signifiées le 30 dudit mois. Autre requête & piéces de Dame Marthe-Clemence de Bailleuil veuve du sieur de Courtchamp, Maître des Requêtes, tant en son nom, à cause de la communauté qui a été entr'eux, que comme ayant droit de faire le recouvrement des biens & revenus de la succession dudit sieur de Courtchamp, tendante à ce qu'il soit ordonné que sur les deniers & effets de ladite Compagnie des Indes elle fera payée de la fomme de quatorze cens livres portée au billet du dernier Décembre 1707, & Sentences des Confuls des 30 Janvier & premier Février 1709, & des Intérêts à compter du 24 Janvier 1709 jour de la demande, frais & dépens; & qu'à cet effet elle fera employée pour le tout dans le premier état de diftribution; au bas l'Ordonnance du Confeil, foit communiqué aux Avocats defdits Directeurs & Syndics, du 27 Avril 1714, fignifiée ledit jour. Réponfes defdits fieurs Directeurs, fignifiées le 30 dudit mois: l'Arrêt du Confeil du 15 Janvier 1714 rendu fur le procès-verbal du fieur de Machault, Intendant du commerce, l'un defdits fieurs Commiffaires, du cinq dudit mois de Janvier, par lequel Sa Majefté y étant, conformément à l'avis defdits fieurs Commiffaires a ordonné du confentement defdits fieurs Directeurs de la Compagnie des Indes Orientales, & des Syndics des créanciers chirographaires de ladite Compagnie, que la délibération de ladite Compagnie du 30 Décembre 1713, fera exécutée felon fa forme & teneur; & en conféquence que lefdits créanciers chirographaires qui font compris dans ledit état des dettes de ladite Compagnie arrêté le vingt-trois dudit mois de Décembre, & qui ont repréfenté leurs titres pardevant lefdits fieurs Commiffaires, feront payés de vingt-cinq pour cent des fommes pour lefquelles ils font employés dans ledit état; & outre ce des intérêts au denier vingt de la partie du capital acquitté au mois de Mars 1713, lefdits intérêts depuis le premier Mai 1712, jufqu'au premier Mars 1713 & que les intérêts du capital qui fera acquitté en vertu de ladite délibération au mois de Janvier 1714, feront dûs depuis le premier Mai 1712, & que ledit état des dettes de la Compagnie du 23 Décembre dernier, ladite délibération prife du confentement defdits Syndics des créanciers chirographaires, avec les referves & proteftations y contenues, & ledit procès-verbal feront attachés à la minute dudit Arrêt, lequel fera exécuté nonobftant oppofitions ou autres empêchemens, pour lefquels il ne fera différé, & dont fi aucuns interviennent,

Sa

Sa Majesté s'est reservé à soi & à son Conseil la connoissance, & a icelle interdite à toutes ses autres Cours & Juges. Ledit état des dettes de la Compagnie des Indes Orientales, qui doivent être payées par contribution au marc la livre en exécution dudit Arrêt du Conseil du 15 Janvier 1714, fait & arrêté au Bureau de ladite Compagnie le 23 Décembre 1713, le total desdites dettes montant à un million cent trente-cinq mille quatre cens soixante-huit livres huit sols dix deniers, & tout ce qui a été mis pardevers ledit sieur de Machault, qui en a communiqué au Bureau du sieur Daguesseau, Conseiller d'Etat ordinaire, l'un desdits sieurs Commissaires. Vû aussi l'avis desdits sieurs Commissaires : LE ROI E'TANT EN SON CONSEIL, a ordonné & ordonne que des deniers étant entre les mains de le Noir, Caissier de ladite Compagnie des Indes Orientales, & à elle appartenant, il en sera payé par privilége & préférence à Anne Pilavoine la somme de trois cens quatre-vingt-quatorze livres à elle dûes pour arrérages échûs au dernier Décembre 1713, de la pension alimentaire de trois cens soixante-quinze livres, qu'elle a droit de prendre sur les appointemens d'Etienne Pilavoine son frere, Directeur de ladite Compagnie à Surate. Ordonne aussi Sa Majesté que conformément à l'Arrêt du quinze Janvier dernier, il sera payé par forme de contribution audit Macary la somme de trois mille cinquante-cinq livres qui lui reste dûe, & sur le surplus de ses demandes, ensemble sur celles desdits Directeurs à la fin de reddition de comptes, a mis & met les parties hors de Cour, dépens compensés. Qu'il sera pareillement payé auxdits Avyat & Guyot de Chenizot suivant les offres desdits Directeurs, sçavoir audit Avyat la somme de deux mille six cens quarante-cinq livres douze sols neuf deniers pour sa part de la contribution faite en exécution de l'Arrêt du Conseil du vingt Février mil sept cens treize, faisant le tiers de celle de sept mille neuf cens trente-six livres dix-huit sols quatre deniers de principal, lors dûes de reste audit Avyat de la somme de dix mille trois cens livres contenues au billet de ladite Com-

Tome II. Gggg

pagnie, dont il est porteur : les intérêts de ladite somme de sept mille neuf cens trente-six livres dix-huit sols, échus depuis le premier Mai 1711, jusqu'à pareil jour 1712 : ceux de ladite somme de deux mille six cens quarante-cinq livres douze sols neuf deniers échus depuis ledit jour premier Mai 1712, jusqu'au premier Mai 1713, & encore la somme de treize cens vingt-deux livres seize sols quatre deniers pour le quart de celle de cinq mille deux cens quatre-vingt-onze livres cinq sols sept deniers restant dûes desdites sept mille neuf cens trente-six livres dix-huit sols quatre deniers. Et audit Guyot de Chenizot la somme de trois mille cent six livres treize sols quatre deniers, pour sa part, dans ladite contribution faite en exécution dudit Arrêt du 20 Février 1713, faisant le tiers de celle de neuf mille trois cens vingt livres de principal, lors dûes de reste audit Guyot de la somme de douze mille livres contenue dans les billets de la Compagnie, dont il est porteur; les intérêts de ladite somme de neuf mille trois cens vingt livres échûs depuis le premier Mai 1711, jusqu'à pareil jour 1712 : ceux de ladite somme de trois mille cent six livres treize sols quatre deniers échûs depuis ledit jour premier Mai 1712 jusqu'aux premier Mai 1713 : & encore de la somme de quinze cens cinquante-trois livres neuf sols deux deniers pour le quart de celle de six mille deux cens treize livres seize sols huit deniers restante due desdites neuf mille trois cens vingt livres, le tout en affirmant néanmoins par lesdits Avyat & Guyot de Chenizot, chacun à leur égard, pardevant ledit sieur de Machault que les billets dont ils sont porteurs leur appartiennent, qu'ils en ont payé la valeur & qu'ils ne prêtent point leurs noms directement ni indirectement aux héritiers du sieur Peletyer : audit Bastard de Montreuil la somme de mille quatre cens une livres quatorze sols six deniers, faisant le quart de celle de quatre mille six cens six livres dix-huit sols deux deniers à lui dûe pour ses parts & portions dans lesdites prises : audit André Vincent, la somme de cinq mille quatre cens cinquante livres, faisant le quart de celle de vingt-un mille huit cens livres de principal à lui dûe par billets de ladite Compagnie & les intérêts de ladite fomme de vingt-un mille huit cens livres échûs depuis le 20 Décembre 1708, jufqu'audit jour premier Mai 1712. Audit le Noir la fomme de trois mille deux cens cinquante livres pour le quart de celle de treize mille livres de principal à lui dûe par billets de ladite Compagnie, comme étant aux droits des fieurs de la Coutardiere & Neuchaftel; les intérêts de ladite fomme de treize mille livres depuis le premier Mai 1708, jufqu'audit jour premier Mai 1712; & les fommes de vingt-neuf livres dix-fept fols d'une part, & vingt-fept livres douze fols d'autre, pour frais qu'il a rembourfés auxdits fieurs de Neuchaftel & de la Coutardiere. En conféquence Sa Majefté a débouté & deboute le fieur de Buranlure & fa femme ci-devant veuve le Gras, de leurs requête & demande contre lefdits Directeurs, & les a condamnés envers eux aux dépens; audit Philippe du Mefnil, la fomme de fix cens vingt-cinq livres faifant le quart de celle de deux mille cinq cens livres à lui dûe, & les intérêts de ladite fomme de deux mille cinq cens livres depuis le premier Avril 1708 jufqu'audit jour premier Mai 1712; à ladite Sufanne le Febvre & conforts, héritiers Rotrou, la fomme de cent quatre-vingt-trois livres fept fols fix deniers, faifant le quart de celle de fept cens trente-cinq livres pour la valeur de quatre cens quatre-vingt-dix roupies vingt-cinq fols onze deniers monnoye des Indes, dûe fuivant le compte du 30 Janvier 1709; audit Gabriel Bory, la fomme de trois cens quatre-vingt-une livre cinq fols, faifant le quart de celle de mille cinq cens vingt-fix livres de principal, & les intérêts de ladite fomme de mille cinq cens vingt-fix livres échûs depuis le quatorze Août 1709, jufqu'audit jour premier Mai 1712; audit Chamblin, la fomme de cinq cens livres faifant le quart de celle de deux mille livres de principal à lui dûe, & les intérêts depuis le premier Novembre 1708 jufqu'audit jour premier Mai 1712; à ladite de Bailleuil de Courtchamp, la fomme de trois cens cinquante livres, faifant le quart de celle de quatorze cens livres de principal, & les intérêts desdites quatorze cens livres à compter depuis le 24 Avril 1709, jusques audit jour premier Mai 1712; sur le surplus des demandes desdits Avyat, Guyot, Bastard, Vincent, le Noir, du Mesnil, le Febvre, Bory, Chamblain & de Bailleuil, Sa Majesté a mis & met quant à présent les parties hors de Cour, dépens compensés. Ordonne aussi Sa Majesté, suivant les offres desdits Directeurs, que ledit Paul Sanche d'Hauteville sera payé de la somme de quatre cens quatre-vingt-dix-sept livres dix-neuf sols deux deniers qui reste due par ladite Compagnie à Jacque Rebuty, en le faisant par ledit d'Hauteville préalablement dire & ordonner avec les autres créanciers dudit Rebuty saisissans entre les mains desdits Directeurs; à l'effet de quoi Sa Majesté les a renvoyés & renvoye à se pouvoir où & ainsi que les Parties aviseront bon être; & a condamné ledit d'Hauteville aux dépens envers lesdits Directeurs. Et avant faire droit sur la demande dudit Edme Rathier, ordonne Sa Majesté qu'il sera tenu de rendre compte auxdits Directeurs, dans leur Bureau à Paris, & à ses frais, de la gestion par lui faite en qualité d'écrivain du Vaisseau le saint Louis pendant le voyage qu'il a fait à la Mer du Sud, aux Indes Orientales, & retour d'icelui; & de leur remettre, si fait n'a été, le grand Livre qui lui a été donné; pour ce fait, ou faute de ce faire, être par Sa Majesté ordonné ce qu'il appartiendra, dépens reservés. FAIT au Conseil d'Etat du Roi, Sa Majesté y étant, tenu à Marly le quatorziéme jour de Mai mil sept cent quatorze. *Signé* PHELYPEAUX.

LOUIS, PAR LA GRACE DE DIEU, ROI DE FRANCE ET DE NAVARRE, au premier notre Huissier ou Sergent sur ce requis. Nous te mandons & commandons par ces Présentes signées de notre main, que l'Arrêt dont l'extrait est ci-attaché sous le contre-scel de notre Chancellerie, ce jourd'hui donné en notre Conseil d'Etat nous y étant, tu signifies à tous qu'il appartiendra à ce qu'ils n'en prétendent cause d'ignorance, & de faire pour son entiere exécution tous commandemens, sommations & autres actes, & exploits nécessaires, sans autre permission; car tel est notre plaisir. Donné à Marly le quatorziéme jour de Mai, l'an de grace mil sept cent quatorze, & de notre régne le soixante-douziéme, *Signé* LOUIS. *Et plus bas*; par le Roi, PHELYPEAUX. Scellé du grand Sceau de cire jaune, & contre-scellé.

DÉCLARATION DU ROY,

QUI renouvelle les defenses d'introduire dans le Royaume aucunes Soyes ni marchandises de soyerie, provenant des Indes Orientales & de la Chine.

Donnée à Marly le 11 Juin 1714.

LOUIS, PAR LA GRACE DE DIEU, ROI DE FRANCE ET DE NAVARRE: à tous ceux qui ces présentes Lettres verront, SALUT. Par Arrêt de notre Conseil du 13 Mars dernier, rendu sur les mémoires respectivement fournis par les Maire, Echevins & Députés du Commerce de la ville de Marseille, par le Syndic général de la Province de Languedoc, par les Prevôt des Marchands & Echevins de notre bonne ville de Lyon, par les anciens Juges-Consuls & Gardes-Jurés des Marchands de soye de la ville de Tours, & par les Intéressés en la Compagnie des Indes Orientales & celle de la Chine, nous avons en recevant le Syndic de la Province de Languedoc, & les Maire, Echevins & Députés de la Chambre du Commerce de Marseille, opposans à l'Arrêt du 14 Juin 1712, ordonné que les anciens Edits, Déclarations, Ordonnances & Arrêts intervenus pour la Doüanne de Lyon, seroient exécutés selon leur forme & teneur, avec défenses à la Compagnie des Indes Orientales, à celle de la Chine & à tous autres, d'introduire dans le Royaume, par mer ni par terre, aucunes soyes ou marchandises de soyeries provenant des Indes Orientales & de la Chine, sous les peines portées par ledit Arrêt. Et comme il est important pour le bien du commerce & l'avantage de notre Etat, que la disposition de ce nouveau réglement, rendu en très-grande connoissance de cause, ait une pleine & entiere exécution : A CES CAUSES, & autres à ce nous mouvant, de l'avis de notre Conseil, & de notre certaine science, pleine puissance & autorité Royale, nous avons par ces Présentes signées de notre main, dit, déclaré & ordonné, disons, déclarons & ordonnons, voulons & nous plaît, que les Edits, Déclarations, Ordonnances & Arrêts, concernant la Doüanne de Lyon, soient exécutés selon leur forme & teneur ; & en conséquence avons fait très-expresses inhibitions & défenses à la Compagnie des Indes Orientales, à celle de la Chine & à tous autres, d'introduire dans le Royaume, par mer ni par terre, aucunes soyes ni marchandises de soyerie de quelque qualité qu'elles soient, provenant des Indes Orientales & de la Chine, même sous prétexte d'entrepôt, pour être transportées dans les Pays étrangers, à peine de confiscation, tant desdites soyes & marchandises de soyerie, que des Vaisseaux, barques, bateaux, chevaux, charretes ou autres équipages qui les auront apportées, & de six mille livres d'amende applicable moitié à notre profit, & moitié au dénonciateur. Voulons & entendons que toutes les autres soyes & étoffes de soye, venant des Pays étrangers, ne puissent entrer par mer, que par le Port de Marseille, & par terre par le Pont de Beauvoisin, pour être conduites directement en la ville de Lyon, & y payer les droits en la maniere accoutumée, sans qu'il puisse en être fait aucune vente, débit, ni entrepôt, depuis les lieux par lesquelles lesdites soyes étrangeres entreront dans le Royaume, jusqu'à leur arrivée dans ladite ville de Lyon. Si donnons en mandement à nos amés & féaux Conseillers, les gens tenant notre Cour de Parlement & Cour des Aydes à Paris, & tous autres Juges, que ces Présentes ils ayent à faire lire, publier & enregistrer, & le contenu en icelles garder & observer selon leur forme & teneur, nonobſtant tous Edits, Déclarations, Ordonnances, Réglemens & autres choſes à ce contraires, auxquels nous avons dérogé & dérogeons par ces Préſentes, aux copies deſquelles collationnées par l'un de nos amés & féaux Conſeillers-Secrétaires, voulons que foi ſoit ajoutée comme à l'original ; car tel eſt notre plaiſir : & afin que ce ſoit choſe ferme, ſtable & à toujours, nous y avons fait mettre notre ſcel. DONNE' à Marly le onziéme jour de Juin, l'an de grace mil ſept cent quatorze, & de notre régne le ſoixante-douziéme. Signé LOUIS. Et plus bas, par le Roi, PHELYPEAUX. Vû au Conſeil DESMARETS. Et ſcellé du grand Sceau de cire jaune.

Regiſtrées, oüi & ce requérant le Procureur général du Roi, pour être exécutées ſelon leur forme & teneur, & copies collationnées, envoyées aux Bailliages & Sénéchauſſées du Reſſort, pour y être lûes, publiées & regiſtrées ; enjoint aux Subſtituts du Procureur général du Roi d'y tenir la main, & d'en certifier la Cour dans un mois, ſuivant l'Arrêt de ce jour. A Paris en Parlement le quatorze Juillet mil ſept cent quatorze.

Signé DONGOIS.

ARREST

ARREST
DU CONSEIL D'ÉTAT DU ROY,

PORTANT Réglement sur les Toiles de coton peintes ou blanches, mousselines & étoffes des Indes, de la Chine & du Levant, & injonction de faire marquer tous les meubles qui en sont composés : avec nouvelles défenses d'en faire aucun commerce ni usage, tant en meubles qu'en habits.

Du 11 Juin 1714.

Extrait des Regiſtres du Conſeil d'Etat.

LE Roi ayant été informé que le commerce & l'uſage des étoffes, mouſſelines & toiles de coton blanches ou peintes, provenant des Indes, de la Chine & du Levant, & de toutes eſpéces de toiles & étoffes teintes, peintes & imprimées, ſoit dedans ou dehors le Royaume, n'étoit point abſolument ceſſé, tant pour les meubles que pour les habits & vêtemens, dont quelques particuliers continuoient de ſe ſervir dans leurs maiſons ou autres lieux, nonobſtant les défenſes que Sa Majeſté en a faites par différens Arrêts, & renouvellées par celui du 27 Août 1709 ; comme auſſi que celles deſdites toiles & étoffes qui ſont ſaiſies & confiſquées, ne ſont pas ſouvent brûlées ni tranſportées dans les Pays étrangers ; & que les ſaiſiſſans & dénonciateurs ſont quelquefois privés d'une partie de la récompense que Sa Majesté a eû intention de leur accorder ; à quoi Sa Majesté désirant pourvoir afin d'assurer l'exécution dudit Arrêt du 27 Août 1709, d'abolir entierement le commerce & l'usage desdites étoffes & toiles qui causent un préjudice si sensible aux manufactures du Royaume, d'empêcher que celles qui seront à l'avenir saisies & confisquées, n'y soient débitées & consommées ; & de procurer à ceux qui auront dénoncé les contrevenans ou fait les saisies, des gratifications promptes, certaines & capables d'exciter leur zéle & leur vigilance ; oui le rapport du sieur Desmarets, Conseiller ordinaire au Conseil Royal, Contrôleur général des Finances.

ARTICLE PREMIER.

LE ROI EN SON CONSEIL, a ordonné & ordonne, que l'Arrêt du 27 Août 1709 sera exécuté selon sa forme & teneur ; & en conséquence fait Sa Majesté très-expresses inhibitions & défenses sous les peines y contenues, à tous Marchands Négocians, Frippiers, Tailleurs, Couturieres, Tapissiers, Brodeurs & autres ouvriers, & à toutes personnes de quelque qualité & condition qu'elles soient, de faire commerce, exposer en vente, vendre, colporter, débiter, acheter en gros ou en détail, de porter, s'habiller, employer ou faire employer en meubles, habits & vêtemens, soit dedans ou dehors leurs maisons, lieux privilégiés, aucunes étoffes de soye pure ou mêlée d'or & d'argent, d'écorce d'arbres, laine, fil ou coton, & toutes sortes d'étoffes ; comme aussi aucunes mousselines & toiles de coton blanches ou peintes, soit dedans ou dehors le Royaume, vieilles ou neuves, provenant des Indes, de la Chine & du Levant, à l'exception néanmoins des mousselines & toiles de coton blanches apportées par la Compagnie des Indes Orientales, & marquées en conformité des Arrêts des 28 Avril 1710, & 29 Mars 1712.

II.

FAIT Sa Majesté défenses sous les peines portées par les

dit Arrêt à tous ses sujets de peindre, imprimer, ou faire peindre & imprimer sur aucune toile blanche de coton, chanvre, fil & lin, étoffe de soye ou laine, ou autre espèce d'étoffe vieille ou neuve, même du cru & fabrique du Royaume; & de faire aucun commerce, trafic, ni usage desdites toiles & étoffes qui auront été peintes & imprimées, soit dans le Royaume ou dans les Pays étrangers.

III.

ORDONNE Sa Majesté qu'aussi-tôt après que lesdites étoffes & toiles auront été saisies, elles seront sans aucun délai remises au Bureau des Fermes le plus prochain, entre les mains des Receveurs & Contrôleurs, qui s'en chargeront au pied des procès-verbaux de saisie, & en feront mention sur leurs registres.

IV.

APRÈS le Jugement, portant confiscation desdites étoffes & toiles, lesdits Receveurs & Contrôleurs seront tenus de les envoyer incessamment au Bureau de la Doüanne établi en la ville de Paris, avec une copie, tant du Jugement que du procès-verbal de saisie & de l'inventaire qui en aura été dressé, contenant la quantité & l'aunage desdites étoffes & toiles, dont le Receveur & le Contrôleur de la Doüanne de Paris tiendront un registre particulier, & donneront auxdits Receveurs & Contrôleurs des Provinces pour leur décharge une reconnoissance visée par les Fermiers généraux de Sa Majesté.

V.

VEUT Sa Majesté qu'outre les deux tiers de l'amende portée par les Jugemens de confiscation, qu'elle a bien voulu accorder par l'Arrêt du 27 Août 1709 aux dénonciateurs, & aux Inspecteurs des manufactures, Commis des Fermes ou autres particuliers qui auront fait les saisies, il soit expédié à leur profit par les Fermiers généraux, huitaine après l'arrivée desdites étoffes & toiles à la Doüanne de Paris, un ordre sur le Receveur général des Fermes du lieu auquel la saisie aura été faite, de leur payer par forme de gratification ; sçavoir,

Dix sols par aune de toiles de coton blanches ou peintes vieilles ou neuves, de quelque qualité ou condition qu'elles soient.

Vingt sols par aune de mousselines, ou d'étoffes appellées écorces d'arbres, furies, satins, gazes ou taffetas.

Et trois livres par aune d'étoffes de damas ou d'étoffes de soye mêlées d'or ou d'argent.

VI.

Il sera remis par les Fermiers généraux au sieur Contrôleur général des Finances un *duplicata* de l'inventaire desdites étoffes & toiles, pour être par lui réglée la moitié qui sera vendue, à condition d'être transportée dans les Pays étrangers, & dont le prix sera remis à la caisse des Fermes ; & pour être l'autre moitié brûlée en vertu d'Ordonnance du sieur Lieutenant général de Police de ladite Ville, qui en dressera son procès-verbal, & en fera délivrer copie aux Commis de la Doüanne pour leur decharge.

VII.

Les adjudicataires desdites étoffes & toiles donneront aux Fermiers généraux une soumission de rapporter dans trois mois au plus tard un certificat du Commis des Fermes, établi dans le dernier Bureau de sortie qui aura été par eux indiqué, pour justifier le transport desdites étoffes & toiles hors du Royaume ; & un certificat signé par le Consul de la nation Françoise, ou par deux Négocians & Marchands François, pour en prouver le déchargement dans les Pays étrangers : ordonne Sa Majesté qu'elles ne pourront être envoyées dans d'autres Pays & Etats que ceux de Suede, Danemarck, villes Anséatiques, Ports de la mer Baltique, Espagne & Portugal, à l'exception néanmoins des Ports de Bilbao, Saint Sebastien, & autres des Provinces de Guipuscoa, Biscaye & Catalogne ; faisant Sa Majesté très-expresses inhibitions & défenses auxdits adjudicataires de contrevenir au présent article, à l'exécution duquel, comme aussi au payement du prix de leur adjudication, ils seront ensemble les Maîtres des navires contraints solidairement par toutes voyes, même par corps.

VIII.

ORDONNE pareillement Sa Majesté que dans trois mois, à compter du jour de la publication du présent Arrêt, toutes personnes de quelque qualité & condition qu'elles soient, seront tenues de faire pardevant le sieur Lieutenant général de Police, ou ceux qui seront par lui commis dans la ville, fauxbourgs & banlieue de Paris ; & dans les Provinces pardevant les sieurs Intendans & Commissaires départis, leurs Subdélégués ou autres par eux préposés pour cet effet, des déclarations exactes de tous les meubles, de quelque nature & qualité qu'ils soient, composés desdites étoffes & toiles étant en leur possession, & d'y faire apposer une marque qui sera choisie par lesdits sieurs Lieutenant général de Police, Intendans & Commissaires départis. Veut Sa Majesté qu'après ledit tems passé, tous lesdits meubles non marqués soient saisis & confisqués sur les contrevenans, qui seront en outre condamnés en mille livres d'amende.

XI.

PERMET Sa Majesté aux Propriétaires desdits meubles, de les vendre & d'en disposer librement pendant ledit terme de trois mois, après lequel défend Sa Majesté sous les mêmes peines qui seront encourues, tant par l'acheteur que par le vendeur, de faire aucune vente, même des meubles qui auront été déclarés & marqués, autrement que par autorité de Justice.

X.

ENJOINT Sa Majesté à tous Juges, Commissaires, Notaires, Sergens, Huissiers & autres Officiers de Justice, même à ceux des Seigneurs, à peine d'interdiction, mille livres d'amende, & d'en répondre en leurs propres & privés noms, sans que lesdites peines puissent être réputées comminatoires ; de donner avis aux sieurs Lieutenant général de Police, Intendans & Commissaires départis, de tous les meubles composés desdites étoffes & toiles, marqués & non marqués qui se trouveront parmi les meubles & effets des parties saisies, ou des personnes décédées, pour être vérifié s'ils sont compris dans les déclarations qui auront été faites par lesdites parties saisies ou personnes décédées, sans que pour aucune cause, ni sous aucun prétexte, il puisse en être fait & accordé main-levée, procédé à la vente judiciaire, ni à la confection de l'inventaire qu'après ladite vérification.

X I.

Enjoint pareillement Sa Majesté auxdits sieurs Lieutenant général de Police, Intendans & Commissaires départis, sur les avis qui pourront leur être donnés des contraventions commises au présent Arrêt, de nommer des Commissaires du Châtelet, Subdélegués, ou autres personnes pour assister sans frais aux inventaires des meubles meublans seulement. Et sera le présent Arrêt lû, publié & affiché partout où besoin sera, à ce que personne n'en ignore. F A I T au Conseil d'Etat du Roi, tenu à Marly le onziéme jour de Juin mil sept cent quatorze. *Signé* DUJARDIN.

ARREST
DU CONSEIL D'ÉTAT
DU ROY,

QUI *décharge les Directeurs de la Compagnie des Indes Orientales de l'assignation à eux donnée aux Requêtes de l'Hôtel le 10 Mai 1714 par les nommés Marlot & Mignot, & en conséquence les condamne à payer auxdits Directeurs les sommes dont ils sont débiteurs pour vente de marchandises des Indes.*

Du 23 Juillet 1714.

Extrait des Registres du Conseil d'Etat.

SUr la requête présentée au Roi étant en son Conseil par les Directeurs de la Compagnie Royale des Indes Orientales, contenant que par l'Edit du mois d'Août 1664, portant établissement de ladite Compagnie pour le bien du Commerce dans le Royaume, Sa Majesté a ordonné par le XXIIIe article, qu'il ne sera donné aucune Lettres d'Etat, répi, révocation, ni surséances à ceux qui auront acheté des effets de ladite Compagnie, ou vendu des choses servant à icelle, en sorte qu'elle demeure toujours en état de faire contraindre ses débiteurs par les voyes & ainsi qu'ils y seront obligés. Ce privilége est essentiellement nécessaire pour soutenir la Compagnie & son commerce, attendu que les ventes des marchandises des Indes ne se font jamais au comptant, & qu'on est obligé de donner aux Marchands qui viennent de toutes les Villes du Royaume & des Pays étrangers, de longs crédits pour leurs emplettes, & de prendre en payement leurs lettres de change & leurs billets payables à divers termes, dont la Compagnie des Indes s'est toujours chargée confidemment sur la foi de l'Edit de son établissement, qui en assure le payement contre la mauvaise volonté de ceux qui pourroient vouloir abuser de ce crédit. A la vente faite à Nantes au mois de Juin 1712, des marchandises rapportées par les Vaisseaux arrivés en ladite année, les nommés Mignot & Marlot, Marchands à Paris, ont été de société ensemble, & se sont rendus adjudicataires de diverses marchandises, pour lesquelles ils ont fait leurs lettres & billets payables dans différens tems, partie desquelles lettres & billets les Directeurs de ladite Compagnie, ou les Négocians de saint Malo qui sont en leurs droits, suivant l'Arrêt du Conseil du 3 Juin 1709, en ont donné en payement à leurs cointéressés, & les autres montant à 6626 livres 8 sols, leur sont restés, sur lesquels ils ont reçû mille livres, & pour les 5626 livres 6 sols restant, lesdits Marlot & Mignot leur ont fait signifier des contrats d'attermoyemens faits avec une partie de leurs prétendus créanciers, & ont fait assigner les Négocians de saint Malo pour en voir ordonner l'homologation avec eux; sçavoir, ledit Marlot au Châtelet, & ledit Mignot aux Requêtes de l'Hôtel. Les conditions du contrat de Marlot sont de payer en billets d'ustensiles, qu'il ne peut avoir que par le mauvais commerce qu'il en a fait aux trois quarts de bénéfice pour lui, comme ils se négocient sur la place. Les conditions du contrat de Mignot sont de lui remettre les intérêts & frais, & moitié du principal avec terme de deux années, pour payer l'autre moitié. Sur l'assignation donnée au Châtelet à la requête dudit Marlot, les Négocians de saint Malo se sont en vertu de leur subrogation de la Compagnie défendus sur le privilége porté par l'article XXIII de l'Edit de son établissement du mois d'Août 1664, nonobstant laquelle disposition expresse de l'Edit,

les

les Juges du Châtelet n'ont pas laissé de rendre leur Sentence le 16 Juin 1714, par laquelle ils ont homologué le contrat dudit Marlot avec lesdits Négocians de saint Malo sur le fondement de l'Ordonnance du mois de Mars 1673, titre XXI, article VI, qui ordonne que les voix des créanciers prévaudront, non par le nombre des personnes, mais eu égard à ce qui sera dû, s'il monte aux trois quarts du total des dettes; & sur ce que cette Ordonnance est postérieure à l'Edit de 1664, & que la Compagnie des Indes n'a point été maintenue dans son privilége, ni exceptée; au lieu qu'il est certain au contraire que la Compagnie y a été conservée, vû que son Edit d'établissement, qui est un privilége, la met hors du droit commun & ordinaire porté & expliqué par les Ordonnances générales, telles que celle de 1673; qu'il lui suffit par conséquent que ce privilége n'ait point été expressément révoqué par ladite Ordonnance; & si les termes de la pluralité des voix des créanciers employés dans cette Ordonnance ne se trouvent point dans l'article XXIII de l'Edit de 1664, le privilége particulier de la Compagnie porté par cet article, & qui met la Compagnie hors du droit commun, est plus que suffisant pour répondre à ce moyen, puisqu'il a plû à Sa Majesté ordonner par cet article, que la Compagnie demeurera toujours en état de faire contraindre ses débiteurs par les voyes qu'ils s'y seront obligés. Cette disposition est si nécessaire, à cause du crédit que l'on est indispensablement obligé de faire, que sans cela le commerce des Indes ne peut se soutenir. Jusqu'à présent l'article de l'Edit a eu son exécution, & il n'a été homologué aucun contrat d'attermoyement avec la Compagnie; & si elle a fait quelquefois des remises, ç'a été volontairement dans des cas tout différens, & pour des raisons convenables aux propres intérêts de la Compagnie, qui ne se trouvent point dans la faillite desdits Marlot & Mignot, qui est toute frauduleuse, ces Marchands ne justifiant d'aucune perte qu'ils ayent faite, ni d'aucune autre raison de leur désordre apparent, que leur infidélité & leur mauvaise conduite ; requéroient à ces caufes les Supplians, qu'il plût à Sa Majefté les maintenir & conferver dans leur privilége porté par l'article XXIII de l'Edit d'établiffement de la Compagnie, du mois d'Août 1664 ; & en conféquence, fans s'arrêter à la Sentence du Châtelet du 16 Juin 1714, qui a homologué le contrat d'attermoyement dudit Marlot & avec les Supplians, & le fieur de la Chapelle l'un des Négocians de la ville de faint Malo, qui font aux droits des Supplians, en vertu de l'Arrêt du Confeil du 3 Juin 1709, & à l'affignation donnée le 10 Mars dernier aux Requêtes de l'Hôtel, à la requête dudit Mignot, pour l'homologation de fon contrat d'attermoyement, dont Sa Majefté le déchargera ; ordonner que lefdits Mignot & Marlot feront tenus de payer audit de la Chapelle les fommes dont ils font débiteurs ; à quoi faire ils feront contraints par les voyes qu'ils s'y font obligés, & qu'ils y ont été condamnés par les Juges-Confuls de Paris. Vû ladite Requête, ledit Edit d'établiffement de la Compagnie des Indes Orientales du mois d'Août 1664, article XIII, l'Arrêt du Confeil du 3 Juin 1709, l'Ordonnance du mois de Mars 1713, & autres piéces attachées à ladite requête ; oui le rapport : SA MAJESTE' ÉTANT EN SON CONSEIL, ayant égard à ladite requête, a ordonné & ordonne, que l'article XXIII dudit Edit du mois d'Août 1664 fera exécuté felon fa forme & teneur ; & en conféquence, fans s'arrêter à l'affignation donnée le 10 Mars dernier aux Requêtes de l'Hôtel par ledit Mignot audit de la Chapelle, ni à la Sentence obtenue au Châtelet de Paris par ledit Marlot le 16 Juin auffi dernier, condamne lefdits Mignot & Marlot au payement des fommes dont ils font débiteurs pour vente à eux faite de marchandifes provenant des Indes Orientales ; à quoi faire ils feront contraints par les voyes qu'ils s'y font obligés, & qu'ils y ont été condamnés par les Juges-Confuls de la ville de Paris. FAIT au Confeil d'Etat du Roi, Sa Majefté y étant, tenu à Marly le vingt-troifiéme jour de Juillet mil fept cent quatorze. *Signé* PHELYPEAUX.

ARREST
DU CONSEIL D'ÉTAT
DU ROY,

QUI commet les Sieurs Sandrier & Hardancourt pour signer les marques en parchemin qui doivent être attachées aux Toiles de coton.

Du 24 Juillet 1714.

Extrait des Registres du Conseil d'Etat.

SUR ce qui a été représenté au Roi étant en son Conseil par les Directeurs généraux de la Compagnie des Indes Orientales, qu'il leur doit arriver dans peu de jours un grand nombre de mousselines & toiles de coton blanches, dont la vente seroit considérablement retardée, si Sa Majesté n'avoit la bonté de permettre à quelques particuliers de ladite Compagnie de signer conjointement avec les sieurs Moreau & Piou, Députés au Conseil de Commerce, les marques de parchemin lesquelles doivent être apposées sur lesdites mousselines & toiles de coton blanches dans la forme prescrite par l'Arrêt du 29 Mars 1712, attendu que lesdits sieurs Députés ayant d'ailleurs d'autres occupations, ne seroient pas en état de faire lesdites signations assez promptement ; que le sieur Heron, Député au Conseil de Commerce, qui avoit été aussi nommé par Arrêt du Conseil du 25 Août 1711 pour faire lesdites signatures feroit décédé, & que lefdits Directeurs ont le principal intérêt d'empêcher l'introduction frauduleufe des mouffelines & toiles de coton blanches provenant du commerce des Etats voifins & étrangers. Vû les Arrêts du 27 Août 1709, 28 Avril & 25 Août 1711, fix Février, 29 Mars 1712, & 11 Juin dernier; ouï le rapport du fieur Defmarets, Confeiller ordinaire au Confeil Royal, Contrôleur général des Finances; LE ROI ETANT EN SON CONSEIL, ayant égard à ladite requête, a commis & commet le fieur Sandrier, Directeur général de la Compagnie des Indes Orientales, & le fieur Boyvin d'Hardancourt, Secrétaire général de ladite Compagnie, pour figner conjointement avec les fieurs Moreau & Piou, Députés au Confeil de Commerce, les marques de parchemin qui doivent être appofées conformément à l'Arrêt du 29 Mars 1712, fur les mouffelines & toiles de coton blanches, provenant du commerce de ladite Compagnie; & au furplus ordonne Sa Majefté que ledit Arrêt, enfemble ceux du 27 Août 1709, & 11 Juin dernier feront exécutés felon leur forme & teneur. FAIT au Confeil d'Etat du Roi, Sa Majefté y étant, tenu à Marly le vingt-quatriéme jour de Juillet mil fept cent quatorze. *Signé* PHELYPEAUX.

ARREST
DU CONSEIL D'ÉTAT
DU ROY,

QUI ordonne que par le Sieur Ferrand, Commissaire départi en la Province de Bretagne, ou par celui qu'il subdéleguera, il sera fait inventaire des Mousselines & Toiles de coton blanches, & généralement de toutes les marchandises des Indes apportées par les Vaisseaux les deux Couronnes, le Lys-Brillac & l'Auguste, arrivés au Port-Louis le sept du présent mois.

Du 29 Juillet 1714.

Extrait des Registres du Conseil d'Etat.

SUR la requête présentée au Roi étant en son Conseil par les Directeurs généraux de la Compagnie Royale des Indes Orientales, contenant qu'il est arrivé au Port-Louis le sept du présent mois les Vaisseaux les deux Couronnes, le Lys-Brillac & l'Auguste, venant des Ports de leurs concessions, chargés de poivre, salpêtre, bois rouge, borax, laque en bois, laque platte ou en feuilles, toiles de coton, mousselines, toiles teintes ou rayées de couleurs, mouchoirs de coton & autres; de toutes lesquelles marchandises, tant permises que prohibées, la vente doit être faite dans la ville de Nantes le plutôt que faire se pourra, après cependant que sur les mousselines & toiles de coton blanches sujettes à la marque aura été apposée celle qu'il plaira à Sa Majesté d'ordonner, à l'effet qu'il n'en soit débité aucunes dans le Royaume que celle de ladite Compagnie ou de ceux qui sont en ses droits, conformément aux Arrêts des 10, 24 Février & 13 Mars 1691, 11 Novembre 1700, Déclaration de Sa Majesté du 9 Mai 1702, & autres Arrêts & Réglemens rendus en conséquence, concernant le commerce de ladite Compagnie, & notamment à ceux des dix Décembre 1709, & onze Juin 1714, rendus en interprétation de celui du 27 Août précédent, qui permettent à ladite Compagnie de vendre dans le Royaume des mousselines & toiles de coton blanches, apportées par les Vaisseaux appartenant à ladite Compagnie; à tous Négocians, Marchands & autres particuliers d'en faire débit & usage, en payant seulement les droits d'entrée portés par le Tarif de 1664, pour les marchandises qui y sont dénommées & contenues, & trois pour cent de la valeur de celles qui n'y sont pas comprises, suivant & conformément à l'article XLIV de l'Edit d'établissement de ladite Compagnie & Arrêts rendus en conséquence. Que par l'Arrêt du 28 Avril 1711 rendu pour empêcher l'introduction en fraude dans le Royaume des mousselines & toiles de coton blanches provenant du commerce des Etats voisins & étrangers, il a été entre autres choses ordonné qu'il seroit apposé à chacune des pièces qui se trouveroient chez les Marchands à Paris & dans les Provinces, & qu'ils justifieroient provenir des prises faites sur mer ou des ventes faites par la Compagnie des Indes Orientales, une marque pareille à l'empreinte étant au pied dudit Arrêt; & qui seroit imprimée sur un morceau de parchemin signé & paraphé par les sieurs Menarge & Chauvin que Sa Majesté avoit nommés à cet effet, au lieu desquels les sieurs Heron & Moreau auroient depuis été commis par Arrêts des 25 Août 1711, & 6 Février 1712, & que ladite marque seroit attachée à chacune desdites piéces avec un cachet ; que par autre Arrêt du 29 Mars 1712, Sa Majesté sur les rémontrances de ladite Compagnie auroit entre autres choses ordonné qu'à l'un des deux bouts de chacune desdites piéces de mousselines & toiles de coton blanches, venues sur quatre Vaisseaux appartenant à ladite Compagnie, & sur le nouveau Georges pris par-delà la ligne aux Indes Orientales sur les Anglois, il seroit apposé une marque pareille à celle étant au pied dudit Arrêt du 28 Avril 1711 signée par les sieurs Moreau, Heron & Piou, Députés au Conseil de Commerce, ou par l'un d'eux seulement, & qui seroit attachée à chacune desdites piéces avec le plomb de ladite Compagnie sans cachet en présence du Subdélégué ou autre qui seroit commis par le sieur Ferrand, Commissaire départi en la Province de Bretagne ; sauf aux Marchands qui l'estimeroient nécessaire d'en faire apposer une pareille à l'autre bout desdites piéces avec un cachet par le sieur d'Argenson Conseiller d'Etat, Lieutenant général de Police à Paris, & dans les Provinces par les sieurs Intendans & Commissaires départis, leurs Subdélegués ou autres Officiers par eux préposés ; & que le 28 Mai 1712, il seroit intervenu un autre Arrêt qui auroit dispensé & déchargé les Marchands & Négocians du rapport desdites marques ordonnées par lesdits Arrêts des 28 Avril 1711, & 29 Mars 1712, & de l'obligation de marquer sur leurs registres les noms des particuliers auxquels ils auroient revendu des piéces entieres. A ces causes, requeroient lesdits Directeurs de la Compagnie des Indes Orientales, qu'il plût à Sa Majesté sur ce leur pouvoir. Vû lesdits Arrêts des 27 Août 1709 ; 28 Avril & 26 Août 1711, 6 Février, 29 Mars & 28 Mai 1712, 11 Juin 1714 ; Réglement du 24 Mars 1703, & autres Arrêts & Réglemens rendus sur le fait des marchandises des Indes provenant des prises & échouemens ; oui le rapport du sieur Desmarets, Conseiller ordinaire au Conseil Royal, Contrôleur général des Finances : SA MAJESTÉ ÉTANT EN SON CONSEIL, ayant aucunement égard à ladite requête, a ordonné & ordonne que par le sieur Ferrand, Commissaire départi en la Province de Brétagne, ou par celui qu'il subdéleguera à cet effet, il sera fait inventaire de toutes les mousselines, toiles de coton, mouchoirs, poivre, salpêtre, bois rouge, borax, laque en bois, laque plate ou en feuilles, toiles peintes & rayées de couleurs, & généralement toutes les autres espéces de marchandises venues sur lesdits Vaisseaux les deux Couronnes, le Lys-Brillac & l'Augufte & que toutes les piéces de mousselines & toiles de coton blanches seront marquées à l'un des deux bouts de chaque piéce, d'une marque pareille à l'empreinte étant au pied dudit Arrêt du 28 Avril 1711, imprimée sur un morceau de parchemin, signée par les sieurs Moreau & Piou, Députés au Conseil de Commerce, ou par les sieurs Sandrier, Directeur général de ladite Compagnie des Indes, & Boyvin d'Hardancourt, Secrétaire général de ladite Compagnie, que Sa Majesté a commis pour cet effet, au lieu & place dudit sieur Heron, par Arrêt du 24 du présent mois, ou par l'un d'eux seulement, laquelle sera attachée au bout de chaque piéce avec le plomb de ladite Compagnie sans cachet, en présence dudit Subdélégué ou autre, qui sera commis par ledit sieur Ferrand, sans que lesdits Marchands & Négocians puissent être tenus de rapporter lesdites marques, ni de faire mention sur leurs regiftres des noms de ceux auxquels ils pourront revendre des piéces entieres. Ordonne aussi Sa Majefté qu'après l'appofition desdites marques sur lesdites piéces de mousselines & toiles de coton blanches, toutes les marchandises venues des Indes sur lesdits Vaisseaux seront vendues en ladite ville de Nantes en la maniere accoûtumée, en payant les droits d'entrée, conformément au Tarif de 1664, à l'article XLIV de l'Edit du mois d'Août audit an, & aux Arrêts des vingt-neuf Avril & vingt-deux Novembre 1692, & deux Novembre 1700, à l'exception néanmoins des toiles teintes & rayées de couleurs & de toutes autres fortes d'étoffes provenant des Indes, qui ne seront point marquées, & à l'égard desquelles seront observées les régles & formalitées prescrites

crites par l'Arrêt de Réglement du 24 Mars 1703, intervenu pour raison des marchandises qui proviennent d'échouement ou des prises faites sur les ennemis de l'Etat, & qui ne peuvent être vendues ni consommées dans le Royaume. Fait Sa Majesté très-expresses inhibitions & défenses aux Marchands & Négocians, & autres personnes de quelque qualité & condition qu'elles soient, de vendre ni débiter en gros ou en détail, ou faire aucun usage desdites mousselines ou toiles de coton blanches, si elles ne sont marquées en la forme ci-dessus prescrite, ou celle ordonnée par ledit Arrêt du 28 Avril 1711, sous les peines portées par les Arrêts des 27 Août 1709, & 11 Juin 1714. Permet Sa Majesté aux Directeurs de la Compagnie des Indes de faire faire la visite desdites marchandises des Indes qui se trouveront chez lesdits Marchands, Négocians & tous autres, de quelque qualité & conditions qu'ils puissent être, & de faire saisir celles qui ne seront point marquées de l'une ou de l'autre desdites marques portées par le présent Arrêt, ou par celui du 28 Avril 1711. Enjoint Sa Majesté au sieur d'Argenson, Conseiller d'Etat ordinaire, Lieutenant général de Police de la ville de Paris, & aux sieurs Intendans & Commissaires départis dans les Provinces & Généralités du Royaume, de tenir la main à l'exécution du présent Arrêt, qui sera lû publié & affiché par-tout où besoin sera, & exécuté nonobstant oppositions ou appellations quelconques, pour lesquelles il ne sera différé. FAIT au Conseil d'Etat du Roi, Sa Majesté y étant, tenu à Marly le vingt-neuf Juillet mil sept cent quatorze.

Signé PHELYPEAUX.

LOUIS, PAR LA GRACE DE DIEU, ROI DE FRANCE ET DE NAVARRE, à notre amé & féal Conseiller en nos Conseils, Maître des Requêtes ordinaire de notre Hôtel, & Intendant de Justice, Police & Finances en notre Province de Bretagne, le sieur Ferrand : SALUT. Nous vous avons commis par l'Arrêt ci-attaché sous le contre-scel de notre Chancellerie ce jourd'hui rendu en notre Conseil d'Etat, nous y étant, pour faire inventaire des différentes marchandises, & marquer les piéces de mousselines & toiles de coton blanches, venues des Indes au Port Louis sur les Vaisseaux les deux Couronnes, le Lys-Brillac & l'Auguste, avec pouvoir de subdéleguer. Nous vous mandons & ordonnons de tenir la main à l'exécution dudit Arrêt, suivant sa forme & teneur. Commandons au premier notre Huissier ou Sergent sur ce requis, de faire en vertu dudit Arrêt & des Présentes toutes sommations, contraintes & actes de Justice que besoin sera, sans autre permission; car tel est notre plaisir. DONNÉ à Marly le vingt-neuviéme jour de Juillet l'an de grace mil sept cent quatorze, & de notre regne le soixante-douziéme. *Signé* LOUIS. *Et plus bas*; par le Roi, PHELYPEAUX. Scellé du grand Sceau de cire jaune, & contre-scellé.

NOUS Antoine Ferrand, Chevalier Conseiller du Roi en ses Conseils, Maître des Requêtes ordinaire de son Hôtel, Intendant de Justice, Police & Finances en Bretagne, Commissaire déparri pour l'exécution des ordres du Roi en ladite Province; vû l'Arrêt du Conseil, du 29 Juillet dernier, nous ordonnons que ledit Arrêt du Conseil sera exécuté selon sa forme & teneur, & pour l'exécution d'icelui, nous avons commis & subdélegué le sieur Mellier, Général des Finances en Bretagne, résidant à Nantes. Fait le troisiéme jour d'Août mil sept cent quatorze.
Signé FERRAND.

ARREST
DU CONSEIL D'ÉTAT
DU ROY,

QUI ordonne que le dixiéme des prises, faites en deça du Cap de Bonne-Esperance, appartiendront à M. l'Amiral, & que celles faites au-delà, appartiendront à la Compagnie des Indes.

Du 24 Septembre 1714.

Extrait des Regîtres du Conseil d'Etat.

VU par le Roi étant en son Conseil les mémoires & requêtes présentés à Sa Majesté par M. le Comte de Toulouse, concernant le dixiéme de toutes les prises faites par les Vaisseaux de la Compagnie des Indes Orientales, ou par ceux à qui elle auroit cédé son privilége, à moins que ces prises n'eussent été faites dans les mers de la concession de la Compagnie, & au-delà de la ligne passée pour la deuxiéme fois, & encore adjuger audit sieur Comte de Toulouse, le dixiéme des prises faites par les Vaisseaux qui ont été charger du caffé de Moka, quoique faites dans les mers de concession ; & d'autre part les requêtes des Directeurs de la Compagnie, tendantes à ce qu'il plût à Sa Majesté leur adjuger le dixiéme de toutes les prises faites au-delà la ligne passée pour la premiere fois tant par leurs propres Vaisseaux que par ceux qui navigeroient

Kkkkij

avec leur permiſſion. Vû auſſi l'Arrêt du Conſeil du 26 Novembre 1707, & la Déclaration de Sa Majeſté du 3 Septembre 1712; oui le rapport & tout conſidéré: SA MAJESTE' ETANT EN SON CONSEIL, a ordonné & ordonne que le dixiéme de toutes les priſes généralement quelconque & ſans aucune exception faites au-deça du Cap de Bonne-Eſperance non doublé, ſoit par les vaiſſeaux de la Compagnie, ou par ceux à qui elle aura cédé ſon privilége, appartiendra & ſera payé à M. le Comte de Touloule; & à l'égard des priſes faites & à faire au-delà du Cap de Bonne-Eſpérance doublé, ſoit qu'elles y ayent été faites en-deça ou au-delà de la ligne paſſée pour la deuxiéme fois, Sa Majeſté, du conſentement de M. le Comte de Touloule, a ordonné qu'elles appartiendront & ſeront payées à ladite Compagnie; voulant au ſurplus Sa Majeſté, que l'Arrêt du Conſeil du 26 Novembre 1707, & la Déclaration du 3 Septembre 1712, ſoit exécutés ſuivant leur forme & teneur. FAIT au Conſeil d'Etat du Roi, Sa Majeſté y étant, tenu à Fontainebleau le vingt-quatre Septembre mil ſept cent quinze. *Signé* PHELYPEAUX.

DÉCLARATION DU ROY,

QUI proroge pendant dix ans le privilége du commerce des Indes Orientales, en faveur de l'ancienne Compagnie.

Donnée à Fontainebleau le 29 Septembre 1714.

LOUIS, PAR LA GRACE DE DIEU, ROI DE FRANCE ET DE NAVARRE, à tous ceux qui ces présentes Lettres verront: SALUT. Nous avons par notre Édit du mois d'Août 1664 établi une Compagnie, à laquelle nous avons accordé le privilége de faire le commerce des Indes Orientales, à l'exclusion de tous nos autres sujets, pendant le temps de cinquante années consécutives, à commencer du jour que les premiers Vaisseaux sortiroient de notre Royaume, avec plusieurs autres grands priviléges que nous avons encore augmentés par notre Déclaration du mois de Février 1685 ; mais comme le temps de ce privilége doit expirer le premier Avril prochain, les Directeurs de la Compagnie des Indes Orientales nous ont très-humblement fait supplier de vouloir proroger en leur faveur le même privilége pour le temps de dix années, à commencer dudit jour premier Avril de l'année prochaine 1715, pour les mettre en état de payer le reste des dettes qu'ils ont contractées pour soutenir ce commerce ; ce que nous avons bien voulu leur accorder, avec des conditions convenables à l'état présent. A CES CAUSES & autres à ce nous mouvant, de l'avis de notre Conseil,

& de notre certaine science, pleine puissance & autorité Royale, nous avons déclaré & ordonné, & par ces Présentes, signées de notre main, déclarons & ordonnons, voulons & nous plaît, que le privilége exclusif du commerce aux Indes Orientales, soit & demeure prorogé, comme nous le prorogeons par ces Présentes en faveur de l'ancienne Compagnie, pour le temps de dix années consécutives, à commencer du premier jour d'Avril de l'année prochaine 1715, pendant lesquelles dix années ladite Compagnie pourra naviger & négocier seule, à l'exclusion de tous nos autres sujets, depuis le Cap de Bonne-Espérance jusques dans toutes les Indes, terres, Ports, Isles & mers Orientales, à l'exception des Ports de la Chine, pour lesquels nous avons établi une Compagnie particuliere par Arrêt de notre Conseil du 28 Novembre 1712, & nos Lettres Patentes expédiées en conséquence le 19 Février 1713 : voulons au surplus que ladite Compagnie des Indes Orientales joüisse pendant ledit temps de dix années de tous les droits & priviléges tels que nous lui avons accordés par nosdits Edit du mois d'Août 1664, Déclaration du mois de Février 1685, & autres Déclarations, Arrêts & Réglemens rendus en conséquence, sans aucune exception, comme s'ils étoient tous rappellés par ces Présentes, sans néanmoins que ladite Compagnie puisse faire le commerce dans les mers du Sud, ni rien prétendre au dixiéme des prises qui pourront être ci-après faites au-delà de la ligne par les Vaisseaux qui partiront des Ports de France pour les Indes Orientales après le dernier Avril 1715, lequel dixiéme appartiendra à l'Amiral de France, suivant notre Déclaration du 3 Septembre 1712 : faisons très-expresses inhibitions & défenses à tous nos autres sujets, sous quelque prétexte que ce soit, de faire ladite navigation ou commerce dans lesdits pays, ports & Isles des Indes & mers Orientales, à peine contre les contrevenans de confiscation des Vaisseaux, armes, munitions & marchandises, le tout applicable au profit de ladite Compagnie, à la charge par ladite Compagnie de n'apporter ni faire apporter dans le Royaume aucunes toiles peintes ni étoffes de foye pure, de foye & coton, & mêlées d'or & d'argent, des écorces d'arbre & des foyes, même fous le prétexte de les envoyer à l'étranger, à l'effet de quoi voulons que nos Arrêts des 27 Août 1709, 28 Avril 1711, 28 Mai 1712 & 11 Juin 1714, concernant les marchandifes des Indes, foient exécutés de point en point à l'égard de ladite Compagnie comme à l'égard de nos autres fujets. Si donnons en mandement à nos amés & féaux Confeillers les Gens tenant nos Cours de Parlement & des Aydes à Paris, que ces Préfentes ils faffent lire, publier & enregiftrer, & le contenu en icelles garder, obferver & exécuter felon fa forme & teneur, ceffant & faifant ceffer tous troubles qui pourroient être mis ou donnés, nonobftant tous Edits, Déclarations, Arrêts, Réglemens & autres chofes à ce contraires, auxquels nous avons dérogé & dérogeons par ces Préfentes, aux copies defquelles, collationnées par l'un de nos amés & féaux Confeillers-Secrétaires, voulons que foi foit ajoutée comme à l'original; car tel eft notre plaifir: en témoin de quoi nous avons fait mettre notre Scel à cefdites Préfentes. DONNÉ à Fontainebleau le vingt-neuviéme jour de Septembre l'an de grace mil fept cent quatorze, & de notre regne le foixante-douziéme. *Signé* LOUIS. *Et plus bas*; par le Roi, PHELYPEAUX. Vû au Confeil, DESMARETZ. Et fcellée du grand Sceau de cire jaune.

Regiftrées, oui & ce requérant le Procureur général du Roi, pour être exécutées felon leur forme & teneur, fuivant l'Arrêt de ce jour. A Paris en vacations le quinziéme Octobre mil fept cent quatorze. Signé YSABEAU.

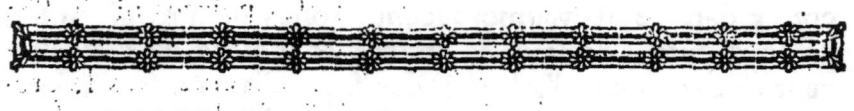

ARREST
DU CONSEIL D'ÉTAT
DU ROY,

QUI déboute les Armateurs du Navire le Comte de Teſſé de leur demande.

Du 20 Octobre 1714.

Extrait des Regiſtres du Conſeil d'Etat.

VU par le Roi étant en ſon Conſeil les requêtes préſentées, les deux premieres par les Armateurs du Vaiſſeau le Comte de Teſſé de Nantes, tendantes à ce qu'il plaiſe à Sa Majeſté les recevoir appellans de l'Ordonnance du 19 Février 1714, en conſéquence les décharger des condamnations prononcées contre eux par ce jugement, & condamner les Armateurs du Vaiſſeau le François d'Argouges aux dommages & intérêts pour leur indue vexation, leſdites requêtes contenant que dans la forme ce jugement eſt irrégulier, tant parce qu'il a été rendu ſans appeller & ſans entendre les parties intéreſſées, que parce qu'il eſt contraire à un jugement précédent, par lequel il eſt ordonné qu'il ſeroit informé des circonſtances arrivées lors de l'échouement des deux priſes, que cette information ayant été jugée néceſſaire lors du premier jugement, on n'a pû rendre le ſecond ſans avoir rempli cette formalité; qu'au fonds le même jugement ne peut ſubſiſter, puiſqu'il n'y a point de preuve que le Capitaine l'Evêque ait donné

lieu

lieu à une condamnation de dommages & intérêts ; que la manœuvre des Vaisseaux que l'Evêque suivoit lui ayant fait croire qu'ils étoient ennemis, le soupçon qu'il forma fut confirmé par la séparation de l'un, qui arbora en même-temps pavillon Anglois, par l'échouement de l'autre, & parce que l'autre se mit en l'ancre ; que l'Evêque donna chasse sur ce soupçon : mais aussi-tôt qu'il eut appris par les Anglois qui étoient à bord du brigantin, que les deux bâtimens étoient des prises faites par un François, il les abandonna, & n'eut depuis d'autres vûes que de travailler à sauver ces prises, ce qu'il auroit fait si le gros temps ne l'en avoit empêché & ne l'avoit pas mis lui-même en danger ; qu'on ne peut accuser l'Evêque & ses gens d'aucuns pillages, puisque le brigantin qui a été abordé par les gens de l'Evêque étoit léger, & qu'ils n'ont point été à bord du Vaisseau le Thomas, ensorte qu'il ne peut y avoir eu aucun pillage ; que le procès-verbal fait par les matelots du Vaisseau le François d'Argouges dans le temps même de la prise, ne fait aucune mention du pillage ; que le sieur de la Perche a déposé que les gens du sieur l'Evêque avoient maltraité les François qui étoient à bord du Vaisseau le Thomas, & qu'ils avoient pillé ; mais outre que sa déposition est nulle, puisqu'il n'y a point satisfait, aux dispositions de l'Ordonnance, qui exigent que les témoins déclarent s'ils sont parens, alliés ou domestiques des parties, il a déposé dans sa propre cause ; qu'on peut ajoûter que la déposition de la Perche est unique, qu'elle est faite deux ans après la prise, & qu'elle n'est soutenue d'aucun procès-verbal ni d'aucun Consulat fait aux Canaries, & qu'elle est même détruite d'ailleurs par la déposition de trois Capitaines Anglois de ce qui s'est passé, & qui ne peut être regardée comme suspecte ; ensorte que la déposition de ce seul témoin unique est nulle, & dont la fausseté est prouvée, n'a pû donner lieu à une condamnation telle que celle dont les appellans se plaignent ; qu'enfin on peut ajouter que la Perche n'a point parlé du pillage en 1710, & qu'il ne s'en est avisé que lorsqu'il a été assigné pour la vérification du rapport du Capitaine Buiſſon. La troiſiéme requête préſentée par les Intéreſſés en l'armement du Vaiſſeau le François d'Argouges de ſaint Malo, faiſant pour la Compagnie des Indes Orientales, tendante à ce qu'il plaiſe à Sa Majeſté débouter les appellans de leur appel, ordonner que l'Ordonnance du 19 Février 1714 ſera exécutée, & les condamner en tous les dépens, même en ceux faits en l'Amirauté de Vannes, leſquels dépens Sa Majeſté aura la bonté de liquider ; ladite requête contenant que dans la forme les moyens qu'on oppoſe au jugement ſont mal fondés, au fonds la condamnation de dommages & intérêts eſt inévitable ; que par rapport à la forme le ſieur Montaudoüin, principale partie intéreſſée, a été appellé, ainſi on ne peut pas dire que le jugement ſoit intervenu ſur une procédure irréguliere ; que par rapport à ce qu'on oppoſe que le ſieur Amiral ayant rendu un premier jugement interlocutoire, par lequel il avoit ordonné qu'il ſeroit informé des pillages, n'a pû dans la ſuite en rendre un ſecond définitif ſur les mêmes pillages ; c'eſt une pure illuſion, puiſqu'il ne reſtoit plus après les informations qui avoient été faites, qu'à interroger les Capitaines de la frégate le Comte de Teſſé ſur les faits réſultans des informations, & que cet interrogatoire n'ayant pû être fait, parce qu'ils étoient morts, rien ne pouvoit retarder le jugement définitif ; qu'au fonds la chaſſe donnée à un Vaiſſeau François & à deux priſes dont il s'étoit rendu maître, par un autre François, eſt ſolidement prouvée ; que ce qui s'eſt paſſé à la vûe des Canaries, eſt juſtifié d'abord par un Notaire public & par une information faite à la réquiſition du Vice-Conſul de la nation Françoiſe ; ce Notaire dépoſe que nonobſtant la mouſqueterie de l'Iſle, la chaloupe du Capitaine l'Evêque arriva, & ayant coupé la mare du brigantin, l'emmena, & l'ayant abordé quelque temps après, fut cauſe & de ſa perte & du Vaiſſeau le Thomas, qu'on auroit pû ſauver avec les marchandiſes qui y étoient, ſi le brigantin n'eut point été perdu ; que cette premiere procédure juſtifie à n'en point douter que le Vaiſſeau le Comte de Teſſé a paru comme

ennemi, puisque la chasse qu'il a ordonnée au d'Argouges &
à ces prises, a obligé le monde de l'Isle à descendre avec
de la mousqueterie pour faire retirer sa chaloupe ; que les
mêmes faits en la chasse obstinée qui avoit précédé, sont
encore établis par les dépositions du sieur de la Merveille
& du sieur de la Perche, qui étant des témoins nécessaires, doivent faire foi ; que les pillages ne sont pas moins
solidement prouvés non-seulement par la déposition de la
Perche, mais encore par celle du sieur de la Merveille ; que les
appellans opposent en vain que le sieur l'Evêque a cru que les
bâtimens qu'il suivoit étoient Anglois, & que le Vaisseau le
d'Argouges avoit pavillon Anglois, à quoi on répond que tous
les témoins François déposent unanimement que le d'Argouges avoit pavillon François, & que ce Vaisseau & ces
prises ne négligerent aucuns signaux pour se faire connoître
pour François, pendant que le sieur l'Evêque avoit (comme
il en convient) pavillon Anglois ; qu'on tire de la part des
Appellans des inductions de ce que les témoins n'ont pas
déclaré qu'ils ne sont parens, alliés, serviteurs ni domestiques, & de la déclaration mandiée de trois Capitaines
Anglois ; à quoi les intimés répondent que l'énonciation
que les témoins ne sont parens, alliés, serviteurs ni domestiques, n'est ni nécessaire ni d'usage en matiere de prise ;
& qu'à l'égard de la déclaration des trois Capitaines Anglois, elle est faite par trois prisonniers du Capitaine l'Evêque, elle est détruite par les déclarations contraires des
second Capitaine & premier Lieutenant du Vaisseau le
d'Argouges, & elle prouve d'ailleurs la chasse que l'Evêque a donnée aux trois bâtimens François. Vû aussi la procédure faite à l'Amirauté de Nantes, commencée le 12
Février 1712, les autres piéces jointes à cette procédure,
sur lesquelles l'Ordonnance du 30 Mai suivant est intervenue : vû aussi ladite Ordonnance, autre procédure faite à
ladite Amirauté en exécution de ladite Ordonnance, autre
Ordonnance dont est appel du 19 Février 1714, & autres
piéces produites par les parties ; oui le rapport du sieur
Comte de Pontchartrain, Secrétaire d'Etat, ayant le dépar-

tement de la Marine, SA MAJESTÉ ÉTANT EN SON CONSEIL, sans avoir égard aux requêtes des Armateurs du navire le Comte de Tessé, de Nantes, dont elle les a débouté, ordonne que l'Ordonnance du 19 Février 1714 sera exécutée selon sa forme & teneur ; enjoint aux Officiers de l'Amirauté de Vannes de tenir la main à l'exécution du présent Arrêt. FAIT au Conseil d'Etat du Roi, Sa Majesté y étant, tenu à Fontainebleau le vingtiéme Octobre mil sept cent quatorze. *Signé* PHELYPEAUX.

Traité entre la Compagnie & Messieurs de S. Malo.

Du 5 Décembre 1714.

ARTICLE PREMIER.

Nous soussignés Directeurs généraux de la Compagnie Royale des Indes Orientales de France, tant pour nous que pour les autres Directeurs & Intéressés de ladite Compagnie, dont nous nous faisons & portons fort, sommes convenus, sous le bon plaisir du Roi & de Monseigneur le Comte de Pontchartrain, de donner permission à Messieurs Crozat, Beauvais le Fer, Coulombier Gris, de la Lande Magon, Granville Loquet, Chapelle Martin, la Saudre le Fer, Gaubert, Carman Eon, Fougeray Nouail, Duval Baude & la Balue Magon, de faire le commerce des Indes Orientales de la même manière qu'il nous est permis par la Déclaration du Roi du 29 Septembre dernier, portant prorogation de notre privilége pour le temps de dix années consécutives, à commencer du premier jour d'Avril de l'année 1715, à Surate, côte de Malabare, Pondichery, côte de Coromandel, rivière du Gange, à la mer rouge, & généralement dans toutes les mers des Indes Orientales, & dans tous les lieux & endroits de notre concession, excepté les Ports de la Chine, les mers du Sud seulement ; le tout aux clauses & conditions énoncées dans ladite Déclaration, dont copie collationnée a été remise auxdits sieurs Armateurs, pourquoi nous leur cédons notre privilége & les subrogeons en tous nos droits pour ce commerce.

II.

POURRONT lesdits sieurs Armateurs envoyer tel nombre de Vaisseaux qu'ils jugeront à propos pour le commerce des Indes, à la charge de payer à la Compagnie dix pour cent du montant de la vente des marchandises qui seront rapportées des Indes en France, sans aucune déduction, & en cas de guerre (ce qu'à Dieu ne plaise) la Compagnie aura seulement cinq pour cent sur le montant de la vente des marchandises des prises, sans préjudice du dixiéme appartenant à Monseigneur l'Amiral, suivant la Déclaration du Roi du 3 Septembre 1712; & seront en ce cas lesdits cinq pour cent payés à la Compagnie sur ce qui reviendra aux Armateurs, les frais déduits.

III.

POURRONT lesdits sieurs Armateurs envoyer des Vaisseaux dans les endroits de la concession de ladite Compagnie où elle n'a jamais envoyé, même au Japon, excepté, comme il a été dit ci-dessus, les Ports de la Chine & les mers du Sud; & en considération des nouvelles découvertes qu'ils pourront faire & des risques qu'ils auront à courir, il ne sera payé à la Compagnie sur le montant de la vente des marchandises qui seront apportées desdits pays de nouvelles découvertes & du Japon, que cinq pour cent, sans aucune déduction, de la vente des marchandises qu'ils en rapporteront; mais cinq pour cent seulement de celles qu'ils auront tirées des nouvelles découvertes.

IV.

LA Compagnie s'intéressera pour un dixiéme dans les armemens qui seront faits en exécution de ce traité, pourquoi elle fournira les fonds nécessaires quand il conviendra, & à faute par elle de le faire, les Armateurs emprunteront pour elle à la grosse aventure suivant l'Ordonnance.

V.

LESDITS sieurs Armateurs s'engagent de prêter à la Compagnie douze cens mille livres, dont deux cens mille livres à présent, pour être embarquées sur les Vaisseaux qui doivent partir incessamment pour les Indes, & consignées au Commandant de l'escadre pour être employées au payement des dettes de la Compagnie à Bengale, & un million dans les trois premieres années du nouveau traité par tiers, lequel million sera aussi employé, suivant les ordres de la Compagnie, à payer ses dettes à Pondichery, à Bengale & à Surate. Les intérêts de ces douze cens mille livres seront payés auxdits sieurs Armateurs au denier vingt, du jour qu'ils auront fait les fonds pour la Compagnie & qu'ils lui en auront donné avis, jusqu'au jour & à mesure qu'ils seront remboursés sur les dix pour cent qui doivent revenir à la Compagnie suivant ce présent traité sur les retours des Indes, même sur les retours des Vaisseaux qui doivent partir incessamment, où lesdites 200000 liv. doivent être embarquées, & outre les 200000 livres qui doivent être prêtées par lesdits sieurs Armateurs pour être envoyées cette année à Bengale, la Compagnie fournira le surplus jusqu'à concurrence de cent mille piastres pour la même destination, ensorte que le comptoir de Bengale reçoive par les prochains Vaisseaux un secours de cent mille piastres pour le payement des dettes. Tous les envois seront faits aux risques de la Compagnie & sans fret, ainsi que tous les fonds que la Compagnie pourroit y envoyer dans la suite pour le payement de ses dettes ou pour la subsistance de ses comptoirs; & pour plus grande sûreté des prêts à faire par lesdits sieurs Armateurs, la Compagnie les fera assurer à mesure que les fonds seront embarqués.

VI.

Lesdits Armateurs s'obligent de rapporter des Indes pendant le cours des dix années du privilége, au moins pour deux millions de marchandises d'achat aux Indes chaque année.

VII.

Sera permis aux Officiers majors & mariniers, lesquels seront choisis par lesdits sieurs Armateurs, de porter entre eux jusqu'à quinze mille livres de pacotilles sur chacun Vaisseau, dont les retours en marchandises seront vendus avec la cargaison du Vaisseau, & sur le montant de la vente desdites pacotilles il sera payé à la Compagnie des Indes cinq pour cent, sans aucune déduction; & pour tout ce qui sera chargé au-delà de quinze mille livres sur chaque Vaisseau pour les pacotilles il sera payé à ladite Compagnie dix pour cent, sans aucune déduction.

VIII.

Les Armateurs ou leurs Capitaines payeront seulement les mêmes droits que la Compagnie des Indes a coutume de payer dans de pareils voyages; & seront exempts de ceux qui appartiennent à ladite Compagnie dans les établissemens qu'elle a à Pondichery & dans les autres endroits des Indes; pourquoi lesdits sieurs Directeurs seront tenus de donner aux Armateurs desdits Vaisseaux, au départ de chacun Vaisseau, des ordres par écrit à leurs Directeurs & Commis aux Indes de recevoir les Officiers desdits Vaisseaux, & de les affranchir des droits qui appartiennent à ladite Compagnie; & si au préjudice desdits ordres il étoit payé quelques droits revenant au profit de la Compagnie, le double de ce qui se trouvera avoir été payé sera déduit à la Compagnie sur les dix pour cent ci-devant stipulés, lesquels dix pour cent demeureront garants de l'exécution du contenu au présent article. Il en sera usé de même pour ce qui pourroit être retenu pour le payement des dettes.

IX.

Les sommes que Sa Majesté aura la bonté de faire payer à la Compagnie pour chaque tonneau de marchandises allant & venant des Indes Orientales, appartiendront à la Compagnie; pourquoi les Directeurs seront tenus de donner la facture des marchandises qui seront chargées en France en partant, & celle du chargement qui sera fait aux Indes pour le retour.

X.

La Compagnie des Indes ne pourra, sous quelque prétexte que

que ce puisse être, envoyer des Vaisseaux dans les endroits dont elle a le privilége, ni donner de permission pendant les dix années du présent traité; mais lesdits sieurs Armateurs seront tenus, pour obéir aux ordres du Roi & de Monseigneur le Comte de Pontchartrain, d'envoyer chaque année les secours nécessaires pour la subsistance de la Colonie & la culture de l'Isle de Bourbon, & d'embarquer *gratis* les Missionnaires qui y seront destinés.

XI.

Les Armateurs auront, sous le bon plaisir du Roi, la même faculté que la Compagnie des Indes pour le transport des piastres dont ils auront besoin pour leur commerce aux Indes Orientales, pour le transit des marchandises nécessaires pour l'armement de leurs Vaisseaux, soit qu'elles viennent des pays étrangers ou des Provinces réputées étrangeres, pour l'exemption des droits d'entrée & de sortie & d'octroi, vivres, poudres, bois de construction, vins & sels, & autres provisions nécessaires pour la construction, radoub, armement & avitaillement des Vaisseaux: joüiront aussi de toutes les exemptions de droits pour la vente des marchandises des retours des Indes & de celles qui proviendront des prises, conformément aux priviléges accordés à ladite Compagnie, & de même que si lesdits Vaisseaux avoient été armés & envoyés par elle.

XII.

Au départ des Vaisseaux, les Armateurs seront tenus de donner à la Compagnie des Indes une déclaration du nom des Vaisseaux, de leur port, du nombre de canons, & les noms des Officiers & des Ports de France d'où ils partiront.

XIII.

La Compagnie fera fournir gratuitement dans les comptoirs des Indes, les magasins qu'elle y aura aux Capitaines & autres Officiers des Vaisseaux, sans qu'ils soient obligés de s'en servir si bon ne leur semble.

XIV.

Sera loisible aux Armateurs de se servir aux Indes des Commis de la Compagnie pour faire leurs emplettes, s'ils le jugent à propos; & en cas qu'ils s'en servent, ce qu'ils leur donneront ne pourra être réputé faire partie des dix & cinq pour cent ci-devant stipulés au profit de la Compagnie.

XV.

Avant que les Vaisseaux partent des Indes, les Capitaines ou autres Préposés par les Armateurs, remettront aux chefs des comptoirs les factures des qualités, quantités, poids, mesures & numéros des marchandises qui seront chargées dans leurs Vaisseaux, lesquelles factures seront signées & paraphées à chaque page par eux & par les chefs des comptoirs, pour être envoyées en France à la Compagnie.

XVI.

Quant aux marchandises qui proviendront des prises, il en sera usé en la maniere accoutumée.

XVII.

Aussi-tôt après l'arrivée en France des Vaisseaux venant des Indes, & avant qu'il en puisse être rien déchargé, si faire se peut, les Capitaines & autres Préposés par les Armateurs donneront une facture pareille à celle qui aura été faite aux Indes à la Compagnie ou à celui qui sera par elle préposé, soit que les achats ayent été faits dans les comptoirs de ladite Compagnie ou ailleurs, sans que les Armateurs puissent être garants des faits des Officiers & équipages desdits Vaisseaux.

XVIII.

Les déchargemens desdits Vaisseaux seront faits dans les Ports de France, en présence d'un Directeur ou autre Préposé, s'il s'en trouve, & sans que cela puisse apporter de retardement à la décharge desdits Vaisseaux. Il sera fait des états doubles des marchandises, & elles seront mises dans des magasins, dont les Armateurs & la Compagnie auront chacun une clef.

XIX.

Les ventes seront faites dans un ou plusieurs Ports de France, tels qu'ils seront choisis par les Armateurs, en la maniere accoutumée, au plus offrant & dernier enchérisseur, en présence d'un ou de deux Directeurs de la Compagnie, & les droits seront payés par les acheteurs suivant les Déclarations, Arrêts & Réglemens rendus en faveur de la Compagnie ; & à l'égard de la dépense du voyage & séjour de ceux des Directeurs qui seront députés pour les ventes, elle sera prise sur la masse.

XX.

La Compagnie aura le tiers de l'un pour mille qui se leve au profit des pauvres sur le montant de chaque vente.

XXI.

La Compagnie fournira gratuitement à l'Orient & à Nantes ses magasins, s'il en est besoin.

XXII.

Lesdits sieurs Armateurs auront le droit de transit pour les marchandises qui seront portés dans les Provinces réputées étrangeres & dans les pays étrangers, sans payer les droits d'entrée ni de sortie, suivant les priviléges de la Compagnie.

XXIII.

La Compagnie pourra faire passer chaque année deux personnes aux Indes avec deux domestiques, lesquels seront embarqués & nourris *gratis* sur les Vaisseaux de Messieurs les Armateurs ; & ceux que la Compagnie voudra faire venir des Indes, ou ceux qui demanderont leur retour en France, seront aussi embarqués *gratis* & nourris ;

mais ni les uns ni les autres ne pourront embarquer en France ni marchandises ni effets que ce que lesdits sieurs Armateurs jugeront à propos de leur permettre, & ce en payant le fret.

XXIV.

LA Compagnie se joindra à Messieurs les Armateurs pour obtenir de Monseigneur le Comte de Pontchartrain les ordres nécessaires aux Commissaires de Marine pour la levée des matelots.

XXV.

ET en cas de guerre (ce qu'à Dieu ne plaise) les Armateurs ne pourront faire des prises que sur les ennemis de l'Etat, & non sur les Indiens ni sur les Vaisseaux Maures.

XXVI.

S'IL est nécessaire de faire quelque dépense pour obtenir un nouveau firman, elle sera pour le compte de la Compagnie, & en cas qu'il soit retenu quelque fonds aux Indes pour cette dépense, le double sera payé en France par la Compagnie.

XXVII.

LA Compagnie garantira les Armateurs de tous les évenemens qui pourront arriver à leurs Vaisseaux & cargaisons dans les Ports & comptoirs des Indes au sujet des dettes de la Compagnie, dont l'indemnité sera prise comme celle ci-dessus réglée sur les dix & cinq pour cent ci-devant accordés, & pour le surplus, si surplus y a, sur l'intérêt de la Compagnie dans les armemens qui se feront en exécution de ce traité, & sur les autres effets de la Compagnie par privilége; pourquoi elle ne pourra se servir contre lesdits Armateurs d'Arrêt de surséance, à quoi elle a expressément renoncé.

XXVIII.

SA MAJESTÉ sera très-humblement suppliée d'avoir la bonté d'accorder un Arrêt pour l'homologation du présent traité ; & si dans l'exécution d'icelui il survient quelques contestations entre les Armateurs & la Compagnie, ils seront tenus de s'en rapporter à deux personnes de commerce, qui seront choisies de part & d'autre, & approuvées par Monseigneur le Comte de Pontchartrain.

Fait à Paris au Bureau général de la Compagnie le 5 Décembre 1714. *Signé* SOULET, DESVIEUX, &c.

Nous soussignés, après avoir pris communication de la permission & traité ci-dessus, nous l'approuvons & ratifions de point en point en tout son contenu, & promettons de l'exécuter selon sa forme & teneur. Fait à S. Malo le 14 Décembre 1714. *Signé* MARTIN DE LA CHAPELLE, LA SAUDRE LE FER, &c.

ARREST
DU CONSEIL D'ETAT
DU ROY,

QUI homologue le Traité fait entre la Compagnie & Messieurs de saint Malo.

Du 29 Décembre 1714.

Extrait des Regiſtres du Conſeil d'Etat.

VU par le Roi étant en ſon Conſeil le traité fait, ſous le bon plaiſir de Sa Majeſté, entre la Compagnie des Indes Orientales & les ſieurs Crozat, Beauvais le Fer, Coulombier Gris, de la Lande Magon, Grandville Loquet, Chapelle Martin, la Saudre le Fer, Gaubert, Carman Eon, Fougeray Nouail, Duval Baude & la Balue Magon, par lequel la Compagnie des Indes donne auxdits ſieurs ſuſnommés la permiſſion de faire le commerce des Indes Orientales, à Surate, côte de Malabare, Pondichery, côte de Coromandel, riviere du Gange, au Japon, & généralement dans tous les lieux & endroits de ſa conceſſion, même ceux où elle n'a jamais envoyé, excepté la Chine & la mer du Sud ſeulement, le tout ainſi qu'il eſt permis à la Compagnie des Indes par la Déclaration de Sa Majeſté du 29 Septembre 1714, portant prorogation du privilége de la Compagnie pour le temps de dix années conſécutives, à commencer du premier jour d'Avril de l'année prochaine 1715 ; pourquoi la Compagnie leur céde ſon privilége & les ſubroge en tous ses droits ; ledit traité fait aux clauses, charges & conditions contenues en vingt-huit articles, arrêtés au Bureau général de la Compagnie le 5 Décembre 1714, signé Soulet, Desvieux, Tardif, le Fevre, Hebert, Moufle de Champigny, Helissant, Landais & Sandrier, Directeurs de la Compagnie des Indes Orientales ; & par les sieurs Crozat, Beauvais le Fer, de la Lande Magon, Grandville Loquet & Duval Baude, & depuis ratifié par les sieurs Martin de la Chapelle, la Saudre le Fer, Gaubert, du Colombier gris, de Carman Eon, Fougeray Nouail & Magon de la Balue, ladite ratification datée à S. Malo le 14 Décembre 1714. Vû aussi la Déclaration du 29 Septembre 1714 ; oui le rapport du sieur Desmarets, Conseiller ordinaire au Conseil Royal, Contrôleur général des Finances, LE ROI ETANT EN SON CONSEIL, a homologué & homologue ledit traité du 5 Décembre 1714, contenant vingt-huit articles, & l'acte de ratification étant au pied d'icelui, daté à saint Malo le 14 desdits mois & an, lesquels demeureront joints à la minute du présent Arrêt : ordonne que lesdits traité & ratification seront exécutés selon leur forme & teneur. FAIT au Conseil d'Etat du Roi, Sa Majesté y étant, tenu à Versailles le vingt-neuf Décembre mil sept cent quatorze.

Signé PHELYPEAUX.

Messieurs Beauvais le Fer, Lalande Magon & consorts s'étant engagés entr'autres choses par le traité fait entre nous ce jourd'hui, pour être subrogés à nos droits pour le commerce des Indes Orientales pendant les dix années de prorogation qui nous a été accordée par la Déclaration du Roi du 29 Septembre dernier, de prêter à la Compagnie à présent deux cens mille livres pour être portées à Bengale par les premiers Vaisseaux qui entreront dans le Gange, & être employées à payer les dettes de ce comptoir avec ce que la Compagnie doit y joindre, suivant qu'elle s'y est obligée par le même traité, pour composer cent mille piastres qu'elle y destine, étant nécessaire de faire incessamment l'achat de ces cent mille piastres ; nous supplions Monsieur de la Lande Magon de donner les ordres nécessaires pour les faire acheter, & de tirer sur M. le Noir aux termes les plus commodes qu'il pourra pour le payement de la partie qui doit être fournie par la Compagnie, & de nous remettre pour les deux cens mille livres qui doivent être prêtées par Messieurs de saint Malo la reconnoissance de Messieurs les Commandans de l'escadre qui doit partir incessamment pour les Indes ; au moyen de quoi la Compagnie donnera à Messieurs de saint Malo les sûretés convenables pour le remboursement desdites deux cens mille livres, suivant les conditions du traité & les risques du transport aux Indes. Fait à Paris au Bureau de la Compagnie le 5 Décembre 1714. *Signé* SOULET, TARDIF, HEBERT, CHAMPIGNY *&* SANDRIER.

ARREST

ARREST
DU CONSEIL D'ÉTAT DU ROY,

QUI accorde à M. le Comte de Toulouse le Dixiéme de la prise du Phœnix d'or.

Du 8 Janvier 1715.

Extrait des Regiſtres du Conſeil d'Etat.

SUR ce qui a été repréſenté au Roi par Louis-Alexandre de Bourbon, Comte de Toulouſe, Amiral de France, qu'il joüit en cette qualité du droit de dixiéme de toutes les priſes qui ſe font en mer ſur les ennemis de Sa Majeſté, tant par les Vaiſſeaux de ſes ſujets que par ceux de Sa Majeſté ; que cependant il n'a point touché les dixiémes de la priſe faite dans les mers des Indes du Vaiſſeau le Phœnix d'or par les Vaiſſeaux de Sa Majeſté l'Agréable & la Mutine, commandés par les ſieurs Baron de Pallieres & du Dreſnay, pour raiſon de laquelle il y a eu procès entre le Procureur de Sa Majeſté en la commiſſion des priſes & les Directeurs de la Compagnie des Indes Orientales touchant les droits d'Amirauté que ladite Compagnie prétendoit lui appartenir, & dont ils ont été déboutés par Arrêt du 6 Juillet 1709 ; & attendu que ce droit ne peut plus être prétendu par ladite Compagnie au moyen dudit Arrêt, & que les deniers de ladite priſe ſont reſtés entre les mains deſdits Directeurs, requéroit ledit sieur Comte de Toulouse qu'il plût à Sa Majesté ordonner qu'il sera payé du dixiéme de ladite prise; oui le rapport du sieur Comte de Pontchartrain, Secrétaire d'Etat ayant le département de la Marine, SA MAJESTE' E'TANT EN SON CONSEIL, a accordé & accorde audit sieur Comte de Toulouse le dixiéme de ladite prise le Phœnix d'or, voulant Sa Majesté qu'il en soit payé par les Directeurs de la Compagnie des Indes Orientales & autres dépositaires des deniers provenant de ladite prise, à quoi faire ils seront contraints par toutes voyes dûes & raisonnables, & ce faisant déchargés. FAIT au Conseil d'Etat du Roi, Sa Majesté y étant, tenu à Versailles le vingt-huitiéme Janvier mil sept cent quinze. *Signé* PHELYPEAUX.

ARREST
DU CONSEIL D'ETAT
DU ROY,

QUI ordonne que les Drogueries & Epiceries provenant du Commerce de la Compagnie des Indes, qui seront achetées par les Marchands & Habitans de Lyon, & destinées pour être transportées dans ladite ville, ne payeront que le quart des droits du Tarif de 1664 à la charge d'acquitter en entier les droits de la Douane de Lyon, Tiers-surtaux & quarantième, sans préjudice aux Arrêts du Conseil des 18 Juin 1642 & 9 Juillet 1668.

Du 15 Janvier 1715.

Extrait des Registres du Conseil d'Etat.

VU au Conseil d'Etat du Roi la requête présentée par les Directeurs de la Compagnie des Indes, contenant que ladite Compagnie auroit vendu au sieur Dupont, Marchand de Lyon, à la vente faite à Nantes au mois de Juin 1712, quinze bales de poivre pesant net dix-neuf cens vingt-quatre livres, pour lesquelles il a payé le droit en entier de quatorze livres du cent pesant, & les deux sols pour livre, montant en tout à 296 livres neuf sols, les Commis des Fermes ont fait payer ce droit en

N nnn ij

entier audit Dupont, sous prétexte d'un Arrêt du Conseil du 9 Juillet 1668, qui assujettit les négocians de la ville de Lyon à payer le droit en entier des drogueries & épiceries, quoique par le Tarif de 1664 les habitans de Lyon ne soyent sujets qu'au quart des droits en payant ceux de la Doüane de Lyon, & le tiers-surtaux; sur quoi la Compagnie rapporte un Arrêt du 12 Juillet 1672, par conséquent postérieur à celui de 1668, par lequel il est ordonné que les Marchands de la ville de Lyon ne payeront que le quart des droits de toutes les marchandises sans exception, qu'ils acheteront de la Compagnie, en payant les droits de la Doüane de Lyon; que les Fermiers généraux expliquant cet Arrêt, prétendent qu'il est relatif à celui de 1668, en ce que cet Arrêt de 1668 fait distinction entre les marchandises, & drogueries & épiceries, & que par conséquent l'Arrêt de 1672 ne peut avoir son effet que pour les marchandises, & non pour le poivre qui demeure toujours au cas de l'exécution de l'Arrêt de 1668; à quoi la Compagnie des Indes répond, que l'Arrêt de 1668 regarde seulement les marchandises, drogueries & épiceries, qui sont apportées dans les Ports des cinq grosses Fermes, par le commerce ordinaire des Négocians & Marchands du Royaume, & non celui de la Compagnie des Indes, laquelle ayant eu ci-devant contestation avec les Fermiers généraux sur le payement des droits des marchandises venant de leur concession, il est dit par ledit Arrêt de 1672, qu'elles payeront seulement les droits du Tarif de 1664, & que celles destinées pour Lyon ne payeront que le quart desdits droits; or il n'y a personne qui ne juge que ce terme de marchandises ne comprenne en soi le poivre, & toutes les autres marchandises permises venant sur les Vaisseaux de la Compagnie des Indes: pour plus grande explication on rapporte les Arrêts des six Septembre 1701, 22 Août 1702, 24 Juillet 1703, 20 Septembre 1710, 29 Mars 1712, & 29 Juillet 1714, par lesquels il est ordonné, que par les sieurs Bechameil de Nointel & Ferrand, Intendans en Bretagne, ou par ceux qui seront par eux subdélegués, il sera fait inventaire de toutes les toiles de coton, mousselines, mouchoirs, poivre, bois-rouge, salpêtre, plomb, soye, cannes, ou rottins, & autres marchandises venues des Indes sur les Vaisseaux de la Compagnie, & que les toiles de coton ou mousselines, seroient marquées aux deux bouts de chaque piéce; qu'il est au surplus expressément marqué que toutes les marchandises venues des Indes sur lesdits Vaisseaux, seront vendues en la ville de Nantes en la maniere accoutumée, en payant les droits d'entrée conformément au Tarif de 1664; & comme les poivres en question achetés par Dupont font partie desdites marchandises, il s'ensuit qu'ils n'ont dû payer que le quart des droits, étant destinés pour la ville de Lyon; & il est à observer que quand le Conseil a fait l'énumération en détail de toutes les marchandises du chargement desdits navires, il dit toutes lesquelles marchandises seront vendues, en payant les droits d'entrée, suivant le Tarif de 1664, ce qui fait voir que ce terme de marchandises comprend en soi toutes les marchandises venues sur lesdits navires, & par conséquent le poivre, ce qui est relatif à l'esprit dudit Arrêt de 1672, par toutes lesquelles raisons ladite Compagnie auroit conclu, à ce que le Fermier soit tenu de rendre & restituer audit Dupont, la somme de deux cens vingt-deux livres six sols, pour les trois quarts desdits deux cens quatre-vingt-seize livres neuf sols: la réponse fournie par Nerville, Fermier général, contenant que la demande des Directeurs de la Compagnie des Indes est très-mal fondée, lorsqu'ils prétendent que la décharge des trois quarts des droits sur les drogueries & épiceries, a été accordée aux habitans de la ville de Lyon; que pour le prouver invinciblement il est nécessaire de remonter à l'origine des droits sur les drogueries & épiceries, que par les Déclarations des 22 Octobre 1539, 15 Novembre 1540 & 23 Février 1541, les drogueries & épiceries devoient entrer dans le Royaume par les Ports maritimes seulement; par autres Déclarations des 25 Mars 1543 & 10 Septembre 1549, l'entrée en a été restrainte par mer aux seuls Ports de la ville de Rouen & de celle de Marseille, & par terre à la ville de Lyon, & a été ordonné que dans ladite ville les droits y seroient levés par les Receveurs & Contrôleurs y établis ; sçavoir, sur les poivres, gimgembres, muscades, canelles, clouds de girofle, & bois de girofle six livres par quintal, & sur toutes les autres sortes de drogueries & épiceries, quatre livres pour cent de la valeur, suivant l'apréciation du vingt Avril 1542 : depuis on a ajouté aux Ports ci-dessus ceux de Bordeaux, la Rochelle, Calais, & Saint-Vallery, il fût fait plusieurs baux de ces droits, qui composerent une des cinq grosses Fermes, & ils furent levés sur toutes les drogueries & épiceries entrant dans le Royaume, soit pour la consommation de Lyon ou pour d'autres Villes, & attendu qu'elles sont différentes des marchandises, & grosses denrées, on les a distingué des marchandises par articles séparés dans tous les Tarifs arrêtés pour les cinq grosses Fermes en 1621 & 1632, & notamment dans celui de la Doüane de Lyon, arrêté à Toulouse le 27 Octobre 1632 : néanmoins en 1642 les Prevôt des Marchands & Echevins de la ville de Lyon prétendirent que les Marchands de ladite Ville qui étoient exempts de plusieurs droits d'entrée des marchandises & grosses denrées, en conséquence de l'aliénation qui leur en avoit été faite en 1536 par François premier, devoient joüir de la même exemption sur les drogueries & épiceries, comme sur les marchandises ; mais par Arrêt contradictoire du Conseil du 18 Juin 1642, il fut ordonné que les droits sur les drogueries & épiceries seroient payés par les Marchands de la ville de Lyon, ainsi que par les autres sujets de Sa Majesté : la multiplicité des droits que la nécessité des tems avoit obligé de mettre sur les marchandises, & sur les drogueries & épiceries, interrompant le commerce, le Roi fit travailler à la compilation de tous ces droits, & par son Edit du mois de Septembre 1664, il fit la conversion de plusieurs d'iceux en ceux d'entrée & de sortie, dont il a été arrêté un Tarif le 18 du même mois, dans lequel il a été obfervé la même diftinction que dans les Tarifs précédens, c'eft-à-dire, que les marchandifes, les drogueries & épiceries, y feront inférées par chapitres féparés : la ville de Lyon joüiffoit de l'exemption de quelques droits d'entrée fur plufieurs fortes de marchandifes, ainfi qu'il eft dit ci-deffus, & Sa Majefté par une efpéce de compenfation a ordonné par le préambule du Tarif de 1664, que les marchandifes qui entreront pour les habitans de Lyon, & qui y feront conduites directement, ne payeront que le quart des droits d'entrée, il n'a pas ordonné la même décharge des trois quarts des droits d'entrée fur les drogueries & épiceries, parce qu'ils les avoient payées en entier, depuis leur établiffement jufqu'à la confection du Tarif de 1664; cependant les Marchands Epiciers de la ville de Lyon oubliant ce qui avoit été réglé par l'Arrêt contradictoire du Confeil du 18 Juin 1642, tenterent encore en 1667 d'obtenir l'exemption des trois quarts des droits d'entrée fur les drogueries & épiceries, fur le fondement de celle accordée par le préambule du Tarif de 1664, fur les marchandifes qu'ils prétendoient comprendre les drogueries & épiceries ; pour cet effet ils préfenterent requête au Confeil, & les Prevôt des Marchands & Echevins de ladite Ville intervinrent pour eux ; mais par Arrêt contradictoire du Confeil du 9 Juillet 1668, fur les défenfes de Martinaut, ils ont été une feconde fois déboutés de leur prétention, & le Confeil a ordonné que conformément à l'Arrêt du 18 Juin 1642, & en expliquant le Tarif du 18 Septembre 1664, les Epiciers de la ville de Lyon, payeront le total des droits d'entrée portés par ledit Tarif pour les drogueries & épiceries, deftinées & conduites en ladite ville pour le compte des habitans d'icelle ; ainfi plus d'équivoque, & les droits ont été depuis payés en entier ; mais les Marchands de Lyon fâchés de n'avoir pû réuffir dans leurs tentatives, ont infinué à Meffieurs les Directeurs de la Compagnie des Indes, que cette décharge des trois quarts des droits d'entrée fur les drogueries & épiceries étoit accordée en faveur de la Compagnie, pour celles provenant de leur commerce, par Arrêt du Conseil du 12 Juillet 1672; & ces Messieurs, dans l'espérance de vendre leurs drogueries & épiceries à plus haut prix, ont sollicité les Fermiers généraux dès le tems même qu'ils n'étoient que Régisseurs, pour les faire joüir de cette prétendue exemption, & n'ayant pû réussir, ils ont présenté au Roi le mémoire qui est le sujet de la présente réponse : il s'agit donc présentement de détruire leur prétention. Par l'Edit du mois d'Août 1664 il a été établi une Compagnie pour faire exclusivement le commerce aux Indes Orientales, à laquelle il a été accordé plusieurs priviléges, & entre autres par l'article XLIII l'exemption des droits d'entrée sur les choses nécessaires à la construction & avitaillement des Vaisseaux, & par l'article XLIV, celui de l'entrepôt & transit des marchandises venant des Indes déclarées pour les Pays étrangers ou Provinces de France réputées étrangeres, mais il ne leur a été accordé aucune décharge des droits sur les marchandises qui seront déclarées pour la consommation du Royaume, si ce n'est une réduction de cinq sols par cent, & trois sols par cent sur les marchandises non tarifées : suivant cet article XLIV, & l'Edit de Septembre 1664, les Directeurs de la Compagnie des Indes étoient obligés de payer les droits des marchandises venant des Indes déclarées pour la consommation du Royaume à leur arrivée, & ne leur convenant pas de faire ces avances, mais bien d'en attendre la vente, ils sollicitèrent le Conseil d'ordonner que le payement des droits ne se feroit que lors de la vente desdites marchandises, & par les Marchands qui les auroient achetées, ce qu'ils obtinrent par Arrêt du douze Juillet 1672, qui ordonne que les marchandises venant des Indes Orientales pour la Compagnie, seront mises dans les magasins de ladite Compagnie en présence des Commis du Fermier, dont sera dressé des états doubles, pour être les droits d'entrée payés au Fermier des marchandises destinées pour être consommées dans le Royaume, à fur & à mesure de la vente d'icelle par les Mar-

chands

chands auxquels elles feront adjugées, à l'exception de celles qui feront achetées par les Marchands & Bourgeois de la ville de Lyon, & déclarées pour être conduites en ladite Ville, qui ne payeront que le quart defdits droits, en payant ainfi qu'il eft accoutumé les droits de la Doüane de Lyon à l'entrée d'icelle ; il ne faut que lire avec attention cet Arrêt pour être convaincu que cet exception à l'égard des marchandifes déclarées pour la ville de Lyon, eft relative au Tarif de 1664, qu'elle n'y a été rappellée que pour conferver le privilége des Marchands de Lyon, & empêcher le Fermier de prétendre les droits en entier fur les marchandifes deftinées pour la ville de Lyon, étant dit par cet Arrêt que les droits d'entrée des marchandifes deftinées pour le Royaume, feront payés par les Marchands auxquels elles feront adjugées, ce qui auroit femblé déroger au privilége de la ville de Lyon ; & qu'enfin ce n'eft point un nouveau privilége accordé à la Compagnie des Indes ; car fi le Roi avoit eu intention d'accorder ce privilége à la Compagnie des Indes fur les marchandifes, & fur les drogueries & épiceries de fon commerce, il l'auroit déclaré plus précifément, & les noms des drogueries & épiceries n'auroient point été oubliés dans l'Arrêt du 12 Juillet 1672, parce que fous les noms de marchandifes on n'a jamais entendu y comprendre les drogueries & épiceries, qui ont toujours été diftinguées dans les Edits & Tarifs d'avec les marchandifes & groffes denrées, ainfi qu'il eft rapporté ci-devant, & Sa Majefté auroit encore dérogé nommément à l'Arrêt du 9 Juillet 1668, qui avoit décidé la queftion entre le Fermier des cinq groffes Fermes, & les Prevôt des Marchands & Echevins, & les Marchands de la ville de Lyon, ce qui n'a point été fait par celui du 12 Juillet 1672, d'autant que l'objet n'étoit que de prévenir les conteftations fur l'entrepôt & tranfit des marchandifes, & retarder le payement des droits d'entrée, les Directeurs de la Compagnie des Indes convaincus de ces vérités, & fentant bien que cet Arrêt du Confeil du 12 Juillet 1672, ne peut appuyer leurs prétentions, en rapportent fix autres des fix Septembre 1701, 22 Août 1702, 24 Juillet 1703, 20 Septembre 1710, 29 Mars 1712, & 29 Juillet 1714, où il est parlé du poivre ; mais ils ne peuvent leur être plus avantageux, parce que 1° l'Arrêt du 12 Juillet 1672 n'y est point rapporté, ce qui prouve sans replique & comme il est vrai qu'il n'a point été rendu pour augmenter les priviléges de la Compagnie des Indes de l'exemption prétendue, mais seulement pour conserver celui de Lyon, & 2° parce que ces Arrêts ordonnent après avoir prescrit les formalités à observer à l'arrivée & déchargement des Vaisseaux des Indes & marque des toiles, que les droits seront payés conformément à l'article XLIV de l'Edit du mois d'Août 1664, & Tarif du 18 Septembre ensuivant : or le Tarif de 1664 porte, que les marchandises déclarées pour Lyon ne payeront que le quart des droits d'entrée, & ce même Tarif ayant été expliqué à l'égard des drogueries & épiceries, par l'Arrêt contradictoire du 9 Juillet 1668, il est sans difficulté que cet Arrêt de 1668 doit être suivi, puisqu'il n'y est point dérogé par aucuns de ceux produits par ladite Compagnie des Indes, & par conséquent les droits d'entrée sur les drogueries & épiceries, doivent être payés en entier, au moyen de quoi ledit Nerville avoit conclu, à ce qu'il plût à Sa Majesté débouter les Directeurs de la Compagnie des Indes de leur requête, & ordonner que conformément aux Arrêts du Conseil de 1642 & 1668, les drogueries & épiceries destinées pour la ville de Lyon, même celles qui proviendront de la Compagnie des Indes, acquitteront les droits du Tarif de 1664 en entier. Autre mémoire fourni par les Directeurs de ladite Compagnie des Indes, employé pour repliques à la réponse de Nerville, Fermier général, contenant que le Fermier oppose à leur demande deux choses ; l'une, que par Arrêt du neuf Juillet 1668 les Marchands de la ville de Lyon ont été condamnés de payer en entier les droits d'entrée du Tarif de 1664, & ceux de la Doüane de Lyon ; l'autre, que l'article XLIV de l'Edit d'établissement de la Compagnie ne parle que des marchandises des Indes & non des drogueries & épiceries ; qu'à l'égard des marchandises il n'y a point de difficulté, mais que les drogueries & épiceries doivent les droits en entier, les Directeurs observent que l'Arrêt de 1668 ne les regarde pas, ils n'y sont point parties, il s'agissoit de poivres du commerce étranger, de poivres venus d'Amsterdam à Rouen, & il est question de poivres que la Compagnie a été chercher dans les Indes, qu'elle a vendu à Nantes, ainsi nulle parité dans les faits, nulle application à faire d'une décision totalement étrangere à la Compagnie des Indes, ils soutiennent que toutes productions de la nature & de l'art, qui ne sont point réputées immeubles s'appellent marchandises, parce que sans suite elles passent de main en main ; ainsi l'or, l'argent en masses, en lingots, les pierreries fines, brutes & taillées, les perles sont marchandises, à plus forte raison les drogueries & les épiceries, quoique moins précieuses, aussi-bien que le bled, la farine, le pain, la viande, & les autres alimens, quoique plus nécessaires à la vie, le genre contient certainement les espéces, le mot de marchandises est générique, il contient donc toutes les espéces de productions de la nature, & de l'art qui sont commucibles, & c'est pourquoi l'article XLIV de l'Edit d'Août 1664, se sert du mot de marchandises pour signifier tout ce que la Compagnie fait venir des Indes Orientales, autrement il auroit fallu faire un dénombrement d'espéces ennuyeux & inusité dans le langage des loix, qui par les termes généraux n'exceptent aucunes espéces, si les Tarifs distinguent par classes séparées les drogueries & épiceries, c'est pour la commodité des Commis, car le Marchand Mercier à Paris reçoit & vend librement toutes les différentes espéces de drogueries & d'épiceries, sans être du corps des Epiciers ; mais au fond la question qui se présente a été jugée trois fois en faveur de la Compagnie, & chaque fois contradictoirement avec les sieurs Fermiers généraux, une fois le 12 Juin 1672, les Intéressés au bail de le Gendre ouis, une seconde fois le 15 Février 1676,

O o o o ij

par Arrêt signifié aux mêmes Intéressés le 27 Mai suivant sans opposition ; & enfin en acquiesçant à ces Arrêts les sieurs Fermiers généraux ont reconnu le privilége de la Compagnie, & que le mot générique de marchandises comprenoit les drogueries & épiceries ; en conséquence ils ont ordonné le 22 Octobre 1704 à leur Directeur à Lyon de relâcher des poivres arrêtés sur le prétexte de l'Arrêt du neuf Juillet 1668 ; il est donc également juste qu'ils ordonnent la restitution des deux cens vingt-deux livres quatre sols que leur Commis se sont fait payer sans juste titre, puisqu'il s'agit de poivres vendus par la Compagnie, dont on avoue le privilége ; la raison du privilége se présente d'elle-même, c'est que tout commerce qui se fait par les sujets de l'Etat bénéficie l'Etat, & tout commerce qui s'y fait par l'Etranger qui fournit ce qu'on peut y introduire soi-même altere l'Etat, c'est pourquoi les poivres étrangers venant à Lyon des Ports du Ponant, sont plus chargés que ceux du commerce de la Compagnie, parce qu'on préfére ceux-ci aux autres. Vû pareillement les piéces respectivement produites par les Parties, & entre autres l'Arrêt du Conseil du neuf Juillet 1668, celui du 12 Juillet 1672, ceux des six Septembre 1701, 22 Août 1702, 24 Juillet 1703, 20 Septembre 1710, 29 Mars 1712, & 29 Juillet 1714, & celui du 15 Février 1676, avec l'ordre des Fermiers généraux du 22 Octobre 1704 ; oui le rapport du sieur Desmarets, Conseiller ordinaire au Conseil Royal, Contrôleur général des Finances : LE ROI EN SON CONSEIL, a ordonné & ordonne que les drogueries & épiceries provenant du commerce de la Compagnie des Indes, qui seront achetées par les Marchands & Habitans de Lyon, & destinées pour être transportées dans ladite Ville, ne payeront que le quart des droits du Tarif de mil six cent soixante-quatre, à la charge d'acquitter en entier les droits de la Doüane de Lyon, tiers-surtaux, & quarantiéme, sans préjudice aux Arrêts du Conseil des 18 Juin 1642, & neuf Juillet 1668, qui seront exécutés selon leur forme & teneur, à l'égard des drogueries & épiceries provenant d'un autre commerce que de celui de ladite Compagnie des Indes ; ordonne Sa Majesté que de la somme payée par le sieur Dupont, Marchand de Lyon, pour les droits entiers du Tarif de 1664, des quinze bales de poivre qu'il a acheté de la Compagnie des Indes, il lui en sera rendu & restitué les trois quarts, en justifiant du payement des droits de la Doüane de Lyon, tiers-surtaux & quarantiéme, à ce faire Nerville Fermier général contraint, quoi faisant il en demeurera bien & valablement déchargé. Fait au Conseil d'Etat du Roi, tenu à Versailles le quinziéme jour de Janvier mil sept cent quinze. *Collationné. Signé* GOUJON.

LOUIS, PAR LA GRACE DE DIEU, ROI DE FRANCE ET DE NAVARRE, au premier notre Huissier ou Sergent sur ce requis. Nous te mandons & commandons, que l'Arrêt dont l'extrait est ci-attaché sous le contre-scel de notre Chancellerie, ce jourd'hui donné en notre Conseil d'Etat, sur l'instance d'entre les Directeurs de la Compagnie des Indes, & Nerville Fermier général de nos Fermes, au sujet des poivres provenant du commerce de ladite Compagnie, destinés pour la ville de Lyon, tu signifies audit Nerville & à tous qu'il appartiendra à ce qu'aucuns n'en ignorent, & de faire en outre pour l'entiere exécution d'icelui à la requête desdits Directeurs, tous commandemens, sommations & autres actes & exploits nécessaires, sans autre permission ; car tel est notre plaisir. DONNÉ à Versailles le quinziéme jour de Janvier, l'an de grace mil sept cent quinze, & de notre regne le soixante-douziéme, *Signé*, par le Roi en son Conseil, GOUJON. Scellé du grand Sceau de cire jaune, & contre-scellé.

L'AN mil sept cent quinze, le quatorziéme Février, à la requête des Directeurs généraux de la Compagnie des Indes Orientales de France, pour lesquels domicile est élû en leur Bureau, sis rue Tirbourdin, Paroisse saint Sauveur, j'ai Jacques Tourond, Huissier à cheval au Châtelet de Paris, y demeurant rue Darnatal, au Barillet, soussigné, signifié & laissé la présente copie d'Arrêt du Conseil signé par Collation, Goujon, en date du quinze Janvier dernier, ensemble de la Commission sur icelui signée par le Conseil, Goujon, datée du même jour, scellée du grand Sceau de cire jaune, & contre-scellé, au sieur François de Nerville, Fermier général, & chargé de la régie des cinq grosses Fermes, & à Messieurs ses Cautions, en son domicile à l'Hôtel des Fermes du Roi, sis rue de Grenelle, parlant au nommé Desvaux, domestique dudit sieur de Nerville, & ait à satisfaire au contenu en icelui, à ce qu'ils n'en ignorent, dont acte. Signé TOUROND, & contrôlé ledit jour par le Grand.

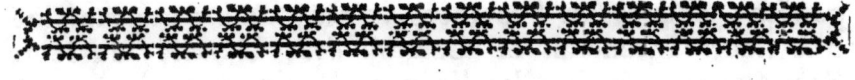

ARREST
DU CONSEIL D'ETAT
DU ROY,

CONCERNANT les Mousselines, Toiles de coton des Indes, de la Chine ou du Levant.

Du 4 Juin 1715.

Extrait des Regiſtres du Conſeil d'Etat.

VU par le Roi étant en ſon Conſeil l'Arrêt rendu en icelui le 10 Février 1714, par lequel Sa Majeſté auroit ordonné que l'Arrêt du 27 Août 1709 ſeroit exécuté ſelon ſa forme & teneur : & pour en faciliter l'exécution, il a été ordonné que par les Inſpecteurs des manufactures & autres qui pourroient être prépoſés ; ſçavoir dans la ville & banlieue de Paris, par le ſieur d'Argenſon, Conſeiller d'Etat & Lieutenant général de Police, & dans les Provinces par les ſieurs Intendans & Commiſſaires départis, il ſeroit dreſſé des procès-verbaux contre toutes les perſonnes de quelque qualité & condition qu'elles ſoient, qui ſeroient trouvées vétues de toiles peintes ou d'étoffes des Indes, de la Chine & du Levant, comme auſſi contre toutes perſonnes qui vendroient leſdites toiles ou étoffes, ou les expoſeroient en vente, leſquels procès-verbaux dreſſés par leſdits Inſpecteurs des manufactures ou autres prépoſés ſeroient par eux affirmés véritables : ſçavoir, dans la ville & banlieue de Paris pardevant ledit sieur d'Argenson, & dans les Provinces du Royaume pardevant lesdits sieurs Intendans & Commissaires départis, ou leurs Subdélegués, & dans les lieux où il n'y point de Subdélegués, pardevant les Juges de Police, & que lesdits procès-verbaux ainsi affirmés véritables, feroient foi en Justice. L'Arrêt du 11 Juin suivant, par lequel Sa Majesté auroit aussi défendu le port & usage desdites étoffes, comme aussi des mousselines, & toiles de coton blanches, à l'exception néanmoins de celles qui feroient apportées par la Compagnie des Indes Orientales, & marquées en conformité des Arrêts des 28 Avril 1711, & 29 Mars 1712; & d'autant qu'il est absolument nécessaire, pour ôter tous prétextes à ceux qui contreviennent audit Arrêt du 27 Août 1709, de faire aucun commerce & usage des mousselines, toiles de coton des Indes, de la Chine & du Levant, lesquelles n'ont pas été dénommées dans ledit Arrêt du 10 Février 1714, & donner auxdits Inspecteurs & autres personnes à ce préposées, pouvoir de dresser des procès-verbaux sur ces contraventions, comme sur celles qui se font à l'égard des toiles peintes, étoffes des Indes, de la Chine & du Levant, à quoi desirant pourvoir : oui le rapport du sieur Desmarets, Conseiller ordinaire au Conseil Royal, Contrôleur général des Finances, LE ROI ÉTANT EN SON CONSEIL, a ordonné & ordonne que les Arrêts des 27 Août 1709, 10 Février & 11 Juin 1714, seront exécutés selon leur forme & teneur ; & pour en faciliter l'exécution, veut Sa Majesté que par les Inspecteurs des manufactures & autres qui pourront être préposés ; sçavoir, dans la ville & banlieue de Paris par le sieur d'Argenson, Conseiller d'Etat, Lieutenant général de Police, & dans les Provinces, par les sieurs Intendans & Commissaires départis, il soit dressé des procès-verbaux contre tous Négocians, Marchands, Colporteurs & autres personnes qui vendront ou exposeront en vente desdites mousselines, toiles de coton des Indes, de la Chine ou du Levant, qui ne se trouveront point marquées, conformément auxdits Arrêts

des

des 28 Avril 1711, & 29 Mars 1712, lesquels procès-verbaux dressés par lesdits Inspecteurs des manufactures, ou autres préposés seront par eux affirmés véritables; sçavoir, dans la ville & banlieue de Paris, pardevant ledit sieur d'Argenson, & dans les Provinces du Royaume, pardevant lesdits sieurs Intendans & Commissaires départis, ou leurs Subdélegués, & dans les lieux où il n'y a point de Subdélegués, pardevant les Juges de Police: ordonne Sa Majesté que lesdits procès-verbaux ainsi affirmés véritables feront foi en Justice: enjoint au sieur d'Argenson dans la ville & banlieue de Paris, & aux sieurs Intendans & Commissaires départis, de prononcer sur iceux sans aucune autre preuve, & sans procédures ni formalités, les condamnations & amendes portées par ledit Arrêt du 27 Août 1709: enjoint aussi Sa Majesté audit sieur d'Argenson, & aux sieurs Intendans & Commissaires départis dans les Provinces, de tenir soigneusement la main à l'exécution du présent Arrêt, & de le faire lire, publier & afficher par-tout où besoin sera. FAIT au Conseil d'Etat du Roi, Sa Majesté y étant, tenu à Versailles le quatriéme jour de Juin mil sept cent quinze. *Signé* PHELYPEAUX.

LOUIS, PAR LA GRACE DE DIEU, ROI DE FRANCE ET DE NAVARRE, Dauphin de Viennois, Comte de Valentinois & Diois, Provence, Forcalquier & terres adjacentes: à notre amé & féal Conseiller en nos Conseils & en notre Conseil d'Etat le sieur d'Argenson, Lieutenant-général de Police de Paris, & à nos amés & féaux Conseillers en nos Conseils les sieurs Intendans & Commissaires départis pour l'exécution de nos ordres dans les Provinces & Généralités du Royaume: SALUT. Nous vous mandons & enjoignons, chacun en droit soi, de tenir la main à l'exécution de l'Arrêt, dont l'extrait est ci-attaché sous le contre-scel de notre Chancellerie, ce jourd'hui donné en notre Conseil d'Etat, nous y étant, pour les causes y contenues: commandons au premier notre Huissier ou Sergent sur ce requis, de signifier ledit

Arrêt à tous qu'il appartiendra, à ce que personne n'en ignore, & de faire en outre pour l'entiere exécution dudit Arrêt, tous commandemens, sommations, défenses y contenues sur les peines y portées, & tous autres actes & exploits nécessaires sans autre permission, nonobstant clameur de Haro, Chartes Normandes & Lettres à ce contraires : voulons que ledit Arrêt soit lû, publié & affiché par-tout où il appartiendra, & qu'aux copies d'icelui & des Présentes, collationnées par l'un de nos amés & féaux Conseillers-Secrétaires, foi soit ajoutée comme aux originaux ; car tel est notre plaisir. DONNÉ à Versailles le quatriéme jour de Juin, l'an de grace mil sept cent quinze, & de notre regne le soixante-treiziéme. *Signé* LOUIS. *Et plus bas*; par le Roi, PHELYPEAUX. Et scellé du grand Sceau de cire rouge.

ARREST
DU CONSEIL D'ÉTAT
DU ROY,

QUI ordonne que par le Sieur Ferrand, Commissaire départi en la Province de Bretagne, ou par celui qu'il subdéleguera, il sera fait inventaire des Mousselines & Toiles de coton blanches, & généralement de toutes les marchandises des Indes apportées par les Vaisseaux le Jazon & le saint Louis, arrivés à Brest & au Port-Louis les 9 & 11 Mai 1715.

Du 23 Juillet 1715.

Extrait des Registres du Conseil d'Etat.

SUR la requête présentée au Roi étant en son Conseil par les Directeurs généraux de la Compagnie Royale des Indes Orientales, contenant qu'il est arrivé à Brest & au Port-Louis les neuf & onze Mai dernier les Vaisseaux le Jazon & le saint Louis venant des Ports de leurs concessions, chargés de poivre, bois rouge, porcelaines, toiles de coton, mousselines, toiles teintes ou rayées de couleurs, mouchoirs de coton & autres, de toutes lesquelles marchandises tant permises que prohibées, la vente doit être incessamment faite dans la ville de Nantes, après cependant que sur les mousselines & toiles de coton blanches, sujettes à la marque, aura été apposée celle qu'il plaira à Sa Majesté d'ordonner, à l'effet qu'il n'en soit débité aucunes dans le Royaume que celles de ladite Compagnie, ou de ceux qui sont en ses droits, conformément aux Arrêts des 10, 24 Février & 13 Mars 1691, 11 Novembre 1700, Déclaration de Sa Majesté du 9 Mai 1702, & autres Arrêts & Réglemens rendus en conséquence, concernant le commerce de ladite Compagnie, & notamment à ceux des 10 Décembre 1709, 11 Juin 1714 & 4 Juin 1715, rendus en interprétation de celui du 27 Août 1709, qui permettent à ladite Compagnie de vendre dans le Royaume des mousselines & toiles de coton blanches, apportées par les Vaisseaux appartenant à ladite Compagnie, & à tous Négocians, Marchands & autres particuliers d'en faire débit & usage en payant seulement les droits d'entrée portés par le Tarif de 1664 pour les marchandises qui y sont dénommées & contenues, & trois pour cent de la valeur de celles qui n'y sont pas comprises suivant & conformément à l'article XLIV de l'Edit de l'établissement de ladite Compagnie, & Arrêts rendus en conséquence ; que par l'Arrêt du 28 Avril 1711, rendu pour empêcher l'introduction en fraude dans le Royaume des mousselines & toiles de coton blanches provenant du commerce des Etats voisins & étrangers, il a été entr'autres choses ordonné qu'il seroit apposé à chacune des piéces qui se trouveront chez les Marchands à Paris & dans les Provinces, & qu'ils justifieront provenir des prises faites sur mer, ou des ventes par la Compagnie des Indes Orientales, une marque pareille à l'empreinte étant au pied dudit Arrêt, & qui seroit imprimée sur un morceau de parchemin, signée & paraphée par les sieurs Menager & Chauvin, que Sa Majesté avoit nommés à cet effet, au lieu desquels les sieurs Heron & Moreau avoient depuis été commis par Arrêts des 25 Août 1711, & six Février 1712 : & que ladite marque seroit attachée à chacune desdites piéces. Que par autre Arrêt du 29 Mars 1712, Sa Majesté sur les remontrances de ladite Compagnie auroit entr'autres choses ordonné qu'à l'un des deux bouts de chacune desdites piéces de mousselines & toiles de coton blanches il seroit apposé une marque pareille à celle étant au pied dudit Arrêt du 28 Avril 1711, signée par les sieurs Moreau, Heron & Piou, Députés au Conseil de commerce, ou par l'un d'eux seulement, & qui seroit attachée à chacune desdites piéces avec le plomb de ladite Compagnie sans cachet, en présence du Subdélegué ou autre qui seroit commis par le sieur Ferrand, Commissaire départi en la Province de Bretagne ; & que le 28 Mai 1712, il seroit intervenu un autre Arrêt qui auroit dispensé & déchargé les Marchands & Négocians du rapport desdites marques ordonné par lesdits Arrêts des 23 Avril 1711, & 29 Mars 1712, & de l'obligation de marquer sur leurs registres les noms des particuliers auxquels ils auroient revendu des piéces entieres. A ces causes, requeroient lesdits Directeurs de la Compagnie des Indes Orientales, qu'il plût à Sa Majesté sur ce leur pouvoir. Vû lesdits Arrêts des 27 Août 1709, 28 Avril & 26 Février 1711, 6 Février, 29 Mars & 28 Mai 1712, 11 Juin 1714, 4 Juin 1715, Réglement du 24 Mars 1703, & autres Arrêts & Réglemens rendus sur le fait des marchandises des Indes provenant des prises & échouemens ; oui le rapport du sieur Desmarets, Conseiller ordinaire au Conseil Royal, Contrôleur général des Finances, SA MAJESTE' ETANT EN SON CONSEIL, ayant aucunement égard à ladite requête, a ordonné & ordonne que par le sieur Ferrand, Commissaire départi en la Province de Bretagne, ou par celui qu'il subdéleguera à cet effet, il sera fait inventaire de toutes les mousselines, toiles de coton, mouchoirs, poivre, bois rouge, toiles teintes ou rayées de couleurs, & généralement de toutes les autres espéces de marchandises venues sur lesdits Vaisseaux le Jazon & le saint Louis ; & que toutes les piéces de mousselines & toiles de coton blanches seront marquées à l'un des deux bouts de chaque piéce d'une marque pareille à l'empreinte étant au pied dudit Arrêt du 28 Avril 1711, imprimée sur un morceau de parchemin, signée par les sieurs Moreau & Piou, Députés au Conseil de Commerce, & par les sieurs Sandrier, Directeur général de ladite Compagnie des Indes, & Boyvin d'Hardancourt, Secrétaire général de ladite Compagnie, que Sa Majesté a commis pour cet effet au lieu & place dudit sieur Heron par un Arrêt du 24 Juin 1714, ou par l'un d'eux seulement, laquelle sera attachée au bout de chaque piéce avec le plomb de ladite Compagnie sans cachet en présence dudit sieur Subdélegué, ou autre qui sera commis par ledit sieur Ferrand, sans que lesdits Marchands & Négocians puissent être tenus de rapporter lesdites marques, ni de faire mention sur leurs registres des noms de ceux auxquels ils pourront vendre des piéces entiéres. Ordonne aussi Sa Majesté, qu'après l'apposition desdites marques sur lesdites piéces de mousselines & toiles de coton blanches, toutes les marchandises venues des Indes sur lesdits Vaisseaux seront vendues en ladite ville de Nantes en la maniere accoûtumée, en payant les droits d'entrée conformément au Tarif de 1664, à l'article XLIV de l'Edit du mois d'Août audit an, & aux Arrêts des 29 Avril & 22 Novembre 1692, & 2 Novembre 1700, à l'exception néanmoins des toiles teintes & rayées de couleurs, mouchoirs de coton & autres de toutes autres sortes d'étoffes provenant des Indes qui ne seront point marquées, & à l'égard desquelles seront observées les régles & formalités prescrites par l'Arrêt du Réglement du 24 Mars 1703, intervenu pour raison des marchandises qui proviennent d'échouement, & des prises faites sur les ennemis de l'Etat, qui ne peuvent être vendues, ni consommées dans le Royaume. Fait Sa Majesté très-expresses inhibitions & défenses aux Marchands & Négocians, & autres personnes de quelque qualité & condition qu'elles soient, de vendre ni débiter en gros ou en détail, ou faire aucun usage desdites mousselines ou toiles de coton blanches, si elles ne sont marquées en la forme ci-dessus prescrite, ou celle ordonnée par l'Arrêt du 28 Avril 1711, sous les peines portées par les Arrêts des 27 Août 1709, 11 Juin 1714, & 4 Juin 1715; permet Sa Majesté aux Directeurs de la Compagnie des Indes de faire faire la visite desdites marchandises des Indes qui se trouveront chez lesdits Marchands, Négocians & tous autres de quelque qualité & condition qu'ils puissent être, de faire saisir celles qui ne seront point marquées de l'une ou de l'autre desdites marques portées par les Arrêts du 28 Avril 1711, & 29 Juillet 1714. Enjoint Sa Majesté au sieur d'Argenson, Conseiller d'Etat ordinaire, Lieutenant général de Police de la ville de Paris, & aux sieurs Intendans & Commissaires départis dans les Provinces & Généralités du Royaume, de tenir la main à l'exécution du présent Arrêt, qui sera lû, publié & affiché par-tout où besoin sera, & exécuté nonobstant oppositions ou appellations quelconques, pour lesquelles il ne sera différé. Fait au Conseil d'Etat du Roi, Sa Majesté y étant, tenu à Marly le vingt-trois Juillet mil sept cent quinze. Signé PHELYPEAUX.

LOUIS, PAR LA GRACE DE DIEU, ROI DE FRANCE ET DE NAVARRE, à notre amé & féal Conseiller en nos Conseils, Intendant de Justice, Police & Finances en Bretagne le sieur Ferrand : SALUT. Nous vous avons commis & commettons par l'Arrêt ci-attaché sous le contre-scel de notre Chancellerie, ce jour d'hui rendu en notre Conseil d'Etat, nous y étant, pour faire à Nantes l'inventaire de toutes les mousselines, toiles de coton, mouchoirs, poivre, bois rouge, toiles teintes ou rayées de coton, & généralement de toutes les autres espéces de marchandises venues des Indes sur les Vaisseaux le Jazon & le saint Louis. Nous vous avons même permis de subdéleguer, & nous avons enjoint à notre amé & féal Conseiller en notre Conseil d'Etat & notre Lieutenant général de Police de la ville de Paris, le sieur d'Argenson, & aux sieurs Intendans & Commissaires départis dans les Provinces & Généralités de notre Royaume, de tenir la main à l'exécution du présent Arrêt en ce qui les regarde. Commandons au premier notre Huissier ou Sergent sur ce requis, de faire en vertu de ces Présentes toutes sommations, contraintes & actes nécessaires sans autre permission. Voulons qu'aux copies du dit Arrêt & des Préfentes, collationnées par l'un de nos amés & feaux Confeillers & Secrétaires, foi foit ajoutée comme aux originaux; car tel eft notre plaifir. DONNÉ à Marly le vingt-trois Juillet, l'an de grace mil fept cent quinze; & de notre regne le foixante-treiziéme. *Signé* LOUIS. *Et plus bas*; par le Roi, PHELYPEAUX. Scellé du grand Sceau de cire jaune & contre-fcellé le trente-un Juillet mil fept cent quinze.

ANTOINE-François Ferrand, Chevalier, Confeiller du Roi en fes Confeils, Maître des Requêtes ordinaire de fon Hôtel, Commiffaire départi par Sa Majefté pour l'exécution de fes Ordres en Bretagne. Vû ledit Arrêt du Confeil; nous avons commis & fubdélegué le fieur Mellier, Général des Finances, pour l'exécution dudit Arrêt, lequel fera exécuté dans l'étendue de notre département. FAIT le quatre Août mil fept cent quinze. *Signé* FERRAND. *Et plus bas* par Monfeigneur, REVOYRE.

ARREST

ARREST
DU CONSEIL D'ÉTAT
DU ROY,

QUI ordonne qu'il sera payé la somme de 40000 livres au Sieur Crozat, dont Sa Majesté lui fait remise sur l'armement du Vaisseau le Cherbon.

Du 12 Août 1715.

Extrait des Registres du Conseil d'Etat.

SUR ce qui a été représenté au Roi étant en son Conseil par le sieur Crozat, Armateur des Vaisseaux de Sa Majesté l'Eclatant & le Fendant, commandés en course par le sieur de Roquemadore, Capitaine entretenu dans les mers des Indes Orientales, qu'en conséquence des conditions accordées par Sa Majesté le premier Juin 1711 pour ledit armement, il auroit été fait le 5 du même mois un traité homologué par Arrêt du 8 entre ledit sieur Crozat Armateur, & le sieur Fontanieu Directeur des Compagnies de commerce, stipulant par ordre de Sa Majesté pour celle des Indes Orientales, & en son insçu vû l'importance du secret, par lesquels traités il étoit convenu que sur les prises qui seroient faites par ledit sieur de Roquemadore au-delà du Cap de Bonne-Espérance, la Compagnie auroit quinze pour cent & fur celles qui feroient faites en deça dudit Cap, cinq pour cent feulement, déduction préalablement faite de quatre cens mille livres au profit des Armateurs pour les rembourfer des avances de l'armement, ce qui ayant eu fon exécution, le dixiéme d'une prife Angloife, nommée le Cherbon, faite par ledit fieur de Roquemadore par le travers du Cap de Bonne-Efpérance, auroit appartenu à la Compagnie des Indes fuivant fes anciens priviléges, dans lefquels elle fe prétendoit fondée, en vertu des Lettres patentes de fon établiffement, après que les Armateurs auroient fait diftraction avant toutes chofes de quatre cens mille livres fur ladite prife : mais M. le Comte de Touloufe s'étant fait adjuger par Arrêt du 24 Septembre 1714, le dixiéme des prifes faites endeça du Cap de Bonne-Efpérance non doublé à l'exclufion de la dite Compagnie, les Armateurs fe trouveroient obligés fuivant la Sentence de liquidation de l'Amirauté de Vannes du deux du préfent mois, de payer en entier le dixiéme de ladite prife à M. l'Amiral fans qu'il lui plaife avoir égard à la diftraction defdites quatre cens mille livres confenties préalablement par les deux fufdits traités en leur faveur, ou de prétendre leur récours contre Sa Majefté & contre la Compagnie de quarante mille livres qu'ils auroient payées de trop; mais comme ils fçavent parfaitement que Sa Majefté en rendant ledit Arrêt du 24 Septembre 1714 au profit de Monfieur l'Amiral, n'a pas prétendu donner atteinte directement ni indirectement aux conditions par elle accordées le premier Juin 1711 au fieur de Roquemadore, non plus qu'à celles du traité homologué par Arrêt du 8, ainfi qu'il avoit été reglé le 5 du même mois entre le fieur Crozat Armateur, & le fieur Fontanieu, ftipulant par ordre du Roi pour la Compagnie des Indes ; à ces caufes ils fupplient très-humblement Sa Majefté d'avoir agréable de les indemnifer de cette perte de quarante mille livres. Vû les deux fufdits traités des premier & 5 Juin 1711, l'Arrêt d'homologation du 8 du même mois, la Sentence de liquidation du 2 du préfent mois & tout confidéré, SA MAJESTÉ E'TANT

EN SON CONSEIL, a ordonné & ordonne que sur la somme de deux cens cinquante-quatre mille neuf cens soixante-quatorze livres dix-huit sols revenant à son profit pour ses parts dans ladite prise le Cherbon d'Angleterre, suivant ladite liquidation de l'Amirauté de Vannes qui a été ou dû être remise au sieur Gaudion, Trésorier général de la marine, il en soit rendu & restitué par lui comptant audit sieur Crozat, celle de quarante mille livres dont Sa Majesté fait don & remise aux Armateurs, en conséquence des conditions à eux accordées le premier Juin 1711; voulant Sa Majesté que rapportant par ledit sieur Gaudion l'ordonnance qui sera expédiée en conformité du présent Arrêt, & la quittance du sieur Crozat de ladite somme de quarante mille livres, elle lui soit passée & allouée dans la dépense de ses comptes sans difficultés. FAIT au Conseil d'Etat du Roi, Sa Majesté y étant, tenu à Versailles le douze Août mil sept cent quinze. *Signé* PHELYPEAUX.

ARREST
DU CONSEIL D'ÉTAT
DU ROY,

QUI ordonne que les marchandises du saint Louis, y compris celles du Vaisseau le François, seront vendues, la saisie faite à Pondichery tenant sur les deniers qui en proviendront.

Du 19 Août 1715.

Extrait des Regiſtres du Conſeil d'Etat.

SUR la requête préſentée au Roi, étant en ſon Conſeil, par les Intéreſſés en l'armement des Vaiſſeaux le ſaint Louis & le François, partis pour les Indes Orientales le 9 Juin 1711, contenant que le ſieur du Livier, Gouverneur de Pondichery, auroit par ordre de Sa Majeſté fait ſaiſir audit lieu de Pondichery leſdits Vaiſſeaux le ſaint Louis & le François avec leur cargaiſon, à cauſe que leſdits Vaiſſeaux avoient été à la mer du Sud; que le 11 Mai 1715 ledit Vaiſſeau le ſaint Louis eſt arrivé en France chargé tant des marchandiſes de ſa cargaiſon que de celles du navire le François, qui eſt reſté audit Pondichery, n'étant point en état de naviger; & comme il leur eſt important de vendre leſdites marchandiſes, ſauf à payer ſur le prix provenant de la vente ce qui ſera ordonné pour avoir été à ladite mer du Sud, ils auroient très-humblement fait fupplier Sa Majefté d'y pourvoir : à quoi ayant égard, oui le rapport, & tout confidéré, LE ROI ETANT EN SON CONSEIL, a ordonné, & ordonne que l'Arrêt du 23 Juillet dernier concernant la marque & la vente defdites marchandifes du Vaiffeau le faint Louis, dans lefquelles font comprifes celles du Vaiffeau le François, refté à Pondichery, fera exécuté felon fa forme & teneur, à l'effet de quoi les balots defdites marchandifes feront ouverts par les Officiers de l'Amirauté, dont il fera dreffé procès-verbal, avec un mémoire defdites marchandifes, la faifie faite fur icelles par ledit fieur du Livier tenante fur les deniers qui proviendront de la vente defdites marchandifes. FAIT au Confeil d'Etat du Roi, Sa Majefté y étant, tenu à Verfailles le dix-neuviéme Août mil fept cent quinze. *Signé* PHELYPEAUX.

LOUIS, PAR LA GRACE DE DIEU, ROI DE FRANCE ET DE NAVARRE, à nos chers & bien amés les Officiers de l'Amirauté de Nantes : SALUT. Nous vous mandons & ordonnons par ces Préfentes, fignées de notre main, de procéder à l'exécution de l'Arrêt dont l'extrait eft ci-attaché fous le contre-fcel de notre Chancellerie, ce jourd'hui rendu en notre Confeil d'Etat, nous y étant : commandons au premier notre Huiffier ou Sergent fur ce requis de faire en vertu dudit Arrêt & des Préfentes toutes fommations, contraintes & autres actes néceffaires, fans autre permiffion ; car tel eft notre plaifir. DONNE' à Verfailles le dix-neuviéme Août l'an de grace mil fept cent quinze, & de notre regne le foixante-treizième. *Signé* LOUIS. *Et plus bas* ; par le Roi, PHELYPEAUX. Scellé du grand Sceau de cire jaune, & contre-fcellé.

Collationé aux originaux en parchemin à l'inftant rendus par les Notaires à Paris fouffignés, ce 5 Novembre 1715. *Signé* CHEVRE & DUSAULT.

ARREST

QUI juge la prise la Cloche de bonne prise.

Du 23 Octobre 1715.

LOUIS-ALEXANDRE DE BOURBON, Comte de Toulouse, Prince du sang, Pair & Amiral de France; vû par nous la procédure faite par les Officiers de l'Amirauté du Cap François, côte de saint Domingue, sur la prise du navire nommé la Cloche, rapport du sieur de la Roche Auger, Lieutenant sur le Vaisseau le saint Louis, & commandant ledit navire la Cloche, du 11 Février dernier, contenant que le Vaisseau le saint Louis, commandé par le sieur Bouynot, ayant commission de nous, a pris le navire la Cloche en l'année 1713 entre les Isles de Pulator & Pulotimor, avec deux autres prises, l'une Angloise & l'autre Portugaise, & a conduit ledit navire à Manille, l'une des Isles Philippines, & qu'il étoit porteur des actes qui justifient que ledit navire est de bonne prise; que conduisant ladite prise en France, il a été obligé par vents contraires de relâcher audit Cap, & que pendant le cours de sa navigation il a été forcé de jetter à la mer quantité de poivre de la cargaison dudit navire, ledit rapport vérifié le 13 Février par plusieurs Officiers de l'équipage; interrogatoire de Pierre le Sage & Clément Mabilan, volontaire & matelot sur le saint Louis; inventaire fait de la cargaison dudit navire la Cloche, du 9 Avril & jours suivans; Jugement desdits Officiers de l'Amirauté du Cap, du 10 Mai, qui déclare de bonne prise le Vaisseau la Cloche & les marchandises étant en icelui, provenant des prises faites par les Vaisseaux le saint Louis & le François; Sentence des Juges de l'Amirauté, du 6 Juin, portant liquidation du produit net de la vente du navire la Cloche, de huit esclaves vendus à l'Isle de Bourbon, & estimation des marchandises du chargement, pour régler le dixiéme à nous appartenant, qui a été pris en nature par le Receveur de nos droits. Vû aussi la procédure faite en l'Audiance Royale de Manille aux Isles Philippines le 26 Août 1713 & jours suivans; les interrogatoires & dépositions de Manuel de Soza, Portugais, premier Pilote du navire la Cloche, Jean Palestin, Hollandois, second Pilote, Michel Bozenad, Flamand, contre-maître, & autres de l'équipage dudit navire la Cloche, contenant que le navire a été chargé & équipé à Batavia, d'où il alloit à Canton pour retourner à Batavia, qu'il navigeoit sous pavillon & passeport Hollandois; qu'il étoit commandé par Gonies-po-Equa, Chinois, lequel demeure avec sa famille à Batavia; décret du Gouverneur général des Isles Philippines, du premier Novembre 1713, portant renvoi des parties à un Tribunal compétent : vû pareillement la procédure criminelle faite en l'Amirauté de Vannes le 16 Mai 1715 & jours suivans contre Gerard Pellerin, Ecrivain du Vaisseau le saint Louis, & autres de l'équipage dudit Vaisseau, à cause des pillages & malversations sur ledit Vaisseau la Cloche; la requête à nous présentée par les Armateurs desdits Vaisseaux le saint Louis & le François, à ce qu'il nous plaise, conformément au jugement des Officiers de l'Amirauté du Cap François, côte de saint Domingue, du 10 Mai dernier, déclarer de bonne prise ledit bâtiment la Cloche & les marchandises du chargement, à leur adjuger le tout, au surplus ordonner que l'instruction commencée à l'Amirauté de Vannes sera continuée, pour être ensuite ordonné ce qu'il appartiendra; les piéces jointes à ladite requête, & tout considéré, Nous, en vertu du pouvoir à nous attribué à cause de notre charge d'Amiral, avons, conformément à l'avis des Juges connoissant des causes maritimes au Cap François, du 10 Mai dernier, déclaré & déclarons de bonne prise ledit Vaisseau la Cloche, ensuite les marchandises & effets de son chargement, & autres marchandises & effets provenant

des prises faites par lesdits Vaisseaux le saint Louis & le François, & les adjugeons aux Armateurs desdits deux Vaisseaux; ordonnons en conséquence que le tout sera vendu, si fait n'a été, en la maniere accoutumée, & les deniers en provenans à eux remis, à la réserve du dixiéme du total à nous appartenant, qui sera délivré aux Receveurs de nos droits; & à l'égard des pillages & divertissemens des marchandises & autres effets, commis sur les prises faites par lesdits Vaisseaux, avons ordonné qu'à la requête du Procureur du Roi de l'Amirauté de Vannes, la procédure commencée sera continuée contre les coupables jusqu'à Sentence définitive exclusivement, pour ce fait à nous rapporté être ordonné ce que de raison : mandons à notre Lieutenant de l'Amirauté de Bayonne & à celui de Vannes & Officiers desdits Siéges, & autres qu'il appartiendra, de tenir la main à l'exécution du présent jugement, & ordonnons au premier Huissier ou Sergent sur ce requis, de faire pour son exécution tous exploits requis & nécessaires, de ce faire lui donnons pouvoir. Fait à Paris le vingt-troisiéme Octobre mil sept cent quinze.
Signé PELLETIER.

Collationné sur l'original en parchemin à l'instant rendu par les Notaires au Châtelet de Paris soussignés, le trentiéme jour de Septembre mil sept cent quinze. *Signé* DELAMBON & DELABALLE.

Collationné sur ladite copie collationnée en papier à l'instant rendu par les Notaires au Châtelet de Paris soussignés, le cinq Novembre mil sept cent quinze.
Signé CHEVRE & DUSAULT.

ARREST

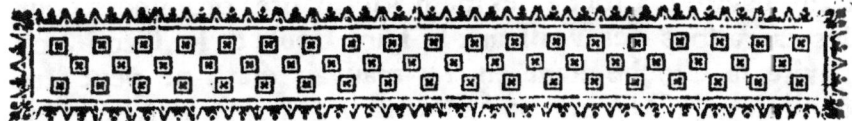

ARREST
DU CONSEIL D'ÉTAT
DU ROY,

QUI ordonne qu'il sera fait inventaire des Poivres à Bordeaux.

Du 19 Novembre 1715.

Extrait des Registres du Conseil d'Etat.

SUR la requête présentée au Roi étant en son Conseil par les Directeurs généraux de la Compagnie Royale des Indes Orientales, contenant que par Arrêt du Conseil du 23 Juillet dernier, il a été ordonné qu'inventaire seroit fait des marchandises chargées sur les Vaisseaux le Jazon & le S. Louis, venant des Ports de leurs concessions & arrivées en France, pour être lesdites marchandises après l'apposition des marques de celles qui y sont sujettes, vendues en payant les droits sur le pied que la Compagnie doit les payer ; & comme il est arrivé depuis peu au passage un navire nommé la Cloche, pris dans les Indes Orientales par ledit Vaisseau le S. Louis, & chargé de diverses marchandises des Indes, comme poivre, porcelaines, toiles & autres de différentes qualités, tant permises que prohibées, le tout déclaré de bonne prise par jugement du Conseil des prises du 23 Octobre dernier, il est nécessaire de faire observer pour la marque & la vente des marchandises dudit navire la Cloche, les mêmes formalités ordonnées pour les cargaisons des Vaisseaux le saint Louis & le Jazon, ce navire la Cloche étant en très-mauvais état, ne peut être conduit qu'à Bayonne ou à Bordeaux, où il sera procédé incessamment à la vente de la cargaison. Requéroient à ces causes les supplians qu'il plût à Sa Majesté ordonner que pardevant tel Commissaire qu'il lui plaira nommer, il sera fait inventaire des poivres, drogues, mousselines, toiles de coton blanches, toiles teintes, & généralement de toutes autres espéces de marchandises venues sur ledit navire la Cloche; comme aussi qu'il sera apposé des marques aux mousselines, toiles blanches & autres marchandises qui y sont sujettes, en la forme portée par ledit Arrêt du 23 Juillet, pour être ensuite procédé à la vente de toutes lesdites marchandises, en payant les droits d'entrée conformément au Tarif de 1664, à l'article XLIV de l'Edit d'établissement de la Compagnie, & aux Arrêts du Conseil des 29 Avril & 22 Novembre 1692, & 2 Novembre 1700; ordonnant qu'au cas qu'il ait été pris de plus grands droits, ils seront restitués, & au surplus que les formalités prescrites par l'Arrêt de Réglement du 24 Mars 1703, seront observés à l'égard des toiles teintes & autres marchandises qui ne peuvent être vendues ni consommées dans le Royaume. Vû la requête, ledit Arrêt du Conseil du 23 Juillet dernier; oui le rapport, LE ROI E'TANT EN SON CONSEIL, ayant égard à ladite requête, a ordonné & ordonne, que par le sieur de Lamoignon de Courson, Commissaire départi en la Généralité de Bordeaux, ou par celui qu'il subdéleguera à cet effet, il sera fait inventaire des poivres, drogueries, mousselines, toiles de coton blanches, toiles teintes ou rayées de couleur & étoffes, & généralement de toutes les autres espéces de marchandises rapportées sur le navire la Cloche; que toutes les piéces de mousselines & toiles de coton blanches seront marquées comme il est ordonné par l'Arrêt du 23 Juillet dernier, lesquelles marchandises seront vendues en la ville de Bordeaux, Bayonne ou à Nantes, en payant les droits d'entrée conformément au Tarif de 1664, à l'article XLIV de l'Edit du mois d'Août audit an, & aux Arrêts des 29 Avril & 22 Novembre 1692, & 2 Novembre 1700, à l'exception néanmoins des toiles teintes & rayées de couleur, mouchoirs de coton, & de toutes fortes de toiles & étoffes provenant des Indes qui ne feront point marquées, & à l'égard defquelles feront obfervées les regles & les formalités prefcrites par l'Arrêt de Réglement du 24 Mars 1703, intervenu pour raifon des marchandifes qui proviennent d'échouement & des prifes faites fur les ennemis de l'Etat, qui ne peuvent être vendues ni confommées dans le Royaume : fait Sa Majefté très-expreffes inhibitions & défenfes aux Marchands & Négocians & autres perfonnes de quelque qualité & condition qu'elles foient, de vendre ni débiter en gros ou en détail, ou faire aucun ufage defdites mouffelines ou toiles de coton blanches, fi elles ne font marquées de la marque ordonnée par l'Arrêt du 28 Avril 1711, fous les peines portées par les Arrêts des 27 Août 1709, 11 Juin 1714, 4 Juin & 23 Juillet 1715 ; permet Sa Majefté aux Directeurs de la Compagnie des Indes Orientales de faire faire ladite vifite defdites marchandifes des Indes qui fe trouveront chez lefdits Marchands, Négocians & tous autres de quelque qualité & condition qu'ils puiffent être, de faire faifir celles qui ne feront point marquées de ladite marque portée par ledit Arrêt du 28 Avril 1711 & 29 Juillet 1714 : enjoint Sa Majefté au fieur d'Argenfon, Confeiller d'Etat ordinaire, Lieutenant général de Police de la ville de Paris, & aux fieurs Intendans & Commiffaires départis dans les Provinces & Généralités du Royaume, de tenir la main à l'exécution du préfent Arrêt, qui fera lû, publié & affiché par-tout où befoin fera, & exécuté nonobftant oppofitions ou appellations quelconques, pour lefquelles il ne fera différé. Fait au Confeil d'Etat du Roi, Sa Majefté y étant, Monfieur le Duc d'Orléans Régent préfent, tenu à Vincennes le dix-neuviéme jour de Novembre mil fept cent quinze.

Signé Phelypeaux.

LOUIS, par la grace de Dieu, Roi de France et de Navarre, à notre amé & féal Conseiller en nos Conseils, Intendant de Justice, Police & Finances en Guyénne le sieur de Lamoignon de Courson : Salut. Nous vous avons commis & commettons par l'Arrêt ci-attaché sous le contre-scel de notre Chancellerie, ce jourd'hui rendu en notre Conseil d'Etat, nous y étant, pour faire à Bordeaux l'inventaire des poivres, drogues, mousselines, toiles de coton blanches, toiles teintes & étoffes, & généralement de toutes les autres espéces de marchandises rapportées sur le navire la Cloche ; nous vous avons même permis de subdéleguer, & nous avons enjoint à notre amé & féal Conseiller en notre Conseil d'Etat, & notre Lieutenant général de Police de la ville de Paris le sieur d'Argenson, & aux sieurs Intendans & Commissaires départis dans les Provinces & Généralités du Royaume, de tenir la main à l'exécution du présent Arrêt en ce qui les regarde : commandons au premier notre Huissier ou Sergent sur ce requis de faire en vertu des Présentes toutes sommations, contraintes & actes nécessaires, sans autre permission ; voulons qu'aux copies dudit Arrêt & des Présentes, collationnées par l'un de nos amés & féaux Conseillers & Secrétaires, foi soit ajoûtée comme aux originaux ; car tel est notre plaisir. Donné à Vincennes le dix-neuviéme jour de Novembre l'an de grace mil sept cent quinze, & de notre regne le premier. *Signé* LOUIS. *Et plus bas* ; par le Roi, le Duc d'Orléans Régent présent, Phelypeaux. Scellé & contre-scellé.

TABLE DES MATIERES
Contenues en ce second Volume.

A

Achat de vingt mille piéces de huit. p. 50
Achat de cinquante mille, *idem.* 75
Actionnaires & Directeurs, requête. 159
Augmentation de 50 pour cent. 100, 101
Amiral de France. 261
Amiral, dixiéme des prises en-deça du Cap de Bonne-Espérance. 627
Amiral, dixiéme du Phœnix d'or. 649
Assemblée convoquée, 1701. 84, 86, 88
Assemblées fixées à quatre par semaine. 155
Assemblée générale de 1708. 292
Assemblée chez M. Boucher d'Orsay. 337
Assignations, Directeurs déchargés. 79
Assignations par Guibert, *idem.* 119
Assignations aux Requêtes de l'Hôtel, *idem.* 615

B

Behotte & Blandin. 52
Bercy, évocation au Conseil. 163
Bercy, défenses de procéder qu'au Conseil. 167
Bercy, Arrêt qui le concerne. 173
Bignon, Prévôt des Marchands, installé. 301
Billets au porteur pour les 50 pour cent. 125
Billets, payement sursis. 137
Billets au porteur payables en deux ans. 101
Billets payables, *idem.* 201
Billets nouveaux avec les intérêts à 10 pour cent. 208
Billets pour ceux qui fourniront des effets. 211, 212
Billets au porteur avec les intérêts à 10 pour cent. 247, 248
Billets des Marchands, payables à leur échéance. 348
Bille & Guymont Ducoudray. 457
Bretagne, trois Etats condamnés. 255 286

C

Caffe's inventoriés & vendus. 549
Chamillart, état à lui remis. 131
Champigny, Guymont & Bille. 457
Chaperon. 165
Commerce défendu aux Officiers. 250
Commissaires nommés. 514
Compagnie de la Chine, concordat. 29
Idem, concordat homologué. 41
Idem, établissement. 229
Compagnie de la Chine. 511
Concordat avec ladite Compagnie. 29
Concordat avec Crozat, 1708. 298, 303
Conseil supérieur de Pondichery. 45
Conseil Provincial de l'Isle de Bourbon. 413
Contrats à la grosse, signés par quatre Directeurs. 78
Idem, représentés devant M. d'Orsay. 341
Conventions avec Jourdan. 28
Créanciers chirographaires. 362
Idem, payés. 432
Créanciers, payement à faire. 451
Créanciers privilégiés & chirographaires. 518
Créanciers prétendus privilégiés. 585
Crozat & consorts, concordat. 298, 303
Crozat, homologation des traités. 311
Crozat & consorts, traité. 422, 433
Crozat, homologation du traité. 493
Crozat, Louisianne à lui accordée. 502
Crozat, suite du traité ci-dessus. 562
Crozat, payement de 40000 liv. 673

Rrrriij

TABLE DES MATIERES

D

Deliberation homologuée. 1
Délibération du 3 Septembre 1700 *idem*. 23
Délibération de 1701, *idem*. 103
Délibération de 1704, *idem*. 157
Délibération de 1705, *idem*. 209
Délibérations homologuées. 213
Demande au Roi de céder les priviléges. 289
Directeurs, requête communiquée. 216
Directeurs, remettront leur part de 16000 liv. 335
Dixiéme des prises pour la Compagnie. 496
Dixiéme des prises en deça du Cap. 627
Droits de présence distribués. 111
Droits de présence de 1702. 144
Droits de présence de 1705. 202
Ducoudray & Bille. 457
Dumoulin & de Laye, traité. 353

E

Etablissement de la Compagnie de la Chine. 229
Etat de répartition de 1700. 44
Etat des dettes chirographaires. 418
Etat des dettes accepté. 544
Emprunt de 16000 liv. aux Directeurs. 335
Emprunt à faire. 1
Emprunt à la grosse payé. 151
Emprunt de 169450 liv. 50
Emprunt de 800000 liv. 76
Emprunt homologué. 117
Exécution de l'Arrêt du 21 Février 1702. 113
Exécution des Arrêts des 21 Février & 16 Mai. 128
Exécution de la délibération de 1702. 142
Exécution de l'Arrêt du 23 Septembre 1704. 242
Exécution de l'Arrêt du 12 Décembre 1702. 204
Exécution de la délibération de 1713. 547
Exécution de l'Arrêt du 12 Novembre 1708. 295
Exemption des épiceries pour Lyon. 651
Exemption de droits sur les soyes. 478

F

Fonds de 50 pour cent sur le capital. 96, 100

G

Georget mal fondé. 448
Grosse aventure, emprunt de 800000 liv. 76
Guibert, assignations nulles. 119

H

Hardancourt, député pour les Indes. 331
Hardancourt & Sandrier. 619
Hebert, payement de 10000 liv. à la veuve. 408
Homologation pour les marchandises fixées. 18
Homologation du concordat pour la Chine. 41
Homologation des traités avec Crozat. 311
Homologation du traité avec Dumoulin. 357
Homologation du traité avec Dumont. 491
Homologation de la délibération du 15 Janvier 1714. 565

I

Inventaire des marchandises de 1701. 60, 64
Idem, de 1702. 121
Idem, de 1703. 145
Idem, de 1704. 170
Idem, de 1706. 239
Idem, de 1710. 350
Idem, des mousselines. 621
Idem, des caffés. 549
Idem, à Rouen. 552
Idem, des marchandises. 557
Idem, de 1715. 667
Idem, à Bordeaux. 681
Intérêt de l'année 1696 retardé. 75
Jourdan, conventions. 28
Jourdan, propositions pour son affaire. *Ibid.*
Jourdan, traité avec la Compagnie. 244, 345

L

La Cloche, Vaisseau, déclaré de bonne prise. 678
L'Amphitrite, convention. 43
La Rochelle, saisie de toiles. 55
La Princesse & l'Aurore, Intéressés. 472
Le Comte de Tessé, Armateurs déboutés. 632
Le Gendre fils, héritiers. 253
Le saint Louis, 3000 liv. à ceux qui le rameneront. 318
Le Thomas de Londres. 575
Lieutenant de Police, procès-verbaux. 571
Louisianne, accordée à M. Crozat. 502
Loyers de la maison de la Compagnie. 329
Lyon, épiceries & drogueries. 651

M

Machault au lieu de d'Orsay. 411
Marchandises, quantité fixée. 7
Marchandises en fraude. 69
Marchandises, marques ordonnées. 453, 469
Marchandises comptées par qualité & quantité. 516
Marchandises des Indes défendues. 606
Marques des marchandises. 469
Marques des marchandises. 25
Marques, Sandrier & Hardancourt. 619
Martin de la Chapelle. 259
Mousselines, toiles de coton, &c. 663
Mousselines & toiles de coton blanches. 427

O

Octrois de la ville de Lyon. 435
Officiers, commerce à eux défendu. 250
Officiers du S. Louis, payement. 359

P

Phaulkon, succession. 4
Phœnix d'or, deniers en provenans. 315
Piéces de huit, 20000. 50
Piéces de huit, 50000. 75

Plombs & visites défendues aux Commis des Fermes. 34
Poivres vendus à Bordeaux. 681
Pondichery, Conseil supérieur établi. 45
Pondichery, marchandises saisies. 676
Pontchartrain, lettre. 77
Porteurs de contrats à la grosse. 365
Prêt fait par le Roi de 850000 liv. 81
Prises, dixiéme pour la Compagnie. 496
Prises, dixiéme. 279
Priviléges, demande au Roi pour les céder. 289
Procès-verbaux des toiles peintes. 571
Propositions sur l'affaire de Jourdan. 28
Prorogation de dix années pour le commerce des Indes en 1714. 629

R

Reglement pour les toiles de coton peintes. 609
Regnard, assignations nulles. 79
Requête des Directeurs communiquée aux Actionnaires. 216, 235
Robes & vêtemens de toiles peintes défendus. 320
Roquemador, traité. 444

S

Soyes, exemption de droits. 478
Soyes étrangeres & de la Chine. 577
Syndics des Créanciers & Actionnaires. 568

T

Toiles de coton peintes. 609
Traité entre la Compagnie & Dumoulin. 353
Idem, homologué. 357
Traité avec Guymont. 457, 491
Traité avec Crozat, homologué. 493
Traité avec Mrs de S. Malo. 637, 646
Trésorier de la Marine, deniers du Phœnix d'or. 315

V

Vaisseau la Cloche, déclaré de bonne prise. 678

Vaisseau l'Amphitrite.	43	de 1703.	145
Idem le Comte de Tessé.	629	de 1704.	170
Idem le Phœnix d'or.	649	de 1706.	239
Idem le saint Louis.	318	de 1710.	350
Idem le Thomas de Londres.	575	Vente de mousselines.	621
Vente des étoffes, permise.	73	de caffés.	549
Vente de soyes, permise.	105	à Rouen.	552
Vente des toiles peintes.	126	de marchandises.	557
Vente des marchandises, permise.	333	de 1715.	667
Vente de 1701.	64	à Bordeaux.	681
Vente de 1702.			

FIN DE LA TABLE DES MATIERES.

www.ingramcontent.com/pod-product-compliance
Lightning Source LLC
Chambersburg PA
CBHW060904300426
44112CB00011B/1332